ऑटोबायोग्राफी ऑफ ए योगी

ऑटोबायोग्राफी ऑफ ए
योगी

परमहंस योगानंद

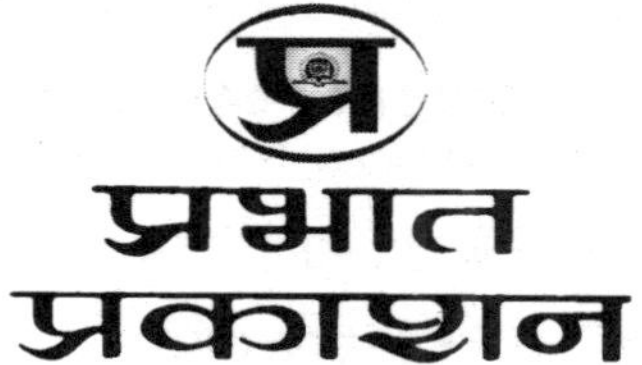

प्रकाशक

प्रभात प्रकाशन प्रा. लि.

4/19 आसफ अली रोड, नई दिल्ली-110002

फोन : 011-23289777 • हेल्पलाइन नं. : 7827007777

इ-मेल : prabhatbooks@gmail.com ❖ वेब ठिकाना : www.prabhatbooks.com

संस्करण

2026

पेपरबैक मूल्य

चार सौ पंचानबे रुपए

मुद्रक

आर-टेक ऑफसेट प्रिंटर्स, दिल्ली

———— ★ ————

Autobiography of A YOGI
by Paramahansa Yogananda

Published by **PRABHAT PRAKASHAN PVT. LTD.**
4/19 Asaf Ali Road, New Delhi-110002

ISBN 978-93-5521-944-2

₹ 495.00 (PB)

अनुवादकीय

आध्यात्मिक इतिहास के शांत गलियारों में कुछ चमकदार आत्माएँ उभरती हैं, जो समय और स्थान की सीमाओं को पार करके मानवता को उच्च चेतना के प्रकाश की ओर मार्गदर्शन करती हैं। ऐसे ही एक दिव्यपुरुष हैं—परमहंस योगानंद, एक आध्यात्मिक प्रकाशस्तंभ, जिनकी आत्मकथा दैवीय कृपा और आत्म-प्राप्ति की धुनों से गूँजती है। उनके जीवन को लिपिबद्ध करने की यात्रा शुरू करने का मतलब रहस्यवाद, भक्ति और मानव आत्मा के उत्थान के लिए दृढ़ प्रतिबद्धता के क्षेत्र में उद्यम करना है।

इस आत्मकथा में हम योगानंद के जीवन की गहराइयों में उतरते हैं, भारत की प्राचीन आध्यात्मिक भूमि से लेकर अमेरिका के जीवंत तटों तक उनके कदमों का पता लगाते हैं, जहाँ उन्होंने कालातीत ज्ञान के बीज बोए थे। उनकी कहानी मात्र एक ऐतिहासिक वृत्तांत नहीं है, बल्कि हर इनसान के भीतर निहित असीम संभावनाओं की गहन खोज है। अपनी शिक्षाओं के माध्यम से योगानंद ने दुनिया भर में साधकों के आध्यात्मिक उत्साह को प्रज्वलित किया, आत्म-खोज और ईश्वर के साथ संवाद का मार्ग रोशन किया।

योगानंद की आत्मकथा एक ऐसी गाथा है, जो सामान्य से परे है। 5 जनवरी, 1893 को गोरखपुर में मुकुंद लाल घोष का जन्म हुआ, उनके प्रारंभिक वर्षों में एक सहज आध्यात्मिक झुकाव और रहस्यमय प्यास थी। बचपन से ही उन्होंने अस्तित्व की प्रकृति को समझने की गहरी लालसा प्रदर्शित की। वे अकसर भारतीय आकाश की विशाल छत्रच्छाया के नीचे जीवन और मृत्यु के रहस्य पर विचार करते थे।

उनकी आध्यात्मिक यात्रा वास्तव में तब शुरू हुई, जब वह अपने गुरु स्वामी श्री युक्तेश्वर गिरि, एक श्रद्धेय योगी और दार्शनिक, से मिले, जिन्होंने एक मार्गदर्शक

प्रकाशस्तंभ के रूप में काम किया, जिसने योग विज्ञान और वेदांत दर्शन के गूढ़ गलियारों को रोशन किया। श्री युक्तेश्वर के संरक्षण में युवा मुकुंद दिव्य प्रेम और ज्ञान के अवतार परमहंस योगानंद के रूप में विकसित हुए। युक्तेश्वरजी ने भविष्यवाणी की कि भारत की प्राचीन क्रियायोग ध्यान विधि का संपूर्ण विश्व में प्रचार करना ही उनके जीवन का विशिष्ट उद्देश्य होगा।

वर्ष 1920 में योगानंद ने संयुक्त राज्य अमेरिका की एक महत्त्वपूर्ण यात्रा शुरू की, यह भूमि आधुनिकता से स्पंदित होने के बावजूद आध्यात्मिक संतुष्टि के लिए तरस रही थी। अमेरिका में उनके आगमन ने एक नए अध्याय की शुरुआत की, जहाँ पूर्व की प्राचीन योग परंपराएँ पश्चिम के उत्सुक दिलों से मिलीं। योगानंद की शिक्षाओं ने आध्यात्मिक पोषण के भूखे लोगों के बीच प्रतिध्वनि पाई, जिससे उन्हें आंतरिक शांति और आत्म-प्राप्ति के लिए एक कालातीत मार्ग मिला।

1920 में योगानंद द्वारा स्थापित 'सेल्फ-रियलाइजेशन फेलोशिप' उनके आध्यात्मिक मिशन का केंद्र बन गया, जिसने क्रियायोग की शिक्षाओं का प्रसार किया, जो एक पवित्र तकनीक है, जो भीतर छिपी आध्यात्मिक ऊर्जा को खोलती है। अपने व्याख्यानों, लेखों और व्यक्तिगत उपस्थिति के माध्यम से, उन्होंने अनगिनत व्यक्तियों के जीवन को स्पर्श किया, उन्हें धार्मिक हठधर्मिता के दायरे से परे आध्यात्मिकता के सार की ओर मार्गदर्शन किया।

अपने लेखों एवं भारत, अमेरिका तथा यूरोप के सघन दौरों में अपने व्याख्यानों द्वारा तथा अनेक आश्रम व ध्यान केंद्र बनाकर उनके माध्यम से उन्होंने हजारों सत्यान्वेषियों को योग के प्राचीन विज्ञान एवं दर्शन से तथा इसकी सर्वानुकूल ध्यान पद्धतियों से परिचित करवाया। योगानंद का प्रभाव व्याख्यान कक्षों और आश्रमों तक ही सीमित नहीं था; यह समाज के ताने-बाने में व्याप्त हो गया। रमन महर्षि, आनंदमयी माँ, मास्टर महाशय, महात्मा गांधी, लूथर बरबैंक और रवींद्रनाथ टैगोर सहित प्रख्यात हस्तियों के साथ उनकी भेंट उनके संदेश की सार्वभौमिकता की पुष्टि करती हैं। उनके दिव्य स्पर्श के माध्यम से हृदय बदल गए, संशयवादी विश्वासियों में बदल गए, और आध्यात्मिक रूप से शुष्क लोगों को उनकी शिक्षाओं के नखलिस्तान में सांत्वना मिली।

7 मार्च, 1952 को परमहंस योगानंद का इस सांसारिक लोक से निधन उनकी विरासत के अंत का प्रतीक नहीं; इसके बजाय इसने उनके आध्यात्मिक प्रभाव का एक नया चरण शुरू किया। उनकी महान् कृति 'ऑटोबायोग्राफी ऑफ ए योगी' एक आध्यात्मिक क्लासिक बन गई, जिसने अपनी गहन अंतर्दृष्टि और रहस्यमय

आख्यानों से दुनिया भर के पाठकों को मंत्रमुग्ध कर दिया। योगी की शिक्षाएँ सत्य की खोज करने वालों की पीढ़ियों को आत्म-खोज के मार्ग पर चलने के लिए प्रेरित करती रहती हैं।

इस आत्मकथा में योगानंद के असाधारण जीवन के सार को समाहित करने, उनके आध्यात्मिक विकास, उनके परिवर्तनकारी अनुभवों और उनकी अमूल्य शिक्षाओं के धागों को एक साथ बुना गया है। गहन शोध, साक्षात्कार और शिष्यों की अंतर्दृष्टि के माध्यम से इस दिव्य आत्मा का एक व्यापक चित्र चित्रित करने का प्रयास है, जिसमें उनके व्यक्तित्व की बारीकियों और दुनिया पर उनकी शिक्षाओं के गहरे प्रभाव को दरशाया गया है।

श्री परमहंस योगानंदजी भारत के उन प्राचीन ऋषियों एवं संतों के आदर्श प्रतिनिधि रहे हैं, जो भारत का वैभव हैं। इस संसार में योगानंदजी की उपस्थिति अंधकार के बीच चमकने वाले प्रकाश-पुंज की तरह थी। ऐसी महान् आत्मा का इस पृथ्वी पर आगमन विरले ही कभी होता है, जब मानव समाज में वास्तविक आवश्यकता हो।

परमहंस योगानंदजी ने मनमोहक सुस्पष्टता, वक्तता और विनोदपूर्ण रूप से अपने जीवन का यह प्रेरणाप्रद वृत्तांत—अपने विलक्षण बाल्यकाल के अनुभव, किशोरावस्था में एक दिव्य गुरु की खोज करते हुए विविध संतों एवं ऋषियों के साथ अपनी भेंट, अपने ईश्वर-साक्षात्कार प्राप्त गुरु के आश्रम में प्रशिक्षण के दस वर्ष और बहुत से वर्ष, जो उन्होंने आध्यात्मिक गुरु के रूप में सारे विश्व में सत्य की खोज कर रहे साधकों के प्रशिक्षण में व्यतीत किए—प्रस्तुत किया है।

जैसे ही आप इस साहित्यिक यात्रा पर निकल रहे हैं, मैं आपको खुले दिल और ग्रहणशील दिमाग के साथ योगानंद के जीवन के परिदृश्यों को पार करने के लिए आमंत्रित करता हूँ। उनके शब्दों को अपने भीतर गूँजने दें, क्योंकि इन पन्नों में आपको केवल एक योगी की कहानी नहीं मिलेगी, बल्कि आपके भीतर छिपी दिव्यता को प्रतिबिंबित करने वाला दर्पण मिलेगा। योगानंद का जीवन मानव आत्मा की असीम क्षमता का एक प्रमाण है और एक अनुस्मारक के रूप में कार्य करता है कि आधुनिक जीवन की जटिलताओं के बीच आत्म-बोध का शाश्वत सत्य एक मार्गदर्शक सितारे के रूप में चमकता है।

यह आत्मकथा प्रेरणा की किरण के रूप में काम करे, जो आपको शांति, ज्ञान और दिव्य प्रेम के आंतरिक क्षेत्रों की ओर मार्गदर्शन करे, जिसे योगानंद ने दुनिया के साथ साझा करने के लिए बहुत उत्सुकता से प्रयास किया है। आइए, परमहंस

योगानंद की विरासत का सम्मान करते हुए और आध्यात्मिक जागृति के मार्ग को रोशन करने वाली शाश्वत शिक्षाओं को अपनाते हुए इस परिवर्तनकारी यात्रा को एक साथ शुरू करें।

अनुक्रम

1
मेरे माता-पिता एवं मेरा बचपन

परम सत्य की खोज और उसके साथ जुड़ा गुरु–शिष्य संबंध प्राचीन काल से ही भारतीय संस्कृति की विशेषता रही है। इस खोज के मेरे अपने मार्ग ने मुझे एक भगवत्स्वरूप सिद्धपुरुष के पास पहुँचा दिया, जिनका सुघड़ जीवन युग–युगांतर का आदर्श बनने के लिए ही तराशा हुआ था। वे उन महान् विभूतियों में से एक थे, जो भारत का सच्चा वैभव रहे हैं। ऐसे सिद्धजनों ने ही हर पीढ़ी में अवतरित होकर अपने देश को दुर्गति को प्राप्त होने से बचाया है।

मुझे याद आता है, मेरे शैशव–काल में पिछले जन्म की घटनाओं की स्मृतियाँ मेरे स्मृतिपटल पर उभर रही थीं, जब मैं हिमालय में रहने वाला एक योगी था। अतीत की इन झाँकियों ने किसी अज्ञात कड़ी से जुड़कर मुझे भविष्य की भी झलक दिखाई।

शिशु अवस्था की असहाय की अवमाननाओं की स्मृति मुझमें अब भी बनी हुई है। चल–फिर पाने में और अपनी भावनाओं को मुक्त रूप से व्यक्त कर पाने में असमर्थ होने के कारण मैं विक्षुब्ध रहता था। अपने शरीर की अक्षमताओं का भान होते ही प्रार्थना की लहरें मेरे भीतर उठने लगती थीं। मेरे व्याकुल भाव अनेक भाषाओं के शब्दों में मेरे मन में व्यक्त होते थे।

मेरी इन सुदूरगामी स्मृतियों का होना कोई अपूर्व बात नहीं है। अनेक योगियों के विषय में ज्ञात है कि उन्होंने जन्म–मृत्यु के नाटकीय अवस्था परिवर्तन में भी अपने आत्मबोध को बनाए रखा। यदि मनुष्य केवल शरीर होता तो निःसंशय उसकी मृत्यु के साथ ही उसका अस्तित्व समाप्त हो जाता। किंतु यदि युग–युगांतर से सिद्ध महात्माओं ने सत्य प्रतिपादित किया है तो मानव मूलतः अशरीरी, सर्वव्यापी आत्मा है। शैशवावस्था की सुस्पष्ट स्मृतियों का होना विलक्षण तो है, किंतु ऐसी घटनाएँ अति दुर्लभ भी नहीं। अनेक देशों में यात्रा करते हुए मैंने अनेक सत्यनिष्ठ स्त्री–पुरुषों

के मुख से उनकी शैशवावस्था की स्मृतियाँ सुनी हैं। मेरा जन्म पूर्वोत्तर भारत में हिमालय पर्वत श्रेणी के निकट स्थित गोरखपुर में 5 जनवरी, 1893 को हुआ था। वहीं मेरे जीवन के पहले आठ वर्ष व्यतीत हुए थे। हम आठ बच्चे थे—चार भाई और चार बहनें। मैं मुकुंदलाल घोष, भाइयों में दूसरा और माता-पिता की चौथी संतान था।

मेरे माता-पिता बंगाली क्षत्रिय थे। दोनों ही संत-प्रकृति के थे। उनके शांत एवं शालीन दांपत्य प्रेम में कभी कोई अनर्थक व्यवहार व्यक्त नहीं हुआ। माता-पिता के बीच आपसी सामंजस्य चारों ओर चलने वाले आठ नन्हे जीवों के कोलाहल का शांत केंद्र था।

वर्ष 1915 में जब मैं संन्यास की प्राचीन स्वामी परंपरा में शामिल हो गया, तब मेरा नाम बदलकर योगानंद हो गया। वर्ष 1935 में मेरे गुरु ने मुझे परमहंस की उच्चतर संन्यास उपाधि प्रदान की।

मेरे पिता श्री भगवतीचरण घोष स्वभाव से दयालु, गंभीर और कभी-कभी कठोर थे। उनसे अत्यंत प्यार करते हुए भी हम बच्चे उनसे आदरयुक्त दूरी बनाए रखते थे। वे असाधारण गणितज्ञ और तर्कशास्त्रवेत्ता थे तथा मुख्यत: अपनी बुद्धि से ही काम लेते थे। किंतु माँ तो स्नेह की देवी थीं और हमें केवल प्रेम द्वारा ही सिखाती थीं। माँ के देहांत के पश्चात् पिताजी अपनी आंतरिक कोमलता अधिक स्पष्ट रूप से व्यक्त करने लगे। तब मैंने देखा कि उनकी आँखों में प्राय: मेरी माँ की आँखों की झलक दिखाई पड़ती थी।

माँ के सान्निध्य में हम बच्चों का बचपन में ही धर्मग्रंथों के साथ कटु-मधुर परिचय हो गया। अनुशासन की आवश्यकता पड़ने पर माँ रामायण और महाभारत से प्रसंगोचित कहानियाँ हमें सुनाती थीं। ऐसे अवसरों पर डाँट और शिक्षा, दोनों ही साथ-साथ चलते थे। पिताजी के प्रति आदर के प्रतीक स्वरूप कार्यालय से उनके घर आने पर उनका स्वागत करने के लिए शाम में माँ हम बच्चों को कपड़े आदि पहनाकर ध्यानपूर्वक तैयार करतीं। पिताजी भारत की तत्कालीन बड़ी कंपनियों में से एक, बंगाल-नागपुर रेलवे (बी.एन.आर.) में उपाध्यक्ष के समकक्ष पद पर कार्यरत थे। यात्रा उनके कार्य का एक हिस्सा थी; हमारा परिवार मेरे बाल्यकाल में अनेक शहरों में रहा। माँ गरीबों की सहायता के लिए सदा तत्पर रहती थीं। पिताजी भी इस मामले में करुणापूर्ण दृष्टिकोण रखते थे, परंतु अपनी आर्थिक सीमा के अंदर ही व्यय करना पसंद करते थे। किसी भी नए प्रस्ताव पर पहले 'नहीं' कह देना पिताजी का स्वभाव था।

मैंने सदा ही देखा कि पिताजी उचित और संतुलित निर्णय लेते थे। यदि मैं अपने अनेकानेक अनुरोधों के पक्ष में एक-दो अच्छे तर्क प्रस्तुत कर देता तो वे सदा ही मेरी इच्छा पूरी कर देते—चाहे वह इच्छा छुट्टियों में भ्रमण-यात्रा की हो या नई मोटरसाइकिल की।

अपने बच्चों के बाल्यकाल में पिताजी अनुशासन में उनके साथ दृढ़ता बरतते थे, परंतु स्वयं किसी वैरागी की तरह सरल, सात्त्विक जीवन व्यतीत करते थे। उनकी इच्छा तो अपने अतिरिक्त समय में केवल अपने नागरिक कर्तव्य का निर्वाह करने की थी।

अपने वैवाहिक जीवन में पदार्पण करने के शीघ्र बाद ही मेरे माता-पिता एक महान् गुरु बनारस के लाहिड़ी महाशय के शिष्य हो गए। इस संपर्क से पिताजी के पहले से ही विरक्त स्वभाव को और बल मिला। मेरे जन्म के थोड़े ही दिन बाद लाहिड़ी महाशय ने इस जगत् से प्रस्थान कर लिया। पिताजी का जहाँ-जहाँ भी स्थानांतरण होता था, वहाँ-वहाँ लाहिड़ी महाशय की एक सुंदर अलंकृत फ्रेम में सजी हुई फोटो हमारे पूजाघर में देवताओं के चित्रों और मूर्तियों के साथ विराजमान रहती थी। लगभग रोज ही सुबह और शाम को माँ और मैं उस पूजा-वेदी के 'लाहिड़ी महाशय' द्वारा सिखाई गई एक यौगिक विधि, जिसके द्वारा इंद्रियों की चंचलता शांत हो जाती है और इससे मनुष्य के ब्रह्मचैतन्य के साथ अधिकाधिक एकरूप होने का मार्ग प्रशस्त हो जाता है।

जैसे-जैसे मैं बड़ा होता गया, वैसे-वैसे मेरे मन में उस महान् गुरु का विचार अधिक दृढ़ होता गया। ध्यान में प्रायः मैं देखता कि उनकी छवि उस छोटे से फ्रेम से बाहर आ गई है और जीवित रूप धारण कर मेरे सामने बैठ गई है। जब मैं उनके ज्योतिर्मय शरीर के चरणों का स्पर्श करने का प्रयास करता, तब वे बदलकर पुनः चित्र बन जाते। जब मैंने बाल्यावस्था से किशोरावस्था में प्रवेश किया तो मैंने देखा कि फ्रेम में जकड़ी लाहिड़ी महाशय की छोटी सी छवि मेरे मन में जीवित, ज्ञान-प्रदायिनी उपस्थिति बनकर विराजमान हो चुकी है। किसी उलझन या परीक्षा की घड़ी में मैं प्रायः उनसे प्रार्थना करता और अपने अंतर में उनका सांत्वनादायक मार्गदर्शन पाता। पहले-पहले तो मुझे दुःख होता था कि वे शारीरिक रूप में जीवित नहीं थे। किंतु जैसे-जैसे मुझे उनकी गुप्त सर्वव्यापकता का पता चलता गया, वैसे-वैसे मेरा दुःख कम होता गया।

लगभग 8 वर्ष की आयु में मुझे लाहिड़ी महाशय की फोटो के माध्यम से चमत्कारी स्वास्थ्य लाभ का आशीर्वाद प्राप्त हुआ। इस अनुभव ने मेरे प्रेम को और

भी अधिक उत्कट कर दिया। जब मैं बंगाल के इच्छापुर में अपने पारिवारिक घर में रह रहा था, तब मुझे हैजा हो गया। मेरे बचने की कोई आशा नहीं रही। डॉक्टर कुछ भी नहीं कर पा रहे थे। मेरे बिस्तर के पास बैठी माँ ने भावविह्वलता के अतिरेक के साथ मेरे सिर के ऊपर टँगी लाहिड़ी महाशय की फोटो की ओर देखने का मुझे इशारा किया।

"उन्हें मन-ही-मन प्रणाम करो!" वे जानती थीं कि प्रणाम करने के लिए हाथ उठाने की शक्ति मुझमें नहीं बची थी। "यदि तुम सचमुच अपनी भक्ति प्रकट करोगे और अपने अंतर में उनका चरणस्पर्श करोगे तो तुम्हें जीवनदान मिल जाएगा!"

मैंने उनकी फोटो की ओर देखा तो वहाँ आँखें चौंधियाने वाला प्रखर प्रकाश दिखाई पड़ा, जिसने मेरे शरीर और पूरे कमरे को अपने में समा लिया। मेरी मिचलाहट और अन्य अनियंत्रणीय लक्षण समाप्त हो गए; मैं स्वस्थ हो गया। तत्क्षण ही मुझमें इतनी शक्ति आ गई कि अपने गुरु में अपार श्रद्धा रखने वाली माँ का मैंने झुककर चरणस्पर्श किया। माँ बार-बार उस छोटी सी फोटो पर अपना माथा टेक रही थीं।

"हे सर्वव्यापी गुरुदेव! मैं आपकी कृतज्ञ हूँ कि आपके आलोक ने मेरे पुत्र को अच्छा कर दिया!"

मैं समझ गया कि उन्होंने भी उस तेजोमय ज्योति का दर्शन किया था, जिसकी महिमा से मैं उस साधारणतया प्राणघातक साबित होने वाली बीमारी से एकाएक अच्छा हो गया था।

मेरे पास जो कुछ भी अनमोल चीजें हैं, उनमें एक वह फोटो भी है। स्वयं लाहिड़ी महाशय द्वारा पिताजी को दी गई यह फोटो एक पवित्र स्पंदन से युक्त है।

बचपन की एक अन्य स्मृति असाधारण है और उल्लेखनीय भी, क्योंकि उसका चिह्न आज भी मेरे हाथ पर है। एक दिन प्रातः समय मैं और मेरी बड़ी बहन उमा अपने गोरखपुर के घर के अहाते में नीम के पेड़ के नीचे बैठे थे। आस-पास के तोतों को नीम के पके फल खाते मैं निहार रहा था और बीच में जो समय मिलता, उसमें उमा दीदी मुझे बंगाली की पहली पुस्तक पढ़ने में मदद कर रही थीं।

उमा दीदी ने अपने पैर पर फोड़ा होने की बात बताई, और वह उस पर लगाने के लिए मरहम की एक डिबिया ले आई। मैंने उसमें से थोड़ा मरहम लेकर अपने हाथ पर लगा लिया।

"तुम नीरोग हाथ पर मरहम क्यों लगा रहे हो?"

"बात ऐसी है दीदी, मुझे लग रहा है कि कल मुझे यहाँ फोड़ा होने वाला है।"

"चल, झूठा कहीं का!"

"दीदी, जब तक तुम कल सुबह क्या होता है यह देख नहीं लेतीं, तब तक मुझे झूठा नहीं कह सकतीं।" मुझे क्रोध आ गया।

उमा पर उसका कोई असर नहीं पड़ा और उसने तीन बार अपने व्यंग्य को दोहराया। एक दृढ़ निश्चय मेरी आवाज में ध्वनित होने लगा, जब मैंने धीरे-धीरे कहना शुरू किया : "मैं अपनी इच्छाशक्ति के बल के साथ कहता हूँ कि कल मेरे हाथ पर इसी जगह एक काफी बड़ा फोड़ा निकल आएगा; और तुम्हारा फोड़ा सूजकर दुगुना हो जाएगा।"

सुबह मेरे हाथ पर एक बहुत बड़ा फोड़ा निकल आया और उमा का फोड़ा आकार में दुगुना हो गया। मेरी बहन चीखती हुई माँ के पास भागी। "माँ! मुकुंद जादू-टोना करना सीख गया है!" माँ ने गंभीर होकर मुझसे कहा कि हानि करने के लिए मैं शब्द-शक्ति का प्रयोग कभी न करूँ। मैंने माँ का वह उपदेश सदा ही याद रखा है और उसका पालन किया है। मेरे फोड़े का इलाज चीरे से हुआ। डॉक्टर के चीरे से बना चिह्न आज भी वर्तमान में है।

□

2

माँ का देहांत और अलौकिक तावीज

मेरी माँ की सबसे बड़ी इच्छा मेरे बड़े भाई के विवाह की थी। "अहा! जब मैं अनंत की पत्नी का मुख देखूँगी, तब मुझे इस धरती पर ही स्वर्ग मिल जाएगा!" इन शब्दों में माँ को अपने वंश को आगे चलाने की प्रबल भारतीय भावना व्यक्त करते मैं प्राय: सुनता था। अनंत की सगाई के समय मैं लगभग ग्यारह वर्ष का था। माँ कोलकाता में अत्यंत उल्लास से विवाह की तैयारियों में जुटी हुई थीं। केवल पिताजी और मैं ही उत्तरी भारत में स्थित बरेली में अपने घर में रह गए थे, जहाँ लाहौर में दो वर्ष रहने के बाद पिताजी का स्थानांतरण हो गया था।

इसके पूर्व मैं अपनी दो बड़ी बहनों रमा और उमा के विवाहों का ठाठ-बाट देख चुका था, किंतु घर में सबसे बड़ा पुत्र होने के नाते अनंत के विवाह की तैयारियाँ तो और भी बड़े स्तर पर हो रही थीं। माँ प्रतिदिन दूर-दूर से कोलकाता पहुँचते सगे-संबंधियों की आवभगत करने में व्यस्त थीं। सारी तैयारियाँ पूरी हो चुकी थीं—विवाह-भोज के लिए नाना-विध व्यंजन, बारात के साथ अनंत को ले जाने के लिए पालकी, रंग-बिरंगी बत्तियों की कतारें, गत्ते के विशालकाय हाथी और ऊँट, अंग्रेजी, स्कॉटिश और हिंदुस्तानी बैंडबाजे, पेशेवर गायक तथा नर्तक, विवाह-विधि संपन्न कराने के लिए पंडित-पुरोहित—सबकुछ तैयार था।

मंगलोत्सव के उत्साह से भरे हुए पिताजी और मैं समय पर विवाह के लिए पहुँचने का विचार कर रहे थे। परंतु उस शुभ दिन से थोड़े ही पहले मैंने एक अमंगलसूचक दृश्य ध्यान में देखा। यह बरेली में अर्धरात्रि के समय था। मैं पिताजी के साथ अपने बँगले के बरामदे में सोया हुआ था। पलंग पर लगी मच्छरदानी की विचित्र फड़फड़ाहट की सी ध्वनि से मेरी नींद खुल गई। पतली मच्छरदानी के परदे खुल गए और मुझे अपनी प्रिय माँ दिखाई पड़ीं। "अपने पिताजी को जगाओ!"

माँ की आवाज केवल एक फुसफुसाहट की तरह लगी। "आज ही भोर को चार बजे यहाँ से चलने वाली पहली गाड़ी पकड़ो। यदि मुझे देखना चाहते हो तो जल्दी करो!" इसके बाद वह छायामूर्ति अदृश्य हो गई।

"पिताजी, पिताजी! माँ प्राण त्याग रही हैं!" मेरे आर्त स्वर में व्याप्त भयाकुलता ने उन्हें तत्क्षण जगा दिया। सुबकते हुए मैंने उन्हें सारी घटना सुना दी। अपने स्वभाव के अनुसार इस स्थिति को अस्वीकार करते हुए उन्होंने मुझसे कहा, "चिंता की कोई बात नहीं। यह तुम्हारे मन का भ्रममात्र है। तुम्हारी माँ बिल्कुल ठीक है। यदि कोई दु:खद समाचार मिल ही गया तो हम लोग कल चल पड़ेंगे।"

"यदि आप अभी तुरंत नहीं चले तो अपने आपको आप कभी क्षमा नहीं कर पाएँगे!"

तीव्र व्यथा के कारण मेरे मुँह से ये शब्द भी निकल पड़े, "और न ही मैं आपको कभी क्षमा करूँगा!"

विषादपूर्ण प्रात:काल स्पष्ट संदेश लेकर आया—"माँ गंभीर रूप से अस्वस्थ; विवाह स्थगित; तुरंत आइए।"

पिताजी और मैं हतबुद्धि होकर निकल पड़े। रास्ते में जहाँ गाड़ी बदलनी पड़ती थी, वहाँ मेरे एक चाचा हम लोगों से मिले। आकार में बड़ी-बड़ी होती जाती एक रेलगाड़ी वज्र-गर्जन के साथ हमारी ओर आ रही थी। आंतरिक क्षुब्धता के कारण अपने आपको गाड़ी के आगे झोंक देने का निश्चय अचानक मेरे मन में उठा। मुझे लगा कि माँ की छत्रच्छाया से वंचित हो जाने के बाद अब अचानक पूर्णत: उजड़ गए इस संसार को सहने की क्षमता मुझमें नहीं है। मैं माँ से इस संसार में सबसे प्रिय मित्र के रूप में प्यार करता था। उनके सांत्वनादायक काले नयन बचपन की छोटी-छोटी व्यथा-वेदनाओं के समय मेरा एकमात्र आश्रय थे।

"क्या माँ अभी तक जीवित हैं?" चाचा से एक अंतिम प्रश्न करने के लिए मैं रुक गया।

चाचा को मेरे चेहरे पर छाई अधीरता को भाँप लेने में तनिक भी देर नहीं लगी। "निस्संशय वे जीवित हैं!" पर मुझे उन पर थोड़ा भी विश्वास नहीं हुआ।

हम कोलकाता में घर पहुँचे तो हमें मृत्यु के अचेतन करने वाले रहस्य का सामना करना पड़ा। मैं मृतप्राय सा होकर गिर पड़ा। किसी प्रकार की सांत्वना को मेरे हृदय का स्पर्श भी कर पाने के लिए कई वर्ष लग गए। मेरी आर्त पुकारों ने साक्षात् स्वर्ग के द्वारों को हिला दिया। आखिर जगज्जननी को आना ही पड़ा। उनके स्नेह स्निग्ध शब्दों ने मेरे रिसते घावों को भर दिया—"वह मैं ही थी, जिसने जन्म-

जन्मांतर में अनेक माताओं की स्नेह वत्सलता के माध्यम से तुम्हारी देखभाल की। खोए हुए जिन दो सुंदर काले नयनों को तुम ढूँढ़ रहे हो, उन्हें मेरी आँखों में देखो!"

परमप्रिय माँ के श्राद्ध-कर्म के बाद शीघ्र ही पिताजी और मैं बरेली लौट आए। अतीत की स्मृति में प्रतिदिन भोर में ही मैं अपने बँगले के सामने स्थित नरम, हरित-स्वर्णिम हरियाली को छाया देते खड़े पारिजात वृक्ष की दुःखार्त होकर तीर्थयात्रा करता। कभी-कभी काव्यमय क्षणों में मैं सोचता था कि पारिजात के श्वेत पुष्प अपनी अंतर्जात भक्ति से हरित तृण-वेदी पर अपने आपको बिखेर रहे हैं। ओस-बिंदुओं के साथ अपने अश्रु-बिंदुओं को मिलाते हुए मैं प्राय: उषा से लोकोत्त, अलौकिक प्रकाश निकलता देखा करता। ईश्वर को पाने की तीव्र कसक से मैं तड़प उठता। हिमालय में चले जाने की प्रबल इच्छा मुझमें जाग उठी।

मेरे एक चचेरे भाई हिमालय की पावन पर्वत श्रेणियों की यात्रा कर हमारे यहाँ बरेली आए। योगियों और स्वामियों के उस उच्च पर्वतनिवास स्थान की कहानियाँ मैंने उनसे उत्सुकतापूर्वक सुनीं।

"चलो, हिमालय भाग चलें।" यह प्रस्ताव एक दिन मैंने बरेली में अपने मकान-मालिक के पुत्र द्वारका प्रसाद के समक्ष रखा, परंतु वह ऐसे विचारों से सहमत नहीं था। उसने मेरे इस विचार से मेरे बड़े भाई को अवगत करा दिया, जो उसी समय पिताजी से मिलने के लिए वहाँ आए थे। एक छोटे बच्चे की इस अव्यावहारिक योजना को हँसकर टाल देने के बदले अनंत ने मेरा उपहास करने का निश्चय कर लिया।

"तुम्हारे गेरुए कपड़े कहाँ हैं? उनके बिना तो तुम स्वामी नहीं बन सकते!"

परंतु उनके इन शब्दों से मैं अबोधगम्य रूप से पुलकित हो उठा। उन शब्दों ने एक स्पष्ट चित्र मेरी दृष्टि के सामने खड़ा कर दिया कि मैं संन्यासी बनकर भारत-भ्रमण कर रहा हूँ। शायद उन शब्दों ने किसी पूर्वजन्म की स्मृतियों को जगा दिया था। चाहे जो बात हो, पर मुझे यह तो पता चल गया कि प्राचीन संन्यास परंपरा का गेरुआ वस्त्र मैं अत्यंत स्वाभाविक सहजता के साथ धारण कर सकूँगा।

एक दिन द्वारका के साथ बातचीत करते हुए मैंने अनुभव किया कि हिम-स्खलन के समान प्रचंड वेग से ईश्वर-प्रेम की धारा मुझमें उतर रही है। इसके फलस्वरूप शब्दों का जो धारा-प्रवाह मुख से बहने लगा, उसकी ओर द्वारका का तो विशेष ध्यान नहीं था, पर मैं पूरे मन से अपने आपको सुन रहा था। उसी दिन दोपहर को मैं हिमालय की तलहटी में स्थित पहाड़ियों में बसे नैनीताल की ओर भाग गया। अनंत ने भी दृढ़ संकल्प के साथ मेरा पीछा किया और विवश होकर मुझे

दु:खी अंत:करण के साथ बरेली वापस आना पड़ा। मुझे केवल एक ही तीर्थयात्रा करने की अनुमति थी और वह थी प्रतिदिन प्रातः की पारिजात वृक्ष की तीर्थयात्रा। मेरा हृदय अपनी खोई हुई दोनों माताओं के लिए मूक रुदन करता रहा—एक मानवी माता, दूसरी जगन्माता। माँ के स्वर्गवास से परिवार में जो रिक्तता उत्पन्न हो गई, वह कभी भरी नहीं जा सकती थी।

माँ के गुजर जाने के 14 महीने बाद मुझे ज्ञात हुआ कि वे मेरे लिए एक महत्त्वपूर्ण संदेश छोड़ गई हैं। उनके अंतिम समय अनंत दा उनके पास उपस्थित थे और उन्होंने उनके शब्दों को लिख लिया था। यद्यपि माँ ने वह संदेश मुझे एक वर्ष में दिए जाने का निर्देश दिया था, तथापि मेरे भाई ने उसमें विलंब कर दिया। उन्हें शीघ्र ही माँ द्वारा उनके लिए पसंद की हुई कन्या से विवाह करने के लिए बरेली से कोलकाता प्रस्थान करना था। एक दिन संध्या को उन्होंने मुझे अपने पास बुलाया। "मुकुंद! तुम्हें यह विलक्षण समाचार देने में मैं आनाकानी करता रहा।" उनके स्वर में विवशतापूर्ण समर्पण था।

"मुझे भय था कि इससे तुम्हारी गृहत्याग की इच्छा और भड़क उठेगी। परंतु तुम वैसे भी अभी प्रबल ईश्वर-प्रेम से ओत-प्रोत हो। अभी हाल ही में जब मैं तुम्हें हिमालय जाते हुए रास्ते से पकड़ लाया, तभी मैंने एक निश्चित संकल्प कर लिया। मुझे किसी भी परिस्थिति में अब अपना पवित्र वचन निभाने में देर नहीं करनी चाहिए।" मेरे भाई ने मुझे एक छोटी सी डिबिया दी और माँ का संदेश मुझे सुनाया।

माँ ने कहा था—"मेरे प्रिय पुत्र मुकुंद! मेरे ये शब्द तुम्हारे लिए मेरा अंतिम आशीर्वाद हैं। अब वह समय आ गया है, जब मुझे तुम्हारे जन्म के पश्चात् घटी अलौकिक घटनाओं से तुम्हें अवगत करा देना चाहिए। जब तुम मेरी गोद में एक नन्हे से शिशुमात्र थे, तभी मुझे तुम्हारे निहित मार्ग का पता चल गया था। मैं तब तुम्हें वाराणसी में अपने गुरु के घर ले गई थी। वहाँ शिष्यों की भीड़ की ओट में लगभग छिपे हुए मैं ध्यानस्थ लाहिड़ी महाशय को कठिनता से देख पा रही थी।

"तुम्हें थपकियाँ देते-देते मैं मन-ही-मन प्रार्थना करती जा रही थी कि गुरुदेव को वहाँ हमारी उपस्थिति का ज्ञान हो जाए और वे तुम्हें आशीर्वाद दें। जब मेरी मूक भक्तिपूर्ण प्रार्थना तीव्र हो गई, तब उन्होंने आँखें खोलीं और मुझे पास आने का इशारा किया। सभी लोगों ने मुझे रास्ता दिया; मैंने जाकर उन परमपवित्र चरणकमलों में अपना सिर रखा। लाहिड़ी महाशय ने तुम्हें अपनी गोद में ले लिया और आध्यात्मिक दीक्षा के रूप में तुम्हारे ललाट पर अपना हाथ रखा।

"छोटी माँ! तुम्हारा पुत्र एक योगी होगा। एक आध्यात्मिक इंजन बनकर वह अनेक आत्माओं को ईश्वर के साम्राज्य में ले जाएगा।"

"सर्वज्ञ गुरुदेव ने मेरी गुप्त प्रार्थना स्वीकार कर ली। यह देखकर मेरा हृदय आनंद से नाच उठा। तुम्हारे जन्म के कुछ पहले उन्होंने मुझे बताया था कि तुम उनके ही मार्ग पर चलोगे।

"मेरे पुत्र! बाद में तुम्हें जब अद्‌भुत आलोक के दर्शन का पता भी मुझे और तुम्हारी बड़ी बहन रमा को चल गया था, क्योंकि हम दोनों उस वक्त साथ के कमरे से तुम्हें अपनी शय्या पर निश्चल बैठा देख रही थीं। तुम्हारे छोटे से मुखमंडल पर तेज प्रकट हुआ था; जब तुम भगवान् को खोजने के लिए हिमालय में जाने की बात कर रहे थे, तब तुम्हारी आवाज में अत्यंत दृढ़ निश्चय ध्वनित हो रहा था।

"इन सब माध्यमों से, मेरे पुत्र! मैं समझ गई थी कि तुम्हारा मार्ग सांसारिक महत्त्वाकांक्षाओं से दूर है। मेरे जीवन की एक अद्वितीय घटना ने तो इस पर निश्चितता की मुहर लगा दी। वही घटना आज मुझे मृत्युशय्या से यह संदेश तुम्हें देने के लिए विवश कर रही है।

"यह घटना है पंजाब में एक साधु के दर्शन की। जब हमारा परिवार लाहौर में रहता था, तब एक दिन प्रात:काल नौकर मेरे कमरे में आया, 'मालकिन! एक अजीब साधु द्वार पर आया है; कहता है कि उसे मुकुंद की माँ से ही मिलना है।'

"इन सीधे-सरल शब्दों से मेरे भीतर कोई तार झंकृत हो उठा। मैं तुरंत साधु से मिलने बाहर गई। उनके चरणों में प्रणाम करते समय मैं समझ गई कि मेरे सामने कोई सच्चा सिद्ध-पुरुष खड़ा है। उन्होंने कहा, 'माता! महान् गुरुजन तुम्हें यह बता देना चाहते हैं कि इस पृथ्वी पर तुम्हारा वास अब अधिक दिन नहीं रहेगा। तुम्हारी अगली बीमारी तुम्हारे लिए अंतिम सिद्ध होगी।' इसके पश्चात् थोड़ी देर वे मौन रहे। उस मौन के दौरान मैंने कोई भय या संकट नहीं, बल्कि महान् शांति अनुभव की। अंतत: वह फिर कहने लगे, 'तुम्हें अपने पास अमानत के रूप में रखने के लिए चाँदी का एक तावीज दिया जाएगा। वह आज मैं तुम्हें नहीं दूँगा। मेरे कथन को सत्य प्रमाणित करने के लिए कल जब तुम ध्यान कर रही होगी, तब वह तुम्हारे हाथों में मूर्त रूप धारण कर लेगा। जब तुम्हारी मृत्यु की घड़ी निकट आएगी, तब तुम्हें वह तावीज अपने बड़े बेटे अनंत को देकर उसे बताना होगा कि एक वर्ष तक वह उस तावीज को अपने पास रखे और तत्पश्चात् उसे तुम्हारे द्वितीय पुत्र को दे। महापुरुषों से प्राप्त उस तावीज के मर्म को मुकुंद समझ लेगा। उसे वह तावीज तब मिलना चाहिए, जब वह सारी सांसारिक आशा-आकांक्षाओं का परित्याग कर प्राणपण से

ईश्वर की खोज करने के लिए प्रस्तुत हो रहा हो। जब वह तावीज कुछ वर्षों तक उसके पास रह चुका होगा और जब उसका उद्देश्य पूरा हो चुका होगा, तब वह अपने आप अदृश्य हो जाएगा। गुप्त से अति गुप्त स्थान में भी वह रखा हो, तब भी वह जहाँ से आया था, वहीं वापस चला जाएगा।'

"मैंने उस साधु को भिक्षा अर्पण कर परम भक्तिभाव से नमन किया। भिक्षा ग्रहण न कर, मुझे आशीर्वाद देकर वे चले गए। अगले दिन संध्या को जब मैं हाथ जोड़कर ध्यान में बैठी थी, तब चाँदी का एक तावीज मेरी हथेलियों के बीच में प्रकट हो गया, जैसा साधु ने कहा था। उसके शीतल, चिकने स्पर्श से मुझे उसके प्रकट होने का ज्ञान हो गया। मैंने दो वर्षों से अधिक समय तक इसे सावधानीपूर्वक सँभालकर रखा और अब इसे अनंत के पास छोड़े जा रही हूँ। मेरे लिए कोई शोक मत करना, क्योंकि मुझे मेरे गुरुदेव ईश्वर की गोद में पहुँचा देंगे। अच्छा, मेरे बच्चे! अब मैं चलती हूँ। जगन्माता तेरी रक्षा करेंगी।"

जब इस संदेश के माध्यम से मुझे पता चला कि माँ अपने अल्पायु होने की बात को जानती थीं, तब पहली बार मेरी समझ में आया कि क्यों वह अनंत का विवाह शीघ्रातिशीघ्र कराना चाहती थीं। यद्यपि विवाह के पूर्व ही उसका देहावसान हो गया, तथापि विवाहोत्सव देखने की उनके मन में स्वाभाविक मातृसुलभ आकांक्षा थी।

तावीज मेरे हाथ में आते ही ज्ञान का उज्ज्वल प्रकाश मुझ पर छा गया; अनेक सुप्त स्मृतियाँ जाग्रत् हो उठीं। तावीज गोल, दीखने में कुछ विचित्र सा और प्राचीन लगता था। उस पर संस्कृत के अक्षर खुदे हुए थे। मैं समझ गया कि इस जन्म के जीवनपथ पर भी अदृश्य रूप से मेरा मार्गदर्शन करने वाले मेरे पूर्वजन्मों के गुरुओं ने इसे भेजा था। इसका एक और गहन अभिप्राय भी था; परंतु तावीज के भीतरी रहस्य का भेद खोल देना उचित नहीं होगा।

मेरे जीवन की अत्यंत दु:खद घटनाओं के बीच वह तावीज अंततः किस प्रकार अदृश्य हो गया और उसका अदृश्य होना किस प्रकार मेरे लिए गुरुलाभ का सूचक सिद्ध हुआ, इसका वर्णन इस प्रकरण में करने की आवश्यकता नहीं।

किंतु हिमालय में जाने की अपनी चेष्टाओं में बार-बार असफल किया गया यह बालक तावीज के पंखों पर सवार होकर प्रतिदिन दूर-दूर तक यात्रा कर लेता था।

□

3

द्विशरीरी संत

"पिताजी! यदि मैं बिना किसी दबाव के घर लौटने का वचन दूँ तो क्या दर्शन-यात्रा के लिए बनारस जा सकता हूँ?"

मेरे यात्रा-प्रेम में पिताजी शायद ही कभी बाधा बनते थे। मेरी किशोरावस्था में भी अनेक शहरों और तीर्थस्थलों की यात्रा करने की अनुमति वे मुझे दे देते थे। साधारणतया मेरे साथ मेरे एक या अधिक मित्र होते। पिताजी द्वारा प्रदत्त प्रथम श्रेणी के पासों पर हम लोग आरामपूर्वक यात्रा करते। हमारे परिवार के खानाबदोश लोगों के लिए पिताजी का रेलवे अधिकारी का पद बड़ा ही संतोषप्रद था।

पिताजी ने मेरे अनुरोध पर यथोचित विचार करने का वचन दिया। दूसरे दिन मुझे अपने पास बुलाकर उन्होंने बरेली से बनारस जाने-आने का एक पास, एक रुपए के कुछ नोट और दो पत्र देते हुए कहा, "मुझे बनारस के अपने मित्र केदारनाथ बाबू को एक कार्य के विषय में कुछ प्रस्ताव भेजना है। दुर्भाग्यवश उनके पते का कागज मैंने कहीं खो दिया है। परंतु मुझे विश्वास है कि हम दोनों के मित्र स्वामी प्रणबानंद की सहायता से तुम यह पत्र उन तक पहुँचा सकोगे। स्वामीजी मेरे गुरुभाई हैं, उन्होंने अति उन्नत आध्यात्मिक अवस्था प्राप्त कर ली है। उनके संग से तुम्हें भी लाभ होगा। यह दूसरा पत्र उन्हें तुम्हारा परिचय देगा।"

साथ में यह कहते हुए पिताजी की आँखें चमक उठीं, "याद रखो, अब फिर कभी घर से नहीं भागना, समझे!"

अपनी बारह वर्ष की आयु के उत्साह के साथ मैं निकल पड़ा। बनारस पहुँचते ही मैं सीधे स्वामीजी के निवास स्थान की ओर चल पड़ा। सामने का द्वार खुला था, मैं दूसरी मंजिल पर स्थित एक लंबे हॉलनुमा कमरे में जा पहुँचा। फर्श से कुछ ऊँची उठी हुई एक चौकी पर स्थूलकाय एक व्यक्ति केवल एक अधोवस्त्र धारण

किए हुए पद्मासन में बैठे थे। उनके होंठों पर शांत, सुंदर मुसकान खेल रही थी। मेरे अवांछित प्रवेश के संकोच को दूर करने के लिए किसी चिरपरिचित मित्र की भाँति उन्होंने मेरा स्वागत किया।

"बाबा आनंद।" बालसुलभ आवाज में उन्होंने इन शब्दों के साथ मेरा हार्दिक स्वागत किया। मैंने घुटने टेककर उनका चरणस्पर्श किया। "क्या आप ही स्वामी प्रणबानंदजी हैं?"

उन्होंने स्वीकारार्थ सिर हिलाया। "तुम भगवती के बेटे हो?" इससे पहले कि मुझे अपनी जेब से पिताजी का पत्र निकालने का अवसर भी मिल पाता, उनके शब्द निकल चुके थे। आश्चर्यचकित होकर मैंने पिताजी का उनके लिए दिया हुआ अपना परिचय-पत्र निकालकर उनके हाथ में दिया, जो अब निरर्थक जान पड़ता था।

"तुम्हारे लिए केदारनाथ बाबू को मैं अवश्य ढूँढ़ निकालूँगा।" संत ने पुनः एक बार अपनी अतींद्रिय दृष्टि से मुझे विस्मित कर दिया। तत्पश्चात् उन्होंने पत्र पर एक दृष्टि डाली और मेरे पिताजी के संबंध में कुछ स्नेह भरे उद्गार व्यक्त किए।

"देखो, मुझे दो पेंशन मिलती हैं। एक तुम्हारे पिताजी की सिफारिश से, जिनके अधीन मैं रेलवे कार्यालय में काम करता था। दूसरी मेरे परमपिता के अनुग्रह से, जिनके लिए मैंने अपने जीवन के सांसारिक कर्तव्यों को अंतर्प्रेरणा के अनुसार अपना सर्वोत्तम प्रयास करके पूर्ण कर दिया है।"

मुझे यह कथन अत्यंत गूढ़ लगा। "परमपिता से आपको कैसी पेंशन मिलती है, स्वामीजी? वे क्या धन आपकी गोद में डाल देते हैं?"

स्वामीजी हँस पड़े। "पेंशन से मेरा अभिप्राय है अगाध शांति, अनेक वर्षों के गहन ध्यान का पुरस्कार। मुझे अब धन की कभी कोई इच्छा नहीं होती। मेरी अत्यल्प भौतिक आवश्यकताओं की पूर्ति हो जाती है। इस दूसरी पेंशन का तात्पर्य तुम बाद में समझ जाओगे।"

अचानक वार्त्तालाप बंद कर स्वामीजी गंभीर और निश्चल हो गए। किसी रहस्यमय भाव ने उन्हें आवृत्त कर लिया। प्रारंभ में तो उनकी आँखें चमक उठीं, जैसे किसी आकर्षक वस्तु को देख रही हों, बाद में निष्प्रभ हो गईं। मैं उनके इस अचानक मौन से उद्विग्न हो गया; उन्होंने अभी तक मुझे यह नहीं बताया था कि मैं अपने पिताजी के मित्र से कैसे मिल सकूँगा। तनिक बेचैन होकर मैंने उस खाली कमरे में दृष्टि दौड़ाई, जिसमें हम दोनों के अतिरिक्त और कुछ भी नहीं था। जिस चौकी पर वे बैठे थे, उसके नीचे रखी उनकी काठ की खड़ाऊँ पर मेरी दृष्टि पड़ी।

"छोटे महाशय! चिंता मत करो। जिनसे तुम मिलना चाहते हो, वे आधे घंटे में यहाँ पहुँच जाएँगे।" योगीवर मेरे मन को पढ़ रहे थे—उस समय यह कोई बड़ी बात भी नहीं लग रही थी!

उन्होंने पुनः गहन मौन धारण कर लिया। जब मेरी घड़ी से मुझे पता चला कि तीस मिनट बीत चुके हैं, तब स्वामीजी स्वयं ही उठ गए। 'लगता है केदारनाथ बाबू दरवाजे के निकट पहुँच गए हैं।' उन्होंने कहा। मैंने सीढ़ियों से किसी के ऊपर आने की आहट सुनी। विस्मित अबोध्यता में मैं अचानक डूब गया; असमंजस में मेरे विचार दौड़ने लगे—"बिना किसी संदेशवाहक का उपयोग किए पिताजी के मित्र को यहाँ बुलाना कैसे संभव हो सकता है? मेरे यहाँ आने के बाद स्वामीजी ने तो मेरे अतिरिक्त किसी से भी बात नहीं की है!"

मैं चुपचाप उठकर कमरे से बाहर आ गया और सीढ़ियाँ उतरने लगा। आधे रास्ते में ही मध्यम कद के एक दुबले-पतले, गौरवपूर्ण व्यक्ति से मेरी भेंट हुई। वे किसी जल्दी में लग रहे थे।

"क्या आप केदारनाथ बाबू हैं?" मेरी आवाज में उत्तेजना स्पष्ट थी!

"हाँ, और तुम भगवती के बेटे हो न, जो मुझसे मिलने के लिए यहाँ प्रतीक्षा कर रहे हो?" वे मित्रतापूर्ण ढंग से मुसकराए।

"महाशय! पर आप यहाँ कैसे आए?" उनकी अबोध्य उपस्थिति से मुझे विस्मयकारी रोष का अनुभव हुआ।

"आज सबकुछ रहस्यमय लग रहा है! एक घंटे से भी कम समय पहले मैंने गंगास्नान समाप्त किया ही था कि स्वामी प्रणबानंदजी मेरे पास पहुँच गए। मैं सोच भी नहीं सकता कि उन्हें कैसे पता चला कि मैं उस समय वहाँ था।

"भगवती का बेटा मेरे घर में तुम्हारी प्रतीक्षा कर रहा है," उन्होंने कहा, "क्या तुम मेरे साथ चलोगे?" मैं खुशी से तैयार हुआ। हम लोग हाथ में हाथ डालकर चलने लगे, किंतु खड़ाऊँ पहनने के बावजूद स्वामीजी आश्चर्यजनक ढंग से मुझे पीछे छोड़कर आगे निकल गए, हालाँकि मैं मजबूत जूते पहने हुए था।

फिर प्रणबानंदजी ने अकस्मात् रुककर मुझसे पूछा, "मेरे घर पहुँचने में तुम्हें कितना समय लगेगा?"

"लगभग आधा घंटा।"

"मुझे अभी कुछ और काम है।" उन्होंने एक रहस्यमय दृष्टि मुझ पर डाली। "अब मुझे तुम्हें पीछे छोड़कर जाना होगा। तुम सीधे मेरे घर पहुँच जाओ, जहाँ मैं और भगवती का बेटा तुम्हारी प्रतीक्षा कर रहे होंगे।"

"मैं उनसे कुछ कह सकूँ, इससे पहले ही वे तेजी से मेरे पास से निकल गए और भीड़ में अदृश्य हो गए। मैं जितना तेज चल सकता था, उतना तेज चलकर यहाँ पहुँचा हूँ।"

केदारनाथ बाबू के इस कथन से मैं और भी हतबुद्धि हो गया। मैंने उनसे पूछा कि वे स्वामीजी को कब से जानते थे?

"पिछले वर्ष तो हमारी कुछ मुलाकातें हुई थीं, पर हाल में कभी भेंट नहीं हुई। आज पुन: स्नानघाट पर उनसे मिलकर मुझे बहुत खुशी हुई।"

मुझे अपने कानों पर विश्वास नहीं हो रहा है। मेरा दिमाग तो नहीं फिर रहा है? "क्या आप उनसे मन:दृष्टि में मिले थे, या वास्तव में देखा था, उनके हाथ का स्पर्श किया था और उनकी पदचाप सुनी थी?"

"तुम कहना क्या चाहते हो?" गुस्से से उनका चेहरा तमतमा गया। "मैं तुमसे झूठ नहीं बोल रहा हूँ। क्या तुम यह नहीं समझ पा रहे हो कि केवल स्वामीजी द्वारा ही तो मुझे पता चल सकता था कि तुम यहाँ मेरी प्रतीक्षा कर रहे हो?"

"पर यह देखिए, मैं एक घंटा पहले यहाँ आया और तबसे अब तक स्वामी प्रणबानंदजी एक क्षण के लिए भी मेरी दृष्टि से ओझल नहीं हुए।" मैंने सारी कहानी उन्हें सुना दी और स्वामीजी और मेरे बीच का वार्त्तालाप भी उनके सामने दुहरा दिया।

उनकी आँखें फैल गईं। "हम लोग इस भौतिक युग में जी रहे हैं या स्वप्न देख रहे हैं? मैंने अपने जीवन में कभी भी इस प्रकार का चमत्कार देख पाने की आशा नहीं की थी! मैं तो समझता था यह स्वामीजी केवल एक साधारण मनुष्य हैं, और अब देखता हूँ कि ये एक और शरीर भी धारण कर सकते हैं, उसके द्वारा काम भी कर सकते हैं!" हम दोनों ने साथ-साथ ही स्वामीजी के कमरे में प्रवेश किया। केदारनाथ बाबू ने चौकी के नीचे पड़ी खड़ाऊँ की ओर इशारा किया।

"देखो! ये वही खड़ाऊँ हैं, जो स्वामीजी ने घाट पर पहनी हुई थीं," उन्होंने फुसफुसाकर कहा, "उन्होंने केवल एक अधोवस्त्र पहन रखा था, जैसा उन्होंने अभी पहन रखा है।"

केदारनाथ बाबू ने जब स्वामीजी के चरणों में प्रणाम किया तो स्वामीजी मेरी ओर देखते हुए विनोदपूर्ण ढंग से मुसकराए। "तुम इस सबसे इतने स्तंभित क्यों हो? दृश्य जगत् की सूक्ष्म एकता सच्चे योगियों से छिपी नहीं रहती। मैं सुदूर कोलकाता में रहने वाले अपने शिष्यों के सामने क्षण भर में प्रकट होकर उनसे वार्त्तालाप कर

सकता हूँ। वे भी इसी प्रकार स्थूल जगत् की प्रत्येक बाधा को अपनी इच्छानुसार पार कर सकते हैं।"

शायद मेरे बाल-हृदय में आध्यात्मिक उत्साह जगाने के उद्देश्य से ही स्वामीजी अपने दूरश्रवण और दूरदर्शन के योगबल के बारे में मुझे बताने के लिए राजी हुए। परंतु उत्साह के बदले मुझे विस्मययुक्त भय का अनुभव हुआ। चूँकि मेरी ईश्वर-खोज एक विशिष्ट गुरु श्रीयुक्तेश्वरजी के मार्गदर्शन में ही होनी तय थी, जिनसे मैं अभी मिला भी नहीं था, अतः प्रणबानंदजी को अपना गुरु मानने की कोई प्रवृत्ति मेरे मन में नहीं उठी। मैंने यह सोचते हुए उनकी ओर सशंकित मन से देखा कि मेरे सामने बैठे हुए वे स्वयं ही थे, या उनका प्रतिरूप था?

स्वामीजी ने मेरी ओर आत्मज्ञानोदय कराने वाली दृष्टि से देखते हुए तथा अपने गुरु महाराज के विषय में कुछ प्रेरणादायक बातें बताते हुए मेरी अशांति दूर करने की चेष्टा की—"जितने योगियों को मैं जानता हूँ, उन सबमें लाहिड़ी महाशय सबसे महान् योगी थे। वे नरदेह में साक्षात् ईश्वर थे।"

मैंने मन-ही-मन सोचा कि जब शिष्य भी इच्छामात्र से एक और रक्तमांस का शरीर धारण कर सकता है, तब उसके गुरु के लिए कौन सा चमत्कार करना असंभव होगा?

एक से अधिक शरीरों में एक साथ प्रकट होने की शक्ति एक सिद्धि है, जिसका उल्लेख पतंजलि के योगसूत्र में है। एक साथ विभिन्न स्थानों पर प्रकट होने की घटनाएँ युग-युगांतर से अनेक संतों के जीवन में प्रदर्शित हुई हैं। इस असाधारण रहस्योद्घाटन के उपरांत स्वामी प्रणबानंदजी दीर्घकाल तक मौन रहे। जब मैं भक्तिभाव से उनका चरणस्पर्श कर उनसे जाने के लिए अनुमति माँग रहा था, तब उन्होंने आशीर्वाद दिया, "तुम्हारा जीवन संन्यास और योगमार्ग के लिए है। तुम्हारे पिताजी और तुम्हारे साथ मेरी फिर एक बार भेंट होगी।"

अनेक वर्षों के उपरांत ये दोनों ही भविष्यवाणियाँ सत्य सिद्ध हुईं।

□

4

हिमालय की ओर मेरे पलायन में बाधा

"कोई भी छोटा-मोटा बहाना बनाकर अपनी कक्षा से बाहर निकल आओ और एक घोड़ागाड़ी किराए पर ले लो। हमारी गली में ऐसी जगह आकर ठहरना, जहाँ तुम्हें मेरे घर का कोई सदस्य न देख सके।"

हिमालय को मेरे साथ जाने की योजना बनाने वाले उच्च माध्यमिक विद्यालय के अपने सहपाठी अमर मित्तर को मेरा यह अंतिम निर्देश था। अपने पलायन के लिए हम लोगों ने अगला दिन तय किया था। अनंत दा मुझ पर कड़ी दृष्टि रखते थे, इसलिए सावधानी बरतना आवश्यक था। उन्हें पूरा संदेह था कि मेरे मन में भाग जाने की प्रबल इच्छा है, और वे मेरी योजना को विफल बनाने के लिए कृतसंकल्प थे। तावीज चुपचाप अपना कार्य करता हुआ मेरे अंदर आध्यात्मिक उफान ला रहा था। मुझे आशा थी कि हिमालय में मुझे अपने वे गुरु मिल जाएँगे, जिनका चेहरा प्राय: मुझे अपने अंतर्मन के दिव्य-दर्शनों में दिखाई देता था। पिताजी का स्थायी रूप से कोलकाता में स्थानांतरण हो गया था और अब हमारा परिवार वहीं रह रहा था। पितृसत्तात्मक भारतीय परंपरा के अनुसार अनंत दा भी अपनी नववधू के साथ हमारे घर में रहने आ गए थे। वहाँ मैं अटारी पर स्थित एक छोटे से कमरे में नित्य ध्यान करके अपने मन को ईश्वरानुसंधान के लिए तैयार कर रहा था।

उस अविस्मरणीय दिन का उदय अमंगलकारी वर्षा के साथ हुआ। सड़क पर अमर की घोड़ागाड़ी की आवाज सुनते ही मैंने जल्दी-जल्दी एक कंबल में एक जोड़ा खड़ाऊँ, दो कौपीन, एक जपमाला, लाहिड़ी महाशय की फोटो और भगवद्गीता की एक प्रति बाँध ली। यह पोटली मैंने तीसरी मंजिल की अपनी खिड़की से नीचे फेंक दी। मैं भागते हुए सीढ़ियों से नीचे उतरा और द्वार पर मछली खरीद रहे चाचाजी की बगल से आगे बढ़ गया।

"क्या जल्दी है ?" उन्होंने सशंक दृष्टि से मुझे ऊपर से नीचे तक देखा।

बिना कोई उत्तर दिए एक उदासीन मुसकान के साथ उनकी ओर देखते हुए मैं गली की ओर चल पड़ा। अपनी पोटली उठाकर षड्यंत्रकारी सावधानी बरतता हुआ मैं अमर से जा मिला। हम गाड़ी में बैठकर शहर के एक बाजार क्षेत्र चाँदनी चौक में गए। अंग्रेजी पोशाक खरीदने के लिए हम कई महीनों से अपने प्रतिदिन जलपान के लिए मिलने वाले थोड़े-थोड़े पैसे बचाते आए थे। हम जानते थे कि मेरे चालाक भाई एक गुप्तचर की भूमिका निभा सकते हैं, इसलिए यूरोपियन पोशाक पहनकर हम उन्हें चकमा देना चाहते थे।

स्टेशन जाते-जाते रास्ते में हम सभी अपने चचेरे भाई जतिन घोष, जिन्हें मैं जतिन दा कहता था, के लिए रुके। वे नए-नए ही हमारे पंथानुयायी बने थे और हिमालय में किसी गुरु की शरण प्राप्त करने के आकांक्षी थे। हमारे पास पहले से तैयार नया सूट उन्होंने पहन लिया। अब हमें कोई नहीं पहचान सकता, हमने सोचा। हमारे मन गहरे उल्लास से खिल उठे। बस, अब केवल कैनवस जूतों की कमी है। मैं उन दोनों को एक दुकान पर ले गया, जहाँ रबड़ के तले लगे जूतों को सजाया गया था। "ऐसी पवित्र यात्रा में जीव-हत्या द्वारा प्राप्त हुई चमड़े की चीजें नहीं ले जानी चाहिए।" अपनी भगवद्गीता की चमड़े की जिल्द और विलायती हैट पर लगे चमड़े के फीते निकालकर फेंकने के लिए मैं बाहर सड़क पर रुक गया।

स्टेशन पर हम लोगों ने बर्दवान के टिकट खरीदे। हम बर्दवान में हिमालय के चरणों में स्थित हरिद्वार जाने के लिए गाड़ी बदलने वाले थे। जब गाड़ी भी हम लोगों के समान ही भागने लगी तो मैंने अपनी कुछ महान् आशाओं को शब्द प्रदान किए।

'जरा कल्पना तो करो!' मैंने उत्साहपूर्वक कहा, 'महान् गुरुओं से दीक्षा लेकर हम लोग ब्रह्मचैतन्य की समाधि का अनुभव करेंगे। हमारे शरीरों में ऐसी चुंबकीय शक्ति पैदा हो जाएगी कि हिमालय के वन्य पशु पालतू जानवरों की भाँति हमारे पास आएँगे। बाघ हमारा दुलार पाने को प्रतीक्षा में बैठी रहने वाली घरेलू निरीह बिल्लियों से अधिक कुछ न होंगे!' भविष्य का चित्र प्रस्तुत करने वाला यह वर्णन, जिसे मैं लाक्षणिक तथा वास्तविक, दोनों दृष्टियों से चित्तमोहक मान रहा था, अमर के होंठों पर उत्साहपूर्ण मुसकान ले आया। परंतु जतिन दा ने अपनी दृष्टि दूसरी ओर घुमा ली और खिड़की से बाहर भागते हुए प्राकृतिक दृश्यों को देखने लगे। "पैसे को तीन हिस्सों में बाँट लेते हैं।" जतिन दा ने इस प्रस्ताव के साथ अपने दीर्घ मौन को तोड़ा। "बर्दवान में हमें अपने टिकट अलग-अलग खरीदने चाहिए। इससे किसी को संदेह नहीं होगा कि हम लोग साथ-साथ भाग रहे हैं।"

मैं बिना किसी आशंका के सहमत हो गया। सूर्यास्त के समय हमारी ट्रेन बर्दवान स्टेशन पर रुकी। जतिन दा टिकट-घर में घुस गए; अमर और मैं प्लेटफॉर्म पर बैठे रहे। हम लोगों ने पंद्रह मिनट तक प्रतीक्षा की, और फिर उनके विषय में निष्फल पूछताछ की। चारों ओर खोज लेने के बाद हम लोगों ने भय-व्याकुल होकर जोर-जोर से जतिन दा को आवाजें दीं। परंतु वे तो उस छोटे से स्टेशन के चारों ओर फैले अंधकार में न जाने कहाँ लुप्त हो गए थे।

मैं पूर्णतः घबरा गया और इस आघात से मेरे हाथ-पाँव फूल गए। भगवान् को भी यह निराशाजनक घटना मंजूर थी? भगवान् के लिए मेरे प्रथम सुनियोजित पलायन के रोमांचक अवसर पर विषाद का निर्मम साया पड़ चुका था।

"अमर, हमें घर लौट जाना चाहिए।" मैं छोटे बच्चे की तरह रो रहा था। "जतिन दा का निष्ठुर प्रयाण अनिष्टसूचक संकेत है। विफल होना ही इस यात्रा की नियति है।"

"यही है तुम्हारा ईश्वर-प्रेम? एक विश्वासघाती साथी के रूप में ली गई छोटी सी परीक्षा को भी तुम सह नहीं सकते?"

अमर द्वारा इसे ईश्वरीय परीक्षा बताए जाने पर मेरा मन शांत हुआ। हमने बर्दवान के सुविख्यात सीताभोग और मोतीचूर का नाश्ता किया। कुछ ही घंटों में हम बरेली होकर हरिद्वार जाने वाली गाड़ी में बैठ गए। अगले दिन मुगलसराय में गाड़ी बदलते हुए जब हम प्लेटफॉर्म पर प्रतीक्षा कर रहे थे, तब हमने एक महत्त्वपूर्ण विषय पर विचार-विमर्श किया।

"अमर, संभव है कि शीघ्र ही हमें रेलवे अधिकारियों की पूछताछ का सामना करना पड़े। मैं अपने भाई की चतुरता को कम महत्त्व नहीं देता। परिणाम चाहे जो भी हो, मैं झूठ नहीं बोलूँगा।"

"मुकुंद, मेरा तुमसे इतना ही अनुरोध है कि तुम चुप रहना। मैं जब उनसे बात करूँ तो तुम मुसकराना या हँसना नहीं।"

इतने में ही एक यूरोपियन रेलवे अधिकारी मेरे पास आया। उसने एक तार-पत्र हिलाकर मुझे दिखाया, जिसका आशय मैं तुरंत समझ गया। "क्या तुम लोग गुस्से में घर से भाग रहे हो?"

"जी नहीं!" मैं प्रसन्न था कि उसके चुने हुए शब्दों ने मुझे सुस्पष्ट उत्तर देने की अनुमति दे दी। मैं जानता था कि क्रोध नहीं, बल्कि 'दैवीवैराग्य' मेरे इस अस्वाभाविक व्यवहार का कारण था।

फिर वह अधिकारी अमर की ओर मुड़ा। अधिकारी ने अपनी आवाज में अपने

अधिकार को पूरी तरह ध्वनित करते हुए पूछा, "तीसरा लड़का कहाँ है? चलो, सच बोलो!"

"साहब! आपने चश्मा पहना हुआ है। क्या फिर भी आपको दिखाई नहीं देता कि हम केवल दो ही हैं?" अमर धृष्टतापूर्वक मुसकराया, "मैं कोई जादूगर नहीं हूँ कि एक तीसरा लड़का निकाल दूँ।"

अधिकारी ने इस धृष्टता से हड़बड़ाकर आक्रमण का नया पैंतरा लिया— "तुम्हारा नाम क्या है?"

"मुझे टॉमस कहते हैं। मैं अंग्रेज माता और भारतीय धर्मांतरित ईसाई पिता की संतान हूँ।"

"तुम्हारे मित्र का क्या नाम है?"

"मैं उसे टॉमसन कहता हूँ।"

अब तो अंदर-ही-अंदर मेरी हँसी चरम सीमा तक पहुँच चुकी थी। मैं किसी से कुछ कहे बिना ट्रेन की ओर चल पड़ा, जो भगवान् की दया से प्रस्थान करने के लिए सीटी बजा रही थी। अमर भी उस अधिकारी के साथ मेरे पीछे-पीछे ही चला आया, जो अब उसकी बातों पर इतना विश्वास करने लगा था कि उसने शिष्टतापूर्वक हमें यूरोपियन लोगों के लिए निर्धारित डिब्बे में आराम से बिठा दिया। स्पष्ट था कि दो अर्द्ध-अंग्रेज बालकों को हिंदुस्तानियों के डिब्बे में यात्रा करते देखना उसके लिए कष्टदायक था। उसके वहाँ से विनयपूर्वक प्रस्थान करने के बाद मैं सीट पर लेट गया और जोर-जोर से हँसता रहा। एक अनुभवी अंग्रेज अधिकारी को बुद्धिचातुर्य में मात देने का आनंदपूर्ण संतोष अमर के चेहरे पर व्याप्त था। प्लेटफॉर्म पर मैंने तार को चोरदृष्टि से पढ़ लिया था। तार मेरे भाई अनंत का था। उसमें लिखा था, "यूरोपियन पोशाक पहने तीन बंगाली लड़के घर से भागकर मुगलसराय के मार्ग से हरिद्वार की ओर जा रहे हैं। मेरे पहुँचने तक उन्हें कृपया रोके रखें। आपकी सेवाओं के लिए योग्य पुरस्कार दिया जाएगा।"

"अमर! मैंने तुम्हें कहा था कि निशान लगाए हुए टाइम-टेबल को घर में मत छोड़ना।" मेरी आँखों में नाराजगी थी। "मेरे भैया को अवश्य ही वहाँ ऐसा कोई टाइम-टेबल मिल गया होगा।"

मेरे मित्र ने झेंपकर इस डाँट को स्वीकार किया। हम थोड़ी देर के लिए बरेली में रुके जहाँ द्वारका प्रसाद अनंत द्वारा भेजे एक तार के साथ हमारी प्रतीक्षा कर रहा था। द्वारका ने हमें रोक रखने का भरपूर प्रयास किया, किंतु मैंने उसे अच्छी तरह विश्वास दिला दिया कि हमने यह पलायन हँसी-मजाक के तौर पर शुरू नहीं

किया था। पहले की भाँति इस बार भी द्वारका ने हमारे साथ हिमालय भाग चलने का प्रस्ताव स्वीकार नहीं किया।

उसी रात जब हमारी गाड़ी एक स्टेशन पर खड़ी हुई थी और मैं अर्द्धनिद्रित अवस्था में था, तब पूछताछ करते एक और अधिकारी ने आकर अमर को जगा दिया। वह भी 'टॉमस' और 'टॉमसन' नामों के इंद्रजाल में फँस गया। भोर होते-होते गाड़ी ने हमें सफलतापूर्वक हरिद्वार पहुँचा दिया। हमें अपनी ओर बुलाते गौरवशाली पर्वत कुछ दूरी पर अस्पष्ट दिखाई दे रहे थे। हम लोग तेजी से भागते हुए स्टेशन से बाहर निकले और नगर की स्वतंत्र भीड़ में प्रविष्ट हो गए। हमारा पहला काम था देशी पोशाक धारण करना, क्योंकि अनंत दा को किसी प्रकार हमारे यूरोपियन छद्मवेष का पता लग गया था। पकड़े जाने का पूर्वाभास मेरे मन पर बोझ बन रहा था।

हरिद्वार से तुरंत निकल जाना ही उपयुक्त मानकर हमने सदियों से अनेकानेक संतों की चरणरज से पवित्र हुए ऋषिकेश जाने के लिए टिकटें खरीद लीं। मैं पहले ही ट्रेन में बैठ गया था, जबकि अमर अभी पीछे प्लेटफॉर्म पर ही था। एक पुलिस वाले ने पुकारकर उसे रोक लिया। वह अवांछित प्रतिपालक हमें पुलिस स्टेशन के बँगले में ले गया और उसने हमारे सब पैसे ले लिये। उसने शिष्टतापूर्वक यह स्पष्ट किया कि मेरे बड़े भाई के आने तक हमें वहाँ रोककर रखना उसका कर्तव्य था। यह जानकर कि इन दो भगोड़ों का गंतव्य स्थल हिमालय है, उस सिपाही ने एक अद्भुत घटना सुनाई—

"मैं देख रहा हूँ कि तुम संतों के दीवाने हो! अभी कल ही मेरी जिस संत से मुलाकात हुई थी, उससे बड़ा संत तुम्हें कभी नहीं मिलेगा। मेरे एक सहयोगी और मैं उनसे पहली बार पाँच दिन पहले मिले थे। एक विशिष्ट हत्यारे की तीव्र खोज में हम गंगा के पास गश्त लगा रहे थे। उसे जिंदा या मुर्दा पकड़ने का हमें आदेश था। उसके बारे में हमें सिर्फ यह ही ज्ञात था कि तीर्थयात्रियों को लूटने के लिए वह साधु का छद्मवेष धारण कर घूम रहा है। अपने सामने थोड़ी ही दूरी पर हमने एक आकृति देखी, जो उस अपराधी के वर्णन से मिलती-जुलती थी। जब वह हमारे आदेश पर नहीं रुका तो उसे पकड़ने के लिए हम लोग दौड़े। पास पहुँचकर मैंने उस पर पूरी शक्ति से फरसे का वार कर दिया। उसका दाहिना हाथ कटकर उसके शरीर से लगभग पूर्णतः अलग हो गया। आश्चर्य यह है कि किसी प्रकार की कोई आवाज निकाले बिना और उस भयंकर घाव पर दृष्टि भी डाले बिना वह अजनबी अपनी तेज गति से चलता ही रहा। जब हम लपककर

उसके सामने खड़े हो गए तो उसने शांत भाव से कहा, "जिस हत्यारे की तुम्हें तलाश है, वह मैं नहीं हूँ।"

यह देखकर मुझे गहरा आघात लगा कि मैंने दिव्यपुरुष से दिखने वाले एक संत के शरीर को घायल कर दिया था। मैं उनके चरणों में साष्टांग लोट गया और कातर स्वर में क्षमायाचना करने लगा तथा तेजी से निकलते खून की धार को रोकने के लिए मैंने अपनी पगड़ी का कपड़ा उन्हें दिया।

"बेटा! तुम्हारी भूल स्वाभाविक ही थी।" उस महापुरुष ने मेरी ओर दया और स्नेह से देखते हुए कहा, "जाओ, और पश्चात्ताप मत करो। परमप्रिय जगन्माता मेरी देखभाल कर रही हैं।" उन्होंने अपनी लटकती भुजा को पकड़कर उसके स्थान पर लगाया और चमत्कार! वह जुड़ गई; और आश्चर्यजनक रूप से रक्त-प्रवाह भी तुरंत बंद हो गया। "तीन दिन बाद मुझसे उस पेड़ के नीचे आकर मिलो। तुम मुझे पूर्णतः स्वस्थ पाओगे। इस प्रकार तुम्हें पश्चात्ताप नहीं रहेगा।"

"कल ही मैं अपने सहयोगी के साथ वहाँ गया था। वह संत वहीं थे और उन्होंने हमें अपनी बाँह का निरीक्षण करने दिया। वहाँ पर न तो घाव का कोई चिह्न था, न ही चोट का कोई लक्षण!

"मैं ऋषिकेश होते हुए हिमालय के निर्जन प्रदेशों में जा रहा हूँ।"

"महात्मा ने वहाँ से तुरंत प्रस्थान करते हुए हमें आशीर्वाद दिया। मुझे लगता है कि उनकी पवित्रता से मेरा जीवन भी उन्नत हो गया है।"

उस अफसर ने पवित्र उद्गार के साथ अपनी कथा समाप्त की; उसके अनुभव ने स्पष्टतया उसके भीतर की नई गहराइयों को छू लिया था। एक प्रभावशाली ढंग से उसने उस चमत्कार के संबंध में छपी हुई समाचार-पत्र की कतरन मुझे दी। एक सनसनीखेज समाचार-पत्र में साधारणतया जिस तरह तोड़-मरोड़कर समाचार प्रकाशित किए जाते हैं, उसी तरह संवाददाता ने भी अपने विवरण में घटना को कुछ बढ़ा-चढ़ाकर छाप दिया था, उसमें लिखा था कि साधु का सिर ही धड़ से लगभग अलग हो गया था!

अमर को और मुझे अत्यंत खेद हुआ कि हम ऐसे महान् योगी के दर्शन-लाभ से वंचित रह गए, जिन्होंने अपने पर अत्याचार करने वाले को भी क्षमा कर दिया।

अपनी इस अद्भुत कहानी से हमारा समय बिताने के लिए हमने पुलिस अधिकारी का धन्यवाद किया। संभवतः वह हमें सूचित कर रहा था कि वह हमसे अधिक भाग्यवान था; उसे अनायास ही एक आत्मज्ञानी संत के दर्शन हो गए थे,

जबकि हमारी उत्कट खोज ने हमें किसी सिद्धपुरुष के चरणों में नहीं, बल्कि एक घटिया पुलिस स्टेशन में पहुँचा दिया था!

हिमालय के कितने निकट, किंतु फिर भी बंधन में होने के कारण कितने दूर! मैंने अमर से कहा कि इस बंधन से मुक्त होने के लिए मेरा मन दुगुने उत्साह से जोर मार रहा है।

"अवसर मिलते ही, यहाँ से खिसक चलें। पुण्यतीर्थ ऋषिकेश तक तो हम पैदल भी जा सकते हैं।" प्रोत्साहन देने के लिए मैं मुसकराया। परंतु मेरा मित्र उसी समय निराशावादी बन गया था, जैसे ही हमसे पैसे का मजबूत सहारा छीन लिया गया था।

"यदि हम ऐसे खतरनाक जंगल से पैदल चले तो उन साधु-संतों के नगर में नहीं, बल्कि बाघों के पेट में पहुँच जाएँगे!" अनंत और अमर के भाई तीन दिन बाद पहुँचे। अमर ने मुक्ति के आनंद से अपने भाई का सस्नेह स्वागत किया। परंतु मुझे इस पुनर्मिलन में कोई रुचि नहीं थी; अनंत को मुझसे कटु उलाहने के अतिरिक्त और कुछ नहीं मिला।

"तुम्हारे मन की भावना मैं समझता हूँ।" अनंत दा सांत्वनात्मक शब्दों में बोले। "मैं तुमसे केवल इतना ही चाहता हूँ कि तुम एक बार मेरे साथ बनारस चलो, वहाँ एक विशिष्ट संत से मिल लो और वहाँ से फिर कुछ दिनों के लिए दुःखित पिताजी से मिलने कोलकाता चले जाओ। उसके बाद तुम यहाँ अपने गुरु की खोज पुनः आरंभ कर सकते हो।"

यहाँ पर अमर हमारे वार्त्तालाप में टपक पड़ा; उसने कहा कि मेरे साथ पुनः हरिद्वार आने का उसका कोई इरादा नहीं है। वह पारिवारिक स्नेहसुधा का उपभोग कर रहा था। परंतु मुझे विश्वास था कि मैं कभी भी अपने गुरु की खोज का परित्याग नहीं करूँगा।

हमारी मंडली बनारस के लिए रेलगाड़ी पर सवार हो गई। वहाँ मुझे अपनी प्रार्थना का एक अद्‌भुत और प्रत्यक्ष उत्तर मिल गया। अनंत दा ने पहले से ही एक कौशलपूर्ण व्यूहरचना कर रखी थी। हरिद्वार में मुझसे मिलने से पहले वे बनारस में उतर गए थे और वहाँ उन्होंने एक शास्त्रपंडित से मिलकर मुझे उनसे उपदेश दिलाने की व्यवस्था कर रखी थी। पंडित और उनके सुपुत्र ने भी, मुझे संन्यास पथ से विरत कर देने का प्रयास करने का अनंत दा को वचन दे रखा था। अनंत दा मुझे उनके घर ले गए। पंडितजी के अति उत्साही स्वभाव वाले युवापुत्र ने आगे बढ़कर आँगन में ही मेरा स्वागत किया। उसने मुझे एक लंबे दार्शनिक तर्क-वितर्क में उलझा लिया।

अपनी अतींद्रिय दृष्टि से मेरे भविष्य को देख पाने का दावा करते हुए उन्होंने मेरे संन्यासी बनने के विचार पर असहमति प्रकट की।

"यदि तुम अपने साधारण उत्तरदायित्वों को त्याग देने का हठ करोगे तो निरंतर दुर्भाग्य का शिकार बनोगे और ईश्वर को पाने में असमर्थ रहोगे! सांसारिक अनुभव के बिना तुम अपने पूर्व कर्मों को समाप्त नहीं कर सकते।"

उत्तर में भगवद्गीता के सनातन शब्द मेरे होंठों पर उभर आए, "यदि कोई अतिशय दुराचारी भी अनन्य भाव से मुझे भजता है; तो उसके पिछले दुष्कर्मों का प्रभाव शीघ्र ही नष्ट हो जाता है। महात्मा बनकर वह शीघ्र शाश्वत शांति को प्राप्त करता है। हे कुंती पुत्र! तुम यह निश्चित रूप से जान लो; जो भक्त मुझमें पूर्ण विश्वास रखता है, उसका कभी विनाश नहीं होता!"

किंतु उस युवक द्वारा दृढ़तापूर्वक की गई भविष्यवाणी ने मेरे विश्वास को थोड़ा सा हिला दिया था। अपने हृदय की पूर्ण भक्ति से मैंने मन-ही-मन ईश्वर से प्रार्थना की, "अभी यहीं और इसी क्षण मेरी सारी व्यग्रता को दूर कर मुझे उत्तर दो, तुम क्या चाहते हो, मैं संन्यासी का जीवन व्यतीत करूँ या संसारी मनुष्य का?"

पंडितजी के घर की चारदीवारी के निकट ही बाहर मैंने एक उदात्त बदन साधु को खड़े देखा। स्पष्टतया उन्होंने मेरे और स्वघोषित दिव्य द्रष्टा के बीच का वार्त्तालाप सुन लिया था, क्योंकि उन्होंने अपरिचित होते हुए भी मुझे अपने पास बुलाया। उनके प्रशांत नेत्रों से मैंने एक प्रचंड शक्ति को प्रवाहित होते अनुभव किया।

"वत्स! उस मूढ़ की बातें मत सुनो। तुम्हारी प्रार्थना के प्रत्युत्तरस्वरूप ईश्वर मुझे तुम्हें यह आश्वासन देने का निर्देश दे रहे हैं कि तुम्हारे जीवन का एकमेव मार्ग संन्यास ही है।"

विस्मय और कृतज्ञता के साथ इस निर्णायक संदेश पर मैं प्रसन्नता से मुसकराया।

"उस आदमी से दूर होकर इधर चले आओ!" आँगन से वह 'मूढ़' मुझे बुला रहा था। मेरे उस संतवत् मार्गदर्शक ने आशीर्वाद मुद्रा में हाथ उठाया और वे धीरे-धीरे चले गए।

"वह साधु भी तुम्हारे समान पागल ही है।" यह मनोज्ञ टिप्पणी करने वाले श्वेत केशधारी पंडितजी थे। वे और उनके सुपुत्र मेरी ओर शोचनीय दृष्टि से देख रहे थे। "मैंने सुना है कि उसने भी ईश्वर की संदिग्ध खोज के लिए अपना घर-बार छोड़ दिया है।"

मैंने मुँह फेर लिया। अनंत दा की ओर मुड़कर मैंने कहा कि मैं इन लोगों से और किसी तर्क में नहीं उलझना चाहता। मेरे हतोत्साहित भाई तत्काल प्रस्थान के लिए मान गए। हम लोग शीघ्र ही कोलकाता जाने वाली गाड़ी पर सवार हो गए।

"श्रीमान गुप्तचरजी! यह तो बताइए कि आपको कैसे पता चला कि मैं दो साथियों के साथ भागा हूँ?" मैंने अपनी उबलती जिज्ञासा शांत करने के लिए घर जाते हुए रास्ते में अनंत दा से पूछा। वे शरारत भरे ढंग से मुसकराए।

"तुम्हारे स्कूल में मुझे पता चला कि अमर अपनी कक्षा से बाहर चला गया था और लौटकर नहीं आया था। मैं अगले दिन सुबह उसके घर गया और वहाँ एक निशान लगाया हुआ एक टाइम-टेबल खोज निकाला। अमर के पिता उसी समय घोड़ागाड़ी से बाहर जा रहे थे और कोचवान से बातें कर रहे थे।

"'आज मेरा बेटा स्कूल जाने के लिए मेरे साथ गाड़ी में नहीं आएगा। वह गायब हो गया है!' पिता ने दु:खभरे स्वर में कहा। मैंने एक साथी कोचवान से सुना है कि आपका बेटा और दो अन्य लड़के यूरोपियन पोशाक पहने हावड़ा स्टेशन में एक गाड़ी में चढ़कर कहीं चले गए हैं। कोचवान ने कहा, अपने चमड़े के जूते उन्होंने उस कोचवान को दे दिए।

"इस प्रकार मुझे तीन सूत्र मिल गए—टाइम-टेबल, तीन लड़कों की मंडली और अंग्रेजी वेश।"

अनंत दा के रहस्योद्घाटनों को मैं हँसी और खीझ के मिले-जुले भावों के साथ सुन रहा था। कोचवान के प्रति हमारी उदारता कुछ अपात्र दान ही ठहरी।

"यह तो स्वाभाविक ही था कि मैंने अमर द्वारा टाइम-टेबल में निशान लगाए गए शहरों के रेलवे-अधिकारियों को तत्काल तार भेज दिए। उसने बरेली पर भी निशान लगाया था, इसलिए मैंने वहाँ तुम्हारे दोस्त द्वारका को तार भेज दिया था। कोलकाता में अपने पड़ोस में पूछताछ करने पर मुझे पता चला कि हमारे चचेरे भाई जतिन दा एक रात के लिए गायब रहे, पर दूसरे दिन सुबह ही अंग्रेजी वेश में वापस आ गए थे। मैंने उन्हें खोजा और भोजन पर निमंत्रित किया। उन्होंने मेरे मैत्रीपूर्ण व्यवहार से नि:शंक होकर निमंत्रण स्वीकार किया। रास्ते में संदेह-रहित ढंग से मैं उन्हें एक पुलिस स्टेशन में ले गया। वहाँ उन्हें अनेक पुलिस अधिकारियों ने घेर लिया, जिन्हें मैंने उनकी डरावनी सूरत के कारण पहले से ही चुन रखा था। उनकी भयावह दृष्टि के आगे जतिन दा अपने रहस्यात्मक व्यवहार का स्पष्टीकरण देने के लिए तैयार हो गए।

"आध्यात्मिक भावनामय उत्साह में मैं हिमालय की ओर चल पड़ा।" उन्होंने कहा। सिद्ध महात्माओं के दर्शनों के विचार ने मेरे अंतःकरण को प्रेरणा से भर दिया था। परंतु जैसे ही मुकुंद ने कहा, "हिमालय की गुफाओं में जब हम समाधि में बैठ जाएँगे, तब बाघ भी वशीभूत होकर हमारे इर्द-गिर्द पालतू बिल्लियों की भाँति बैठेंगे," तो मेरा सारा जोश ठंडा हो गया और ललाट पर पसीने की बूँदें झलकने लगीं। मैंने सोचा, 'तब क्या होगा? यदि हमारे योगबल से हिंस्र बाघों का स्वभाव नहीं बदल सका तो क्या वे हमारे साथ घरेलू बिल्लियों का सा आचरण करेंगे?' अपने मनश्चक्षु में मैंने पहले से ही स्वयं को किसी बाघ के पेट के बलात् अंतर्वासी के रूप में देखा; वहाँ संपूर्ण शरीर के साथ एक ही बार में प्रवेश करके नहीं, बल्कि शरीर के विभिन्न हिस्सों की अनेक किस्तों में!"

जतिन दा के अदृश्य हो जाने के कारण जो मेरा क्रोध था, वह हँसी में बदल गया। उन्होंने मुझे जो संताप दिया था, उसका सारा मूल्य रेलगाड़ी में मिले लोटपोट करने वाले स्पष्टीकरण से चुकता हो गया। मुझे स्वीकार करना पड़ेगा कि मुझे इस बात से कुछ संतोष अवश्य हुआ कि जतिन दा भी पुलिस की खातिरदारी से नहीं बचे थे!

"अनंत दा! आप जन्मजात गुप्तचर हैं!" मेरी विनोदपूर्ण दृष्टि पूर्णतः क्रोधरहित नहीं थी। "और मैं जतिन दा से कहूँगा कि मुझे खुशी है कि वे विश्वासघात के किसी उद्देश्य से नहीं, जैसा कि प्रतीत होता था, बल्कि केवल आत्मरक्षा की सतर्क सहजप्रवृत्ति से प्रेरित हुए थे!"

कोलकाता में घर पहुँचने पर पिताजी ने अत्यंत मर्मस्पर्शी ढंग से मुझसे अनुरोध किया कि कम-से-कम उच्च विद्यालय की पढ़ाई पूरी कर लेने तक मैं अपने घूमते पाँवों पर अंकुश लगाऊँ। मेरी अनुपस्थिति में उन्होंने एक संतवत् महात्मा पंडित स्वामी केवलानंदजी के नियमित हमारे घर आने की व्यवस्था की एक प्रेमपूर्वक योजना बनाई थी। "ये ऋषितुल्य महात्मा तुम्हारे संस्कृत शिक्षक होंगे।" पिताजी ने विश्वस्त ढंग से घोषणा की।

पिताजी को आशा थी कि वे मेरी आध्यात्मिक पिपासा एक विद्वान् दार्शनिक से शिक्षा दिलाकर शांत कर देंगे। परंतु परिणाम रहस्यपूर्ण ढंग से उलटा हुआ, मेरे नवनियुक्त शिक्षक मुझे शुष्क बौद्धिक ज्ञान देने के बदले मेरी ईश्वराकांक्षा के अंगारों को हवा देने लगे। पिताजी को यह ज्ञात नहीं था कि स्वामी केवलानंदजी लाहिड़ी महाशय के एक उन्नत शिष्य थे। उस अद्वितीय गुरु के सहस्रों शिष्य थे, जो उनकी अमोघ दैवी शक्ति के चुंबकीय प्रभाव से अपने आप उनकी ओर आकर्षित हो गए

थे। मुझे बाद में ज्ञात हुआ कि लाहिड़ी महाशय केवलानंदजी को प्राय: 'ऋषि' कहकर संबोधित करते थे।

जब केवलानंदजी से मेरी भेंट हुई, तब उन्होंने संन्यास ग्रहण नहीं किया था। सामान्यतया सभी उन्हें 'शास्त्री महाशय' के नाम से संबोधित करते थे। लाहिड़ी महाशय और मास्टर महाशय के नामों के साथ साम्य के कारण कोई संभ्रम उत्पन्न न हो, इसलिए मैं अपने संस्कृत शिक्षक का उल्लेख केवल उनके संन्यासोत्तर नाम 'स्वामी केवलानंदजी' से कर रहा हूँ। बंगाल के खुलना जिले में वर्ष 1863 में जनमे केवलानंदजी ने 68 वर्ष की आयु में अपने शरीर का बनारस में त्याग किया। उनका पारिवारिक नाम आशुतोष चटर्जी था।

लंबे घुँघराले केश मेरे शिक्षक के सुंदर मुख-मंडल की शोभा बढ़ा रहे थे। उनकी काली आँखें शिशु-नेत्रों की भाँति निश्छल और भोली थीं। छरहरे शरीर की सब गतिविधियों में एक प्रशांत गंभीरता थी। सदैव शांत और स्नेहमय केवलानंदजी अनंत ब्रह्म के चैतन्य में दृढ़ता के साथ स्थिर हो गए थे। हम दोनों के सहवास के अनेक आनंदमय प्रहर गहरे क्रियायोग ध्यान में बीतते थे।

केवलानंदजी प्राचीन शास्त्रों के सुप्रतिष्ठित पंडित थे; उनके इस अगाध ज्ञान के कारण ही उन्हें शास्त्री महाशय की उपाधि मिली थी, जिसके द्वारा वे प्राय: संबोधित किए जाते थे। परंतु संस्कृत पांडित्य में मेरी प्रगति अनुल्लेखनीय थी। मैं सदा इसी सुयोग की ताक में रहता था कि किस तरह नीरस व्याकरण से जान बचे और योग तथा लाहिड़ी महाशय की चर्चा शुरू हो। मेरे शिक्षक महोदय से एक दिन लाहिड़ी महाशय के साथ बिताए गए अपने जीवन के बारे में कुछ बताने का अनुग्रह किया।

"मुझे दस वर्ष तक लाहिड़ी महाशय के पास रहने का दुर्लभ सौभाग्य प्राप्त हुआ था। बनारस में उनका घर मेरा रात्रिकालीन इष्ट तीर्थस्थान था। नीचे के तल्ले पर सामने वाली छोटी सी बैठक में वे सदा विराजमान रहते थे। लकड़ी की चौकी पर पद्मासन में बैठे हुए वे अपने शिष्यों से एक माला की भाँति अर्धवृत्ताकार में घिरे रहते थे। उनकी आँखें चमकती हुईं तथा ईश्वरीय आनंद से नाचती रहती थीं। उनकी सदैव अर्द्धोन्मीलित रहने वाली आँखें भीतर के दूरदर्शी गोलक में से सदा शाश्वत-आनंद के लोक में झाँकती रहती थीं। वे कदाचित् ही अधिक समय के लिए बोलते थे। यदाकदा उनकी दृष्टि किसी ऐसे शिष्य पर केंद्रित हो जाती, जिसे सहायता की आवश्यकता होती थी; तब शांतिप्रद वचन उनके मुख से प्रकाश के हिमप्रपात की भाँति झरने लगते।

"गुरुदेव के एक दृष्टिपात मात्र से मेरे अंदर एक अवर्णनीय शांति खिल उठती थी। मैं उनकी सुगंध से भर जाता था, जैसे वह अनंत के किसी पद्म की सुगंध हो। उनके साथ अनेकानेक दिनों तक एक शब्द भी बोले बिना रहना एक ऐसा अनुभव था, जो मेरे संपूर्ण अस्तित्व को परिवर्तित कर देता। यदि मेरी एकाग्रता में कोई अदृश्य बाधा आ खड़ी होती तो गुरु के चरणों में ध्यान करने बैठ जाता। वहाँ सबसे सूक्ष्म अवस्थाओं का भी मुझे सहजबोध हो जाता। ऐसी अनुभूतियाँ मुझे निम्नतर कोटि के गुरुओं के सान्निध्य में नहीं होती थीं। गुरुदेव ईश्वर के सजीव मंदिर थे, जिनके गुप्तद्वार भक्ति के माध्यम से सभी शिष्यों के लिए खुले रहते थे।

"लाहिड़ी महाशय शास्त्रों के पुस्तकीय टीकाकार नहीं थे। वे सहज ही 'दैवी पुस्तकालय' में डुबकी लगा लेते थे। शब्दों का फेन और विचारों की फुहारें उनकी सर्वज्ञता के फव्वारे से फूट पड़ते थे। वेदों में युगों पहले अस्तमान हुए गहन दर्शनों के विज्ञान के रहस्यों को खोलने का अद्भुत कौशल उन्हें प्राप्त था। प्राचीन शास्त्रों में उल्लिखित चेतना के विविध स्तरों को समझाने का अनुरोध करने पर वे मुसकराकर स्वीकार कर लेते थे।"

"मैं अभी उन अवस्थाओं में प्रवेश करता हूँ और अपनी अनुभूतियाँ तुम्हें बताता हूँ।" इस प्रकार वे उन गुरुओं से बिल्कुल विपरीत थे, जो शास्त्रों को कंठस्थ कर बिना किसी वास्तविक अनुभूति के अपनी कल्पना से ही उनका अर्थ बताते हैं।

"श्लोकों का अर्थ तुम्हें जिस रूप में समझ आए, उसी प्रकार उनकी व्याख्या करो।" मितभाषी गुरुदेव प्रायः अपने पास बैठे किसी शिष्य को यह निर्देश देते। "मैं तुम्हारे विचारों को परिचालित करूँगा, ताकि सही अर्थ तुम्हारे मुख से उच्चरित हो।" इस प्रकार लाहिड़ी महाशय की अनेक अनुभूतियों को उनके विभिन्न शिष्यों ने विस्तृत भाष्यों सहित लिपिबद्ध कर लिया।

किसी बात पर आँख बंद कर विश्वास कर लेने की सलाह गुरुवर कभी नहीं देते थे। "शब्द खोखले हैं," वे कहते थे। "ईश्वर की उपस्थिति के दृढ़ विश्वास को ध्यान में अपने परमानंदमय संपर्क से प्राप्त करो।"

"शिष्य की समस्या चाहे जो भी हो, उसके समाधान के लिए गुरुदेव क्रियायोग के अभ्यास का ही परामर्श देते थे।"

मैं संस्कृत का विद्वान् कभी नहीं बना, केवलानंदजी ने मुझे उससे भी भव्य-दिव्य भाषा पढ़ा दी।

अजोऽपि सन्नव्ययात्मा भूतानामीश्वरोऽपि सन्।
प्रकृतिं स्वामधिष्ठाय संभवाम्यात्ममामया॥ 6॥

—श्रीमद्भगवद्गीता, अध्याय–4

मैं अजन्मा और अविनाशीस्वरूप होते हुए भी तथा समस्त प्राणियों का ईश्वर होते हुए भी अपनी प्रकृति को अधीन करके अपनी योगमाया से प्रकट होता हूँ।

दैवी होशा गुणमयी मम माया दुरत्यया।
मामेव ये प्रपद्चंते मायामेतां तरन्ति ते॥14॥

—श्रीमद्भगवद्गीता, अध्याय–7

यह अलौकिक अर्थात् अति अद्भुत त्रिगुणमयी मेरी माया बड़ी दुस्तर है; परंतु जो लोग केवल मुझको ही निरंतर भजते हैं, वे इस माया को लाँघ जाते हैं, अर्थात् संसार में तर जाते हैं।

□

5

गंधबाबा के चमत्कारी प्रदर्शन

"इस संसार में हर वस्तु की एक विशेष ऋतु और हर काम का एक समय होता है।"

अपने मन को सांत्वना देने के लिए 'सोलोमन' का यह ज्ञान उस समय मुझे प्राप्त नहीं था; घर से बाहर जहाँ कहीं भी मैं घूमने जाता, मेरी आँखें अपने इर्द-गिर्द मेरे लिए नियत गुरु को ढूँढ़ती रहतीं। परंतु मेरी हाई स्कूल की पढ़ाई पूर्ण होने तक मेरी उनसे भेंट न हो सकी।

अमर के साथ हिमालय की ओर पलायन और श्रीयुक्तेश्वरजी के मेरे जीवन में आगमन के महान् दिवस के बीच दो वर्ष व्यतीत हो गए। इस बीच मैं अनेक साधु-संतों से मिला—गंधबाबा, बाघस्वामी, नागेंद्रनाथ भादुड़ी, मास्टर महाशय और विश्वविख्यात बंगाली वैज्ञानिक जगदीशचंद्र बोस।

गंधबाबा के साथ मेरी भेंट की दो भूमिकाएँ थीं; इनमें से एक सामंजस्यपूर्ण थी और दूसरी विनोदपूर्ण।

"ईश्वर सरल है। अन्य सबकुछ जटिल। प्रकृति के सापेक्ष जगत् में निरपेक्ष मूल्यों की आशा मत करो।"

जब मैं मंदिर में कालीमाता की मूर्ति के सामने मौन खड़ा था, तब यह दार्शनिक निष्कर्ष कोमल स्वर में मेरे कानों में प्रविष्ट हुआ।

"पलटकर मैंने देखा तो मेरे समक्ष एक लंबे कद का व्यक्ति खड़ा था, जिसके कपड़ों से या उनके अभाव से, ऐसा लगता था कि वह कोई परिव्राजक साधु था।"

"आपने सचमुच मेरे विचारों के संभ्रम को जान लिया!" मैं कृतज्ञतापूर्वक मुसकराया। "प्रकृति के कल्याणकर और भयंकर रूपों की उलझन ने, जिनका प्रतीक काली है, मुझसे अधिक बुद्धिमान लोगों को भी असमंजस में डाल दिया है।"

"बहुत ही कम लोग उसके रहस्य का भेद पाते हैं! अच्छा और बुरा तो प्रत्येक मनुष्य की बुद्धि को चुनौती देने वाली वह पहेली है, जिसे जीवन ने उसके सामने एक स्फिंक्स की भाँति रख दिया है। इस पहेली को सुलझाने का कोई प्रयास भी किए बिना अधिकांश लोग अपनी मृत्यु के रूप में इसका दंड भर देते हैं। यह दंड आज भी उतना ही लागू होता है। कभी-कभार एकाध अत्यंत उच्च व्यक्तित्व पराजय अस्वीकार कर देता है। द्वैत की माया से वह अद्वैत का अविभाजित सत्य खींच लेता है।"

"आप के शब्दों में दृढ़ विश्वास दिखता है, महाराज!"

"ज्ञानप्राप्ति के तीव्र दुःखदायी मार्ग, अर्थात् सत्यनिष्ठ आत्मपरीक्षण का मैंने दीर्घकाल तक अभ्यास किया है। आत्मपरीक्षण या अपने विचारों पर निरंतर निर्मम दृष्टि रखना, एक कठोर और झकझोरने वाला अनुभव है। यह बलवान से बलवान अहंकार को भी चूर-चूर कर देता है।

"आत्मविश्लेषण गणित के नियमों की भाँति सिद्धपुरुष उत्पन्न करने का कार्य करता है। अपने विचारों से अति प्रेम एवं व्यक्तिगत मान्यताओं में दृढ़ता का मार्ग अहंकारियों का निर्माण करता है, जो ईश्वर और सृष्टि की अपने ढंग से व्याख्या करना अपना अधिकार समझते हैं।"

"ऐसी अहंकारयुक्त मौलिकता के सामने तो सत्य निश्चित ही विनम्रतापूर्वक पीछे हट जाता है।" मैंने कहा। मुझे इस चर्चा में आनंद आ रहा था।

"मनुष्य जब तक अपने दुराग्रहों से मुक्त नहीं हो जाता, तब तक वह किसी शाश्वत सत्य को नहीं समझ सकता। शताब्दियों से जमा हो रहे कीचड़ में सना मानवी मन असंख्य सांसारिक मायाभ्रमों से व्याप्त घृणाजनक जीवन से भरपूर है। यहाँ युद्धक्षेत्र की भीषण लड़ाई भी फीकी पड़ जाती है, जब मनुष्य पहली बार अपने अंतःशत्रुओं का विरोध करता है।"

"पूज्यवर! क्या विश्रांत, किंकर्तव्यविमूढ़ जनसाधारण के लिए आपके मन में कोई सहानुभूति नहीं है?"

साधु महाराज पल भर के लिए चुप रहे, फिर सीधा उत्तर देना टालकर बोले, "अदृश्य ईश्वर, जो सारे सद्गुणों का भंडार है, और दृश्यमान मनुष्य, जिसमें प्रायः एक भी सद्गुण नजर नहीं आता—इन दोनों से एक साथ प्रेम करना प्रायः व्यक्ति को चकरा देता है। परंतु विलक्षण बुद्धि का सामर्थ्य भी कम नहीं होता। अंतःकरण का शोध शीघ्र ही सब लोगों के मन की एकता को प्रकट कर देता है—स्वार्थी उद्देश्यों की समानता।"

"महाराज! सब युगों के संत आप ही के समान जगत् के दुःखों से व्याकुल हुए हैं।"

"केवल तुच्छ व्यक्ति ही दूसरों के जीवन के दुःखों के प्रति संवेदनशीलता खो बैठता है, क्योंकि वह अपने ही संकीर्ण दुःखों में डूबा रहता है। साधु का उग्र रूप काफी सौम्य हो गया था। जो किसी डॉक्टर द्वारा की जाने वाली चीर-फाड़ की भाँति अपने विचारों की चीर-फाड़ कर मन का गहरा परीक्षण करेगा, वही अपने भीतर सबके लिए दया विकसित होती देखेगा। तब उसे अहंकार की नित्य कोलाहलकारी माँगों से मुक्ति मिल जाएगी। ऐसी ही मनोभूमि पर ईश्वर का प्रेम खिलता है। तब वह जीव अपने सृष्टा की ओर मुड़ता है, किसी और बात के लिए नहीं तो केवल अपनी व्यथा की तड़प में यह पूछने के लिए, "क्यों, प्रभु, क्यों? दुःख के मानमर्दनकारी कोड़े खा-खाकर मनुष्य अंततः उस विधाता के समक्ष पहुँच ही जाता है, जिसका सौंदर्य मात्र ही मनुष्य को अपनी ओर आकृष्ट करने के लिए पर्याप्त है।"

उक्त साधु और मैं कोलकाता के कालीघाट मंदिर में वार्त्तालाप कर रहे थे, जहाँ मैं उस मंदिर का विख्यात सौंदर्य एवं भव्यता देखने गया था। मंदिर की आलंकारिक शोभा की ओर हाथ से इशारा करते हुए उस सारे वैभव को साधु ने निष्प्रयोज्य ठहराया।

"ईंटें और गारा हमें कोई श्रवणीय सुर नहीं सुना सकते; केवल अंतर से उठने वाली आवाज से ही हृदय के कपाट खुलते हैं।"

मन को आकृष्ट करने वाली धूप का आनंद लेने के लिए हम प्रवेश द्वार की ओर गए, जहाँ भक्तों के झुंडों का आवागमन चल रहा था।

"तुम अभी युवा हो।" साधु महाराज कुछ सोचते हुए मेरी ओर देख रहे थे। "भारत भी युवा है। प्राचीन ऋषियों ने आध्यात्मिक जीवन शैली के अमिट आदर्श स्थापित किए थे। उनके महान् उपदेश आज के समय और देश के लिए पर्याप्त हैं। उनके अनुशासन-नियम न तो आज के लोकाचार के विरुद्ध हैं, न ही ऐसे हैं कि भौतिकवाद की धूर्तता को भी कृत्रिम लगें और इसलिए आज भी भारत पर उनकी पकड़ मजबूत है। लज्जित पंडितगण जितने काल का हिसाब लगा सकते हैं, उससे भी कहीं अधिक काल से—सहस्राब्दियों से—संशयशील समय ने वेदों की योग्यता की पुष्टि की है। इन्हें अपनी विरासत के रूप में ग्रहण करो।" जब मैं इस वाक्पटु साधु से सविनय विदा ले रहा था, तब उन्होंने एक अतींद्रिय अनुभूति मुझे बताई, "यहाँ से जाने के बाद तुम्हें आज एक असाधारण अनुभव होगा।"

मंदिर के अहाते से बाहर निकलकर मैं निरुद्देश्य यों ही चलने लगा। मुड़कर दूसरे एक रास्ते पर बढ़ा ही था कि एक पुराने परिचित से भेंट हो गई। ये महाशय उन महाभागों में से एक थे, जिनकी संभाषण शक्ति समय की ओर कोई ध्यान न देते हुए अनंत काल का आलिंगन करती है। "मैं तुम्हें जल्दी ही छोड़ दूँगा," उसने वचन दिया, "यदि तुम जल्दी-जल्दी मुझे हमारे बिछुड़ने के बाद के वर्षों में क्या-क्या हुआ, वे सब बता दो।"

"परस्पर विरोधी बातें! अब तो मुझे जाना ही पड़ेगा।"

परंतु उसने मेरा हाथ पकड़ लिया और थोड़ा-थोड़ा करके मुझसे जानकारी लेने लगा। ये भूखे भेड़िए से कम नहीं हैं, मैंने कौतुक से मन-ही-मन सोचा; जितना अधिक मैं बताता जाता था, उतना ही अधिक समाचार जानने की उसकी भूख बढ़ती जाती थी। मन-ही-मन मैं जल्दी छुटकारा पाने का कोई उपाय करने की प्रार्थना माँ काली से करने लगा। अचानक वह मुझे छोड़कर जाने लगा। मैंने ठंडी साँस ली और उसे वाचालता का ज्वर कहीं फिर न चढ़ आए, इस भय से दुगुनी गति से चलने लगा। अपने पीछे द्रुतगति की पदचाप सुनकर मैंने अपनी गति और बढ़ा दी। मुड़कर पीछे देखने का साहस मुझसे नहीं हुआ। परंतु एक छलाँग लगाकर वह मेरे साथ हो लिया और आनंद से उसने मेरा कंधा पकड़ लिया।

"मैं तुम्हें गंधबाबा के बारे में बताना तो भूल ही गया। वे उस सामने वाले मकान में रहते हैं।" कुछ ही गज की दूरी पर स्थित एक मकान की ओर उसने इशारा किया। "उनसे अवश्य मिलो; बड़े दिलचस्प आदमी हैं। तुम्हें कोई असाधारण अनुभव हो सकता है। अच्छा, चलता हूँ!" और वह सचमुच चला गया।

कालीघाट मंदिर में लगभग इन्हीं शब्दों में साधु द्वारा की गई भविष्यवाणी मेरे मस्तिष्क में कौंध उठी। कौतूहलवश मैं उस मकान के अंदर गया तो मुझे एक प्रशस्त दालान में ले जाया गया। वहाँ एक मोटे नारंगी रंग के गलीचे पर काफी लोग इधर-उधर बैठे हुए थे, जैसे साधारणतः भारत में बैठते हैं। एक आदरयुक्त फुसफुसाहट मेरे कानों से टकराई—

"वहाँ जो चीते की खाल पर बैठे हैं, वही गंधबाबा हैं। वे किसी गंधहीन फूल में किसी भी फूल की प्राकृतिक सुगंध भर सकते हैं या किसी मुरझाए फूल को फिर से ताजा कर सकते हैं या किसी मनुष्य की त्वचा से मनोरम सुगंध निकलवा सकते हैं।"

मैंने सीधे उस संत की ओर देखा; उनकी दृष्टि भी उसी समय मुझपर स्थिर हुई। वे कृष्णवर्ण और स्थूलकाय थे। उनके चेहरे पर दाढ़ी थी और आँखें बड़ी-बड़ी तथा तेजस्वी थीं।

"बेटा! तुम्हें देखकर मैं प्रसन्न हुआ। बोलो, तुम्हें क्या चाहिए? कोई सुगंध चाहिए?"

"किसलिए?" मुझे उनकी बातें बचकानी सी लगीं।

"चमत्कारपूर्ण ढंग से सुगंध का आनंद लेने के लिए।"

"सुगंध बनाने के लिए भगवान् का उपयोग?"

"तो उसमें क्या है? भगवान् वैसे भी सुगंध तो बनाते ही हैं।"

"जी हाँ, परंतु वे हर बार ताजा सुगंध लेने के लिए और लेने के बाद फेंक देने के लिए फूलों की कोमल पँखुड़ियों रूपी शीशियों का निर्माण करते हैं। क्या आप फूलों का निर्माण कर सकते हैं?"

"हाँ, परंतु साधारणतः मैं सुगंध ही निकालता हूँ।"

"तब तो इत्र के कारखाने बंद हो जाएँगे।"

"मेरी ओर से उन्हें अपना धंधा करते रहने की अनुमति है! मेरा अपना उद्देश्य तो केवल ईश्वर की शक्ति दिखाना है।"

"महाराज! क्या ईश्वर की शक्ति का प्रमाण देना आवश्यक है? क्या वे सकल विश्व में सर्वत्र अपने चमत्कार नहीं कर रहे हैं?"

"कर रहे हैं, परंतु उनकी अनंत सृजनात्मक विविधता में से कुछ तो सृजनात्मकता हमें भी प्रकट करनी चाहिए।"

"यह सिद्धि प्राप्त करने में आपको कितना समय लगा?"

"बारह वर्ष।"

"दैवी शक्ति से केवल सुगंध बनाने के लिए! हे महात्मन्! मुझे तो लगता है आपने बारह वर्ष व्यर्थ गँवा दिए उन सुगंधों के लिए, जिन्हें आप किसी भी फूलवाले की दुकान से कुछ ही रुपयों में प्राप्त कर सकते हैं।"

"फूलों की सुगंध उनके साथ ही चली जाती है।"

"मृत्यु के साथ भी सुगंध चली जाती है। मैं किसी ऐसी सुगंध की कामना क्यों करूँ, जो केवल शरीर को सुख देती है?"

"दार्शनिक महाशय! तुमने मेरे मन को प्रसन्न कर दिया। अब अपना दाहिना हाथ आगे बढ़ाओ।" उन्होंने आशीर्वाद-मुद्रा में अपना हाथ उठाया।

मैं गंधबाबा से कई गज दूर था; कोई अन्य व्यक्ति भी मेरे इतने निकट नहीं था कि मेरे शरीर का स्पर्श कर सके। मैंने अपना हाथ आगे बढ़ाया, जिसे उस योगी ने छुआ तक नहीं।

"कौन सी सुगंध चाहिए?"

"गुलाब।"

"तथास्तु।"

मेरे आश्चर्य का ठिकाना न रहा, जब मेरी हथेली के मध्य से गुलाब की मधुर सुगंध तीव्रता के साथ निकलने लगी। मैंने मुसकराते हुए पास ही की एक फूलदानी से एक गंधहीन श्वेत पुष्प निकाल लिया।

"क्या इस गंधहीन फूल में चमेली की सुगंधक भरी जा सकती है?"

"तथास्तु।"

तत्क्षण उस फूल से चमेली की सुगंध उठी। मैंने चमत्कारी संत का धन्यवाद किया और उनके एक शिष्य के पास जाकर बैठ गया। उस शिष्य ने मुझे बताया कि गंधबाबा ने, जिनका नाम स्वामी विशुद्धानंद था, तिब्बत के एक योगी से अनेक आश्चर्यजनक सिद्धियाँ प्राप्त कर ली थीं। उसने मुझे यह भी बताया कि उस तिब्बती योगी की आयु एक हजार वर्ष से अधिक थी।

"उस महान् गुरु के शिष्य गंधबाबा हमेशा ही केवल साधारण उच्चारण से सुगंध निर्माण नहीं करते, जैसा तुमने अभी देखा।" शिष्य के बोलने में अपने गुरु के प्रति गर्व प्रकट था। "व्यक्ति के स्वभाव के अनुसार वे भिन्न-भिन्न पद्धतियाँ अपनाते हैं। बाबा असामान्य हैं! कोलकाता के अनेक पढ़े-लिखे लोग उनके शिष्य हैं।"

मैंने मन-ही-मन निश्चय किया कि मैं उन शिष्यों की संख्या में अपने को जोड़कर उस संख्या में और अधिक वृद्धि नहीं करूँगा। गुरु का अक्षरश: 'असामान्य' होना मेरे मन के अनुकूल नहीं था। विनम्रता से गंधबाबा का अभिवादन कर मैं वहाँ से निकल पड़ा। घूमते-घूमते घर जाते हुए मैं उस दिन की तीन विविधतापूर्ण घटनाओं के विषय में सोच रहा था।

मैंने जैसे ही घर के द्वार से अंदर प्रवेश किया, मेरी बहन उमा सामने ही खड़ी थी।

"क्या बात है? आजकल तुम इत्र के बड़े शौकीन बनते जा रहे हो?"

बिना कुछ बोले मैंने अपना हाथ बढ़ाकर उसे सूँघने का इशारा किया।

"कितनी मोहक गुलाब की सुगंध! और यह असाधारण रूप से तीव्र भी है!"

यह सोचते हुए कि यह 'तीव्र रूप से असाधारण' है, मैंने चुपचाप दैवी रूप से सुगंधित किया गया फूल उसकी नाक के नीचे रखा।

"ओह! चमेली मुझे बहुत पसंद है!" उसने फूल छीन लिया।

जिस फूल के विषय में उसे अच्छी तरह ज्ञात था कि वह गंधहीन होता है, उसी फूल में से चमेली की सुगंध आते देखकर, जैसे-जैसे वह उसे सूँघती जाती थी, वैसे-वैसे उसके चेहरे पर विनोदी लगने वाले संभ्रम के भाव प्रकट होते जाते थे।

उसकी इस प्रतिक्रिया ने मेरे मन से रहा-सहा संदेह भी मिटा दिया कि हो सकता है गंधबाबा ने मुझ पर आत्मसम्मोहन का प्रयोग किया हो, जिससे केवल मैं ही सुगंध का अनुभव कर सकूँ।

बाद में मुझे अपने एक मित्र अलकानंद से पता चला कि गंधबाबा के पास ऐसी शक्ति भी थी, जो यदि संसार के करोड़ों क्षुधा-पीड़ितों के पास होती तो उनकी समस्या हल हो जाती।

"बरद्वान में गंधबाबा के घर में उस समय सैकड़ों लोगों में मैं भी उपस्थित था," अलकानंद ने मुझे बताया, "एक उत्सव था। योगीवर की ख्याति थी कि वे शून्य में से कुछ भी उत्पन्न कर सकते हैं, इसलिए मैंने हँसते हुए उनसे संतरे उत्पन्न करने का अनुरोध किया। वह संतरों का मौसम नहीं था। तत्क्षण ही केले के पत्तों पर जो पूड़ियाँ परोसी गई थीं, वे सब फूल उठीं। हर पूड़ी की पपड़ी के भीतर एक-एक छिला हुआ संतरा आ गया था। मैंने कुछ सहमे-सहमे मन से अपना संतरा खाना शुरू किया, परंतु वह बड़ा ही स्वादिष्ट था।"

कई वर्षों बाद आत्म-साक्षात्कार के बल से मैं गंधबाबा के चमत्कारों के रहस्य को जान गया। खेद इस बात का है कि वह विधि विश्व के क्षुधातर मानव-झुंडों की पहुँच से बाहर है।

मानव को शब्द, स्पर्श, रस, रूप, गंध की जो विभिन्न इंद्रियानुभूतियाँ होती हैं, वे इलेक्ट्रोंस और प्रोटोंस की स्पंदनात्मक विविधता के कारण होती हैं। उनके स्पंदनों को पंचप्राण नियंत्रित करते हैं। ये पंचप्राण आणविक ऊर्जाओं से भी सूक्ष्मतर होते हैं और प्रज्ञायुक्त पाँच विशिष्ट संवेदी तन्मात्राओं से युक्त होते हैं।

गंधबाबा कुछ यौगिक प्रक्रियाओं के बल से इस प्राणशक्ति के साथ समरस होकर प्राणकणिकाओं की स्पंदन-रचना में परिवर्तन लाने में और इस प्रकार इच्छित परिणाम प्राप्त करने में समर्थ थे। उनके गंध, फल और अन्य चमत्कार केवल सम्मोहन द्वारा उत्पन्न आंतरिक संवेदन नहीं होते थे, बल्कि लौकिक स्पंदनों के वास्तव में मूर्त रूप होते थे।

सम्मोहन-विद्या को डॉक्टरों द्वारा छोटी-छोटी शल्यक्रियाओं में उन लोगों पर प्रयुक्त किया गया है, जिनके लिए बेहोशी की दवाएँ खतरनाक हो सकती हैं। परंतु जिन पर बार-बार सम्मोहन का प्रयोग किया जाता है, उनके लिए यह हानिकारक होता है। इसका हानिकारक मनोवैज्ञानिक परिणाम कालांतर में मस्तिष्क की कोशिकाओं की रचना में गड़बड़ उत्पन्न कर देता है। 'सम्मोहन दूसरे की चेतना के क्षेत्र में अनधिकार प्रवेश है।' इसके अस्थायी आभासों में और ईश्वरानुभूति-

संपन्न पुरुषों द्वारा किए गए चमत्कारों में कोई समानता नहीं है। ईश्वर में जाग्रत् हुए सच्चे संत नित्य पाश्चात्य मनोवैज्ञानिकों द्वारा किया गया चेतना का अनुसंधान अधिकत: अवचेतन मन तथा उन मानस रोगों तक ही सीमित है, जिनका उपचार मनश्चिकित्सा मनोविश्लेषण द्वारा किया जाता है। सुव्यवस्थित मानसिक अवस्थाओं की उत्पत्ति एवं उनके मूलभूत गठन में तथा उनकी भावनात्मक एवं संकल्पविषयक अभिव्यक्तियों के विषय में किया गया अनुसंधान लगभग नहीं के बराबर है, वस्तुत: यही मूलभूत विषय हैं और इनकी उपेक्षा भारतीय दर्शन में नहीं की गई। सांख्य और योग दर्शनों में सुव्यवस्थित मानसिक परिवर्तनों के विभिन्न संबंधों तथा बुद्धि, अहंकार और मानस के स्वतंत्र विशिष्ट कार्यों का सुनिश्चित वर्गीकरण किया गया है।

सृजन करने वाले उस विराट् स्वप्नद्रष्टा के साथ अपनी इच्छा को मिलाकर इस स्वप्न-सृष्टि में परिवर्तन करते हैं।

गंधबाबा जैसे चमत्कारों का प्रदर्शन करते थे, वैसे चमत्कार दिखाने से लोग आकर्षित तो होते हैं, परंतु आध्यात्मिक दृष्टि से उनका कोई लाभ नहीं होता। मनोरंजन के अतिरिक्त उनका कोई प्रयोजन नहीं होता, अत: ईश्वर की यथार्थ खोज से ये साधक को पथच्युत कर देते हैं। असाधारण शक्तियों के आडंबरपूर्ण प्रदर्शन की सिद्धजन ने निंदा की है।

न तो कालीघाट के निस्पृह महात्मा और न तिब्बत से प्रशिक्षित योगो ही मेरी गुरुप्राप्ति की तीव्र इच्छा को संतुष्ट कर सके। किसी का आदर्श, चाहे वह धार्मिक हो या सामाजिक, केवल नकारात्मक नहीं है। यहाँ तक कि अहिंसा भी, जिसे महाभारत में सकल धर्म या पूर्ण धर्म कहा गया है, केवल नकारात्मक आज्ञा नहीं, बल्कि उसमें निहित इस धारणा के कारण एक सकारात्मक आज्ञा है कि जो दूसरों को सहायता नहीं करता वह किसी-न-किसी रूप में उनका अनिष्ट (हिंसा) करता है। श्रीमद्भगवद्गीता यह स्पष्ट करती है कि कर्म करना मानव की प्रकृति में निहित है। आलस्य भी और कुछ न होकर केवल 'अनिष्ट कर्म' ही है।

आध्यात्मिक स्तर पहचानने में मेरे हृदय को शिक्षित करने की आवश्यकता नहीं थी। जब भी किसी सचमुच उदात्त व्यक्तित्व का सामना होता, तब वह धन्य-धन्य कर उठता, यह धन्य-धन्य और भी गूँजने वाली होती, क्योंकि यह कभी-कभार ही और वह भी अंतरतम गहराइयों से उठती। अंतत: जब अपने गुरु से मेरा साक्षात्कार हुआ, तब उन्होंने केवल उदाहरण की अत्युच्चता द्वारा ही मुझे सच्चे पुरुष का परिमाण सिखाया।

□

6

बाघ स्वामी

"मैंने बाघ स्वामी का पता खोज निकाला है। चलो, कल उनके दर्शन किए जाएँ।"

यह स्वागतार्थ प्रस्ताव हाई स्कूल के मेरे एक मित्र चंडी से मिला। अपने संन्यास पूर्व जीवन में केवल अपने नंगे हाथों से बाघों के साथ लड़ने और उन्हें पकड़ने वाले इस संत के दर्शन करने के लिए मैं भी उत्सुक था। ऐसे असाधारण साहसिक कार्यों के प्रति बालसुलभ उत्साह मुझमें भरपूर था।

दूसरे दिन प्रात:काल बहुत ठंड पड़ रही थी, पर मैं चंडी के साथ अत्यंत उत्साह और स्फूर्ति के साथ चल पड़ा। कोलकाता के बाहर भवानीपुर में बहुत देर तक व्यर्थ खोज करने के बाद हम ठीक घर पर पहुँच गए। दरवाजे पर लोहे की दो गोलाकार कड़ियाँ लगी हुई थीं। मैंने उन्हें बहुत जोर-जोर से खटखटाया। उस कर्णकर्कश खड़खड़ाहट को सुनकर भी एक नौकर अंदर से धीरे-धीरे आरामपूर्वक चलता हुआ हमारी ओर आया। उसकी व्यंग्यात्मक मुसकान इस बात की द्योतक थी कि शोर मचाने वाले आगंतुक भी एक संत के घर की शांति भंग नहीं कर सकते।

उसकी मौन भर्त्सना को हमने अनुभव किया, पर बैठक में आने के लिए आमंत्रित किए जाने पर चंडी और मैं उसके प्रति कृतज्ञ थे। वहाँ लंबी प्रतीक्षा हम लोगों के मन में शंका-कुशंकाएँ उत्पन्न करने लगीं। सत्य की खोज करने वाले के लिए भारत का अलिखित नियम है धैर्य; संत-महात्मा कभी-कभी जानबूझकर दर्शनार्थी की उत्सुकता की परीक्षा ले सकते हैं।

अंतत: नौकर द्वारा बुलाए जाने पर चंडी और मैं एक शयनकक्ष में गए। वहाँ सुविख्यात 'सोऽहम् स्वामी' अपने पलंग पर बैठे थे। उनके भीमकाय शरीर को देखकर हम दोनों के मन पर अद्भुत प्रभाव पड़ा। आँखें फाड़े हम अवाक् उनकी

ओर देखते रहे। वैसी विशाल छाती और फुटबॉल की तरह बाजुएँ हमने पहले कभी नहीं देखी थीं। अत्यंत मजबूत, भरी गरदन पर स्वामीजी का उग्र दिखने वाला परंतु शांत मुखमंडल, मूँछ, दाढ़ी और झूलते केशों से सुशोभित था। उनकी काली आँखों में कबूतर एवं बाघसमान गुणों का मिला-जुला संकेत चमक रहा था। दृढ़ मांसल कटिप्रदेश को घेरकर पहने हुए एक व्याघ्रचर्म के अतिरिक्त उनके शरीर पर और कोई कपड़ा नहीं था।

जब हमारी वाक्शक्ति लौट आई, तब बाघों के साथ लड़ने में उनकी वीरता के प्रति आदरयुक्त विस्मय प्रकट करते हुए मैंने उनका अभिवादन किया। "क्या आप कृपा करके हमें यह नहीं बताएँगे कि वन्य पशुओं में सबसे भयंकर रॉयल बंगाल टाइगर को केवल अपने हाथों से परास्त करना कैसे संभव है?"

"मेरे बच्चो! बाघों के साथ लड़ना मेरे लिए कुछ भी नहीं है। आवश्यकता पड़ने पर मैं आज भी वह कर सकता हूँ।" वे बच्चों के समान खिलखिलाकर हँसे। "तुम बाघों को बाघ मानते हो; मैं उन्हें मात्र बिल्लियाँ समझता हूँ।"

"स्वामीजी! मैं अपने मन को तो विश्वास दिला सकूँगा कि बाघ बिल्लियाँ मात्र हैं, परंतु क्या बाघों को मैं वैसा विश्वास करा सकूँगा?"

"निश्चय ही शक्ति भी आवश्यक है! केवल कोई बच्चा बाघ को घरेलू बिल्ली मान लेगा तो उसे बाघ पर विजय मिल जाएगी, यह मानना व्यर्थ है। मेरे शक्तिशाली हाथ शस्त्र के रूप में पर्याप्त हैं।" उन्होंने हमें अपने साथ आँगन में आने को कहा, जहाँ एक दीवार के किनारे पर उन्होंने प्रहार किया। दीवार की एक ईंट टूटकर जमीन पर गिर पड़ी। टूटे हुए दाँत की तरह बनी खाली जगह से आकाश धृष्टतापूर्वक झाँकने लगा। मैं हक्का-बक्का रह गया; सोचने लगा, जो आदमी एक ही प्रहार से दीवार में चुनी हुई ईंट को गिरा सकता है, वह अवश्य ही बाघों के दाँत भी तोड़ सकता है!

"अनेक लोगों में मेरे समान शारीरिक शक्ति होती है, परंतु फिर भी उनमें दृढ़ आत्म-विश्वास का अभाव होता है। जो शरीर से तो बलिष्ठ होते हैं, परंतु मन से नहीं, वे जंगल में स्वच्छंद विचरण करते हिंस्र पशु को देखकर ही मूर्च्छित हो सकते हैं। प्राकृतिक परिस्थितियों में वास करने वाला और अपने मूल हिंसक स्वभाव के अनुसार जीने वाला बाघ सर्कस के अफीम खिलाए गए बाघ से अत्यंत भिन्न होता है!"

"भीम के समान प्रबल शक्तिशाली होते हुए भी अनेक व्यक्ति रॉयल बंगाल टाइगर के प्रचंड आक्रमण के सामने अत्यंत भयभीत और असहाय हो उठते हैं।

इस प्रकार बाघ मनुष्य को उसके ही मन की कल्पना में एक साधारण बिल्ली की भयभीत अवस्था के समान स्थिति में डाल देता है। परंतु जिस मनुष्य में यथावत् बलिष्ठ शरीर के साथ-साथ अत्यंत दृढ़ निश्चय हो, वह इस परिस्थिति को बाघ पर ही उलट सकता है और उसे यह मानने पर विवश कर सकता है कि वह एक बिल्ली के समान ही आत्मरक्षा में असमर्थ है। कितनी ही बार मैंने यही किया है!"

मैं यह मानने के लिए पूर्णतः तैयार था कि मेरे समक्ष उपस्थित अतिशक्तिशाली पुरुष बाघ को बिल्ली में रूपांतरित करने में समर्थ थे। वे कुछ उपदेश देने की मनःस्थिति में प्रतीत हुए; चंडी और मैं आदर के साथ उनकी बातें सुनने लगे।

"मन ही मांसपेशियों को नियंत्रित करता है। जैसे हथौड़े के आघात की शक्ति उस पर लगाए गए बल पर निर्भर होती है, वैसे ही मनुष्य की शारीरिक शक्ति की अभिव्यक्ति उसकी आक्रामक इच्छाशक्ति की तीव्रता एवं साहस पर निर्भर करती है। मन ही अक्षरशः शरीर का निर्माण करता है और वही उसे जीवित रखता है। गतजन्मों की प्रवृत्तियों की प्रबलता के अनुसार अच्छे या बुरे स्वभावगुण धीरे-धीरे मानव-चेतना में उतरते हैं। ये स्वभावगुण आदतों में ढल जाते हैं और ये आदतें फिर एक वांछनीय या अवांछनीय शरीर के रूप में प्रदर्शित होती हैं। बाह्य दुर्बलता की जड़ मन में होती है और आदत से लाचार शरीर मन की अवहेलना करता है; इस प्रकार यह कुचक्र चलता जाता है। यदि मालिक नौकर की आज्ञा का पालन करने लगे तो नौकर निरंकुश स्वेच्छाचारी बन जाता है; इसी प्रकार मन भी शरीर की आज्ञाओं का पालन कर-कर के उसका दास बन जाता है।"

हमारे अनुनय पर ये तेजस्वी स्वामी अपने जीवन के बारे में हमें कुछ बताने के लिए सहमत हो गए।

"बचपन से ही बाघों से लड़ने की महत्त्वाकांक्षा मेरे मन में थी। मेरी इच्छा शक्तिशाली थी, परंतु देह दुर्बल थी।"

मेरे मुँह से आश्चर्योद्गार फूट पड़ा। यह अविश्वसनीय लगता था कि 'पृथ्वी का भार उठाने के योग्य कंधों' वाले इस मनुष्य का दुर्बलता के साथ दूर-दूर से भी कभी कोई परिचय रहा हो।

"स्वास्थ्य और शक्ति के चिंतन में अदम्य दृढ़ता द्वारा ही मैंने इस बाधा को दूर करने में सफलता प्राप्त की। इस प्रभावशाली मानसिक शक्ति की प्रशंसा करने का कारण और भी बढ़ जाता है, क्योंकि मैंने देखा है कि रॉयल बंगाल टाइगर को पराजित करने वाली वस्तुतः यही शक्ति थी।"

"स्वामीजी! क्या आपको लगता है कि मैं भी कभी बाघों के साथ लड़ पाऊँगा?"

यह पहला और अंतिम अवसर था, जब यह विचित्र महत्त्वाकांक्षा मेरे मन में उठी!

"हाँ।" वे मुसकरा रहे थे। "परंतु बाघ अनेक प्रकार के होते हैं; कुछ मनुष्य की इच्छा-वासनाओं के जंगल में घूमते हैं। पशुओं को अपने प्रहार से बेहोश कर देने से कोई आध्यात्मिक लाभ नहीं होता। उससे अच्छा यह है कि अपने अंतर में घूमते उन बाघों को पराजित किया जाए।"

"स्वामीजी! क्या आप हमें बताएँगे कि आप हिंस्र बाघों को वश में करते-करते हिंस्र वासनाओं को वश में कैसे करने लग गए?"

बाघ स्वामी मौन हो गए। अतीत के दृश्यों को निहारने का प्रयास करती उनकी दृष्टि सुदूर कहीं लग गई। मैंने भाँप लिया कि उनके मन में मेरे अनुरोध को स्वीकार करें या न करें, इस पर थोड़ी उथल-पुथल चल रही थी। अंत में मन-ही-मन स्वीकार करके वे मुसकरा उठे। "जब मेरी कीर्ति चरमबिंदु पर पहुँच गई, तब मुझे गर्व का नशा चढ़ गया। मैंने तय किया कि मैं न केवल बाघों से लड़ूँगा, बल्कि लोगों के सामने उनसे विविध करतब भी कराऊँगा। मेरी महत्त्वाकांक्षा ही यह बन गई कि मैं हिंस्र पशुओं को पालतू जानवरों की तरह बरताव करने पर विवश कर दूँगा। मैं सार्वजनिक रूप से अपने करतब दिखाने लगा और उसमें मिलने वाली सफलता से मुझे खुशी भी होने लगी।

"एक दिन शाम को मेरे पिताजी अत्यंत चिंतातुर मनःस्थिति में मेरे कमरे में आए। 'बेटा! मैं तुम्हें सावधान करने आया हूँ। कर्म की चलती चक्की से उत्पन्न होकर आने वाले अमंगलों से मैं तुम्हें बचाना चाहता हूँ।'

"क्या आप भाग्यवादी हैं पिताजी? अंधविश्वास से क्या मेरी गतिविधियों के शक्तिशाली प्रवाह को अवरुद्ध होने देना चाहिए?"

"मैं भाग्यवादी नहीं हूँ, बेटा! परंतु पवित्र शास्त्रों में कहे गए प्रतिफल के नियम में मेरा विश्वास है। जंगल-परिवार में तुम्हारे विरुद्ध आक्रोश व्याप्त है; यह आक्रोश कभी भी तुम्हारी जान के लिए खतरा बनकर सामने आ सकता है।

"पिताजी! आप मुझे आश्चर्य में डालते हैं! बाघ क्या होते हैं, आप अच्छी तरह जानते हैं—सुंदर परंतु निर्दयी! कौन जाने, मेरे प्रहार उनकी ठोसबुद्धि में शायद कुछ उदारता के विचार भर सकें? उन्हें सभ्य शिष्टाचार सिखाने के लिए ही मैं जंगल-विद्यालय का प्रधानाध्यापक बना हूँ!

"पिताजी! कृपया आप मुझे बाघों को पालने वाला बाघ-पालक मानें, बाघ-हत्यारा नहीं। मेरे ये सत्कर्म मेरा अनिष्ट कैसे कर सकते हैं? मैं आपसे प्रार्थना करता हूँ कि आप मुझे अपने जीवन का मार्ग बदलने की आज्ञा न दें।"

चंडी और मैं ध्यानपूर्वक सुन रहे थे और अतीत के इस धर्मसंकट को समझ रहे थे। भारत में कोई संतान अपने माता-पिता की इच्छाओं का अनादर नहीं करती। बाघ स्वामी आगे कहते गए—"निर्विकार मौन में पिताजी ने मेरा स्पष्टीकरण सुना। तदुपरांत उन्होंने गंभीरतापूर्वक एक रहस्योद्घाटन किया। बेटा! तुम मुझे एक संत की अमंगल-सूचक भविष्यवाणी दोहराने पर विवश कर रहे हो। कल जब मैं बरामदे में बैठकर नित्य की भाँति अपना ध्यान कर रहा था, तब वे मेरे पास आए।

"मित्रवर! मैं आपके युद्धप्रिय बेटे के लिए एक संदेश लेकर आया हूँ। उससे कहिए कि वह अपनी बर्बर गतिविधियाँ बंद कर दे। अन्यथा बाघ के साथ उसकी अगली लड़ाई में उसे अनेक दुःसाध्य घाव होंगे, जिससे छह महीनों तक वह मरणासन्न अवस्था में पड़ा रहेगा। तब वह अपना पुराना मार्ग छोड़कर संन्यासी बन जाएगा।

"इस कहानी का मुझ पर कोई प्रभाव नहीं पड़ा। मैंने यही माना कि पिताजी किसी क्रांतिग्रसित कट्टरवादी की भ्रांति का शिकार हो गए हैं।"

यह कहते हुए बाघस्वामी के हाव-भाव इतने अधीर और ऐसे थे, मानो अपनी मूर्खता पर उन्हें क्रोध आ रहा हो। काफी देर तक वे गंभीर मुद्रा में मौन बैठे रहे, जैसे वहाँ हमारी उपस्थिति का उन्हें कोई भान न हो। फिर उन्होंने अकस्मात् ही अपनी कहानी आगे शुरू की, इस बार उनकी आवाज में नरमी आ गई थी।

"पिताजी की चेतावनी के कुछ ही दिन बाद मैं राजधानी कूचबिहार गया। प्राकृतिक सौंदर्य से भरा यह प्रदेश मेरे लिए नया था और मैं सुखप्रद परिवर्तन की आशा कर रहा था। जैसा हर जगह सदा ही होता था, यहाँ भी सड़कों पर मेरे पीछे-पीछे उत्सुक लोगों की भीड़ चलती रहती थी। उनकी फुसफुसाहट के कुछ अंश कभी-कभी मुझे सुनाई पड़ते थे—

'यह वही आदमी है, जो जंगली बाघों के साथ लड़ता है।'

'उसके पैर हैं या पेड़ के तने?'

'उसका चेहरा तो देखो! वह स्वयं बाघों के राजा का अवतार मालूम होता है!'

"तुम तो जानते ही हो गाँवों के नटखट छोकरे किस प्रकार ताजा समाचार-पत्र का काम करते हैं! और किस गति से महिलाओं की मौखिक जनसूचना प्रणाली इस घर से उस घर समाचार पहुँचाती है! कुछ ही घंटों में मेरी वहाँ उपस्थिति से सारे शहर में खलबली मच गई।

"संध्या के समय मैं चुपचाप आराम कर रहा था कि घोड़ों की टापों की ध्वनि सुनाई दी। मैं जिस घर में रुका था, उसी के सामने आकर वह ध्वनि रुक गई। लंबे कद के पगड़ीधारी पुलिस सिपाहियों का एक दल अंदर घुस आया।

"मैं अवाक् रह गया। मैंने सोचा, 'इन पुलिसवालों के लिए कुछ भी संभव है। कहीं वे मेरे लिए पूर्णतया अगम्य किसी बात पर मेरी खिंचाई करने तो नहीं आए हैं?' परंतु उन्होंने अपने सामान्य व्यवहार के विपरीत अत्यंत विनय के साथ मेरा अभिवादन किया।

"आदरणीय महोदय! कूचबिहार के युवराज की ओर से आपका स्वागत करने के लिए हमें भेजा गया है! उन्होंने कल प्रात:काल आपको अपने राजप्रासाद में पधारने का आमंत्रण भेजा है।

"मैं थोड़ी देर इस पर सोचता रहा। किसी अज्ञात कारण से अपनी इस शांत यात्रा में उपस्थित हुए इस विघ्न से तीव्र उद्वेग की भावना मेरे मन में उठ रही थी। परंतु पुलिसवालों की विनयशीलता ने मेरे हृदय को छू लिया; मैंने निमंत्रण स्वीकार किया।

"दूसरे दिन जिस दासोचित विनम्रता और खुशामद के साथ मुझे अपने द्वार से चार घोड़े जुते हुए शाही कोच तक ले जाया गया, उसे देखकर मैं चकित रह गया। एक सेवक तेज धूप से मुझे बचाने के लिए एक अलंकृत छाता मेरे ऊपर पकड़े खड़ा रहा। नगर और उसके बाहर के वनक्षेत्र में से सुखद कोच सवारी करते हुए मुझे बड़ा मजा आ रहा था। युवराज स्वयं मेरा स्वागत करने के लिए राजप्रासाद के सिंहद्वार पर उपस्थित थे। अपने स्वर्णखचित आसन पर उन्होंने मुझे बैठाया और मुसकराते हुए स्वयं उससे कम साज-सज्जा युक्त एक आसन पर बैठ गए।

"यह सब विनम्र सेवा निश्चय ही मुझपर कोई मुसीबत लाने वाली है!" बढ़ते हुए आश्चर्य के साथ मैं सोच रहा था। इधर-उधर की थोड़ी बातें करने के बाद युवराज का उद्देश्य प्रकट हो ही गया।

"मेरे नगर में अफवाह फैली हुई है कि आप केवल अपने नंगे हाथों से जंगली बाघों के साथ लड़ सकते हैं। क्या यह सच है?"

"बिल्कुल सच है।"

"हमें इस पर विश्वास नहीं होता! आप शहरी लोगों के पॉलिश किए हुए चावल पर पले कोलकाता के बंगाली हैं। कृपया सच-सच बताइए, क्या आप केवल निर्बल, अफीम खिलाए गए बाघों से ही नहीं लड़ते रहे हैं?" उनका स्वर ऊँचा और व्यंग्य भरा था। उनके बोलने के ढंग में उनके प्रांत की शैली की झलक थी।

"उनके उस अपमानजनक प्रश्न का उत्तर देना मैंने आवश्यक नहीं समझा।"

"हम हाल ही में पकड़े गए अपने बाघ राजाबेगम के साथ लड़ने की आपको चुनौती देते हैं। यदि आप उसका सफलतापूर्वक सामना कर और उसे जंजीर से बाँधकर चेतन अवस्था में उसको पिंजरे से बाहर निकल सके तो वह रॉयल बंगाल टाइगर आपका हो जाएगा। इसके अतिरिक्त सहस्त्रावधि रुपए एवं अन्य कई उपहार भी आपको मिलेंगे। और यदि आपने उससे लड़ना अस्वीकार कर दिया तो हम अपने पूरे राज्य में आपको पाखंडी घोषित कर देंगे!"

"उनके उद्धत शब्द गोलियों की बौछार के समान मुझे लग गए। मैंने गुस्से में उनकी शर्तें स्वीकार कर लीं। उत्तेजना में आसन से आधे उठ खड़े हुए युवराज निष्ठर मुसकान के साथ वापस बैठ गए। उनकी वह मुसकान देखकर मुझे उन रोमन सम्राटों की याद आई, जिन्हें ईसाइयों को हिंस्र पशुओं के साथ लड़ाने में आनंद आता था। युवराज ने आगे कहा, "आपकी लड़ाई आज से एक सप्ताह बाद होगी। हमें खेद है कि हम लड़ाई से पहले बाघ को देखने की अनुमति आपको नहीं दे सकते।"

"युवराज को कहीं यह भय तो नहीं था कि मैं बाघ पर सम्मोहन विद्या का प्रयोग करूँगा या उसे अफीम खिलाने का प्रयास करूँगा, मैं नहीं जानता।

"मैं राजप्रासाद से चल पड़ा। मजे की बात यह थी कि अब की बार न तो राज-छत्र था और न ही वह साज-सज्जा युक्त कोच!

"अगले सप्ताह भर में मैं आगामी अग्निपरीक्षा के लिए अपने मन और शरीर, दोनों को विधिवत् तैयार करता रहा। अपने नौकर द्वारा मुझे विलक्षण कहानियाँ सुनने को मिल रही थीं। पिताजी से संत ने जो भीषण भविष्यवाणी की थी, वह किसी प्रकार लोगों में फैल गई और फैलते-फैलते बढ़ती गई। अनेक भोले-भाले ग्रामीणों का विश्वास था कि एक दुष्ट आत्मा ने देवताओं के शाप के कारण बाघ का जन्म लिया था, जो रात को विभिन्न आसुरी रूप धारण करती है, परंतु दिन में फिर से बाघ बनकर रहती है। लोगों का अनुमान था कि यह वही आसुरी बाघ है, जिसे मेरा गर्व हनन करने के लिए भेजा गया है।

"एक अन्य कल्पना यह थी कि बाघों की अपने देवता से की गई प्रार्थनाओं का उत्तर राजाबेगम के रूप में आ गया है। समग्र व्याघ्र जाति के लिए इतना मान हानिकारक ठहरे, इस धृष्ट दोपाये को—मुझे—दंडित करने के लिए उसे नियत किया गया है। एक लोम-दंतविहीन मानव नख-दंत युक्त, शक्तिशाली पादयुक्त बाघ को चुनौती देने का दुस्साहस करे! लोग यह भी कह रहे थे कि सभी अवमानित बाघों के द्वेष ने मिलकर इतना जोर पकड़ लिया है कि बाघों का मानमर्दन करने

वाले इस अभिमानी पुरुष का पतन कराने के लिए वह जोर अब सूक्ष्म नियमों को कार्यान्वित कर रहा है।"

"मेरे नौकर ने मुझे आगे बताया कि युवराज स्वयं मानव और पशु के बीच होने वाले इस द्वंद्व के व्यवस्थापन का कार्यभार सँभाल रहे थे। उन्होंने स्वयं अपनी देखरेख में हजारों लोगों के बैठने योग्य एक ऐसे विशाल तंबू का निर्माण कराया, जो आँधी-तूफान में भी सुरक्षित खड़ा रह सके। उस तंबू के मध्य में लोहे के एक विशाल पिंजरे में राजाबेगम को रखा गया था। इस पिंजरे के बाहर सुरक्षा का एक और घेरा था। राजाबेगम निरंतर खून जमा देने वाली भयंकर गर्जनाएँ करता जा रहा था। उसकी क्षुधाग्नि और क्रोधाग्नि दोनों को भड़काने के लिए उसे बहुत कम खाना दिया जा रहा था। शायद युवराज को आशा थी कि मैं उसका पुरस्कारस्वरूप भोजन बनूँगा!

"डंका बजा-बजाकर नगर और आस-पास के इलाके में इस अद्वितीय द्वंद्व की जो घोषणा की जा रही थी, उसे सुनकर लोगों ने भारी संख्या में उत्सुकतापूर्वक टिकटें खरीदीं। द्वंद्व के दिन सीटों की कमी के कारण सैकड़ों लोगों को लौटा दिया गया। कई लोग तंबू की दरारों में से अंदर घुस आए, या गैलरी के नीचे जहाँ भी जगह मिली, वहीं खड़े हो गए।"

जैसे-जैसे बाघ स्वामी की कथा चरमसीमा की ओर बढ़ रही थी, वैसे-वैसे मेरी उत्तेजना भी बढ़ती गई; चंडी भी मंत्रमुग्ध होकर अवाक् बैठा था।

"राजाबेगम की कान फाड़ देने वाली गर्जनाओं के और भयभीत दर्शकों के कोलाहल के बीच मैंने शांत मन से तंबू में प्रवेश किया। लँगोट के अतिरिक्त मेरे शरीर पर और कोई कपड़ा नहीं था। मैंने सुरक्षात्मक घेरे के दरवाजे का कुंडा सरकाकर उसे खोला और अंदर जाकर अपने पीछे शांत मन से दरवाजे को बंद कर लिया। बाघ को रक्त की गंध लग गई। उछलकर धड़ाम से लोहे की छड़ों से टकराने की ध्वनि के साथ उसने मेरा भीषण स्वागत किया। करुणार्द्र भय से दर्शकों में सन्नाटा छा गया; उस अति उग्र बाघ के सामने मैं निरीह मेमना-सा लग रहा था।

"पलक झपकते ही मैं उसके पिंजरे में घुस गया; परंतु जैसे ही मैंने दरवाजा बंद किया, राजाबेगम उछलकर सीधा मेरे ऊपर आ गया। मेरा दाहिना हाथ बुरी तरह क्षत-विक्षत हो गया। बाघ के लिए परम स्वादिष्ट मानव-रक्त की प्रचंड धाराएँ गिरने लगीं। संत की भविष्यवाणी सत्य होने के आसार नजर आने लगे।

"इस प्रकार की गंभीर चोट मुझे जीवन में पहली बार आई थी, पर मैं तुरंत उससे सँभल गया। रक्तरंजित उँगलियों को लँगोट में घुसाकर मैंने उन्हें छिपा लिया और बाएँ हाथ से एक हड्डी-तोड़ प्रहार बाघ पर किया। बाघ लड़खड़ाकर पीछे

हट गया, पिंजरे के अंत तक पीछे गया, फिर पलटकर अत्यंत गुस्से के साथ पुनः मुझ पर झपटा। मेरे सुविख्यात मुष्टि शासन के प्रहार उसके सिर पर बरसने लगे।

"परंतु राजाबेगम को रक्त का जो स्वाद लग गया था, उसने दीर्घकाल तक शराब से वंचित रहने वाले शराबी को जैसे शराब का पहला घूँट उन्मत्त कर देता है, उसी प्रकार उन्मत्त कर दिया था। बीच-बीच में कान बैठा देने वाली दहाड़े मारते हुए उसके आक्रमणों की उग्रता बढ़ती ही जा रही थी। उसके दाँतों और नखों के आगे मेरा केवल एक हाथ से बचाव करना अपर्याप्त पड़ रहा था और मेरी आत्मरक्षा-प्रणाली अभेद्य नहीं रह पा रही थी। परंतु मैं भी तिलमिलाने वाले प्रहार उस पर करता गया। दोनों ही रक्तरंजित होकर जीवन-मरण का युद्ध लड़ रहे थे। पिंजरे में कोलाहल था, चारों दिशाओं में रक्त के छपटे उड़ रहे थे, बाघ के गले से पीड़ा और खूनी प्राण-पिपासा के चीत्कार फूट रहे थे।"

"गोली चलाओ! बाघ को मार डालो!" दर्शक चीख रहे थे। "मानव और पशु इतनी तेज गति से हिल रहे थे कि एक सिपाही की गोली भी निशाना चूक गई। मैंने अपनी सारी संकल्पशक्ति एकत्र की और भीषण गर्जन के साथ उसके मस्तक पर एक अंतिम खोपड़ी-तोड़ प्रहार किया। बाघ गिर गया और ठंडा होकर पड़ा रहा।"

"पालतू बिल्ली की भाँति!" मैं बीच में ही बोल पड़ा।

स्वामीजी खिलखिलाकर हँस पड़े, फिर उन्होंने तन्मय कर देने वाली अपनी कहानी को आगे बताना शुरू किया।

"आखिर राजाबेगम पराजित हो ही गया। उसका रहा-सहा राज-गर्व भी चूर-चूर हो गया। अपने विदीर्ण, रक्तरंजित हाथों से मैंने उसका जबड़ा खोला और एक नाट्यपूर्ण क्षण के लिए उस खुले मृत्युद्वार में अपना सिर रखा। जंजीर के लिए इधर-उधर देखा और जमीन पर पड़े जजीरों के ढेर में से एक जंजीर खींचकर उससे बाघ की गरदन पिंजरे की छड़ों के साथ बाँध दी। विजयोल्लास में मैं दरवाजे की ओर चलने लगा।

"परंतु वह मूर्तिमान शैतान राजाबेगम! उसकी कल्पित आसुरी उत्पत्ति के अनुरूप ही वह जीवट था! एक ही विस्मयकारी झटके के साथ जंजीर तोड़कर वह मेरी पीठ पर झपट पड़ा। मेरा कंधा उसके जबड़े में फँसा हुआ था और ऐसी स्थिति में मैं जोर से नीचे गिरा। परंतु पलक झपकते ही मैंने उसे अपने नीचे धर दबोचा। निष्ठर प्रहारों के आघातों से वह अर्ध-मूर्च्छित हो गया। इस बार मैंने उसे अधिक सावधानीपूर्वक बाँध दिया। धीरे-धीरे मैं पिंजरे से बाहर निकला।

"फिर से चारों तरफ चीख-पुकार सुनाई दी, इस बार वह हर्षोल्लास की थी।

भीड़ की चीख–पुकार की हर्षध्वनि जैसे एक ही विराट् गले से निकल रही थी। मैं भीषण रूप से घायल तो हो गया था, परंतु फिर भी मैंने द्वंद्व की तीनों शर्तें पूरी कर दी थीं—बाघ को अचेत करना, उसे जंजीर से बाँधना और बिना किसी प्रकार की सहायता लिये पिंजरे से बाहर आना। इसके अलावा मैंने उस हिंस्र पशु को इस तरह घायल और भयभीत कर दिया था कि मेरे सिर का अप्रतिम पुरस्कार अपने मुख में पाकर भी उसकी ओर उसने कोई ध्यान नहीं दिया!

"मेरे घावों का प्राथमिक उपचार करने के बाद मेरा सम्मान किया गया और मुझे पुष्पहार पहनाए गए। मेरे चरणों में स्वर्ण मुहरों की वर्षा की गई। असाधारण रूप से विशाल और वैसे ही क्रूर बाघ पर मेरी विजय की अंतहीन चर्चाएँ चारों ओर से सुनाई दे रही थीं। वचन के अनुसार राजाबेगम मुझे दे दिया गया, परंतु मुझे कोई हर्ष नहीं हुआ। मेरे हृदय में आध्यात्मिक परिवर्तन आ गया था। ऐसा प्रतीत हो रहा था कि पिंजरे से बाहर निकलने के साथ ही मैंने संसार में अपनी महत्त्वाकांक्षाओं का द्वार भी बंद कर दिया था।

"उसके बाद का कुछ समय अत्यंत वेदना और मनस्ताप में बीता। रक्त में विष फैलने के कारण छह महीनों तक मैं मरणासन्न अवस्था में पड़ा रहा। कूचबिहार छोड़ने योग्य ठीक होते ही मैं अपने गाँव लौट आया।"

"अब मैं जान गया हूँ कि जिन साधु ने सावधानी का विवेकपूर्ण इशारा दिया था, वही मेरे गुरु हैं, एक दिन विनम्रतापूर्वक मैंने पिताजी से कहा, "काश! मैं किसी प्रकार उन्हें ढूँढ़ पाता! मेरी लालसा सच्ची थी, क्योंकि एक दिन वही संत बिना किसी सूचना के हमारे घर पधारे।"

"बाघों का दमन बहुत हो गया।" शांत अधिकारपूर्ण वाणी में वे बोल रहे थे। "मेरे साथ आओ; मैं तुम्हें मानव–मन के जंगलों में विचरने वाले अज्ञान के पशुओं का दमन करना सिखाऊँगा। तुम्हें दर्शकों की आदत हो गई है; अब योगाभ्यास में तुम्हारी रोमांचक पारंगति से झूम उठने वाले देवता तुम्हारे दर्शक होंगे!"

"मेरे गुरु ने मुझे आध्यात्मिक मार्ग की दीक्षा दी। मेरी आत्मा के दीर्घकाल तक अप्रयुक्त रहने से मोर्चा लगे, खोलने में कठिन द्वार उन्होंने खोल दिए। शीघ्र ही एक–दूसरे का हाथ थामे, मेरी साधना के लिए हम दोनों हिमालय की ओर चल पड़े।"

अपने तूफानी जीवन की एक झलक हमें दिखाने के लिए कृतज्ञ होकर चंडी और मैंने स्वामीजी के चरणों में प्रणाम किया। मुझे और मेरे मित्र को लगा कि बैठक में उपेक्षा में की गई लंबी प्रतीक्षा का हमें भरपूर प्रतिफल मिला।

□

7
प्लवनशील संत

"कल रात एक सभा में मैंने एक योगी को जमीन से कई फुट ऊपर हवा में ठहरे हुए देखा।" मेरा मित्र उपेंद्र मोहन चौधरी बड़े ही प्रभावशाली ढंग से बोल रहा था।

मैंने उत्साहपूर्ण मुसकान के साथ कहा, "शायद मैं उनका नाम बता सकता हूँ। कहीं वे अपर सर्क्युलर रोड के भादुड़ी महाशय तो नहीं थे?"

उपेंद्र ने स्वीकृति में सिर हिलाया। यह बात मुझे पहले ही ज्ञात है, यह देखकर उसका चेहरा थोड़ा उतर गया। संतों के बारे में मेरी जिज्ञासा से मेरे सभी मित्र भलीभाँति परिचित थे; कोई नई जानकारी मिलते ही मुझे उनके पीछे लगा देने में उन्हें बड़ा आनंद आता था।

"ये योगी महाराज मेरे घर के इतने निकट रहते हैं कि मैं प्राय: उनसे मिलने जाता हूँ।" मेरे इस कथन से उपेंद्र के चेहरे पर उत्सुकता के भाव उमड़ते देख मैंने उसे और भी बातें बताना शुरू किया।

"उनके कई कमाल मैंने देखे हैं। पतंजलि प्रणीत प्राचीन अष्टांग योग के विभिन्न प्राणायाम विधियों में वे निष्णात हैं। एक बार भादुड़ी महाशय ने मेरे सामने भस्त्रिका प्राणायाम इतने जोर से किया कि लगता था, मानो उस कमरे में सचमुच का तूफान आ गया हो! फिर उन्होंने गर्जन करते श्वासोच्छ्वास को बंद कर दिया और वे अतिचेतनता (समाधि) की एक उच्च अवस्था में निश्चल बैठे रहे। तूफान के बाद शांति का वातावरण इतना प्रभावपूर्ण था कि उसे कभी भुलाया नहीं जा सकता।"

"मैंने सुना है कि वे कभी घर से बाहर नहीं निकलते।" उपेंद्र के स्वर में कुछ अविश्वसनीयता झलक रही थी।

"वास्तव में यह सच है! विगत बीस वर्षों से वे घर के भीतर ही रहते आए हैं। केवल हमारे पर्व–त्योहारों के अवसर पर वे स्वयं ही लगाए इस नियम को थोड़ा ढीला करते हैं, जब वे अपने ही अहाते में स्थित सामने की पगडंडी तक जाते हैं! वहाँ पर भिखारी जमा हो जाते हैं, क्योंकि संत भादुड़ी अपने दयार्द्र हृदय के लिए प्रसिद्ध हैं।"

"गुरुत्वाकर्षण के नियम को ठुकराकर वे हवा में कैसे रह पाते हैं?"

"कुछ प्राणायामों के अभ्यास से योगियों के शरीर की जड़ता नष्ट हो जाती है। तब उनका शरीर हवा में उठ जाता है या फिर मेढक की तरह यहाँ से वहाँ फुदकने लगता है। जो संत योगाभ्यास नहीं करते, वे भी ईश्वर के प्रति तीव्र भक्ति की अवस्था में हवा में ऊपर उठते पाए गए हैं।"

"इस संत के विषय में मैं अधिक जानना चाहता हूँ। क्या तुम उनकी सायंकालीन सभाओं में जाते हो?" उपेंद्र की आँखें कौतूहल से चमक रही थीं।

"हाँ, मैं प्रायः जाता हूँ। उनके उपदेशों में विद्यमान विनोदपूर्ण चुटकियों और हास–परिहास में मुझे बड़ा मजा आता है। कभी–कभी मेरे लंबे अट्टहास से सभा की गंभीरता भंग हो जाती है। भादुड़ी महाशय तो उसका बुरा नहीं मानते, किंतु उनके शिष्य खा जाने वाली नजरों से मेरी ओर देखते हैं!"

उस दिन दोपहर को स्कूल से घर लौटते समय मैं भादुड़ी महाशय के एकांत निवास के पास से गुजर रहा था तो उनका दर्शन करने की इच्छा हो गई। जनसाधारण के लिए उनका दर्शन दुर्लभ था। निचली मंजिल पर अकेला रहने वाला उनका एक शिष्य इस बात का ध्यान रखता था कि उनके एकांत में खलल न पड़े। यह शिष्य कुछ ज्यादा ही अनुशासनप्रिय व्यक्ति था। उसने मुझसे पूछा कि क्या मैंने भेंट के लिए पहले से समय लिया हुआ है? उसके गुरुदेव उसी समय वहाँ आ पहुँचे और उन्होंने मुझे अविलंब 'बहिर्गत' किए जाने से बचा लिया।

"मुकुंद जब भी आना चाहे, उसे आने दिया करो।" संतवर की आँखें चमक उठीं। "एकांत का मेरा नियम मेरी अपनी सुविधा के लिए नहीं, बल्कि लोगों की सुविधा के लिए है। संसारी लोगों को उनके मोहजाल को तहस–नहस कर देने वाली स्पष्टवादिता अच्छी नहीं लगती। संत न केवल दुर्लभ हैं, बल्कि वे लोगों को व्याकुल भी कर देते हैं। शास्त्र–पुराणों में भी वे प्रायः जनसाधारण को विह्वल करते पाए जाते हैं।"

मैं भादुड़ी महाशय के पीछे–पीछे ऊपरी मंजिल पर स्थित उनके अत्यंत सादे कक्ष में जा पहुँचा, जहाँ से वे शायद ही कभी बाहर निकलते थे।

"महर्षि! जहाँ तक मैं जानता हूँ, आप पहले ऐसे योगी हैं, जो हमेशा घर के अंदर ही रहते हैं।"

"भगवान् कभी-कभी अपने संतों को अप्रत्याशित परिस्थितियों में डाल देते हैं कि कहीं हम यह न सोचें कि हम संतों को एक विशिष्ट नियम की चौखट में बिठा सकते हैं।"

आरोग्य और शक्ति से ओतप्रोत अपना शरीर उन्होंने पद्मासन में स्थिर किया। उनकी आयु सत्तर और अस्सी वर्ष के बीच थी, परंतु आयु या निष्क्रिय जीवन पद्धति का कोई अप्रिय लक्षण उनके शरीर पर नहीं था। उनका सुगठित एवं सीधा शरीर प्रत्येक दृष्टि से आदर्शस्वरूप था। उनका मुखमंडल पुराणों में वर्णित ऋषियों के समान था—भव्य मस्तक, भरपूर दाढ़ी, शांत आँखें सदैव ईश्वर की सर्वव्यापकता पर स्थिर। वे सदैव दृढ़ता के साथ सीधे बैठते थे।

हम दोनों ध्यानस्थ हो गए। एक घंटे के बाद उनकी सौम्य वाणी ने मुझे जगा दिया।

"तुम प्राय: ध्यान लगाते हो, परंतु क्या तुम्हें कुछ अनुभव हुआ है? वे मुझे ध्यान से अधिक ईश्वर से प्रेम करने का स्मरण दिला रहे थे। साधन को ही साध्य समझ लेने की भूल नहीं करना।"

उन्होंने मुझे कुछ आम दिए। अपने गंभीर स्वभाव में भी मुझे हमेशा ही आनंदित करने वाली अपनी विनोद बुद्धि को प्रकट करते हुए उन्होंने कहा, "साधारणतया लोगों को ध्यानयोग से जलयोग (जलपान) अधिक अच्छा लगता है।"

योग के विषय में उनकी इस शब्दक्रीड़ा को सुनकर मैं ठहाके लगाकर हँसने लगा।

"क्या हँसी है तुम्हारी!" वात्सल्यपूर्ण चमक उनकी दृष्टि में प्रकट हुई। उनका अपना चेहरा सदैव गंभीर ही रहता था, परंतु उसमें भी परमानंद भरी मुसकराहट की झलक होती थी। उनके विशाल कमलनयनों में सदैव एक दिव्य हँसी छिपी होती थी।

"वे पत्र सुदूर स्थित अमेरिका से आए हैं।" उन्होंने मेज पर पड़े अनेक मोटे-मोटे लिफाफों की ओर संकेत किया। "वहाँ की कुछ सोसाइटियों के साथ, जिनके सदस्य योगशास्त्र में रुचि रखते हैं, मैं पत्र-व्यवहार करता हूँ। वे कोलंबस से बेहतर दिशाज्ञान के साथ भारत की नए सिरे से खोज कर रहे हैं। उनकी सहायता करने में मुझे खुशी होती है। दिन के उजाले की तरह योगशास्त्र का ज्ञान भी उन सबके लिए है, जो इसे प्राप्त करने के इच्छुक हैं।

"जिसे मानव की मुक्ति के लिए ऋषियों ने अनिवार्य समझा है, उसे पाश्चात्य लोगों के लिए हल्का करने की आवश्यकता नहीं है। बाह्य अनुभव भिन्न होते हुए भी सबकी आत्मा एक समान ही है, और जब तक योग का कुछ-न-कुछ अभ्यास नहीं किया जाता, तब तक न ही पाश्चात्य और न ही पौर्वात्य लोग उन्नति कर सकते हैं।"

उन्होंने अपनी शांत दृष्टि मुझ पर स्थिर की। मेरी समझ में तब यह नहीं आया कि उनके वक्तव्य में भविष्यवाणीयुक्त मार्गदर्शन छिपा हुआ था। वह तो केवल अब, जब मैं ये शब्द लिख रहा हूँ, उनके द्वारा प्रायः दिए गए संकेतों का पूर्ण अर्थ मेरी समझ में आ रहा है कि मैं किसी दिन भारत की शिक्षाओं को अमेरिका ले जाऊँगा।

"महर्षि! मैं चाहता हूँ कि आप जगत् के कल्याण के लिए योगशास्त्र पर एक पुस्तक लिखें।"

"मैं शिष्यों को तैयार कर रहा हूँ। वे स्वयं और उनके शिष्यों की शृंखला जीवंत पुस्तकों का काम करेंगे, जो समय के स्वाभाविक क्षय और टीकाकारों की अस्वाभाविक टीकाओं से अछूते रहेंगे।"

संध्याकाल को उनके शिष्यों के आने तक मैं अकेला ही उनके साथ रहा। शिष्यों के आने के बाद भादुड़ी महाशय ने अपना अद्वितीय प्रवचन शुरू किया। शांत बाढ़ की तरह अपने श्रोताओं के मन के कूड़े-करकट को बहा ले जाकर वे उन्हें ईश्वर की ओर ले चले। विशुद्ध बंगाली में वे हृदयस्पर्शी दृष्टांत देते जा रहे थे।

स्कूल से छुट्टी होते ही इन संत द्वार की तीर्थयात्रा करने का क्रम मैंने जारी रखा। आंतरिक उत्साह के साथ वे अनुभव-लाभ में मेरी सहायता करते रहे।

□

8

भारत के महान् वैज्ञानिक सर जगदीशचंद्र बोस

'जगदीशचंद्र बोस ने वायरलेस का आविष्कार मार्कोनी से पहले ही कर लिया था।'

यह उत्तेजक टिप्पणी सुनकर मैं रास्ते के किनारे खड़े होकर विज्ञान विषयक चर्चा कर रहे प्राध्यापकों के एक दल के पास जाकर खड़ा हो गया। यदि उनमें सम्मिलित होने के पीछे मेरी भावना जाति के अभिमान की थी, तो मुझे उसका खेद है। भारत न केवल गूढ़ चिंतन में, वरन् भौतिक विज्ञान में भी प्रमुख भूमिका निभा सकता है, इस बात के प्रमाण में अपनी गहरी अभिरुचि को मैं अस्वीकार नहीं कर सकता।

"आप कहना क्या चाहते हैं, सर ?"

प्राध्यापक महोदय ने प्रसन्नतापूर्वक स्पष्टीकरण दिया, "वायरलेस कोहीरर और विद्युत् तरंगों की वक्रता दरशाने वाले एक यंत्र का आविष्कार सबसे पहले बोस ने किया था। परंतु इस भारतीय वैज्ञानिक ने अपने आविष्कारों से कोई आर्थिक लाभ उठाने की चेष्टा नहीं की। शीघ्र ही उन्होंने अपना ध्यान अजैव से जैव जगत् की ओर मोड़ लिया। वनस्पति शास्त्रज्ञ के रूप में उनके द्वारा किए गए क्रांतिकारी आविष्कार उनके भौतिक विज्ञानी के रूप में किए गए मौलिक आविष्कारों से भी कहीं अधिक बढ़-चढ़कर हैं।"

मेरे ज्ञान में वृद्धि करने वाले प्राध्यापक महाशय का मैंने विनम्रतापूर्वक धन्यवाद किया। उन्होंने आगे कहा—"यह महान् वैज्ञानिक प्रेसिडेंसी कॉलेज में मेरे सहाध्यापक हैं।"

दूसरे ही दिन मैं उस ऋषितुल्य महान् ज्ञानवेत्ता से मिलने उनके घर गया, जो मेरे घर के पास ही था। लंबे समय से मैं दूर से ही उनके प्रति श्रद्धाभाव रखता आ रहा था। गंभीर, प्रशांत और एकांतप्रेमी वनस्पति शास्त्रज्ञ ने शिष्टतापूर्वक मेरा स्वागत किया। उनकी आयु पचास से साठ वर्ष के बीच थी। वे घने केश, विस्तीर्ण ललाट तथा स्वप्निल नेत्रों के रूपवान व्यक्ति थे। उनका शरीर सुगठित था। बोलने में उनका विशुद्ध उच्चारण उनके शुरू से ही वैज्ञानिक स्वभाव को दरशाता था।

"पश्चिम की वैज्ञानिक सोसायटियों की सभाओं में भाग लेकर मैं हाल ही में वापस आया हूँ। मेरे द्वारा आविष्कृत जीवन की अविभाज्य एकता दरशाने वाले उपकरणों में उनके सदस्यों ने गहरी रुचि दिखाई। बोस क्रेस्कोग्राफ की परिवर्धन-शक्ति एक करोड़ गुना है। माइक्रोस्कोप तो केवल कुछ सहस्र गुना ही परिवर्धन करता है, फिर भी उसने जीवविज्ञान को तीव्र गति प्रदान कर दी, जीवविज्ञान में प्राण फूँक दिए। क्रेस्कोग्राफ अगणित मार्ग खोलता है।"

"सर! आपने विज्ञान की अमूर्त बाँहों से पूर्व और पश्चिम के आलिंगनबद्ध होने की प्रक्रिया को तेज करने के लिए बहुत कुछ किया है।"

"मेरी शिक्षा कैंब्रिज में हुई। प्रयोगों के आधार पर ही किसी भी सिद्धांत की सूक्ष्म-से-सूक्ष्म जाँच करने की पाश्चात्य पद्धति कितनी सराहनीय है! यह प्रयोगमूलक कार्यपद्धति मुझे अपनी पौर्वात्य विरासत में मिली आत्मपरीक्षण की क्षमता के साथ जुड़कर और भी अधिक प्रभावी हो गई। इन दोनों की युति ने मुझे दीर्घकाल से अबोल रहे प्रकृति जगत् के मौन को तोड़ने में समर्थ बनाया। सारे भेद खोल देने वाले मेरे क्रेस्कोग्राफ के रेखाचित्र प्रमाण हैं, संदेह करने वाले किसी भी व्यक्ति के लिए कि पेड़-पौधों में भी संवेदनशील स्नायु तंत्र होता है और उनका जीवन विभिन्न भावनाओं से युक्त भी होता है। प्रेम, घृणा, आनंद, भय, सुख, दुःख, मूर्च्छा और अन्य उत्तेजनाओं के प्रति असंख्य प्रकार की प्रतिक्रियाओं की भावानुभूति जिस प्रकार सब प्राणियों को होती है, उसी प्रकार सब पेड़-पौधों को भी होती है।"

"सर, आपके इस क्षेत्र में आगमन से पहले तो सारी सृष्टि में व्याप्त जीवन की अद्वितीय धड़कन एक कवि की कल्पना मात्र लगती होगी! एक संत को मैं कभी जानता था, जो कभी कोई फूल नहीं तोड़ते थे। वे कहते थे—'गुलाब के पौधे से मैं उसका सौंदर्याभिमान कैसे छीन लूँ? अपनी उद्दंडता से उसे विवस्त्र करके उसके आत्मसम्मान को धक्का कैसे पहुँचाऊँ?' उनके उन सहानुभूतिपूर्ण शब्दों को आपके आविष्कारों ने अक्षरशः यथार्थ सिद्ध कर दिया है।"

"कवि सत्य से अंतरंग होता है, जबकि वैज्ञानिक अजीबोगरीब ढंग से उस तक पहुँचने का प्रयास करता है। किसी दिन मेरी प्रयोगशाला में आकर क्रेस्कोग्राफ के असंदिग्ध प्रमाणों को देख लो।"

कृतज्ञतापूर्वक मैंने आमंत्रण स्वीकार कर उनसे विदा ली। बाद में मैंने सुना कि उन्होंने प्रेसिडेंसी कॉलेज छोड़ दिया है और अब वे कलकत्ता में एक अनुसंधान केंद्र स्थापित करने की योजना बना रहे हैं।

जब बोस इंस्टीट्यूट का उद्घाटन हुआ तब मैं उस उद्घाटन समारोह में उपस्थित था। सैकड़ों उत्साही लोग संस्थान के परिसर में इधर-से-उधर घूम रहे थे। विज्ञान के इस नए पीठ की कलात्मकता और आध्यात्मिक प्रतीकात्मकता को देखकर मैं मुग्ध हुआ। उसका प्रवेशद्वार सुदूर स्थित किसी प्राचीन मंदिर का अवशेष है। कमलों से भरे एक जलकुंड के पीछे स्थित मशालधारी स्त्री मूर्ति नारी के लिए अमर प्रकाशदात्री के रूप में भारत के आदर को सूचित करती है। एक उद्यान में अगोचर ब्रह्म को समर्पित एक छोटा सा मंदिर है। मंदिर में मूर्तिविहीन रिक्त स्थान ईश्वर की निराकारता को सूचित करता है।

इस उद्घाटन के महान् अवसर पर सर जगदीशचंद्र बोस का भाषण ऐसा लग रहा था, मानो वह सीधे किसी अंत:प्रेरित प्राचीन ऋषि के मुख से नि:सृत हो रहा हो।

"इस संस्था को मैं आज केवल एक प्रयोगशाला के रूप में नहीं, वरन् एक मंदिर के रूप में समर्पित करता हूँ।" उनकी आदरणीय महानता खचाखच भरे सभागृह पर एक अदृश्य चादर के समान छा गई। "अपनी खोज में मैं कब पदार्थ विज्ञान और प्रकृति विज्ञान के सीमा क्षेत्र में पहुँच गया, मुझे पता ही नहीं चला। मेरा आश्चर्य बढ़ता ही गया, जब मैंने देखा कि सजीव जगत् और निर्जीव जगत् के बीच की सीमारेखाएँ मिटती जा रही हैं और स्पर्शबिंदु उभरते जा रहे हैं। मैंने देखा कि निर्जीव जगत् निष्क्रिय नहीं था; वह तो असंख्य शक्तियों के प्रभाव में पुलकित हो रहा था।

"सब में एक समान प्रतिक्रिया धातु, वनस्पति और प्राणी को एक ही सामान्य नियम में बाँधती प्रतीत हुई। वे सब थकान और खिन्नता के तत्त्वत: एक समान लक्षण प्रदर्शित करते थे, जिनमें पुन: तरोताजा और हर्षोत्फुल्ल होने की संभावनाएँ बनी रहती थीं। मृत्यु के साथ जुड़ी हुई स्थायी प्रतिक्रियाहीनता के प्रदर्शन में भी सब एक समान थे। इस विराट् सामान्यत्व से विस्मयविभोर होकर मैंने बहुत बड़ी आशा के साथ अपने प्रयोगों के परिणामों को रॉयल सोसायटी के समक्ष रखा। परंतु वहाँ उपस्थित प्रकृति विज्ञानियों ने मुझे उनके लिए सुरक्षित क्षेत्रों पर अतिक्रमण करने

के बदले उस पदार्थ विज्ञान के क्षेत्र तक ही अपने अनुसंधान को सीमित रखने की सलाह दी, जिसमें मेरी सफलता का भरोसा था। मैंने अनजाने में एक अपरिचित जाति व्यवस्था के क्षेत्र में घुसकर उसके शिष्टाचार का उल्लंघन कर दिया था।

"वहाँ अनजाने में एक धर्मशास्त्रीय पूर्वग्रह भी कार्यरत था, जो अज्ञान को भी धर्म के समान प्रश्नातीत मानता है। यह प्रायः भुला दिया जाता है कि जिस परमसत्ता ने हमें चारों ओर से सृष्टि के इस नित्य बढ़ते ही जाते रहस्य ने घेर रखा है, उसी ने प्रश्न करने और समझने की इच्छा भी हममें प्रतिष्ठापित कर दी है। अनेक वर्षों तक लोगों की गलतफहमियों का शिकार बनते रहने से एक बात मेरी समझ में आ गई, कृषि विज्ञान के उपासक का जीवन अनिवार्य रूप से अनंत संघर्ष से भरा होता है। लाभ और हानि, सफलता और विफलता को एक समान मानते हुए उसे अपना जीवन प्रेम-श्रद्धायुक्त अर्घ्य के रूप में अर्पण करना पड़ता है।

"कालांतर में विश्व की प्रमुख वैज्ञानिक सोसायटियों ने मेरे सिद्धांतों और निष्कर्षों को स्वीकार करके विज्ञान में भारत के योगदान को मान्य किया। जो कुछ भी छोटा या सीमित हो, वह क्या भारत के मन को कभी तृप्त कर सकता है? एक अखंड जीवंत परंपरा और पुनर्यौवन प्राप्त करने की एक जीवनप्रद शक्ति के द्वारा इस भूमि ने अगणित परिवर्तनों में बार-बार अपना कायाकल्प किया है। भारत में सदा ही ऐसे लोग उत्पन्न होते आए हैं, जिन्होंने समय के तात्कालिक और मोहक पुरस्कार को ठुकराकर जीवन के सर्वोच्च अभीष्टों को पाने का प्रयास किया है—अकर्मण्य परित्याग द्वारा नहीं, वरन् कर्मठ, कठोर संघर्ष द्वारा। संघर्ष को अस्वीकार करने वाले दुर्बल के पास कुछ प्राप्त न कर पाने के कारण त्यागने के लिए भी कुछ नहीं होता। जिसने संघर्ष कर विजय प्राप्त की हो, केवल वही संसार को अपनी विजय के अनुभव का फल प्रदान कर उसे समृद्ध कर सकता है।

"इस बोस प्रयोगशाला में जड़ पदार्थों की प्रतिक्रिया पर अब तक किए जा चुके कार्य से और वनस्पति जीवन के अप्रत्याशित तथ्य सामने आ जाने से पदार्थ विज्ञान, प्रकृति विज्ञान, चिकित्सा, कृषि और यहाँ तक कि मनोविज्ञान के क्षेत्र में भी, अनुसंधान के अत्यंत विस्तृत क्षेत्र खुल गए हैं। जिन उलझनों के बारे में अब तक यह माना जाता था कि उन्हें सुलझाया नहीं जा सकता, वे भी अब प्रयोगात्मक अन्वेषण के कार्यक्षेत्र में आ गई हैं।

"परंतु कठोर सटीकता के बिना उच्च सफलता नहीं मिल सकती। इसीलिए प्रवेश कक्ष में अपने-अपने केस में रखे गए मेरे द्वारा आविष्कृत अतिसंवेदनशील उपकरणों और वैज्ञानिक यंत्रों की लंबी-लंबी कतारें लगी हैं। वे दृश्यमान आभास

के पीछे छिपे सत्य को खोजने के लिए आवश्यक दीर्घकालिक अनवरत प्रयत्न की व मानव के सीमित सामर्थ्य की परिसीमाओं को लाँघने के लिए आवश्यक अविराम कठोर परिश्रम, लगन और उद्योगशीलता की गाथा सुनाते हैं। सभी आविष्कारक वैज्ञानिक जानते हैं कि वास्तविक प्रयोगशाला तो मन है, जहाँ वे माया के परदे के पीछे छिपे सत्य के नियमों को खोज निकालते हैं।

"यहाँ जो लेक्चर दिए जाएँगे, वे किसी दूसरे से प्राप्त ज्ञान की पुनरावृत्ति मात्र नहीं होंगे। उनमें इन कक्षों में प्रथम बार सिद्ध किए गए नए आविष्कारों का ज्ञान दिया जाएगा। इस संस्था के कार्य-विवरण के नियमित प्रकाशनों द्वारा भारत के योगदान समस्त विश्व में पहुँच जाएँगे। वे सार्वजनिक संपत्ति बन जाएँगे। कभी भी, किसी भी बात का 'पेटेंट' नहीं लिया जाएगा। हमारी राष्ट्रीय संस्कृति का सार ही यह है कि हमें ज्ञान का प्रयोग केवल अपने लाभ के लिए करने की संस्कृतिहीनता से सदैव दूर रहना चाहिए।

"मेरी यह भी इच्छा है कि इस संस्था की सुविधाएँ, जहाँ तक संभव हो सके, सभी देशों के अनुसंधानकर्ताओं के लिए उपलब्ध हों। इसमें मैं अपने देश की परंपराओं को आगे चलाने का प्रयास कर रहा हूँ। पच्चीस शताब्दियों पूर्व भी भारत नालंदा और तक्षशिला के अपने प्राचीन विश्वविद्यालयों में विश्व के सभी हिस्सों से आते छात्रों को ज्ञानप्राप्ति की सुविधा उपलब्ध कराता था।

"विज्ञान न तो पूर्व का है, न पश्चिम का, बल्कि अपनी सार्वलौकिकता के कारण वह सब देशों का है, परंतु फिर भी भारत इसमें महान् योगदान देने के लिए विशेष रूप से योग्य है। भारतीयों की ज्वलंत कल्पनाशक्ति तो ऊपर-ऊपर परस्पर विरोधी लगने वाले तथ्यों की गुत्थी से भी नया सूत्र निकाल सकती है, परंतु एकाग्रता की आदत ने इसे रोक रखा है। यह संयम मन को अनंत धीरज के साथ सत्य की खोज में लगाए रखने की शक्ति प्रदान करता है।"

उस महान् वैज्ञानिक के उन अंतिम शब्दों को सुनकर मेरी आँखें छलछला उठीं। यह 'धीरज' ही क्या सचमुच भारत का पर्यायवाची शब्द नहीं बन गया है, जिसने काल और इतिहासकार, दोनों को ही समान रूप से अचंभित कर रखा है?

उद्घाटन दिवस के थोड़े दिनों बाद मैं उस अनुसंधान केंद्र में फिर से गया। उस महान् वनस्पतिशास्त्रज्ञ को अपने वचन का स्मरण था। वे मुझे अपनी शांत प्रयोगशाला में ले गए।

"अब मैं इस फर्न के पौधे को क्रेस्कोग्राफ लगाता हूँ, इसकी गतिविधियों का अनेक गुना परिवर्धित चित्र उभरेगा। इसी मात्रा में यदि घोंघे की रेंगने की

क्रिया को परिवर्धित किया जाए तो घोंघा एक्सप्रेस ट्रेन की गति से चलता दिखाई देगा!"

मेरी दृष्टि उत्सुकतावश परदे पर लगी हुई थी, जहाँ फर्न की परिवर्धित छाया दीख रही थी। सूक्ष्मातिसूक्ष्म जैव-क्रियाएँ भी अब स्पष्ट दिखाई दे रही थीं, मेरी मंत्रमुग्ध आँखों के सामने वह फर्न का पौधा अत्यंत धीरे-धीरे बढ़ रहा था। बोस महाशय ने पौधे की नोक को धातु की एक छोटी सी छड़ से छुआ। परदे पर चल रहा मूक नृत्य हठात् रुक गया, जैसे ही छड़ हटाई वैसे ही उसकी लयबद्ध थिरक पुनः शुरू हो गई।

"तुमने देखा, कैसे तनिक सा भी बाह्य हस्तक्षेप संवेदनशील ऊतकों के लिए बाधक है," बोस महाशय ने कहा—"अब देखो; मैं इसे क्लोरोफॉर्म दूँगा और फिर उसका प्रभाव नष्ट करने वाली औषधि भी।"

क्लोरोफॉर्म के प्रभाव ने विकास को पूर्णतः रोक दिया; उसका प्रभाव नष्ट करने वाली औषधि ने उसे पुनः शुरू कर दिया। परदे पर दिखने वाले विकास के संकेतों ने मुझे किसी सिनेमा के कथानक से भी अधिक तन्मयता के साथ जकड़ रखा था। बोस महाशय (यहाँ खलनायक की भूमिका में) ने उस फर्न के एक हिस्से में एक तीक्ष्ण औजार घुसा दिया; आकस्मिक फड़फड़ाहट ने दर्द का संकेत दिया। जब उन्होंने पौधे के तने को ब्लेड से अंशतः काट दिया तब छाया में तीव्र छटपटाहट दिखाई दी, फिर मृत्यु की अंतिम स्तब्धता में वह शांत हो गई।

"एक विशाल वृक्ष को पहले क्लोरोफॉर्म देकर फिर उसका स्थानांतरण करने में मैंने सफलता प्राप्त कर ली। साधारणतया वनों के ये राजा स्थानांतरित करने के कुछ ही दिन बाद मर जाते हैं।" उस जीवनरक्षक युक्तिकौशल का वर्णन करते हुए बोस महाशय अत्यंत प्रसन्नता के साथ मुसकरा रहे थे। "मेरे सूक्ष्मग्राही यंत्रों के रेखाचित्रों ने सिद्ध कर दिया है कि पेड़-पौधों में रससंचार-प्रणाली होती है; प्राणियों में जैसे रक्त-संचार होता है, वैसे ही पेड़-पौधों में रससंचार होता है। पेड़-पौधों में रस की ऊर्ध्वगति को केवल केशिका आकर्षण सदृश किसी यांत्रिक क्रिया के आधार पर स्पष्ट नहीं किया जा सकता, जैसा कि सामान्यतया प्रयास किया जाता है। क्रेस्कोग्राफ ने इसे सजीव कोशिकाओं की क्रिया के रूप में दरशाया है। पेड़ के अंदर से लंबी गोलाकार नली चलती है, जिसमें क्रमिक वृत्तों में सिकुड़ने वाली लहरें उठती रहती हैं, जो हृदय का काम करती हैं! हम जितनी ही अधिक गहराई में जाकर देखेंगे, उतनी ही अधिक स्पष्टता से इस सत्य का प्रमाण मिलता जाता है कि इस बहुविध प्रकृति का प्रत्येक रूप एक ही सूत्र में बँधा है।"

बोस महाशय ने एक अन्य बोस यंत्र की ओर इशारा किया।

"मैं तुम्हें टिन के एक टुकड़े पर कुछ प्रयोग दिखाता हूँ। धातुओं की प्राणशक्ति उत्तेजना के प्रभाव में अनुकूल या प्रतिकूल प्रतिक्रिया दिखाती है। स्याही के निशान विभिन्न प्रतिक्रियाओं को चिह्नांकित करेंगे।"

मैं तल्लीन होकर आणविक संरचना की लक्षणस्वरूप तरंगों को अंकित करने वाले रेखाचित्र (Graph) को देखने लगा। जब प्रोफेसर साहब ने टिन को क्लोरोफॉर्म लगाया तब कंपन-लेखन थम गया। जब धीरे-धीरे उस टिन की सामान्य अवस्था लौट आई, तब वह पुनः शुरू हो गया। अब बोस महाशय ने एक विषैला रसायन लगाया। टिन के छटपटाते छोर के साथ-साथ सूई ने अद्भुत रूप से रेखाचित्र पर मृत्यु की सूचना अंकित कर दी। वैज्ञानिक महोदय ने कहा—

"बोस यंत्रों ने प्रदर्शित कर दिया है कि कैंची और मशीनरी में प्रयुक्त इस्पात सदृश धातु भी थकते हैं और बीच-बीच में विश्राम मिलने से उनमें पुनः ताजगी और कार्यक्षमता आ जाती है। विद्युत् प्रवाह या अति भारी दबाव से धातुओं में जीवन की धड़कन को गंभीर क्षति पहुँचती है या वह धड़कन सदा के लिए रुक भी सकती है।"

उस कक्ष में चारों ओर रखे अथक प्रतिभा के मुखर प्रतीक, असंख्य आविष्कारों पर मैंने दृष्टि दौड़ाई।

"सर, यह दुःख की बात है कि आपके अद्भुत यंत्रों का पूर्ण लाभ उठाकर बड़े पैमाने पर कृषि विकास को गति नहीं दी जा रही है। इनमें से कुछ यंत्रों को त्वरित प्रयोगों में प्रयुक्त करके खाद के विभिन्न प्रकारों का पौधों पर क्या प्रभाव पड़ता है, यह देखना क्या सहज संभव नहीं हो सकता ?"

"तुम ठीक कह रहे हो। भावी पीढ़ियाँ बोस यंत्रों को अगणित प्रकारों से प्रयोग में लाएँगी। वैज्ञानिक को उसके परिश्रम का तत्काल पुरस्कार कदाचित् ही मिलता है; सृजनात्मक सेवा का आनंद ही उसके लिए पर्याप्त है।"

उस अदम्य ऋषि के प्रति अपनी हार्दिक कृतज्ञता व्यक्त कर मैंने उनसे विदा ली। मैंने सोचा, 'उनकी अद्भुत प्रतिभा की विस्मयकारी उर्वरता क्या कभी निःशेष हो सकती है ?'

बढ़ते वर्षों के साथ उनकी प्रतिभा में कोई कमी नहीं आई। 'रेजोनेंट कार्डियोग्राफ' नामक एक जटिल यंत्र का आविष्कार करने के बाद बोस महाशय असंख्य भारतीय पेड़-पौधों के विस्तृत अनुसंधान में लग गए। किसी को कल्पना भी नहीं थी, ऐसी-ऐसी उपयुक्त औषधियों की एक विराट् भेषज तालिका तैयार हो गई। कार्डियोग्राफ ऐसी अचूक सटीकता के साथ तैयार किया गया है कि उससे

एक सेकंड का शतांश तक रेखाचित्र में अंकित हो जाता है। पेड़-पौधे, प्राणी एवं मानव शरीर की संरचना के सूक्ष्मातिसूक्ष्म स्पंदन भी यह कार्डियोग्राफ अंकित कर लेता है। उस महान् वनस्पति शास्त्रज्ञ ने भविष्यवाणी की कि वैद्यकीय अनुसंधान के लिए प्राणियों के अंगच्छेदन की आवश्यकता नहीं रहेगी; कार्डियोग्राफ के प्रयोग से पेड़-पौधों के अंगच्छेदन से ही काम चल जाएगा।

"किसी औषधि के पौधे और प्राणी पर एक साथ किए गए प्रयोग के परिणामों के अंकन से साफ पता चलता है कि उन दोनों पर उस औषधि के प्रभाव में आश्चर्यजनक समानता है", उन्होंने स्पष्ट किया। "मनुष्य में जो कुछ भी है उस सब का पूर्वाभास पेड़-पौधों में विद्यमान है। वनस्पति जगत् पर प्रयोग प्राणियों और मानवों की यातना को कम करने में योगदान देंगे।"

कई वर्षों के बाद बोस महाशय के पथ-प्रदर्शक वनस्पति आविष्कारों की अन्य वैज्ञानिकों द्वारा पुष्टि की गई। कोलंबिया यूनिवर्सिटी में 1938 में किए गए शोध-कार्य की वार्त्ता 'द न्यूयॉर्क टाइम्स' में निम्नलिखित रूप में प्रकाशित हुई थी—

गत कतिपय वर्षों में यह निर्धारित हो चुका है कि जब मस्तिष्क और शरीर के अन्य हिस्सों के बीच तंत्रिकाएँ संदेश वहन करती हैं, तब छोटी-छोटी विद्युत् तरंगें उत्पन्न होती हैं। इन विद्युत् तरंगों को सूक्ष्मग्राही विद्युत् धारामापी यंत्रों से मापा गया और आधुनिक परिवर्धनकारी यंत्रों से इनका लक्ष-लक्ष गुना परिवर्धन किया गया। मानव या जीवित प्राणियों के तंत्रिका तंतुओं में प्रवाहित होने वाली इन तरंगों का अध्ययन करने का कोई संतोषजनक तरीका इनकी अत्यंत तीव्र गति के कारण अब तक ढूँढ़ा नहीं जा सका था।

डॉ. के. एस. कोल और डॉ. एच. जे. कर्टिस ने यह जानकारी दी कि उन्होंने इस बात को खोज निकाला है कि साधारणतया घरों में मछली-पात्र में डाला जाने वाला जो मीठे पानी में जीने वाला पौधा होता है, जिसे 'निटेला' कहते हैं और जिसमें एक ही लंबी कोशिका होती है, उसकी कोशिका में और तंत्री-तंतु की कोशिकाओं में पूर्ण समानता है, कोई भी भिन्नता नहीं है। इसके अतिरिक्त उन्होंने यह भी पाया कि निटेला पौधे के तंतुओं को उत्तेजित किए जाने पर वे विद्युत् तरंगें उत्पन्न करते हैं, जो केवल गति को छोड़कर, अन्य सब दृष्टियों से प्राणी और मानव के तंत्री-तंतुओं में उत्पन्न होने वाली विद्युत् तरंगों के समान ही होती हैं। इस पौधे के तंतुओं की विद्युत् तरंगें प्राणियों के तंतुओं की विद्युत् तरंगों से कहीं धीमे चलती देखी गईं। इसलिए तंत्रिकाओं में प्रवाहित होने वाली विद्युत् तरंगों के प्रवाह के मंदगति चलचित्र

लेने के लिए कोलंबिया यूनिवर्सिटी के अनुसंधानकर्ताओं ने इस आविष्कार को तुरंत उपयोग में लाए।

इस प्रकार निटेला पौधा मन और स्थूल जगत् के सीमाक्षेत्र के गुप्त रहस्यों की गूढ़ लिपि का अर्थ जानने में एक प्रकार से रोसेटा पत्थर की भूमिका अदा कर सकता है।

कविवर रवींद्रनाथ टैगोर भारत के इस आदर्शवादी वैज्ञानिक के अंतरंग मित्र थे। उन्हें संबोधित कर कविवर ने निम्नलिखित पंक्तियाँ लिखी थीं—

हे तपस्वि डाको तूमि साममंत्रे जलदगर्जने,
'उत्तिष्ठत! निबोधत!' डाको शास्त्र अभिमानीजनेकृ
पाण्डित्येर पण्डतर्क हते। सुबृहत विश्वतले
डाको मूढ़ दाम्भि केरे। डाक दाओ तब शिष्य दलेकृ
एकत्रे दाँड़ाक तारा तब होम–हुताग्नि घिरिया।
बार–बार ए भारत आपनाते आसूक फिरिया
निष्ठाय, श्रद्धाय, ध्याने–बसूक से अप्रमत्तचित्ते
लोभहीन, द्वंद्वहीन, शुद्ध, शांत गुरुर वेदिते।

"हे तपस्वी! साममंत्रों की जलद गंभीर गर्जना से पुकारो—'उठो! जागो!' शास्त्राभिमानी जनों और कुतर्कों से आहत बुद्धि पंडितों को पुकारो और उन्हें बेकार तर्कों का त्याग करने को कहो। उन मूढ़ दंभियों को इस सुविस्तृत संसार में आने की प्रेरणा दो। अपने शिष्यों का भी आह्वान करो कि वे कर्तव्यरूपी यज्ञवेदी के चारों ओर एकत्रित हों, जिससे हमारा भारत, हमारा प्राचीन देश अपने सच्चे स्वरूप को पुनः प्राप्त करे और कर्तव्यनिष्ठा, श्रद्धा और ध्यान में अप्रमत्तचित्त होकर लोभहीन, द्वंद्वहीन, शुद्ध और शांत बनकर विश्वगुरु के आसन पर एक बार फिर अधिष्ठित हो।"

□

9

ईश्वर के साथ प्रेमलीला

"छोटे महाशय, बैठो। मैं अपनी जगन्माता से वार्त्तालाप कर रहा हूँ।"

मैंने अत्यंत श्रद्धा के साथ कमरे में चुपचाप प्रवेश किया था। मास्टर महाशय के देवता सदृश रूप ने मुझे चकाचौंध कर दिया। श्वेत रेशम समान दाढ़ी और विशाल तेजस्वी नेत्रों से युक्त वे पवित्रता के साक्षात् अवतार लग रहे थे। ऊपर की ओर उठा हुआ उनका चेहरा और जुड़े हुए हाथ देखकर मैं समझ गया कि उनके पास मेरे उस प्रथम आगमन ने उनकी अर्चना में बाधा डाली है।

उस समय तक मुझे जितने धक्के लगे थे, उन सबसे बढ़कर तीव्र धक्का उनके स्वागतपूर्ण सरल शब्दों से लगा। माँ की मृत्यु के कारण हुए विरह-दुःख को ही मैं दुःख की पराकाष्ठा मानता आ रहा था। अब अपनी जगन्माता से विरह की भावना मेरी आत्मा को अवर्णनीय यातना देने लगी। विलाप करते हुए मैं जमीन पर गिर पड़ा।

"छोटे महाशय, शांत हो जाओ!" संतवर को सहानुभूतिपूर्ण दुःख हो रहा था।

किसी अगाध समुद्र में असहाय छोड़ दिए गए मनुष्य की तरह अपने बचाव का एकमात्र उपाय जानकर मैंने उनके चरणों को कसकर पकड़ लिया।

"महात्मन्, आप मध्यस्थता करें। जगन्माता से पूछिए कि क्या मुझ पर उनकी कृपादृष्टि होगी?"

इस प्रकार की मध्यस्थता का वचन सहज ही नहीं दे दिया जाता; अतः महात्मा चुप रहने पर बाध्य हो गए।

मुझे समस्त शंकाओं से परे विश्वास हो गया था कि मास्टर महाशय वहाँ जगन्माता से घनिष्ठता के साथ वार्त्तालाप कर रहे थे। यह सोचकर मैं अत्यंत अपमानित अनुभव कर रहा था कि मेरी आँखें जगन्माता को देख नहीं सकती थीं, जिन्हें अभी इस समय भी उस संत की निर्मल दृष्टि निहार रही थी। निर्लज्जतापूर्वक

उनके पाँव पकड़े हुए और उनके सौम्य विरोध को अनसुना करते हुए मैं बार-बार उनकी मध्यस्थता की कृपा की याचना उनसे करता रहा।

"मैं परमप्रिय माँ तक तुम्हारी प्रार्थना पहुँचा दूँगा।" मास्टर महाशय ने आखिर हार मानकर सहानुभूतिपूर्वक धीरे से मुसकराते हुए कहा। क्या शक्ति थी उन शब्दों में कि मेरा मन विरह-व्याकुलता से तुरंत मुक्त हो गया!

"महाशय, अपना वचन याद रखिए! माँ का संदेश पाने के लिए मैं पुनः शीघ्र ही आपकी सेवा में उपस्थित हो जाऊँगा।" एक क्षण पूर्व ही दुःख और सिसकियों से मेरा जो कंठस्वर अवरुद्ध हुआ जाता था, अब आशा की आनंद ध्वनि से मुखरित हो रहा था।

लंबे जीने से नीचे उतरते-उतरते अतीत की स्मृतियों से मेरा मन भर आया। इसी घर में, जो अब मास्टर महाशय का आवास था, किसी समय मेरा परिवार रहा करता था। यहीं मेरी माँ की मृत्यु हुई थी। स्वर्गवासी माता के लिए यहीं पर मेरा मानवी हृदय पीड़ित हुआ था; और यहीं पर आज जगन्माता के विरह में मेरी आत्मा विह्वल हो उठी थी। मेरे शोकविह्वल मन की वेदनाओं और अंततः मेरी निरामयता की मौन साक्षी बनी यही वे पुनीत दीवारें थीं!

घर जाते हुए मेरे पाँव उत्सुकतावश जल्दी-जल्दी उठ रहे थे। अपनी छोटी सी अटारी में मैं दस बजे तक एकांत में ध्यान करता रहा। उष्ण रात्रि का अंधकार अचानक एक अद्‍भुत दृश्य के साथ प्रकाशमान हो उठा।

दिव्य आभायुक्त जगज्जननी मेरे सामने खड़ी थीं। मधुर स्मित करता उनका मुखारविंद परमसौंदर्य का मूर्त रूप था।

"सदा ही मैंने तुम्हें प्रेम किया है! सदैव मैं तुमसे प्रेम करती रहूँगी!"

उनका दिव्य स्वर अभी वातावरण में गूँज ही रहा था कि वे अदृश्य हो गईं।

दूसरे दिन प्रातःकाल सूर्य ने क्षितिज पर अभी झाँकना आरंभ ही किया था कि मैं मास्टर महाशय के घर पहुँच गया। हृदयविदारक स्मृतियों से जुड़े उस घर की सीढ़ियाँ चढ़कर मैं चौथी मंजिल पर उनके कमरे के सामने पहुँच गया। बंद दरवाजे की मूठ पर एक कपड़ा लिपटा हुआ था, जो शायद इस बात का संकेत था कि वे एकांत चाहते हैं। मैं दरवाजे के सामने दुविधा में खड़ा था कि इतने में मास्टर महाशय ने स्वयं ही दरवाजा खोल दिया। मैंने उनके पूज्य चरणकमलों में प्रणाम किया। दिव्य उल्लास को छिपाते हुए मैंने विनोद भाव में अपना मुख गंभीर बना लिया।

"महाशय, आपके संदेश के लिए मैं आ गया हूँ—मैं मानता हूँ कि अति भोर में ही आ गया हूँ! क्या प्रिय जगज्जननी ने मेरे विषय में कुछ कहा?"

"नटखट छोटे महाशय!"

इसके अतिरिक्त उन्होंने कुछ भी नहीं कहा। स्पष्ट था कि मेरी गंभीरता का नाटक प्रभावी नहीं था।

"इतनी गूढ़ता, इतना छल क्यों, क्या संत कभी सीधी बात नहीं करते?" मैं शायद थोड़ा चिढ़ गया था।

"क्या मेरी परीक्षा लेना अनिवार्य है?" उनकी शांत आँखें समझदारी और विवेक से भरपूर थीं।

"कल रात को दस बजे स्वयं दिव्यरूपा जगन्माता ने तुम्हें जो आश्वासन दिया, उसके बाद भी अब मेरे लिए कहने को कुछ बचा है?"

मेरी आत्मा की खिड़कियों को खोलने की कुंजी मास्टर महाशय के पास थी; मैंने पुनः उनके चरणों में साष्टांग प्रणिपात किया। परंतु इस बार मेरी आँखों से जो अश्रु बह रहे थे वे अतीव हर्ष के थे, दुःख के नहीं।

अगम्य प्रतीत होने वाले नीरस उपदेशों की अपेक्षा आध्यात्मिक संसर्ग के द्वारा ही वे अपने ज्ञान का प्रसार करते थे। जगज्जननी के विशुद्ध प्रेम में वे इतने चूर रहते थे कि मान-अपमान को बाह्य औपचारिकताओं की ओर उनका कोई ध्यान ही नहीं रहता था।

"मैं तुम्हारा गुरु नहीं हूँ; तुम्हारे गुरु थोड़े समय बाद आएँगे," उन्होंने मुझसे कहा, "उनके मार्गदर्शन में प्रेम और भक्ति के रूप में तुम्हें मिली ईश्वर की अनुभूतियाँ उनके अगाध ज्ञान की अनुभूतियों में रूपांतरित हो जाएँगी।"

प्रतिदिन दोपहर ढलते-ढलते मैं एमहर्स्ट स्ट्रीट में उनके घर पहुँच जाता। मुझे मास्टर महाशय के उस दिव्य चशक की चाह रहती थी, जो इतना लबालब भरा हुआ था कि उसकी बूँदें प्रतिदिन मेरे ऊपर छलकती थीं। पहले कभी भी इतने भक्तिभाव से मैं नतमस्तक नहीं हुआ था; अब तो मास्टर महाशय के चरणस्पर्श से पुनीत हुई भूमि पर केवल चलने का अवसर मिलने को भी मैं अपना सौभाग्य मानने लगा।

वे साधारणतः इस सम्मानपूर्ण उपाधि से ही संबोधित किए जाते थे। उनका नाम महेंद्रनाथ गुप्त था। अपनी साहित्यिक रचनाओं पर वे केवल 'म' के संक्षिप्त रूप में ही अपना नाम लिखते थे।

"महाशय! कृपया इस चंपकमाला को धारण कीजिए। मैंने यह खास आपके लिए बनाई है।"

एक दिन शाम को मैं अपनी पुष्पमाला हाथ में लिये उनके घर पहुँच गया। परंतु बार-बार इस सम्मान को अस्वीकार करते हुए वे संकोच से पीछे हट गए।

मेरे दु:ख का अनुभव करते हुए अंतत: उन्होंने मुसकराते हुए उसे स्वीकार कर लिया।

"चूँकि हम दोनों ही माँ के भक्त हैं, इसलिए इस शरीर में वास करने वाली माँ के प्रति अपनी श्रद्धा के रूप में तुम वह माला इस देह-मंदिर को पहना सकते हो।" उनके विशाल स्वभाव में कहीं तनिक भी जगह नहीं थी कि अहंकार अपना पग जमा सके।

"कल हम मेरे गुरु के वास से सदा के लिए धन्य हुए दक्षिणेश्वर के काली मंदिर चलेंगे।"

अगले दिन सुबह दक्षिणेश्वर तक की चार मील की यात्रा हमने नाव से तय की। काली के नौ गुंबदों वाले मंदिर में हमने प्रवेश किया, जहाँ माँ काली और शिव की मूर्ति अति कौशल से निर्मित चाँदी के चमकदार सहस्रदल कमल पर विराजमान है। मास्टर महाशय आनंद से प्रफुल्लित हो उठे। वे अपनी प्रियतम माँ के साथ अथक प्रेमलीला में मग्न थे। जैसे-जैसे वे माँ का नाम जपते जा रहे थे, मेरा आनंदित मन मानो उस सहस्रदल कमल की तरह ही सहस्रधाराओं में फूट पड़ रहा था।

इस संत के साथ की हुई दक्षिणेश्वर की अनेक तीर्थयात्राओं में यह प्रथम थी। मास्टर महाशय से ही मैंने ईश्वर के मातृत्व पक्ष या ईश्वरीय करुणा के माधुर्य को जाना।

एक दिन संध्या समय मास्टर महाशय और मैं एक-दूसरे का हाथ थामे उनके स्कूल के पास वाले रास्ते पर चल रहे थे। मेरा आनंद फीका हो गया, जब एक परिचित घमंडी व्यक्ति वहाँ आ पहुँचा। उसने अपने लंबे प्रवचन से हमें तंग कर दिया।

"मैं देख रहा हूँ कि तुम इस आदमी से प्रसन्न नहीं हो।" मास्टर महाशय की मेरे कान में यह फुसफुसाहट अपनी ही बातों में मग्न उस घमंडी को सुनाई नहीं दी। "मैंने इस बारे में जगन्माता को बता दिया है; उन्हें भी हमारी दु:खद परिस्थिति का ज्ञान है। उन्होंने वचन दिया है कि जैसे ही हम उस लाल मकान के पास पहुँचेंगे, वे इस आदमी को एक अत्यावश्यक काम की याद दिला देंगी।"

मेरी दृष्टि उस मुक्ति-स्थल पर लगी रही। उसके लाल द्वार पर पहुँचते ही अपना अधूरा वाक्य भी पूरा किए बिना और कुछ भी कहे बिना वह व्यक्ति अचानक मुड़कर चला गया। विक्षुब्ध वातावरण में फिर से शांति छा गई।

एक अन्य दिन मैं हावड़ा रेलवे स्टेशन के पास अकेला ही टहल रहा था। एक पल के लिए मैं एक छोटे से मंदिर के पास खड़ा हो गया और वहाँ ढोलक, करताल के शोर में जोर-जोर से कीर्तन करते लोगों को मन-ही-मन कोसने लगा।

'केवल मुँह से तोते की तरह प्रभु का पवित्र नाम लेते रहने वाले इन लोगों के कीर्तन में भक्ति का कितना अभाव है।' मैं मन–ही–मन सोच रहा था। अचानक मास्टर महाशय को तेज कदमों से अपनी ओर आते देखकर मैं विस्मित हो गया।

"महाशय, आप यहाँ कैसे?"

उस संत ने मेरे प्रश्न की ओर कोई ध्यान न देकर सीधे मेरे मन के विचार का उत्तर दिया—"क्या यह सच नहीं है छोटे महाशय, कि प्रभु का नाम किसी भी मुँह से क्यों न निकला हो, मधुर ही लगता है, चाहे वह मुँह अज्ञानी का हो या ज्ञानी का?"

सभी धर्मों के संतों ने ईश्वर को दिव्य प्रियतम मानकर उस सरल आधार पर ईश्वर–साक्षात्कार प्राप्त किया है। मास्टर महाशय एवं अन्य सभी संतों की विनम्रता इस बोध से उपजती है कि वे पूर्णतः उस ईश्वर पर निर्भर हैं, जो एकमात्र जीविताधार और एकमात्र विधाता है। चूँकि ईश्वर का स्वरूप ही आनंद है, अतः ईश्वर के साथ तादात्म्य होने वाला या उसमें मग्न होने वाला मनुष्य सहज ही असीम आनंद को अनुभव करता है।

आनंद उन सब चीजों में सर्वप्रथम और सर्वोपरि है, जिनके लिए आत्मा और इच्छाशक्ति तड़पती है। ईश्वर की दृष्टि में कुछ भी छोटा या बड़ा नहीं होता। यदि छोटे से परमाणु को बनाने में ईश्वर ने अपनी अतिशय सूक्ष्मदर्शिता के औचित्य को न लगाया होता तो क्या आकाश अभिजित और स्वाति नक्षत्रों जैसी गौरवशाली रचनाओं को धारण कर पाता? 'महत्त्वपूर्ण' और 'महत्त्वहीन' का भेद प्रभु के लिए निश्चय ही अज्ञात है कि कहीं एक सुई के अभाव में पूरा ब्रह्मांड ही ढह जाए!

□

10

अपने गुरु श्रीयुक्तेश्वरजी से भेंट

"ईश्वर में श्रद्धा कोई भी चमत्कार कर सकती है, केवल एक को छोड़कर—अध्ययन के बिना परीक्षा में उत्तीर्ण होना।" झुँझलाकर मैंने वह 'प्रेरणाप्रद' पुस्तक बंद कर दी, जिसे मैंने खाली समय में एक दिन उठा लिया था।

'लेखक का यह अपवाद कथन उसकी ईश्वर में श्रद्धा का पूर्ण अभाव दरशाता है,' मैंने सोचा, 'बेचारा! रात-रात भर पढ़ाई करने में उसे अत्यधिक विश्वास है!'

मैंने पिताजी को वचन दे रखा था कि मैं अपनी हाई स्कूल की पढ़ाई पूर्ण करूँगा। मैं परिश्रमी विद्यार्थी होने का दावा नहीं कर सकता। महीने पर महीने बीतते गए थे, पर मैं क्लास रूम में कम और कोलकाता के स्नान-घाटों के आस-पास सुनसान जगहों पर अधिक होता था। उन घाटों के पास स्थित श्मशान, जो रात में और भी अधिक भयावह बन जाते हैं, योगी को अत्यंत आकर्षित करते हैं। जिसे अमरतत्त्व की खोज करनी हो, उसे कतिपय अनलंकृत नरकपालों को देखकर विचलित नहीं होना चाहिए। विभिन्न प्रकार की अस्थियों से व्याप्त उस विषादालय में मानवी अपूर्णता उजागर होती है। इस प्रकार मेरा रात्रि-जागरण विद्यार्थियों के रात्रि-जागरण से भिन्न प्रकार का था।

हिंदू हाई स्कूल की वार्षिक परीक्षा का सप्ताह तेजी से निकट आ रहा था। परीक्षा का यह समय भी भूत-प्रेतों से युक्त उन श्मशानों की तरह ही एक सुपरिचित दहशत मन में उत्पन्न करता है। फिर भी मेरा मन शांत था। भूत-पिशाचों के क्षेत्र में जा-जाकर मैं एक ऐसे ज्ञान को खोदकर निकाल रहा था, जो स्कूली कक्षाओं में कभी नहीं मिल सकता। परंतु मेरे पास स्वामी प्रणबानंदजी का कौशल नहीं था, जो एक ही समय में दो स्थानों पर आसानी से उपस्थित हो सकते थे। मेरा

तर्क यह था कि प्रभु मेरी दुविधा को समझकर मुझे उससे उबार लेंगे। विपत्तियों से तत्क्षण उबारने के ईश्वर के हजारों स्पष्टीकरणातीत कारनामों से भक्त के मन में ऐसी तर्कशून्यता आ जाती है। "अरे, मुकंद! आजकल तो तुम्हारे दर्शन ही नहीं होते!" एक दिन मेरी ही कक्षा के एक सहपाठी से अचानक भेंट हुई तो उसने मुझसे कहा।

"ओह, नंतू! लगता है, स्कूल में मेरी अनुपस्थिति ने मुझे निश्चित तौर पर कठिन परिस्थिति में डाल दिया है।" मैंने उसकी स्नेहपूर्ण दृष्टि के आगे अपने हृदय का भार हल्का किया।

नंतू, जो एक तीक्ष्ण बुद्धि छात्र था, दिल खोलकर हँसने लगा, "आखिर मेरी परिस्थिति भी हास्यजनक ही थी।"

"वार्षिक परीक्षा के लिए तो तुम बिल्कुल भी तैयार नहीं हो!" उसने कहा, "लगता है, अब मुझे ही तुम्हारी सहायता करनी होगी!" नंतू के ये सहज-सरल शब्द दैवी आश्वासन बनकर मेरे कानों में उतरे। तत्परता के साथ मैं उसके घर गया। परीक्षा में जिन प्रश्नों के पूछे जाने की संभावना उसे प्रतीत हो रही थी, उनके उत्तर उसने मुझे समझा दिए।

"ये प्रश्न ऐसे दाने हैं, जो अनेक भोले-भाले विद्यार्थियों को परीक्षा के जाल में फँसा लेंगे। मेरे उत्तरों को ठीक से याद करोगे तो तुम उस जाल से सही सलामत निकल जाओगे।"

जब मैं उसके घर से निकला तब काफी रात बीत गई थी। उधार की विद्वत्ता से लबालब भरा हुआ मैं पूरे भक्तिभाव के साथ प्रार्थना कर रहा था कि अगले कुछ संकटपूर्ण दिनों में वह पांडित्य मुझमें बना रहे। मुझे अपने विभिन्न विषयों में नंतू ने परीक्षा के लिए तैयार कर दिया था, परंतु समयाभाव के कारण संस्कृत को भूल गया था। मैंने उत्कटतापूर्वक भगवान् को इस भूल को याद दिला दी।

दूसरे दिन प्रातःकाल मैं चलते कदमों की लय पर अपना नया ज्ञान आत्मसात् करता हुआ सैर कर रहा था। रास्ते के छोर पर पहुँचकर कोने पर स्थित खाली भू-खंड की घास-पात में से मैं चल पड़ा कि अचानक मेरी दृष्टि कुछ छपे हुए बिखरे पड़े कागजों पर पड़ी। मैंने झपटकर कागज उठा लिये। मेरा झपटना सार्थक भी हुआ। मेरे हाथ में संस्कृत श्लोक थे!

उनका अर्थ लगाने के अपने डगमगाते प्रयासों में सहायता के लिए मैंने एक पंडित को पकड़ा। उनकी मधुर वाणी ने वातावरण को उस प्राचीन भाषा के निनादी मधुर सौंदर्य से भर दिया।

"इन असामान्य श्लोकों को सीखकर संस्कृत की तुम्हारी परीक्षा में कोई सहायता नहीं हो सकती।" पंडित ने उन श्लोकों को निश्चयपूर्वक मेरे लिये बेकार ठहराया।

परंतु उन श्लोकों का अर्थ जानने के कारण ही दूसरे दिन मैं संस्कृत की परीक्षा में पास हो सका। नंतू ने अपनी दूरदृष्टि से जो सहायता मुझे दी थी, उसके कारण मुझे अपने अन्य सभी विषयों में भी उत्तीर्णांक मिल गए।

पिताजी खुश हुए कि मैंने हाई स्कूल की पढ़ाई पूरी करने का अपना वचन निभाया था। मेरी कृतज्ञता ईश्वर के चरणों में समर्पित हुई। मैं जानता था कि केवल उनकी प्रेरणा के कारण ही मैं नंतू के घर पहुँचा था और कूड़े से भरे भू-खंड के अप्रचलित मार्ग से भी उन्हीं की प्रेरणा से गया था। उन्होंने अपनी लीला करते हुए मुझे उबारने की अपनी यथासमय योजना की दुहरी अभिव्यक्ति प्रदर्शित की थी।

निरर्थक मानकर रख दी हुई उस पुस्तक पर मेरी दृष्टि पड़ी, जिसके लेखक ने परीक्षा भवन में ईश्वर की महत्ता को अपर्याप्त माना था। मेरे मन में उठे इस विचार पर मैं अपनी हँसी को रोक नहीं पाया—

"यदि मैं इस लेखक को बता दूँ कि मृतदेहों के अवशेषों के बीच बैठकर ईश्वर का ध्यान करना हाई स्कूल परीक्षा पास करने का सहज उपाय है तो उसकी उलझनें और अधिक बढ़ जाएँगी!"

नई प्रतिष्ठा से गौरवान्वित होकर अब मैं खुले रूप से घर छोड़ने की योजना बनाने लगा। अपने एक समवयस्क मित्र जितेंद्र मजूमदार के साथ वाराणसी के एक आश्रम श्री भारत धर्म महामंडल में जाकर रहने और वहाँ आध्यात्मिक शिक्षा ग्रहण करने का मैंने निश्चय किया। अपने परिवार से वियोग की कल्पना एक दिन गहरा विषाद बनकर मुझ पर छा गई। माँ के स्वर्गवास के बाद मेरे दो छोटे भाइयों सनंदक और विष्णु तथा सबसे छोटी बहन थामू के लिए विशेष रूप से मेरा प्रेम तीव्र हो गया था। मैं शीघ्रतापूर्वक अपने एकांत स्थान, उस छोटी सी अटारी में जा पहुँचा, जो मेरी आकुल साधना के अनेकानेक प्रसंगों की साक्षी थी। दो घंटों के अश्रुपात के बाद मैंने अपने में एक अपूर्व परिवर्तन अनुभव किया, जैसे किसी चमत्कारी परिष्कारक तत्त्व से मेरा अंतर धुलकर एकदम साफ हो गया हो। सारी आसक्ति हवा हो गई। मित्रों के मित्र ईश्वर की खोज करने का मेरा निश्चय और भी दृढ़ हो गया। "मैं तुमसे आखिरी बार अनुरोध करता हूँ।" मैं पिताजी के समक्ष उनका आशीर्वाद लेने के लिए खड़ा था, तब उन्होंने मर्माहत होकर कहा, "मेरा और अपने शोकाकुल भाई-बहनों का त्याग मत करो।"

"पूज्य पिताजी, मैं आपके प्रति अपने प्रेम को किन शब्दों में व्यक्त कर सकता हूँ? परंतु उस परमपिता के लिए मेरा प्रेम उससे भी बढ़कर है, जिसने मुझे इस लोक में आप जैसा आदर्श पिता प्रदान किया। मुझे जाने दीजिए, ताकि मैं किसी दिन अधिक दिव्य ज्ञान के साथ आपके पास लौट सकूँ।"

पिताजी की अनिच्छापूर्ण स्वीकृति के साथ मैं वाराणसी के आश्रम में पहले ही पहुँच चुके जितेंद्र के साथ रहने के लिए निकल पड़ा। वहाँ पहुँचने पर आश्रम के युवा अधिपति स्वामी दयानंदजी ने हृदयपूर्वक मेरा स्वागत किया। लंबे, छरहरे बदन के, चिंतनशील मुखाकृति वाले स्वामीजी के प्रति मेरे मन में अनुकूल धारणा उत्पन्न हुई। उनकी गौरवर्ण मुखाकृति पर बुद्धसमान भाव था।

मुझे यह देखकर खुशी हुई कि मेरे इस नए घर में भी एक अटारी थी। भोर और प्रात:काल का समय मैं वहीं व्यतीत करने लगा। आश्रमवासियों को ध्यानाभ्यास का अत्यल्प ज्ञान था, अत: उनका विचार था कि मुझे अपना सारा समय आश्रम के प्रबंधात्मक कार्यों में लगाना चाहिए। उनके कार्यालय में मैं जो काम करता था, उसके लिए वे मेरी सराहना करते थे।

"ईश्वर को इतनी जल्दी पकड़ने का प्रयास मत करो!" एक दिन मैं भोर में अटारी की ओर जा रहा था, तब एक आश्रमवासी ने मेरा उपहास किया। मैं दयानंदजी के पास गया, जो गंगा का दृश्य प्रस्तुत करने वाले अपने छोटे से कक्ष में व्यस्त थे।

"स्वामीजी, मेरी समझ में नहीं आ रहा है कि यहाँ मुझसे क्या अपेक्षा की जाती है। मुझे ईश्वर की प्रत्यक्ष अनुभूति की जिज्ञासा है। ईश्वर के अतिरिक्त मैं किसी और चीज से संतुष्ट नहीं हो सकता—न अच्छे कार्यों के साथ जुड़ने से, न उनके सिद्धांत से, न उन्हें करने से।" गेरुआ वस्त्रधारी स्वामीजी ने स्नेहपूर्वक मेरा कंधा थपथपाया। निकट ही खड़े कुछ शिष्यों को नकली फटकार लगाते हुए उन्होंने डाँटा, "मुकुंद को परेशान मत करो। हमारे तौर-तरीके वह सीख लेगा।"

मैंने शिष्टतापूर्वक अपना संदेह भीतर ही दबा लिया। शिष्यगण कक्ष से बाहर चले गए; डाँट का उन पर कोई प्रभाव दृष्टिगोचर नहीं हो रहा था। दयानंदजी को अब मुझसे कुछ कहना था।

"मुकुंद, मैं देख रहा हूँ कि तुम्हारे पिताजी तुम्हें नियमित रूप से पैसा भेजते हैं। वह पैसा उन्हें लौटा दो; यहाँ तुम्हें पैसे की आवश्यकता नहीं। यहाँ तुम्हारे नियम-पालन में दूसरी बात भोजन से संबंधित है। तुम कितने ही भूखे क्यों न हो, उसके विषय में कभी किसी से मत कहो।"

मेरी आँखों में क्षुधार्त्तता प्रकट हो रही थी या नहीं, मैं नहीं जानता। लेकिन इतना अवश्य जानता था कि मुझे भूख लगी हुई थी। आश्रम में दिन के प्रथम भोजन का नियत समय 12 बजे का था। मैं अपने घर में प्रात: 9 बजे ही भरपेट नाश्ता करने का आदी था।

तीन घंटों का यह अंतर मुझे दिन पर दिन अधिकाधिक लंबा प्रतीत होने लगा। कोलकाता के वे दिन अब चले गए थे, जब दस मिनट की देरी के लिए भी मैं रसोइए पर बरस पड़ता था। अब मैं अपनी भूख को नियंत्रित करने की चेष्टा करने लगा; मैंने चौबीस घंटे का उपवास पूरा किया। दुगुने चाव और उत्कंठा के साथ मैं दूसरे दिन के मध्याह्न की प्रतीक्षा करने लगा।

"दयानंदजी की ट्रेन विलंब से चल रही है; उनके आने तक भोजन नहीं होगा।" जितेंद्र ने आकर यह दारुण वार्त्ता मुझे सुनाई। दो सप्ताह तक बाहर रहे स्वामीजी के स्वागत-सम्मान में अनेक स्वादिष्ट व्यंजन बनाकर तैयार रखे हुए थे। भूख बढ़ाने वाली उनकी सुगंध से वातावरण भर गया था। निगलने के लिए और कुछ भी न मिल पाने पर अब मैं बीते हुए कल के उपवास के दंभ के अतिरिक्त और निगल ही क्या सकता था?

'हे प्रभो! कुछ ऐसा करो कि ट्रेन जल्दी आ जाए!' मैंने सोचा, किसी से भूख का जिक्र न करने की जो निषेधाज्ञा दयानंदजी ने मुझे दे रखी थी, उसमें अवश्य ही वह परमदाता तो शामिल नहीं होगा। परंतु उस परमदाता का ध्यान भी उस समय कहीं और था; घड़ी मंथर गति से घंटों पर घंटे दरशाती गई। जब हमारे प्रमुख महाराज ने मुख्यद्वार से प्रवेश किया, तब अँधेरा छा रहा था। मैंने आनंदातिरेक के साथ उनका अभिवादन किया।

"दयानंदजी अब स्नान करेंगे, तत्पश्चात् ध्यान करेंगे और तब जाकर भोजन परोसा जाएगा।" जितेंद्र किसी अपशकुन सूचक पक्षी की तरह फिर मेरे पास आ गया था।

मैं लगभग गिरने जैसा हो गया। निराहार रहना मेरे युवा उदर के लिए नया अनुभव था; पेट में दौड़ने वाले चूहे अब उसे कुतरने लग गए थे और पेट पूरी शक्ति के साथ विद्रोह कर रहा था। दुर्भिक्ष-पीड़ितों के जो चित्र मैंने देखे थे, वे प्रेतात्माओं की तरह मेरे सामने से गुजरने लगे।

'दुर्भिक्ष से वाराणसी में अगली मृत्यु अब किसी भी क्षण इसी आश्रम में होने वाली है।' मैं सोच रहा था। संभावित मृत्यु नौ बजे टल गई। खाने का बुलावा जैसे साक्षात् स्वर्गीय भोज का निमंत्रण बनकर आया।

उस रात का भोजन मेरी स्मृति में जीवन के सबसे सार्थक अवसरों में से एक बनकर स्पष्ट रूप से बैठ गया। भोजन में प्रगाढ़ तल्लीनता भी मुझे यह देखने से नहीं रोक पाई कि दयानंदजी का मन खाने में नहीं था। वे स्पष्टतया: मेरी स्थूल सुखानुभूतियों से ऊपर थे।

"स्वामीजी, क्या आपको भूख नहीं लगी थी?" पेट फटने तक खाकर तृप्ति का सुख अनुभव करता हुआ मैं उनके काम करने के कमरे में उनके साथ अकेला था।

"हाँ, भूख तो अवश्य लगी थी!" उन्होंने कहा, "पिछले चार दिनों से मैंने कुछ भी खाया-पिया नहीं था। मैं ट्रेन में कभी कुछ नहीं खाता, क्योंकि वहाँ का वातावरण संसारी लोगों के विविध प्रकार के स्पंदनों से भरा रहता है। मेरे संप्रदाय के संन्यासियों के लिए निर्धारित सारे शास्त्रीय नियमों का मैं कड़ाई से पालन करता हूँ।

"आश्रम की कुछ समस्याएँ मेरे मन पर छाई हुई थीं, इसलिए आज रात भोजन में मेरा मन नहीं था। जल्दी भी क्या है? कल मैं ठीक से भोजन करने का ध्यान रखूँगा।" वे हँस पड़े।

लज्जा के मारे मेरा दम घुटने लगा। परंतु कल की यंत्रणा को आसानी से भुला भी तो नहीं दिया जा सकता था! मैंने और एक बात कहने का साहस किया।

"स्वामीजी, आपके आदेश से मैं उलझन में पड़ गया हूँ। कल्पना कीजिए कि मैं कभी खाना न माँगूँ और कोई अपने आप मुझे खाना न दे। तब तो मैं भूख से मर ही जाऊँगा।"

"तब मरो!" इस भयंकर उपदेश ने जैसे वातावरण में विस्फोट कर दिया। "यदि मरना ही पड़ा तो मर जाओ, मुकुंद! कभी भी यह मत मानो कि तुम भगवान् की शक्ति से नहीं, अन्न की शक्ति से जीवित रहते हो! जिसने भरण-पोषण के सब प्रकारों का सृजन किया है, जिसने भूख दी है, वह भगवान् अपने भक्तों का भरण-पोषण भी अवश्य करेगा। कभी यह कल्पना भी मत करना कि तुम चावल से जीवित हो या रुपया-पैसा या लोग तुम्हारा पालन-पोषण करते हैं। यदि प्रभु तुम्हारी प्राणशक्ति को वापस ले लें तो क्या इनमें से कोई तुम्हारी सहायता कर सकेगा? ये सब तो उस भगवान् के ही साधन मात्र हैं। क्या इसमें तुम्हारा कोई अपना कर्तृत्व है कि अन्न का तुम्हारे पेट में पाचन होता है? विवेक की तलवार का उपयोग करो, मुकुंद! माध्यम की जंजीरों को काट दो और उस सबके पीछे विद्यमान 'परम कारण' को पहचानो!"

उनके वेधक शब्द मुझे अपनी किसी गहरी मज्जा में उतरते प्रतीत हुए। तहस-नहस हो गई प्राचीनकाल से चली आ रही वह भ्रांति, जिसके कारण शरीर के आदेश आत्मा को झुका देते थे। वहीं, उसी क्षण मैंने परमात्मा की सर्वसमर्थता का रसास्वादन किया। आगे के मेरे अविराम भ्रमणशील जीवन में कितने ही अपरिचित शहरों में वाराणसी के उस आश्रम में प्राप्त उपदेश की उपयोगिता को सिद्ध करने के कितने ही अवसर आए।

कोलकाता से अपने साथ लाई हुई मेरी एकमात्र दौलत थी साधु का वह चाँदी का तावीज, जो माँ ने मेरे लिए रख छोड़ा था। वर्षों तक सँभालकर रखते हुए अब मैंने उसे आश्रम में अपने कमरे में सावधानीपूर्वक छुपाकर रखा था। तावीज रूपी प्रमाण को देखकर मुझे होने वाले आनंद को फिर से ताजा करने के लिए मैंने एक दिन प्रातः उस बंद डिबिया को खोला। सीलबंद लिफाफा तो जैसा का वैसा था, परंतु आश्चर्य! तावीज गायब था। शोकाकुल होकर मैंने हर संदेह को मिटाने के लिए लिफाफा फाड़कर देखा। साधु की भविष्यवाणी के अनुसार, जिस शून्य से साधु ने उसे आमंत्रित किया था, उसी शून्य में वह वापस चला गया था।

दयानंदजी के शिष्यों के साथ मेरे संबंध क्रमशः अधिकाधिक बिगड़ते चले गए। मेरी दृढ़ उदासीनता से चिढ़कर सारे आश्रमवासी मुझसे दूर होते गए। जिस आदर्श के लिए मैंने अपने घर और अपनी सारी लौकिक आशा-आकांक्षाओं को छोड़ दिया था, उस आदर्श का ध्यान करने की मेरी दृढ़ नियमनिष्ठा पर चारों ओर से छिछली तानाकशी होने लगी। दारुण आत्मिक दुःख से व्यथित होकर एक दिन भोर में ही मैंने यह निश्चय करके अटारी में प्रवेश किया कि जब तक उत्तर नहीं मिलेगा, तब तक मैं प्रार्थना करता ही जाऊँगा।

"हे करुणामयी जगन्माते! या तो तुम स्वयं ही दिव्य दर्शनों के माध्यम से मुझे सिखाओ, या फिर जिसके माध्यम से सिखाओगी, उस गुरु को भेज दो!"

कई घंटे बीत गए, पर सुबक-सुबककर की जा रही मेरी प्रार्थनाओं का कोई उत्तर नहीं आया। अचानक मुझे ऐसा लगा, मानो मैं सशरीर ऊपर उठता हुआ असीम महाशून्य में पहुँच गया हूँ।

"तुम्हारे गुरु आज आएँगे।" महाशून्य में मानो सब तरफ से, पर न जाने कहाँ से एक दिव्य नारी स्वर गूँजा।

इतने में असीम जगत् के उस दिव्य अनुभव को एक निश्चित स्थान से आई चीख ने छिन्न-भिन्न कर दिया। नीचे रसोईघर से हबू नाम का एक युवा पुजारी मुझे पुकार रहा था।

"मुकुंद, बहुत हो गया ध्यान! यहाँ एक काम पर तुम्हें जाना है।"

कोई दूसरा दिन होता तो मैंने पलटकर जवाब दे दिया होता; परंतु अब मैंने अपना अश्रुसिक्त, रो-रोकर सूजा हुआ चेहरा पोंछा और चुपचाप उसके पास चल दिया। हबू और मैं वाराणसी में हमारे आश्रम से दूर स्थित बंगाली टोले के बाजार में जाने के लिए निकले। हम बाजार में सामान खरीद रहे थे; सूर्य तप तो रहा था, पर अभी मध्या नहीं हुआ था, इसलिए उसने अपना उग्र रूप अभी धारण नहीं किया था। हम दोनों गृहिणियों, गाइडों, पंडे-पुरोहितों, सादे वस्त्र धारण कर रखी विधवाओं, सम्माननीय ब्राह्मणों और वाराणसी में सर्वत्र विचरणशील साँड़ों की रंग-बिरंगी भीड़ में से रास्ता निकालते जा रहे थे। हम आगे-आगे बढ़ते ही जा रहे थे कि मैंने अपनी गरदन घुमाकर एक आसानी से ध्यान में भी न आने वाली सँकरी गली की ओर देखा।

गली के छोर पर स्वामियों का गेरुआ परिधान धारण किए एक महापुरुष निश्चल खड़े थे। उन पर दृष्टि पड़ते ही मुझे ऐसा लगा, मानो युग-युगांतर से मैं उन्हें जानता हूँ। एक क्षण के लिए मेरी प्यासी आँखों ने उनका लोलुपता से पान किया। परंतु फिर मन में संशय जाग उठा।

मेरा मन कहने लगा, "इस परिव्राजक संन्यासी का चेहरा तुम्हारे किसी परिचित से शायद मिलता-जुलता है। स्वप्नदर्शी, चलते चलो।"

दस मिनट पश्चात् मेरे पाँव सुन्न हो गए। ऐसा लगा, जैसे दोनों पाँव पत्थर बन गए हों और अब मेरा भार आगे ढोने में असमर्थ हो गए हों। बड़े परिश्रम से मैं पीछे की ओर मुड़ा, तुरंत दोनों पाँव स्वाभाविक अवस्था में आ गए। फिर पीछे मुड़ने पर पुनः वही विचित्र भारीपन लौट आया।

"वे महापुरुष मुझे चुंबकीय ढंग से अपनी ओर खींच रहे हैं!" इस विचार के मन में आते ही मैंने अपने थैले हबू के हाथ में थमा दिए। वह आश्चर्य से मेरे पाँवों का नाच देख रहा था। अब वह खिलखिलाकर हँस पड़ा।

"तुम्हें क्या तकलीफ है? पागल तो नहीं हो गए हो?"

मेरे मन में तुमुल मचा रही भावना के कारण मैंने कोई उत्तर नहीं दिया; चुपचाप तेजी से चल दिया। मैं ऐसे वापस चला, जैसे मुझे पंख लग गए हों और शीघ्र ही उस गली में जा पहुँचा। उस ओर दृष्टि उठाते ही मैंने देखा कि वह शांत मूर्ति स्थिर दृष्टि से मेरी ही दिशा में देख रही थी। कुछ ही उत्कंठापूर्ण कदम मैंने उठाए तो सीधे उनके चरणों में पहुँच गया।

"गुरुदेव!" यह दिव्य चेहरा वही था, जिसे मैंने हजार बार दिव्य दर्शनों में देखा था। नुकीली दाढ़ी और लहराते केशों से सज्जित सिंह समान मस्तक में स्थित

उन शांत, तेजस्वी नेत्रों ने प्राय: मेरे रात्रिकालीन विश्रृंखल ध्यान के धुँधलेपन से ऐसे झाँककर देखा था, जैसे उनमें कोई आश्वासन झलक रहा हो, जिसे मैं पूरी तरह समझ नहीं पाता था।

"ओ मेरे प्रिय, तुम मेरे पास आ गए!" आनंदकंपित स्वर में मेरे गुरु बंगाली भाषा में बार-बार यह कह रहे थे। "कितने वर्षों से मैं तुम्हारी प्रतीक्षा कर रहा था!"

नि:शब्दता की एकता में हम दोनों एक हो गए; शब्दों का प्रयोजन निकृष्टतम प्रतीत होने लगा। कायल करने वाला संवाद गुरु के हृदय से शब्दरहित सांत्वना बनकर शिष्य के हृदय में समाता चला गया। अपने अंतर्मन में मैं निर्विवाद रूप से जान गया कि मेरे गुरु ईश्वर को जानते हैं और मुझे ईश्वर तक पहुँचा सकते हैं। इस जीवन का अंधकार पूर्व जीवन की स्मृतियों के मधुर अरुणोदय में अदृश्य हो गया। रोमांचक समय! भूत, वर्तमान और भविष्य कालचक्र पर चक्राकार घूमते दृश्य हैं। सूर्य इन पवित्र चरणों में मुझे पहली बार नहीं देख रहा था!

मेरा हाथ पकड़कर मेरे गुरु मुझे काशी के राणामहल क्षेत्र में स्थित अपने डेरे पर ले गए। उनका बलवान शरीर दृढ़ कदमों से आगे बढ़ता था। इस समय उनकी आयु लगभग पचपन वर्ष की थी, परंतु उनकी लंबी और सीधी देह में युवकों की सी चपलता और कार्यक्षमता थी। उनकी काली, विशाल, सुंदर आँखों में अथाह ज्ञान का तेज था। हल्के से घुँघराले केश उनके रोबीले मुख को सौम्यता प्रदान कर रहे थे। उनमें शक्ति और सौम्यता का सूक्ष्म संगम था।

जब गंगा किनारे स्थित एक मकान की पत्थर से बनी बालकनी, जहाँ से गंगा साफ दिखाई देती थी, की ओर हम जा रहे थे, तब उन्होंने प्यार से कहा, "मैं अपने आश्रम और जो कुछ भी मेरा है, वह सब तुम्हें दे दूँगा।"

"गुरुदेव, मैं केवल ज्ञान और ईश्वर-प्राप्ति के लिए आपके पास आया हूँ। मुझे आपका केवल वही गुप्तधन चाहिए!"

मेरे गुरु ने जब पुन: बोलने के लिए मुँह खोला, तब तक सांध्य आलोक की धूमिलता आधी उतर आई थी। उनकी आँखों में अथाह स्नेह झलक रहा था।

"मैं तुम्हें अपना निस्स्वार्थ प्रेम प्रदान करता हूँ।" अमूल्य शब्द! मेरे कानों में दोबारा उनके प्रेम का यह रस पड़ने तक एक-चौथाई शताब्दी बीत गई। उनके होंठ भावोत्कटता प्रकट करने में अनभिज्ञ थे; उनके सागर समान विशाल हृदय को मौन प्रिय था।

"क्या तुम भी मुझे वैसा ही निस्स्वार्थ प्रेम दोगे?" वे शिशुसुलभ आशा के साथ मेरी ओर देख रहे थे।

"मैं आपसे सदा-सर्वदा के लिए प्रेम करूँगा, गुरुदेव!"

"साधारण प्रेम स्वार्थी होता है, उसका मूल कामनाओं और तृप्तियों की दलदल में स्थित होता है। दिव्य प्रेम में कोई शर्त नहीं होती, कोई सीमा नहीं होती, कोई परिवर्तन नहीं होता। शुद्ध प्रेम के स्तंभनकारी स्पर्श से मानवी हृदय में नित्य होने वाले परिवर्तन सदा के लिए रुक जाते हैं।" विनम्रतापूर्वक उन्होंने आगे कहा, "यदि कभी भी तुम मुझे ईश्वर-प्राप्ति की अवस्था से गिरता देखो तो मुझे वचन दो कि तुम मेरा सिर अपनी गोद में लेकर मुझे उस प्रियतम प्रभु के पास लौटा लाने में सहायता करोगे, जिसे हम दोनों पूजते हैं।"

फैलते हुए अंधकार में वे उठकर खड़े हुए और मुझे अंदर एक कमरे में ले गए। हम आम और बादाम की कुछ मिठाइयाँ खाने लगे। साथ-साथ वार्त्तालाप चल रहा था। अपने वार्त्तालाप में उन्होंने बिना किसी आलोचनात्मक रुख के, सहजभाव से मेरे स्वभाव का गहरा ज्ञान व्यक्त किया। उनकी अंतर्जात विनम्रता और अगाध ज्ञान के प्रताप को देखकर मैं विस्मय-विभोर हो गया।

"अपने तावीज के लिए दुःख मत करो। उसका उद्‌देश्य पूरा हो चुका है।" किसी दैवी दर्पण की भाँति मेरे गुरु ने स्पष्टतया मेरे संपूर्ण जीवन के प्रतिबिंब को देख लिया था।

"गुरुदेव, आपकी उपस्थिति की जीवंत सच्चाई का आनंद किसी भी प्रतीक से कहीं बढ़कर है।"

"जहाँ तक आश्रम में तुम्हारी दुःखद परिस्थिति का संबंध है तो उसमें परिवर्तन का समय आ गया है।"

मैंने अपने जीवन का कोई भी उल्लेख नहीं किया था; उसका कोई भी उल्लेख अब निरर्थक प्रतीत हो रहा था! उनके सहज-साधारण ढंग को देखते हुए यह बात मेरी समझ में आ गई थी कि उनकी दिव्य दृष्टि पर किसी प्रकार का विस्मय प्रकट करना उन्हें अच्छा नहीं लगेगा। "तुम्हें कोलकाता लौट जाना चाहिए। मानवजाति के प्रति अपने प्रेम से अपने रिश्तेदारों को ही क्यों वंचित करो?"

उनके इस सुझाव से मैं निराश हो गया। मेरे परिवार के घर लौट आने का अनुरोध करने वाले अनेक पत्रों की मैं उपेक्षा करता रहा था, तब भी परिजन मेरे लौटने की भविष्यवाणी कर ही रहे थे। अनंत ने तो कहा था, "इस पक्षी शावक को आध्यात्मिक आकाश में उड़ लेने दो। वहाँ के भारी वातावरण में इसके पंख थक जाएँगे। तब हम इसे घर की ओर नीचे झपट्टा मारते और अपने पंख समेटकर चुपचाप अपने पारिवारिक घोंसले में आराम करते देखेंगे।" उत्साह भंग करने वाली

यह तुलना मेरे मन में अभी ताजा थी और मैं कोलकाता की दिशा में कोई 'झपट्टा न मारने' के लिए कृत संकल्प था।

"गुरुदेव, मैं लौटकर घर नहीं जाऊँगा। परंतु मैं आपके साथ कहीं भी जाने के लिए तैयार हूँ। कृपा करके मुझे अपना नाम और पता बता दीजिए।"

"स्वामी श्रीयुक्तेश्वर गिरि। मेरा मुख्य आश्रम श्रीरामपुर में रायघाट लेन में है। यहाँ मैं केवल थोड़े दिनों के लिए अपनी माँ से मिलने आया हूँ।"

भगवान् की अपने भक्तों के साथ गूढ़ लीला देखकर मैं हैरान था। श्रीरामपुर कोलकाता से केवल बारह मील दूर है, फिर भी उस इलाके में कभी मुझे अपने गुरु की झलक नहीं मिली। एक-दूसरे से मिलने के लिए हमें यात्रा करके लाहिड़ी महाशय की स्मृतियों से पुनीत प्राचीन नगरी काशी आना पड़ा। इस नगरी की धरती को बुद्ध, शंकराचार्य और अनेकानेक योगियों, अवतारों की चरणरज ने भी पवित्र किया है।

"तुम चार सप्ताह में मेरे पास आ जाओगे।" श्रीयुक्तेश्वर के स्वर में पहली बार कठोरता आ गई थी। "अब जब कि मैंने तुम्हें अपने चिरंतन प्रेम के बारे में बता दिया है और तुम्हें पाने पर अपना हर्ष प्रकट कर दिया है तो तुम मेरे अनुरोध की अवहेलना करने पर तुले हुए हो। अगली बार जब हम मिलेंगे, तब तुम्हें अपने में मेरी रुचि को पुनः जाग्रत् करना पड़ेगा। मैं आसानी से तुम्हें शिष्य रूप में स्वीकार नहीं करूँगा—मेरी कठोर शिक्षा का आज्ञापालन द्वारा संपूर्ण समर्पण तुम्हें करना होगा।"

मैं दुराग्रहपूर्वक चुप रहा। मेरे गुरु ने शीघ्र ही मेरी समस्या को पहचान लिया।

"तुम समझते हो कि तुम्हारे रिश्तेदार तुम पर हँसेंगे?"

"मैं लौटकर नहीं जाऊँगा।"

"तुम तीस दिन में लौट जाओगे।"

"कदापि नहीं।"

इस वाद-विवाद से उत्पन्न तनाव में कोई कमी नहीं आई। मैंने उनके चरणों में आदरपूर्वक प्रणाम किया और वहाँ से चल दिया। अर्धरात्रि के अंधकार में आश्रम की ओर चलता हुआ मैं सोचता जा रहा था कि हमारी इस अद्भुत भेंट का अंत इतना बेसुरा क्यों हुआ? माया का तराजू प्रत्येक आनंद के साथ समतुल्य दुःख भी तौल देता है! मेरा किशोर हृदय अभी मेरे गुरु की रूपांतरकारी उँगलियों के लिए पर्याप्त मुलायम नहीं बना था।

दूसरे दिन सुबह मैंने देखा कि आश्रमवासियों का मेरे प्रति द्वेषभाव और भी अधिक बढ़ गया है। वे नित्य अशिष्टताओं से मुझे दिन भर सताने लगे। तीन सप्ताह

इस प्रकार बीत गए; फिर दयानंदजी एक सम्मेलन में भाग लेने के लिए मुंबई चले गए। मुझ अभागे के सिर पर जैसे पहाड़ टूट पड़ा।

"मुकुंद परजीवी है। आश्रम की सुविधाओं का तो लाभ उठा रहा है, पर बदले में आश्रम के लिए कुछ नहीं करता।" एक दिन मुझ पर चल रही यह टीका-टिप्पणी मेरे कानों में पड़ी तो पहली बार मुझे खेद हुआ कि मैंने सारा पैसा पिताजी को वापस भेज देने के आदेश को मान लिया था। भारी हृदय से मैं अपने एकमात्र मित्र जितेंद्र के पास जा पहुँचा। "मैं आश्रम छोड़कर जा रहा हूँ। जब दयानंदजी लौट आएँ तो उनके चरणों में मेरा प्रणाम कहकर मेरी ओर से क्षमा माँग लेना।"

"मैं भी यह आश्रम छोड़कर जा रहा हूँ। यहाँ मेरे ध्यान करने के प्रयासों पर प्रतिक्रिया का हाल भी तुम्हारे जैसा ही है।" जितेंद्र निश्चयपूर्वक बोल रहा था।

"मैं एक ईश्वरप्राप्त संत से मिला हूँ। चलो, हम उनके पास श्रीरामपुर चलते हैं।"

और इस प्रकार 'पक्षी' कोलकाता के संकटजनक रूप से निकट 'नीचे झपटने' की तैयारी कर रहा था।

□

11

दो अकिंचन बालक वृंदावन में

"यदि पिताजी तुम्हें उत्तराधिकार से वंचित कर दें तो कोई अन्याय नहीं होगा, मुकुंद! कितनी मूर्खता से तुम अपना जीवन व्यर्थ गँवा रहे हो!" ज्येष्ठ भ्राता का हितोपदेश मेरे कानों पर आक्रमण कर रहा था। जितेंद्र और मैं ताजे-ताजे रेलगाड़ी से उतरकर अनंत दा के घर पहुँचे थे, जो हाल ही में कोलकाता से स्थानांतरित होकर प्राचीन नगरी आगरा में रहने आए थे। वे सरकारी लोकनिर्माण विभाग में सुपरवाइजिंग एकाउंटेंट थे।

"आपको भलीभाँति मालूम है अनंत दा, कि मैं अपने परमपिता से अपना उत्तराधिकार प्राप्त करना चाहता हूँ।"

"पहले पैसा, फिर भगवान्! कौन जाने, जीवन अत्यधिक लंबा भी हो सकता है।"

"पहले भगवान्; लक्ष्मी तो उनके अधीन है! कौन कह सकता है, जीवन अत्यधिक छोटा भी हो सकता है।"

मेरा यह जवाब केवल प्रसंगानुरूप दिया गया प्रत्युत्तर था, इसमें किसी पूर्वाभास का कोई संकेत नहीं था। (अफसोस! अनंत का जीवन सचमुच छोटा साबित हुआ।)

"लगता है, आश्रम में बड़ा ज्ञान पा लिया है तुमने! पर बनारस तो तुमने छोड़ दिया है!" अनंत दा की आँखें आत्मतृप्ति के भाव से चमक रही थीं; उन्हें अब भी आशा थी कि वे मेरे पंखों को समेटकर मुझे पारिवारिक घोंसले में सुरक्षित रख पाएँगे।

"बनारस में मेरा अल्पवास व्यर्थ नहीं हुआ! मेरा हृदय जिसके लिए तड़प रहा था, उसे मैंने वहाँ पा लिया है। और आप निश्चिंत रह सकते हैं कि वह आपके पंडित या उनके सुपुत्र नहीं हैं!"

उस प्रसंग की याद में अनंत दा भी मेरे साथ हँस पड़े। उन्हें यह स्वीकार करना पड़ा कि बनारस के जिस 'अंतर्दर्शी' को उन्होंने नियुक्त किया था, वह अल्पदर्शी ही सिद्ध हुआ था।

"तो अब तुम्हारा क्या विचार है, मेरे घुमक्कड़ भाई?"

"जितेंद्र ने मुझे आगरा आने के लिए मनाया। यहाँ हम ताजमहल की सुंदरता देखेंगे और उसके बाद हम लोग मेरे नए-नए ही मिले गुरु के पास जाएँगे, जिनका आश्रम श्रीरामपुर में है।" मैंने कहा। अनंत ने हमारे रहने की आरामदेह व्यवस्था की। उस दिन शाम को मैंने अनंत को कई बार चिंतनशील भाव से मुझ पर दृष्टि गड़ाए देखा। 'मैं इस दृष्टि को अच्छी तरह पहचानता हूँ!' मैंने सोचा, 'कोई षड्यंत्र रचा जा रहा है!'

सुबह जल्दी ही हम नाश्ता करने बैठे, तब षड्यंत्र का रहस्योद्घाटन भी हो गया।

"तो तुम्हें पिताजी की संपत्ति के आधार की कोई आवश्यकता नहीं लगती।" कल की बातचीत का सूत्र फिर पकड़ते हुए अनंत ने निष्कपट दृष्टि से कहा।

"मुझे यह बोध है कि मैं ईश्वर पर निर्भर हूँ।"

"बातें करना आसान है! जीवन ने अब तक तुम्हारी सुरक्षा की है। यदि तुम्हें भोजन और आश्रय के लिए उसी ईश्वर के अदृश्य हाथ पर निर्भर रहना पड़ता तो तुम्हारी क्या दशा होती? शीघ्र ही तुम सड़कों पर भीख माँगते फिरते।"

"कदापि नहीं! ईश्वर को छोड़कर किसी पथिक से कोई आशा मैं कदापि न करता! भगवान् अपने भक्त के लिए भिक्षापात्र के अलावा भी हजार अन्य उपाय कर सकते हैं।"

"और अधिक वाग्विलास! यदि मैं यह कहूँ कि तुम अपने जिस तत्त्वज्ञान के बारे में इतनी डींग मार रहे हो, उसे इस मूर्त जगत् में आजमाया जाए, तो?"

"तो मैं तुरंत स्वीकार कर लूँगा! आप क्या ईश्वर को कल्पना-जगत् तक ही सीमित मानते हैं?"

"पता चल जाएगा। आज तुम्हें ऐसा अवसर मिलेगा कि तुम मेरे दृष्टिकोण को और भी अधिक विस्तारित करोगे या फिर कम-से-कम उसका समर्थन तो तुम्हें करना ही पड़ेगा।" अनंत दा वातावरण में गंभीरता को बढ़ाने के लिए थोड़ी देर रुके, फिर गंभीरतापूर्वक धीरे-धीरे बोलने लगे—

"मेरा यह प्रस्ताव है कि मैं तुम्हें और तुम्हारे गुरुभाई जितेंद्र को अभी सुबह निकट ही स्थित वृंदावन भेजूँ। तुम दोनों अपने साथ एक भी रुपया नहीं ले जाओगे;

तुम भिक्षा नहीं माँगोगे—न अन्न की, न पैसे की; तुम किसी को भी अपनी परिस्थिति से अवगत नहीं कराओगे; तुम भोजन से वंचित नहीं रहोगे और तुम वृंदावन में फँसकर नहीं रहोगे। यदि आज रात बारह बजे तक इनमें से किसी भी शर्त को तोड़े बिना तुम दोनों मेरे बँगले पर लौट आओ तो मैं आगरा में सबसे अधिक विस्मय-चकित मनुष्य होऊँगा!"

"मुझे यह चुनौती स्वीकार है।" मेरे शब्दों में और मेरे हृदय में भी कोई हिचकिचाहट नहीं थी। ईश्वर की तत्काल कृपा की कृतज्ञतापूर्ण स्मृतियाँ मेरे मन में कौंध गईं : लाहिड़ी महाशय की तसवीर के सामने प्रार्थना करने से प्राणघातक हैजे से मेरी मुक्ति, लाहौर में छत पर मुझे दो पतंगों का लीलामय ढंग से उपहार दिया जाना; बरेली में घोर निराशा के बीच सही अवसर पर तावीज का मेरे पास आना; बनारस में पंडित के आँगन के बाहर से साधु द्वारा निर्णायक संदेश का दिया जाना; जगज्जननी माँ का दर्शन और उनकी दिव्य प्रेमवाणी; जगज्जननी द्वारा मेरी छोटी-से-छोटी परेशानियों को भी मास्टर महाशय के माध्यम से हटाया जाना; हाई स्कूल की अंतिम परीक्षा उत्तीर्ण करने में अंतिम क्षण में किया गया मेरा मार्गदर्शन; और सर्वोच्च वरदान, मेरे जीवन भर के सपनों की धुंध से प्रकट हुए मेरे जीते-जागते गुरुदेव! मैं कभी भी यह मानने के लिए तैयार नहीं होता कि मेरा 'तत्त्वज्ञान' संसार की किसी भी कसौटी पर खरा नहीं उतरेगा, चाहे वह कसौटी कितनी ही कठोर क्यों न हो!

"तुम्हारी यह अनुकूलता सराहनीय है। मैं अभी तुरंत ही तुम लोगों को रेलगाड़ी पर बिठा देता हूँ।" अनंत ने कहा।

वे आश्चर्यचकित जितेंद्र की ओर मुड़े। "तुम्हें भी इसके साथ जाना होगा—एक गवाह के रूप में, और इस पर आने वाली आपदाओं में, जिसकी संभावना अधिक है, एक सहभागी के रूप में!"

आधे घंटा के बाद जितेंद्र के और मेरे हाथ में आगरा से वृंदावन के टिकट आ गए। स्टेशन के एक एकांत भाग में जाकर हमने अनंत को अपनी तलाशी लेने दी। अनंत दा शीघ्र ही आश्वस्त हो गए कि हम कोई छिपा खजाना अपने साथ नहीं ले जा रहे थे; जो छिपाना आवश्यक था, उससे अधिक हमारी सादी धोतियों में कुछ भी नहीं छिपा हुआ था। जैसे ही विश्वास ने वित्त-प्रबंध के महत्त्वपूर्ण क्षेत्र पर आक्रमण किया तो मेरे मित्र ने विचलित स्वर में कहा, "अनंत दा, आप सुरक्षा की दृष्टि से मुझे एक-दो रुपए देकर रखिए। तब मैं किसी संकट की घड़ी में आपको तार दे सकूँगा।"

"जितेंद्र!" तीव्र स्वर में मैंने उसकी भर्त्सना की, "यदि तुम आखिरी उपाय के तौर पर कोई पैसा अपने साथ लोगे तो मैं इस परीक्षा में नहीं आऊँगा।"

"सिक्कों की खनक में दिलासा देने की कोई शक्ति होती है।" मेरी कठोर दृष्टि को देखते हुए जितेंद्र इससे अधिक कुछ नहीं बोला। "मुकुंद! मैं निष्ठुर नहीं हूँ।" कोमलता की हल्की सी झलक अनंत के स्वर में आ गई थी। संभव है कि उनका अंत:करण उन्हें धिक्कार रहा था—शायद दो अकिंचन बालकों को एक अपरिचित शहर में भेजने के लिए; या फिर ईश्वर में उनकी अपनी अनास्था के लिए। "यदि संयोगवश या भगवान् की कृपा से तुम इस वृंदावन परीक्षा में सफल हो गए तो मैं तुमसे मुझे अपना शिष्य बनाकर दीक्षा देने का निवेदन करूँगा।"

इस असामान्य परिस्थिति में उनके द्वारा की गई प्रतिज्ञा में एक विसंगति थी। भारतीय परिवार में बड़ा भाई अपने छोटे भाइयों के आगे नतमस्तक नहीं होता; बल्कि पिता के बाद उसी को परिवार में तत्सम सम्मान मिलता है और सब उसकी आज्ञाओं का पालन करते हैं। परंतु इस विषय में मेरे पास कुछ कहने के लिए समय नहीं था; हमारी गाड़ी छूटने वाली थी।

गाड़ी दौड़ती जा रही थी और जितेंद्र उदास होकर खामोश बैठा था। आखिर हरकत में आते हुए वह मेरी ओर झुका और एक नाजुक स्थान पर पीड़ाजनक चुटकी काटते हुए बोला, "मुझे तो कोई लक्षण दिखाई नहीं दे रहे कि भगवान् हमारे अगले भोजन की कोई व्यवस्था करने वाले हैं!"

"चुप रहो, संशयात्मा! भगवान् हमारे साथ हैं और हमारी सारी व्यवस्था कर रहे हैं।"

"क्या तुम उनसे जरा जल्दी कराने की भी व्यवस्था कर सकते हो? अपने आगे की परिस्थिति के विचार से ही मैं भूख से अधमरा हुआ जा रहा हूँ। मैं बनारस से ताजमहल देखने के लिए चला था, अपने मकबरे में प्रवेश करने के लिए नहीं!"

"अब खुश हो जाओ जितेंद्र! हम आज वृंदावन के पवित्र स्थानों का पहली बार दर्शन करने जा रहे हैं न? मुझे तो इस विचार से ही गहरा आनंद हो रहा है कि भगवान् श्रीकृष्ण की पदधूलि से पुनीत उस भूमि पर आज हम चलेंगे।"

हमारे डिब्बे का दरवाजा खुला और दो सज्जन अंदर आकर बैठ गए। अगले ही स्टेशन पर हमें उतरना था।

"बच्चो, वृंदावन में क्या कोई तुम्हारी जान-पहचान का है?" मेरे सामने बैठा हुआ अपरिचित व्यक्ति हममें आश्चर्यजनक रुचि ले रहा था।

"आपको इससे प्रयोजन?" बेरुखेपन से मैंने अपनी दृष्टि घुमा ली।

"शायद तुम लोग चित्तचोर के सम्मोहन में अपने परिवारों से भागे जा रहे हो। मैं स्वयं भक्तिप्रधान प्रकृति का मनुष्य हूँ। मैं इसे अपना कर्तव्य मानता हूँ कि इस असह्य गरमी में मैं तुम लोगों के रहने-खाने की व्यवस्था करूँ।"

"नहीं, महोदय! हमें अकेला छोड़ दीजिए। यह आपकी बड़ी कृपा है; परंतु हमें घर से भागे हुए समझने में आप भूल कर रहे हैं।" इसके आगे कोई वार्त्तालाप नहीं हुआ; गाड़ी स्टेशन पर पहुँचकर रुक चुकी थी। जितेंद्र और मैं प्लेटफॉर्म पर उतरे तो हमारे संयोग से सहयात्री बने सज्जनों ने हमारे हाथ थामकर एक घोड़ागाड़ी को बुलाया। हम एक भव्य, वैभवशाली आश्रम के सामने उतरे, जिसके चारों ओर सुंदर बाग-बगीचा था और सदाबहार वृक्ष थे। हमें ले आने वाले सज्जन स्पष्टतया यहाँ से भलीभाँति परिचित थे; कुछ भी कहे बिना एक मुसकराता लड़का हमें बैठकखाने में ले गया। शीघ्र ही वहाँ एक शालीन, सौम्यदर्शना प्रौढ़ महिला आ पहुँचीं।

"गौरी माँ, राजकुमार तो नहीं आ सके।" दो में से एक सज्जन ने आश्रमवासी महिला से कहा, "अंतिम क्षण में उन्हें अपना कार्यक्रम बदलना पड़ा। इसके लिए उन्होंने खेद व्यक्त किया है। परंतु हम दूसरे दो अतिथियों को ले आए हैं। जैसे ही गाड़ी में हमारी मुलाकात हुई, मैं इनकी ओर खिंच गया। मुझे ये कृष्णभक्त प्रतीत हुए।"

"अच्छा, बच्चो! हम चलते हैं। भगवान् ने चाहा तो फिर मुलाकात होगी," दोनों सज्जनों ने दरवाजे की ओर जाते हुए कहा। "यहाँ तुम दोनों का स्वागत है।" गौरी माँ ममतामयी ढंग से मुसकराईं। "तुम्हारे आगमन का आज से अधिक अच्छा दिन दूसरा कोई न होता। आज इस आश्रम के दो आश्रयदाता राजकुमार यहाँ आने वाले थे। कितने खेद की बात होती, यदि मेरे बनाए पकवान को सराहने वाला कोई न होता!"

इन मधुर शब्दों का जितेंद्र पर आश्चर्यजनक प्रभाव पड़ा—उसकी आँखों से अश्रुधाराएँ बहने लगीं। वृंदावन में जिस 'आगे की परिस्थिति' का उसे भय था, वह तो राजसी सत्कार में बदल रही थी; आकस्मिक रूप से इतने बड़े परिवर्तन के साथ अपने मन का मेल बिठाना उसकी क्षमता से बाहर हो रहा था। गौरी माँ ने कौतूहल से उसकी ओर देखा, पर कहा कुछ नहीं; शायद वे किशोर प्रवृत्तियों से परिचित थीं। भोजन का बुलावा आ गया; गौरी माँ हमें एक बरामदे में ले गईं, जहाँ भोजन किया जाता था। वह बरामदा नाना प्रकार के व्यंजनों की सुगंध से महक रहा था। फिर वे साथ ही में लगे रसोईघर में चली गईं। मैं इस क्षण के बारे में पहले से ही विचार

कर रहा था। जितेंद्र के शरीर पर योग्य स्थान चुनकर मैंने उसे वहाँ उतनी ही जोर से पीड़ाजनक चुटकी काटी, जितनी जोर से उसने गाड़ी में मुझे काटी थी।

"संशयात्मा! भगवान् व्यवस्था करते हैं—जल्दी से भी!" गौरी माँ एक पंखा लेकर लौट आईं। हम अलंकृत ऊनी आसनों पर बैठे थे और वे हमें भारतीय पद्धति के अनुसार पंखा झलती रहीं। आश्रमवासी शिष्य कुछ तीस-एक व्यंजनों को परोसते आ-जा रहे थे। उसे 'भोजन' कहने से 'राजसी भोज' कहना अधिक युक्तिसंगत होगा। इस धरातल पर जन्म लेने से लेकर अब तक न जितेंद्र ने और न मैंने कभी ऐसे व्यंजन चखे थे।

"ये व्यंजन तो सचमुच राजकुमारों के ही योग्य हैं, पूज्य माताजी! आपके राजसी आश्रयदाताओं को इतने स्वादिष्ट भोजन से अधिक क्या महत्त्वपूर्ण लगा, मैं कल्पना ही नहीं कर सकता। आपने हमें जीवन भर के लिए एक स्मृति प्रदान कर दी है।"

अनंत की शर्त से मुँह बंद किए जाने के कारण हम उस करुणामयी, भद्र नारी से यह भी नहीं कह सकते थे कि हमारे धन्यवाद का दोहरा महत्त्व था। कम-से-कम हमारे हृदय की सच्चाई उन उद्गारों में सुस्पष्ट थी। हम उनके आशीर्वाद और आश्रम में पुनः आने के निमंत्रण के साथ वहाँ से चल पड़े।

बाहर धधकती धूप थी। जितेंद्र और मैं आश्रम के फाटक के पास स्थित एक विशाल कदंब वृक्ष की छाया में जाकर खड़े हो गए। वहाँ पहुँचते ही जितेंद्र के मुँह से तीव्र शब्दबाण चलने लगे; वह फिर एक बार शंकाव्यथित हो उठा था।

"तुमने अच्छी मुसीबत में फँसा दिया है आज मुझे! हमारा यह भोजन तो केवल एक संयोग था! हम दोनों के पास एक भी पैसा तो है नहीं, इस शहर का दृश्यावलोकन कैसे करेंगे? और सबसे बड़ी बात तो यह है कि बिना पैसे के तुम मुझे अनंत के घर तक वापस कैसे ले जाने वाले हो?"

"तुम भगवान् को जल्दी ही भूल जाते हो, अब तुम्हारा पेट जो भर गया है!" मेरे शब्दों में कटुता तो नहीं थी, पर आरोप अवश्य था। मनुष्य के मन में दैवी कृपा की स्मृति कितनी अल्पकालिक होती है! ऐसा कोई भी मनुष्य नहीं है, जिसकी कोई-न-कोई प्रार्थना कभी-न-कभी पूरी न हुई हो।

"तुम्हारे जैसे पागल का साथ देने का दुस्साहस करके मैंने जो भूल की है, उसे मैं कभी नहीं भूल सकूँगा!"

"शांत हो जाओ, जितेंद्र! जिस भगवान् ने हमें खाना खिलाया, वही हमें वृंदावन का दर्शन भी कराएँगे और आगरा वापस भी ले जाएँगे।"

इतने में एक क्षीणकाय युवक हमारी ओर तेजी से आता दिखाई पड़ा। उसी कदंब वृक्ष के नीचे आकर उसने मेरे सामने शीश झुकाया।

"प्रिय मित्र, आप और आपके साथी निश्चय ही यहाँ नए हैं। आइए, मैं आपकी अगवानी और पथप्रदर्शन करता हूँ।"

किसी भारतीय का चेहरा पीला पड़ना वस्तुतः शायद ही कभी संभव हो सकता है, परंतु जितेंद्र का रंग अकस्मात् उड़ गया। मैंने उस प्रस्ताव को नम्रता से अस्वीकार कर दिया।

"निश्चय ही आप मुझे भगा नहीं रहे हैं?" उस अजनबी के चेहरे पर उभरे व्यग्रता के भाव अन्य किसी भी परिस्थिति में हँसी ले आते।

"क्यों नहीं?"

"आप मेरे गुरु हैं।" विश्वास से भरी उसकी आँखें मेरी आँखों में जिज्ञासापूर्वक झाँकने लगीं। "मेरी मध्याह्न उपासना के दौरान परमकृपालु भगवान् श्रीकृष्ण मेरी अंतर्दृष्टि में प्रकट हुए। उन्होंने इसी वृक्ष के नीचे मुझे दो असहाय आकृतियाँ दिखाईं। उनमें से एक आपका ही चेहरा था, मेरे गुरुदेव! मैंने यह चेहरा प्रायः ध्यान में देखा है। आप यदि मेरी सेवा स्वीकार करें तो कितना आनंद होगा मुझे!"

"मुझे भी आनंद हुआ है कि तुमने मुझे ढूँढ़ निकाला। न तो भगवान् ने, न ही मनुष्य ने हमारा परित्याग किया है!" यों तो अपने सामने के उत्सुक चेहरे की ओर देखकर मुसकराता हुआ मैं निश्चल खड़ा था; तथापि एक आंतरिक प्रणाम ने मुझे प्रभु के चरणों में डाल दिया।

"प्रिय मित्रो! क्या आप लोग मेरे घर पधारकर उसकी शोभा नहीं बढ़ाएँगे?"

"यह तुम्हारी बड़ी दया है; परंतु हम ऐसा नहीं कर सकते। पहले ही हम आगरा में मेरे भाई के अतिथि हैं।"

"कम-से-कम मुझे आपके साथ वृंदावन घूमने की स्मृतियाँ देते जाइए।"

मैं सहर्ष तैयार हो गया। उस युवक ने, जिसने अपना नाम प्रताप चटर्जी बताया, एक घोड़ागाड़ी रुकवाई। हम लोगों ने मदनमोहन मंदिर और कुछ अन्य कृष्ण मंदिरों में जाकर दर्शन किए। हमारा मंदिर-दर्शन समाप्त होने से पहले ही रात हो गई।

"क्षमा कीजिए मैं थोड़ा संदेश (बंगाली पेड़ा) ले आता हूँ।" प्रताप रेलवे स्टेशन के नजदीक एक दुकान में चला गया। जितेंद्र और मैं उस चौड़ी सड़क पर, जो उस समय कुछ ठंडक के कारण भीड़ से भर गई थी, टहलने लगे। हमारे उस मित्र ने कुछ समय तो लिया, परंतु जब आया तो वह अनेक मिठाइयों के उपहार लेकर आया।

"कृपया मुझे इतना पुण्य कमाने दीजिए।" प्रताप ने अनुरोधपूर्ण ढंग से मुसकराते हुए एक रुपए के नोटों का एक बंडल और आगरा के दो टिकट जो उसने अभी-अभी खरीदे थे, हमारे सामने बढ़ा दिए। मेरी स्वीकृति में श्रद्धा भगवान् के अदृश्य हाथ के लिए थी। अनंत ने उनका इतना उपहास किया था, पर फिर भी क्या भगवान् ने हमें अपनी आवश्यकता से कहीं अधिक नहीं दे दिया था?

हम थोड़ी देर शांत रहे, फिर धीरे-धीरे स्टेशन की ओर चलने लगे। जब मैं गाड़ी में चढ़ रहा था तो मैं तो आनंद से भरा था, पर जितेंद्र के लिए आज आँसू बहाने का ही दिन था। प्रताप से प्रेमपूर्ण विदा लेते समय मेरे दोनों ही साथियों के गले से दबी हुई सिसकियाँ निकल रही थीं। इस यात्रा में जितेंद्र फिर एक बार गहरे दुःख में डूबा हुआ था; इस बार अपनी खातिर नहीं, बल्कि अपने विरुद्ध।

"मेरा विश्वास कितना उथला है; मेरा हृदय पत्थर बना हुआ था! अब फिर कभी मैं भगवान् के संरक्षण के प्रति संदेह नहीं करूँगा।" मध्यरात्रि होने को थी। अकिंचन अवस्था में भेजे गए उन दो बालकों ने अनंत के शयनकक्ष में प्रवेश किया। जैसा कि उन्होंने बातों-बातों में यों ही कह दिया था, उनका विस्मयचकित चेहरा अब देखते ही बनता था। मैंने चुपचाप एक टेबल पर रुपए के नोटों की वर्षा कर दी। "जितेंद्र! सच-सच बताओ!" अनंत दा मजाक करने के अंदाज में बोले, "इस लड़के ने रास्ते में किसी को लूटा है न?"

परंतु जैसे-जैसे यात्रा की कहानी खुलती गई, मेरे भाई शांत होकर फिर गंभीर हो गए।

"माँग और पूर्ति का नियम जैसे मैंने सोचा था, उससे कहीं अधिक सूक्ष्म स्तर पर कार्य करता है।" अनंत एक ऐसे आध्यात्मिक उत्साह के साथ बोल रहे थे, जो उनमें पहले कभी दृष्टिगोचर नहीं हुआ था। "तिजोरियों और इस संसार की सामान्य चीजों के संचय के प्रति तुम्हारी उदासीनता को आज पहली बार मैं समझ पा रहा हूँ।"

रात बहुत बीत गई थी, तब भी अनंत दा ने आग्रह किया कि उन्हें उसी समय क्रियायोग की दीक्षा दी जाए। 'गुरु' मुकुंद को एक ही रात में दो-दो अनचाहे 'शिष्यों' की जिम्मेदारी अपने कंधों पर लेनी पड़ी। दूसरे दिन प्रातःकाल का जलपान एक ऐसे मधुर और मिलनसार वातावरण में संपन्न हुआ, जिसका पहले दिन नितांत अभाव था।

मैं जितेंद्र की ओर देखकर मुसकराया। "तुम ताजमहल देखने से वंचित नहीं रहोगे। श्रीरामपुर के लिए निकलने से पहले हम उसे देखने चलते हैं।"

अनंत से विदा लेकर मेरा मित्र और मैं शीघ्र ही आगरा के गौरव ताजमहल के सामने पहुँचे। सूर्य की किरणों में चमकते श्वेत संगमरमर से बना ताजमहल शुद्ध अनुपातसंगति का मूर्तिमान रूप है। काले, घने, सरु के वृक्ष, चमकदार हरियाली और प्रशांत जलाशय का दृश्यपट उसके शृंगार को पूर्ण कर देता है। अत्यंत बारीक नक्काशी की रत्नजड़ित जालियों से बना भीतरी भाग अति सुंदर है। भूरे तथा बैंगनी रंग के संगमरमर से बना अत्यंत नाजुक बेलबूटा अति सुंदर है। गुंबज की रोशनी शहंशाह शाहजहाँ और उसकी सल्तनत एवं दिल की मलिका मुमताज महल की कब्रों पर पड़ती है।

अब दृश्यावलोकन बहुत हो गया! मैं अपने गुरु के पास जाने के लिए आतुर हो रहा था। शीघ्र ही जितेंद्र और मैं रेलगाड़ी से दक्षिण दिशा में बंगाल की ओर जा रहे थे।

"मुकुंद! मैंने कई महीनों से अपने परिवारजन को नहीं देखा है। मैंने अपना इरादा बदल दिया है; शायद फिर कभी मैं तुम्हारे गुरु से मिलने श्रीरामपुर आऊँगा।"

मेरे मित्र ने, जिसे सौम्य भाषा में अस्थिरचित्त कहा जा सकता है, कोलकाता में मेरा साथ छोड़ दिया। मैं एक लोकल ट्रेन पकड़कर शीघ्र ही कोलकाता के उत्तर में बारह मील पर स्थित श्रीरामपुर पहुँच गया। जैसे ही मुझे यह एहसास हुआ कि बनारस में गुरुदेव से मिले ठीक अट्ठाईस दिन बीत गए थे, विस्मय से मेरा हृदय धड़कने लगा। "तुम चार सप्ताह में मेरे पास आ जाओगे!" और आज मैं धड़कते हृदय से रायघाट लेन में उनके आँगन में खड़ा था। आज पहली बार मैंने उस आश्रम में प्रवेश किया था, जहाँ मैं अपने जीवन के अगले दस वर्षों के सर्वोत्तम अंश भारत के ज्ञानावतार के साथ बिताने वाला था।

□

12

अपने गुरु के आश्रम की कालावधि

"तुम आ गए!" श्रीयुक्तेश्वरजी ने बरामदे के पीछे स्थित बैठक में बिछे हुए व्याघ्रचर्म पर बैठे-बैठे ही मुझसे पूछा। उनका स्वर ठंडा था, ढंग भावशून्य।

"जी गुरुदेव! मैं आपके अनुसरण के लिए आया हूँ।" झुककर मैंने उनका चरणस्पर्श किया।

"परंतु यह कैसे हो सकता है? तुम तो मेरी इच्छाओं की अवहेलना करते हो।"

"अब ऐसा नहीं होगा, गुरुजी! आप की इच्छा ही मेरा धर्म होगा।"

"तब ठीक है! अब मैं तुम्हारे जीवन का उत्तरदायित्व ले सकता हूँ।"

"मैं स्वेच्छा से अपना सारा भार आपको सौंपता हूँ, गुरुदेव!"

"तो अब मेरा पहला अनुरोध यह है कि तुम अपने परिवार के पास घर लौट जाओ। मैं चाहता हूँ कि तुम कोलकाता जाकर कॉलेज में प्रवेश ले लो। तुम्हारी आगे की पढ़ाई चलती रहनी चाहिए।"

"ठीक है, गुरुदेव!" मैंने अपनी व्याकुलता को छिपा लिया। क्या ये जिद्दी पुस्तकें वर्षों तक मेरा पीछा नहीं छोड़ेंगी? पहले पिताजी, अब श्रीयुक्तेश्वरजी!

"किसी दिन तुम्हें पाश्चात्य जगत् में जाना होगा। वहाँ के लोग भारत के प्राचीन ज्ञान के प्रति अधिक ग्रहणशील होंगे, यदि अपरिचित हिंदू गुरु के पास विश्वविद्यालय की डिग्री होगी?"

"आप बेहतर जानते हैं, गुरुजी।" मेरी उदासी छँट गई। पाश्चात्य जगत् का उल्लेख मुझे कुछ उलझनकारी, अगोचर सा लगा; परंतु इस समय गुरुदेव को अपने आज्ञापालन से प्रसन्न करने के अवसर का तत्काल उपयोग करना अत्यावश्यक था।

"तुम कोलकाता में पास ही रहोगे; जब भी तुम्हें समय मिले, यहाँ आ जाना।"

"संभव हुआ तो प्रतिदिन आऊँगा, गुरुदेव! अपने जीवन के प्रत्येक पहलू पर मैं आपका अधिकार कृतज्ञतापूर्वक स्वीकार करता हूँ—केवल एक शर्त पर।"

"क्या?"

"कि आप मुझे भगवत्साक्षात्कार कराने का वचन दें!"

एक घंटे तक वाग्युद्ध चलता रहा। गुरुवचन मिथ्या नहीं हो सकता; वह सहज भी नहीं दिया जा सकता। इस वचन में निहित संभावनाएँ हैं। इससे पहले कि एक गुरु ईश्वर को प्रकट होने के लिए बाध्य करे, उसका ईश्वर के साथ घनिष्ठ संबंध होना आवश्यक है। श्रीयुक्तेश्वरजी के ईश्वर के साथ तादात्म्य को मैं जान गया था और उनका शिष्य होने के नाते उनसे यह वचन प्राप्त करने के लिए दृढ़ निश्चयी था।

"तुम बहुत हठी हो।" इस के पश्चात् करुणापूर्ण निर्णयकर्ता के साथ गुरुदेव की सहमति गूँज उठी, "तुम्हारी इच्छा ही मेरी इच्छा हो।"

मेरे हृदय से जीवनव्यापी परदा हट गया; इधर-उधर अनिश्चित खोज का अब अंत हो गया। मुझे सद्गुरु के चरणों में चिरंतन आश्रय मिल गया था।

"आओ, मैं तुम्हें आश्रम दिखाता हूँ।" गुरुदेव अपने व्याघ्रचर्म के आसन से उठे। इधर-उधर दृष्टिपात करते मैंने दीवार पर टँगी एक तसवीर देखी, जिसे चमेली का हार पहनाया हुआ था।

"लाहिड़ी महाशय!" मैंने साश्चर्य कहा।

"हाँ, मेरे ईश्वरतुल्य गुरु।" श्रीयुक्तेश्वरजी का स्वर आदर से कंपित था। "वे उन सब गुरुओं से कहीं महान् थे—एक मनुष्य के रूप में और एक योगी के रूप में भी—जिनका जीवन मेरे अन्वेषण की परिसीमा में आया।"

उस सुपरिचित तसवीर को मैंने मौन प्रणाम किया। मेरी आत्मा की भक्ति उस लोकोत्तर गुरु के लिए बह निकली, जिन्होंने मेरे शैशव काल को अपने आशीर्वाद से धन्य करते हुए इस क्षण तक मेरा मार्गदर्शन किया।

गुरुदेव के पीछे-पीछे मैं उस घर और सारे प्रांगण में घूमा। भारी-भरकम खंभों से युक्त उस विशाल और पुराने आश्रम के बीच में एक आँगन था। बाहर की दीवारों पर काई जम गई थी; आश्रम परिसर पर निःसंकोच कब्जा किए हुए कबूतर सपाट, धूसर रंग की छत पर फड़फड़ा रहे थे। आश्रम के पिछवाड़े में एक बगीचा था, जिसे कटहल, आम और केले के पेड़ों ने सुहावना बनाया हुआ था। इस दोमंजिला भवन के ऊपर के कमरों के कठघरेदार बरामदे बीच में स्थित आँगन को तीन ओर से घेरे थे। नीचे के तल्ले पर एक प्रशस्त हॉल था, जिसकी ऊँची छत खंभों पर टिकी हुई

थी। गुरुदेव ने बताया कि इस कमरे का उपभोग मुख्यत: वार्षिक दुर्गा पूजा उत्सव के लिए होता था। श्रीयुक्तेश्वरजी के बैठक-कक्ष में जाने के लिए एक सँकरी सीढ़ी थी। इस कक्ष की छोटी सी बालकनी से सड़क दिखाई देती थी। आश्रम में साज-सामान सरल था; हर चीज अत्यंत सादी, स्वच्छ और उपयोगी थी। कई पाश्चात्य पद्धति की कुरसियाँ, बेंच और मेजें भी दिखाई दे रही थीं।

गुरुदेव ने मुझे रात को वहीं रहने के लिए निमंत्रित किया। आश्रम में शिक्षा ग्रहण कर रहे दो लड़कों ने रात को भोजन के लिए रसेदार सब्जी परोसी।

"गुरुजी, कृपया अपने जीवन के विषय में कुछ बताइए।" उनके व्याघ्रचर्म के पास एक चटाई पर मैं बैठा था। बरामदे से बाहर दिखाई पड़ने वाले मैत्रीपूर्ण तारे अत्यंत समीप लग रहे थे।

"मेरा पारिवारिक नाम प्रियनाथ कड़ार था। मेरा जन्म (10 मई, 1855) यहीं श्रीरामपुर में हुआ था, जहाँ मेरे पिताजी एक धनवान व्यापारी थे। वे ही यह पैतृक मकान छोड़ गए, जो अब मेरा आश्रम है। मेरी स्कूली पढ़ाई बहुत कम हुई; मुझे वह धीमी और उथली प्रतीत होती थी। युवावस्था के आरंभ में मैंने गृहस्थ धर्म का उत्तरदायित्व स्वीकार कर लिया और मेरी एक बेटी है, जिसका विवाह हो चुका है। मेरा प्रौढ़ जीवन लाहिड़ी महाशय के मार्गदर्शन से धन्य हुआ। पत्नी की मृत्यु के पश्चात् मैंने स्वामी परंपरा के अंतर्गत संन्यास ग्रहण कर लिया और मुझे नया नाम मिला श्रीयुक्तेश्वर। यही सरल मेरा वृत्तांत है।"

मेरे उत्सुक चेहरे को देखकर गुरुदेव मुसकराए। सभी जीवन वृत्तांतों की तरह उनके वृत्तांत ने भी उनका केवल बाह्य परिचय ही दिया, बिना आंतरिक पुरुष का परिचय दिए।

"गुरुजी! मुझे आपके बचपन की कुछ कहानियाँ सुनने की इच्छा है।"

"कुछ कहानियाँ बताता हूँ और प्रत्येक में निहित नैतिक शिक्षा भी!" इस चेतावनी के साथ श्रीयुक्तेश्वरजी की आँखें हँसी की झलक में चमक उठीं।

"एक बार मेरी माँ ने एक अँधेरे कमरे में भूत होने की डरावनी कहानी बताकर मुझे डराने की चेष्टा की। मैं तुरंत वहाँ गया और भूत को न पाकर निराशा प्रकट की। उसके बाद माँ ने मुझे कभी कोई डरावनी कहानी नहीं सुनाई। नैतिक शिक्षा : भय का सामना करो, तब वह तुम्हें सताना बंद कर देगा।

"बचपन की एक अन्य स्मृति है : एक पड़ोसी के भद्दे कुत्ते की मेरी चाह। उस कुत्ते को पाने के लिए मैंने कई सप्ताह तक सारे घर को सिर पर उठा रखा था। उससे कहीं अधिक सुंदर अनेक कुत्तों के सारे प्रस्ताव जैसे मेरे कानों तक पहुँच ही

नहीं पाते थे। नैतिक शिक्षा : मोह अंधा बना देता है; वह इच्छित वस्तु के चारों ओर आकर्षण के काल्पनिक मायाजाल की रचना कर देता है।

"तीसरी कहानी किशोर मन की सुकुमारता से संबंधित है। मैं अपनी माँ को कभी-कभी यह कहते सुनता था कि "जो मनुष्य किसी और के मातहत नौकरी स्वीकार कर लेता है, वह दास है।" यह धारणा मेरे मन में इतनी पक्की बैठ गई कि मैंने विवाह के उपरांत भी सारी नौकरियाँ ठुकरा दीं। अपनी पैतृक संपत्ति को भूमि के व्यवसाय में लगाकर मैंने अपनी आजीविका चलाई। नैतिक शिक्षा : केवल अच्छी और सकारात्मक शिक्षाएँ ही बच्चों के मन में जानी चाहिए। उनकी प्रारंभिक धारणाएँ दीर्घ काल तक सुस्पष्ट बनी रहती हैं।"

गुरुदेव प्रशांत मौन में डूब गए। मध्यरात्रि के आसपास उन्होंने मुझे एक सँकरी खाट सोने के लिए दी। अपने गुरु के आश्रम की छत के नीचे उस पहली रात नींद खूब गाढ़ी और मधुर थी।

श्रीयुक्तेश्वरजी ने दूसरे दिन प्रात:काल ही मुझे क्रियायोग की दीक्षा देने का निश्चय किया। इस प्रविधि की दीक्षा मुझे पहले ही लाहिड़ी महाशय के दो शिष्यों से मिल चुकी थी—पिताजी और मेरे शिक्षक स्वामी केवलानंदजी—परंतु गुरुदेव के पास रूपांतर करने की शक्ति थी; उनके स्पर्शमात्र से एक प्रचंड ज्योति मेरे संपूर्ण अस्तित्व पर छा गई, मानो करोड़ों सूर्य एक साथ उद्दीप्त हो उठे हों। एक अवर्णनीय आनंद की बाढ़ ने मेरे हृदय को अंतरतम कोने तक अभिभूत कर दिया।

उसके दूसरे दिन लगभग सायंकाल हो चला था, जब मैं आश्रम से जाने के लिए तैयार हो पाया।

"तुम तीस दिन में लौट जाओगे।" जब मैंने कोलकाता के अपने घर के द्वार में प्रवेश किया तो गुरुदेव की भविष्यवाणी भी मेरे साथ थी। 'उड़ते पक्षी' के पुनरागमन के बारे में कोई भी व्यंग्य बाण, जिसका मुझे डर था, मेरे किसी संबंधी ने नहीं चलाया।

मैं अपनी छोटी सी अटारी में गया और उसपर प्रेमभरी दृष्टि दौड़ाई, मानो वह कोई जीवंत उपस्थिति हो। "तुम मेरे ध्यान की साक्षी हो और मेरी साधना के अश्रुपात और आँधी-तूफानों की भी। अब मैं अपने दिव्य गुरु के आश्रय में पहुँच गया हूँ।"

"बेटा! आज मैं हम दोनों के लिए ही बहुत खुश हूँ।" पिताजी और मैं शांत, नीरव संध्या में बैठे थे। "तुम्हें तुम्हारे गुरु मिल गए, जैसे चमत्कारी ढंग से मुझे अपने गुरु मिले थे। लाहिड़ी महाशय का पुण्यहस्त हमारे जीवन की रक्षा कर रहा है। तुम्हारे गुरु कोई दुर्गम हिमालय के संत नहीं, बल्कि निकट के ही निकले। मेरी

प्रार्थनाएँ स्वीकार हो गईं : तुम्हारी ईश्वर-खोज में तुम्हें मेरी दृष्टि से सदा के लिए ही ओझल नहीं कर दिया गया है।"

पिताजी को इस बात की भी खुशी थी कि मेरी औपचारिक पढ़ाई फिर से आरंभ होगी; उन्होंने यथोचित व्यवस्था कर दी। दूसरे दिन कोलकाता में निकट ही स्थित स्कॉटिश चर्च कॉलेज में मैंने दाखिला ले लिया।

खुशी के मास तेजी से बीतते गए। मेरे पाठकों ने निश्चय ही यह सही अनुमान लगा लिया होगा कि कॉलेज की कक्षाओं में मैं कम ही दिखाई पड़ता था। श्रीरामपुर आश्रम का आकर्षण दुर्निवार था। मेरी वहाँ नित्य उपस्थिति पर गुरुदेव ने कभी कुछ नहीं कहा। मुझे बड़ी राहत मिली, क्योंकि वे शायद ही कभी विद्या के उन दालानों का जिक्र करते थे। सभी को यह पता तो चल ही गया था कि मैं विद्वान् या विद्यालंकृत बनने के लिए नहीं बना था, फिर भी हर बार मैं न्यूनतम उत्तीर्णांक प्राप्त करता रहा। आश्रम में दैनिक जीवन शांत, सरल रूप से चलता था, उसमें शायद ही कभी कोई परिवर्तन होता था। मेरे गुरुदेव ब्रह्मवेला में ही जाग जाते थे। पड़े-पड़े ही या कभी-कभी बिस्तर पर बैठे हुए वे समाधि की अवस्था में प्रवेश कर जाते थे। गुरुदेव कब जागे, यह पहचानना अत्यंत सरल था : जबरदस्त गर्जन करते खर्राटों का अकस्मात् रुक जाना। एकाध-दो दीर्घ निःश्वास; कभी शरीर की कोई हलचल। फिर श्वासरहितता की निःशब्द अवस्था : और वे गहरे समाधि-आनंद में डूब जाते।

इसके बाद नाश्ता नहीं होता था; पहले गंगा के किनारे-किनारे लंबा भ्रमण होता था। मेरे गुरु के साथ वह प्रातःकालीन भ्रमण—अभी भी कितने जीवंत और सुस्पष्ट हैं स्मृति में! स्मृति की सहज पुनरावृत्ति में मैं प्रायः अपने आपको उनके साथ पाता हूँ। प्रातःकाल का सूर्य नदी को उष्ण कर रहा है और ज्ञान के अधिकार से ध्वनित होता उनका स्वर गूँज रहा है। स्नान और फिर मध्या भोजन। गुरुदेव के दैनिक निर्देशानुसार भोजन तैयार करने का सतर्क कार्य तरुण शिष्यों का था। गुरुदेव शाकाहारी थे। संन्यास लेने से पूर्व वे अंडे और मछली खाते थे। शिष्यों के लिए उनका उपदेश यही रहता था कि अपनी शरीर-प्रकृति के अनुसार कोई भी सादा आहार लें।

गुरुदेव बहुत कम खाते थे; प्रायः हल्दी या चुकंदर अथवा पालक के रस में बने चावल और इस पर थोड़ा भैंस का घी या पिघला हुआ मक्खन। या किसी दिन केवल मसूर दाल या पनीर की रसेदार सब्जी और उसके साथ कोई तरकारी। भोजन के अंत में वे चावल की खीर के साथ आम, संतरा या फिर कटहल का रस लेते।

अपराह्न में दर्शनार्थी आया करते। एक अविरत धारा बाह्य संसार से शांत आश्रम के भीतर बहती रहती। संतों की निष्पक्षता ज्ञान में स्थापित होती है। उन पर माया के बदलते चेहरों का कोई प्रभाव नहीं पड़ता।

आठ बजे रात्रिभोजन का समय था, जिसमें कभी-कभी देर तक ठहरे हुए अतिथि भी सम्मिलित होते। गुरुदेव अकेले भोजन करने नहीं बैठते थे; कोई भी उनके आश्रम से भूखा या अतृप्त नहीं लौटता था। श्रीयुक्तेश्वरजी अतिथियों के अप्रत्याशित आगमन से न ही कभी घबराते थे, न ही कभी व्यग्र होते थे; उनके युक्तिपूर्ण मार्गदर्शन में शिष्यों द्वारा बनाया गया अल्प भोजन भी महाभोज प्रतीत होता था। परंतु साथ ही वे मितव्ययी भी थे और अपनी थोड़ी सी पूँजी से बहुत कुछ कर लेते थे। "अपनी जेब की सीमा में संतुष्ट रहो, फिजूलखर्ची तुम्हारे लिए अशांति पैदा करेगी।" वे प्रायः कहते थे। चाहे आश्रम में आतिथ्य-सत्कार का कार्य हो, या भवन-निर्माण या मरम्मत का, या कोई भी अन्य व्यावहारिक कार्य हो, हर कार्य की छोटी-से-छोटी बातों में गुरुदेव सृजनात्मक मौलिकता का परिचय देते।

सायंकाल के शांत समय में प्रायः गुरुदेव प्रवचन करते। अक्षय रत्नभंडार! उनका प्रत्येक शब्द ज्ञान से तराशा होता था। एक अलौकिक आत्म-विश्वास उनके निरूपण में झलकता था; उनका निरूपण अद्वितीय होता था। उनकी तरह बोलने वाला मैंने कभी कोई नहीं देखा।

मध्यरात्रि होते-होते मेरे गुरुदेव प्रायः बालसुलभ सहजता के साथ निद्राधीन हो जाते। बिस्तर आदि का कोई महत्त्व नहीं होता। प्रायः वे, बिना किसी तकिए के भी, एक संकीर्ण मेज पर सो जाते, जो उनके प्रचलित व्याघ्रचर्म आसन के पीछे रखी होती थी।

जहाँ तक मुझे ज्ञात है, गुरुदेव का कभी किसी बाघ या चीते से सामना नहीं हुआ। परंतु एक अत्यंत विषैले नाग से उनका पाला पड़ा था और उस नाग को उन्होंने अपने प्रेम से वश में किया था। यह घटना पुरी में हुई थी, जहाँ गुरुदेव का समुद्रतट पर आश्रम था। गुरुदेव के जीवन के उत्तरकाल में उनका शिष्य बना प्रफुल्ल नाम का एक लड़का उस समय उनके साथ था।

"हम आश्रम के पास बाहर बैठे थे," प्रफुल्ल ने मुझे बताया, "चार फुट लंबा, आतंक का मूर्तिमान रूप एक नाग पास ही निकला क्रोध फन फैलाकर वह तेजी से हमारी ही ओर आ रहा था। गुरुदेव उसे देखकर ऐसे मुसकराए, जैसे किसी बच्चे को मुसकराकर अपने पास बुला रहे हों। श्रीयुक्तेश्वरजी को हाथों से लयबद्ध

ताल देते देखकर मैं भयभीत हो उठा। वे उस भयावह आगंतुक का स्वागत कर रहे थे! मैं मन-ही-मन भगवान् से उत्कट प्रार्थना करता हुआ चुपचाप खड़ा रहा। नाग गुरुदेव के अत्यंत निकट पहुँच गया था, पर अब वह निश्चल हो गया; ऐसा प्रतीत हो रहा था कि उनके प्यार से पुचकारने का ढंग देखकर सम्मोहित हो गया था। वह भयानक फन धीरे-धीरे सिकुड़ गया; नाग गुरुदेव के पाँवों के बीच में से होकर झाड़ी में अदृश्य हो गया।

"गुरुदेव क्यों हाथ हिला रहे थे और नाग ने उनके हिलते हाथों पर फन क्यों नहीं मारा, यह बात उस समय मेरी समझ से परे थी। उस घटना से अब मेरी समझ में यह आ गया है कि हमारे गुरुदेव को किसी प्राणी से हानि का भय नहीं है।" प्रफुल्ल ने अपनी कहानी समाप्त करते हुए कहा।

आश्रम में आरंभ के महीनों में एक दिन अपराह्न में मैंने श्रीयुक्तेश्वरजी की भेदक दृष्टि अपने ऊपर स्थिर पाई। "तुम बहुत दुबले-पतले हो, मुकुंद!"

उनकी बात ने मेरी दुखती रग को छू लिया। अपनी धँसी हुई आँखें और कृश देह मुझे भी अच्छी नहीं लगती थी। मुझे बचपन से ही अजीर्ण की शिकायत थी। घर में मेरे कमरे में एक पट्टी पर पाचक और बलवर्द्धक औषधियों की अनेकानेक शीशियाँ पड़ी थीं, परंतु किसी से भी मुझे कोई लाभ नहीं हुआ था। कभी-कभी तो मैं मन-ही-मन सोचा करता था कि क्या इतने दुर्बल शरीर में जीने का भी कोई अर्थ हो सकता है?

"औषधियों की अपनी सीमाएँ हैं; दिव्य संजीवनी प्राणशक्ति की कोई सीमा नहीं। विश्वास रखो तो तुम स्वस्थ और बलवान हो जाओगे।"

गुरुदेव के शब्दों से मुझे तुरंत यह विश्वास हो गया कि मैं उनमें निहित सत्य का अपने जीवन में सफल प्रयोग कर सकता हूँ। अन्य कोई भी चिकित्सक (मैंने कई आजमाए थे) मुझमें इतना गहरा विश्वास नहीं जगा सका था।

दिन-प्रति-दिन मेरे स्वास्थ्य और बल में वृद्धि होने लगी। श्रीयुक्तेश्वरजी के गुप्त आशीर्वाद से दो सप्ताहों में मेरा इच्छित वजन मुझे प्राप्त हो गया, जो तब तक अन्य उपायों से प्राप्त करने का मैं व्यर्थ प्रयास करता रहा था। मेरे पेट के सारे विकार सदा के लिए दूर हो गए। बाद में तो अनेक बार अपने गुरु को दैवी शक्ति द्वारा लोगों को मधुमेह, मिरगी, क्षयरोग और पक्षाघात जैसी बीमारियों से मुक्त करते देखने का सौभाग्य मुझे प्राप्त हुआ।

"कई वर्ष पहले मैं भी अपना वजन बढ़ाने के लिए आतुर था," मुझे स्वस्थ करने के थोड़े ही दिन बाद गुरुदेव मुझे बता रहे थे, "एक उग्र बीमारी से उठने के

बाद मैं स्वास्थ्यलाभ कर ही रहा था कि वाराणसी में लाहिड़ी महाशय के दर्शन के लिए चला गया। कहा, 'गुरुदेव! मैं बहुत बीमार था और मेरा वजन बहुत कम हो गया है।'

"मैं देख रहा हूँ युक्तेश्वर, कि तुमने पहले तो अपने आपको अस्वस्थ कर लिया और अब सोचते हो कि तुम दुबले भी हो गए हो।"

"मुझे जिस उत्तर की आशा थी, उससे तो यह उत्तर कहीं हटकर था; परंतु मेरे गुरुदेव ने मुझे हिम्मत दिलाते हुए आगे कहा, मुझे देखने दो; मुझे विश्वास है कि कल तक तुम्हारा स्वास्थ्य बेहतर हो जाएगा।"

"मेरे श्रद्धालु मन ने यह मान लिया कि उनके शब्द इस बात का संकेत हैं कि वे गुप्त रूप से मुझे स्वस्थ करने वाले हैं। दूसरे दिन प्रातःकाल ही मैं उनके पास पहुँच गया और उल्लास के साथ मैंने कहा, "गुरुदेव! आज मुझे कल की अपेक्षा बहुत अच्छा लग रहा है।"

"सचमुच! आज तुमने अपने आपको शक्ति से भर लिया है।"

"नहीं गुरुदेव!" मैंने सविनय प्रतिवाद किया, "ये तो आप हैं, जिन्होंने मुझे स्वस्थ कर दिया है; कई सप्ताहों में आज पहली बार मैं अपने में कुछ शक्ति अनुभव कर रहा हूँ।"

"हाँ-हाँ! तुम्हारी बीमारी तो काफी गंभीर थी। तुम्हारा शरीर अभी भी काफी दुर्बल है; कौन कह सकता है, यह कल कैसा रहेगा?"

अपनी दुर्बलता के लौट आने की संभावना के विचारमात्र से मैं भय से सिहर उठा। दूसरे दिन सुबह मैं मुश्किल से अपने आपको लाहिड़ी महाशय के घर तक घसीट सका।

"गुरुदेव! मैं फिर बीमार हो गया हूँ।"

"मेरे गुरु की आँखों में शरारत उतर आई थी। तो फिर एक बार तुमने अपने आपको बीमार बना लिया।"

"मेरा धैर्य समाप्त हो गया। मैंने कहा, "गुरुदेव! अब मैं समझ गया हूँ कि प्रतिदिन आप केवल मेरा मजाक ही उड़ा रहे थे। मेरी समझ में नहीं आता कि मेरी सच्ची बातों पर आपको विश्वास क्यों नहीं होता।"

"सचमुच, वे केवल तुम्हारे विचार ही हैं, जिन्होंने तुम्हें बारी-बारी से दुर्बल और स्वस्थ अनुभव कराया है।" मेरे गुरु प्रेम से मुझे निहार रहे थे। "तुमने देख लिया है कि कैसे तुम्हारा स्वास्थ्य तुम्हारी अवचेतन प्रत्याशाओं के अनुसार बदलता रहा। विचार भी विद्युत्शक्ति या गुरुत्वाकर्षण शक्ति के समान एक शक्ति है। मानव-मन

ईश्वर के सर्वशक्तिमान चैतन्य का एक स्फुल्लिंग है। मैं तुम्हें दिखा सकता हूँ कि तुम्हारा शक्तिशाली मन जिस किसी भी बात में तीव्र विश्वास रखेगा, वह तत्क्षण घटित होकर रहेगा।"

"यह जानते हुए कि लाहिड़ी महाशय कभी व्यर्थ बात नहीं करते, मैंने श्रद्धा और कृतज्ञता से भावविभोर होकर उनसे कहा, "गुरुदेव! यदि मैं सोचूँ कि मैं स्वस्थ हूँ और मेरा वजन पूर्ववत् हो गया है तो क्या ऐसा हो जाएगा?"

"इसी क्षण भी ऐसा ही है।" मेरी आँखों में एकाग्रतापूर्वक देखते हुए गुरुदेव ने गंभीरता से कहा।

"मैंने तत्क्षण न केवल अपनी शक्ति में, बल्कि वजन में भी वृद्धि अनुभव की। लाहिड़ी महाशय पुनः अपने मौन में खो गए। उनके चरणों में कुछ घंटे बैठने के बाद मैं अपनी माँ के घर लौटा, जहाँ काशी जाने पर मैं रुकता था।

"बेटे! तुम्हें क्या हो गया है? जलशोथ की बीमारी से क्या तुम्हारा शरीर फूल रहा है?" माँ को अपनी आँखों पर विश्वास नहीं हो रहा था। मेरा शरीर अब वैसा ही हृष्ट-पुष्ट हो गया था, जैसा बीमारी से पहले था।

मैंने अपना वजन किया तो देखा कि एक दिन में मेरा वजन पचास पौंड बढ़ गया था और उसके बाद वह वजन हमेशा के लिए बना रहा। जिन मित्रों और परिचितों ने मेरा क्षीण शरीर देखा था, वे आश्चर्य से हतप्रभ रह गए। उनमें से अनेक ने इस चमत्कार के परिणामस्वरूप अपनी जीवन-दिशा बदल ली और लाहिड़ी महाशय के शिष्य बन गए।

ईश्वर में सदा जाग्रत् मेरे गुरुदेव जानते थे कि यह संसार और कुछ न होकर केवल स्रष्टा का मूर्तरूप धारण किया हुआ स्वप्न है। लाहिड़ी महाशय को उस दिव्य स्वप्नद्रष्टा के साथ अपनी एकात्मता का पूर्ण भान था, इसलिए वे दृश्य जगत् के स्वप्नाणुओं को प्रकट करने या लुप्त करने या उनमें अपनी इच्छानुसार कोई भी परिवर्तन करने में समर्थ थे।

अंत में श्रीयुक्तेश्वरजी ने कहा, "संपूर्ण सृष्टि विधि-नियम के अधीन है। बाह्य सृष्टि में कार्यरत नियम, जिनकी खोज वैज्ञानिक कर सकते हैं, प्राकृतिक नियम कहलाते हैं। परंतु इन नियमों की अपेक्षा सूक्ष्मतर नियम भी हैं, जो अंतश्चेतना के आध्यात्मिक जगत् में कार्यरत हैं। इन नियम-सिद्धांतों को योग के द्वारा जाना जा सकता है। पदार्थ जगत् के सच्चे स्वरूप को पदार्थविज्ञानी नहीं, बल्कि आत्मज्ञानी सिद्ध ही वास्तव में समझता है। इस प्रकार के ज्ञान द्वारा ही ईसा मसीह ने उस नौकर के कान को पुनः जोड़ दिया था, जिसे उनके एक शिष्य ने काट डाला था।"

श्रीयुक्तेश्वरजी स्वभाव से मितभाषी, स्पष्टवादी और पूर्णत: आडंबररहित थे। उनके विचारों में न तो कहीं अस्पष्टता थी, न स्वप्निलता का ही कोई अंश। उनके पाँव जमीन पर दृढ़ थे, मस्तक स्वर्ग की शांति में स्थिर था। व्यावहारिक स्वभाव के लोग उन्हें अच्छे लगते थे। वे कहते थे, "साधुता का अर्थ भोंदूपन या अकर्मण्यता नहीं है! ईश्वरानुभूतियाँ किसी को अक्षम नहीं बनातीं! चरित्र-बल की सक्रिय अभिव्यक्ति तीक्ष्णतम बुद्धि को विकसित करती है।"

गुरुदेव के पास आश्रम में सदा ही बाल शिष्य रहते थे। उनकी बौद्धिक और आध्यात्मिक शिक्षा में गुरुदेव को सदा ही रुचि रहती थी। अपने देहत्याग से थोड़े ही दिन पहले भी उन्होंने दो छह साल के बच्चे और एक सोलह साल के नवयुवक को आश्रमवासी शिष्यों के रूप में स्वीकार किया था। अपने अधीन शिष्यों को वे सावधानीपूर्वक शिक्षा देते थे; शिष्य और शिक्षा (जिसमें अनुशासन निहित है) इन दोनों शब्दों का मूल एक ही है और व्यावहारिक स्तर पर दोनों एक-दूसरे से संबंधित हैं। आश्रमवासियों को अपने गुरु के प्रति नितांत प्रेम और आदर था। गुरु की हल्की सी ताली पर सभी उत्सुकता से उनके पास दौड़ पड़ते थे। जब कभी वे गंभीर या अंतर्मुख प्रतीत होते, तब कोई भी बातचीत करने का साहस न करता; जब उनकी हँसी गूँज उठती, तब बच्चे भी उन्हें अपने में से ही एक मानते।

श्रीयुक्तेश्वरजी शायद ही कभी किसी को अपना कोई व्यक्तिगत काम करने को कहते, न ही वे कभी किसी शिष्य से कोई सेवा स्वीकार करते, यदि वह शिष्य स्वयं अपनी खुशी से वह सेवा करने के लिए आगे न बढ़ा हो। यदि शिष्यगण किसी दिन गुरु के कपड़े धोने का सौभाग्यपूर्ण काम करना भूल जाएँ तो वे स्वयं ही उन्हें धो लेते थे।

साधारणतया वे स्वामियों के परंपरागत गेरुआ कपड़े पहनते थे। घर के अंदर वे बिना फीते के जूते पहनते, जो योगियों की प्रथा के अनुसार व्याघ्रचर्म या मृगचर्म से बनाए जाते थे।

श्रीयुक्तेश्वरजी अंग्रेजी, फ्रेंच, बंगाली और हिंदी धाराप्रवाह बोलते थे; उनकी संस्कृत भी अच्छी थी। वे अपने शिष्यों को संस्कृत और अंग्रेजी अपनी स्व-आविष्कृत सरल पद्धतियों से बड़े धीरज के साथ सिखाते थे।

गुरुदेव को अपने शरीर की अधिक चिंता नहीं थी, परंतु वे उसके प्रति सावधानी अवश्य बरतते थे। वे कहते थे कि ईश्वर शारीरिक और मानसिक स्वस्थता में अच्छी प्रकार अभिव्यक्त होते हैं। किसी बात में अति करना उन्हें पसंद नहीं था।

एक शिष्य को, जो दीर्घकाल तक उपवास करना चाहता था, मेरे गुरु ने हँसते हुए कहा, "कुत्ते को हड्डी क्यों न डाल दी जाए?"

श्रीयुक्तेश्वरजी का स्वास्थ्य उत्तम था; मैंने कभी उन्हें अस्वस्थ नहीं देखा। जग-प्रथा का मान रखने के लिए वे अपने शिष्यों को, यदि वे चाहें तो डॉक्टर के पास जाने देते थे। वे कहते थे, "डॉक्टरों को भौतिक पदार्थों के लिए निर्धारित ईश्वरीय नियमों के अनुसार अपना चिकित्सा कार्य करना चाहिए।" पर वे मानसिक शक्ति के द्वारा रोग-निवारण की पद्धति को श्रेष्ठ मानते थे और प्राय: कहते रहते थे, "ज्ञान ही सब से बड़ा परिष्कारक है।" वे अपने शिष्यों से कहते थे—

"शरीर एक कपटी मित्र है। उसे उतना ही दो, जितना जरूरी है; उससे अधिक नहीं। सुख-दु:ख अल्पकालिक होते हैं; जगत् के सभी द्वंद्वों को शांतिपूर्वक सहन करो; साथ ही उनके प्रभाव से परे जाने का प्रयास करते रहो। कल्पना ही वह द्वार है, जिससे रोग भी प्रवेश करते हैं और रोगनिवारण भी। बीमार होने पर भी बीमारी के अस्तित्व में विश्वास मत करो; उपेक्षित अतिथि अपने आप भाग जाएगा!"

अनेक डॉक्टर भी गुरुदेव के शिष्य थे। उनसे गुरुदेव कहते थे, "जिन्होंने शरीर-विज्ञान का अध्ययन किया है, उन्हें और आगे जाकर आत्म-विज्ञान का अनुसंधान करना चाहिए। शरीर की यंत्रावली के पीछे एक सूक्ष्म आध्यात्मिक संरचना छिपी हुई है।"

श्रीयुक्तेश्वरजी अपने शिष्यों से पौर्वात्य और पाश्चात्य सद्गुणों का संगम बनने के लिए कहते थे। स्वयं उनकी बाह्य आदतें किसी पाश्चात्य संचालक के समान थीं, उनके अंतर में पौर्वात्य लोगों की आध्यात्मिकता कूट-कूटकर भरी हुई थी।

गुरुदेव मेरी आध्यात्मिक उन्नति से संतुष्ट लगते थे, क्योंकि उसके बारे में वे शायद ही कभी टिप्पणी करते थे; अन्य बातों में फटकार सुनना नित्य की बात थी। मेरे मुख्य अपराध होते थे अन्यमनस्कता, बीच-बीच में विषण्णता, शिष्टाचार के कतिपय नियमों का उल्लंघन और कभी-कभी अव्यवस्थितता।

मेरे गुरु के अत्यंत स्पष्ट बोलने के कारण इस पृथ्वी पर उनके जीवनकाल में बड़ी संख्या में उनके शिष्य तो नहीं बने, परंतु उनकी शिक्षाओं का अध्ययन और उनका अभ्यास करने वाले सच्चे शिष्यों की निरंतर बढ़ती संख्या के माध्यम से उनका ज्ञान आज भी विश्व में जीवित है।

गुरुदेव की यह रीत थी कि वे अपने शिष्यों की साधारण, नगण्य त्रुटियों को भी एक प्रकार की अर्थगर्भित गंभीरता के साथ बताते थे।

गुरुदेव के साथ आरंभ में कुछ महीनों तक मुझे उनकी फटकार का सदा भय लगा रहता था। परंतु शीघ्र ही मेरी समझ में आ गया कि उनकी यह शाब्दिक चीर-फाड़ केवल उन्हीं लोगों पर की जाती थी, जिन्होंने मेरे समान ही उनके अनुशासन की माँग की थी। यदि कोई मर्माहत शिष्य प्रतिवाद करता तो श्रीयुक्तेश्वरजी उसका तनिक भी बुरा न मानते हुए मौन हो जाते थे। उनके शब्दों में कभी भी क्रोध नहीं होता था, बल्कि ज्ञान की अलिप्तता होती थी।

जिन लोगों में अपने धन-संपत्ति का या सामाजिक मान-मर्यादा का अहंभाव होता था, उनके साथ यह संभावना सदा ही बनी रहती थी कि गुरुदेव के सान्निध्य में आने पर उनकी विविध संपदाओं में विनम्रता धन भी जुड़ जाए। एक बार पुरी में सागर तट पर स्थित उनके आश्रम में वहाँ के एक मजिस्ट्रेट मिलने आए। यह मजिस्ट्रेट महोदय अपनी निष्ठुरता के लिए जाने जाते थे और हमें आश्रम से बेदखल करना उनके पूर्ण अधिकार में था। मैंने गुरुदेव को इस तथ्य से अवगत कराया। परंतु गुरुदेव पर उसका कोई प्रभाव नहीं पड़ा। मजिस्ट्रेट को कोई विशेष महत्त्व न देकर वे साधारण भाव से बैठे रहे और उनके आने पर उनका स्वागत करने के लिए खड़े भी नहीं हुए। किंचित् अधीरता के साथ मैं दरवाजे के पास बैठ गया।

श्रीयुक्तेश्वरजी ने मुझसे मजिस्ट्रेट के लिए कुरसी लाने को भी नहीं कहा, अत: उन्हें लकड़ी के एक डिब्बे पर बैठकर ही संतोष करना पड़ा। अपने पद की गरिमा के अनुसार स्वागत किए जाने की उनकी किसी भी आशा की पूर्ति नहीं हुई।

आध्यात्मिक चर्चा आरंभ हुई। मजिस्ट्रेट महोदय शास्त्रों का अर्थ बताने में गलतियों पर गलतियाँ करते गए और जैसे-जैसे गलतियाँ करते जाते थे, वैसे-वैसे उनका क्रोध बढ़ता गया।

"आप जानते हैं कि मैं एम.ए. की परीक्षा में प्रथम आया था?" उनकी बुद्धि जवाब दे चुकी थी, पर चिल्लाना उन्हें अब भी आता था।

"मजिस्ट्रेट महोदय, आप भूल रहे हैं कि यह आपकी अदालत का कमरा नहीं," गुरुदेव ने शांत भाव से कहा, "आपकी बचकानी बातों से तो यही लगता है कि आपका विद्यार्थी जीवन कोई विशेष प्रतिभावान नहीं रहा। और वैसे भी, यूनिवर्सिटी की डिग्री का वैदिक ज्ञान के साथ कोई संबंध नहीं है। संत अकाउंटेंटों की भाँति प्रतिवर्ष समूह में नहीं निकलते।"

कुछ देर तो मजिस्ट्रेट महोदय स्तब्ध रह गए, फिर दिल खोलकर हँसने लगे।

"पहली बार किसी दैवी मजिस्ट्रेट के साथ मेरा सामना हुआ है।" उन्होंने कहा। बाद में उन्होंने कानूनी शब्दों से भरी भाषा में, जो उनके व्यक्तित्व का

एक हिस्सा ही बन चुकी थी, 'प्रत्याशी' शिष्य के रूप में स्वीकार किए जाने का औपचारिक निवेदन किया।

लाहिड़ी महाशय की तरह ही श्रीयुक्तेश्वरजी ने भी अनेक अवसरों पर संन्यास ग्रहण के इच्छुक 'अपरिपक्व' शिष्यों को उससे परावृत्त किया।

एक बार श्रीरामपुर आश्रम में सम्मान देने के लिए अदालत का एक कर्मचारी आया। कन्हाई नाम का एक शिष्य और मैं उसे गुरुदेव के पास ले गया।

श्रीयुक्तेश्वरजी के प्रति उस कर्मचारी का रवैया अपमानजनक था। "आपकी भलाई अब इसी में है कि आप अपने इस आश्रम की छाया से बाहर निकलकर जरा अदालत की सत्यनिष्ठ हवा खाएँ।" उसने अपमानसूचक स्वर में कहा।

मैं अपने आप पर काबू नहीं रख सका। "इसके आगे यदि गुस्ताखी का एक भी शब्द तुम्हारे मुँह से निकला तो तुम अभी यहीं धूल चाटते नजर आओगे!" मैं उसी इरादे से उसकी ओर बढ़ने लगा।

कन्हाई भी उस कर्मचारी पर चिल्ला रहा था, "रे दुष्ट! तुम्हारी यह हिम्मत कि तुम अपनी दुष्टता को इस पवित्र आश्रम में भी ले आए?" किंतु गुरुदेव उस कर्मचारी के रक्षक बनकर उसके सामने खड़े हो गए। "अकारण उत्तेजित होने की आवश्यकता नहीं। यह आदमी केवल अपने कर्तव्य का पालन कर रहा है।"

वह कर्मचारी इन विभिन्न प्रकारों से होते अपने स्वागत को देखकर चकित रह गया और आदरपूर्वक क्षमा माँगकर वहाँ से द्रुतगति से चलता बना।

बड़ा आश्चर्यजनक था यह देखना कि एक उग्र इच्छाशक्ति वाला सिद्धपुरुष, अंदर से इतना शांत-शीतल भी रह सकता था। कभी-कभी कोई आदमी आकर अपनी किसी काल्पनिक शिकायत पर श्रीयुक्तेश्वरजी को भला-बुरा कह देता। मेरे स्थितप्रज्ञ गुरु नम्रता से उसके द्वारा की जा रही अपनी निंदा सुनते और अंदर ही अंदर अपना विश्लेषण करते जाते, यह देखने के लिए कि वह जो दोषारोपण कर रहा है, उसमें कहीं कोई सत्य का अंश तो नहीं! ऐसे प्रसंग गुरुदेव की अप्रतिम उक्तियों का मुझे स्मरण करा देते, "कुछ लोग दूसरों के सिर काटकर स्वयं ऊँचा बनने का प्रयास करते हैं!"

□

13

विनिद्र संत

"कृपया मुझे हिमालय में जाने की अनुमति दीजिए। मुझे लगता है कि वहाँ के अखंड एकांत में मैं ईश्वर से अनवरत तादात्म्य स्थापित कर सकूँगा।"

एक बार सचमुच मैंने अपने गुरु से ये कृतघ्न शब्द कहे। कभी-कभी साधक के मन में अप्रत्याशित रूप से उत्पन्न होने वाले भ्रम के जाल में मैं फँस गया था। कॉलेज की पढ़ाई और आश्रम के कर्तव्यों के प्रति दिन-प्रति-दिन बढ़ती उदासीनता मुझे अधिकाधिक अधीर किए जा रही थी। इस कृतघ्नता के पातक को किंचित् हल्का करने वाली बात यह थी कि मैंने यह प्रस्ताव तब रखा था, जब श्रीयुक्तेश्वरजी के साथ रहते मुझे केवल छह महीने ही हुए थे। अभी तक मैं उनकी गगनस्पर्शी उच्चता को पहचान नहीं पाया था।

"हिमालय में कई पहाड़ी लोग रहते हैं, उन्हें तो कोई ईश्वरानुभूति नहीं है।" मेरे गुरु ने धीरे-धीरे और सहजभाव से कहा। "जड़ पर्वत की अपेक्षा किसी आत्मज्ञानी मनुष्य से ज्ञान प्राप्त करना अधिक अच्छा है।"

गुरुदेव के इस संकेत की कि मेरे गुरु पर्वत नहीं बल्कि वे स्वयं हैं, उपेक्षा कर मैंने पुनः अपनी प्रार्थना दुहराई। श्रीयुक्तेश्वरजी ने कोई उत्तर नहीं दिया। मैंने उनके मौन को स्वीकृति मान लिया—एक संदिग्ध परंतु मनोनुकूल निर्णय।

उस दिन शाम को कोलकाता के अपने घर में मैं अपनी यात्रा की तैयारी करने में जुट गया। एक कंबल में कुछ सामान को बाँधते समय मुझे इसी प्रकार की उस गठरी की सहसा याद आ गई, जिसे मैंने कुछ वर्ष पूर्व चोरी-चोरी अपनी अटारी की खिड़की से नीचे फेंका था। मन में यों ही विचार आया कि कहीं यह भी एक और अनिष्ट-ग्रहयोगयुक्त हिमालय पलायन साबित न हो। पहली बार की यात्रा के

समय मेरा आध्यात्मिक उत्साह उछाल पर था; आज अपने गुरु को छोड़कर जाने के विचार पर मेरा अंतर्मन मुझे धिक्कार रहा था।

दूसरे दिन प्रातः मैं स्कॉटिश चर्च कॉलेज के अपने संस्कृत प्राध्यापक बिहारी पंडित के पास जा पहुँचा।

"सर, लाहिड़ी महाशय के एक महान् शिष्य के साथ अपनी मित्रता के बारे में आपने मुझे बताया था। कृपया मुझे उनका पता बता दीजिए।"

"तुम्हारा आशय रामगोपाल मजूमदार से है। मैं उन्हें विनिद्र संत कहता हूँ। वे सदा ही ब्रह्मानंद में निमग्न रहते हुए जाग्रत् रहते हैं। उनका घर तारकेश्वर के निकट रणबाजपुर में है।"

मैंने उनका धन्यवाद किया और तुरंत तारकेश्वर जाने के लिए ट्रेन पर सवार हो गया। इस विनिद्र संत से हिमालय में एकांत ध्यान में रत होने की अनुमति लेकर मैं अपने मन में उठ रही आशंका को शांत करना चाहता था। बिहारी पंडित ने मुझे बताया था कि रामगोपाल को बंगाल की निर्जन गुफाओं में अनेक वर्षों तक क्रियायोग का अभ्यास करने के पश्चात् आत्म-साक्षात्कार हो गया था।

तारकेश्वर में मैं वहाँ के सुविख्यात मंदिर की ओर चल पड़ा। हिंदू लोगों के मन में इस मंदिर के प्रति नितांत श्रद्धाभाव है। तारकेश्वर में रोग-निवारण के असंख्य चमत्कार घटित हुए हैं, जिनमें से एक मेरे परिवार के एक सदस्य के साथ भी हुआ था।

"मैं मंदिर में पूरे एक सप्ताह तक बैठी रही," मेरी सबसे बड़ी चाची ने मुझे बताया था, "पूर्ण उपवास करते हुए मैं तुम्हारे शारदा चाचा की एक जीर्ण रोग से मुक्ति के लिए प्रार्थना करती रही। सातवें दिन मेरी अंजलि में अपने आप एक बूटी प्रकट हो गई! मैंने उसका काढ़ा तैयार किया और तुम्हारे चाचा को पिला दिया। उनका रोग तत्क्षण गायब हो गया और फिर कभी प्रकट नहीं हुआ।"

मैंने तारकेश्वर के पवित्र मंदिर में प्रवेश किया। उस मंदिर में एक गोल पत्थर के अतिरिक्त और कुछ नहीं है। उसकी अनादि और अनंत परिधि अनंत ब्रह्म का उचित प्रतीक है। भारत में एक अनपढ़ किसान भी निराकार ब्रह्म की संकल्पना को समझता है; वस्तुतः पाश्चात्यों ने यदाकदा उस पर कल्पना जगत् में जीने का आरोप भी लगाया है!

मेरी अपनी मनःस्थिति उस समय इतनी वैराग्यपूर्ण थी कि उस पत्थर के आगे नतमस्तक होने की मेरी इच्छा नहीं हुई। मुझे लगा कि ईश्वर को केवल अपनी आत्मा में ही ढूँढ़ा जाना चाहिए। मैं वहाँ प्रणाम किए बिना ही मंदिर से बाहर आ गया और

निकट स्थित रणबाजपुर की ओर द्रुतगति से चल पड़ा। रास्ते में मिले एक व्यक्ति से जब मैंने रणबाजपुर का रास्ता पूछा तो वह दीर्घ चिंतन में डूब गया।

"आगे एक चौराहा आएगा, वहाँ दाहिने मुड़ जाओ और चलते जाओ।" उसने प्रश्नदेवता की गहन भावभंगिमा में अंततः उच्चारण किया।

उसके दिशा-निर्देश का पालन करते हुए मैं एक नहर के किनारे-किनारे चलता गया। चलते-चलते अँधेरा हो गया। जंगल में बसे गाँव के बाहर का इलाका चमकते जुगनुओं और आस-पास मँडराते सियारों की 'हुआँ-हुआँ' से सजीव हो उठा। चाँद का प्रकाश इतना मंद था कि उसमें रास्ता दिखाई देना कठिन हो रहा था। दो घंटे तक मैं ठोकरें खाता रहा।

आहा! गाय के गले में बँधी घंटी की वह आह्लादक ध्वनि! मेरे बारंबार जोर-जोर से पुकारने पर आखिर एक किसान मेरे पास आ गया।

"मैं रामगोपाल बाबू की खोज में हूँ।"

"इस नाम का कोई व्यक्ति हमारे गाँव में नहीं रहता।" उस आदमी ने कटु स्वर में कहा, "तुम शायद झूठ बोल रहे हो और कोई जासूस हो।"

उसके राजनीतिक आशंकाओं से व्यथित मन से संदेह दूर करने की आशा से मैंने हृदयस्पर्शी ढंग से अपनी रामकहानी उसे सुनाई। वह मुझे अपने घर ले गया और उसने मेरी अच्छी आवभगत की।

"रणबाजपुर तो यहाँ से काफी दूर है," उसने कहा, "चौराहे पर तुम्हें बाएँ मुड़ना चाहिए था, दाहिने नहीं।"

खिन्न मन से मैं सोचने लगा, मुझे रास्ते में मिलकर दिशानिर्देश देने वाला वह पहला आदमी अनभिज्ञ पथिकों के लिए एक निश्चित अभिशाप था। मोटे चावल का भात, मसूर की दाल और आलू तथा कच्चे केले की रसदार सब्जी के स्वादिष्ट भोजन के बाद आँगन से सटी एक छोटी सी झोंपड़ी में मैं सोने के लिए चला गया। दूर कहीं पर गाँव के लोग मृदंगों और करतालों की ध्वनि के साथ उच्च स्वर में कीर्तन कर रहे थे। उस रात नपद आने का तो प्रश्न ही नहीं था; मैं एकांतवासी योगी रामगोपाल के पास पहुँच जाने के लिए गहरी प्रार्थना करता रहा।

जैसे ही मेरी झोंपड़ी के छिद्रों से उषा की पहली किरण अंदर आई, मैं रणबाजपुर के लिए निकल पड़ा। धान के ऊबड़-खाबड़ खेतों में से कटे हुए धान के ठूँठों पर और सूखी मिट्टी के बड़े-बड़े ढेलों से बचता-बचाता मैं धीरे-धीरे चलता जा रहा था। यदा-कदा मिल जाने वाला कोई किसान मुझे पूछने पर एक ही उत्तर देता कि रणबाजपुर "बस एक ही कोस (दो मील) दूर है।" छह घंटों में सूर्य

ने क्षितिज से मध्याकाश की अपनी यात्रा तय कर ली, परंतु मुझे अब लगने लगा था कि मैं रणबाजपुर से सदा के लिए एक कोस दूर ही रहूँगा। दोपहर भी आधी ढल गई, तब भी मेरा विश्व अंतहीन धान खेतों में ही सिमटकर रह गया था। आकाश से हो रही अग्नि-वर्षा से बचने का कोई उपाय नहीं था और उसकी दाहकता ने मुझे लगभग चक्कर खाकर गिर पड़ने की अवस्था तक पहुँचा दिया था। मैंने एक आदमी को आराम से टहलते हुए अपने पास आते देखा। अब मुझे उससे फिर वही प्रश्न पूछने का साहस भी नहीं हो रहा था, कि कहीं फिर 'बस एक कोस' का उत्तर न मिले।

वह आदमी मेरे पास आकर रुक गया। नाटे कद और दुबले-पतले शरीर का वह आदमी अपनी हृदयवेधी काली तेजस्वी आँखों के अतिरिक्त दिखने में पूर्णतः अप्रभावशाली था।

"मैं रणबाजपुर से जाने वाला था, परंतु तुम्हारा उद्‌देश्य अच्छा था, इसलिए मैंने तुम्हारी प्रतीक्षा की।" मेरे विस्मयचकित चेहरे के आगे उँगली नचाते हुए उसने आगे कहा, "तुम बिना सूचित किए मुझ पर झपट पड़ने की चतुराई दिखाना चाहते थे न? उस प्राध्यापक बिहारी को कोई अधिकार नहीं था कि वह तुम्हें मेरा पता दे दे।"

इस सिद्ध को अपना परिचय देना अब केवल शब्दाडंबर ही होगा, यह सोचकर अपने ऐसे स्वागत पर कुछ दुःखित अंतःकरण से मैं अवाक् खड़ा रहा। अचानक उन्होंने अगला प्रश्न किया—

"अच्छा बताओ तो, तुम्हारे विचार में भगवान् कहाँ है?"

"क्यों? वे मेरे भीतर और सर्वत्र हैं।" निश्चय ही मेरी व्याकुलता मेरे चेहरे पर पूर्णतः प्रकट हो रही थी।

"सर्वव्यापी, हाँ?" वे दबी हँसी हँसे, "तब क्यों, युवक महोदय, तुमने कल तारकेश्वर मंदिर में प्रस्तर-प्रतीक में विद्यमान ब्रह्म के आगे सिर नहीं झुकाया? तुम्हारे अभिमान के कारण ही तुम्हें उस पथिक द्वारा, जिसने दाहिने-बाएँ के सूक्ष्म भेदों की चिंता ही नहीं की, गलत दिशानिर्देश दिए जाने का दंड मिला। आज भी तुम्हें काफी मुसीबतें झेलनी पड़ी हैं!"

मैं इस बात से विस्मय-विभोर था कि मेरे सामने खड़े अति सामान्य दिखने वाले उस शरीर में सर्वव्यापी दृष्टि छुपी हुई थी, और उनकी बात से मैं पूर्णतः सहमत हुआ। योगी से एक व्यथा-निवारक शक्ति निःसृत हो रही थी; मैं उस दाहक खेत में भी तत्क्षण ताजगी अनुभव करने लगा।

"भक्त में यह सोचने की प्रवृत्ति होती है कि उसने जो मार्ग अपनाया है, वही ईश्वर-प्राप्ति का एकमेव मार्ग है," उन्होंने कहा, "योग, जिससे अपने भीतर

ही ईश्वर मिल जाता है, निस्संशय सर्वोच्च मार्ग है, जैसा कि लाहिड़ी महाशय ने हमें बताया है। परंतु भीतर ईश्वर की प्राप्ति हो जाने पर हम शीघ्र ही बाहर भी उसकी अनुभूति करते हैं। तारकेश्वर तथा अन्य स्थानों के पवित्र मंदिरों के प्रति उन्हें आध्यात्मिक शक्ति के केंद्र मानकर जो श्रद्धाभाव लोगों में है, वह बिल्कुल सही है।"

योगीवर की आलोचनात्मक वृत्ति अब अंतर्हित हो गई; उनके नेत्र करुणार्द्रता से स्निग्ध हो उठे। उन्होंने मेरा कंधा थपथपाया। "छोटे योगी, मैं देख रहा हूँ कि तुम अपने गुरु से दूर भाग रहे हो। उनके पास वह सबकुछ है, जिसकी तुम्हें आवश्यकता है; तुम्हें उनके पास लौट जाना चाहिए।" आगे उन्होंने कहा, "पर्वत तुम्हारे गुरु नहीं बन सकते।" दो दिन पहले श्रीयुक्तेश्वरजी द्वारा प्रकट किया गया वही विचार—

"सिद्ध जन केवल पर्वतों में ही निवास करें, ऐसा कोई विधि का विधान नहीं है।" मेरी ओर रहस्यपूर्ण दृष्टि से देखते हुए वे कहते जा रहे थे, "भारत और तिब्बत के हिमालय शिखरों का संतों पर कोई एकाधिकार नहीं है। जिसे अपने अंदर पाने का कष्ट न किया जाए, उसे शरीर को यहाँ-वहाँ ले जाने से प्राप्त नहीं किया जा सकता। जैसे ही साधक आध्यात्मिक ज्ञानलाभ के लिए विश्व के अंतिम छोर तक भी जाने को तैयार हो जाता है, उसका गुरु उसके पास ही प्रकट हो जाता है।"

मन-ही-मन मैं इस बात से सहमत हो गया। मुझे काशी के उस आश्रम में की हुई अपनी प्रार्थना का स्मरण हो आया, जिसके बाद भीड़-भाड़ से भरी एक गली में श्रीयुक्तेश्वरजी से मेरी भेंट हुई थी। "क्या तुम एक ऐसे छोटे से कमरे की अपने लिए व्यवस्था कर सकते हो, जिसका दरवाजा बंद कर तुम अंदर एकांत में रह सको?"

"जी, हाँ।" मेरे मन में यह विचार उभर आया कि ये संतवर इतनी विलक्षण गति से सामान्य स्तर की बातों से व्यक्तिगत स्तर पर उतर आते हैं।

"तो वही तुम्हारी गुफा है।" योगिराज ने ज्ञान जगा देने वाली एक ऐसी दृष्टि मुझ पर डाली कि मैं उसे आज तक नहीं भूल पाया। "वही तुम्हारा पावन पर्वत है। वहीं तुम्हें ईश्वर की प्राप्ति होगी।"

उनके इन सरल शब्दों ने हिमालय के लिए मेरे मन में बैठी तीव्र आसक्ति एक पल में समाप्त कर दी। धान के एक दाहक खेत में मैं पर्वतों और अनंत बर्फ के स्वप्न से जाग गया।

"युवक महोदय, तुम्हारी ईश्वर-लालसा प्रशंसनीय है। मैं तुम्हारे प्रति तीव्र प्रेम अनुभव कर रहा हूँ।" रामगोपाल बाबू ने मेरा हाथ अपने हाथ में पकड़ा और जंगल में बनी खुली जगह में बसी एक छोटी सी विचित्र सी लगने वाली बस्ती में मुझे ले

गए। इस बस्ती में घर मिट्टी के बने हुए थे, जिनकी छतें नारियल के पत्तों से बनी थीं। प्रवेश-द्वारों को ताजे फूलों से सजाया गया था।

अपनी छोटी सी कुटीर में ले जाकर संत महाराज ने मुझे बाँस के एक मचान पर बैठाया। मुझे उन्होंने नीबू का शरबत और मिश्री का एक टुकड़ा दिया; तत्पश्चात् हम उनके आँगन में गए और पद्मासन लगाकर ध्यानस्थ हो गए। ध्यान में चार घंटे बीत गए। मैंने आँखें खोलकर देखा तो चंद्रमा के प्रकाश में योगिराज की मूर्ति निश्चल बैठी थी। मैं अपने पेट को दृढ़तापूर्वक याद दिला रहा था कि मनुष्य केवल अन्न से ही जीवित नहीं रहता, तभी रामगोपाल अपने आसन से उठ गए।

"मैं देख रहा हूँ कि तुम्हें बहुत जोर से भूख लगी है," उन्होंने कहा, "भोजन अभी तैयार हो जाएगा।"

आँगन में ही उन्होंने मिट्टी के एक चूल्हे में आग जलाई। थोड़ी ही देर में हम केले के बड़े पत्तों पर चावल और दाल खा रहे थे। उन्होंने खाना बनाने में मेरी ओर से कोई सहायता स्वीकार नहीं की थी। 'अतिथि देवो भव' की हिंदू लोकोक्ति का भारत में अनादिकाल से श्रद्धापूर्वक पालन किया जाता रहा है। बाद में अपनी विश्व-भ्रमण यात्राओं में मैं यह देखकर अत्यंत आनंदित हुआ कि अनेक देशों के देहाती इलाकों में अतिथियों का इसी प्रकार सम्मान किया जाता है। शहरी लोगों में अपरिचित चेहरों की अति बहुलता के कारण अतिथिसेवा का उत्साह ठंडा पड़ गया है।

उस छोटी सी जंगल-बस्ती के एकांत में योगीवर के पास बैठे-बैठे मनुष्यों की भीड़-भाड़ से भरे स्थान कल्पनातीत रूप से सुदूर लग रहे थे। कुटीर का वह छोटा सा कमरा एक मृदु प्रकाश में रहस्यमय रूप से आलोकित लग रहा था। रामगोपाल ने मेरा बिस्तर बनाने के लिए कुछ फटे कंबल जमीन पर बिछा दिए और स्वयं एक चटाई पर बैठ गए। उनके आध्यात्मिक आकर्षण से विभोर होकर मैंने साहस बटोरकर एक निवेदन उनसे किया।

"महाराज! मुझे आप समाधि क्यों नहीं प्रदान कर देते?"

"प्रिय वत्स! मैं खुशी से तुम्हें यह ईश-संपर्क करा देता, परंतु उसका मुझे अधिकार नहीं है।" उन्होंने अर्धोन्मीलित नेत्रों से मेरी ओर देखा, "शीघ्र ही तुम्हारे गुरुदेव तुम्हें वह अनुभव प्रदान कर देंगे। इस क्षण तुम्हारा शरीर उसके लिए तैयार नहीं है। छोटे से विद्युत् बल्ब में अत्यधिक वोल्टेज की विद्युत् छोड़ दी जाए तो उसके जैसे परखच्चे उड़ जाएँगे, उसी प्रकार तुम्हारी नाड़ियाँ भी अभी महाप्राण के उस अत्यधिक भारी प्रवाह को सहन करने के योग्य नहीं बनी हैं। इसी समय यदि

मैं तुम्हें समाधि दे दूँ तो तुम ऐसे जलोगे कि मानो तुम्हारे शरीर की प्रत्येक कोशिका में आग लग गई हो।

"तुम मुझसे ब्रह्मज्ञान चाहते हो," योगीवर सोच में डूबे हुए आगे कहते जा रहे थे, "जबकि जितना नगण्य व्यक्ति मैं हूँ और जितनी अत्यल्प ध्यान-धारणा मैंने की है, उससे मैं स्वयं इस अचरज में हूँ कि क्या मैं भगवान् को प्रसन्न करने में सफल हो पाया हूँ? और उसकी दृष्टि में अंतिम मूल्यांकन के समय मेरा मूल्य क्या होगा?"

"महाराज, क्या आप लंबे समय से अनन्यभाव से ईश्वरप्राप्ति का प्रयास नहीं करते आ रहे हैं?"

"मैंने कुछ खास नहीं किया है। बिहारी ने तुम्हें मेरे जीवन के विषय में अवश्य ही कुछ बताया होगा। बीस साल तक मैं एक निर्जन गुफा में प्रतिदिन 18 घंटे ध्यान करता था। फिर मैं उससे भी अधिक दुर्गम क्षेत्र में एक गुफा में जाकर पच्चीस साल तक रहा। वहाँ मैं प्रतिदिन बीस घंटे यौगिक ध्यान में लीन रहता था। मुझे निद्रा की आवश्यकता नहीं थी, क्योंकि मैं सदा ईश्वर के साथ ही रहता था। निद्रा की साधारण अवचेतन अवस्था की आंशिक शांति से मेरे शरीर को जितना विश्राम मिलता, उससे कहीं अधिक समाधि की अधिचेतन अवस्था की पूर्ण शांति में मिलता था।

"निद्रावस्था में मांसपेशियों को विश्राम मिलता है, परंतु हृदय, फेफड़े और रक्त-संचारण प्रणाली निरंतर कार्यरत रहती है; उन्हें कोई विश्राम नहीं मिलता। अधिचेतन अवस्था में सभी आंतरिक अवयव भी महाप्राण की शक्ति से आवेशित होकर निष्क्रिय जीवंतता की अवस्था में स्थिर रहते हैं। ऐसी अवस्थाओं के कारण वर्षों से निद्रा मेरे लिए अनावश्यक हो गई है।" फिर उन्होंने कहा, "एक समय आएगा, जब तुम्हें भी निद्रा की आवश्यकता नहीं रहेगी।"

"हे भगवान्! आप इतने लंबे समय से इतनी अधिक ध्यान-धारणा करते आ रहे हैं और अभी भी आपको निश्चित पता नहीं कि आपने प्रभु को प्रसन्न कर लिया है या नहीं?" मैंने आश्चर्य से कहा, "फिर हम जैसे साधारण लोगों का क्या होगा?"

"क्या तुम नहीं समझ रहे हो वत्स, कि ईश्वर स्वयं अनंत काल है। यह सोचना कि केवल पैंतालीस वर्षों की ध्यान-धारणा से कोई उसे पूर्ण रूप से जान लेगा, असंगत अपेक्षा रखना है। तथापि बाबाजी हमें यह विश्वास अवश्य दिलाते हैं कि थोड़ी सी ध्यान-धारणा भी मृत्युभय और परलोक की अवस्था के भय से हमारा रक्षण करती है। तुच्छ पर्वतों को अपना आध्यात्मिक आदर्श न बनाकर निर्गुण ईश्वर-प्राप्ति के तारे पर अपना लक्ष्य केंद्रित करो। यदि कठिन परिश्रम करोगे तो वहाँ पहुँच जाओगे।"

इस संभावना से रोमांचित होकर मैंने उनसे कुछ और ज्ञानोपदेश करने की याचना की। उन्होंने लाहिड़ी महाशय के गुरु बाबाजी के साथ अपनी प्रथम भेंट की अद्भुत कहानी सुनाई। लगभग मध्यरात्रि होने पर तब रामगोपाल मौन हो गए और मैं अपने कंबलों पर लेट गया। जब मैंने आँखें बंद कीं तो मुझे बिजलियाँ कौंधती दिखाई देने लगीं; मेरे अंदर का विशाल अंतराल जैसे पिघले हुए प्रकाश से भर गया। मैंने आँखें खोलीं तो वही चुँधियाने वाला प्रकाश दिखाई दे रहा था। वह कुटीर उस अनंत महाकाश का एक छोटा सा हिस्सा बन गई थी, जिसे मैं अपनी अंतर्दृष्टि से देख रहा था।

तभी योगिराज ने कहा, "तुम सोते क्यों नहीं?"

"महाराज! मैं कैसे सो सकता हूँ, जब मेरे चारों ओर बिजलियाँ कौंध रही हों, चाहे मेरी आँखें बंद हों या खुलीं?"

"तुम धन्य हो, जो तुम्हें यह अनुभव मिल रहा है। इन आध्यात्मिक प्रभा-किरणों का दर्शन आसानी से नहीं होता।" फिर उन्होंने स्नेह के कुछ और शब्द कहे।

उषाकाल होने पर रामगोपाल ने मुझे मिश्री के कुछ टुकड़े दिए और वापस लौट जाने के लिए कहा। उनसे विदा लेने में मुझे इतना दुःख हो रहा था कि अश्रु मेरे गालों पर बहने लगे।

"मैं तुम्हें खाली हाथ नहीं जाने दूँगा," योगिराज ने दयार्द्र होकर कहा, "मैं तुम्हारे लिए कुछ अवश्य करूँगा।"

वे मुसकराए और उन्होंने अपनी दृष्टि मुझ पर स्थिर की। मैं निश्चल हो गया, मानो जमीन से चिपक गया होऊँ। उनसे निःसृत होने वाली शांति की धाराओं ने मेरे संपूर्ण अस्तित्व को आप्लावित कर दिया। तत्क्षण मेरी पीठ का दर्द ठीक हो गया, जो अनेक वर्षों से बीच-बीच में मुझे तकलीफ देता रहता था।

ज्योतिर्मय आनंद के सागर में नहाकर नव उल्लास प्राप्त करने से अब मेरा रुदन बंद हो गया। रामगोपाल की चरण-वंदना करके मैं जंगल में प्रवेश कर गया। जंगल की उलझती झाड़ियों में से रास्ता बनाते हुए कई धान-खेतों को पार करता हुआ, आखिर में तारकेश्वर पहुँचा। तारकेश्वर में दूसरी बार मैं अब मंदिर गया और वहाँ भगवान् के सामने साष्टांग दंडवत् किया। वह गोल पत्थर मेरी अंतर्दृष्टि के सामने आकार में बढ़ता गया और आकाशपिंड बन गया, जिसमें वलयों पर वलय, अंचलों पर अंचल, सभी ईश्वर की प्रभा से ओतप्रोत लग रहे थे। एक घंटे बाद मैं खुशी-खुशी कोलकाता की गाड़ी में बैठ गया। मेरी यात्राओं का अंत हो गया—उत्तुंग पर्वतों में नहीं, बल्कि अपने गुरु के हिमालय सदृश व्यक्तित्व के चरणों में। □

14
समाधि-लाभ

"मैं आ गया हूँ, गुरुजी!" मेरा लज्जित चेहरा मेरे मनोभावों को अधिक स्पष्टता से व्यक्त कर रहा था।

"चलो, रसोईघर में चलकर खाने के लिए कुछ देखते हैं।"

श्रीयुक्तेश्वरजी का बरताव इतना सहज था, मानो हम कुछ दिनों के लिए नहीं, बल्कि कुछ घंटों के लिए ही अलग रहे हों।

"गुरुदेव! मेरे द्वारा आश्रम के कर्तव्यों को अचानक छोड़कर चले जाने से आपको अवश्य निराशा हुई होगी। मुझे तो लगा था, आप मुझ पर क्रोधित होंगे!"

"नहीं, बिल्कुल नहीं! क्रोध केवल इच्छा के अवरोध से उत्पन्न होता है। मैं कभी दूसरों से कोई अपेक्षा नहीं रखता, इसलिए उनका कोई भी कार्य मेरी इच्छाओं के विपरीत नहीं हो सकता। मैं अपने किसी स्वार्थ के लिए तुम्हारा उपयोग कभी नहीं करता; मैं तो केवल तुम्हारे सच्चे सुख में ही खुश हूँ।"

"गुरुदेव! दिव्य प्रेम के बारे में मैंने केवल सुना ही था और कुछ धुँधली सी कल्पना कर सकता था, परंतु आज आपके देवतास्वरूप उदाहरण में मैं उसका प्रत्यक्ष दर्शन कर रहा हूँ। संसार में तो अपना पुत्र भी यदि पिता को पूर्वसूचना दिए बिना उसका काम छोड़कर चला जाता है तो पिता उसे आसानी से क्षमा नहीं करता। परंतु आप में क्रोध तो क्या, जरा सी नाराजगी का भी लवलेश मात्र नहीं है, जब कि मेरे कई काम अधूरे छोड़ जाने से आपको भारी असुविधा हुई होगी।"

हम दोनों ने एक-दूसरे की आँखों में देखा। दोनों के ही नेत्रों में अश्रु भर आए थे। आनंद की एक लहर ने मुझे निमग्न कर दिया; मुझे यह बोध हो रहा था कि मेरे गुरु के रूप में साक्षात् भगवान् मेरे हृदय के प्रेम की सीमित उत्कंठाओं को विराट् प्रेम में विस्तारित कर रहे थे।

कुछ दिन बीत जाने के बाद एक दिन सुबह मैं गुरुदेव के खाली बैठक-कक्ष में गया। वहाँ ध्यान करने का मेरा विचार था, परंतु मेरा अवज्ञाकारी मन इस प्रशंसनीय उद्देश्य में सहयोग देने के लिए तैयार नहीं था। विचार ऐसे बिखर रहे थे, जैसे किसी शिकारी के आते ही पक्षी बिखर जाते हैं।

"मुकुंद!" दूर की एक बालकनी से श्रीयुक्तेश्वरजी की आवाज आई।

मेरे विचार जितने विद्रोही थे, उतना ही विद्रोही अब मैं भी बन गया। "गुरुदेव सदा मुझे ध्यान करने को कहते हैं," मैं अपने आप से बड़बड़ाया, "उन्हें मालूम है कि मैं यहाँ किसलिए आया हूँ। अब उन्हें मेरे प्रयास में बाधा नहीं डालनी चाहिए।"

उन्होंने फिर मुझे बुलाया; मैं चुप ही बैठा रहा। तीसरी बार जब उन्होंने फिर पुकारा तो उनके स्वर में कठोरता आ गई थी। "मैं ध्यान कर रहा हूँ, गुरुजी," मैं विरोध में चिल्लाया, "मैं जानता हूँ, तुम कैसा ध्यान कर रहे हो," मेरे गुरु ने उधर से कहा, "आँधी में उड़ रहे पत्तों के समान मन से! यहाँ मेरे पास आओ।"

प्रयत्न में विफल रहने और भेद खुल जाने पर मैं खिन्न मन से चुपचाप उनके पास जाकर खड़ा हो गया।

"नादान बच्चे! तुम्हें जो चाहिए, वह पर्वत तुम्हें नहीं दे सके।" गुरुदेव स्नेह भरे, सांत्वना देते स्वर में बोल रहे थे। उनकी शांत दृष्टि अथाह बन गई थी। "तुम्हारे हृदय की लालसा अवश्य पूरी होगी।"

श्रीयुक्तेश्वरजी कदाचित् ही कभी गूढ़ भाषा में बोलते थे; मैं असमंजस में पड़ गया। उन्होंने धीरे से मेरी छाती पर हृदय के ऊपर थपथपाया।

मेरा शरीर निश्चल होकर जमीन से चिपक गया; श्वास तेजी से फेफड़ों से बाहर खिंच गया, मानो किसी महाकाय चुंबक ने उसे खींच लिया हो। आत्मा और मन तत्क्षण शरीर के बंधन से मुक्त हो गए और किसी प्रवाहमान तीक्ष्ण तेज के समान मेरे शरीर के रोम-रोम से बाहर बहने लगे। स्थूल शरीर मृतवत् हो गया; फिर भी अपने तीव्र बोध में मुझे यह भान हो रहा था कि मैं पहले कभी भी पूर्ण रूप से जीवित नहीं था। अपने अस्तित्व का मेरा बोध अब संकुचित रूप से केवल मेरे शरीर तक ही सीमित नहीं था, बल्कि मेरे चारों ओर व्याप्त अणु-परमाणुओं में फैल गया था। दूर सड़कों पर चल रहे लोग मेरी अपनी ही सुदूर स्थित परिधि पर चलते प्रतीत हो रहे थे। भूमि की धुँधली पारदर्शिता में पेड़-पौधों की जड़ें दिखाई दे रही थीं, उनके अंदर चल रहे रस-प्रवाह का भी मैं स्पष्ट अवलोकन कर रहा था।

आस-पास का पूरा क्षेत्र मेरे सामने अनावृत्त हो गया था। केवल सामने ही देख पाने वाली मेरी साधारण दृष्टि अब चतुर्दिग्दर्शी विशाल मंडलाकार दृष्टि में

परिवर्तित हो गई थी, जो सर्वदर्शा भी थी। अपने मस्तक के पीछे से मैं रायघाट लेन में दूर चलते-फिरते लोगों को देख रहा था, और एक श्वेत गाय को भी मैंने वहाँ देखा जो धीरे-धीरे आश्रम की ओर आ रही थी। जब वह आश्रम के खुले द्वार पर पहुँच गई तो मैंने उसे ऐसे देखा, मानो अपनी दो स्थूल आँखों से देखा हो। जब वह आश्रम के अहाते की दीवार के पीछे चली गई, तब भी मैं उसे स्पष्ट देख रहा था।

मेरी विशालदर्शी दृष्टि में दिखने वाली सारी वस्तुएँ तेज चलने वाले चलचित्रों की भाँति कंपित और स्पंदित थीं। मेरा शरीर, गुरुदेव का शरीर, चारों ओर से खंभों से घिरा आश्रम का चौक, फर्नीचर और फर्श, पेड़-पौधे और धूप यदा-कदा उग्रता से स्पंदित होते, जब तक कि सबकुछ प्रकाश-सागर में विलीन नहीं हो गया; ठीक जैसे पानी भरे गिलास में चीनी डालने के बाद उसे हिलाने से वह पानी में घुल जाती है। सबकुछ अपने में विलीन कर लेने वाला यह प्रकाश बीच-बीच में आकार धारण कर लेता था, फिर वह आकार उसी प्रकाश में विलीन हो जाता था। प्रकाश और स्थूल आकार पर्यायक्रम से एक-दूसरे में रूपांतरित होकर सृष्टि के कार्य-कारण सिद्धांत को स्पष्ट कर रहे थे।

मेरी आत्मा के शांत अनंत तट पर सागर के समान आनंद उमड़ पड़ा। मैंने अनुभव किया कि ईश्वर का स्वरूप अक्षय आनंद है; उसका शरीर प्रकाश के असंख्य तंतू हैं। मेरे अंदर उमड़ती दिव्य ज्योति ने विस्तृत होते-होते नगरों, महाद्वीपों, पृथ्वी, सूर्यमंडल, तारामंडल, नीहारिका-पुंज और अंतरिक्ष में प्रवर्तमान ब्रह्मांडों को अपने में समा लिया। रात में दूर से दिखाई पड़ने वाले प्रकाशमय शहर की भाँति समस्त ब्रह्मांड मेरे अस्तित्व की अनंतता में जगमगा रहा था। ब्रह्मांड की स्पष्ट रेखांकित परिधि के परे चमकने वाला तीव्र प्रकाश उसके दूरतम किनारों तक पहुँचते-पहुँचते किंचित् क्षीण सा होता जा रहा था; वहाँ मुझे एक स्निग्ध, मृदु तेज दिखाई दे रहा था, जिसमें कभी किसी प्रकार की कोई क्षीणता नहीं आ रही थी। वह तेज अवर्णनीय रूप से सूक्ष्म था, नक्षत्र-पुंजों के आकार अपेक्षाकृत स्थूल प्रकाश से बने हुए थे।

एक शाश्वत उद्गम-स्रोत से दिव्य किरणों का प्रसार हो रहा था और वे अवर्णनीय प्रभामंडल से देदीप्यमान आकाश-गंगाओं में रूपांतरित हो रही थीं। बार-बार मैंने सृजनात्मक किरणों को नक्षत्रों में और फिर विस्तृत पारदर्शक ज्वालाओं में रूपांतरित होते देखा। लयबद्ध प्रत्यावर्तन द्वारा करोड़ों-करोड़ों विश्व पारदर्शक तेज में विलय हो गए और फिर वे तेज़ महाव्योम बन गया।

मुझे यह ज्ञान हुआ कि इस समस्त तेजोब्रह्मांड का केंद्र मेरे हृदय में स्थित अंतर्ज्ञानानुभूति का बिंदु है। एक प्रकाशकारी ज्योति मेरी नाभि से समस्त ब्रह्मांड के

प्रत्येक भाग को प्रसारित हो रही थी। परमानंदमय अमृत मेरे अस्तित्व के कण-कण में पारे के प्रवाह की भाँति व्याप्त हो रहा था। ईश्वर की सृजनात्मक ध्वनि को, ब्रह्मांड के प्रेरक यंत्र की ध्वनि को मैं ओउम् की झंकार में प्रतिध्वनित होते सुन रहा था।

अचानक श्वास मेरे फेफड़ों में लौट आया। लगभग असह्य निराशा के साथ मैं जान गया कि मेरी विराट् असीमता लुप्त हो गई थी। फिर एक बार मैं अपमानास्पद देह-पिंजड़े में आबद्ध हो गया था, जिसमें ब्रह्म को आसानी से कोई स्थान नहीं मिल सकता। घर से भागे बालक की भाँति मैं अपने विराट् तेजोधाम से भाग आया था और अपने आपको मैंने एक संकीर्ण पार्थिव देह के क्षुद्र पिंजड़े में कैद कर लिया था। मेरे गुरु मेरे सामने निश्चल खड़े थे। लंबे समय से मुझे जिस ब्रह्म-चैतन्य के अनुभव की उत्कट लालसा थी, वह अनुभव उन्होंने मुझे करा दिया था। उनके प्रति कृतज्ञता व्यक्त करने के लिए जैसे ही मैं उनके सामने साष्टांग दंडवत् करने लगा तो रोककर उन्होंने मुझे सीधा खड़ा कर दिया और शांतभाव से बोले—

"तुम्हें परमानंद में डूबे नहीं रहना है। तुम्हारे लिए अभी जगत् में बहुत सा काम करना बाकी है। आओ, बरामदे में पहले झाड़ू लगाते हैं और फिर गंगा के किनारे-किनारे घूमने जाएँगे।"

मैं एक झाड़ू लाया। मैं जानता था कि गुरुदेव मुझे संतुलित जीवन की शिक्षा दे रहे हैं। शरीर के अपने दैनिक कर्तव्यों का निर्वाह करते हुए आत्मा को विश्वोत्पत्ति के रहस्यों को अपने में समाते हुए विस्तारित होते रहना चाहिए।

बाद में जब श्रीयुक्तेश्वरजी और मैं घूमने निकले तब भी मैं अनिर्वचनीय आनंद में विभोर था। मैं दोनों के शरीरों को प्राणशक्ति से बने चित्रों के रूप में देख रहा था, जो प्रकाश से बनी एक नदी के किनारे-किनारे प्रकाश के ही बने एक रास्ते पर चल रहे थे।

"वह ईश्वर का चैतन्य ही है, जो सृष्टि में विद्यमान प्रत्येक रूप आकार और प्रत्येक शक्ति का पोषण करता है तथा उसे आधार देता है; फिर भी वह स्वयं स्पंदनशील प्रतिभासिक सृष्टि से परे परमानंदमय असृष्ट महाशून्य में इन सबसे पृथक्, अलिप्त रहता है," गुरुदेव समझा रहे थे, "जो लोग इस भूलोक में आत्म-साक्षात्कार प्राप्त कर लेते हैं, वे भी इसी प्रकार का द्विविध जीवन जीते हैं। विवेक और निष्ठा के साथ जगत् में अपना कार्य करते हुए भी वे अपने आंतरिक परमानंद में निमग्न रहते हैं।

"ईश्वर ने अपने अस्तित्व के असीम आनंद से ही सब मनुष्यों की सृष्टि की है। यद्यपि वे शरीर में कष्टप्रद रूप से आबद्ध हैं, फिर भी ईश्वर यह अपेक्षा करता है कि उसकी प्रतिमूर्ति स्वरूप बने मानव इंद्रियबोध से उत्पन्न सीमित व्यक्तित्व से ऊपर उठकर उसके साथ पुनः एकात्म स्थापित कर लें।"

इस विश्व-रूप दर्शन से मुझे कई स्थायी शिक्षाएँ मिलीं। प्रतिदिन अपनी चित्तवृत्तियों का निरोध कर मैं इस भ्रमात्मक धारणा से मुक्त हो सकता था कि मेरा शरीर स्थूल भूमि पर चलने-फिरने वाला एक हाड़-मांस का पिंड मात्र है। मैंने देखा कि श्वास और चंचल मन ऐसे तूफानों के समान हैं, जो प्रकाश-सागर को आलोड़ित कर उसमें पृथ्वी, आकाश, मानव, प्राणी, पक्षी, वृक्ष आदि भौतिक आकारों की लहरें उत्पन्न करते हैं। इन तूफानों को शांत किए बिना उस अनंत परमतत्त्व की एकमात्र अखंड प्रकाश के रूप में अनुभूति नहीं की जा सकती।

जब-जब मैंने इन दो प्राकृतिक तूफानों को शांत किया, तब-तब मैंने सृष्टि की असंख्य उत्ताल तरंगों को उस प्रकाश-सागर में ठीक उसी प्रकार विलीन होते देखा, जिस प्रकार समुद्र की लहरें तूफान के थम जाने के बाद शांत होकर विलीन हो जाती हैं।

श्रीयुक्तेश्वरजी ने मुझे यह दिव्य आनंदपूर्ण अनुभव अपनी इच्छानुसार जब चाहे प्राप्त करने का और जिनकी अंतर्ज्ञान प्रणाली पर्याप्त रूप से विकसित हो गई हो, ऐसे लोगों को भी इसे प्रदान करने का तरीका सिखाया।

इस प्रथम अनुभव के बाद कई महीनों तक मैं इस परमानंदमय एकात्मता की अवस्था में तल्लीन रहा और प्रतिदिन यह बात मेरी समझ में आती रही कि उपनिषदों में ईश्वर को रस स्वरूप—'रसौ वै सः' क्यों कहा गया है। परंतु एक दिन सुबह मैं एक समस्या लेकर गुरुदेव के पास गया।

"मैं जानना चाहता हूँ, गुरुदेव! मुझे ईश्वर-प्राप्ति कब होगी?"

"तुम्हें ईश्वर-प्राप्ति हो चुकी है।"

"जी नहीं, गुरुदेव! मुझे तो ऐसा नहीं लगता!"

मेरे गुरु मुसकरा रहे थे—"मुझे विश्वास है कि तुम सृष्टि के किसी जीवाणु रहित साफ-सुथरे कोने में सिंहासन पर विराजमान किसी पूजनीय व्यक्ति को ईश्वर नहीं मान रहे हो! तथापि मैं यह भी देख रहा हूँ कि तुम्हारी ऐसी कल्पना है कि चमत्कारी शक्तियों का किसी के पास होना ही इस बात का प्रमाण है कि उसने ईश्वर को प्राप्त कर लिया है। नहीं, ऐसा नहीं है। किसी को पूरे ब्रह्मांड को नियंत्रित करने की शक्ति मिल सकती है, परंतु फिर भी ईश्वर उसकी पहुँच से दूर रह सकता है। आध्यात्मिक उन्नति को बाह्य शक्तियों के प्रदर्शन से नहीं मापा जा सकता, बल्कि उसका मापदंड केवल यह है कि ध्यान में वह आनंद की कितनी गहराई में उतरता है।

"नित्यनवीन आनंद ही ईश्वर है। वह अक्षय है; वर्षों पर वर्ष जैसे-जैसे तुम ध्यान करते जाओगे, वैसे-वैसे वह अनंत युक्तियों से तुम्हें मोहित करता ही रहेगा। तुम्हारे जैसे भक्त, जिन्हें ईश्वर का मार्ग मिल जाता है, स्वप्न में भी कभी ईश्वर के

स्थान पर दूसरे किसी सुख की प्राप्ति की कल्पना नहीं कर सकते। ईश्वर तुलना या प्रतिस्पर्धा से भी परे बेजोड़ विमोहक है।

"इहलौकिक सुखों से हम कितनी जल्दी ऊब जाते हैं! भौतिक सुखों की कामनाओं का अंत नहीं है; मनुष्य कभी पूर्ण तृप्त नहीं होता और एक के बाद दूसरे लक्ष्य के पीछे दौड़ता ही रहता है। सुख के लिए वह जिस 'कुछ और' की खोज करता रहता है, वह 'कुछ और' ईश्वर ही है और केवल वही शाश्वत आनंद प्रदान कर सकता है।

"बाह्य इच्छाएँ हमें आभ्यंतर के 'स्वर्ग' से बाहर खींच लाती हैं; वे मिथ्या आनंद देती हैं, जो आत्मिक आनंद का छद्म आभास मात्र है। खोया हुआ आंतरिक स्वर्ग दिव्य ध्यान द्वारा शीघ्र ही पुनः प्राप्त किया जा सकता है। ईश्वर अकल्पित नित्य-नूतनता है, अतः हम कभी उससे ऊब नहीं सकते। जो परमानंद अनंत काल तक सदा के लिए आह्लादक विविधताओं से भरा हो, उससे क्या कभी किसी का मन भर सकता है!"

"अब मेरी समझ में आया गुरुदेव, कि संतों ने ईश्वर को अगाध क्यों कहा है। अमर जीवन भी ईश्वर को समझने के लिए पर्याप्त नहीं है।"

"यह सच है, किंतु वह निकट संबंधी और प्रियजन भी है। जब क्रियायोग द्वारा मन इंद्रियजन्य विकारों से रहित हो जाता है, तब ध्यान ईश्वर का दुहरा प्रमाण प्रस्तुत कर देता है। नित्य-नवीन आनंद उसके अस्तित्व का प्रमाण है, जो हमारे प्रत्येक अणु को भी उसकी प्रतीति करा देता है। ध्यान में हमारी प्रत्येक समस्या के लिए ईश्वर का तत्क्षण मार्गदर्शन, उसका समुचित प्रत्युत्तर मिलता है।"

"गुरुजी! आपने मेरी समस्या का निराकरण कर दिया।" मैं कृतज्ञतापूर्वक मुसकराया—"अब मैं यह जान गया हूँ कि मैंने ईश्वर को पा लिया है, क्योंकि जब कभी कार्यशीलता के बीच ध्यान का आनंद मेरे सुप्त मन में लौट आता है, तब प्रत्येक कार्य में—यहाँ तक कि उससे संबंधित छोटी-से-छोटी बात में भी, सही दिशा अपनाने का सूक्ष्म मार्गदर्शन मुझे मिलता रहता है।"

"ईश्वर की इच्छा का ज्ञान कैसे किया जाता है, यह जब तक हमें पता नहीं चलता, तब तक मानव-जीवन दुःखों से ग्रस्त रहता है। उसकी इच्छा की 'सही दिशा' भी प्रायः अहंमन्य बुद्धि के लिए चकरा देने वाली होती है।" गुरुदेव ने कहा।

"केवल ईश्वर ही अचूक मार्गदर्शन देता है, आखिर वह नहीं तो और कौन सृष्टि का भार वहन कर रहा है?"

□

15
फूलगोभी की चोरी

"गुरुदेव! आपके लिए भेंट! इन छह बड़ी-बड़ी फूलगोभियों को मैंने अपने हाथों से लगाया था और इनकी देखभाल उसी ममता के साथ की थी, जैसे कोई माँ अपने बच्चे की देखभाल करती है।" इतना कहकर मैंने बड़ी भाव भंगिमा के साथ गोभियों की टोकरी प्रस्तुत की।

"शाबाश!" श्रीयुक्तेश्वरजी ने सस्नेह मुसकराकर अपनी स्वीकृति प्रकट की, "अभी इन्हें अपने कमरे में ही रखो; कल एक विशेष भोज में ये काम आ जाएँगी।"

कॉलेज की गरमियों की छुट्टियाँ अपने गुरु के साथ समुद्र-तट पर स्थित पुरी आश्रम में बिताने के लिए मैं अभी-अभी पुरी पहुँचा था। गुरुदेव और उनके शिष्यों द्वारा निर्मित इस दोमंजिले छोटे से सुंदर आश्रम के सामने ही बंगाल की खाड़ी है।

खारी समुद्री हवा के झोंकों से और आश्रम के शांत वातावरण से तरोताजा होकर दूसरे दिन प्रातःकाल तड़के ही मैं जाग गया। गुरुदेव अपने कर्णमधुर स्वर में मुझे पुकार रहे थे। मैंने अपनी प्रिय फूलगोभियों पर एक दुलार भरी दृष्टि डाली और हिफाजत से उन्हें अपनी खटिया के नीचे रख दिया।

"आओ, समुद्र-तट पर चलें।" गुरुदेव आगे-आगे चलने लगे। कई बालक शिष्य और मैं उनके पीछे फैले हुए झुंड में चलने लगे। गुरुदेव ने सौम्य आलोचना से भरी दृष्टि हम पर दौड़ाई।

"जब हमारे पाश्चात्य बंधुजन चलते हैं, तब सामान्यतया उन्हें तालबद्ध ढंग से चलना अभिमानास्पद लगता है। अब कृपया दो पंक्तियों में एक-दूसरे के साथ पग मिलाकर चलो।"

जब इस आज्ञा का पालन करते हुए हम चलने लगे तो श्रीयुक्तेश्वरजी की दृष्टि हम पर जमी रही। उन्होंने गाना शुरू कर दिया, "लड़के चलते जाते हैं, पंक्ति में भाते हैं।"

चुस्ती और फुर्ती से चलते अपने बालक शिष्यों के साथ जिस आसानी से पग मिलाकर श्रीयुक्तेश्वरजी चल रहे थे, उसे देखकर मैं विस्मित हुए बिना नहीं रह सका।

"ठहरो!" मेरे गुरु ने मेरी आँखों में आँखें गड़ा दीं, "तुमने ध्यान से आश्रम के पिछवाड़े के दरवाजे में ताला लगाया था?"

"जहाँ तक मुझे लगता है, लगाया था गुरुजी!"

होंठों पर दबी मुसकराहट लिये श्रीयुक्तेश्वरजी चंद मिनटों के लिए चुपचाप खड़े रहे। "नहीं, तुम भूल गए," आखिर वे बोले, "ईश-चिंतन को सांसारिक लापरवाही का बहाना नहीं बनाया जा सकता। तुमने आश्रम की सुरक्षा के अपने कर्तव्य की अवहेलना की है। तुम्हें सजा मिलनी ही चाहिए।"

जब उन्होंने आगे कहा, "तुम्हारी छह फूलगोभियाँ शीघ्र ही पाँच बन जाएँगी," तो मुझे लगा वे कोई गूढ़ मजाक कर रहे हैं। गुरुदेव का आदेश पाकर हम लोग वापस मुड़े और उसी प्रकार पंक्तिबद्ध चलते हुए आश्रम की ओर चल दिए। जब आश्रम के पास पहुँचे तो गुरुदेव ने कहा, "यहाँ थोड़ी देर ठहरो, मुकुंद! अपनी बाईं तरफ अहाते के उस पार की सड़क को देखते रहो। अभी वहाँ एक आदमी पहुँचेगा। वही तुम्हारी सजा का माध्यम बनेगा।"

इन अगम्य शब्दों पर मन में उत्पन्न हुई परेशानी को मैंने मन में ही दबा लिया। सड़क पर शीघ्र ही एक किसान दिखाई पड़ा; अपने हाथ इधर-उधर उछालकर निरर्थक अंगविक्षेप करता हुआ वह हास्यास्पद ढंग से नाच रहा था। कौतूहल से लगभग जड़ सा बना मैं उस हास्यप्रद दृश्य को एकटक देखता रहा। जैसे ही वह आदमी सड़क पर ऐसे स्थान पर पहुँचा, जहाँ से वह हमारी दृष्टि से ओझल हो जाता, श्रीयुक्तेश्वरजी ने कहा, "अब वह लौटकर वापस आएगा।"

उस किसान ने तुरंत अपनी दिशा बदल दी और आश्रम के पिछवाड़े की ओर चल पड़ा। रेत के एक मैदान को पार कर वह पीछे के दरवाजे से आश्रम में घुस गया। जैसा कि मेरे गुरु ने कहा था, मैंने दरवाजे में ताला नहीं लगाया था। शीघ्र ही वह आदमी मुझे बहुमूल्य लगने वाली मेरी एक गोभी हाथ में लिये बाहर आ गया। अब वह संपत्ति की महिमा से पूर्ण होकर संभ्रांत ढंग से चलने लगा।

इस हास्य-नाटिका का घटनाक्रम, जिसमें मेरी भूमिका एक लूटे जा रहे किंकर्तव्यविमूढ़ व्यक्ति की सी प्रतीत हो रही थी, इतना हतबुद्धि कर देने वाला भी

नहीं था कि मैं ताव में आकर चोर का पीछा करना भूल जाऊँ। सड़क की ओर आधी दूर ही मैं पहुँचा था कि गुरुदेव ने मुझे वापस बुला लिया। हँसी के मारे सिर से पाँव तक उनका सारा शरीर हिल रहा था। बार-बार उमड़ पड़ती हँसी के ठहाकों के बीच उन्होंने बताया, "उस बेचारे पगले को एक फूलगोभी चाहिए थी। मैंने सोचा उसे तुम्हारी असुरक्षित छोड़ दी गई गोभियों में से एक मिल जाए तो अच्छा ही होगा!"

मैं दौड़कर अपने कमरे में पहुँचा। वहाँ मैंने देखा कि उस चोर ने, जो स्पष्टतः केवल सब्जी चोर ही प्रतीत हो रहा था, कंबल पर खुले आम पड़ी मेरी सोने की अँगूठियों, घड़ी और पैसे को छुआ तक नहीं था। इसके बदले वह रेंगकर खटिया के नीचे घुस गया था, जहाँ बाहर से बिल्कुल भी दिखाई न देने वाली गोभियों की वह टोकरी थी, जिसमें उसे अपनी एकमात्र मनोवांछित वस्तु मिल गई।

उस दिन शाम को मैंने इस घटना को समझाने का अनुरोध श्रीयुक्तेश्वरजी से किया (मुझे लग रहा था कि इस घटना में कुछ सामान्य स्तर पर समझ में न आने वाली बातें हैं)।

मेरे गुरु ने धीरे-धीरे सिर हिलाया। "किसी दिन यह बात तुम्हारी समझ में आ जाएगी। विज्ञान शीघ्र ही इन गुप्त नियमों में से अनेक को खोज निकालेगा।"

कुछ वर्षों बाद जब रेडियो की चमत्कारपूर्ण ध्वनि विस्मयचकित विश्व में गूँजने लगी तो मुझे गुरुदेव की भविष्यवाणी स्मरण हो आई। काल और देश की युगों पुरानी कल्पना का उन्मूलन हो गया; किसी का घर इतना छोटा नहीं रहा कि उसमें लंदन या कोलकाता प्रविष्ट न हो सके!

मानव की सर्वव्यापकता के एक पहलू के निर्विवाद प्रमाण के आगे मंदतम बुद्धि भी विस्तारित हो गई।

फूलगोभी हास्य-नाटिका के 'कथानक' को रेडियो की सादृश्यता से सर्वोत्तम ढंग से समझा जा सकता है। मेरे गुरु एक सर्वांगपूर्ण मानवरेडियो थे। विचार और कुछ न होकर केवल आकाश में संचरण करने वाले सूक्ष्म स्पंदन हैं। जिस प्रकार उचित स्वर-समंजन करते ही (स्टेशन मिलाते ही) हर दिशा से आने वाले हजारों अन्य कार्यक्रमों में से आपको जो गाना सुनना है, वही गाना रेडियो पकड़ लेता है, उसी प्रकार विचारों को प्रसारित करने वाले विश्व के मानव-मनों के असंख्य विचारों में से एक अचूक प्रसंगोचित विचार (फूलगोभी के लिए लालायित उस अर्द्धविक्षिप्त मनुष्य के विचार) के प्रति श्रीयुक्तेश्वरजी उस समय अत्यंत संवेदनशील रूप से ग्रहणशील हो गए थे। समुद्र तट की ओर चलते समय जैसे ही गुरुदेव ने उस किसान

की साधारण लालसा के विचार को पकड़ा वैसे ही वे उस लालसा की पूर्ति करने के लिए तैयार हो गए। उनकी दिव्य दृष्टि ने शिष्यों को दृष्टिगोचर होने के पहले ही सड़क पर नाचते आ रहे उस आदमी को देख लिया था। आश्रम के दरवाजे में ताला लगाने की मेरी भूल से गुरुदेव को मुझे अपनी प्रिय गोभियों में से एक से वंचित कर देने का सहज बहाना मिल गया था।

इस प्रकार एक ग्राही यंत्र का काम करने के बाद श्रीयुक्तेश्वरजी ने अपनी अत्यंत शक्तिशाली इच्छाशक्ति को प्रयुक्त कर एक प्रसारण-यंत्र का काम किया। उस भूमिका में उन्होंने उस मनुष्य को अपनी दिशा बदलने और केवल एक फूलगोभी के लिए एक निश्चित कमरे में जाने का सफलतापूर्वक निर्देश दिया।

अंतर्ज्ञान आत्मा का मार्गदर्शन है, जो मनुष्य के मन में तब स्वाभाविक रूप से प्रकट होता है, जब वह शांत होता है। लगभग हर व्यक्ति को कभी-न-कभी कोई सच्चा 'पूर्व संकेत' मिलने का अनुभव है, जिसका कोई स्पष्टीकरण नहीं होता या कभी-न-कभी लगभग हर व्यक्ति ने किसी दूसरे व्यक्ति को अपने विचार ऐसे के ऐसे संप्रेषित किए हैं। चंचलता और अशांति की 'खरखराहट' से मुक्त हुआ मानव मन जटिल रेडियो यंत्रावली के समस्त कार्य करने में समर्थ हो जाता है, जिसमें वह विचारों को भेज भी सकता है और ग्रहण भी कर सकता है तथा अवांछनीय विचारों को अंदर आने से रोक भी सकता है। जिस प्रकार किसी रेडियो-प्रसारण केंद्र की शक्ति, वह कितनी विद्युतशक्ति को काम में ला सकता है, उस पर निर्भर करती है, उसी प्रकार मनुष्यरूपी रेडियो की परिणामकारिता हर व्यक्ति में विद्यमान इच्छाशक्ति पर निर्भर करती है। सभी विचार हमेशा के लिए ब्रह्मांड में स्पंदित होते रहते हैं। गहन एकाग्रता के द्वारा सिद्धपुरुष किसी भी मनुष्य के विचारों को जान सकता है, चाहे वह मनुष्य जीवित हो या मृत। विचार किसी व्यक्ति में नहीं बल्कि सृष्टि में अवस्थित हैं; किसी सत्य का सृजन नहीं किया जा सकता, केवल उसे जाना जा सकता है। मनुष्य के गलत विचार उसके विवेक की छोटी-बड़ी त्रुटि के परिणाम हैं। योग-विज्ञान का लक्ष्य मन को शांत करना है, ताकि विकार रहित होकर वह अंतर्वासी परमात्मा की अमोघ मंत्रणा सुन सके।

रेडियो और टेलीविजन के कारण लक्ष-लक्ष लोग घर बैठे ही सुदूर स्थित लोगों की आवाज तत्क्षण सुन सकते हैं और उन्हें देख भी सकते हैं, जो इस बात का प्रथम अस्फुट सा वैज्ञानिक संकेत है कि मनुष्य सर्वत्र व्याप्त आत्मा है। यद्यपि अहंकार बर्बरतम तरीकों से उसे अपना दास बनाए रखने का यत्न करता है, तथापि मनुष्य किसी स्थान में आबद्ध शरीर नहीं, बल्कि तत्त्वरूप से सर्वव्यापी आत्मा है।

शरीर-विज्ञान में नोबेल पुरस्कार प्राप्त 'चार्ल्स रॉबर्ट रिशेट' ने कहा है, "अत्यंत विचित्र, अत्यंत विस्मयकारी, अत्यंत असंभाव्य प्रतीत होने वाली बातें अभी भी प्रत्यक्ष सामने आ सकती हैं, जिनके एक बार प्रतिष्ठापित हो जाने पर हमें उसी तरह आश्चर्य नहीं होगा, जिस तरह गत एक शताब्दी के दौरान विज्ञान द्वारा किए गए आविष्कारों पर नहीं होता। ऐसा मान लिया जाता है कि जिन चामत्कारिक घटनाओं को हम अब बिना विस्मित हुए स्वीकार कर लेते हैं, वे हमारी उत्कंठा को इसलिए उत्तेजित नहीं कर पातीं, कि उन्हें हम भलीभाँति समझ चुके होते हैं। पर बात ऐसी नहीं है। यदि हमें अब वे चकित नहीं करतीं तो इसका कारण यह नहीं है कि वे भलीभाँति हमारी समझ में आ चुकी हैं, बल्कि उसका कारण यह है कि वे हमारे लिये अब परिचित हो चुकी है; क्योंकि यदि ऐसा हो कि जो बातें हमारी समझ में न आएँ वे हमें चकित करती रहें तो हमें हर बात पर—हवा में उछाले गए पत्थर के गिरने पर, बीज से वटवृक्ष बन जाने पर, गरमी पाकर पारे के फैलने पर, चुंबक की ओर लोहे के खिंचने पर—आश्चर्यचकित होना चाहिए।

"आज का विज्ञान तो फिर भी एक साधारण बात है, जिन आश्चर्यकारक सत्यों का हमारी आने वाली पीढ़ियाँ आविष्कार करेंगी, वे अभी भी हमारे चारों ओर विद्यमान हैं, और एक प्रकार से कहें तो हमारी आँखों में आँखें डालकर हमें घूर रहे हैं; परंतु फिर भी हम उन्हें नहीं देख पाते। केवल यह कहना कि हम उन्हें नहीं देख पाते, पर्याप्त नहीं है; हम उन्हें देखना ही नहीं चाहते, क्योंकि जैसे ही कोई अप्रत्याशित और अपरिचित तथ्य प्रकट होता है, हम उसे प्रचलित जानकारी की सर्वसामान्य चौखट में बिठा देने का प्रयास करते हैं, और कुपित हो उठते हैं कि यदि कोई उससे आगे के प्रयोग करने का दुस्साहस करता है!"

इतने अविश्वसनीय ढंग से मेरी गोभी की चोरी हो जाने के कुछ ही दिन बाद एक बड़ी ही विनोदी घटना घटी। मिट्टी के तेल का एक दीया ढूँढ़ने पर भी नहीं मिल रहा था। अपने गुरु की सर्वदर्शी अंतर्दृष्टि का हाल ही में परिचय मिलने से मैंने सोचा कि वे प्रदर्शित कर देंगे कि उस दीये को ढूँढ़ना उनके लिए बच्चों का खेल है।

गुरुदेव मेरे मन की बात ताड़ गए। अति गंभीरता का दिखावा करते हुए उन्होंने सब आश्रमवासियों से पूछताछ की। एक बाल-शिष्य ने स्वीकार किया कि उसने पिछवाड़े के आँगन में स्थित कुएँ पर जाने के लिए उस दीये का उपयोग किया था।

श्रीयुक्तेश्वरजी ने धीर-गंभीर स्वर में आदेश किया—"उस दीये को कुएँ के पास खोजो।"

मैं दौड़कर वहाँ पहुँचा; दीया नहीं! छोटा सा मुँह बनाकर अपने गुरु के पास लौट आया। अब वे मेरी प्रत्याशा धूल में मिलने पर बिना किसी खेद के जोर-जोर से हँस रहे थे।

"अफसोस कि मैं तुम्हें खोये हुए दीये तक नहीं पहुँचा सका; मैं कोई ज्योतिषी तो हूँ नहीं!" उनकी आँखें चमक उठी थीं। उन्होंने आगे कहा, "मैं तो ठीक से 'शेरलॉक होम्स' भी नहीं हूँ!"

मैं समझ गया कि गुरुदेव किसी के कहने से या तुच्छ बातों में अपनी शक्तियाँ कभी प्रदर्शित नहीं करेंगे।

हँसी-खुशी कई सप्ताह तेजी से बीत गए। श्रीयुक्तेश्वरजी का एक नगर संकीर्तन शोभायात्रा निकालने का विचार था। उन्होंने मुझसे नगर की सड़कों तथा समुद्रतट से शिष्यों की शोभायात्रा ले जाने के लिए कहा। उत्सव (कर्क संक्रांति : दक्षिणायन प्रारंभ) के दिन प्रात:काल से ही भीषण गरमी थी।

"गुरुजी! मैं शिष्य-मंडली को नंगे पाँव उस अंगारों की तरह तप्त रेत पर कैसे ले जा सकूँगा।" मैंने हताश होकर पूछा।

"मैं तुम्हें एक गुप्त बात बताता हूँ। प्रभु एक मेघ-छत्र भेज देंगे; तुम सब सुखद वातावरण में चलोगे।" गुरुदेव ने कहा।

मैंने खुशी-खुशी शोभायात्रा की तैयारी की। हमारा दल आश्रम से सत्संग की पताका लेकर रवाना हुआ। इस पताका की परिकल्पना श्रीयुक्तेश्वरजी द्वारा तैयार की गई थी, जिस पर तृतीय नेत्र या दिव्यचक्षु का प्रतीक बना हुआ था।

जैसे ही हम लोग आश्रम से बाहर निकले, मानो जादू से आकाश मेघाच्छन्न हो गया। देखने वालों के मुँह से भी आश्चर्योद्गार निकल पड़े, जब वर्षा की हल्की बौछार भी हो गई, जिससे नगर की सड़कें और समुद्र-तट की तप्त रेत भी शीतल हो गई।

दो घंटों की संकीर्तन-यात्रा के दौरान सुखद बूँदें पड़ती रहीं। जिस क्षण हमारा दल आश्रम में लौट आया, उसी क्षण बादल और वर्षा, दोनों लुप्त हो गए।

गुरुदेव के पास जाकर जब मैंने कृतज्ञता व्यक्त की तो उन्होंने कहा, "देखा, भगवान् हमारा कितना ध्यान रखते हैं? वे सबको प्रत्युत्तर देते हैं और सबका काम करते हैं। जैसे उन्होंने मेरी प्रार्थना पर वर्षा भेज दी, वैसे ही वे किसी भी भक्त की कोई भी सच्ची इच्छा पूर्ण करते हैं। लोग कदाचित् ही समझ पाते हैं कि भगवान् कितनी बार प्राय: उनकी प्रार्थनाओं को पूर्ण करते हैं। भगवान् कुछ गिने-चुने लोगों की ही सुनते हैं, ऐसा नहीं है, बल्कि जो भी श्रद्धा से उनके चरणों में जाता है, उस प्रत्येक

मनुष्य की प्रार्थना वे स्वीकार करते हैं। उनकी संतानों को अपने सर्वव्यापी परमपिता की प्रेमपूर्ण कृपालुता में अटल विश्वास रखना चाहिए।"

कार्यक्रम की समाप्ति के बाद गुरुदेव ने मुझे अपने पास बुलाया।

"तुम्हारे आज के और तैयारी में लगे गत पूरे सप्ताह के सहर्ष परिश्रम से मैं प्रसन्न हूँ। मैं तुम्हें अपने साथ चाहता हूँ; आज तुम मेरे साथ सो सकते हो।"

यह एक ऐसा सौभाग्य था, जिसके प्राप्त होने की मैंने कभी आशा भी नहीं की थी। हम थोड़ी देर के लिए गहन दैवी प्रशांति में निमग्न बैठे रहे। सोने के लिए हम दोनों के लेट जाने के दस मिनट बाद ही गुरुदेव उठ गए और पूरे कपड़े पहनने लगे।

"क्या हुआ गुरुदेव ?" अपने गुरु के पास सोने के आनंद में अचानक विघनता का अंश आ गया।

"मुझे लगता है कि कुछ शिष्य ठीक से गाड़ियाँ न मिलने के कारण अब कुछ ही समय में यहाँ पहुँचने वाले हैं। चलो, हमें उनके लिए कुछ भोजन तैयार करके रखना चाहिए।"

"गुरुजी! रात में एक बजे कोई नहीं आएगा!"

"तुम सो जाओ; तुमने बड़ा कठिन परिश्रम किया है। पर मैं खाना बनाने जा रहा हूँ।"

श्रीयुक्तेश्वरजी का दृढ़ स्वर सुनते ही मैं पलंग से कूद पड़ा और उनके पीछे-पीछे ऊपर के ही तल्ले पर अंदर की ओर की बालकनी से लगे रसोईघर में जा पहुँचा। इस छोटे से रसोईघर को हम दैनिक उपयोग में लाते थे। शीघ्र ही चावल और दाल उबल रहे थे।

मेरे गुरु स्नेहपूर्वक मुसकराए। "आज रात तुमने थकान और कठोर परिश्रम के भय को जीत लिया है; भविष्य में इनसे तुम्हें कभी परेशानी नहीं होगी।"

उनके श्रीमुख से आजीवन आशीर्वाद के शब्द निकले ही थे कि आँगन में पगध्वनि सुनाई पड़ी। मैं दौड़कर नीचे गया और दरवाजा खोला तो शिष्यों का एक दल अंदर प्रविष्ट हुआ। उनमें से एक ने कहा, "प्रिय बंधु! ऐसे समय गुरुदेव को कष्ट देना हमें अच्छा नहीं लगता, परंतु क्या करते? गाड़ियों के समय के बारे में हमसे भूल हो गई, पर हमने सोचा कि यहाँ तक आने के बाद अपने गुरु के दर्शन किए बिना लौट जाना भी उचित नहीं होगा।"

"वे आप लोगों की प्रतीक्षा कर रहे हैं और आपके लिए भोजन भी बना रहे हैं।"

श्रीयुक्तेश्वरजी की स्वागत-वाणी गूँज उठी। मैं विस्मयचकित अतिथियों को रसोईघर में ले गया। गुरुदेव मेरी ओर मुड़े। उनकी आँखों में चमक नाच रही थी।

"अब जब तुमने उनसे बातें कर ली हैं तो निश्चय ही तुम्हारे संदेह का निवारण हो गया होगा कि सचमुच उनकी गाड़ी छूट गई थी!" आधे घंटे बाद मैं ईशतुल्य गुरु के पास सोने के सौभाग्य की सुखद आशा करता हुआ उनके पीछे-पीछे उनके शयन-कक्ष में पहुँच गया।

□

16

ग्रह-शांति

"मुकुंद! तुम ज्योतिष संबंधी एक कड़ा क्यों नहीं ले आते?"

"क्या मुझे लाना चाहिए, गुरुदेव? मैं तो ज्योतिष में विश्वास नहीं करता!"

"यह विश्वास का प्रश्न नहीं है; किसी भी विषय में वैज्ञानिक दृष्टिकोण यह होना चाहिए कि यह सत्य है या नहीं। गुरुत्वाकर्षण का नियम न्यूटन से पहले भी उसी तरह कार्य करता था, जैसा उसके बाद। ब्रह्मांड में अच्छी-खासी अराजकता मच जाती, यदि उसके नियम मानवीय विश्वास की मान्यता के बिना कार्य न कर पाते।

"पाखंडी ज्योतिषियों ने प्राचीन ज्योतिष विज्ञान को उसकी वर्तमान बदनाम अवस्था में लाकर रख दिया है। गणितीय और दार्शनिक, दोनों ही दृष्टियों से ज्योतिष शास्त्र इतना विराट् है कि गहरी समझ वाले व्यक्ति के अतिरिक्त कोई उसे ठीक से समझ ही नहीं सकता। यदि मूर्ख और अज्ञानी लोग ग्रह-तारों के संकेतों को समझ नहीं पाते और अर्थ का अनर्थ करते हैं तो यह इस अपूर्ण जगत् में अपेक्षित ही है। ऐसे 'ज्ञानियों' के साथ ज्ञान को भी मिथ्या नहीं मान लेना चाहिए।

"सृष्टि के सभी अंग एक-दूसरे से जुड़े हुए हैं और एक-दूसरे पर प्रभाव डालते रहते हैं। परस्पर आदान-प्रदान ही ब्रह्मांड की संतुलित लयबद्ध गति का मूल आधार है", मेरे गुरु कहते गए—'मनुष्य को अपने मानवीय स्तर पर दो प्रकार की शक्तियों का सामना करना पड़ता है—प्रथम—पृथ्वी, जल, अग्नि, वायु, आकाश के सम्मिश्रण से उसके भीतर उत्पन्न होने वाली क्षुब्धता; द्वितीय—प्रकृति की बाह्य विघटनकारी शक्तियाँ। जब तक मनुष्य अपनी मानवीय सीमाबद्धता के साथ संघर्षरत

रहता है, तब तक पृथ्वी और अंतरिक्ष के असंख्य परिवर्तनों का प्रभाव उस पर पड़ता रहता है।'

"ज्योतिष विद्या में ग्रहों के प्रभाव के अंतर्गत मनुष्य की क्या प्रतिक्रिया होगी, इसका अध्ययन किया जाता है। ग्रह-नक्षत्रों में कोई दया या कोप का सचेत भाव नहीं होता। वे तो केवल धनात्मक (Positive) एवं ऋणात्मक (Negative) किरणें उत्सर्जित करते हैं। अपने आप में ये मानवजाति को कोई लाभ या हानि नहीं पहुँचाते, किंतु मनुष्य द्वारा अतीत में कार्यान्वित किए गए कार्य-कारण के संतुलन को स्थापित करने के लिए बाह्य स्तर पर कार्यप्रणाली का एक विधिवत् माध्यम प्रस्तुत करते हैं।

"बच्चा ऐसे दिन और ऐसे क्षण में ही जन्म लेता है, जब ग्रह-नक्षत्रों की किरणों का उसके व्यक्तिगत कर्मों के साथ संपूर्ण गणितीय तालमेल बैठ जाता है। उसकी जन्मकुंडली उसके अपरिवर्तनीय अतीत और उस अतीत के संभावित भावी परिणामों को दरशाने वाली एक चुनौतीपूर्ण आलेखन होती है। परंतु जन्मकुंडली का सही अर्थ केवल अंत:प्रज्ञ ज्ञान से संपन्न व्यक्ति ही लगा सकते हैं; और ऐसे लोग बहुत कम होते हैं।

"जन्म के क्षण में अंतरिक्ष में स्पष्ट रूप से चिह्नांकित हो जाने वाले संदेश का उद्देश्य भाग्य (गत अच्छे-बुरे कर्मों के फल) को अति महत्त्व देना नहीं है, बल्कि विश्व-नियमों के इन बंधनों से छूट जाने के लिए मनुष्य की इच्छाशक्ति को जगाना है। उसने जो कुछ किया है, उसे वह मिटा भी सकता है। उसके जीवन में अभी जो भी परिणाम सामने आ रहे होते हैं, उनके कारणों को उकसाने वाला भी वही था। वह किसी भी सीमा को पार कर सकता है, क्योंकि प्रथम तो उस सीमा का सृजन उसने स्वयं अपने कर्मों से ही किया है और फिर उसके पास आध्यात्मिक संसाधन हैं, जो किसी ग्रह-नक्षत्र के दबाव में नहीं होते।

"ज्योतिष शास्त्र के प्रति अंधी श्रद्धा व्यक्ति को यंत्रवत् बना देती है, जो अपने हर कार्य के लिए यांत्रिक मार्गदर्शन का दास बन जाता है। बुद्धिमान मनुष्य सृष्टि के बदले स्रष्टा में अपनी निष्ठा रखकर अपने ग्रहों को, अर्थात् अपने अतीत को मात दे सकता है। जितना अधिक परमात्मा के साथ अपनी एकात्मता का उसे ज्ञान होता है, उतना ही प्रकृति का उस पर प्रभाव कम होता है। आत्मा सदैव मुक्त है; वह अमर है, क्योंकि वह अजन्मा है। उस पर ग्रह-नक्षत्र कभी शासन नहीं कर सकते।

"मनुष्य आत्मा है और उसे शरीर मिला हुआ है और जब स्वयं को इस रूप में जान जाता है, तब ग्रह-नक्षत्रों के समस्त विवशताकारी योग-कुयोगों को

पीछे छोड़ देता है। जब तक वह अपनी आत्मिक विस्मृति की साधारण अवस्था में किंकर्तव्यविमूढ़ बना रहता है, तब तक वह प्रकृति के विधि नियमों की सूक्ष्म जंजीरों में जकड़ा रहता है।

"ईश्वर स्वयं सामंजस्य है; उसके साथ जो भक्त अपना सुर मिला लेता है, वह कदापि कोई गलत काम नहीं कर सकता। उसके सारे कार्यकलाप अपने आप ही ज्योतिषीय नियम के अनुसार सही समय पर होंगे। गहन प्रार्थना और ध्यान के बाद वह अपनी दिव्य चेतना के संपर्क में होता है; उस आंतरिक सुरक्षा से बढ़कर और कोई शक्ति नहीं है।"

"पूज्य गुरुदेव! तब आप मुझे कड़ा पहनने के लिए क्यों कह रहे हैं?" दीर्घ मौन के बाद मैंने यह प्रश्न पूछने का साहस किया। मैं श्रीयुक्तेश्वरजी के ज्ञानगर्भित स्पष्टीकरण को आत्मसात् करने का प्रयास कर रहा था, जिसमें निहित विचार मेरे लिए एकदम नए थे।

"जब यात्री अपने गंतव्य स्थान पर पहुँच जाए, उस समय यदि वह नक्शों को फेंक देता है तब वह ठीक है। यात्रा के दौरान तो उसे जो भी सुविधाजनक छोटा रास्ता मिले, वह ले लेना चाहिए। प्राचीन ऋषियों ने माया में मानव के निर्वास की अवधि को कम करने के अनेक तरीके ढूँढ़ निकाले। कर्म-नियम में कुछ ऐसे भौतिक घटक हैं, जिन्हें ज्ञान की उँगलियों से कुशलतापूर्वक इधर-उधर करके अपने अनुकूल बनाया जा सकता है।

"मनुष्य के सारे दुःख-कष्ट किसी-न-किसी प्रकार से प्रकृति के नियमों का उल्लंघन करने के कारण ही पैदा होते हैं। शास्त्र कहते हैं कि मनुष्य को प्रकृति के नियमों का पालन करना चाहिए, पर साथ ही ईश्वर की सर्वशक्तिमत्ता में भी उसे अविश्वास या संदेह नहीं होना चाहिए। उसे यह कहना चाहिए—'प्रभो! आपमें मेरा पूर्ण विश्वास है और मैं जानता हूँ कि आप मेरी सहायता करेंगे, परंतु मैं भी अपनी ओर से अपनी भूलों का परिमार्जन करने का पूरा-पूरा प्रयास करूँगा।' अनेक उपायों द्वारा, जैसे प्रार्थना द्वारा, इच्छाशक्ति द्वारा, योग-साधना द्वारा, संतों के साथ सत्संग द्वारा, ग्रह-शांति करने वाले कड़ों को पहनने के द्वारा, गत कर्मों के प्रतिकूल प्रभावों को कम किया जा सकता है या उन्हें पूरा ही काट भी दिया जा सकता है।

"जिस प्रकार घर के ऊपर ताँबे की छड़ लगाकर घर पर गिरने वाली बिजली से घर को बचाया जा सकता है, उसी प्रकार देह-मंदिर को भी कुछ विशिष्ट उपायों से बचाया जा सकता है।

“विश्व में निरंतर विद्युत् और चुंबकीय किरणों का संचार होता रहता है; ये किरणें मानव शरीर पर अच्छा या बुरा प्रभाव डालती हैं। युगों पूर्व हमारे ऋषि-मुनियों ने सूक्ष्म वैश्विक किरणों के प्रतिकूल प्रभावों का सामना करने की समस्या पर गहन चिंतन किया, तब उन्हें पता था कि शुद्ध धातुएँ एक ऐसे सूक्ष्म प्रकाश की किरणों का उत्सर्जन करती हैं, जो ग्रहों के प्रतिकूल प्रभावों को निष्फल करने की प्रचंड शक्ति रखती हैं। जड़ी-बूटियों के कई संयोग भी यह काम कर सकते हैं। परंतु इन सबमें सबसे अधिक प्रभावशाली हैं, दो रत्ती से अधिक वजन के दोषरहित रत्न।

“ज्योतिष के प्रत्यक्ष बचावात्मक उपायों के विषय में भारत के अलावा कहीं और बहुत ही कम अध्ययन हुआ है। यह तथ्य बहुत कम लोग जानते हैं कि योग्य रत्नों, धातुओं और जड़ी-बूटियों के संयोगों से भी कोई लाभ नहीं होता, यदि वे आवश्यक वजन के न हों और यदि उन्हें इस तरह न धारण किया जाए कि वे त्वचा का स्पर्श करते रहें।”

“गुरुदेव! मैं अवश्य ही आपका सुझाव मानकर कड़ा ले आऊँगा। किसी ग्रह को मात देने के विचार से ही मेरा रोम-रोम पुलकित हो रहा है।”

“सामान्य प्रयोजन के लिए तो मैं सोना, चाँदी और ताँबे से बना कड़ा पहनने के लिए कहता हूँ। परंतु तुम्हारे लिए किसी विशेष कारणवश मैं चाहता हूँ कि तुम चाँदी और सीसे से बना कड़ा पहनो।” श्रीयुक्तेश्वरजी ने इसके विषय में ध्यान रखने की अन्य बातें भी बताईं।

“गुरुदेव! ‘विशेष कारणवश’ से आपका क्या मतलब है?”

“ग्रह तुम्हारे प्रति कुछ ‘अमैत्रीपूर्ण’ रुख अपनाने जा रहे हैं, मुकुंद! डरो मत! तुम सुरक्षित रहोगे। एक महीने के आसपास तुम्हारा यकृत तुम्हें गहरी पीड़ा देने वाला है। विधिलेख के अनुसार इस रोग को छह महीने रहना है, परंतु ग्रह-शांति का कड़ा पहनने से यह अवधि घटकर चौबीस दिन हो जाएगी।”

दूसरे ही दिन मैं एक जौहरी के पास पहुँच गया और शीघ्र ही मेरा कड़ा बनकर तैयार हो गया। मेरा स्वास्थ्य अति उत्तम था; गुरुदेव की भविष्यवाणी मेरे दिमाग से निकल भी गई। वे काशी में कुछ दिन रहने के लिए श्रीरामपुर से चले गए। हमारे उस वार्त्तालाप के तीस दिन बाद यकृत के आसपास मुझे अचानक पीड़ा होने लगी। उसके बाद के कुछ सप्ताह भयंकर यातना के दुःस्वप्न की भाँति गुजरे। गुरुदेव को इसके लिए कष्ट देने की मेरी इच्छा नहीं थी, अतः मैंने सोचा कि इस यातना को मैं स्वयं ही हिम्मत करके सहन कर लूँगा।

परंतु तेईस दिन की भयंकर यातना ने मेरे संकल्प को कमजोर कर दिया और काशी जाने के लिए मैं रेलगाड़ी पर सवार हो गया। वहाँ श्रीयुक्तेश्वरजी अस्वाभाविक उत्साह और प्रेम के साथ मुझसे मिले, परंतु अकेले में अपनी पीड़ा उन्हें बताने का कोई अवसर उन्होंने मुझे नहीं दिया। उस दिन अनेक लोग उनके केवल दर्शन के लिए वहाँ आए। रुग्ण और उपेक्षित अवस्था में मैं एक कोने में बैठा रहा। रात को भोजन के बाद ही सारे अतिथियों से छुट्टी मिली। तब मेरे गुरु ने मुझे उस घर की अष्टकोणी बालकनी में बुलाया।

"तुम अवश्य अपनी यकृत-पीड़ा के संबंध में यहाँ आए होंगे।" मेरी ओर न देखते हुए श्रीयुक्तेश्वरजी बालकनी में चहलकदमी कर रहे थे और यदा-कदा चाँद के और मेरे बीच में आ जाते थे। "मुझे देखने दो, तुम चौबीस दिनों से बीमार हो, है न?"

"जी गुरुदेव!"

"मैंने तुम्हें पेट का जो व्यायाम सिखाया है, उसे करो।"

"गुरुदेव! आप यदि जानते कि मुझे कितनी पीड़ा हो रही है, तो मुझसे व्यायाम करने के लिए न कहते।" किंतु फिर भी मैंने उनकी आज्ञा का पालन करने का क्षीण सा प्रयास किया।

"तुम कहते हो, तुम्हें पीड़ा है; मैं कहता हूँ, तुम्हें कोई पीड़ा नहीं है। ये परस्पर विरोधी बातें एक साथ सच कैसे हो सकती हैं?" मेरे गुरु ने मेरी ओर प्रश्नार्थक दृष्टि से देखा।

मैं स्तंभित हो गया और फिर आनंदयुक्त स्वस्थता से विभोर हो गया। अब उस पीड़ा का कहीं लवलेश मात्र भी नहीं था, जिसने कई सप्ताहों तक मुझे सोने भी नहीं दिया था। श्रीयुक्तेश्वरजी के मुख से शब्द निकलते ही रोग इस प्रकार लुप्त हो गया जैसे कभी हुआ ही न हो।

कृतज्ञता से भरकर मैं उनका चरण स्पर्श करने के लिए झुकने लगा, परंतु उन्होंने तुरंत मुझे रोक लिया।

"बचपना मत करो। खड़े हो जाओ और गंगा पर चमकते चाँद के सौंदर्य का आनंद लो।" किंतु जब मैं उनके साथ खड़ा हो गया तब उनकी आँखें खुशी से चमक रही थीं। उनके भाव से मैं समझ गया कि वे चाहते थे कि मैं इस बात को समझूँ कि मुझे उन्होंने नहीं, बल्कि भगवान् ने स्वस्थ किया था।

उस सुदूर अतीत की मुझे सदा ही प्रिय लगने वाली स्मृति के चिह्न रूप में मैं आज भी वह चाँदी और सीसे का भारी कड़ा पहने रहता हूँ, क्योंकि उस दिन मुझे

फिर एक बार यह ज्ञात हुआ कि मैं एक महामानव के साथ रह रहा हूँ। बाद में अनेक अवसरों पर जब मैं अपने मित्रों को रोगमुक्ति के लिए श्रीयुक्तेश्वरजी के पास लाता, तब वे निरपवाद रूप से हर बार उनके लिए कोई रत्न या कड़ा बताते थे और ग्रह-शांति में ही बुद्धिमानी है, यह उन्हें जता देते थे।

बचपन से ही मेरे मन में ज्योतिष विद्या के विरुद्ध पूर्वग्रह बस गया था। इसका कारण अंशतः यह था कि मैंने अनेक लोगों को ज्योतिषी जो भी बताएगा उसी के अनुसार चलते देखा था और कुछ हमारे परिवार के ज्योतिषी की मेरे लिए की गई एक भविष्यवाणी के कारण 'तुम दो बार विधुर हो जाओगे और कुल तीन बार विवाह करोगे।' मैं जब भी इस पर विचार करता तो मुझे ऐसा लगता मानो मैं तीन विवाहों के मंदिर के बाहर बलि के लिए बँधा बकरा हूँ।

"अब अच्छा यही है कि तुम अपने भाग्य के सामने समर्पण कर दो," मेरे भाई अनंत ने कहा था। तुम्हारी जन्मकुंडली के फल ज्योतिष में लिखी गई बात कि तुम बचपन में घर से भागकर हिमालय की ओर जाओगे, पर जबरदस्ती वापस ले आए जाओगे भी सही हो गई। तुम्हारे विवाहों की भविष्यवाणी भी सच होकर ही रहेगी।

एक रात मेरे मन में स्पष्ट अंतर्ज्ञान उभर आया कि यह भविष्यवाणी पूर्णतः मिथ्या है। मैंने जन्मकुंडली को आग लगा दी और उसकी राख को एक लिफाफे में भरकर उस पर लिख दिया—'दिव्य ज्ञान की अग्नि में जला देने पर अतीत के कर्मबीज अंकुरित नहीं हो सकते।' मैंने उस लिफाफे को ऐसी जगह रख दिया जहाँ आसानी से वह सबको दिखाई पड़े। अनंतदा ने मेरे विद्रोही मंतव्य को तुरंत पढ़ लिया।

"जिस आसानी से तुमने इस कागज को जला दिया, उतनी आसानी से तुम सत्य को नष्ट नहीं कर पाओगे।" अनंतदा तिरस्कार से हँसे।

यह सत्य है कि मेरे बालिग होने तक मेरे परिवार ने तीन बार मेरा विवाह निश्चित करने का प्रयास किया था। तीनों बार मैंने उनकी योजनाओं पर पानी फेर दिया। मैं जानता था कि अतीत के द्वारा मुझे मनाने के लिए किए जा रहे किसी भी ज्योतिषीय प्रयास से ईश्वर के लिए मेरा प्रेम कहीं अधिक प्रबल है।

"जितनी अधिक गहरी किसी मनुष्य की आत्मानुभूति होती है, उतना ही अधिक वह पूरे ब्रह्मांड को अपने सूक्ष्म आध्यात्मिक स्पंदनों से प्रभावित करता है और उतना ही कम वह स्वयं ब्रह्मांड के परिवर्तनों से प्रभावित होता है।" गुरुदेव के ये शब्द प्रायः मेरे मन में उठकर मुझे प्रोत्साहित करते रहते।

कभी-कभी मैं ज्योतिषियों से ग्रहदशा के अनुसार अपना सबसे बुरा समय चुनने के लिए कहता और उसी समय में जो काम हाथ में लेता, उसे पूर्ण कर देता। हाँ, यह सच है कि ऐसे प्रसंगों पर सफलता मिलने से पूर्व असाधारण कठिनाइयाँ मेरे सामने आतीं, परंतु मेरा यह विश्वास सदा ही सत्य सिद्ध हुआ। ईश्वरीय संरक्षण में पूर्ण विश्वास और मनुष्य की ईश्वर-प्रदत्त इच्छाशक्ति, ये दोनों ऐसी प्रचंड शक्तियाँ हैं कि इनके सामने ग्रह-नक्षत्रों से प्रवाहित होने वाली शक्तियाँ ठहर नहीं सकतीं।

यह बात मेरी समझ में आ गई कि जन्म-वेला के समय की ग्रहों की स्थिति का अर्थ यह नहीं होता कि मानव अपने अतीत के हाथों केवल एक कठपुतली है, बल्कि उसका संदेश तो मानव के स्वाभिमान को जगाने के लिए एक शूल है। स्वयं अंतरिक्ष हर प्रकार की सीमा से मुक्त होने के लिए मानव के दृढ़ निश्चय को जगाना चाहता है। ईश्वर ने प्रत्येक मनुष्य को आत्मा के रूप में बनाया है, उसे स्वतंत्र व्यक्तित्व दिया है। इसलिए वह विश्व रचना का एक अनिवार्य अंश है, फिर अपनी अल्पकालिक भूमिका में चाहे वह आधार स्तंभ हो, चाहे एक परजीवी। यदि मनुष्य चाहे तो उसकी मुक्ति तत्काल और अंतिम होगी। यह बाह्य विजयों पर नहीं, बल्कि आंतरिक विजयों पर निर्भर है।

श्रीयुक्तेश्वरजी ने हमारे वर्तमान युग के संदर्भ में एक चौबीस हजार वर्ष के महा विषुव चक्र (आवर्तन) के गाणितिक प्रयोग की खोज की थी। यह चक्र बारह हजार वर्ष के एक आरोही अर्धचक्र और उतने ही काल के एक अवरोही अर्धचक्र में विभाजित किया गया है। इस प्रत्येक अर्धचक्र में चार युग होते हैं, यथा : कलि, द्वापर, त्रेता और सत्य। ये चार नाम यूनानी विचारधारा के लौह, कांस्य, रौप्य और स्वर्ण युग के समानार्थी हैं।

मेरे गुरु ने विभिन्न गणितीय गणनाओं से यह निश्चित किया कि आरोही अर्धचक्र का कलियुग या लौह युग ईसवी सन् 500 के लगभग शुरू हुआ। लौह युग, जिसकी अवधि 1200 वर्ष होती है, भौतिकतावादी काल होता है; यह ईसवी सन् 1700 के लगभग समाप्त हुआ। उस वर्ष द्वापर युग शुरू हुआ। विद्युत् शक्ति और अणु शक्ति के विकास का यह युग 2400 वर्षों का होता है। इसमें टेलीग्राफी, रेडियो, हवाई जहाज और दूरी को नष्ट करने वाले अन्य साधनों का विकास होता है।

3600 वर्षों के त्रेता युग का आरंभ ईसवी सन् 4100 में होगा; इस युग में निकट या सुदूर स्थित व्यक्तियों में विचारों का आदान-प्रदान और दूरी को ध्वस्त करने वाले अन्य साधनों का सामान्य जन को भी ज्ञान होगा। आरोही अर्धचक्र के

अंतिम युग, सत्ययुग में मनुष्य अत्यंत विकसित होगा। तब वह ईश्वरीय योजना के साथ सुसामंजस्य रखते हुए कार्य करेगा।

फिर विश्व में बारह हजार वर्षों का अवरोही अर्धचक्र शुरू होगा, जिसका आरंभ 4800 वर्षों के अवरोही सत्ययुग से होगा (ईसवी सन् 12500 में) और इसी के साथ मनुष्य अज्ञान में डूबता चला जाएगा। ये कालचक्र माया-गोचर जगत् के परस्पर विरोध (द्वंद्व) और सापेक्षता के अनंत तक निरंतर चलते रहने वाले, आवर्तन हैं। जैसे-जैसे मनुष्य एक-एक करके स्रष्टा के साथ अपनी अटूट दिव्य एकता की चेतना में जागते हैं, वैसे-वैसे वे प्रकृति के द्वैत की कारागार से मुक्त होते जाते हैं।

गुरुदेव ने न केवल ज्योतिष शास्त्र के, बल्कि विश्व के अनेक धर्मशास्त्रों के ज्ञान के बारे में मेरी समझ में विस्तार किया। पवित्र धर्मशास्त्रों को अपने मन की निर्मल, स्वच्छ ऑपरेशन टेबल पर रखकर वे अंतः प्रेरणात्मक बुद्धि के चाकू से उनका विच्छेदन कर उनमें अंतर्वेशित हुई पंडितों की गलत व्याख्याओं को द्रष्टा महात्माओं द्वारा व्यक्त किए गए मूल सत्यों से पृथक् कर सकते थे।

'नाक के सिरे पर दृष्टि स्थिर करो।' भगवद्गीता के छठे अध्याय के 13वें श्लोक के 'संप्रेक्ष्य नासिकाग्रं' के पौर्वात्य पंडितों और पाश्चात्य अनुवादकों द्वारा मान्य किए गए इस गलत अर्थ पर गुरुदेव हमेशा हँस पड़ते थे।

"योगी का मार्ग वैसे ही काफी विचित्र है", वे कहते थे—"उससे और यह क्यों कहा जाए कि उसे भेंगा भी बनना होगा? 'नासिकाग्रं' का वास्तविक अर्थ है 'नासिका का मूल', न कि 'नासिका का सिरा।' नाक का मूल दोनों भौंहों के बीच में है, उस भ्रूमध्य में, जो दिव्य दृष्टि का स्थान है।"

सांख्यशास्त्र का एक सूत्र है—'ईश्वर असिद्धे' ('सृष्टि के स्वामी को सिद्ध नहीं किया जा सकता' या 'ईश्वर का प्रमाण नहीं होता') मुख्यतः इस वाक्य के आधार पर ही अधिकांश पंडितगण समस्त सांख्य दर्शन को ही अनीश्वरवादी कहते हैं।

"वह सूत्र नास्तिकतासूचक नहीं है", श्रीयुक्तेश्वरजी कहते थे। "उसका केवल इतना ही अर्थ है कि अज्ञानी मनुष्य के लिए, जो अपने सारे निष्कर्षों के लिए केवल अपनी इंद्रियों पर ही निर्भर रहता है, ईश्वर का प्रमाण सदा अज्ञात ही रहेगा और इसलिए उस प्रमाण का अस्तित्व नहीं हो सकता। सच्चे सांख्य साधक ध्यानजनित अचल अंतर्दृष्टि के द्वारा यह जानते हैं कि ईश्वर का अस्तित्व भी है और उसे जाना भी जा सकता है।"

गुरुदेव ईसाइयों की बाइबल की अत्यंत सुंदर स्पष्टता के साथ व्याख्या करते थे। ईसाई सदस्यता की नामावली को पूर्णत: अपरिचित अपने हिंदू गुरु से मैंने बाइबल के अमर सत्त्व को पहचानना और ईसा के उस वचन की सत्यता को समझना सीखा जो मानव वाणी द्वारा उच्चरित समस्त वचनों में निश्चय ही सबसे अधिक रोमांचक दृढ़ता से भरा हुआ था—"स्वर्ग और पृथ्वी का लोप हो जाएगा, पर मेरे शब्दों का कभी लोप नहीं होगा।"

भारत के महान् सिद्धजन उन्हीं देवतानुरूप आदर्शों के आधार पर अपना जीवन जीते हैं, जिन्होंने ईसा मसीह को प्रेरित किया था और यही लोग ईसा के सगे-संबंधी हैं, जिनके बारे में उन्होंने कहा था—"जो भी स्वर्ग में स्थित मेरे पिता की इच्छा का पालन करेगा, वही मेरा भाई, बहन और माता है।" ईसा ने कहा था—"तुम यदि मेरे शब्दों का पालन करोगे तो तुम सचमुच मेरे शिष्य हो; तब तुम सत्य को जान जाओगे और सत्य तुम्हें मुक्त कर देगा।" स्वयं अपने स्वामी बन चुके भारत के जीवनमुक्त योगी-मुनि उस अमर बिरादरी का हिस्सा हैं, जिसके सदस्य उस एक ही परमपिता का मुक्तिदायक ज्ञान प्राप्त कर लेते हैं।

"यह आदम और हौवा की कहानी मेरी समझ में नहीं आती!" इस दृष्टांत को समझने के मेरे प्रारंभिक प्रयासों के बीच एक दिन मैंने काफी गरम होकर कहा। "ईश्वर ने न केवल उस दोषी दंपती को, बल्कि निर्दोष भावी पीढ़ियों को भी क्यों दंडित कर दिया?"

मेरे अज्ञान से अधिक मेरी उग्रता से गुरुदेव को हँसी आ गई। "'बाइबल की उत्पत्ति' नामक पुस्तक (जेनेसिस) में गहरी प्रतीकात्मकता भरी है। इसकी शब्दश: व्याख्या करने से कुछ भी समझ में नहीं आ सकता," उन्होंने समझाया। "उसमें जिस 'जीवन-वृक्ष' का उल्लेख है, वह मानव शरीर है। मेरुदंड उलटे किए गए वृक्ष के समान है जिसमें मानव के केश उसकी जड़ें हैं और अंतर्वाही और बहिर्वाही नाड़ियाँ उस वृक्ष की शाखाएँ हैं। नाड़ीतंत्र के इस वृक्ष में आनंद देने वाले अनेक फल लगते हैं, अर्थात् शब्द, स्पर्श, रस, रूप, गंध के संवेदन। इनका आनंद लेने की मनुष्य को पूरी-पूरी छूट थी; परंतु उसे शरीर के मध्य में स्थित ('बगीचे के मध्य में स्थित') 'सेब' रूपी काम सुख का अनुभव लेने से मना किया गया था।

"उसमें 'सर्प' मेरुदंड में कुंडली मारकर बैठी कुंडलिनी शक्ति का प्रतिनिधित्व करता है, जो कामेंद्रिय से संबंधित नाड़ियों को उत्तेजित करती है। 'आदम' विवेक है और 'हौवा' भावना है। जब किसी भी मनुष्य में भावना या हौवा मानसिकता पर कामवासना हावी हो जाती है, तब उसका विवेक या आदम भी विनष्ट हो जाता है।

"ईश्वर ने अपनी इच्छाशक्ति के बल से पुरुष और स्त्री के शरीरों का निर्माण कर मानवजाति का सृजन किया। उसने इस नवसृष्ट जाति को उसी 'निष्कलंक' या दिव्य तरीके से संतानोत्पत्ति करने की शक्ति प्रदान की। चूँकि तब तक विलग आत्मा के रूप में परमात्मा की अभिव्यक्ति नैसर्गिक प्रवृत्तिबद्ध और विवेकहीन पशुओं तक ही सीमित थी, अतः ईश्वर ने प्रथम मानव-शरीरों का सृजन किया जिन्हें प्रतीकात्मक रूप से आदम और हौवा कहा जाता है। इन शरीरों में उसने लाभप्रद उन्नतिकारक क्रम-विकास के उद्देश्य से दो पशुओं की आत्माओं को या उनके दिव्य सत्त्व को प्रस्थापित कर दिया। आदम या पुरुष में विवेक का और हौवा या स्त्री में भावना का प्राधान्य था। इस प्रकार गोचर सृष्टि में विद्यमान द्वैत या ध्रुवत्व की अभिव्यक्ति हुई। विवेक और भावना तब तक परस्पर सहयोग के आनंद के स्वर्ग में रहते हैं, जब तक मानव मन पशु वृत्ति वाली सर्प-शक्ति या कामवासना के बहकावे में नहीं आता।

"अतः मानव शरीर केवल पशुओं के क्रम-विकास का परिणाम मात्र नहीं था, बल्कि ईश्वर के विशेष सृजन से उत्पन्न हुआ था। पशु शरीर इतने अविकसित थे कि पूर्ण ईश्वरत्व की अभिव्यक्ति उनमें नहीं हो सकती थी; केवल मानव को ही सर्वशक्तिमत्ता की संभावना से युक्त सहस्रदल कमल मस्तिष्क में दिया गया, साथ ही मेरुदंड में आध्यात्मिक शक्ति के पूर्ण जागृत गुप्त केंद्र दिए गए।

"अस्तित्व में आए उस प्रथम नर-नारी युगल में विद्यमान ईश्वर या ईश-चैतन्य ने उन्हें सब इंद्रियानुभूतियों का सुख लेने के लिए कहा, केवल एक को छोड़कर यौन-अनुभूति। यह मनाही इसलिए की गई थी कि मानवजाति वंशवृद्धि की निकृष्ट पशु-पद्धति में उलझकर न रह जाए। सुप्त अवस्था में स्थित पाशविक स्मृतियों को न जगाने की चेतावनी की उपेक्षा की गई। संतानोत्पत्ति की पाशविक पद्धति को पुनः अपनाकर आदम और हौवा मूल संपूर्ण मानव में सहज ही विद्यमान स्वर्गिक आनंद की अवस्था से गिर गए। जब उन्हें ज्ञात हुआ कि 'वे नग्न थे', तब जैसा कि उन्हें ईश्वर ने पहले ही सावधान किया था, उनकी अमरता की चेतना खो गई; उन्होंने स्वयं ही अपने को जड़ सृष्टि के नियम के अधीन कर दिया था, जिसमें जन्म लेने वाले शरीर की मृत्यु निश्चित रूप से होती है।

"सर्प ने हौवा को जिस 'अच्छे-बुरे' के ज्ञान का वचन दिया था, उसका अभिप्राय द्वैत भाव और परस्पर विरोधी अनुभवों से है, जो माया के अधीन जीने वाले सभी जीवों को सहने ही पड़ते हैं। अपनी भावना और विवेक या हौवा और आदम-चैतन्य के दुरुपयोग से माया के भ्रमजाल में गिरकर मनुष्य दिव्य आत्मनिर्भरता की स्वर्गिक वाटिका में प्रवेश करने का अपना अधिकार खो बैठता है। प्रत्येक मानव

प्राणी का यह व्यक्तिगत दायित्व है कि वह अपने 'माता-पिता' या द्विमुखी प्रकृति को एकता के तालमेल में या ईडेन में पुनः प्रतिष्ठित करे।"

जब श्रीयुक्तेश्वरजी का प्रवचन समाप्त हुआ, तो मैंने नई श्रद्धा के साथ उत्पत्ति के पृष्ठों पर पुनः दृष्टि डाली।

मैंने कहा, "पूज्य गुरुदेव! आज प्रथम बार मैं आदम और हौवा के प्रति संतान का यथोचित दायित्व अनुभव कर रहा हूँ!"

□

17

शशि और तीन नीलम

"तुम्हारी और मेरे बेटे की स्वामी श्रीयुक्तेश्वरजी के बारे में इतनी ऊँची धारणा होने के कारण ही मैं किसी दिन उनसे मिलने आ जाऊँगा।" डॉक्टर नारायण चंदर राय के स्वर से यह स्पष्ट था कि वे केवल मूर्खों की सनक के प्रति सौजन्य दिखा रहे थे। मतांतरण करने वालों की परंपरा के अनुसार मैंने अपने रोष को अंदर-ही-अंदर दबा लिया।

ये डॉक्टर महोदय, जो पशु-चिकित्सक थे, विचारों से पक्के नास्तिक थे। उनके युवा पुत्र संतोष ने मुझसे उनमें रुचि लेने के लिए अनुनय-विनय किया था। अभी तक तो मेरी अमूल्य सहायता कुछ अदृश्य स्तर पर ही प्रतीत हो रही थी।

दूसरे दिन डॉक्टर राय मेरे साथ श्रीरामपुर आश्रम में आए। श्रीयुक्तेश्वजी के साथ अल्पकालिक साक्षात्कार के बाद, जिसका अधिकांश समय दोनों ओर से दृढ़ मौन में ही कट गया था, वे हठात् वहाँ से निकलकर चल पड़े।

"किसी मरे हुए मनुष्य को आश्रम में लाने का क्या प्रयोजन है?" कलकत्ता के उस नास्तिक के चले जाने के बाद जैसे ही दरवाजा बंद हुआ, श्रीयुक्तेश्वरजी मेरी ओर प्रश्नसूचक दृष्टि से देखते हुए पूछने लगे।

"गुरुदेव! डॉक्टर तो जीते-जागते मनुष्य हैं!"

"किंतु शीघ्र ही वे मरने वाले हैं।"

मैं स्तब्ध रह गया। "गुरुदेव! इससे उनके बेटे को भयंकर आघात लगेगा। संतोष को अभी भी आशा है कि समय उसके पिता के भौतिकतावादी दृष्टिकोण को बदल देगा। मैं आपसे प्रार्थना करता हूँ, गुरुदेव! उनकी सहायता कीजिए।"

"ठीक है—तुम्हारी खातिर।" गुरुजी का चेहरा भावशून्य था। "यह अहंकारी घोड़ा डॉक्टर भीतर-ही-भीतर मधुमेह की बीमारी से जर्जर हो चुका है, परंतु उसे

इसकी जानकारी नहीं है। पंद्रह दिन में वह बिस्तर पकड़ लेगा। चिकित्सक जवाब दे देंगे। उसका इस लोक से विदा होने का नैसर्गिक समय आज से छह सप्ताहों के पूरे होते ही तय है। किंतु तुम्हारी मध्यस्थता के कारण उस दिन वह अच्छा हो जाएगा। परंतु एक शर्त है—उसे ग्रह-शांति के लिए कड़ा पहनना पड़ेगा। वह निस्संशय ऑपरेशन से पहले कोई घोड़ा जैसी उछल-कूद करता है, वैसी ही उग्रता के साथ प्रतिकार करेगा।" इतना कहकर गुरुदेव हँस पड़े।

कुछ देर मौन छाया रहा, जिसमें मैं यही सोचता रहा कि संतोष और मैं खुशामद का कौन सा तरीका अपनाकर डॉक्टर को सहमत करा पाएँगे। श्रीयुक्तेश्वरजी ने कुछ और बातें कहीं।

"जैसे ही वह अच्छा हो जाएगा, उससे कहो कि वह मांसाहार न करे। किंतु वह इस परामर्श को नहीं मानेगा और छह महीनों में, जब उसे अपना स्वास्थ्य पूर्णतः अच्छा लग रहा होगा, अचानक चल बसेगा।" मेरे गुरु ने आगे कहा—"जीवन के ये छह अतिरिक्त महीने उसे केवल तुम्हारी प्रार्थना के कारण दिए जा रहे हैं।"

दूसरे दिन मैंने संतोष को बताया कि वह जौहरी को कड़ा बनाने के लिए कह दे। एक सप्ताह में कड़ा बनकर आ गया, परंतु डॉक्टर ने उसे पहनने से इनकार कर दिया।

"मेरा स्वास्थ्य एकदम ठीक है। तुम लोग इस ज्योतिष की अंधश्रद्धा को मेरे मन में कभी प्रवेश नहीं दिला सकते।" डॉक्टर युद्ध के लिए ललकारने की दृष्टि से मेरी ओर देख रहे थे।

मुझे कौतुक के साथ स्मरण हो आया कि गुरुदेव ने इस आदमी की अड़ियल घोड़े के साथ योग्य ही तुलना की थी। सात दिन बीत गए; डॉक्टर अचानक बीमार हो गए और तब नम्रता के साथ कड़ा पहनने के लिए राजी हो गए। दो सप्ताह बाद उनका इलाज करने वाले डॉक्टर ने मुझे बताया कि उनके बचने की कोई आशा नहीं है। उन्होंने मधुमेह से उनके शरीर में भीतर-ही-भीतर हुई विध्वंसकारी क्षति का हृदयविदारक विस्तार सहित वर्णन भी मुझे सुना दिया।

मैंने असहमति में सिर हिलाकर कहा—"मेरे गुरु ने कहा है कि एक महीने की रुग्णता के बाद डॉक्टर राय ठीक हो जाएँगे।"

डॉक्टर अविश्वास से मेरी ओर देखते ही रह गए। परंतु पंद्रह दिन बाद सकुचाते हुए वे मेरे पास आए।

"डॉक्टर राय पूर्ण स्वस्थ हो गए हैं!" वे बोल पड़े। मेरे देखने में यह सबसे विस्मय-चकित कर देने वाली घटना है। इससे पहले कभी भी मैंने किसी मरणासन्न

व्यक्ति को इस प्रकार अकल्पनीय रूप से स्वस्थ होते नहीं देखा। तुम्हारे गुरु सचमुच रोगमुक्त करने वाली शक्ति से संपन्न कोई सिद्ध पुरुष हैं!"

डॉक्टर राय से एक भेंट के बाद, जिसमें मैंने मांसाहार वर्जित करने की श्रीयुक्तेश्वरजी की सलाह दुहरा दी, मैं छह महीने तक फिर उनसे नहीं मिला। एक दिन शाम को मैं अपने घर के बरामदे में बाहर बैठा हुआ था तो वे मुझसे बातें करने के लिए थोड़ी देर रुक गए।

"अपने गुरु से बोल दो कि बार-बार मांसाहार करने से ही मैंने अपनी पुरानी शक्ति फिर से पूर्णतः प्राप्त कर ली है। भोजन के बारे में उनकी अवैज्ञानिक कल्पनाओं का मुझ पर कोई असर नहीं पड़ा।" यह सच था कि डॉक्टर राय पूर्ण स्वास्थ्य की साक्षात् मूर्ति दिखाई पड़ रहे थे।

किंतु संतोष दूसरे ही दिन पड़ोस के अपने घर से दौड़ता हुआ मेरे पास आया। "आज सुबह पिताजी की मृत्यु हो गई!"

गुरुजी के साथ मेरे अनेक अनुभवों में से यह अनुभव सबसे विलक्षण था। उन्होंने उस विद्रोही पशु-चिकित्सक को उसके अविश्वास के बावजूद रोगमुक्त कर दिया और पृथ्वी पर उसके जीवन की नैसर्गिक अवधि छह महीनों तक बढ़ा दी, केवल इस कारण कि मैंने इसकी तीव्र प्रार्थना की थी। भक्त की उत्कृष्ट प्रार्थना को पूर्ण करने में श्रीयुक्तेश्वरजी अपार दया के सागर थे।

अपने मित्रों को श्रीयुक्तेश्वरजी के पास ले आना मेरा सबसे बड़ा सौभाग्य था। उनमें से अनेक कम-से-कम आश्रम में, पढ़े-लिखे लोगों में प्रचलित नास्तिकता का अपना जामा उतार फेंकते थे।

मेरा एक मित्र शशि, अनेक रविवार श्रीरामपुर के आश्रम में बिताता था। गुरुदेव उसे बहुत चाहने लगे थे, पर उन्हें उसके उच्छृंखल और असंयत जीवन पर खेद होता था।

"शशि! अगर तुमने अपने तौर-तरीके नहीं बदले, तो अब से एक साल में तुम घातक रूप से बीमार हो जाओगे।" श्रीयुक्तेश्वरजी मेरे मित्र की ओर प्रेम भरे रोष के साथ देख रहे थे। "मुकुंद साक्षी है; बाद में मत कहना कि मैंने तुम्हें सावधान नहीं किया था।"

शशि ने हँसकर कहा, "गुरुदेव! मेरी इस शोचनीय दशा में मेरे भाग्य को नियंत्रित करने वाली शक्तियों को मेरे प्रति दीन-वत्सल बनाने का भार मैं आप पर छोड़ता हूँ! मैं सुधरना चाहता तो हूँ, पर मेरा मन अति दुर्बल है। पृथ्वी पर मेरे रक्षणकर्ता केवल आप ही हैं; मैं किसी और बात में विश्वास नहीं करता।"

"तो कम-से-कम दो कैरेट का एक नीलम तुम धारण करो। उससे तुम्हारी सहायता होगी।"

"मैं उसे खरीदने में असमर्थ हूँ। और वैसे भी, गुरुजी, यदि कोई विपत्ति आ ही जाती है, तो मुझे पूरा विश्वास है कि आप मेरी रक्षा करेंगे।"

"तुम एक वर्ष के अंदर तीन नीलम ले आओगे, पर तब उनसे कोई लाभ नहीं होगा," श्रीयुक्तेश्वरजी ने कहा।

थोड़े-बहुत फेरबदल के साथ यही बातें नियमित रूप से चलती रहती थीं। "मैं सुधर नहीं सकता!" शशि हास्यप्रद निराशा के स्वर में कहता। "और आपमें मेरा विश्वास मेरे लिए किसी रत्न से अधिक मूल्यवान है, गुरुदेव!"

एक वर्ष बीत गया। एक दिन मैं कलकत्ता में गुरुदेव के एक शिष्य नरेन बाबू के घर में गुरुदेव से मिलने गया, जहाँ वे ठहरे हुए थे। सुबह दस बजे जब श्रीयुक्तेश्वरजी और मैं दूसरी मंजिल के बैठकखाने में बैठे हुए थे, तब मैंने सामने के द्वार के खुलने की आवाज सुनी। गुरुदेव का शरीर एकदम सख्त और सीधा हो गया।

उन्होंने गंभीरतापूर्वक कहा, "यह वह शशि है। एक वर्ष पूरा हो गया; उसके दोनों फेफड़े बेकार हो चुके हैं। उसने मेरी बात नहीं मानी; उससे कह दो कि मैं उससे मिलना नहीं चाहता।"

श्रीयुक्तेश्वरजी की कठोरता देखकर मैं स्तंभित रह गया और तेजी से सीढ़ियों से नीचे उतरने लगा। शशि सीढ़ियाँ चढ़ रहा था।

"ओ मुकुंद! मुझे आशा है कि गुरुदेव यहाँ हैं; मेरे मन में अचानक यह विचार उठा था कि वे यहाँ हो सकते हैं।"

"हाँ, परंतु वे किसी से मिलना नहीं चाहते।"

शशि अचानक रो पड़ा और मुझे एक तरफ ठेलकर तेजी से सीढ़ियाँ चढ़ गया। अपने आप को उसने श्रीयुक्तेश्वरजी के चरणों में झोंक दिया और तीन सुंदर नीलम निकालकर वहाँ रख दिए।

"हे सर्वज्ञ गुरुदेव! डॉक्टर लोग कहते हैं कि मुझे फेफड़ों का क्षयरोग हो गया है। वे कहते हैं कि मैं तीन महीनों से अधिक जीवित नहीं रह सकता! आपकी सहायता के लिए मैं आपसे विनम्र प्रार्थना करता हूँ; मैं जानता हूँ कि आप मुझे रोगमुक्त कर सकते हैं!"

"अपने जीवन की चिंता करने में अब थोड़ी देर नहीं हो गई है ? अपने रत्न लेकर यहाँ से चले जाओ, उनकी उपयोगिता का समय बीत चुका है।" और तब

गुरुदेव कठोर मौन धारण करके पत्थर की मूर्ति के समान निर्विकार चेहरे से बैठे रहे। बीच-बीच में केवल दया की भीख माँगते हुए शशि की सिसकियाँ सुनाई दे रही थीं।

मेरे अंतर्मन में एक ऐसी दृढ़ धारणा जागी कि श्रीयुक्तेश्वरजी रोगमुक्त करने की दैवीय शक्ति में शशि के विश्वास की गहराई की केवल परीक्षा ले रहे हैं। इसलिए एक घंटे के तनावपूर्ण समय के बीतने के बाद जब श्रीयुक्तेश्वरजी ने मेरे साष्टांग प्रणत मित्र पर सहानुभूतिपूर्ण दृष्टि डाली तो मुझे कोई आश्चर्य नहीं हुआ।

"उठो शशि! दूसरे के घर में तुमने कितनी गड़बड़ मचा रखी है! ये नीलम जौहरी को वापस कर दो, इन पर खर्च करने की अब आवश्यकता नहीं। परंतु ग्रह-शांति का एक कड़ा ले आओ और उसे पहनो। घबराओ मत; कुछ ही सप्ताहों में तुम ठीक हो जाओगे।"

शशि की मुसकराहट ने उसके अश्रुसिक्त चेहरे को ऐसा उज्ज्वल बना दिया जैसे भीगे हुए, आर्द्र प्रतीत होते भू-प्रदेश पर अचानक सूर्य की किरणें निकल आई हों। "पूज्य गुरुदेव! क्या मैं डॉक्टरों की दवाएँ भी लेता रहूँ?"

"जैसा तुम चाहो—उन्हें चाहे लो या फेंक दो; इससे कोई फर्क नहीं पड़ता। अब तुम्हारा क्षयरोग से मरना उतना ही असंभव है, जितना सूर्य और चंद्र का आपस में अपने स्थान बदलना।" फिर अचानक श्रीयुक्तेश्वरजी कह उठे—"इससे पहले कि मेरा विचार बदल जाए, अब यहाँ से चले जाओ!"

घबराकर उन्हें तुरंत नमस्कार कर शशि शीघ्रता से वहाँ से चला गया। अगले कुछ सप्ताहों में मैं अनेक बार जाकर उससे मिला और दिन-ब-दिन उसकी बिगड़ती अवस्था देखकर हैरान रह गया।

"शशि आज की रात नहीं निकाल सकता।" उसके डॉक्टर के इन शब्दों को सुनकर और अपने मित्र की अस्थिपंजर देह को देखकर मैं शीघ्रातिशीघ्र श्रीरामपुर जा पहुँचा। मेरे अश्रुपूरित वृत्तांत को गुरुदेव निःस्पृह भाव से सुनते रहे।

"तुम यहाँ मुझे परेशान करने क्यों आ गए? तुम्हारे सामने ही तो मैंने शशि को स्वास्थ्य लाभ का आश्वासन दिया था।"

अत्यंत श्रद्धा के साथ उन्हें नमस्कार कर मैं दरवाजे की ओर बढ़ा। श्रीयुक्तेश्वरजी ने विदाईसूचक एक भी शब्द मुँह से नहीं निकाला, बल्कि गहरे मौन में डूब गए। उनकी पलकें झपकना बंद हो गईं, नेत्र अर्धोन्मीलित हो गए, नेत्रों की दृष्टि किसी दूसरे लोक में लग गई।

मैं तुरंत लौटकर कलकत्ता में शशि के घर गया। विस्फारित नेत्रों से मैं देखता ही रह गया कि मेरा मित्र उठकर बैठा हुआ दूध पी रहा है।

"ओ मुकुंद! क्या चमत्कार हुआ! चार घंटे पहले मैंने अपने कमरे में गुरुदेव की उपस्थिति अनुभव की और उसी क्षण मेरे भयंकर रोग के लक्षण गायब हो गए। मुझे लगता है कि उनकी कृपा से मैं पूर्ण स्वस्थ हो गया हूँ।"

कुछ ही सप्ताहों में शशि इतना हृष्ट-पुष्ट और स्वस्थ हो गया, जितना पहले कभी नहीं था। परंतु इस रोगमुक्ति पर उसकी प्रतिक्रिया में कृतघ्नता की झलक आ गई; वह श्रीयुक्तेश्वरजी के दर्शनों के लिए फिर कभी शायद ही आया हो! एक दिन उसने मुझे बताया कि उसे अपने पूर्व जीवन के ढंग से इतना खेद हो रहा था कि गुरुदेव के सामने जाने में उसे लज्जा आती थी।

मैं इसी निष्कर्ष पर पहुँचा कि शशि की बीमारी ने उस पर परस्पर विरोधी परिणाम किया था; एक ओर उसकी इच्छाशक्ति को दृढ़ कर दिया था, तो दूसरी ओर उसके आचार-विचार को खराब कर दिया था।

स्कॉटिश चर्च कॉलेज में मेरी पढ़ाई के पहले दो वर्ष समाप्त होने को आ रहे थे। कक्षा में मेरी उपस्थिति अत्यंत कम रही थी; मैंने जो कुछ थोड़ी सी पढ़ाई की थी, वह भी केवल अपने परिवार के लोगों को शांत रखने के लिए की थी। मेरे दो गृह-शिक्षक नियमित रूप से मेरे घर आया करते; मैं नियमित रूप से अनुपस्थित रहता; अपने छात्र-जीवन में कम-से-कम इस एक बात में अपनी नियमितता मुझे दिखाई पड़ती है!

भारत में कॉलेज की दो वर्ष की सफल पढ़ाई के बाद इंटरमीडिएट आर्ट्स का डिप्लोमा मिलता है; उसके बाद और दो वर्ष की पढ़ाई करने के बाद विद्यार्थी अपनी बी.ए. की डिग्री की आशा कर सकता है।

इंटरमीडिएट आर्ट्स की वार्षिक परीक्षा भयंकर संकट बनकर सामने खड़ी थी। मैं पुरी भाग गया, जहाँ मेरे गुरुदेव कुछ सप्ताह रहने के लिए गए थे। मन में यह धुँधली सी आशा लिये हुए कि वे कहेंगे, मुझे परीक्षा देने की आवश्यकता नहीं, मैंने उन्हें परीक्षा के लिए अपने तैयार न होने की बात बताई।

श्रीयुक्तेश्वरजी सांत्वनापूर्ण ढंग से मुसकराए। "तुमने पूर्ण मन लगाकर अपने आध्यात्मिक कर्तव्यों का पालन किया है, अतः कॉलेज के कार्य की उपेक्षा स्वाभाविक ही थी। अब इस अगले सप्ताह भर कठोर परिश्रम के साथ पढ़ाई करो; तुम्हें इस परीक्षा में सफलता मिल जाएगी।"

बीच-बीच में मन में उठने वाले तर्कसंगत संदेहों को दृढ़ता के साथ दबा देता

हुआ मैं कलकत्ता लौट आया। अपनी मेज पर पड़ी पुस्तकों के पहाड़ को देखकर मुझे जंगल में रास्ता भटके किसी मुसाफिर जैसा लग रहा था।

लंबे समय तक ध्यान करने के बाद मेरे मन में श्रम-बचत की एक युक्ति आई। प्रत्येक पुस्तक को कहीं भी खोलकर जो भी पृष्ठ सामने आता, उसी का केवल मैं अध्ययन करता। इस प्रकार एक सप्ताह तक प्रतिदिन अठारह घंटों तक पढ़ाई करने के बाद मैं अपने आप को रटने की कला में निपुण मानने लगा।

आगामी दिनों में परीक्षा के दौरान यह सिद्ध हो गया कि इस प्रकार की दैवाधीन या अस्त-व्यस्त प्रतीत होने वाली मेरी पढ़ाई की पद्धति योग्य ही थी। सभी विषयों में मैं न्यूनतम से अत्यल्प ही, अधिक अंकों से ही क्यों न हो, पास हो गया। मित्रों और परिजनों द्वारा किए गए अभिनंदन में आश्चर्योद्गार भी इस तरह से शामिल थे कि सुनते ही हँसी आती थी।

पुरी से जब श्रीयुक्तेश्वरजी लौट आए तो उन्होंने मुझे एक सुखद आश्चर्य दिया।

"कलकत्ता में तुम्हारी पढ़ाई अब समाप्त हुई," उन्होंने कहा। "अब मैं ऐसी व्यवस्था करता हूँ कि तुम विश्वविद्यालय की अगले दो वर्षों की पढ़ाई श्रीरामपुर में ही रहकर कर सको।"

मैं उलझन में पड़ गया। "गुरुदेव! इस कस्बे में तो बी.ए. का कोर्स नहीं है।" वहाँ उच्च शिक्षा की एकमात्र संस्था श्रीरामपुर कॉलेज ही थी और वहाँ केवल इंटर तक की ही पढ़ाई की व्यवस्था थी।

गुरुदेव के चेहरे पर शरारतभरी मुसकराहट उभर आई। "अब तुम्हारे लिए बी.ए. का कॉलेज बनाने की खातिर चंदा जमा करते घूमने की तो मेरी उम्र नहीं रही। लगता है, मुझे किसी और के माध्यम से ही यह व्यवस्था करनी पड़ेगी।"

दो महीने बाद श्रीरामपुर कॉलेज के अध्यक्ष प्रोफेसर हॉवेल्स ने सार्वजनिक घोषणा की कि चार वर्ष का डिग्री कोर्स शुरू करने के लिए पर्याप्त धन एकत्रित करने में उन्हें सफलता मिल गई है। श्रीरामपुर कॉलेज कलकत्ता विश्वविद्यालय की संबद्ध शाखा बन गया। उस कॉलेज में बी.ए. के कोर्स के लिए दाखिला लेने वाले प्रथम छात्रों में मैं एक था।

"गुरुजी! आप मेरे प्रति कितने दयालु हैं! न जाने कितने दिनों से मेरी इच्छा थी कि कलकत्ता छोड़कर यहाँ श्रीरामपुर में ही मैं प्रतिदिन आपके पास रहूँ। प्रोफेसर हॉवेल्स को स्वप्न में भी इसकी कल्पना नहीं होगी कि उनकी सफलता में आपकी मौन सहायता का कितना हाथ है!"

श्रीयुक्तेश्वरजी ने कृत्रिम कठोरता से मेरी ओर देखा। "अब तुम्हें ट्रेन में इतने सारे घंटे बिताने नहीं पड़ेंगे और पढ़ाई के लिए बहुत सारा खाली समय मिलेगा। शायद अब तुम आखिरी समय में रट–रटकर पास होने वाले न रहकर सच्चे अध्ययनकर्ता विद्यार्थी बनोगे।"

परंतु उनके स्वर में कहीं विश्वास का अभाव लग रहा था।

□

18

एक मुसलिम चमत्कार-प्रदर्शक

"कई वर्ष पहले, ठीक इसी कमरे में जहाँ तुम अभी रहते हो, एक मुसलिम चमत्कार-प्रदर्शक ने मेरे समक्ष चार चमत्कार दिखाए थे।"

श्रीयुक्तेश्वरजी मेरे नए कमरे में पहली बार आए तब उन्होंने यह बात कही। श्रीरामपुर कॉलेज में प्रवेश लेने के तुरंत बाद ही मैंने निकट स्थित पंथी नामक छात्रावास में एक कमरा ले लिया था। गंगा तट पर स्थित पुराने ढंग का ईंटों का एक भवन था।

"यह कैसा संयोग है, गुरुदेव! क्या ये नव-शृंगारित दीवारें स्मृतियों को अपने में छिपाए इतनी पुरातन हैं?" अपने सीधे-सादे तरीके से सजाए गए कमरे में मैंने नए कौतूहल के साथ दृष्टि दौड़ाई।

"यह एक लंबी कहानी है।" मेरे गुरु पूर्वस्मृतियों को ताजा करते हुए मुसकराए। "उस फकीर का नाम अफजल खान था। एक हिंदू योगी के साथ अनायास भेंट हो जाने के फलस्वरूप उसे असाधारण सिद्धियाँ मिल गई थीं।

"'बेटा! मुझे बहुत प्यास लगी है; थोड़ा पानी ला दो।" अफजल के बचपन में पूर्वी बंगाल के एक छोटे से गाँव में एक दिन एक धूल-धूसरित संन्यासी ने उससे याचना की।

"'बाबाजी! मैं तो मुसलमान हूँ। आप हिंदू होकर मेरे हाथ का पानी कैसे पिएँगे?'

"'मैं तुम्हारी सत्यशीलता से प्रसन्न हूँ, बेटा! मैं जाति भेदभाव और छुआछूत के अधर्मपूर्ण नियमों का पालन नहीं करता। जाओ, जल्दी से पानी लेकर आओ।'

"अफजल की श्रद्धापूर्ण आज्ञाकारिता से प्रसन्न होकर संन्यासी ने प्रेमभरी दृष्टि से उसकी ओर देखा।

"'तुम्हारे पिछले जन्मों के कर्म बहुत अच्छे हैं', उसने विचारमग्न होकर कहा। 'मैं तुम्हें एक योग प्रक्रिया सिखा रहा हूँ, जिसके द्वारा अदृश्य लोकों में से एक लोक पर तुम्हारी सत्ता स्थापित हो जाएगी। उससे तुम्हें जो महान् शक्तियाँ प्राप्त होंगी, उनका उपयोग केवल अच्छे उद्देश्यों के लिए करना; स्वार्थ के लिए उन्हें कभी प्रयुक्त मत करना! परंतु अफसोस! मैं देख रहा हूँ कि पूर्वजन्मों की विध्वंसक प्रवृत्तियों के कुछ बीज अभी भी तुममें हैं। उन्हें अब नए बुरे कर्मों से सींचकर अंकुरित मत करना। तुम्हारे गतकर्म इस प्रकार उलझे हुए हैं कि तुम्हें अपने इस जीवन का उपयोग अपनी यौगिक उपलब्धियों को उच्चतम लोक-हितैषी लक्ष्यों को प्राप्त करने में ही करना चाहिए।'

"विस्मय-चकित बालक को एक जटिल प्रक्रिया समझा देने के बाद महात्मा अंतर्धान हो गए।

"अफजल ने बीस वर्षों तक निष्ठापूर्वक उस यौगिक प्रक्रिया का अभ्यास किया। उसके चमत्कारी कृत्यों की ख्याति फैलने लगी। मालूम होता है, उसके साथ सदैव कोई अदृश्य आत्मा रहती थी, जिसे वह 'हजरत' कहकर पुकारा करता था। वह अदृश्य अस्तित्व अफजल की छोटी-से-छोटी इच्छा को भी पूर्ण करने में समर्थ था।

"अपने गुरु की चेतावनी को भूलकर अफजल ने अपनी शक्तियों का दुरुपयोग करना आरंभ कर दिया। जिस किसी वस्तु को भी वह एक बार उठाकर वापस रख देता, वह शीघ्र ही ऐसे अदृश्य हो जाती कि फिर उसका अता-पता लगाना संभव न होता। इस बात की व्यथाकारी संभावना सदा ही रहने के कारण साधारणतया किसी को भी उसका अपने घर-दुकान पर आना अच्छा नहीं लगता था।

"समय-समय पर वह कलकत्ता में जवाहरात की बड़ी-बड़ी दुकानों में खरीददारी के बहाने पहुँच जाता। वहाँ जिस-जिस रत्न को भी वह छू लेता, वे सभी रत्न उसकी दुकान से जाते ही गायब हो जाते।

"अफजल प्राय: सैकड़ों शिष्यों से घिरा रहता, जो उसके भेद को जानने की आशा में उसके शिष्य बन गए थे। कभी-कभी वह यात्रा में उन्हें अपने साथ ले लेता। रेलवे स्टेशन पर वह किसी-न-किसी प्रकार टिकटों की गड्डी को छू लेता। फिर उस गड्डी को वह क्लर्क की ओर यह कहते हुए सरका देता कि 'मैंने इरादा बदल दिया है, अब मुझे ये टिकट नहीं चाहिए।' परंतु जब वह अपनी शिष्य मंडली के साथ ट्रेन पर सवार हो जाता, तब सबके लिए आवश्यक टिकटें उसके पास होतीं।

"इन कारनामों से हाहाकार मच गया; बंगाल के जौहरी और टिकट बेचने वाले बाबू व्याकुल हो उठे! अफजल को पकड़ने की ताक में रहने वाले पुलिस कर्मी असहाय हो गए, क्योंकि उसे दोषी ठहराने की क्षमता रखने वाले प्रमाण को वह केवल यह कहकर अदृश्य कर सकता था—'हजरत, इसे हटा दो।'"

श्रीयुक्तेश्वरजी उठकर मेरे कमरे के बाहर बनी बालकनी में जा खड़े हुए, जहाँ से गंगा का दृश्य दिखता था। अफजल के कुछ और विस्मयकारी कारनामों को सुनने की उत्सुकता से मैं भी उनके पीछे-पीछे चला गया।

"यह पंथी भवन पहले मेरे एक मित्र का था। उसकी अफजल से पहचान हो गई और उसने उसे यहाँ बुला लिया। मेरे मित्र ने लगभग बीस-एक पड़ोसियों को भी बुला लिया, जिनमें मैं भी था। उस समय मैं एक नवयुवक मात्र था और इस सर्वविदित फकीर के प्रति मेरे मन में रोचक जिज्ञासा जाग उठी थी।" गुरुदेव हँस पड़े। "कोई बहुमूल्य वस्तु न पहनने की सावधानी मैंने बरती थी! अफजल ने मुझे कुतूहलपूर्ण दृष्टि से देखा, फिर कहा—'तुम्हारे हाथ बड़े मजबूत हैं। नीचे बगीचे में जाओ; एक चिकना सा पत्थर उठा लाओ और उस पर खड़िया से अपना नाम लिखो; फिर उसे गंगा में जितनी दूर फेंक सकते हो, फेंको।'

"मैंने वैसा ही किया। जैसे ही पत्थर दूर गंगा की लहरों में डूब गया, वैसे ही अफजल ने फिर मुझसे कहा—'इस घर के साथ-साथ बहने वाले गंगा के पानी को एक बरतन में भरकर ले आओ।'

"जब मैं पानी भरकर बरतन ले आया, तब अफजल ने पुकारा—'हजरत! वह पत्थर इस बरतन में डालो!'

"तत्क्षण पत्थर वहाँ प्रकट हो गया। मैंने उसे बरतन से निकालकर देखा तो अपने नाम को उसपर यथावत् पाया।

"उस कमरे में उपस्थित लोगों में मेरा 'बाबू' नामका एक मित्र भी था, जिसने सोने की पुरानी भारी घड़ी और चेन पहन रखी थी। अफजल ने अमंगलसूचक सराहना के साथ उनकी जाँच-परख की। शीघ्र ही वे गायब हो गईं!

"अफजल, कृपया मेरी घड़ी और चेन लौटा दो। वे मेरी अनमोल पारंपरिक संपत्ति हैं!' बाबू रुआँसा होकर कह रहा था।

"थोड़ी देर तो अफजल निर्विकार चेहरा बनाकर मौन बैठा रहा, फिर उसने कहा, 'तुम्हारे घर की तिजोरी में पाँच सौ रुपए हैं, उन्हें मेरे पास ले आओ तो बताऊँगा, तुम्हारी घड़ी कहाँ मिलेगी।'

"व्याकुल हुआ बाबू तुरंत घर जाने के लिए निकल पड़ा। शीघ्र ही वह वापस

आ गया और उसने अफजल को पाँच सौ रुपए दे दिए।

"अपने घर के पास की छोटी पुलिया पर जाओ और हजरत को अपनी घड़ी और चेन देने के लिए पुकारो', अफजल ने उससे कहा।

"बाबू तीर की तरह दौड़ा। जब वापस आया तो उसके चेहरे पर मुसकान तो थी, पर शरीर पर कोई घड़ी या चेन नहीं थी।

"जब मैंने निर्देश के अनुसार हजरत को पुकारा तो मेरी घड़ी और चेन हवा में कलाबाजियाँ खाती हुई सीधे मेरे दाएँ हाथ में आ गईं! यहाँ आने के पहले मैं सीधा घर गया और उन दोनों वस्तुओं को तिजोरी में डालकर मैंने ताला लगा दिया।

"घड़ी के बदले धन लिये जाने की उस हास्य-शोकांतिका के प्रत्यक्षदर्शी बाबू के मित्र अफजल को तिरस्कार से घूर रहे थे। उन्हें शांत करने के लिए अफजल ने मृदु स्वर में कहा—

"आप लोगों को जो भी पीने के लिए चाहिए, उसका केवल नाम बताइए; हजरत उसे तुरंत ला देगा।"

"कुछ लोगों ने दूध माँगा, तो अन्य लोगों ने फलों का रस माँगा। मुझे आश्चर्य नहीं हुआ, जब बाबू ने व्हिस्की माँगी! अफजल ने आदेश दिया; आज्ञाकारी हजरत ने तुरंत सीलबंद बोतलें वहाँ प्रस्तुत कर दीं, जो धड़ाधड़ आकर जमीन पर गिर गईं। हर आदमी को अपनी-अपनी पसंद का पेय मिल गया।

चौथे चमत्कार का आश्वासन बाबू के लिए तो निश्चय ही सुखदायी था— अफजल ने सबको वहीं पर भोजन देने का प्रस्ताव दिया।

"सबसे महँगा भोजन मँगाते हैं," बाबू ने खिन्न स्वर में कहा। "मुझे अपने पाँच सौ रुपए के बदले पूरा राजसी भोजन चाहिए। सब व्यंजन सोने की थालियों में परोसे होने चाहिए!"

"जैसे ही सब लोगों ने अपनी-अपनी पसंद बता दी, अफजल ने सतत तत्पर हजरत को आदेश दिया। बरतनों की खनखनाहट सुनाई दी; मसालेदार सब्जियों, गरम-गरम पूड़ियों और अनेक बेमौसमी फलों से भरे सोने के बड़े-बड़े थाल शून्य में से हमारे सामने जमीन पर प्रकट हुए। भोजन की हर चीज अत्यंत स्वादिष्ट थी। एक घंटे तक खाना-पीना चलने के बाद हम लोग कमरे से बाहर जाने लगे। इतने में बड़े जोर की खनखनाहट की ध्वनि सुनाई दी, मानो सब बरतनों को एकत्र किया जा रहा हो। हमने मुड़कर देखा तो वहाँ थालियों की या बचे हुए भोजन की भी कोई निशानी शेष नहीं थी।"

"गुरुजी!" मैं बीच में ही बोल पड़ा। "यदि अफजल सोने की थालियों जैसी चीजें भी इतनी आसानी से प्राप्त कर सकता था तो उसे दूसरों की संपत्ति की लालसा क्यों थी?"

"अफजल आध्यात्मिक दृष्टि से बहुत उन्नत नहीं था," श्रीयुक्तेश्वरजी ने कहा, "योग की एक विशेष प्रक्रिया पर प्रभुत्व पा लेने से उसकी पहुँच एक ऐसे सूक्ष्म लोक तक हो गई थी, जहाँ किसी भी इच्छा को तुरंत मूर्त रूप दिया जा सकता है। हजरत, जो उस सूक्ष्मलोक का एक जीव था, की सहायता से अफजल अपनी बलवंत इच्छाशक्ति के द्वारा सूक्ष्म ऊर्जा से किसी भी वस्तु के अणुओं को खींचकर उस वस्तु को प्रकट कर सकता था। परंतु इस प्रकार सूक्ष्म शक्ति को मूर्त रूप देकर तैयार की गई वस्तुओं की रचना ही ऐसी होती है कि ये थोड़े समय के लिए ही अस्तित्व में रह सकती हैं। अफजल को अभी भी इस जगत् की संपत्ति की तृष्णा थी, जिसे कमाने के लिए अधिक मेहनत तो करनी पड़ती है, पर जो अधिक टिकाऊ भी होती है।"

मैं हँस पड़ा। "वह भी तो कभी-कभी अनोखे ढंग से गायब हो जाती है!"

"अफजल ईश्वर-प्राप्त संत नहीं था," गुरुदेव आगे कहते गए। "स्थायी और कल्याणप्रद प्रकार के चमत्कार केवल सच्चे संत ही कर सकते हैं, क्योंकि वे सर्वशक्तिमान जगत् सृष्टा के साथ एकात्मता प्राप्त कर चुके होते हैं। अफजल केवल एक साधारण मनुष्य था, जिसे एक ऐसे सूक्ष्मलोक में प्रवेश करने की असाधारण शक्ति प्राप्त थी, जहाँ मर्त्य मानव मृत्यु से पहले प्रवेश नहीं कर सकते।"

"अब मेरी समझ में आ गया, गुरुजी! परलोक में काफी मोहक आकर्षण जान पड़ते हैं।"

गुरुदेव इससे सहमत हो गए। "मैंने उस दिन के बाद अफजल को फिर कभी नहीं देखा। परंतु कुछ वर्षों बाद बाबू एक दिन मेरे घर समाचार-पत्र में छपी अफजल की खुली स्वीकारोक्ति का विवरण दिखाने आया। मैंने तुम्हें उसके बचपन में हिंदू गुरु से दीक्षा मिलने की जो बात अभी-अभी बताई थी, उसकी जानकारी मुझे उसी विवरण से हुई थी।"

श्रीयुक्तेश्वरजी को जो याद था, उसके अनुसार उस प्रकाशित विवरण के अंतिम भाग का सारांश इस प्रकार था, "मैं अफजल खान, पश्चाताप के रूप में और अलौकिक शक्तियाँ प्राप्त करने के इच्छुकों को सावधान करने के लिए यह सब लिख रहा हूँ। भगवान् और मेरे गुरु की कृपा से मुझे जो अद्भुत क्षमताएँ प्राप्त हुई थीं, उनका मैं कई वर्षों से दुरुपयोग करता आ रहा हूँ। अहंकार के मद में चूर

होकर मैं समझने लगा था कि मैं नैतिकता के सामान्य नियमों से परे हूँ। आखिर मेरे न्याय का दिन भी आ गया।

"हाल ही में कलकत्ता के बाहर सड़क पर मेरी एक बूढ़े आदमी से मुलाकात हुई। वह दर्द के कारण लँगड़ाता हुआ चल रहा था। उसके हाथ में सोने जैसी कोई वस्तु चमक रही थी। मेरे मन में लालच पैदा हो गया और मैंने उससे कहा,

"मैं महान् फकीर अफजल खान हूँ। तुम्हारे हाथ में क्या है?"

"यह सोने का गोला संसार में मेरी एकमात्र संपत्ति है; एक फकीर के लिए यह बेकार है। मेरी आपसे प्रार्थना है, महोदय! मेरा यह लँगड़ाना ठीक कर दीजिए।"

"मैंने उस गोले का स्पर्श किया और कोई उत्तर दिए बिना आगे बढ़ गया। वह बूढ़ा लँगड़ाते-लँगड़ाते मेरे पीछे-पीछे आने लगा। अचानक वह शोर मचाने लग गया; मेरा सोना गायब हो गया!"

"जब मैंने उसकी ओर कोई ध्यान नहीं दिया, तब वह अचानक बुलंद आवाज में बात करने लगा, जो उसके जीर्ण-शीर्ण शरीर से निकलती बड़ी ही अजीब लग रही थी—

"क्या तुमने मुझे पहचाना नहीं?

"मैं अवाक् रह गया; इतनी देर बाद इस बात के ध्यान में आते ही मैं स्तब्ध रह गया कि वह दुर्बल लगने वाला लँगड़ा बूढ़ा कोई और नहीं, वही महान् संत थे, जिन्होंने कई वर्ष पहले मुझे योग की दीक्षा दी थी। वे सीधे खड़े हो गए; उनका शरीर एक क्षण में मजबूत और जवान हो गया।

मेरे गुरु की आँखों से अंगारे बरस रहे थे। "तो! मैं स्वयं अपनी आँखों से देख रहा हूँ कि तुम अपनी शक्तियों का उपयोग दुःख-पीड़ित मानवजाति की सहायता के लिए नहीं, बल्कि एक घटिया चोर की तरह उसे लूटने के लिए करते हो! मैं तुम्हारी सारी शक्तियाँ वापस लेता हूँ; हजरत अब तुमसे मुक्त हो गया। अब तुम बंगाल के आतंक बनकर नहीं रहोगे।'

"मैंने बेहद दर्दभरी आवाज में हजरत को बार-बार पुकारा; यह पहला मौका था, जब वह मेरी अंतर्दृष्टि के सामने प्रकट नहीं हुआ। लेकिन मेरी बुद्धि पर पड़ा एक काला परदा अचानक हट गया; मैंने साफ देखा कि मेरी जिंदगी कितनी निंदनीय हो गई थी।

"मैं सुबकते हुए गुरुजी के चरणों में गिर पड़ा। मैंने कहा—"मेरे पूज्य गुरुदेव! मेरी लंबी नींद को तोड़ने के लिए आप आए, इसलिए मैं आपका शुक्रगुजार हूँ। मैं आपसे वादा करता हूँ कि मैं अपनी सारी सांसारिक महत्त्वाकांक्षाओं को त्यागकर

भगवान् का ध्यान करने के लिए पर्वतों में चला जाऊँगा और आशा करता हूँ कि इससे मेरे पाप भरे अतीत का प्रायश्चित्त हो जाएगा।"

"मेरे गुरु चुपचाप खड़े सहानुभूतिपूर्वक मुझे देखते रहे। आखिर उन्होंने कहा, "मैं तुम्हारे हृदय की सच्चाई को देख रहा हूँ। शुरुआत के वर्षों में तुमने जो कठोर आज्ञा पालन किया और आज जिस सच्चे प्रायश्चित्त की आग में तुम जल रहे हो, उसके लिए मैं तुम्हें एक वर देता हूँ। तुम्हारी अन्य सारी शक्तियाँ तो समाप्त हो गईं, पर जब भी तुम्हें अन्न या वस्त्र की आवश्यकता होगी, तब तुम अभी भी हजरत से वह प्राप्त कर सकते हो। पर्वतों के एकांत में पूरा मन लगाकर ईश्वर का ज्ञान प्राप्त करने में अपने आप को समर्पित कर दो।"

"फिर मेरे गुरु अंतर्धान हो गए; वहाँ रह गए थे मैं और मेरे आँसू और अतीत के विचारों पर तड़पता मेरा मन। अलविदा, दुनिया! मैं अब उस विराट् प्रेमी की क्षमा प्राप्त करने का प्रयत्न करने जा रहा हूँ।"

□

19

मेरे गुरु कलकत्ता में, प्रकट होते हैं श्रीरामपुर में

"ईश्वर के अस्तित्व के विषय में शंकाओं से मैं प्रायः उद्विग्न हो जाता हूँ। फिर भी एक कष्टप्रद विचार बार-बार मुझे सताता रहता है—क्या आत्मा में ऐसी संभावनाएँ नहीं हो सकतीं जिन्हें मानवजाति ने कभी प्रयुक्त ही न किया हो? यदि इन संभावनाओं का पता मनुष्य नहीं लगा पाता, तो क्या वह अपने वास्तविक लक्ष्य से चूक नहीं जाता?"

यह मंतव्य पंथी छात्रावास के कमरे में मेरे साथ रहने वाले दिजेन बाबू ने तब प्रकट किया, जब मैंने उन्हें आकर अपने गुरु से मिलने के लिए कहा।

"श्रीयुक्तेश्वरजी तुम्हें क्रिया-योग की दीक्षा देंगे," मैंने उत्तर दिया, "उससे एक दिव्य आंतरिक विश्वास के द्वारा ऐसी द्वंद्वात्मक वैचारिक खलबली शांत हो जाती है।"

उस दिन शाम को दिजेन बाबू मेरे साथ आश्रम आए। गुरुदेव के सान्निध्य में उन्हें ऐसी आध्यात्मिक शांति का लाभ हुआ कि शीघ्र ही वे नियमित रूप से आश्रम में आने लगे।

दैनिक जीवन की छोटी-मोटी आवश्यकताओं की पूर्ति में व्यस्त रहने से ही हमारी गहनतम आवश्यकताओं की पूर्ति नहीं हो जाती; क्योंकि मनुष्य में ज्ञान की भी स्वाभाविक तृष्णा होती है। मेरे गुरु की बातों से दिजेन बाबू अपने अंतर में एक क्षणभंगुर जन्म के उथले अहंकार से अधिक गहरे सच्चे आत्मस्वरूप को खोजने का प्रयास करने में प्रेरित हुए।

दिजेन और मैं, दोनों ही श्रीरामपुर कॉलेज में बी.ए. की पढ़ाई कर रहे थे,

इसलिए हमारी यह आदत ही बन गई कि कॉलेज से छुट्टी मिलते ही दोनों साथ-साथ चलकर आश्रम पहुँच जाते थे। हम प्रायः श्रीयुक्तेश्वरजी को दूसरे तल्ले की बालकनी में खड़े देखते और जैसे-जैसे हम आश्रम के करीब पहुँचते, वे हमारी ओर देखकर मुसकराते रहते।

एक दिन दोपहर को जब हम आश्रम के द्वार पर पहुँचे तो आश्रम में रहने वाले कन्हाई नामक एक लड़के ने हमें निराश करने वाला समाचार सुना दिया।

"गुरुदेव यहाँ नहीं हैं; एक अत्यावश्यक सूचना मिलने से उन्हें कलकत्ता जाना पड़ा।"

दूसरे दिन मुझे गुरुदेव का एक पोस्टकार्ड मिला। उन्होंने लिखा था—"मैं बुधवार की सुबह यहाँ से चल पड़ूँगा। तुम और दिजेन सुबह नौ बजे श्रीरामपुर स्टेशन पर मिलो।"

बुधवार को सुबह लगभग साढ़े आठ बजे श्रीयुक्तेश्वरजी का मन:संचार पद्धति से भेजा गया संदेश मेरे मन में बार-बार दृढ़तापूर्वक उभरने लगा, "मुझे रुकना पड़ रहा है; नौ बजे स्टेशन पर मत आना।"

दिजेन बाबू पहले ही कपड़े पहने स्टेशन जाने के लिए तैयार हो गए थे; तभी मैंने उन्हें यह नवीनतम संदेश सुनाया।

"तुम और तुम्हारी अंतर्प्रेरणा!" उनकी आवाज में तिरस्कार की धार थी। "मैं तो गुरुदेव के लिखित संदेश पर ही विश्वास करना श्रेष्ठ समझता हूँ।"

मैंने अपने कंधे उचकाए और शांत निश्चय के साथ बैठ गया। दिजेन बाबू गुस्से में बड़बड़ाते हुए दरवाजे से बाहर गए और उसे जोर की आवाज के साथ अपने पीछे बंद कर चले गए।

कमरे में कुछ अँधेरा-सा होने के कारण मैं बाहर सड़क की ओर खुलने वाली खिड़की के पास जाकर खड़ा हो गया। सूर्य का मंद प्रकाश हठात् एक ऐसी तीव्र ज्योति में बदल गया कि उसमें लोहे की छड़ें लगी खिड़की पूर्णत: अदृश्य हो गई। इस दीप्तिमान पृष्ठभूमि पर श्रीयुक्तेश्वरजी स्पष्टतया प्रकट हुए!

विस्मयविमूढ़-सा होकर मैं तुरंत कुरसी से उठ खड़ा हुआ और उन्हें प्रणाम करने के लिए झुका। अपने गुरु के चरणों में आदर व्यक्त करने की अपनी आदत के अनुसार मैंने उनके जूतों का स्पर्श किया। टाट के तलेवाले नारंगी कैनवास के ये जूते मेरे चिर-परिचित थे। उनका गेरुआ वस्त्र उड़-उड़कर मेरे शरीर का स्पर्श कर रहा था। न केवल उनके वस्त्र की बुनाई को ही, बल्कि उनके जूतों के खुरदरेपन को और उनके भीतर हाथों को लगते उनके पाँवों की उँगलियों के दबाव को भी मैं

स्पष्ट रूप से अनुभव कर रहा था। आश्चर्य से अवाक् खड़ा होकर मैं प्रश्नार्थक दृष्टि से उनकी ओर देखता रहा।

"मैं खुश हूँ कि तुम्हें मेरा मन:संचारित संदेश मिल गया।" गुरुदेव का स्वर शांत और सदा की तरह ही सहज था। "अब कलकत्ता में मेरा काम समाप्त हो गया है और दस बजे की गाड़ी से मैं श्रीरामपुर पहुँच रहा हूँ।"

मैं अब भी अवाक् ही रहकर उनकी ओर देख रहा था। श्रीयुक्तेश्वरजी कहते गए, "यह कोई आभास नहीं, बल्कि मेरा हाड़-मांस का शरीर है। पृथ्वी पर अत्यंत दुर्लभ यह अनुभव तुम्हें प्रदान करने की आज्ञा मुझे ईश्वर ने दी है। मुझे स्टेशन पर मिलो; अभी मैं जिस परिधान में हूँ, उसी परिधान में तुम और दिजेन मुझे अपनी ओर आते देखोगे। मेरे आगे-आगे, उसी ट्रेन से उतरा एक छोटा बच्चा हाथ में चाँदी का लोटा लिये चल रहा होगा।"

मेरे गुरु ने अपने दोनों हाथ मेरे मस्तक पर रखकर आशीर्वाद दिया। जैसे ही उन्होंने विदा लेने के लिए, 'तबे आशी' कहा, मुझे एक अजीब प्रकार की गड़गड़ाहट सुनाई देने लगी। उस तीव्र प्रकाश में धीरे-धीरे उनका शरीर विलीन होने लगा। पहले उनके चरण और टाँगें विलीन होकर अदृश्य हो गए, बाद में धड़ और फिर सिर, जैसे किसी लेखपट को कोई नीचे से ऊपर की ओर लपेट रहा था। अंतिम क्षण तक, मेरे बालों पर हलके से टिकी उनकी उँगलियों का स्पर्श मैं अनुभव कर रहा था। धीरे-धीरे वह दीप्तिमान प्रकाश लुप्त हो गया; अब मेरी दृष्टि के सामने छड़ें लगी खिड़की और मंद सूर्यप्रकाश के अतिरिक्त कुछ नहीं रहा।

मैं सोचता हुआ अर्धग्लानि की अवस्था में खड़ा रहा कि कहीं मैं चित्त-भ्रम का शिकार तो नहीं हो गया था। शीघ्र ही दिजेन बाबू मुँह लटकाए कमरे में दाखिल हुए।

"गुरुदेव न तो नौ बजे पहुँचने वाली गाड़ी में थे और न ही साढ़े नौ बजे पहुँचने वाली गाड़ी में।" उनके स्वर में अपनी भूल के एहसास की किंचित्-सी झलक थी।

"चलो, मैं जानता हूँ, वे दस बजे की गाड़ी से आ रहे हैं।" मैंने दिजेन बाबू का हाथ पकड़ा और उनके विरोध की ओर कोई ध्यान न देकर उन्हें अपने साथ खींचता ले गया। लगभग दस मिनट में हम लोग स्टेशन पहुँच गए, जहाँ गाड़ी अभी-अभी आकर रुक ही रही थी।

"पूरी गाड़ी गुरुदेव के तेज के आलोक से भरी हुई है! वे इसमें हैं!" आनंद से मेरे उद्गार निकले।

"तुम ऐसे ही सपना देख रहे हो?" दिजेन बाबू उपहास के साथ हँस रहे थे।

"हम यहाँ खड़े रहते हैं।" मैंने अपने मित्र को गुरुदेव हमारी ओर किस प्रकार आएँगे, वह सब बताया। जैसे ही मेरा वर्णन समाप्त हुआ, श्रीयुक्तेश्वरजी हमें दिखाई पड़े। उन्होंने वही कपड़े पहन रखे थे, जो थोड़ी देर पहले मुझे दिखाई दिए थे। वे धीरे-धीरे एक चाँदी का लोटा पकड़े चल रहे बच्चे के पीछे आ रहे थे।

अपने विचित्र एवं अपूर्व अनुभव पर मैं एक क्षण के लिए भय से सिहर उठा। मुझे ऐसा लग रहा था मानो बीसवीं शताब्दी का भौतिकतावादी संसार मेरी पकड़ से फिसल रहा है; क्या मैं उस प्राचीन काल में पहुँच गया था, जब ईसा मसीह पीटर के सामने सागर जल पर प्रकट हो गए थे?

जब ईसा की कोटि के आधुनिक योगी श्रीयुक्तेश्वरजी, जहाँ दिजेन और मैं अवाक् खड़े थे, उस स्थान के समीप आ गए, तब गुरुदेव ने दिजेन की ओर देखकर मुसकराते हुए कहा,

"मैंने तुम्हें भी संदेश भेजा था, पर तुम उसे ग्रहण नहीं कर सके।"

दिजेन बाबू चुप थे, पर संदेह के मारे मेरी ओर क्रोधभरी दृष्टि से देख रहे थे। अपने गुरुदेव को आश्रम में पहुँचा देने के बाद दिजेन बाबू और मैं श्रीरामपुर कॉलेज की ओर जाने लगे। रास्ते में अचानक दिजेन बाबू रुक गए, उनके प्रत्येक रंध्र से जैसे रोष बह रहा था।

"तो! गुरुदेव ने मेरे लिए संदेश भेजा था! फिर भी तुमने उसे छुपाकर रखा! इसका कोई कारण बता सकते हो?"

"यदि तुम्हारे मन का दर्पण अशांति से इतना चंचल है कि गुरुदेव के निर्देशों को तुम उसमें पढ़ नहीं पाते, तो इसमें मैं क्या कर सकता हूँ?" मैंने पलटकर जवाब दिया।

दिजेन बाबू के चेहरे से क्रोध लुप्त हो गया। "अब मेरी समझ में आ रहा है कि तुम क्या कहना चाहते हो," उन्होंने खेद भरे स्वर में कहा। "परंतु फिर भी कृपा करके मुझे यह बताओ कि लोटा पकड़े बच्चे के बारे में तुम्हें पूर्व जानकारी कैसे मिली?"

उस दिन प्रात:काल छात्रावास में गुरुदेव के प्रकट होने की अलौकिक कहानी जब तक मैंने पूरी की, तब तक हम श्रीरामपुर कॉलेज पहुँच चुके थे।

दिजेन बाबू ने कहा, "तुम्हारे गुरु की शक्तियों का जो वर्णन मैंने अभी-अभी तुमसे सुना है, उसके आगे तो लगता है कि संसार के सारे विश्वविद्यालय शिशु-विद्यालय मात्र हैं।"

□

20

कश्मीर-यात्रा में बाधा

"पिताजी! मैं गरमी की छुट्टियों में गुरुदेव और चार मित्रों को लेकर हिमालय की तलहटी में स्थित पहाड़ियों के क्षेत्र में जाना चाहता हूँ। क्या आप मुझे कश्मीर के छह रेलवे–पास और यात्रा में खर्च के लिए पर्याप्त रुपया देंगे?"

मेरी अपेक्षा के अनुरूप ही पिताजी ठहाका मारकर हँसने लगे। "यह तीसरी बार है कि तुम मुझे फिर वही शेखचिल्ली की कहानी सुना रहे हो। पिछले साल और उसके पिछले साल भी तुमने मुझसे यही अनुरोध किया था न? अंतिम क्षण में श्रीयुक्तेश्वरजी जाने से मना कर देते हैं।"

"यह सच है, पिताजी! पता नहीं क्यों कश्मीर के बारे में गुरुदेव मुझे कभी पक्का वचन नहीं दे पाते। परंतु यदि मैं उन्हें यह बता दूँ कि मैंने आपसे पास भी ले लिये हैं, तो किसी कारण से मुझे लगता है कि वे इस बार यात्रा के लिए राजी हो जाएँगे।"

पिताजी को उस समय तो पूरा विश्वास नहीं हुआ, परंतु दूसरे दिन कुछ हास्य–विनोद के कटाक्ष करने के बाद उन्होंने मुझे छह पास और दस–दस रुपए के नोटों की एक गड्डी थमा दी और साथ में कहा—

"मैं नहीं समझता कि तुम्हारी काल्पनिक यात्रा के लिए इस प्रकार के प्रत्यक्ष सहारों की कोई आवश्यकता पड़ेगी, परंतु फिर भी इन्हें अभी रख लो।"

उसी दिन दोपहर को मैंने श्रीयुक्तेश्वरजी को वह खजाना दिखा दिया। वे मेरे उत्साह पर मुसकराए तो अवश्य, परंतु उनके शब्द गोलमोल ही थे, "मैं जाना तो चाहता हूँ, पर देखेंगे।" मैंने जब उनके आश्रमवासी बाल शिष्य कन्हाई को हमारे साथ चलने के लिए कहा, तब भी वे कुछ नहीं बोले। मैंने तीन अन्य मित्रों को भी चलने के लिए कहा—राजेंद्र नाथ मित्र, ज्योतिन आड्डी और एक अन्य लड़का।

हमारे प्रस्थान के लिए अगले सोमवार का दिन तय किया गया।

घर में एक चचेरे भाई की शादी होने के कारण शनिवार और रविवार को मैं कलकत्ता में ही रहा। सोमवार को प्रात: ही मैं अपने सामान के साथ श्रीरामपुर पहुँच गया। आश्रम के द्वार पर ही राजेंद्र से भेंट हो गई।

"गुरुदेव बाहर टहलने गए हैं। उन्होंने जाने से इनकार कर दिया है।"

मुझे जितना संताप हुआ, उतनी ही जिद भी चढ़ गई। "मैं पिताजी को अपनी तीसरी काल्पनिक कश्मीर यात्रा का मजाक उड़ाने का अवसर नहीं दूँगा। चलो, हम बाकी लोग ही चले चलते हैं।"

राजेंद्र मान गया। मैं किसी नौकर को ढूँढ़ने के लिए आश्रम से निकल पड़ा। मैं जानता था कि गुरुदेव नहीं जाएँगे तो कन्हाई भी नहीं जाएगा और सामान की देखभाल के लिए कोई–न–कोई तो चाहिए ही था। सबसे पहले मेरे मन में बिहारी का खयाल आया। वह पहले हमारे घर में नौकर था और अब श्रीरामपुर में शिक्षक के यहाँ नौकरी कर रहा था। मैं जल्दी–जल्दी चल रहा था। श्रीरामपुर कचहरी के पास स्थित गिरजाघर के सामने गुरुदेव से भेंट हो गई।

"कहाँ जा रहे हो?" श्रीयुक्तेश्वरजी के चेहरे पर मुसकराहट का लवलेश भी नहीं था। "गुरुजी! मुझे पता चला कि आप और कन्हाई हमारी यात्रा में शामिल नहीं होंगे। मैं बिहारी को खोजने जा रहा हूँ। आपको याद होगा कि पिछले साल वह कश्मीर देखने के लिए इतना उत्सुक था कि बिना किसी मजदूरी के भी सेवा देने को तैयार था।"

"मुझे याद है। फिर भी मुझे नहीं लगता कि बिहारी जाना चाहेगा।"

"वह इस अवसर की आतुरता से प्रतीक्षा कर रहा है!" मैंने चिढ़कर कहा।

गुरुदेव चुपचाप आगे बढ़ गए। मैं थोड़े समय में ही उस शिक्षक के घर पहुँच गया। बिहारी घर के आँगन में ही था। मुझे देखते ही वह प्रेम से मुसकराते हुए मेरी ओर आया, परंतु जैसे ही मैंने कश्मीर की बात छेड़ी, उसकी मुसकराहट हवा हो गई। होंठों में ही बड़बड़ाते हुए उसने क्षमा माँगी और अपने मालिक के घर के भीतर चला गया। मैं आधे घंटे तक अपने आप को यह दिलासा देता वहीं खड़ा रहा कि बिहारी मेरे साथ आने की तैयारी कर रहा होगा, इसीलिए उसे देर हो रही है। आखिर मैंने सामने के द्वार पर दस्तक दी।

"बिहारी तो लगभग आधे घंटे पहले ही पीछे की सीढ़ी से उतरकर कहीं बाहर चला गया है," एक आदमी ने बताया। उसके होंठों पर हलकी मुसकान खेल रही थी।

उदास होकर मैं यह सोचते हुए वहाँ से चल पड़ा कि मेरे निमंत्रण में उसे अत्यधिक जोर-जबरदस्ती जान पड़ी, या गुरुदेव का अदृश्य प्रभाव अपना काम कर रहा था? गिरजाघर को पार करते ही मैंने गुरुदेव को पुनः अपनी ओर आते देखा। मेरे कुछ कहने से पहले ही वे बोल पड़े—

"तो बिहारी नहीं जाएगा! अब तुम्हारी क्या योजना है?"

मैं स्वयं को किसी ऐसे जिद्दी बच्चे की तरह समझ रहा था जिसने अपने अधिकार जताने वाले पिता का विरोध करने की ठान ली हो। "गुरुजी! मैं अपने चाचाजी के पास यह अनुरोध करने जा रहा हूँ कि वे अपने नौकर लालधारी को मेरे साथ भेज दें।"

"तुम्हारी इच्छा ही है तो अपने चाचा से मिल लो, परंतु मुझे नहीं लगता वहाँ जाने पर तुम्हें कोई खुशी होने वाली है।"

सहमकर परंतु विद्रोही बनकर मैं अपने गुरु को वहीं छोड़ श्रीरामपुर कचहरी में जा पहुँचा। मेरे चाचा शारदा घोष ने, जो एक सरकारी वकील थे, बड़े प्रेम से मेरा स्वागत किया।

"मैं आज ही कुछ मित्रों के साथ कश्मीर जा रहा हूँ," मैंने उन्हें बताया। "कई वर्षों से मुझे हिमालय की इस यात्रा की प्रतीक्षा थी।"

"मुझे बहुत खुशी हुई, मुकुंद! तुम्हारी यात्रा को अधिक आरामदायक बनाने के लिए क्या मैं कुछ कर सकता हूँ?"

इन स्नेहपूर्ण शब्दों से मेरा उत्साह और भी अधिक बढ़ गया। मैंने कहा— "चाचाजी! क्या आप अपने नौकर लालधारी को मेरे साथ भेज सकेंगे?"

मेरे इस सीधे-सादे अनुरोध से मानो भूचाल आ गया। चाचाजी इतने जोर से उछल पड़े कि उनकी कुरसी उलट गई, मेज पर पड़े कागज दस दिशाओं में उड़ गए और उनका हुक्का अत्यधिक खड़खड़ाहट के साथ फर्श पर जा गिरा।

गुस्से से काँपते हुए वे चीख उठे, "स्वार्थी लड़के! तुम्हारी मति मारी गई है! अपनी इस मटरगश्ती की यात्रा पर तुम मेरे नौकर को ले जाओगे तो मेरा काम कौन करेगा?"

यह सोचते हुए कि नरम स्वभाव के मिलनसार चाचाजी के रवैये में यह अचानक परिवर्तन अनेक अगम्य रहस्यों से परिपूर्ण दिन का एक और गूढ़ रहस्य है, मैंने अपने विस्मय को भीतर ही दबा लिया। जिस चाल से मैं कचहरी से बाहर निकला, उसमें गरिमा की अपेक्षा शीघ्रता अधिक थी।

मैं आश्रम लौट आया, जहाँ मेरे मित्रगण एकत्र होकर आस लगाए बैठे थे। मेरे मन में यह विश्वास अब जोर पकड़ता जा रहा था कि गुरुदेव के इस रवैये के पीछे

कोई समुचित परंतु अत्यंत गहन उद्देश्य अवश्य है। अपने गुरु की इच्छा को विफल करने का प्रयत्न करने के पश्चाताप से मेरा मन ग्लानि से भर आया।

"मुकुंद! क्या तुम थोड़ी देर मेरे साथ यहाँ रहना नहीं चाहोगे?" श्रीयुक्तेश्वरजी पूछ रहे थे। "राजेंद्र और बाकी लोग अभी आगे जाकर कलकत्ता में तुम्हारे लिए रुक सकते हैं। कलकत्ता से कश्मीर के लिए शाम को छूटने वाली अंतिम गाड़ी पकड़ने के लिए फिर भी बहुत समय मिलेगा।"

"गुरुदेव! मैं आपके बिना नहीं जाना चाहता," मैंने विषण्ण मन से कहा।

मेरे मित्रों ने मेरी इस बात की ओर कोई ध्यान नहीं दिया। उन्होंने एक घोड़ागाड़ी मँगाई और अपने सारे सामान सहित वे चले गए। कन्हाई और मैं चुपचाप अपने गुरुदेव के चरणों में बैठ गए। आधे घंटे तक सबके मौन बैठे रहने के बाद गुरुदेव उठे और दूसरे तल्ले के भोजन कक्ष की ओर चल दिए।

"कन्हाई, मुकुंद का खाना परोस दो। उसकी ट्रेन का समय हो रहा है।"

कंबल के आसन पर से उठते ही अचानक मुझे भयंकर मिचली आने लगी और पेट में मरोड़ के साथ भयंकर शूल उठने लगा। ऐसा लग रहा था मानो पेट में छुरियाँ चल रही हों। यातना इतनी तीव्र थी कि मुझे ऐसा लग रहा था, जैसे किसी ने मुझे अचानक दारुण नरककुंड में फेंक दिया हो। अंधे की भाँति हाथ से टटोलते हुए, लड़खड़ाते कदमों से मैं अपने गुरु की ओर बढ़ने लगा और उनके सामने जाकर ढह पड़ा। भयावह एशियाटिक कॉलरा के सब लक्षण प्रकट हो गए थे। श्रीयुक्तेश्वरजी और कन्हाई मुझे उठाकर बैठकखाने में ले गए।

भीषण वेदना से तड़पते हुए मैं चीख उठा—"गुरुदेव! मैं अपना जीवन आपके चरणों में समर्पित करता हूँ;" और उस समय मुझे सचमुच ऐसा लग रहा था कि जीवन का सागर मेरे देह-किनारे से दूर जा रहा था।

श्रीयुक्तेश्वरजी ने मेरा सिर अपनी गोद में रख लिया और अत्यंत कोमलता से उसे सहलाते हुए बोले, "अब तुम्हें पता चला कि इस समय तुम यदि अपने मित्रों के साथ स्टेशन पर होते तो क्या होता? मुझे इस विचित्र प्रकार से तुम्हारी देखभाल करनी पड़ी, क्योंकि यात्रा के इस विशिष्ट समय के बारे में मेरे निर्णय पर तुमने शक किया।"

आखिर मेरी समझ में आ गया। कदाचित् ही सिद्ध पुरुष अपनी शक्तियों का खुला प्रदर्शन करना उचित समझते हैं, इसलिए उस दिन की घटनाएँ किसी भी सामान्य मनुष्य को स्वाभाविक ही जान पड़तीं। मेरे गुरुदेव का हस्तक्षेप इतने सूक्ष्म स्तर पर हो रहा था कि उसका पता चलना असंभव था। उन्होंने बिहारी, मेरे चाचा

और राजेंद्र तथा अन्य लोगों के माध्यम से अपनी इच्छाशक्ति को अव्यक्त रूप से कार्यान्वित किया था। मुझे छोड़कर शायद हर किसी ने परिस्थितियों को तर्कसंगत और सामान्य समझा था।

श्रीयुक्तेश्वरजी अपने सामाजिक दायित्वों को निभाने में कभी चूकते नहीं थे, अतः उन्होंने डॉक्टर को बुला लाने के लिए और चाचाजी को सूचित करने के लिए कन्हाई को भेज दिया।

मैंने विरोध दरशाते हुए कहा—"गुरुदेव! मुझे केवल आप ही ठीक कर सकते हैं। मैं किसी भी डॉक्टर की शक्ति से बाहर जा चुका हूँ।"

"मेरे बच्चे, ईश्वर की कृपा तुम्हारी रक्षा कर रही है। डॉक्टर की चिंता मत करो; उसे तुम इस अवस्था में नहीं मिलोगे। तुम ठीक हो चुके हो।"

मेरे गुरुदेव के मुँह से ये शब्द निकलते ही मेरी तीव्र वेदना अचानक गायब हो गई। कमजोरी तो थी, पर मैं उठकर बैठ गया। शीघ्र ही एक डॉक्टर वहाँ आए और उन्होंने मेरी जाँच की।

"तुम्हारा संकट टल गया है", उन्होंने कहा। "लैबोरेटरी टेस्ट के लिए तुम्हारे कुछ नमूने मैं अपने साथ ले जाता हूँ।"

दूसरे दिन प्रातःकाल ही डॉक्टर जल्दबाजी में आए। मैं स्वस्थचित्त होकर बैठा हुआ था।

मेरे हाथ को पकड़कर धीरे-धीरे थपथपाते हुए उन्होंने कहा—"अच्छा! तुम तो इस प्रकार बैठकर गपशप कर रहे हो जैसे मृत्यु तुम्हारे पास फटकी भी नहीं थी! तुम्हारे नमूनों के परीक्षण से जब मुझे पता चला कि तुम्हें एशियाटिक कॉलरा हो गया है, तो तुम्हें अभी जीवित देखने की बहुत ही कम आशा मेरे मन में थी। तुम बहुत भाग्यवान हो बच्चे, कि तुम्हें रोग-निवारण की दैवी शक्ति से संपन्न गुरु मिले हैं! मुझे इस बात का पूरा विश्वास हो गया है!"

मैं पूरी तरह से सहमत था। जब डॉक्टर निकल ही रहे थे, तो राजेंद्र और आड्डी दरवाजे पर आ पहुँचे। डॉक्टर और मेरे मुरझाए चेहरों पर दृष्टि पड़ते ही उनके चेहरों पर प्रकट रोष के भाव सहानुभूति में बदल गए।

"जब तुम कलकत्ता में ट्रेन के समय पर नहीं पहुँचे, तो हमें बहुत गुस्सा आ गया था। तुम बीमार हो गए हो?"

"हाँ।" जब मेरे मित्रों ने अपना सामान फिर उसी कोने में रखा जहाँ वह कल था, तो मुझे हँसी आए बिना नहीं रही। उस प्रसंग के योग्य एक पद मेरे मुँह से निकल पड़ा—

"जहाज एक निकला था स्पेन जाने के लिए;
वहाँ पहुँचने से पहले ही विवश हुआ लौट आने के लिए!"

गुरुदेव कमरे में आए। मैंने स्वास्थ्य लाभ करने वाले रोगी को मिल सकने वाली छूट का लाभ उठाते हुए प्रेम से उनका हाथ पकड़ लिया।

"गुरुदेव!" मैंने कहा, "बारह वर्ष की आयु से ही मैंने हिमालय जाने का कई बार असफल प्रयास किया और अब अंततः मुझे इस बात का विश्वास हो गया है कि आपके आशीर्वाद के बिना देवी पार्वती मुझे अपने पास नहीं आने देंगी।"

□

21
हमारी कश्मीर-यात्रा

"अब तुम यात्रा करने योग्य स्वस्थ हो गए हो। मैं भी तुम्हारे साथ कश्मीर चलूँगा", श्रीयुक्तेश्वरजी ने एशियाटिक कॉलरा से मेरे ठीक हो जाने के दो दिन बाद मुझसे कहा।

उसी दिन शाम को छह लोगों का हमारा दल उत्तर की ओर जाने के लिए गाड़ी पर सवार हो गया। हमारा पहला पड़ाव शिमला में हुआ, जो हिमालय के पहाड़ों के सिंहासन पर विराजमान रानी सदृश शहर है। भव्य दृश्यों का आनंद लेते हुए हम ढलानयुक्त सड़कों पर घूमे।

"विलायती स्ट्रॉबेरी ले लो," एक सुंदर दृश्य प्रस्तुत करते स्थान में लगे खुले बाजार में बैठी एक वृद्धा चिल्ला रही थी।

छोटे-छोटे लाल-लाल अपरिचित फलों को देखकर गुरुदेव का कौतूहल जागा। उन्होंने एक बड़ी टोकरी भर फल खरीद लिये और पास ही खड़े कन्हाई और मुझे खाने को दिए। मैंने एक फल खाकर देखा, पर तुरंत ही उसे थूक दिया।

"कितना खट्टा है यह, गुरुदेव! मुझे स्ट्रॉबेरी कभी अच्छी नहीं लग सकती!"

मेरे गुरु हँसने लगे। "अमेरिका में तुम्हें यें खूब अच्छी लगेंगी। वहाँ एक रात्रि-भोज में जिसके घर तुम उस दिन खाना खा रहे होंगे, उस घर की गृहिणी तुम्हें मलाई और शक्कर के साथ स्ट्रॉबेरी देगी। जब वह काँटे से स्ट्रॉबेरियों को कुचलकर तुम्हें देगी, तब तुम उन्हें खाकर देखोगे और कहोगे—'कितनी स्वादिष्ट स्ट्रॉबेरी!' तब तुम्हें शिमला में आज का यह दिन याद आएगा।"

(श्रीयुक्तेश्वरजी की यह भविष्यवाणी मेरे दिमाग से पूरी तरह निकल गई थी, परंतु कई वर्षों बाद मेरे अमेरिका जाने के शीघ्र ही पश्चात् फिर याद आ गई।

मैसाचुसेट्स प्रांत के वेस्ट सोमरविल नगर में श्रीमती एलिस टी. हैसी (योगमाता) के घर में एक रात्रिभोज पर मैं निमंत्रित था। भोजन के अंत में जब स्ट्रॉबेरी टेबल पर लाकर रखी गई, तो श्रीमती हैसे ने एक काँटा उठाकर उससे मेरे सामने रखी गई स्ट्रॉबेरियों को अच्छी तरह कुचल दिया और उसमें मलाई एवं शक्कर डाल दी। "यह फल कुछ अधिक ही खट्टा होता है; मुझे लगता है, आपको इसे इस तरह खाना पसंद आएगा", उन्होंने कहा। मैंने थोड़ा सा उठाकर मुँह में डाला। "कितनी स्वादिष्ट स्ट्रॉबेरी!" मेरे मुँह से अनायास ही निकल पड़ा। उसी क्षण स्मृति की अथाह गुफा से शिमला में की गई मेरे गुरुदेव की भविष्यवाणी मानस पटल पर उभर आई। यह ध्यान में आते ही मैं नितांत आदर और विस्मय से विभोर हो उठा कि बहुत पहले ही उनके ईश्वर-लीन मन ने भविष्य के ईथर में विचरण करने वाले प्रारब्धीय घटनाक्रम को देख लिया था।)

हम लोग शीघ्र ही शिमला छोड़ रावलपिंडी जाने के लिए गाड़ी में बैठ गए। वहाँ से कश्मीर की राजधानी श्रीनगर तक की सात दिन की यात्रा के लिए हमने दो घोड़ों द्वारा खींची जाने वाली एक बड़ी बग्गी किराए पर ली, जो चारों ओर से बंद थी और उस पर छत भी थी। हमारी इस उत्तर की ओर यात्रा में दूसरे दिन से हिमालय की सच्ची विस्तीर्णता दृष्टिगोचर होने लगी। जैसे-जैसे हमारी बग्गी के लोहे के पहिए गरम पथरीले मार्गों पर घड़-घड़ करते आगे बढ़ रहे थे, वैसे-वैसे पर्वत शोभा के बदलते सुंदर दृश्यों को देखकर हम मुग्ध हो रहे थे।

"गुरुदेव!" आड्डी ने कहा, "आपकी पवित्र संगत में इन वैभवशाली दृश्यों का बहुत आनंद आ रहा है।"

आड्डी के मुँह से सराहना के ये उद्गार मुझे बड़े सुखद लगे, क्योंकि इस यात्रा में मैं संयोजक की भूमिका निभा रहा था। श्रीयुक्तेश्वरजी ने मेरे मन के भाव को पढ़ लिया और मेरी ओर मुड़कर फुसफुसाते स्वर में बोले—

"मिथ्या आत्म-प्रशंसा मत करो; आड्डी को इन दृश्यों से उतना आनंद नहीं आ रहा है, जितना सिगरेट पीने के लिए पर्याप्त समय तक हमसे दूर हो सकने की संभावना से आ रहा है।"

मुझे अच्छा नहीं लगा। मैंने धीमे स्वर में कहा, "गुरुदेव! इन अप्रिय शब्दों से अब कृपया रंग में भंग मत डालिए। मुझे विश्वास नहीं होता कि आड्डी सिगरेट पीने के लिए बेचैन हो रहा है।" पर गुरुदेव कभी ऐसी बातों से दबते नहीं थे, अत: मैंने आशंका से उनकी ओर देखा।

"ठीक है। मैं आड्डी को कुछ नहीं कहूँगा," गुरुदेव ने हँसते हुए कहा, "परंतु

तुम शीघ्र ही देखोगे कि जैसे ही बग्गी रुकेगी, वह उस अवसर का लाभ उठाने के लिए कितना तत्पर होगा।"

बग्गी एक छोटी सराय पर पहुँच गई। घोड़ों को पानी पिलाने के लिए ले ही जाया जा रहा था कि आड्डी ने पूछा, "गुरुदेव! जरा ताजी हवा खाने के लिए मैं थोड़ी देर बाहर कोचवान के साथ बैठूँ तो आप बुरा तो नहीं मानेंगे?"

श्रीयुक्तेश्वरजी ने अनुमति तो दे दी, पर मुझसे कहा, "उसे ताजा धुआँ चाहिए, ताजी हवा नहीं।"

बग्गी फिर धूल भरी सड़क पर आवाज करते हुए चलने लगी। गुरुदेव की आँखों में हँसी की चमक आ गई थी; मुझसे उन्होंने कहा, "बग्गी के दरवाजे से जरा अपनी गरदन बाहर निकालो और देखो आड्डी कैसी हवा खा रहा है।"

मैंने गरदन बाहर निकाली और यह देखकर स्तंभित रह गया कि आड्डी मुँह से सिगरेट के धुएँ के छल्ले छोड़ रहा है। मैंने अपनी हार मानकर गुरुदेव की ओर देखा।

"हमेशा की तरह आप ही की बात सच निकली, गुरुदेव! आड्डी प्रकृति के दृश्यों के साथ-साथ सिगरेट का भी मजा ले रहा है।" मैंने अनुमान लगाया कि आड्डी को कोचवान से सिगरेट मिली होगी, क्योंकि इतना तो मैं जानता था कि उसने कलकत्ता से कोई भी सिगरेट साथ नहीं ली थी।

नदियों, घाटियों, कगार पर बैठी बड़ी-बड़ी शिलाओं और अनेकानेक पर्वतमालाओं के मनोरम दृश्यों का आनंद उठाते हुए हम घुमावदार रास्ते पर आगे बढ़ रहे थे। हर रात को हम किसी ग्रामीण सराय में ठहरकर अपना खाना बनाते। श्रीयुक्तेश्वरजी मेरे पथ्य का विशेष ध्यान रखते और प्रत्येक भोजन में नीबू का रस अवश्य दिलाते। मुझमें अभी भी कमजोरी थी, पर प्रतिदिन उसमें सुधार हो रहा था, हालाँकि गड़गड़ाहट करके चलने वाली यह बग्गी उसमें बैठने वालों को सभी ओर से तकलीफ देने का विशेष ध्यान रखकर ही बनाई गई थी।

जैसे-जैसे हम मध्य कश्मीर के निकट पहुँचने लगे, हमारे हृदयों में आनंदाशाएँ उमड़ने लगीं, कश्मीर-कमल-पुष्पों से भरे सरोवरों की, तैरते उद्यानों की, सुसज्जित शिकारों की, बहुसेतु-शोभित झेलम नदी की, पुष्पों से युक्त हरियाली की स्वर्ग भूमि! और उस पर यह चारों ओर से हिमालय से घिरा हुआ!

श्रीनगर पहुँचने के हमारे मार्ग पर दोनों ओर ऊँचे-ऊँचे, स्वागत करते वृक्ष खड़े थे। जहाँ से ये सुंदर पहाड़ नजर आते थे, ऐसी एक दुमंजिली धर्मशाला में हमने कमरे लिये। वहाँ नल वगैरह नहीं थे; हम पास के एक कुएँ से पानी निकालकर लाते

थे। वहाँ ग्रीष्म ऋतु अत्यंत सुखद थी, दिन में साधारण गरमी और रात में हलकी सी ठंड।

हम लोग श्रीनगर में शंकराचार्य के प्राचीन मंदिर में दर्शनार्थ गए। पर्वत-शिखर पर स्थित दूर से स्पष्ट दिखाई पड़ने वाले आश्रम पर मेरी दृष्टि पड़ते ही मैं एक परमानंदमय अवस्था में चला गया। उस अवस्था में एक सुदूर देश में एक पहाड़ी के शिखर पर एक भवन दिखाई देने लगा; शंकराचार्य का भव्य मंदिर उस भवन में परिवर्तित हो गया, जहाँ मैंने कई वर्षों बाद अमेरिका में सेल्फ रियलाइजेशन फेलोशिप के मुख्य आश्रम की स्थापना की। (जब मैं पहली बार कैलिफोर्निया में लॉस एंजेलिस गया और वहाँ माउंट वाशिंगटन के शिखर पर स्थित वह विशाल भवन देखा, तो तुरंत उसे वर्षों पहले कश्मीर और अन्यत्र अपने अंतर में देखे दृश्यों के भवन के रूप में पहचान लिया।)

कुछ दिन श्रीनगर में बिताने के बाद हम लोग आठ हजार पाँच सौ फीट की ऊँचाई पर स्थित गुलमर्ग 'पुष्पयुक्त पर्वतीय मार्ग' गए। वहाँ मैंने जीवन में पहली बार बड़े घोड़े की सवारी की। राजेंद्र एक ऐसे टट्टू पर सवार हुआ, जो तेज दौड़ने के लिए अति उत्सुक था। हम लोग खिल्लनमर्ग जाने के लिए निकल पड़े। रास्ता एकदम सीधी चढ़ाई का था और घने जंगल में से जाता था, जो छातेनुमा वृक्षों से आच्छादित था। कुहरे से ढँकीं पगडंडियाँ प्रायः दिखाई नहीं पड़ती थीं। परंतु इस सब के बावजूद राजेंद्र के टट्टू ने मेरे बड़े घोड़े को एक पल के लिए भी विश्राम नहीं लेने दिया, यहाँ तक कि खतरनाक मोड़ों पर भी नहीं। प्रतिस्पर्धा के आनंद के अतिरिक्त अन्य सब बातों से बेखबर राजेंद्र का टट्टू अथक रूप से पीछे-पीछे आता ही रहा।

यह स्पर्धा कष्टकर तो थी, पर इसके बाद जो विस्मयकारी दृश्य देखने को मिला, उससे यह सारा कष्ट सार्थक हो गया। इस जीवन में पहली बार मैंने चतुर्दिक दृष्टि घुमाकर सब तरफ केवल हिमालय के हिमशिखरों को देखा। पर्वत-शिखरों की मालाओं पर मालाएँ, जो ध्रुव प्रदेश के विशालकाय सफेद रीछों की आकृति के समान दिख रही थीं। मेरी आँखें सूर्य-किरणोंज्ज्वल नीले आकाश की पृष्ठभूमि में अनंत फैले बर्फीले पहाड़ों के विस्तार की शोभा का परमहर्ष से पान कर रही थीं।

मैं अपने युवा साथियों के साथ चमकती श्वेत ढलानों पर इधर-से-उधर खूब मजे के साथ लोटता रहा। हम सबने ओवरकोट पहन रखे थे। नीचे वापस लौटते समय हमने दूर पीले फूलों का जैसे एक विशाल कालीन देखा, जिससे विवर्ण पहाड़ियों का पूरा रूप ही बदल गया था।

इसके बाद हम बादशाह जहाँगीर के 'विलास-उद्यान' शालीमार और निशात बाग देखने गए। निशात बाग का प्राचीन राजमहल एक प्राकृतिक जलप्रपात के ही ऊपर बना है। पर्वतों से अत्यंत वेग के साथ नीचे गिरते जलप्रवाह को अत्यंत कौशलपूर्ण यंत्र-योजना के द्वारा नियंत्रित कर कहीं तो विविधरंगी समतल चट्टानों पर से बहाया गया है, तो कहीं सुंदर-सुंदर रंग-बिरंगी पुष्प-क्यारियों के बीच फव्वारों के रूप में निकाला गया है। यह प्रवाहधारा राजमहल के अनेक कमरों में से भी बहती है और अंत में धरती पर उतरते समय किसी आकाशगामिनी परी के समान नीचे स्थित झील में उतरती है। इन विशाल उद्यानों में रंगों का जैसे उत्सव है—गुलाब, चमेली, लिली, स्नैपड्रैगन, पैनसी, लैवेंडर, पॉपी। चिनार, सरो और चेरी की सुडौल पंक्तियों से पन्ने-सा एक हरा वृत्त बन गया था, जिसके पार हिमालय की उच्च धवल श्रृंखला आकाश को छू रही थी।

तथाकथित कश्मीरी अंगूर कलकत्ता में मुश्किल से ही मिल सकने वाला और महँगा, परंतु अत्यंत स्वादिष्ट फल माना जाता है। राजेंद्र रास्ते भर कश्मीर में भरपेट अंगूर खाने की चर्चा करता आ रहा था, परंतु कश्मीर में अंगूर का कोई बड़ा बाग देखने में न आने से उसे घोर निराशा हुई। उसकी निराधार अपेक्षा के लिए मैं उसे यदा-कदा चिढ़ाया करता।

"ओह्, मेरा पेट अंगूरों से इतना भर गया है कि मुझसे चला नहीं जाता!" मैं कहता। "इन अदृश्य अंगूरों की मेरे पेट में मद्य भी बन रही है!" बाद में हमने सुना कि मीठे अंगूर कश्मीर के पश्चिम में काबुल में होते हैं। हम पिस्तामिश्रित रबड़ी की आइसक्रीम पर ही तसल्ली कर लेते।

लाल, कशीदाकारी किए हुए छत्रवाले शिकारों में बैठकर हम पानी में मकड़ीजाल के समान लगने वाले अनेकानेक नहरों के जाल से बने डल सरोवर में अनेक बार घूमे। लट्ठों और मिट्टी की सहायता से बने अनेक तैरते उद्यान दिखाई देते हैं। वस्तुतः प्रथम दृष्टि में दूर-दूर तक फैले हुए पानी के बीच साग-सब्जियों और तरबूजों की फसल का दृश्य ही इतना विसंगत लगता है कि कोई भी आश्चर्यचकित हुए बिना नहीं रहता। 'भूमि से बँधे रहना' पसंद न करने के कारण किसान अपने चौरस 'खेत' को उस बहुशाखा-प्रशाखा युक्त झील में नाव से रस्सी के सहारे एक जगह से दूसरी जगह खींचकर ले जाते हुए कभी-कभी दिखाई देते हैं।

इस सीढ़ीदार घाटी में पृथ्वी के हर प्रकार के सौंदर्य का सार दृष्टिगोचर होता है। कश्मीररूपी सुंदरी ने पर्वतों का मुकुट पहना है, गले में झीलों की माला और पाँवों में पुष्प पादुकाएँ पहने हैं। बाद के वर्षों में अनेक देशों की यात्रा करने के बाद

मैं समझ गया कि कश्मीर को संसार का सर्वाधिक सुंदर प्रदेश क्यों कहा जाता है। स्विट्जरलैंड के आल्प्स पर्वत, स्कॉटलैंड की लॉच लोमंड झील तथा इंगलैंड की अतिसुंदर झीलों की कुछ झाँकियाँ यहाँ मिल जाती हैं। कश्मीर की यात्रा पर आए अमेरिकी यात्रियों को यहाँ अलास्का के अकलुषित ऊबड़-खाबड़ सौंदर्य की और डेनवर के पास स्थित पाईक्स पीक की याद दिलाने वाला बहुत कुछ मिल जाएगा।

प्राकृतिक सौंदर्य स्पर्धा में पहला पुरस्कार मैं या तो मेक्सिको के जोकिमिल्को के शानदार दृश्य को दूँगा, जहाँ आकाश, पर्वत और पोपलर वृक्ष पानी की असंख्य धाराओं में अठखेलियाँ करती मछलियों के बीच प्रतिबिंबित होते हैं; या फिर कश्मीर की झीलों को दूँगा, जो हिमालय के कठोर पहरे में सुरक्षित सुंदरियों के समान लगती हैं। ये दो स्थान मेरी स्मृति में पृथ्वी पर सबसे सुंदर स्थलों के रूप में उभर आते हैं।

फिर भी जब मैंने येलोस्टोन नेशनल पार्क, कोलराडो के ग्रैंड कैनियन और अलास्का का सौंदर्य देखा, तो मैं मंत्रमुग्ध हो गया। येलोस्टोन पार्क पृथ्वी पर शायद एकमेव प्रदेश है, जहाँ घड़ी की-सी नियमितता से गरम जल के फव्वारे फूटकर हवा में ऊँचे उठते रहते हैं। इस ज्वालामुखीय क्षेत्र में प्रकृति ने आज भी आरंभिक सृष्टि का नमूना रख छोड़ा है; गंधकमय गरम जल के झरने, दूधिया और इंद्रनील वर्ण के जलाशय, उग्र गरम फव्वारे, मुक्त रूप से विचरण करते भालू, भेड़िए, जंगली भैंसे और अनेक प्रकार के अन्य जंगली पशु। वायोमिंग से बुदबुदाते गरम कीचड़ के 'डेविल्स पेंट पॉट' की ओर कार से जाते समय रास्ते के किनारों पर कलकल निनाद करते झरने, गरम जल के फव्वारे और वाष्पमय फुहारें देखकर मेरे मन में यह विचार अवश्य आया कि येलोस्टोन को एकमेवाद्वितीयता के लिए विशेष पुरस्कार मिलना चाहिए।

कैलिफोर्निया के योसेमिटी पार्क में अत्यंत पुराने, उत्तुंग सिक्वाइया (देवदार जाति के अति ऊँचे बढ़ने वाले) पेड़, जो आकाश में दूर तक उठे भीमकाय स्तंभों की भाँति दिखते हैं, दिव्य कौशल से निर्मित हरे प्राकृतिक मंदिर हैं। यूँ तो पौर्वात्य देशों में भी अनेक सुंदर-सुंदर जलप्रपात हैं, परंतु इनमें से एक भी न्यूयॉर्क राज्य में कनाडा की सीमा पर स्थित नैयागरा जलप्रपात के सौंदर्य की बराबरी नहीं कर सकता। केंटकी की अति विशालकाय मैमथ गुफा और न्यू मेक्सिको में भूमिगत स्थित अत्यंत विशाल गुफा कार्ल्सबाड़ कैवर्न्स तो विचित्रताओं से भरपूर परी देश ही हैं। इन गुफाओं की छतों से लटकते, बर्फ की मीनारों के समान दिखते पत्थर के सुओं का प्रतिबिंब नीचे भूगर्भस्थ जल में पड़ता है। यह दृश्य परलोकों की मानव की कल्पना की झाँकी प्रस्तुत करता है।

अपने सौंदर्य के लिए जगद्विख्यात कश्मीरियों में से अनेक लोग यूरोपियनों के समान ही गोरे हैं और उनका नाक-नक्श तथा शरीर का गठन भी उन्हीं के समान है; अनेक लोग नीली आँखों के भी हैं और सुनहरे बालों के भी। पाश्चात्य पोशाक में ये लोग ठेठ अमेरिकनों की तरह दिखते हैं। हिमालय की ठंड उनका सूर्य के उत्ताप से बचाव करती है और इस प्रकार उनके गौरवर्ण की रक्षा करती है। भारत में हम जैसे-जैसे दक्षिण दिशा में उष्ण कटिबंध की ओर बढ़ते जाते हैं, वैसे-वैसे लोगों का रंग अधिकाधिक काला दिखाई देने लगता है।

कश्मीर में कुछ सप्ताह सुखपूर्वक बिताने के पश्चात् मुझे बंगाल लौटने की तैयारी करने के लिए विवश होना पड़ा, क्योंकि श्रीरामपुर कॉलेज का नया सत्र आरंभ होने वाला था। श्रीयुक्तेश्वरजी, कन्हाई और आड्डी कुछ दिन और श्रीनगर में रुकने वाले थे। वहाँ से मेरे प्रस्थान से कुछ समय पहले गुरुदेव ने संकेत दिया कि कश्मीर में उनका शरीर अस्वस्थ होने वाला है।

"गुरुदेव! परंतु आप तो पूर्णतः स्वस्थ लग रहे हैं," मैंने कहा।

"ऐसी भी संभावना है कि मैं इस संसार से ही उठ जाऊँ।"

"गुरुजी!" उनके चरणों में गिरकर मैं गिड़गिड़ाने लगा।

"कृपा करके वचन दीजिए कि आप अभी देहत्याग नहीं करेंगे। मैं अभी आपके बिना चल सकने के लिए तैयार नहीं हूँ।"

श्रीयुक्तेश्वरजी चुप रहे, परंतु मेरी ओर देखकर इतनी अनुकंपा के साथ मुसकराए कि मैं आश्वस्त हो गया। अनिच्छापूर्वक ही मैं वहाँ से चल पड़ा।

"गुरुदेव अस्वस्थ; स्थिति अत्यंत नाजुक।" आड्डी का यह तार मुझे श्रीरामपुर लौटने के थोड़े ही बाद मिला।

दुःख और संताप के अतिरेक में मैंने तुरंत गुरुदेव को तार भेजा, "गुरुदेव! मैंने आपसे देहत्याग न करने का वचन माँगा था। कृपा करके शरीर मत छोड़िए, नहीं तो मैं भी मर जाऊँगा।"

"तथास्तु!" यह गुरुदेव का कश्मीर से जवाब था।

कुछ ही दिनों में आड्डी का एक पत्र आया जिसमें उसने लिखा था कि गुरुदेव स्वस्थ हो गए हैं। अगले पखवाड़े में जब गुरुदेव श्रीरामपुर वापस आए तो उनका आकार में आधा हुआ शरीर देखकर मुझे अत्यंत दुःख हुआ।

श्रीयुक्तेश्वरजी के शिष्यों के लिए अच्छी बात यह थी कि श्रीयुक्तेश्वरजी ने कश्मीर में अपने भीषण ज्वर की अग्नि में उनके अनेक पापों को जला डाला था। उच्चकोटि के योगियों को एक शरीर से रोग निकालकर अपने शरीर में ले लेने के

आधिभौतिक तरीके का ज्ञान होता है। बलवान मनुष्य भारी वजन ढोने में कमजोर मनुष्य की सहायता कर सकता है, उसी प्रकार आध्यात्मिक महामानव अपने शिष्यों के कर्मभार के कुछ हिस्से को अपने ऊपर लेकर उनके शारीरिक और मानसिक कष्टों को न्यूनतम स्तर तक कम कर सकता है। जिस प्रकार धनाढ्य मनुष्य अपने अपव्ययी पुत्र के भारी कर्ज को चुकाने के लिए अपने धन के कुछ हिस्से को त्यागकर उसे उसकी गलतियों के भीषण परिणामों से बचा लेता है, उसी प्रकार गुरु अपने शिष्यों की दुर्गति को कम करने के लिए अपनी स्वास्थ्य-संपदा के कुछ हिस्से को तिलांजलि दे देता है।

एक गुप्त योग पद्धति द्वारा संत अपने मन और सूक्ष्म देह को पीड़ित व्यक्ति के मन और सूक्ष्म देह के साथ जोड़ लेता है, और इस प्रक्रिया में रोग पूर्ण रूप से या आंशिक रूप से योगी के शरीर में संक्रमित हो जाता है। देह-भूमि पर ईश्वर-साक्षात्कार की फसल काट लेने के बाद सिद्ध पुरुष अपने शरीर की चिंता नहीं करता। फिर वह दूसरों के कष्ट कम करने के लिए अपने शरीर को रोगग्रस्त होने भी देता है, तो भी उसके कभी दूषित न हो सकने वाले मन पर उसका कोई प्रभाव नहीं पड़ता। ऐसी सहायता कर पाने के लिए वह अपने आप को भाग्यवान मानता है। ईश्वर में सायुज्य मोक्ष प्राप्त करने में ही मानव-देह का उद्देश्य संपूर्ण रूप से पूरा होना अंतर्निहित है; यह हो जाने के बाद सिद्ध पुरुष उसकी जैसी इच्छा हो वैसा अपनी देह का उपयोग करता है।

एक गुरु का संसार में कार्य है मानवजाति के दुःख कम करना, चाहे वह आध्यात्मिक उपायों से हो या बौद्धिक उपदेशों से, या इच्छाशक्ति के द्वारा हो या उनके रोगों को अपने ऊपर लेने के द्वारा हो। इच्छा मात्र से अधिचेतन अवस्था में प्रविष्ट होकर सद्गुरु अपने शारीरिक कष्ट से अलिप्त हो सकता है; परंतु कभी-कभी शिष्यों के लिए उदाहरण स्थापित करने हेतु वह शारीरिक पीड़ा को उदासीन भाव से, स्वेच्छा से सहन करता है। दूसरों के रोग अपने ऊपर लेकर योगी उनके लिए कर्मसिद्धांत के कार्य-कारण नियम की पूर्ति कर सकता है। यह नियम गणित की-सी अनिवार्यता से अपने आप कार्य करता है; इसकी कार्यविधि में ब्रह्मज्ञानी वैज्ञानिक आधार पर फेरबदल कर सकते हैं।

आध्यात्मिक नियम यह अनिवार्य नहीं बनाता कि कोई गुरु या सिद्ध पुरुष जब-जब दूसरे किसी मनुष्य को रोगमुक्त करें तो वह स्वयं बीमार हो जाएँ। तुरंत स्वस्थ करने की विभिन्न पद्धतियाँ हैं, जो संतों को ज्ञात होती हैं, जिनमें आध्यात्मिक तरीके से रोग-निवारण करने वाले को कोई क्षति नहीं होती। सामान्यतः संतजन ऐसी

ही किसी पद्धति से लोगों को रोगमुक्त कर देते हैं। परंतु कभी-कभी, हालाँकि यह बहुत विरले ही होता है, कोई गुरु अपने शिष्यों के क्रम-विकास में अत्यधिक गति लाना चाहता है, तब वह उनके अवांछनीय कर्मों के बहुत बड़े भाग को अपने ऊपर लेकर उनके परिणामों को अपने शरीर में भोगकर उन्हें निष्फल कर सकता है।

ईसा मसीह ने पहले ही स्पष्ट संकेत दे दिया था कि उनका जीवन अनेकों के पापों का मूल्य चुकाने के लिए है। उनमें जो दैवी शक्तियाँ थीं, उनके होते हुए ईसा को कभी भी क्रॉस पर मृत्यु नहीं दी जा सकती थी, यदि वे स्वेच्छा से कार्य-कारण के सूक्ष्म विश्व-नियम में सहयोग नहीं करते। इस प्रकार उन्होंने दूसरों के कर्मों के परिणामों को अपने ऊपर ले लिया, खासकर अपने शिष्यों के कर्मों के परिणामों को। इससे शिष्यों को उन्होंने परिशुद्ध किया और इस योग्य बनाया कि वे सर्वव्यापी चैतन्य को या 'पवित्र आत्मा' को धारण कर सकें, जो बाद में उनमें अवतरित हुआ।

केवल आत्म-साक्षात्कार प्राप्त ब्रह्मज्ञानी सिद्ध पुरुष ही अपनी प्राणशक्ति को दूसरों में संचरित कर सकते हैं या उनके रोगों को अपने शरीर में ला सकते हैं। कोई साधारण मनुष्य इस यौगिक पद्धति का अवलंबन नहीं कर सकता; न ही उसके लिए ऐसा करना वांछनीय है, क्योंकि अस्वस्थ शरीर गहरे ध्यान के लिए बाधा बनता है। हिंदू शास्त्र कहते हैं कि अपने शरीर को स्वस्थ रखना मनुष्य का अनिवार्य कर्तव्य है; अन्यथा उसका मन भगवत्-ध्यान में एकाग्र नहीं रह सकता।

तथापि अति बलशाली मन सभी शारीरिक बाधाओं को पार कर ईश्वर-साक्षात्कार को प्राप्त हो सकता है। अनेक संतों ने अपने रोगों की ओर कोई ध्यान न देकर अपने ईश्वरानुसंधान में सफलता प्राप्त की है। असीसी के सेंट फ्रांसिस स्वयं गंभीर रोगों से ग्रस्त होने के बावजूद दूसरे लोगों का रोग-निवारण करते थे और मृत लोगों को फिर से जिंदा भी कर देते थे।

मैं एक ऐसे भारतीय संत को जानता था, जिनका आधार शरीर कभी फोड़ों से भरा हुआ था। उनका मधुमेह रोग इतना उग्र था कि वे लगातार पंद्रह मिनट से अधिक स्थिर नहीं बैठ सकते थे। किंतु उनकी आध्यात्मिक आकांक्षा अटल थी। वे प्रार्थना करते, 'प्रभु! क्या आप मेरे इस भग्न मंदिर में आएँगे?' अविरत प्रचंड इच्छाशक्ति के बल से वे आखिर प्रतिदिन अठारह घंटों तक पद्मासन में समाधि लगाकर बैठने लगे। उन्होंने मुझे बताया, "और तीन साल पूरे होते-होते मैंने ईश्वर के अनंत प्रकाश को अपने भीतर जगमगाते पाया। उसके वैभव के आनंद में मग्न होकर मैं अपने शरीर को भूल गया। बाद में मैंने देखा कि ईश्वर की दया से मेरा शरीर पूर्णतः स्वस्थ हो गया था।"

रोग-निवारण की ऐतिहासिक घटना भारत में मुगल साम्राज्य के संस्थापक बाबर (1483-1530) से संबंधित है। उसका बेटा हुमायूँ चिंताजनक रूप से बीमार हो गया। बाबर ने अत्यंत व्यथित हृदय के निश्चय के साथ प्रार्थना की कि बेटे का रोग उस पर आ जाए और बेटे को जीवनदान मिल जाए। हुमायूँ ठीक हो गया और बाबर उसी क्षण बीमार होकर बाद में उसी रोग से मर गया, जिसने उसके बेटे को ग्रस लिया था।

अनेक लोग सोचते हैं कि सिद्ध पुरुषों को सैंडों के समान स्वस्थ और शक्तिवान होना चाहिए। इस सोच का कोई आधार नहीं है। जैसे आजीवन स्वस्थता आंतरिक ज्ञानप्रकाश का द्योतक नहीं है, वैसे ही बीमार शरीर रहने का अर्थ यह नहीं है कि उस महात्मा में दिव्य शक्तियों का अभाव है। संत की पहचान शारीरिक अवस्था पर नहीं, बल्कि आध्यात्मिक अवस्था पर आधारित होती है।

पाश्चात्य जगत् के अनेक विभ्रांत जिज्ञासुओं की यह गलत धारणा है कि आध्यात्मिक विषय के उत्तम वक्ता या लेखक अवश्य सिद्ध पुरुष होंगे। परंतु किसी के सिद्ध पुरुष होने का प्रमाण केवल यही है कि उसमें अपनी इच्छा के अनुसार श्वासोच्छ्वास-रहित सविकल्प समाधि में जाने की क्षमता हो और उसे अखंड आनंद (निर्विकल्प समाधि की अवस्था) प्राप्त हो। ऋषियों ने बताया है कि केवल इन उपलब्धियों के द्वारा ही मनुष्य यह प्रदर्शित कर सकता है कि उसने द्वैत के इंद्रजाल या माया पर अधिकार पा लिया है। केवल वही आत्मज्ञान की गहराइयों से कह सकता है, 'एकम् सत' (केवल एक का ही अस्तित्व है)।

महान् अद्वैतवादी आदि शंकराचार्य ने लिखा है—"जब अज्ञान के कारण द्वैत भाव रहता है, तब सबकुछ आत्मा से अलग दिखाई देता है। जब यह ज्ञान हो जाता है कि सबकुछ आत्मा ही है, तब एक अणु भी आत्मा से अलग दिखाई नहीं देता। सत्य का ज्ञान प्रकट होते ही शरीर के मिथ्यात्व के कारण हुए कर्मों के फल भोगने के लिए शेष नहीं रह सकते, जैसे जागने पर स्वप्न का अस्तित्व नहीं रहता।"

केवल सद्गुरु ही शिष्यों के कर्म अपने ऊपर ले सकते हैं। श्रीनगर में श्रीयुक्तेश्वरजी कभी कष्ट न भोगते, यदि उन्हें अपने अंतर में वास करने वाले परमात्मा से अपने शिष्यों की उस विलक्षण ढंग से सहायता करने की अनुमति न मिलती। मेरे ईश्वरमग्न गुरु के अतिरिक्त ऐसे संत गिने-चुने ही हुए हैं, जो ईश्वर की आज्ञा के पालन के लिए आवश्यक सूक्ष्म ज्ञान से युक्त थे।

जब मैंने अपने गुरु की क्षीण हुई काया देखकर कुछ सहानुभूति जताने का प्रयास किया तो उन्होंने विनोदपूर्वक कहा—

"इसके कुछ अच्छे पहलू भी हैं; अब मैं उन छोटे बनियानों को भी पहन सकता हूँ, जिन्हें मैंने कई वर्षों से नहीं पहना है!"

गुरुदेव की प्रसन्न हँसी को सुनकर मुझे सेंट फ्रांसिस डि सेल्स के वे शब्द याद आ गए, "जो संत उदास रहता है, वह व्यर्थ संत है!"

□

22

पाषाण प्रतिमा का हृदय

"मैं एक पति-परायणा हिंदू नारी हूँ। मेरा उद्‌देश्य अपने पति की शिकायत करना नहीं है, पर मेरी यह तीव्र इच्छा है कि उनके भौतिकतावादी विचारों में परिवर्तन हो। मेरे ध्यान के कमरे में लगी संतों की तसवीरों का मजाक उड़ाने में उन्हें बड़ा आनंद आता है। मेरे भाई, मुझे पूरा विश्वास है कि तुम उन्हें बदल सकते हो। बोलो, क्या यह काम करोगे?"

मेरी सबसे बड़ी बहन रमा अनुनयपूर्ण दृष्टि से मुझे देख रही थी। मैं थोड़ी देर उनसे मिलने के लिए कलकत्ता के गिरीश विद्यारत्न लेन में स्थित उनके घर गया हुआ था। उनके इस अनुनय ने मेरे हृदय को छू लिया, क्योंकि मेरे बाल-जीवन पर उन्होंने गहरा आध्यात्मिक प्रभाव डाला था और माँ की मृत्यु के बाद परिवार में आई रिक्तता को भी भरने का अत्यंत प्रेमपूर्वक प्रयास किया था।

"प्रिय दीदी! मुझसे जो कुछ भी हो सकता है, वह सब मैं अवश्य करूँगा।" उनके सदा शांत और प्रफुल्ल चेहरे पर छाई उदासी को दूर करने के उद्‌देश्य से मैं मुसकराया।

ईश्वर के मार्गदर्शन के लिए थोड़ी देर रमा दीदी और मैं प्रार्थना करते हुए मौन बैठे रहे। एक वर्ष पूर्व मेरी दीदी ने मुझसे क्रिया-योग की दीक्षा ली थी और वे उसमें अच्छी प्रगति भी कर रही थीं।

अचानक मन में एक प्रेरणा उठी। मैंने कहा—"कल मैं दक्षिणेश्वर के काली मंदिर में जा रहा हूँ। आप मेरे साथ आइए और अपने पतिदेव को भी आने के लिए राजी कर लीजिए। मुझे ऐसा लग रहा है कि उस पवित्र स्थान के स्पंदनशील वातावरण में जगन्माता उनके हृदय के तार अवश्य छेड़ देंगी। परंतु उन्हें वहाँ ले जाने के हमारे इस उद्‌देश्य के बारे में उन्हें कुछ मत बताना।"

आशान्वित होकर दीदी सहमत हो गईं। दूसरे दिन तड़के ही रमा दीदी और जीजाजी को दक्षिणेश्वर चलने के लिए तैयार देखकर मुझे बहुत खुशी हुई। अप्पर सर्कुलर रोड से हमारी घोड़ागाड़ी दक्षिणेश्वर की ओर चली जा रही थी और मेरे जीजाजी सतीश चंद्र बोस गुरुओं की योग्यता का उपहास करने में आनंद ले रहे थे। मैंने देखा कि रमा दीदी चुपचाप रो रही थीं।

मैं उनके कान में फुसफुसाया—"दीदी, मुसकराओ! अपने पति को यह सोचकर खुश मत होने दो कि उनके उपहास से हम चिढ़ते हैं।"

"मुकुंद! तुम्हें ये निकम्मे पाखंडी अच्छे कैसे लगते हैं?" सतीश बाबू बोल रहे थे। "साधुओं को तो देखकर ही घिन आती है या तो वे एकदम हड्डियों का ढाँचा होते हैं, या फिर हाथी की तरह मोटे!"

मैं हँस-हँसकर लोटपोट होने लगा। यह प्रतिक्रिया देखकर सतीश बाबू नाराज हो गए और एकदम गुपचुप बैठे रहे। जैसे ही हमारी घोड़ागाड़ी दक्षिणेश्वर के मंदिर के अहाते में पहुँची, उन्होंने व्यंग्य भरी मुसकराहट के साथ कहा—

"लगता है, यह दक्षिणेश्वर यात्रा मुझे सुधारने के लिए की जा रही है, है न?"

कोई उत्तर दिए बिना ही मैं मुड़कर जाने लगा, तो उन्होंने मेरा हाथ पकड़ लिया और कहा—"जनाब संन्यासी महाशय! मंदिर के पदाधिकारियों से बात करके दोपहर के भोजन की ठीक से व्यवस्था करना मत भूलना।" सतीश बाबू पुजारियों के साथ स्वयं बात भी नहीं करना चाहते थे।

"मैं अभी ध्यान करने जा रहा हूँ। भोजन की चिंता मत कीजिए," मैंने तीखे स्वर में कहा। "जगन्माता उसकी व्यवस्था कर देंगी।"

"मुझे तनिक भी विश्वास नहीं है कि जगन्माता मेरे लिए कुछ भी करेंगी। किंतु मेरे भोजन की जिम्मेदारी तुम्हारे ऊपर है।" सतीश बाबू का स्वर काफी उग्र था।

माँ काली (प्रकृति माता के रूप में ईश्वर) के विशाल मंदिर के सामने वाले नाट्यमंदिर में मैं अकेला चला गया। एक खंभे के निकट छायादार स्थान देखकर मैं पद्मासन में बैठ गया। अभी तो केवल सात ही बजे थे, परंतु शीघ्र ही धूप तेज होने वाली थी।

मैं भक्ति के गहरे भाव में डूब गया। संसार की सुध-बुध खो गई। मेरा मन माँ काली पर एकाग्र हो गया था। इसी मंदिर में उनकी यही मूर्ति महान् संत श्रीरामकृष्ण परमहंस की इष्ट आराध्य देवी बनी थी। उनकी कातर पुकार पर यही मूर्ति प्रायः जीवंत रूप धारण कर उनसे बातचीत करती थी।

"हे पाषाणमयी माँ", मैं प्रार्थना कर रहा था। "अपने प्रिय भक्त रामकृष्ण की

पुकार पर तुम सजीव हो उठती थीं; अपने इस पुत्र के उत्कट विलाप को क्यों नहीं सुनतीं?"

दिव्य शांति के साथ-साथ मेरी आकांक्षा और भी अधिकाधिक गहरी होती गई। पर जब इस प्रकार पाँच घंटे बीत गए और फिर भी जिस देवी का मैं अपने अंतर में ध्यान कर रहा था, उसकी ओर से कोई प्रत्युत्तर नहीं मिला, तो मुझे थोड़ी निराशा हुई। कभी-कभी प्रार्थना की पूर्ति में विलंब करके भगवान् भक्त की परीक्षा लेते हैं, परंतु आखिर वे जिद्दी भक्त को उसके इष्ट देवता के रूप में दर्शन अवश्य देते हैं। एकनिष्ठ ईसाई भक्त को ईसा मसीह के दर्शन होते हैं, हिंदू को भगवान् श्रीकृष्ण के दर्शन होते हैं या माँ काली के, या यदि उसकी भक्ति निराकार स्वरूप की ओर मुड़ गई हो तो प्रसारित होती जाती ज्योति के दर्शन होते हैं।

अनिच्छापूर्वक मैंने आँखें खोलीं, तो एक पुजारी दोपहर के नियम के अनुसार मंदिर का दरवाजा बंद कर उसमें ताला लगा रहा था। मैं नाट्यमंदिर के उस एकांत स्थान से उठकर मंदिर के प्रांगण में आया। उसका पत्थर का फर्श दोपहर की धूप में अंगारों के समान दहक रहा था; मेरे नंगे पाँवों के तलवे जल उठे।

मैं नाराज होकर मन-ही-मन कहने लगा—"माँ! तुमने दर्शन नहीं दिए और अब मंदिर में बंद दरवाजे के पीछे भी छुप गई। मैं अपने बहनोई की ओर से तुमसे एक विशेष प्रार्थना करना चाहता था।"

मेरी यह आंतरिक प्रार्थना तुरंत स्वीकृत हो गई। सर्वप्रथम तो मेरी पीठ और मेरे तलवों के नीचे एक आनंदप्रद शीतल लहर अनुभव हुई और सारी वेदना दूर हो गई। उसके बाद मैंने आश्चर्य के साथ देखा कि मंदिर का आकार अत्यंत विशाल हो गया। उसका विशाल द्वार धीरे-धीरे खुला और माँ काली की पाषाण मूर्ति दिखाई देने लगी। फिर धीरे-धीरे पाषाण मूर्ति जीवंत रूप में बदल गई और मेरी ओर देखकर उसने मुसकराते हुए सिर हिलाया। मैं अवर्णनीय आनंद से रोमांचित हो उठा। मानो किसी अदृश्य पिचकारी से मेरे फेफड़ों से साँस बाहर खींच ली गई हो; मेरा शरीर एकदम स्थिर हो गया, पर उसमें जड़त्व नहीं था।

इसके बाद मेरी चेतना का परमानंदमय विस्तार हुआ। मैं बाईं ओर गंगा नदी के ऊपर कई मीलों तक स्पष्ट देख सकता था। उसी तरह मंदिर के बाहर दक्षिणेश्वर का संपूर्ण क्षेत्र भी मुझे स्पष्ट दिखाई देने लगा। सभी मकानों की दीवारें पारदर्शी होकर झिलमिलाने लगीं और उनमें से मुझे दूर इधर-उधर चलते लोग दिखाई देने लगे।

मैं श्वासरहित अवस्था में था और मेरा शरीर एक विलक्षण शांत अवस्था में, तब भी मैं हाथ-पाँव हिला सकता था। कई मिनटों तक मैंने आँखें बारी-बारी से बंद

कर पुनः खोलकर देखा; परंतु दोनों ही अवस्थाओं में मुझे पूरा दृश्य उसी प्रकार स्पष्ट दिखाई दे रहा था।

एक्स-रे की भाँति आध्यात्मिक दृष्टि भी सभी पदार्थों को भेद लेती है। दिव्य चक्षु हर जगह केंद्र होता है, परिधि कहीं नहीं। मैंने उस प्रांगण में धूप में खड़े-खड़े नए सिरे से यह अनुभव किया कि जब मनुष्य ईश्वर की पथभ्रष्ट संतान नहीं रह जाता और बुलबुले की भाँति सारहीन स्वप्नमय भौतिक संसार में लिप्त नहीं रहता, तब उसे अपना अनंत साम्राज्य पुनः प्राप्त हो जाता है। यदि अपने संकीर्ण व्यक्तित्व में सिकुड़कर बैठे हुए मनुष्य के लिए भाग निकलना आवश्यक ही हो, तो क्या सर्वव्यापकता में भाग निकलने जैसा अन्य कुछ है ?

दक्षिणेश्वर के मेरे पवित्र अनुभव में केवल मंदिर और माँ काली के रूप ने ही असाधारण बड़ा आकार धारण किया हुआ था। अन्य सबकुछ अपने साधारण आकार में ही दिखाई दे रहा था। हाँ, यह अवश्य है कि वह सब सफेद, नीले और इंद्रधनुषी रंगों के मृदु प्रकाश में आच्छादित लग रहा था। मेरा शरीर आकाशतत्त्व से बना प्रतीत हो रहा था, जो किसी भी क्षण हवा में उठ जाने के लिए तैयार हो। अपने आसपास की भौतिक परिस्थितियों के प्रति मैं पूर्ण सजग था। मैं अपने इर्दगिर्द देख लेता और उस आनंदमय दिव्य दर्शन में कोई बाधा डाले बिना दो-चार कदम चल लेता।

मंदिर की दीवारों के पीछे मैंने अचानक अपने जीजाजी को पवित्र बेल वृक्ष की कँटीली शाखाओं के नीचे बैठे देखा। मैं बिना किसी प्रयास के, उनके विचारों को पढ़ सकता था। दक्षिणेश्वर के पवित्र वातावरण के प्रभाव से उनके विचार कुछ उन्नत तो हो गए थे, पर मेरे बारे में उनके विचार अभी भी कुछ ठीक नहीं थे। मैं सीधा कृपामयी माँ काली की ओर मुड़ा और प्रार्थना करने लगा।

"माँ! क्या तुम मेरे बहनोई में आध्यात्मिक परिवर्तन नहीं लाओगी ?"

अब तक मौन रही वह सुंदर आकृति आखिर बोल उठी। "तुम्हारी मनोकामना पूर्ण होगी!"

मैंने खुश होकर सतीश बाबू की ओर देखा। वे गुस्से में भरे जमीन से उठ खड़े हुए, मानो उन्हें एहसास हो गया था कि कोई आध्यात्मिक शक्ति उन पर कार्य कर रही है। मैंने उन्हें मंदिर के पीछे दौड़ते देखा; शीघ्र ही वे मुझे मुक्का दिखाते हुए मेरे पास आ पहुँचे।

वह सर्वसमावेशी दर्शन लुप्त हो गया। देवी का तेजस्वी रूप अब मुझे दिखाई नहीं दे रहा था, मंदिर की पारदर्शिता लुप्त हो गई और विशाल आकार भी अदृश्य

होकर अब अपना मूल आकार धारण कर चुका था। मेरा शरीर पुनः धूप से झुलसने लगा। मैं छलाँग लगाकर नाट्यमंदिर की छाया में चला गया। सतीश बाबू भी गुस्से में मेरे पीछे वहीं आ गए। मैंने अपनी घड़ी देखी। एक बज रहा था; दिव्य दर्शन एक घंटे तक चला था।

"अरे मूर्ख!" मेरे बहनोई बरस पड़े, "घंटों-पर-घंटे बीत गए और तुम वहाँ पालथी मारे आँखें चढ़ाए बैठे रहे। मैंने कई बार आकर तुम्हें देखा और वापस चला गया। कहाँ है हमारा भोजन? अब मंदिर भी बंद हो गया; तुमने मंदिर के पदाधिकारियों से कुछ कहा भी नहीं; अब तो भोजन की व्यवस्था करने के लिए बहुत देर हो चुकी है!"

देवी के आविर्भाव से अनुभूत परमानंद अब भी मुझमें विद्यमान था। मैं बोल पड़ा, "माँ काली हमें भोजन कराएँगी!"

"मैं भी एक बार देखना चाहता हूँ कि पहले से कोई व्यवस्था न कर रखने पर भी तुम्हारी काली माँ यहाँ हमें भोजन कैसे कराती हैं!" वे चीख पड़े।

उनका चीखना पूरा हुआ ही था कि मंदिर का एक पुजारी आँगन पार कर हमारे पास आया।

मुझसे उसने कहा—"बेटा! तुम जब ध्यान कर रहे थे, तब तुम्हारे मुखमंडल पर मैंने दिव्य तेज देखा था। मैंने आज सुबह तुम लोगों को यहाँ आते देखा था और तभी से मेरे मन में इच्छा हो रही थी कि मैं तुम लोगों के लिए भोजन अलग निकाल कर रखूँ। जो लोग पहले से सूचित करके नहीं रखते, उन्हें भोजन देना मंदिर के नियमों के विरुद्ध है, परंतु तुम पर मैं वह नियम लागू नहीं करूँगा।"

मैंने उसका धन्यवाद किया और सीधे सतीश बाबू की आँखों-में-आँखें डालकर देखने लगा। पश्चाताप में अपनी आँखें झुकाकर वे भावुक हो उठे। जब हमारे सामने विविध व्यंजनों से युक्त भोजन परोस दिया गया, जिसमें बेमौसमी आम भी शामिल थे, तो मैंने देखा कि मेरे जीजाजी की भूख मर चुकी थी। वे अनमने-से होकर विचार सागर में गोते लगा रहे थे।

कलकत्ता वापस जाते समय सतीश बाबू नरमाए भावों के साथ यदा-कदा मेरी ओर अनुरोधपूर्ण दृष्टि से देख लेते थे। परंतु मानो उनकी चुनौती के उत्तरस्वरूप पुजारी ने आकर जब हमें भोजन के लिए आमंत्रित किया था, तब से सतीश बाबू के मुँह से एक भी शब्द नहीं निकला था।

दूसरे दिन दोपहर को मैं अपनी बहन से मिलने उनके घर गया। दीदी ने अत्यंत स्नेह के साथ मेरा स्वागत किया।

उन्होंने कहा—"मेरे भाई! चमत्कार हो गया। कल शाम को मेरे पति मेरे सामने खुले रूप से रोए।"

उन्होंने कहा—"प्रिय देवी! मुझमें परिवर्तन लाने की तुम्हारे भाई की योजना पर मुझे वर्णनातीत आनंद हो रहा है। मैंने तुम्हारे साथ जो-जो अन्याय किया है, उस प्रत्येक अन्याय का मैं प्रायश्चित्त करूँगा। आज से हम अपने विशाल शयनकक्ष को केवल पूजा के लिए इस्तेमाल करेंगे; तुम्हारे छोटे से ध्यान के कमरे में अब हम सोएँगे। मुझे सचमुच गहरा पश्चाताप हो रहा है कि मैंने तुम्हारे भाई का मजाक उड़ाया। जिस लज्जास्पद तरीके से मैंने मुकुंद के साथ बरताव किया, उसके लिए मैं स्वयं अपने को यह सजा दूँगा कि जब तक मैं आध्यात्मिक पथ पर उन्नति नहीं कर लेता, तब तक मैं मुकुंद से बात नहीं करूँगा। आज से मैं प्रयासों की पूर्ण गहराई के साथ जगन्माता की खोज शुरू कर दूँगा; किसी-न-किसी दिन तो उन्हें अवश्य पा ही लूँगा!"

इसके अनेक वर्षों बाद (1936 में) मैं दिल्ली में सतीश बाबू के घर गया। मुझे यह देखकर अत्यंत खुशी हुई कि उन्होंने आत्म-साक्षात्कार में बहुत उन्नति कर ली थी और जगन्माता ने उन्हें दर्शन देकर धन्य कर दिया था। उनके घर में अपने निवास के दौरान मैंने देखा कि सतीश बाबू प्रत्येक रात्रि का अधिकांश समय गुप्त रूप से ध्यान करने में लगाते थे, जबकि वे एक गंभीर बीमारी से ग्रस्त हो गए थे और दिन भर अपने ऑफिस के काम में व्यस्त भी रहते थे।

मेरे मन में विचार आया कि मेरे जीजाजी की आयु लंबी नहीं होगी। रमा दीदी ने अवश्य मेरे मन के विचार को पढ़ लिया होगा।

उन्होंने कहा—"मुकुंद! मैं स्वस्थ हूँ और मेरे पति बीमार हैं। परंतु फिर भी तुम यह जान लो कि एक पति-परायणा हिंदू नारी होने के नाते मैं ही पहले मरूँगी। अब मैं अधिक दिन जीवित नहीं रहूँगी।"

उनके अनिष्टसूचक शब्दों को सुनकर मैं सहम गया, परंतु उन शब्दों के सत्य के दंश का मुझे अनुभव था। अपनी इस भविष्यवाणी के लगभग अठारह महीने बाद जब मेरी बहन की मृत्यु हुई, तब मैं अमेरिका में था। मेरे सबसे छोटे भाई विष्णु ने मुझे बाद में पूरा विवरण लिखा।

विष्णु ने लिखा था—'दीदी की मृत्यु के समय दीदी और जीजाजी कलकत्ता में थे। उस दिन सुबह दीदी ने अपना शादी का जोड़ा पहन लिया।'

"यह विशेष परिधान किसलिए?" सतीश बाबू ने उनसे पूछा।

"इस पृथ्वी पर आपकी सेवा का आज मेरा अंतिम दिन है," दीदी ने कहा।

थोड़ी ही देर बाद उन्हें दिल का दौरा पड़ा। उनका बेटा जब डॉक्टर को लाने के लिए घर से बाहर भागने लगा, तो दीदी ने कहा—

"बेटा! मुझे छोड़कर मत जाओ। अब उसका कोई उपयोग नहीं। डॉक्टर के आने से पहले ही मैं जा चुकी होऊँगी।" दस मिनट बाद अपने पति के चरणों को श्रद्धा से पकड़े हुए रमा दीदी ने प्रसन्नता के साथ और बिना किसी कष्ट के सचेत रूप से शरीर त्याग दिया।

'अपनी पत्नी की मृत्यु के बाद सतीश बाबू बहुत विरक्त हो गए थे', विष्णु ने लिखा था। एक दिन वे और मैं मुसकराती रमा दीदी की फोटो देख रहे थे।

"'क्यों मुसकरा रही हो?' सतीश बाबू अचानक कह उठे जैसे रमा दीदी वहाँ मौजूद हों, "तुम समझती हो, मुझसे पहले जाने की व्यवस्था करके तुमने बड़ी चालाकी की है? मैं सिद्ध कर दूँगा कि तुम अधिक समय तक मुझसे दूर नहीं रह सकती। जल्दी ही मैं भी तुम्हारे पास आ रहा हूँ।"

"इस समय सतीश बाबू अपनी बीमारी से पूरी तरह ठीक हो गए थे और उनका स्वास्थ्य एकदम अच्छा था, फिर भी फोटो के सामने उनके द्वारा कहे गए उन विचित्र शब्दों के बाद जल्दी ही बिना किसी प्रकट कारण के वे चल बसे।"

इस तरह मेरी बहन रमा और उनके पति सतीश बाबू, जिनका दक्षिणेश्वर में एक अत्यंत साधारण सांसारिक मनुष्य से एक अप्रकट संत में परिवर्तन हो गया था—दोनों ने ही भविष्यवाणी करके देह-त्याग किया।

□

23

विश्वविद्यालय से उपाधि की प्राप्ति

"तुम दर्शनशास्त्र के अध्ययन-कार्य की उपेक्षा कर रहे हो। इसमें संदेह नहीं कि तुम परीक्षा में पास होने के लिए परिश्रमविहीन 'अंत:प्रेरणा' पर निर्भर कर रहे हो। परंतु यदि तुम एक विद्यार्थी की तरह मेहनत से पढ़ाई नहीं करोगे, तो मैं तुम्हें इस परीक्षा में पास नहीं होने दूँगा।"

श्रीरामपुर कॉलेज के प्रोफेसर डी.सी. घोषाल मुझसे सख्ती के साथ बोल रहे थे। यदि मैं उनके लिखित फाइनल क्लास-रूम टेस्ट में पास नहीं होता, तो मैं विश्वविद्यालय की परीक्षा में बैठने के लिए अयोग्य ठहराया जाता। ये नियम कलकत्ता विश्वविद्यालय के बनाए हुए हैं और श्रीरामपुर कॉलेज उसकी एक संबद्ध शाखा है। भारतीय विश्वविद्यालयों में बी.ए. की परीक्षा में एक विषय में भी अनुत्तीर्ण होने वाले विद्यार्थी को अगले वर्ष फिर से सब विषयों की परीक्षा देनी पड़ती है।

श्रीरामपुर कॉलेज के मेरे प्राध्यापक साधारणतया मेरे साथ अच्छा ही बरताव करते थे, यद्यपि उसमें कुछ विनोद की झलक अवश्य होती थी। 'मुकुंद धर्म में कुछ ज्यादा ही बह गया है।' इस प्रकार मेरा आकलन कर वे मुझे कक्षा में प्रश्नों के उत्तर देने की मुसीबत से कुशलतापूर्वक बचाते थे; उन्हें पूर्ण विश्वास था कि फाइनल लिखित टेस्ट मुझे बी.ए. परीक्षार्थियों की सूची से हटाने का काम कर देगी। मेरे सहपाठियों का मेरे बारे में मत उनके द्वारा मुझे दिए गए नाम से ही स्पष्ट था—'पागल संन्यासी।'

प्रोफेसर घोषाल की मुझे दर्शनशास्त्र में अनुत्तीर्ण करने की धमकी को विफल करने के लिए मैंने भी चालाकी की। जब फाइनल टेस्ट के परिणाम घोषित किए ही जाने वाले थे, तभी मैंने एक सहपाठी को अपने साथ प्रोफेसर के कक्ष में चलने के लिए कहा।

"मेरे साथ चलो; मुझे एक साक्षी चाहिए," मैंने अपने सहपाठी से कहा। "यदि प्रोफेसर को अपनी चालाकी से मात देने में मैं सफल नहीं हुआ, तो मुझे बड़ी निराशा होगी।"

जब मैंने पूछा कि मेरी उत्तर-पत्रिका पर उन्होंने कितने अंक दिए हैं, तो प्रोफेसर घोषाल ने नकारार्थी सिर हिलाया।

"जो लोग पास हुए हैं, उनमें तुम नहीं हो," उन्होंने विजयी मुद्रा के साथ कहा। उन्होंने अपनी मेज पर पड़े उत्तर-पत्रिकाओं के गट्ठे में देखना शुरू किया। "इसमें तुम्हारी उत्तर-पत्रिका ही नहीं है; परीक्षा में न बैठने के कारण तुम वैसे ही अनुत्तीर्ण हो गए हो।"

मैं हँसा, "सर, मैं परीक्षा में बैठा था। क्या इस गट्ठे को मैं देख सकता हूँ?"

प्रोफेसर ने असंमजस में पड़कर अनुमति दे दी। मैंने शीघ्र ही अपनी उत्तर-पत्रिका ढूँढ़ निकाली, जिस पर मैंने अपने रोल नंबर के अतिरिक्त पहचान का कोई चिह्न नहीं छोड़ा था। मेरे नाम की 'लाल झंडी' न दिखने के कारण पाठ्य-पुस्तकों के उद्धरणों से अलंकृत न होने पर भी प्रोफेसर ने मेरे उत्तरों को अच्छे अंक दिए थे।

मेरी चालाकी ध्यान में आते ही वे गरज उठे, "केवल तुम्हारी किस्मत बलवान है!" फिर उन्होंने आशा के साथ कहा—"तुम बी.ए. की परीक्षा में अवश्य फेल हो जाओगे।"

मेरे अन्य विषयों की टेस्ट-परीक्षाओं के लिए मैंने कुछ मार्गदर्शन प्राप्त कर लिया था, विशेषकर मेरे प्रिय मित्र एवं चचेरे भाई प्रभास चंद्र घोष से, जो मेरे शारदा चाचा के बेटे हैं। सभी विषयों की अपनी टेस्ट-परीक्षा से मैं कष्टप्रद रूप से, परंतु सफलतापूर्वक निकल गया—सभी विषयों में मुझे न्यूनतम उत्तीर्णांक जितने ही अंक मिले।

कॉलेज की चार वर्षों की पढ़ाई के बाद अब मैं बी.ए. की परीक्षा में बैठने के योग्य हो गया था। परंतु इस अवसर से कोई लाभ उठा पाने की आशा नहीं के बराबर थी। कलकत्ता विश्वविद्यालय की कड़ी बी.ए. की डिग्री परीक्षा की तुलना में श्रीरामपुर कॉलेज की टेस्ट-परीक्षा तो बच्चों का खेल मात्र थी। लगभग प्रतिदिन श्रीयुक्तेश्वरजी के पास जाने के कारण कॉलेज जाने का मुझे समय ही नहीं मिलता था। अनुपस्थिति की अपेक्षा कक्षा में मेरी उपस्थिति ही छात्रों के विस्मय का कारण बनती।

लगभग प्रतिदिन मैं जिस दिनचर्या का अवलंबन करता, उसकी शुरुआत सुबह साढ़े नौ बजे मेरे साइकिल पर निकल पड़ने से होती। एक हाथ में गुरुदेव

को अर्पित करने के लिए पंथी छात्रावास के बगीचे से चुने हुए फूल रहते। प्रेम से मुझसे मिलते हुए गुरुदेव दोपहर का खाना वहीं खाने के लिए मुझसे कहते। मैं बिना किसी अपवाद के नित्य ही अत्यंत सत्वरता के साथ उनकी बात मान लेता, ताकि दिनभर के लिए कॉलेज के विचार से मुक्ति मिल जाए। घंटों श्रीयुक्तेश्वरजी के सान्निध्य में रहकर उनका अपूर्व ज्ञानोपदेश सुनने या आश्रम के कार्यों में सहायता करने के बाद मैं करीब आधी रात के समय अनिच्छापूर्वक ही पंथी छात्रावास के लिए प्रस्थान करता। कभी-कभी तो रातभर मैं अपने गुरु के साथ ही रहता, उनकी बातों में इतना मग्न होता कि कब रात का अंधकार भोर के उजाले में बदल गया, पता ही नहीं चलता था।

एक रात लगभग ग्यारह बजे जब मैं छात्रावास में वापसी की अपनी साइकिल सवारी के लिए जूते पहनकर तैयार हो रहा था, तो गुरुदेव ने गंभीर मुद्रा के साथ पूछा—

"तुम्हारी बी.ए. की परीक्षा कब शुरू होगी?"

"आज से पाँच दिन बाद, गुरुदेव!"

"तुमने तैयारी तो कर ली है न?"

मैं भय से काठ हो गया; हाथ का जूता हाथ में ही धरा रह गया। "गुरुदेव!" मैंने कहा, "आप जानते हैं कि मेरा सारा समय तो प्रोफेसरों के बजाय आप ही के सान्निध्य में बीता है। अतः उस कठिन परीक्षा में बैठने का ढोंग रचने से क्या लाभ?"

श्रीयुक्तेश्वरजी ने अंतर्भेदी दृष्टि से मेरी आँखों में देखा। "तुम्हें परीक्षा देनी ही होगी।" उन्होंने ठंडे निर्णायक स्वर में कहा। "हमें तुम्हारे पिताजी को या अन्य रिश्तेदारों को ऐसा कोई अवसर नहीं देना चाहिए, जिससे वे आश्रम-जीवन के प्रति तुम्हारी अभिरुचि की आलोचना कर सकें। मुझे केवल इतना वचन दो कि तुम परीक्षा में बैठोगे। तुमसे जैसे बनेंगे, वैसे उत्तर लिख देना।"

आँसू बेकाबू होकर मेरे गालों पर बह रहे थे। मुझे लगा कि गुरुजी की आज्ञा अनुचित थी और इस ओर ध्यान देने में और कुछ नहीं तो विलंब उन्होंने अवश्य कर दिया था।

मैंने सिसकते हुए कहा—"यदि आपकी ऐसी ही इच्छा है तो परीक्षा में तो मैं बैठ जाऊँगा, परंतु अभी उचित तैयारी करने का समय नहीं रहा है।" फिर अपने आप से ही मैंने बुदबुदाते हुए कहा—"प्रश्नों के उत्तर में मैं आपके ही उपदेशों से उत्तर-पत्रिकाएँ भर दूँगा!"

दूसरे दिन जब मैं सदा की भाँति अपने नियत समय पर आश्रम पहुँचा, तो मैंने विषण्ण मन से अपने फूल श्रीयुक्तेश्वरजी को अर्पित किए। मेरे खिन्न चेहरे को देखकर वे हँसने लगे।

"मुकुंद! क्या भगवान् परीक्षा में या अन्य कहीं तुम्हारी मदद करने में कभी चूके हैं?"

"नहीं, गुरुदेव!" मैंने उत्साहित होकर उत्तर दिया और साथ ही कृतज्ञतापूर्ण स्मृतियों से मुझमें नवशक्ति का संचार हो गया।

"कॉलेज में गौरव प्राप्त करने के प्रयास से तुम्हें तुम्हारे आलस्य ने नहीं, बल्कि ईश्वर-प्राप्ति के ज्वलंत उत्साह ने रोका है," मेरे गुरु ने प्रेम से कहा। थोड़ी देर मौन रहने के बाद उन्होंने बाइबल के एक वचन को उद्धृत किया, "पहले ईश्वर के साम्राज्य को और उसकी नीतिपरायणता को प्राप्त करने का प्रयास करो; तब अन्य सारी चीजें तुम्हें अपने आप मिल जाएँगी।"

अन्य हजारों अवसरों की तरह इस बार भी गुरुदेव के सान्निध्य में मेरे मन से बोझ आज फिर हट गया। मध्याह्न भोजन रोज की अपेक्षा पहले खत्म करने के बाद उन्होंने मुझे पंथी लौट जाने की सलाह दी।

"तुम्हारा मित्र रमेशचंद्र दत्त क्या अब भी तुम्हारे छात्रावास में रहता है?"

"जी, गुरुदेव!"

"उससे मिलो; प्रभु उसे तुम्हारी परीक्षा की तैयारी में सहायता करने की प्रेरणा देंगे।"

"ठीक है, गुरुदेव! परंतु रमेश इस समय अत्यंत व्यस्त है। उसने ऑनर्स ले रखा है और अन्य छात्रों की अपेक्षा उसका पाठ्यक्रम अधिक है।"

गुरुदेव ने मेरे आक्षेपों की ओर कोई ध्यान नहीं दिया। "तुम्हारे लिए रमेश समय निकाल लेगा। अब तुम जाओ।"

मैं साइकिल से पंथी वापस लौटा। छात्रावास के अहाते में पहुँचते ही सर्वप्रथम किसी से मेरी भेंट हुई, तो वह थी विद्याभ्यासी रमेश से। झिझकते हुए किए गए मेरे अनुरोध को उसने ऐसी तत्परता के साथ स्वीकार किया, जैसे उसके पास समय-ही-समय हो।

"अवश्य! मैं तुम्हारी सेवा में उपस्थित हूँ।" उस दिन और उसके बाद के प्रत्येक दिन उसने मुझे मेरे विभिन्न विषयों की परीक्षा के लिए तैयार करने में कई घंटे व्यतीत किए।

"मुझे लगता है कि अंग्रेजी साहित्य में उनके प्रश्न चाइल्ड हैरोल्ड ने अपनी

यात्रा के लिए जो रास्ता अपनाया था, उससे संबंधित होंगे। हमें तुरंत एक एटलस लानी चाहिए," उसने मुझे बताया।

मैं जल्दी-जल्दी शारदा चाचा के घर गया और एक एटलस माँग लाया। रमेश ने यूरोप के नक्शे में उन सभी स्थानों पर चिह्न लगा दिए, जहाँ बायरन का वह रोमांचक यात्री गया था।

रमेश जब मुझे बता रहा था, तब कुछ सहपाठी उसके मार्गदर्शन को सुनने के लिए हमारे इर्दगिर्द जमा हो गए थे। एक बैठक के अंत में उनमें से एक ने मुझसे कहा—"रमेश तुम्हें गलत सलाह दे रहा है। साधारणतया केवल पचास प्रतिशत प्रश्न ही पुस्तकों के बारे में होते हैं; अन्य आधे प्रश्न लेखकों की जीवनी से संबंधित होते हैं।"

जब परीक्षा भवन में अंग्रेजी साहित्य की प्रश्न-पत्रिका मेरे हाथ में आई, तो उस पर प्रथम दृष्टि पड़ते ही मेरी आँखों से कृतज्ञता के आँसू बहकर मेरी पत्रिका को भिगोने लगे। उस कमरे के परीक्षा-पर्यवेक्षक मेरे पास आकर सहानुभूतिपूर्वक पूछताक्ष करने लगे।

मैंने उन्हें बताया, "मेरे महान् गुरु ने पहले ही मुझे बता दिया था कि रमेश मेरी सहायता करेगा और देखिए, रमेश ने मुझे जिन-जिन प्रश्नों के आने की संभावना बताई थी, वही सब प्रश्न इस प्रश्न-पत्रिका में आए हैं!" फिर मैंने आगे कहा—"मेरी खुशकिस्मती से इस साल बहुत कम प्रश्न अंग्रेज लेखकों के बारे में हैं, जिनका जीवन मेरे लिए तो गहरे रहस्य में ही लिपटा हुआ है।"

जब मैं परीक्षा देकर छात्रावास लौटा, तो छात्रों ने मुझे देखकर जोर से हर्षध्वनि की। जो लड़के रमेश के मार्गदर्शन में विश्वास करने के कारण मेरा मजाक उड़ा रहे थे, वही जोर-जोर से मेरा अभिनंदन करके मेरे कानों के परदे फाड़ रहे थे। परीक्षा के पूरे सप्ताह में मैं यथासंभव अधिक-से-अधिक समय रमेश के साथ ही बिताता रहा, जो मुझे प्रोफेसरों द्वारा प्रश्न-पत्रिका में डाले जा सकने वाले संभाव्य प्रश्न बताता रहा। दिन-प्रतिदिन प्रत्येक प्रश्न-पत्रिका में रमेश के बताए हुए प्रश्न लगभग उसी के शब्दों में आते रहे।

कॉलेज में बिजली की तरह यह बात फैल गई कि चमत्कार जैसा कुछ घटित हो रहा है और हमेशा अनमने-से रहने वाले 'पागल संन्यासी' का परीक्षा में उत्तीर्ण होना संभव लग रहा है। मैंने कुछ भी छिपाने का कोई प्रयास नहीं किया। विश्वविद्यालय के द्वारा बनाई गई प्रश्न-पत्रिकाओं में कोई फेरबदल करना स्थानीय प्रोफेसरों के हाथ में नहीं था।

एक दिन सुबह अंग्रेजी साहित्य की परीक्षा के विषय में सोचते हुए अचानक मेरे ध्यान में आया कि मैंने एक बड़ी भारी भूल कर दी थी। कुछ प्रश्न दो भागों में विभाजित किए गए थे—'क' या 'ख', तथा 'ग' या 'घ'। प्रत्येक विभाग के एक प्रश्न का उत्तर लिखने के बजाय मैंने प्रथम विभाग के दोनों प्रश्नों के उत्तर लिख दिए थे और दूसरे विभाग को लापरवाही से पूर्णतः अनदेखा कर दिया था। उस परीक्षा में मुझे अधिक-से-अधिक 33 अंक मिल सकते थे—न्यूनतम उत्तीर्णांक 36 से तीन अंक कम।

मैं सीधा गुरुदेव के पास पहुँच गया और उन्हें अपनी भूल बता दी।

मैंने कहा, "गुरुदेव! मैंने अक्षम्य भूल कर दी है। मैं रमेश के माध्यम से मिली ईश्वरीय कृपा के योग्य नहीं हूँ; मैं बिल्कुल अपात्र हूँ।"

"मुसकराओ, मुकुंद!" श्रीयुक्तेश्वरजी के स्वर में चिंता का लवलेश नहीं था। उन्होंने नीले आकाश की ओर उँगली दिखाते हुए कहा, "सूर्य-चंद्र आकाश में अपने स्थानों की अदला-बदली कर सकते हैं, परंतु तुम्हें विश्वविद्यालय की उपाधि मिलना नहीं रुक सकता!"

हिसाब करने से तो पास होना असंभव लग रहा था, तथापि मैं जब आश्रम से बाहर निकला तो मेरा मन काफी शांत हो गया था। एक-दो बार मैंने सशंक मन से आकाश की ओर देखा; सूर्य अपनी प्रचलित कक्षा में ही सुस्थित लग रहे थे।

जब मैं पंथी पहुँचा, तो एक सहपाठी का स्वर मेरे कानों में पड़ा, "मैंने अभी-अभी सुना है कि इस वर्ष पहली बार अंग्रेजी साहित्य में उत्तीर्ण होने के लिए आवश्यक न्यूनतम उत्तीर्णांक को घटा दिया गया है।"

मैं इतनी तेजी से उस लड़के के कमरे में घुसा कि उसने घबराकर ऊपर देखा। मैंने अत्यंत उत्सुकता के साथ उससे पूछा।

उसने हँसते हुए कहा, "जटाधारी साधु महाराज! पढ़ाई-लिखाई में अचानक इतनी उत्सुकता क्यों? अंतिम क्षण में रोने-धोने से क्या लाभ? परंतु यह सच है कि उत्तीर्णांक को घटाकर 33 कर दिया गया है।"

खुशी के मारे उछलता-कूदता मैं अपने कमरे में पहुँचा और जमीन पर घुटने टेककर अचूक गणितीय हिसाब के लिए अपने परमपिता की स्तुति करने लगा।

प्रतिदिन रमेश के माध्यम से मेरा मार्गदर्शन करती एक आध्यात्मिक शक्ति की उपस्थिति के बोध से मैं रोमांचित हो उठता। बंगाली भाषा की परीक्षा के संबंध में एक उल्लेखनीय घटना हुई। एक दिन प्रातः जब मैं छात्रावास से निकलकर परीक्षा

के लिए कॉलेज की ओर जाने लगा, तो रमेश ने मुझे पुकारा। उसने मुझे बंगाली भाषा के विषय में कोई मार्गदर्शन नहीं दिया था।

"वहाँ रमेश तुम्हारे लिए चिल्ला रहा है," एक सहपाठी छात्र ने अधीर होकर कहा। "अब वापस मत जाओ, वरना हम लोगों को परीक्षा के लिए देर हो जाएगी।"

उसकी बातों की ओर कोई ध्यान न देकर मैं छात्रावास भवन की ओर दौड़ पड़ा।

रमेश ने कहा, "हमारे बंगाली लड़के साधारणतया बंगाली भाषा में आसानी से पास हो जाते हैं, परंतु मेरे मन में अभी-अभी ऐसी शंका उठी है कि इस वर्ष अपेक्षित पठन की पुस्तकों से प्रश्न पूछकर प्राध्यापकों ने विद्यार्थियों की बलि चढ़ाने की योजना बनाई है।" उसने फिर 19वीं शताब्दी के सुप्रसिद्ध बंगाली समाजसेवक विद्यासागर के जीवन की दो कहानियाँ संक्षेप में बताईं।

रमेश का धन्यवाद कर मैं तुरंत साइकिल से कॉलेज पहुँचा। वहाँ मैंने देखा कि बंगाली की प्रश्न-पत्रिका में दो विभाग थे। पहले विभाग में लिखा था, 'विद्यासागर के समाज-कार्य की दो घटनाओं का वर्णन करो।' जब मैं अभी-अभी ज्ञात हुई कहानियों को उत्तर-पत्रिका पर उतार रहा था, तो मन-ही-मन धन्यवाद करने लगा कि अंतिम क्षण में भी मैंने रमेश की पुकार का मान रखा था। विद्यासागर के कल्याण-कार्यों (जिनमें अब एक मेरे प्रति भी हो गया था) से यदि मैं अनभिज्ञ रहता, तो बंगाली भाषा में मैं पास नहीं हो पाता।

प्रश्न-पत्रिका के दूसरे विभाग में लिखा था, 'बंगाली में उस व्यक्ति के जीवन पर निबंध लिखो, जिससे तुम्हें सर्वाधिक प्रेरणा मिली हो।' भद्र पाठक, निबंध के लिए मैंने किसे चुना, इसके बारे में आपको बताने की कोई आवश्यकता नहीं। जब मैं पृष्ठ-पर-पृष्ठ अपने गुरु की प्रशंसा से भरता जा रहा था, तो अपने आप से बुदबुदाकर की हुई उस भविष्यवाणी को सच होते देख मेरे होंठों पर मुसकान आ गई, "प्रश्नों के उत्तर में मैं आपके ही उपदेशों से उत्तर-पत्रिकाएँ भर दूँगा!"

दर्शनशास्त्र के मेरे पाठ्यक्रम के विषय में रमेश से कुछ पूछने की इच्छा मेरे मन में नहीं आई थी। श्रीयुक्तेश्वरजी के मार्गदर्शन में मिले दीर्घ प्रशिक्षण पर मुझे इतना भरोसा था कि पाठ्य-पुस्तकों के विवरणों को मैंने कोई महत्त्व नहीं दिया। सब विषयों में मुझे सबसे अधिक अंक दर्शनशास्त्र में ही मिले। अन्य विषयों में मुझे केवल पास होने के लिए आवश्यक अंक ही मिले।

यहाँ बताते हुए मुझे अत्यंत हर्ष होता है कि मेरे नि:स्वार्थी मित्र रमेश को उसकी अपनी ऑनर्स की डिग्री उच्च अंकों के साथ मिली।

मेरे स्नातक होने पर पिताजी की खुशी का ठिकाना नहीं रहा। उन्होंने स्वीकार किया, "मुकुंद! तुम अपने गुरु के साथ इतना अधिक समय व्यतीत करते थे कि मुझे तुम्हारे उत्तीर्ण होने की कोई आशा नहीं थी।" गुरुदेव ने मेरे पिताजी की अव्यक्त आलोचना को ठीक ही ताड़ लिया था।

वर्षों से मेरे मन में संदेह बना हुआ था कि मैं अपने नाम के बाद बी.ए. के अक्षर जुड़े कभी देख भी पाऊँगा। इस उपाधि का उल्लेख करते समय हमेशा ही मेरे मन में यह विचार आए बिना नहीं रहता कि मुझे यह ईश्वर की ओर से उपहारस्वरूप मिली है, जिसके पीछे कोई गूढ़ कारण है। कभी-कभी मैं कॉलेज में पढ़े लोगों को ऐसा कहते सुनता हूँ कि उन्हें अपने रट-रटकर प्राप्त किए ज्ञान का बहुत अल्प अंश ही उपाधि मिलने के बाद याद रह पाता है। उनकी इस स्वीकारोक्ति से मुझे अपनी निस्संदिग्ध शैक्षणिक अपूर्णता के विषय में थोड़ी सी सांत्वना मिल जाती है।

जून 1915 के जिस दिन मुझे कलकत्ता विश्वविद्यालय की उपाधि मिली, उस दिन अपने गुरु के चरणों में सिर नवाकर मैंने उनके जीवन से अपने जीवन में प्रवाहित होने वाली सभी कृपाओं के लिए उनके प्रति कृतज्ञता व्यक्त की।

"उठो, मुकुंद!" उन्होंने अत्यंत प्रेम के साथ कहा। "बात केवल इतनी है कि प्रभु को सूर्य-चंद्र के स्थानों की अदला-बदली करने के बजाय तुम्हें स्नातक बना देना ज्यादा आसान लगा!"

□

24

मेरा संन्यास-ग्रहण

"गुरुदेव! मेरे पिताजी मुझसे बंगाल-नागपुर रेलवे में एक अधिकारी का पद ग्रहण करने के लिए आग्रह करते रहे हैं। परंतु मैंने साफ मना कर दिया है।" फिर मैंने आशा के साथ आगे कहा, "गुरुदेव! क्या आप मुझे स्वामी परंपरा की संन्यास दीक्षा नहीं देंगे?" मैं अनुनयपूर्वक अपने गुरु की ओर देखता रहा। विगत वर्षों में मेरे निश्चय की गहराई की परीक्षा लेने के लिए उन्होंने मेरे इसी अनुरोध को कई बार ठुकरा दिया था। परंतु आज अनुग्रहपूर्ण मुसकान उनके मुखमंडल पर आ गई।

"ठीक है, कल मैं तुम्हें संन्यास-दीक्षा दे दूँगा।" फिर शांत भाव से वे कहते गए, "मुझे खुशी है कि संन्यास ग्रहण करने की इच्छा पर तुम अटल रहे। लाहिड़ी महाशय प्रायः कहा करते थे, 'अपने जीवन के वसंत में यदि तुम ईश्वर को आमंत्रित नहीं करोगे तो तुम्हारे जीवन के शिशिर में वे तुम्हारे पास नहीं आएँगे।'"

"प्रिय गुरुदेव! मैं आप ही की भाँति स्वामी परंपरा में शामिल होने की अपनी इच्छा को कभी नहीं छोड़ सकता था।" असीम स्नेह के साथ उनकी ओर देखते हुए मैं मुसकराया।

"अविवाहित पुरुष प्रभु से संबंधित बातों की चिंता में रहता है कि कैसे वह प्रभु को प्रसन्न करे; परंतु विवाहित पुरुष संसार की बातों की चिंता में रहता है, कि कैसे वह अपनी पत्नी को प्रसन्न करे।"

मैंने अपने अनेक मित्रों के जीवन का विश्लेषण किया था, जिन्होंने कुछ आध्यात्मिक साधना करने के बाद विवाह कर लिया था। सांसारिक जिम्मेदारियों के सागर में कूद पड़ने के बाद गहरा ध्यान करने के अपने संकल्पों को वे भूल गए थे।

प्रभु को अपने जीवन में द्वितीय श्रेणी का स्थान देने की मैं कल्पना भी नहीं कर सकता था। वे ही तो समस्त ब्रह्मांड के स्वामी हैं, जो जन्म-जन्मांतर में मनुष्य पर वरदानों की वर्षा करते आ रहे हैं। और इस कृपावर्षा के बदले में मनुष्य उन्हें केवल एक ही चीज दे सकता है—अपना प्रेम, जो देने या न देने की उसे पूर्ण छूट है।

अगला दिन मेरे जीवन का सबसे अविस्मरणीय दिन था। मुझे याद है कि कॉलेज से ग्रैज्युएट होने के कुछ सप्ताह बाद ही यह सन् 1915 के जुलाई महीने का एक गुरुवार था। अपने श्रीरामपुर आश्रम के भीतर के एक बरामदे में श्रीयुक्तेश्वरजी ने एक श्वेत रेशमी वस्त्र को संन्यास धर्म के परंपरागत गेरुआ रंग में डुबोया। जब वस्त्र सूख गया तो मेरे गुरु ने उसे एक संन्यासी के वस्त्र के तौर पर मेरे बदन पर लपेट दिया। "किसी दिन तुम पश्चिम में जाओगे, जहाँ रेशमी वस्त्रों को पसंद किया जाता है," उन्होंने कहा, "उसी के प्रतीकस्वरूप मैंने तुम्हारे लिए परंपरागत सूती वस्त्र के स्थान पर यह रेशमी वस्त्र चुना है।"

भारत में, जहाँ संन्यासी अपरिग्रह-वृत्ति का व्रत लेते हैं, रेशमी वस्त्र परिधान किया हुआ स्वामी शायद ही कभी दिखाई देगा। परंतु अनेक योगी रेशमी वस्त्र पहनते हैं, क्योंकि रेशमी वस्त्र शरीर के कुछ सूक्ष्म प्रवाहों को सूती वस्त्रों की अपेक्षा अधिक अच्छी तरह से रोककर रखते हैं। "मुझे अनुष्ठान, संस्कार आदि के कर्मकांड में कोई रुचि नहीं," श्रीयुक्तेश्ववरजी ने कहा, "मैं तुम्हें विद्वत् (कर्मकांड रहित) पद्धति से संन्यास दीक्षा दूँगा।"

विविदिशा या संन्यास की आद्योपांत अनुष्ठान-संस्कार युक्त दीक्षा में एक हवन-विधि भी होती है, जिसमें प्रतीकात्मक अंत्येष्टि क्रिया-कर्म, श्राद्ध आदि किया जाता है। दीक्षा लेने वाले शिष्य के स्थूल देह को मृत एवं ज्ञानाग्नि में भस्मीभूत माना जाता है, तत्पश्चात् नवदीक्षित संन्यासी को एक महावाक्य दिया जाता है, जैसे 'अयमात्माब्रह्म' अथवा 'तत्त्वमसि' अथवा 'अहं ब्रह्मास्मि'। परंतु सादगी प्रेमी श्रीयुक्तेश्वरजी ने सभी औपचारिक विधियों को छोड़ दिया और केवल मुझे एक नया नाम चुनने को कहा।

"नाम चुनने का अधिकार मैं तुम्हें ही देता हूँ।" उन्होंने मुसकराते हुए कहा।

"योगानंद," मैंने एक पल सोचने के बाद कहा, "इस नाम का अर्थ है—ईश्वर के साथ मिलन (योग) द्वारा आनंद।"

"तथास्तु! तुम्हारे पारिवारिक नाम मुकुंदलाल घोष को छोड़कर अब से तुम स्वामी परंपरा की गिरि शाखा के योगानंद कहलाओगे।" श्रीयुक्तेश्वरजी के चरणों में सिर नवाते हुए, जब प्रथम बार उनके मुँह से मैंने अपना नया नाम सुना तो मेरा

हृदय कृतज्ञता से भर उठा। कितने प्रेमपूर्वक उन्होंने अथक परिश्रम किया था, ताकि बालक मुकुंद एक दिन 'स्वामी योगानंद' में परिणत हो सके!

प्रत्येक स्वामी भारत में अनंत काल से सम्मानित संन्यास परंपरा से संबंध रखता है। संन्यास संप्रदाय अनेक बातों में उनसे कहीं अधिक प्राचीन स्वामी संप्रदाय से मिलते-जुलते हैं। स्वामी अपने नए नाम के आगे एक ऐसी उपाधि लगाता है, जिससे स्वामी संप्रदाय की दस शाखाओं में से किसी एक के साथ उसके जुड़े होने का परिचय मिलता है। इन दस शाखाओं में या दशनामियों में एक शाखा है गिरि, जिससे स्वामी श्रीयुक्तेश्वर गिरि और उनका शिष्य होने के नाते मैं स्वयं संलग्न हूँ। अन्य शाखाएँ हैं सागर, भारती, पुरी, सरस्वती, तीर्थ, अरण्य, आश्रम, वन और पर्वत।

स्वामी का संन्यासाश्रम का नाम, जिसके आगे साधारणतया आनंद लगा होता है, किसी विशिष्ट मार्ग, अवस्था या आध्यात्मिक गुण जैसे प्रेम, ज्ञान, विवेक, भक्ति, सेवा, योग—के द्वारा मुक्ति प्राप्त करे की उसकी आकांक्षा का द्योतक होता है। श्रीयुक्तेश्वरजी स्वामी थे और योगी भी। पूज्य स्वामी संप्रदाय से जुड़ा होने के कारण स्वामी बना हर संन्यासी योगी नहीं होता। जो ईश्वर साक्षात्कार के लिए किसी वैज्ञानिक प्रविधि का अभ्यास करता है, वही योगी होता है। वह विवाहित हो सकता है और अविवाहित भी; सांसारिक जिम्मेदारियों को निभाने वाला भी हो सकता है या विशिष्ट धर्मसंप्रदाय से संबद्ध भी।

सच्चा योगी अपने कर्तव्यों का निर्वाह करते हुए संसार में रह सकता है; वहाँ वह पानी पर तैरते मक्खन की तरह होता है, आसानी से पतला बनाए जा सकने वाले अनुशासनविहीन मानवजाति रूपी दूध की तरह नहीं। यदि मनुष्य अपने अहंकार की इच्छा-वासनाओं में मानसिक रूप से लिप्त न हो और जीवन में अपनी भूमिका को केवल ईश्वर का एक स्वैच्छिक माध्यम बनकर अदा करे तो सांसारिक कर्तव्यों को निभाने के लिए उसे ईश्वर से अलग होने की आवश्यकता नहीं रहती।

□

25

भाई अनंत एवं बहन नलिनी

"अनंत अब अधिक दिन जीवित नहीं रह सकता; इस जन्म के लिए उसके कर्मों का भोग पूरा हो चुका है।"

एक दिन प्रात:काल जब मैं गहन ध्यान में बैठा हुआ था तो मेरी अंतर्चेतना में ये निष्ठुर शब्द उभर आए। संन्यास लेने के थोड़े ही दिन बाद मैं अपने जन्मस्थान गोरखपुर में अपने बड़े भाई अनंत के घर गया हुआ था। अचानक अस्वस्थ होकर अनंत दा ने बिस्तर पकड़ लिया था। मैं आत्मीयता के साथ उनकी सेवा में जुट गया।

अंतर में उठी इस सत्यनिष्ठ घोषणा से मैं दुःखी हो उठा। मुझे लगा कि अपनी असहाय दृष्टि के सामने अपने भाई को मुझसे छीना जाता देखने के लिए मैं अब गोरखपुर में रहना सहन नहीं कर सकता। अपने सगे-संबंधियों की नासमझ टीका-टिप्पणी की कोई परवाह न करते हुए मैं सबसे पहले जो जहाज मिला, उसी पर सवार होकर भारत से बाहर चला गया। जहाज म्याँमार (बर्मा) होता हुआ चीनी समुद्र से जापान पहुँचा। जापान में मैं कोबे शहर में जहाज से उतर गया और कुछ ही दिन वहाँ रहा। मेरा मन अत्यंत दुःखी था, इसी कारण सैर-सपाटा वगैरह करने की कोई इच्छा नहीं थी।

भारत वापस आते समय जहाज शंघाई में रुका। वहाँ जहाज के चिकित्सक डॉक्टर मिश्र मुझे कलात्मक वस्तुओं की दुकानों में ले गए। मैंने श्रीयुक्तेश्वरजी और अपने परिवारजन एवं मित्रों के लिए वहाँ से उपहार खरीदे। अनंत के लिए मैंने अति सुंदर कारीगरीयुक्त बाँस की एक वस्तु ली। चीनी सेल्समैन ने जैसे ही वह वस्तु मेरे हाथ में थमाई, वैसे ही वह मेरे हाथ से छूटकर नीचे गिर गई, साथ-ही-साथ मेरे मुँह से निकल पड़ा, "इसे मैंने अपने प्रिय मृत भाई के लिए खरीदा है!"

मुझे स्पष्ट अनुभूति हो गई थी कि अनंत दा की आत्मा उसी क्षण शरीर से मुक्त होकर अनंत की ओर जा रही थी। इसी के प्रतीकस्वरूप वह वस्तु गिरने के कारण टूट गई थी। सिसकियाँ भरते हुए मैंने बाँस की सतह पर लिखा, "मेरे प्रिय अनंत दा के लिए, जो अब चले गए हैं!" मेरे साथ खड़े डॉक्टर मिश्र व्यंग्यपूर्ण मुसकान के साथ मुझे देख रहे थे।

"अपने आँसू बचाकर रखिए," उन्होंने कहा, "जब तक यह निश्चित न हो जाए कि उनकी मृत्यु हो गई है, इन्हें क्यों बहा दिया जाए?"

जब हमारा जहाज कोलकाता पहुँचा, तब डॉक्टर मिश्र पुनः मेरे साथ ही बाहर निकले। बंदरगाह पर मेरा सबसे छोटा भाई विष्णु मुझे लेने के लिए आया हुआ था।

"मुझे पता है कि अनंत दा अब नहीं रहे," विष्णु को कुछ कहने का समय मिल पाने के पहले ही मैं बोल पड़ा, "मुझे और इन डॉक्टर साहब को केवल इतना बता दो कि अनंत दा की मृत्यु कब हुई?"

विष्णु ने दिन बता दिया। यह वही दिन था, जब मैंने शंघाई में उपहार खरीदे थे।

मैंने जैसे ही अपने घर में प्रवेश किया, पिताजी कसकर मेरे गले मिले। "तुम आ गए!" उन्होंने कातर स्वर में कहा। दो बड़े-बड़े अश्रु उनकी आँखों से टपक पड़े। साधारणतया मनोभावों को प्रकट न करने का उनका स्वभाव था और उनमें प्रेम के ऐसे बाह्य लक्षण मैंने कभी देखे नहीं थे। ऊपर-ऊपर से तो वे एक गंभीर पिता थे, पर उनके भीतर एक माता का पिघल जाने वाला हृदय था। परिवार के सभी मामलों में वे माता-पिता की यह द्विमुखी भूमिका निभाते थे।

अनंत के निधन के थोड़े ही दिन बाद मेरी छोटी बहन नलिनी दैवी शक्ति के हस्तक्षेप से मृत्यु के मुख से लौट आई।

जब मैं जापान से लौटकर आया तो मुझे पता चला कि मेरी अनुपस्थिति में नलिनी टायफाइड ज्वर से बीमार हो गई थी। मैं तुरंत उसके घर गया और देखकर हैरान रह गया कि वह अत्यंत दुबली हो चुकी है। वह बेहोशी की अवस्था में थी।

मेरे बहनोई ने मुझे बताया, "रोग की जीर्णता से सन्निपात होने के पहले वह बार-बार कहा करती थी, 'यदि मुकुंद दादा यहाँ होते तो मेरी यह दशा नहीं होती।' उनकी आँखें भर आई थीं। उन्होंने आगे कहा, "दूसरे डॉक्टर लोगों को और मुझे भी आशा की कोई किरण नजर नहीं आती, इतने लंबे समय तक टायफाइड से जूझने के बाद अब उसे आँव-रक्त की पेचिश शुरू हो गई है।"

मैंने अपनी प्रार्थनाओं से आकाश और पाताल तक को हिला दिया। मुझे पूर्ण सहयोग देने वाली एक एंग्लो-इंडियन नर्स को नियुक्त कर मैं अपनी बहन पर रोगमुक्ति की यौगिक पद्धतियों का प्रयोग करने लगा। आँव-रक्त की पेचिश बंद हो गई। परंतु डॉक्टर बोस विषण्णता में सिर हिलाते हुए शोकार्त स्वर में बोले, "अब बाहर निकलने के लिए इसके शरीर में खून ही नहीं बचा है।"

"वह ठीक हो जाएगी," मैंने दृढ़ता के साथ कहा, "सात दिन में उसका बुखार चला जाएगा।"

एक सप्ताह बाद नलिनी को आँखें खोलकर मुझ पर प्रेमभरी दृष्टि डालती देखकर मैं रोमांचित हो उठा। उस दिन से उसके स्वास्थ्य में तेजी से सुधार हुआ। उसका शरीर पहले की तरह गोलमटोल तो हो गया, पर उसकी लगभग प्राणांतिक बीमारी का एक दुःखद चिह्न उसके रह गया, उसके दोनों पैरों में पक्षाघात हो गया। भारतीय और विलायती डॉक्टरों ने उसे असाध्य विकलांग घोषित कर दिया।

उसके जीवन की रक्षा के लिए मैंने प्रार्थना द्वारा जो अविरत युद्ध छेड़ रखा था, उससे मैं थक गया था। मैं श्रीयुक्तेश्वरजी की सहायता लेने के लिए श्रीरामपुर गया। जब मैंने उन्हें नलिनी की दशा से अवगत कराया तो उनकी आँखों में गहरी सहानुभूति उभर आई।

"एक महीने में तुम्हारी बहन के पाँव ठीक हो जाएँगे।" फिर उन्होंने आगे कहा, "उसे अपनी त्वचा का स्पर्श करते हुए दो कैरट का एक छिद्रविहीन मोती पहनने को कहो, जो एक बंधन में दोनों ओर से आँकड़ों में जड़ा हो।"

मैंने आनंद के साथ राहत की साँस लेते हुए उनके चरणों में साष्टांग प्रणाम किया।

"गुरुदेव! आप सिद्धपुरुष हैं; आपके मुँह से निकला हुआ वचन कि वह ठीक हो जाएगी, ही काफी है। परंतु यदि आप कहते ही हैं तो मैं तुरंत उसके लिए एक मोती ले आता हूँ।"

मेरे गुरु ने हाँ में सिर हिलाया। "हाँ, ऐसा अवश्य करो।" फिर उन्होंने नलिनी की, जिसे उन्होंने कभी देखा भी नहीं था, शारीरिक और मानसिक विशिष्टताओं का सविस्तार वर्णन कर दिया।

मैंने पूछा, "गुरुदेव! क्या यह ज्योतिषीय विश्लेषण है? आपको तो उसका जन्मकाल या जन्मदिन भी मालूम नहीं है!"

श्रीयुक्तेश्वरजी मुसकराए। "एक गहनतर ज्योतिष भी है, जो पंचांगों और घड़ियों के प्रमाणों पर निर्भर नहीं करता। प्रत्येक मनुष्य विधाता या विराट् पुरुष का

एक हिस्सा है; उसका जैसे स्थूल शरीर होता है, वैसे ही एक सूक्ष्म शरीर भी होता है। मानवी नेत्र केवल स्थूल शरीर को देखते हैं, परंतु अंतर्चक्षु अधिक गहराई में जाकर उस विश्वरूप तक को भी देख सकता है, जिसका प्रत्येक मनुष्य एक अविभाज्य और स्वतंत्र अंग है।"

मैंने कोलकाता लौटकर नलिनी के लिए एक मोती खरीदा। एक महीने के बाद उसके पंगु हुए पाँव पूर्णतः ठीक हो गए।

नलिनी ने गुरुदेव से अपनी हार्दिक कृतज्ञता व्यक्त करने के लिए मुझसे कहा। श्रीयुक्तेश्वरजी ने उसके संदेश को चुपचाप सुन लिया। परंतु जब मैं उनसे विदा ले रहा था, तब उन्होंने एक अर्थगर्भित बात कही, "तुम्हारी बहन को अनेक डॉक्टरों ने बताया हुआ है कि वह कभी माँ नहीं बन सकती। उसे विश्वास दिला दो कि कुछ ही वर्षों में वह दो पुत्रियों को जन्म देगी।"

कुछ वर्षों बाद नलिनी की खुशी का ठिकाना न रहा, जब उसने एक पुत्री को जन्म दिया और उसके कुछ वर्ष बाद दूसरी को।

सिद्धपुरुष कभी भी रोग-मुक्तिदाता के रूप में सामने आना नहीं चाहते; रोग-मुक्तिदाता केवल ईश्वर है। इसलिए जिन शक्तियों को संतजन ने अपने प्रभु से विनम्रतापूर्वक ग्रहण किया है, उन्हें वे नाना प्रकार के छद्मवेशों में छिपाकर प्रयुक्त करते हैं। साधारणतया मनुष्य प्रकट पदार्थों में विश्वास करते हैं। इसलिए जब लोग रोगमुक्ति के लिए मेरे गुरुदेव के पास आते थे, तब वे उनमें श्रद्धा जगाने के लिए तथा अपनी ओर से उनका ध्यान हटाने के लिए भी, कोई कड़ा पहनने के लिए कह देते थे। उन कड़ों और रत्नों में रोग-निवारण के अंतर्निहित विद्युत्‌चुंबकीय गुणों के अतिरिक्त गुप्त रूप से गुरुदेव की आध्यात्मिक कृपा भी रहती थी।

□

26
क्रिया-योग विज्ञान

इस पुस्तक में बार–बार जिस क्रिया–योग विज्ञान का उल्लेख हुआ है, उसका आधुनिक भारत में दूर–दूर तक प्रसार मेरे गुरु के गुरु लाहिड़ी महाशय के माध्यम से हुआ। क्रिया शब्द संस्कृत धातु से बना है, जिसका अर्थ है करना, कर्म और प्रतिकर्म करना; इसी धातु से कर्म शब्द भी बना है, जिसका अर्थ है कार्य–कारण का नैसर्गिक नियम। अत: क्रिया–योग का अर्थ होता है 'एक विशिष्ट कर्म या विधि (क्रिया) द्वारा अनंत परमतत्त्व के साथ मिलन (योग)।' इस विधि का निष्ठापूर्वक अभ्यास करने वाला योगी धीरे–धीरे कर्म–बंधन से या कार्य–कारण संतुलन की नियमबद्ध शृंखला से मुक्त हो जाता है।

कुछ प्राचीन यौगिक विधि–निषेधों के कारण सर्वसामान्य के लिए लिखी जाने वाली इस पुस्तक में मैं क्रिया–योग का पूर्ण विवरण नहीं दे सकता। इसकी वास्तविक प्रविधि योगदा सत्संग सोसायटी/सेल्फ रियलाइजेशन फेलोशिप के किसी अधिकृत क्रियावान (क्रिया–योगी) से सीखनी चाहिए। यहाँ केवल स्थूल वर्णन पर ही संतुष्टि करनी होगी।

क्रिया–योग एक सरल मन:कायिक प्रणाली है, जिसके द्वारा मानव–रक्त कार्बनरहित होकर ऑक्सीजन से प्रपूरित हो जाता है। इस अतिरिक्त ऑक्सीजन के अणु प्राण धारा में रूपांतरित हो जाते हैं, जो मस्तिष्क और मेरुदंड के चक्रों में नवशक्ति का संचार कर देते हैं। शिराओं में बहने वाले अशुद्ध रक्त का संचय रुक जाने से योगी ऊतकों में होने वाले ह्रास को रोक सकता है या कम कर सकता है। उन्नत योगी अपनी कोशिकाओं को प्राणशक्ति में रूपांतरित कर देता है। एलाइजा, ईसा मसीह, कबीर और अन्य महानुभाव क्रिया–योग या उसी के समान किसी प्रविधि के प्रयोग में अवश्य निष्णात थे, जिसके द्वारा वे अपने शरीर को अपनी इच्छानुसार प्रकट या अंतर्धान कर सकते थे।

क्रिया-योग एक प्राचीन विज्ञान है। लाहिड़ी महाशय को यह उनके महान् गुरु बाबाजी से प्राप्त हुआ था, जिन्होंने अंधकार युगों में इसके लुप्त हो जाने के बाद फिर से उसे प्रकट कर परिष्कृत किया। बाबाजी ने इसे 'क्रिया-योग' का सीधा-सादा नाम दिया।

बाबाजी ने लाहिड़ी महाशय से कहा था, "इस 19वीं शताब्दी में जो क्रिया-योग मैं विश्व को तुम्हारे माध्यम से दे रहा हूँ, यह उसी विज्ञान का पुनरुथान है, जो श्रीकृष्ण ने सहस्राब्दियों पहले अर्जुन को दिया था और जो बाद में पतंजलि, ईसा मसीह, सेंट जॉन, सेंट पॉल और ईसा मसीह के अन्य शिष्यों को प्राप्त हुआ।"

भगवद्गीता में भगवान् श्रीकृष्ण ने क्रिया-योग की चर्चा दो बार की है। एक श्लोक में वे कहते हैं, "अपान वायु में प्राणवायु के हवन द्वारा और प्राणवायु में अपान वायु के हवन द्वारा योगी प्राण और अपान, दोनों की गति को रुद्ध कर देता है और इस प्रकार वह प्राण को हृदय से मुक्त कर लेता है और प्राणशक्ति पर नियंत्रण प्राप्त कर लेता है।" तात्पर्य यह है कि "योगी फेफड़ों और हृदय की कार्यशीलता को शांत कर प्राणशक्ति की उस अतिरिक्त आपूर्ति की सहायता से शरीर में होने वाले ह्रास को रोक देता है; और अपान को नियंत्रण में कर वह शरीर में वृद्धत्व लाने वाले परिवर्तनों को भी रोक देता है। इस प्रकार ह्रास और वृद्धि, दोनों को रोककर योगी प्राण-नियंत्रण सीख लेता है।"

गीता के अन्य कुछ श्लोकों में कहा गया है, "वह ध्यान-पारंगत (मोक्षपरायण) मुनि सदा के लिए मुक्त हो जाता है, जो 'चरम लक्ष्य' की प्राप्ति के लिए अपनी दृष्टि को भ्रूमध्य में स्थित करके नासिका तथा फेफड़ों में विचरने वाले प्राण और अपान का निराकरण (सम) करते हुए बाहरी विषय-भोगों से अपने ध्यान को हटाने में और इच्छा, भय तथा क्रोध को निकाल बाहर करने में समर्थ है और जिसने अपने इंद्रियग्राही मन एवं बुद्धि को जीत लिया है।"

भगवान् कृष्ण यह भी कहते हैं, "मैंने ही (अपने एक पूर्व अवतार में) यह अविनाशी योग एक प्राचीन ज्ञानी विवस्वत (सूर्य) को दिया था, विवस्वत ने इसे अपने पुत्र महान् स्मृतिकार मनु को और मनु ने सूर्यवंश के संस्थापक इक्ष्वाकु को दिया। इस प्रकार परंपरा से प्राप्त इस राजयोग को राजर्षियों ने जाना; किंतु, हे परंतप अर्जुन! उसके बाद यह योग बहुत काल से इस पृथ्वीलोक में लुप्तप्राय हो गया।" एक से दूसरे के पास इस प्रकार पहुँचते हुए राजयोग की ऋषियों ने भौतिकवादी युगों के शुरू होने तक रक्षा की। फिर पुरोहितों की गोपन-प्रवृत्ति और मनुष्यों की उदासीनता के कारण यह पवित्र विद्या धीरे-धीरे अप्राप्य हो गई।

योग के श्रेष्ठतम शास्त्रकार प्राचीन ऋषि पतंजलि ने क्रिया-योग का दो बार उल्लेख किया है। उन्होंने लिखा है, 'शारीरिक तप, मनोनिग्रह तथा ओम् का ध्यान मिलकर क्रिया-योग बनता है।' ध्यान में सुस्पष्ट सुनाई देने वाले ओम् के ब्रह्मनाद को पतंजलि ईश्वर कहते हैं। ओम् सृष्टिकर्ता शब्दब्रह्म है, वह स्पंदनशील सृष्टियंत्र का गुंजन है और ईश्वर के अस्तित्व का साक्षी है। योग का नया साधक भी शीघ्र ही ओम् की अद्भुत ध्वनि को सुन सकता है। इस परमानंदमय आध्यात्मिक प्रोत्साहन से उसे पूर्ण विश्वास हो जाता है कि सूक्ष्म लोकों से उसका संपर्क हो रहा है।

पतंजलि दूसरी बार फिर से क्रिया-प्रविधि की या प्राणायाम की चर्चा इस प्रकार करते हैं, "उस प्राणायाम द्वारा मुक्ति प्राप्त की जा सकती है, जो श्वास और प्रश्वास के गतिविच्छेद से निष्पन्न होता है।"

सेंट पॉल को क्रिया-योग या वैसी ही किसी प्रविधि का ज्ञान था, जिसके द्वारा वे प्राणशक्ति को इंद्रियों में प्रवाहित कर सकते थे और उसे इंद्रियों से वापस भी खींच सकते थे। इसीलिए वे कह सके—"मुझे ईसा में जो परम आनंद प्राप्त होता है, उस आनंद की शपथ खाकर मैं कहता हूँ कि मैं रोज मरता हूँ।" शरीर की संपूर्ण प्राणशक्ति (जो साधारणतः इंद्रिय जगत् की ओर बहिर्मुखी होती है और इस कारण इसे सत्य का भास प्रदान करती है) को अंतर में केंद्रित करने की एक विधि द्वारा सेंट पॉल हर रोज कूटस्थ चैतन्य के परमानंद के साथ वास्तविक योग (तादात्म्य) का अनुभव करते थे। उस परमानंदमय अवस्था में वे इंद्रिय-भ्रम या माया-जगत् के प्रति 'मर' जाने या उससे मुक्त होने के प्रति सचेत रहते थे।

ईश-तादात्म्य की आरंभिक अवस्थाओं (सविकल्प समाधि) में साधक की चेतना परमतत्त्व में विलीन हो जाती है; उसकी प्राणशक्ति शरीर से खिंच जाती है और शरीर निश्चल और कड़ा या 'मृत' प्रतीत होता है। योगी को यह पूर्ण भान रहता है कि उसके शरीर में चलने वाली सारी जीवन-क्रियाएँ उस अवस्था में रुकी हुई होती हैं। परंतु जैसे-जैसे वह उन्नति कर उच्चतर आध्यात्मिक अवस्थाओं (निर्विकल्प समाधि) में पहुँचता है, वैसे-वैसे वह शरीर की निश्चेष्टता के बिना ही परमतत्त्व के साथ तादात्म्य कर लेता है; यहाँ तक कि साधारण चेतना में भी जब वह जाग रहा होता है, और संसार में अपने कर्तव्यों को निभाते समय भी वह ईश्वर के साथ एकात्म रहता है।

श्रीयुक्तेश्वरजी अपने शिष्यों को बताते थे, "क्रिया-योग एक ऐसा साधन है जिसके द्वारा मानवी क्रम-विकास की गति बढ़ाई जा सकती है। प्राचीन योगियों ने यह पता लगा लिया था कि ब्रह्म चैतन्य का रहस्य श्वास-नियंत्रण के साथ घनिष्ठता

से जुड़ा हुआ है। विश्व के ज्ञानकोश में यह भारत का अद्वितीय एवं अमर योगदान है। उच्चतर कार्यों के लिए, हृदय-क्रिया को चलाते रहने में सामान्यतः खर्च हो जाने वाली प्राणशक्ति को किसी ऐसी प्रविधि की सहायता से श्वास की अनवरत आवश्यकता से मुक्त करना आवश्यक है, जो श्वास को शांत और निःस्तब्ध कर सके।"

क्रिया-योगी मन से अपनी प्राणशक्ति को मेरुदंड के छह चक्रों (आज्ञा, विशुद्ध, अनाहत, मणिपुर, स्वाधिष्ठान तथा मूलाधार) में ऊपर-नीचे घुमाता है। ये छह चक्र विराट् पुरुष के प्रतीकस्वरूप राशिचक्र की बारह राशियों के समान हैं। मनुष्य के सूक्ष्मग्राही मेरुदंड में आधे मिनट के प्राणशक्ति के ऊपर-नीचे प्रवहन से उसके क्रम-विकास में सूक्ष्म प्रगति होती है। आधे मिनट की यह क्रिया एक वर्ष की स्वाभाविक तौर पर होने वाली आध्यात्मिक उन्नति के बराबर होती है।

मानव की सूक्ष्म देह में सर्वदर्शी आध्यात्मिक नेत्ररूपी सूर्य की परिक्रमा करने वाली छह (ध्रुवता की गणना से बारह) चक्ररूपी राशियों के और स्थूल जगत् के सूर्य एवं बारह राशियों के बीच परस्पर संबंध है। इस प्रकार सभी मनुष्य एक आंतरिक और एक बाह्य विश्व से प्रभावित होते हैं। प्राचीन ऋषियों ने यह ढूँढ़ निकाला कि मानव की सांसारिक और आकाशीय परिस्थितियाँ उसे बारह वर्ष के कालचक्र के क्रम में स्वाभाविक उन्नति के उसके मार्ग पर आगे सरकाती हैं। शास्त्र दृढ़तापूर्वक कहते हैं कि मनुष्य को अपने मानवीय मस्तिष्क को पूर्ण विकसित कर ब्रह्म चैतन्य प्राप्त करने के लिए दस लाख वर्षों की स्वाभाविक, आधि-व्याधिरहित विकास की आवश्यकता होती है।

साढ़े आठ घंटे में की गई एक हजार क्रियाएँ-योगी में एक दिन में एक हजार वर्ष का नैसर्गिक विकास लाती हैं। एक वर्ष में 3 लाख 65 हजार वर्षों का विकास। इस प्रकार क्रिया-योगी तीन वर्षों में ही अपने जागरूक आत्म-प्रयास के द्वारा वह परिणाम प्राप्त कर लेता है, जिसे करने में प्रकृति दस लाख वर्ष लगाती। कहने की आवश्यकता नहीं कि क्रिया का जल्दी पहुँचा देने वाला यह छोटा मार्ग अत्यंत उन्नत योगियों द्वारा ही अपनाया जा सकता है। गुरु के मार्गदर्शन में ऐसे योगियों ने उग्र अभ्यास से उत्पन्न शक्ति को सहन करने के लिए अपने शरीर एवं मस्तिष्क को सावधानीपूर्वक तैयार किया होता है।

क्रिया-योग का नया साधक दिन में दो बार केवल चौदह या चौबीस क्रिया करने के साथ अपनी साधना शुरू करता है। अनेक योगी छह या बारह या चौबीस या अड़तालीस वर्षों में मुक्ति के अपने लक्ष्य को पा लेते हैं। जो योगी कैवल्य ज्ञान

की प्राप्ति से पहले ही दिवंगत हो जाता है, उसके साथ क्रिया प्रयास के अच्छे कर्म संलग्न रहते हैं; अपने नए जन्म में वह अपने चरम लक्ष्य की ओर स्वाभाविक रूप से प्रेरित होता है।

सामान्य मनुष्य का शरीर 50 वाट के विद्युत् बल्ब के समान होता है, जो क्रिया के अत्यधिक अभ्यास से उत्पन्न करोड़ों वाट की विद्युत् शक्ति को सहन नहीं कर सकता। क्रिया की पद्धतियाँ ऐसी हैं कि ये अभ्यास करने में आसान हैं और निश्चित रूप से फल देने वाली हैं और इनसे किसी प्रकार की हानि की कोई गुंजाइश नहीं है। इनके अभ्यास को धीरे-धीरे बढ़ाते जाने से मनुष्य के शरीर में दिन-प्रतिदिन सूक्ष्म परिवर्तन होते जाते हैं और शरीर अंततः उस महाप्राणशक्ति की अनंत संभावनाओं को व्यक्त करने के योग्य हो जाता है, जो सृष्टि में परमतत्त्व की प्रथम सक्रिय अभिव्यक्ति है।

अनेक मार्गभ्रष्ट उत्साहोन्मत्त व्यक्तियों द्वारा सिखाए जा रहे विज्ञान-विरुद्ध श्वास-व्यायामों में और क्रिया-योग में कहीं भी कोई साम्य नहीं है। फेफड़ों में बलपूर्वक श्वास को रोककर रखने का प्रयास करना अनैसर्गिक है और निश्चित रूप से कष्टकर भी। इसके विपरीत, क्रिया अभ्यास में शुरू से ही शांति और मेरुदंड में हो रहे पुनरुज्जीवनी प्रभाव के प्रशमनकारी संवेदन अनुभव होते हैं।

यह प्राचीन यौगिक प्रविधि श्वास को मनःसत्त्व में परिवर्तित कर देती है। जैसे-जैसे आध्यात्मिक उन्नति होती है, वैसे-वैसे साधक श्वास को केवल एक मनोधारणा के रूप में जानने लगता है, मन का एक कार्य मात्र : स्वप्न श्वास।

मनुष्य की श्वास-गति और उसकी चेतना की भिन्न-भिन्न अवस्थाओं के बीच गणितीय निश्चितता के साथ स्थित संबंधों के अनेकानेक उदाहरण दिए जा सकते हैं। किसी व्यक्ति का चित्त पूरी तरह मग्न हो, जैसे किसी गहन बौद्धिक वाद-विवाद में या किसी असाधारण नाजुक या कठिन शारीरिक करतब करने में होता है, तो उसका श्वास अपने आप बहुत धीरे चलता है। चित्त की मग्नता श्वास की धीमी गति पर निर्भर करती है; भय, काम, क्रोध आदि हानिकारक भावावेगों की अवस्थाओं में श्वास अनिवार्य रूप से तेज या असमान गति से चलता है। एक मिनट में 18 बार श्वास लेने की मनुष्य की गति की तुलना में चंचल बंदर 32 बार श्वास लेता है। अपनी दीर्घायुता के लिए प्रसिद्ध हाथी, कछुआ, साँप तथा अन्य जीवों की श्वास-गति मनुष्य से कम होती है। उदाहरण के लिए, विशालकाय समुद्री कछुआ, जो तीन सौ साल तक जीवित रहता है, एक मिनट में केवल चार बार श्वास लेता है।

निद्रा से जो नवस्फूर्ति प्राप्त होती है, उसका कारण है निद्रा के दौरान मनुष्य का शरीर एवं श्वास के प्रति अचेत होना। निद्राधीन मनुष्य योगी बन जाता है; हर रात वह अचेतन रूप से देहात्म बोध से मुक्त होने एवं प्राणशक्ति को मस्तिष्क के मुख्य भाग तथा मेरुदंड के छह चक्रों के शक्ति-केंद्रों में बहती स्वास्थ्यकारी धाराओं में विलीन करने की यौगिक क्रिया को संपन्न करता है। इस प्रकार, मनुष्य निद्राधीन होकर उस महाप्राणशक्ति से पुनरावेशित हो जाता है, जो समस्त जीव-जगत् का प्राणाधार है।

योगाभ्यास करने वाला योगी एक सरल प्राकृतिक प्रक्रिया को सोने वाले व्यक्ति की तरह अचेत रूप से और मंद गति से नहीं, बल्कि सचेत रूप से करता है। क्रिया-योगी अपनी प्रविधि को अपने शरीर की समस्त कोशिकाओं का अक्षय प्रकाश से सराबोर करने के लिए और इस प्रकार उन्हें आध्यात्मिक चुंबकत्व की अवस्था में बनाए रखने के लिए प्रयुक्त करता है। वह वैज्ञानिक रूप से श्वास को अनावश्यक बना देता है और (अपने अभ्यास के दौरान) कभी निद्रा, अचेतनता अथवा मृत्यु की अधोमुखी अवस्थाओं में नहीं जाता।

माया के अधीन या प्रकृति के नियम के अधीन जीने वाले मनुष्यों में प्राणशक्ति का प्रवाह बाह्य जगत् की ओर होता है और इंद्रियों में व्यय हो जाता है तथा उसका दुरुपयोग होता है। क्रिया-योग का अभ्यास इस प्रवाह को वापस मोड़ देता है; प्राणशक्ति को मन के द्वारा अंतर्जगत् में ले जाता है, जहाँ प्राणशक्ति मेरुदंड की सूक्ष्म शक्तियों के साथ पुनः एक हो जाती है। प्राणशक्ति को इस प्रकार पुनः बल मिलने से योगी के शरीर एवं मस्तिष्क की कोशिकाओं को एक आध्यात्मिक अमृत से नवशक्ति प्राप्त होती है।

जो लोग केवल प्रकृति और उसकी दैवी योजना के अनुसार अपना जीवन व्यतीत करते हैं, वे उचित आहार, सूर्यप्रकाश तथा सामंजस्यपूर्ण विचारों के द्वारा दस लाख वर्षों में आत्मज्ञान प्राप्त कर लेंगे। मस्तिष्क रचना में किंचित् सा परिष्कार ला पाने में भी सामान्य स्वस्थ जीवन के बारह वर्षों की अवधि लग जाती है। इस हिसाब से यह अपेक्षा की जाती है कि दस लाख वर्षों की अवधि में मस्तिष्करूपी भवन की इतनी शुद्धि हो जाएगी कि उसमें ब्रह्म चैतन्य प्रकट हो सके। परंतु क्रिया-योगी एक आध्यात्मिक विज्ञान को प्रयुक्त कर प्रकृति के नियमों के इतने लंबे समय तक सावधानीपूर्वक पालन की आवश्यकता से अपने आप को मुक्त कर लेता है।

आत्मा को शरीर से बाँधकर रखने वाली श्वासरूपी डोरी को खोलकर क्रिया दीर्घायु प्रदान करती है तथा चेतना का अनंतता में विस्तार करती है। यह यौगिक

प्रविधि मन और भोगलिप्त इंद्रियों के बीच चल रही खींचातानी को समाप्त कर देती है और साधक को अपने अनंत साम्राज्य पर पुन: अधिकार करने के लिए मुक्त कर देती है। तब साधक जान जाता है कि उसका सत्स्वरूप न तो शरीर से बँधा है और न ही श्वास से, जो मर्त्य मानव के हवा का दास होने का तथा प्रकृति के पंचमहाभूतों के आगे विवश होने का प्रतीक है।

अपने शरीर एवं मन का स्वामी बनकर क्रिया-योगी अंतत: 'अंतिम शत्रु' मृत्यु पर विजय पा लेता है।

ऐसे करोगे तुम मृत्यु का भक्षण,
जो मनुष्यों का करती है भक्षण यहाँ;
जब मृत्यु ही एक बार मर जाए,
तो फिर मरना कहाँ!

आत्मचिंतन या 'एकांतवास' प्राणशक्ति से बँधे मन और इंद्रियों को विलग करने का अवैज्ञानिक प्रयास है। अपने ईश्वरत्व की ओर लौटने की चेष्टा करते चिंतनशील मन को प्राणधाराएँ बार-बार इंद्रियों की ओर वापस खींच लाती हैं। सीधे प्राणशक्ति के ही द्वारा मन को नियंत्रित करने वाला क्रिया-योग अनंत परमतत्त्व की ओर जाने का सबसे सरल, सबसे प्रभावी और सबसे वैज्ञानिक मार्ग है। 'बैलगाड़ी' के समान धीमे, अनिश्चित चिंतनमार्ग की तुलना में क्रिया-योग ईश्वर की ओर ले जाने वाला 'विमान मार्ग' है।

सभी प्रकार की एकाग्रता एवं ध्यान की प्रविधियों को विचार में लेने के बाद अनुभवसिद्ध प्रविधियों को ही योग विज्ञान में शामिल किया गया है। योग से साधक अपनी इच्छानुसार शब्द, स्पर्श, रस, रूप, गंध के पाँच इंद्रिय-टेलीफोनों में जीवन प्रवाह को चालू या बंद करने में समर्थ हो जाता है। इस प्रकार की इंद्रियों से संबंध तोड़ने की शक्ति प्राप्त हो जाने के बाद योगी के लिए अपनी इच्छानुसार दिव्य लोकों से या भूलोक से अपने मन को जोड़ना आसान हो जाता है। अब प्राणशक्ति उसकी इच्छा के विरुद्ध उसे उपद्रवी संवेदनों और अशांत विचारों के पार्थिव जगत् में खींचकर नहीं ला सकती।

उन्नत क्रिया-योगी का जीवन अतीत के कर्मों से नहीं, बल्कि केवल उसकी आत्मा के निर्देशों से प्रभावित होता है। साधक इस प्रकार साधारण जीवन के अच्छे-बुरे अहंकारजनित कर्मों की देखरेख में मंथर गति से होने वाले क्रम-विकास के बंधन से बच निकलता है—वैसे भी यह घोंघे के समान मंथर गति गरुड़-हृदय योगियों को बोझिल लगती है।

आत्मा में स्थित जीवन की यह श्रेष्ठतर पद्धति योगी को मुक्त कर देती है; अपने अहंकार के कारागार से बाहर निकलकर वह सर्वव्यापकता की गहन हवा का स्वाद लेता है। इसके विपरीत सामान्य जीवन जीने में जो परवशता है, वह अत्यंत अपमानजनक गति में निबद्ध है। केवल विकास की सामान्य गति के अनुसार अपना जीवन जीने से कोई प्रकृति से किसी प्रकार की रियायत नहीं पा सकता। उसके शरीर एवं मन का संचालन करने वाले नियमों का किसी प्रकार कोई उल्लंघन किए बिना भी वह जीवनयापन करे, तब भी उसे अंतिम मुक्ति प्राप्त करने के लिए दस लाख वर्षों तक बहुरूपियों की तरह अलग-अलग रूप धारण कर इस जगत् में आते रहना पड़ेगा।

इसलिए जो लोग दस लाख वर्षों की अवधि को विद्रोहपूर्ण दृष्टि से देखते हैं, उनके लिए शरीर और मन से अपने आप को अलग कर आत्मा के साथ जुड़ जाने की और इस प्रकार उस बृहद् अवधि को नगण्य लगने वाली अल्पावधि में बदल देने की योगियों की पद्धतियाँ ही श्रेयस्कर हैं। उन साधारण लोगों के लिए तो अवधि की यह संख्यात्मक परिधि और भी बृहद् हो जाती है, जो अपनी आत्मा के साथ तो क्या, प्रकृति के साथ भी सामंजस्य में नहीं जीते; और इसके विपरीत निसर्ग-विरुद्ध जटिलताओं में उलझते हुए शरीर और मन में प्रकृति द्वारा प्रदत्त मधुर स्वस्थताओं को आघात पहुँचाते जाते हैं। ऐसे लोगों के लिए दस लाख वर्षों की दुगुनी अवधि भी मुक्ति के लिए अपर्याप्त है।

देहासक्त मनुष्य कदाचित् ही या कभी नहीं समझ पाता कि उसकी देह एक साम्राज्य है, जिस पर मस्तिष्क के सिंहासन पर विराजमान सम्राट् आत्मा का शासन चलता है और इस शासन-कार्य में मेरुदंड के छह चक्रों या चैतन्य केंद्रों में स्थित सहायक राज-प्रतिनिधि उसकी सहायता करते हैं। इस ईशतंत्र के राज्य में आज्ञाकारी प्रजा का विशाल जनसमुदाय है—सत्ताईस पद्म कोशिकाएँ (जो स्वयंचालित प्रतीत होती हैं, परंतु उनमें निश्चित प्रतिभा या ज्ञान है, जिसके द्वारा वे शरीर के विकास-कार्यों, रूपांतरों एवं विलय के अपने समस्त कर्तव्यों का निर्वाह करती हैं), पाँच कोटि आधारभूत विचार, भावनाएँ तथा साठ वर्ष के औसत जीवन में मनुष्य की चेतना में निरंतर उतार-चढ़ाव की अवस्थाएँ।

मानव शरीर या मन में रोग या अविवेक के रूप में प्रकट होने वाला स्पष्टत: ही सम्राट् आत्मा के विरुद्ध किया गया राजद्रोह विनम्र प्रजा की राजभक्तिहीनता का परिणाम नहीं, बल्कि मनुष्य द्वारा अतीत या वर्तमान में अपने व्यक्तित्व या स्वतंत्र इच्छा—जो उसे आत्मा के साथ ही प्रदान की गई है और कभी वापस नहीं ली जा सकती—के दुरुपयोग का परिणाम है।

ओछे अहंकार के साथ तादात्मय होकर मनुष्य यह मान लेता है कि स्वयं वही सोचता है, इच्छा करता है, अनुभव करता है, अन्न का पाचन करता है और अपने आप को जीवित रखता है। कभी मनन कर (केवल थोड़ा सा भी काफी होगा) यह नहीं देखता, न ही स्वीकार करता है कि अपने साधारण जीवन में वह अपने कर्मों और प्रकृति या परिवेश के हाथों एक कठपुतली से अधिक कुछ भी नहीं है। प्रत्येक मनुष्य की बौद्धिक प्रतिक्रियाएँ, भावनाएँ, मनोभाव एवं आदतें केवल गत कर्मों के विपाक हैं, चाहे वे कर्म इस जन्म के हों या पिछले किसी जन्म के। पर बाकी चाहे जो भी हो, उसकी सम्राट् आत्मा इन सब प्रभावों से ऊपर होती है। नश्वर सच्चाइयों और स्वतंत्रताओं को ठुकराकर क्रिया-योगी मायाजाल के सभी भ्रम-विभ्रमों से परे अपने निरंकुश, मुक्त आत्मस्वरूप में चला जाता है। संसार के सभी शास्त्र घोषणा करते हैं कि मनुष्य नश्वर शरीर नहीं, बल्कि जीवंत आत्मा है। क्रिया-योग के रूप में मनुष्य को वह पद्धति मिलती है, जिससे वह शास्त्रों की घोषणा को सिद्ध कर सके।

"बाह्य कर्मकांड अज्ञान का विनाश नहीं कर सकता, क्योंकि ये दोनों परस्पर-विरोधी नहीं हैं," शंकराचार्य ने अपने सुप्रसिद्ध आत्मबोध में लिखा है। अपरोक्षानुभूति में वे लिखते हैं; "केवल अनुभूत ज्ञान ही अज्ञान को नष्ट करता है...प्रश्न-विचार के अतिरिक्त किसी और उपाय से ज्ञान नहीं मिलता। 'मैं कौन हूँ? यह सृष्टि कैसे उत्पन्न हुई? इसका स्रष्टा कौन है? इसका भौतिक कारण क्या है?' इस प्रकार के प्रश्नों के विचार से यहाँ तात्पर्य है।" बुद्धि के पास इन प्रश्नों का कोई उत्तर नहीं है, इसीलिए ऋषियों ने ऐसे आध्यात्मिक प्रश्न-विचार के लिए योग को विकसित किया।

सच्चा योगी अपने विचारों, संकल्पों और भावनाओं को शरीर की इच्छा-आकांक्षा-वासनाओं के साथ जुड़ने से दूर रखता है और अपने मन का मेरुदंड के तीर्थों में स्थित पराचेतन शक्तियों के साथ तादात्म्य करते हुए इस जगत् में ईश्वर की योजना के अनुसार अपना जीवन व्यतीत करता है। वह न तो गत कर्मों की प्रेरणाओं से प्रवृत्त होता है और न ही मानवीय मूर्खता के नए बहकावों से। अपनी सर्वोच्च आकांक्षा की पूर्ति को पाकर वह अक्षय आनंदमय ब्रह्म के परम आश्रय में सुरक्षित रहता है।

योग की अमोघ और क्रमबद्ध फलोत्पादकता की ओर संकेत करते हुए भगवान् श्रीकृष्ण विधिवत् योगाभ्यास करने वाले योगी की प्रशंसा इन शब्दों में करते हैं—

तपस्विभ्योऽधिको योगी ज्ञानिभ्योऽपि मतोऽधिक:।
कर्मिभ्यश्चाधिको योगी तस्माद्योगी भवार्जुन॥

—भगवद्गीता 6:46

"योगी शारीरिक तप करने वाले तपस्वियों से श्रेष्ठ है, ज्ञान-योगियों से भी श्रेष्ठ है, अथवा कर्मयोगियों से भी श्रेष्ठ है! इसलिए मेरे शिष्य अर्जुन! तू योगी बन।"

भगवद्गीता में बार-बार जिस यज्ञ की महिमा का वर्णन किया गया है, वह यज्ञ क्रिया-योग ही है। एकमेव अद्वितीय ईश्वर को समर्पित अद्वैत के हवन में योगी अपनी समस्त मानवीय इच्छा-वासनाओं की आहुति डाल देता है। यही वस्तुत: सच्चा यज्ञ है, जिसमें ईश-प्रेम की ज्वाला में सारी गत-वर्तमान इच्छा-वासनाएँ जल कर राख हो जाती हैं। 'परम ज्वाला' सभी मानवीय पागलपनों की आहुति स्वीकार कर लेती है और मनुष्य मलरहित होकर शुद्ध हो जाता है। लाक्षणिक तौर पर कहा जाए तो उसकी अस्थियों से वासनाओं का सारा मांस अलग हो जाता है, उसके कर्मों का अस्थिपंजर ज्ञानसूर्य की निर्जीवाणुकारी किरणों में सूखकर साफ हो जाता है और अंतत: पूर्ण शुद्ध-स्वच्छ बनकर वह मानव एवं भगवान् की दृष्टि में निरापद बन जाता है।

□

27

राँची में योग-विद्यालय की स्थापना

"तुम संगठनात्मक कार्य के इतने विरुद्ध क्यों हो?"

गुरुदेव के इस प्रश्न से मैं कुछ अचंभित हुआ। यह सच है कि उस समय मेरा व्यक्तिगत मत यही था कि संगठन 'बर्रों के छत्ते' मात्र होते हैं।

"यह ऐसा कार्य है, गुरुदेव, कि व्यक्ति चाहे जो करे, या न करे, उसके सिर केवल दोष ही मढ़ा जाता है।"

"तो क्या सारी दिव्य मलाई तुम अकेले ही खा जाना चाहते हो?" यह प्रश्न करते समय मेरे गुरु कठोर दृष्टि से मेरी ओर देख रहे थे। "यदि उदार हृदय गुरुओं की लंबी परंपरा अपना ज्ञान दूसरों को देने की इच्छुक नहीं होती तो क्या तुम या कोई दूसरा योग द्वारा कभी ईश्वर के साथ तादात्म्य कर पाता?" वे कहते गए, "ईश्वर शहद है, संगठन मधुमक्खियों के छत्ते हैं; दोनों की ही आवश्यकता है, निस्संदेह आत्मा के बिना शरीर व्यर्थ है, परंतु आध्यात्मिक शहद से भरे हुए कार्यव्यस्त मधुछत्तों का निर्माण तुम क्यों नहीं कर सकते?"

उनके उपदेश का मुझ पर गहरा प्रभाव पड़ा। मैंने प्रकट रूप से तो कोई उत्तर नहीं दिया, पर मेरे हृदय में एक दृढ़ संकल्प उभर आया, समस्त मानवजाति में मैं यथाशक्ति इन मुक्तिदायक सत्यों को वितरित करूँगा, जिन्हें मैंने अपने गुरु के चरणों में बैठकर प्राप्त किया है। मैंने प्रार्थना की—"हे प्रभु! मुझे आशीर्वाद दो कि तुम्हारा प्रेम मेरी भक्ति की वेदी पर सदा आलोकित रहे और मैं तुम्हारे प्रेम को सभी हृदयों में जगा सकूँ।"

मेरे संन्यास ग्रहण के पहले एक बार श्रीयुक्तेश्वरजी ने एक अत्यंत अनपेक्षित बात कही थी, "वृद्धावस्था में तुम्हें पत्नी के साथ का अभाव कितना खलेगा! तुम्हें नहीं लगता कि पत्नी और बच्चों के पालन-पोषण के सार्थक काम में व्यस्त गृहस्थ मनुष्य ईश्वर की दृष्टि में प्रशंसनीय भूमिका निभाते हैं?"

मैंने भयचकित होकर कहा था, "गुरुदेव! आप जानते हैं कि इस जीवन में मेरी एकमात्र इच्छा उस विराट् प्रेमी को प्राप्त करने की है।" गुरुदेव इतने मुक्त हृदय से हँसे थे कि मैं समझ गया, उन्होंने केवल मेरी परीक्षा लेने के लिए ही ऐसा कहा था।

फिर उन्होंने धीरे-धीरे कहा था, "इसे याद रखो कि जो मनुष्य अपने सांसारिक कर्तव्यों को त्याग देता है, वह अपने उस त्याग को तभी उचित सिद्ध कर सकता है, जब वह उससे कहीं अधिक बृहत् परिवार का कोई उत्तरदायित्व स्वीकार करता है।"

बच्चों की सही शिक्षा का आदर्श मुझे सदा ही प्रिय रहा था। केवल शरीर और बुद्धि के विकास पर ही सारा ध्यान लगाने वाली साधारण शिक्षा के रूखे परिणाम मुझे साफ दिखाई दे रहे थे। नैतिक और आध्यात्मिक मूल्यों, जिन्हें समझे बिना कोई मनुष्य सुख के पास फटक भी नहीं सकता, का प्रचलित पाठ्यक्रम में अभी भी अभाव था। मैंने एक ऐसे विद्यालय की स्थापना करने का दृढ़ संकल्प किया, जिसमें बच्चे पूर्ण मानव में विकसित हो सकें। बंगाल के एक छोटे-से गाँव दीहिका में सात बच्चों के साथ मैंने उस दिशा में अपना पहला कदम उठाया।

एक वर्ष पश्चात् 1918 में कासिम बाजार के महाराजा सर मणींद्रचंद्र नंदी की उदारता के कारण मैं अपने तेजी से बढ़ते शिष्यवृंद को राँची स्थानांतरित कर सका। कोलकाता से करीब दो सौ मील दूर, बिहार (अब झारखंड) में स्थित इस शहर की जलवायु भारत की सबसे स्वास्थ्यप्रद जलवायुओं में से एक है। राँची का कासिम बाजार पैलेस मेरे नए विद्यालय, जिसे मैंने 'योगदा सत्संग ब्रह्मचर्य विद्यालय' नाम दिया था, का मुख्य भवन बना। यहाँ ब्रह्मचर्य से तात्पर्य है मानव-जीवन की वैदिक रूपरेखा के अंतर्गत चतुराश्रम में से एक, जिसके चार आश्रम या अवस्थाएँ हैं : (1) ब्रह्मचर्य, (2) गृहस्थ, (3) वानप्रस्थ, (4) संन्यास।

मैंने प्राथमिक एवं उच्च विद्यालय की शिक्षा की व्यवस्था की। इसमें कृषि, औद्योगिक, व्यावसायिक तथा अन्य शिक्षण विषयों के पाठ्यक्रम का समावेश था। ऋषियों की शिक्षा पद्धति का (जिनके अरण्याश्रम भारत के बच्चों के लिए सांसारिक एवं आध्यात्मिक शिक्षा के प्राचीन धाम थे) अनुसरण करते हुए मैंने कक्षाओं की अधिकांश पढ़ाई खुले आकाश के नीचे कराने की व्यवस्था की।

राँची के विद्यालय के छात्रों को यौगिक ध्यान तथा स्वास्थ्य एवं शारीरिक विकास की अपूर्व 'योगदा' पद्धति की, जिसके सिद्धांतों का मैंने 1916 में आविष्कार किया था, शिक्षा दी जाती है।

जब मैंने यह देखा कि मनुष्य का शरीर भी एक विद्युत् बैटरी की तरह ही है, तब मैंने विचार किया कि सीधे मानवीय इच्छाशक्ति से शक्तिसंचार द्वारा इसे भी रिचार्ज किया जा सकता है। इच्छा के बिना कोई भी कार्य संभव नहीं है, अत: गति प्रदान करने वाली इस मुख्य शक्ति, इच्छाशक्ति को ही मनुष्य अन्य किसी भारभूत यंत्र सामग्री या यांत्रिक व्यायामों की सहायता के बिना अपने शरीर में नवशक्ति का संचार करने के लिए प्रयुक्त कर सकता है। सरल योगदा प्रविधियों द्वारा कोई भी सचेत रूप से तत्क्षण अपनी (मेरुशीर्ष में केंद्रित) प्राणशक्ति को महाप्राण की असीम आपूर्ति से पुन: रिचार्ज कर सकता है।

योगदा प्रशिक्षण से राँची के छात्र अच्छी उपलब्धियाँ अर्जित करने लगे। शरीर के एक हिस्से से दूसरे हिस्से में प्राणशक्ति को स्थानांतरित करने की तथा कठिन आसनों में पूर्ण स्थिर रहते हुए बैठे रहने की असाधारण क्षमता उन्होंने विकसित कर ली। शारीरिक बल तथा सहनशक्ति के ऐसे-ऐसे करतब वे करते थे कि बलवान युवक भी उन्हें नहीं कर पाते थे।

मेरा सबसे छोटा भाई विष्णु चरण घोष भी उसी विद्यालय में पढ़ा और बाद में शरीर सौष्ठव एवं बल संवर्द्धन के क्षेत्र में विख्यात प्रशिक्षक बना। उसने और उसके एक शिष्य ने 1938-39 में पाश्चात्य देशों की यात्रा की और शारीरिक बल एवं स्नायु-नियंत्रण के प्रयोगों के प्रदर्शन किए। शरीर पर मन के नियंत्रण की शक्ति का वह प्रभाव देखकर न्यूयॉर्क की कोलंबिया यूनिवर्सिटी तथा अमेरिका एवं यूरोप के अनेक विश्वविद्यालयों के प्राध्यापक आश्चर्यचकित हो गए।

राँची में एक वर्ष के अंत में ही प्रवेश पाने के लिए आवेदनों की संख्या दो हजार तक पहुँच गई। परंतु उस समय विद्यालय में केवल आवासीय छात्रों की ही व्यवस्था थी और मात्र एक सौ छात्रों की ही व्यवस्था हम कर सकते थे। इसके बाद शीघ्र ही प्रतिदिन अपने घर से आकर शिक्षा ग्रहण करने वाले विद्यार्थियों की भी व्यवस्था की गई।

विद्यालय में मुझे छोटे-छोटे बच्चों के माता-पिता की भूमिका भी निभानी पड़ती थी और अनेक संगठनात्मक समस्याओं से भी निबटना पड़ता था।

एक दिन पिताजी अपना आशीर्वाद प्रदान करने राँची पधारे, जो उन्होंने इतने लंबे समय से इसलिए नहीं दिया था कि मैंने रेलवे में पदग्रहण करने के उनके आग्रह को अस्वीकार कर उन्हें दु:ख पहुँचाया था।

उन्होंने कहा, "बेटा, तुमने जीवन का जो रास्ता चुना है, उसके लिए तुम्हारे प्रति मेरी नाराजगी अब दूर हो गई। इन आनंदी, उत्साही बच्चों के बीच तुम्हें देखकर

मुझे हार्दिक आनंद हो रहा है। तुम्हारा स्थान रेलवे टाइम-टेबलों के प्राणविहीन आँकड़ों में नहीं, बल्कि यहीं है।" मेरे पीछे-पीछे फिर रहे दर्जन भर छोटे-छोटे बच्चों की ओर उन्होंने इशारा किया। "मेरे तो केवल आठ ही बच्चे थे," कहते हुए उनकी आँखों में चमक आ गई, "पर मैं तुम्हारी स्थिति समझ सकता हूँ!"

हमें दी गई बीस एकड़ उपजाऊ जमीन में छात्रगण, शिक्षकगण और मैं प्रतिदिन बाग-बगीचे के काम का और अन्य बाह्य कार्यों का आनंद लिया करते थे। हमने अनेक पालतू पशु पाल रखे थे, जिनमें हिरन का एक बच्चा भी था। सभी बच्चे हिरन के इस बच्चे से बहुत प्यार करते थे। मुझे भी उस मृग शावक से इतना प्यार हो गया था कि मैं उसे अपने कमरे में ही सोने देता था। भोर का उजाला फूट पड़ते ही वह शावक दुलार पाने के लिए डगमगाता हुआ मेरे बिस्तर के पास आ जाता था।

एक दिन मुझे किसी काम से राँची शहर में जाना था, इसलिए मैंने उस शावक को रोज के समय से पहले ही दूध पिला दिया। बच्चों से मैंने कह दिया कि मेरे लौटकर आने तक उस हिरन को कोई कुछ न पिलाए। एक बच्चे ने मेरी आज्ञा का उल्लंघन कर ही दिया और हिरन को काफी बड़ी मात्रा में दूध पिला दिया। जब शाम को मैं लौटकर आया तो दुःखद समाचार मेरी प्रतीक्षा ही कर रहा था, "हिरन का बच्चा ज्यादा दूध पिला देने के कारण मरणासन्न है।"

आँसू बहाते हुए मैंने अपने उस प्रिय शावक के मृतप्राय शरीर को अपनी गोद में ले लिया। अत्यंत दयनीय होकर मैं ईश्वर से उस छौने के जीवन का दान माँगने लगा। कई घंटे बीत जाने के बाद वह नन्हा सा बच्चा आँखें खोलकर उठ खड़ा हुआ और अत्यंत अशक्त कदमों से चलने लगा। पूरा विद्यालय आनंद से भर गया। परंतु उसी रात मुझे एक गहरी शिक्षा मिली, जिसे मैं कभी भूल नहीं सकता। मैं रात दो बजे तक हिरन के बच्चे के साथ जागा, फिर मुझे नींद आ गई। स्वप्न में वह हिरन आया और उसने मुझसे कहा, "आपने मुझे रोक रखा है। कृपा कर मुझे जाने दीजिए; जाने दीजिए!"

"ठीक है!" स्वप्न में मैंने कहा।

तुरंत ही जागकर मैं चीख उठा, "बच्चो, हिरन मर रहा है!" बच्चे तुरंत दौड़कर मेरे पास आ गए।

मैं कमरे के उस कोने की ओर भागा जहाँ मैंने हिरन को रखा था। उसने उठने का एक आखिरी प्रयास किया, मेरी ओर लड़खड़ाया और मरकर मेरे कदमों में गिर पड़ा।

पशुओं की नियति का संचालन और नियमन करने वाले सामूहिक कर्मों के अनुसार उस हिरन का जीवन-काल समाप्त हो गया था और वह उच्चतर योनि में जाने के लिए तैयार हो गया था। परंतु अपनी गहरी आसक्ति (बाद में मेरे ध्यान में आया कि यह मेरी स्वार्थपरता थी) और अपनी तीव्र प्रार्थनाओं द्वारा मैं उसे उस पशु रूप के बंधन में जकड़े रखने में सफल हो रहा था, जिससे मुक्त होने के लिए उसकी आत्मा तड़प रही थी। उस आत्मा ने मेरे स्वप्न में आकर मुझसे अनुरोध किया, क्योंकि मेरी सप्रेम अनुमति के बिना या तो वह जाना नहीं चाहती थी या जा नहीं सकती थी। जैसे ही मैं मान गया, वह चली गई।

मेरा सारा शोक दूर हो गया। फिर एक बार यह बात मेरी समझ में आ गई कि ईश्वर की इच्छा यह है कि उसकी संतानें सबको उसका अंश समझकर प्रेम करें और भ्रम में यह न मानें कि मृत्यु के साथ ही सबकुछ समाप्त हो जाता है। अज्ञानी मनुष्य मृत्यु की केवल दुर्लंघ्य दीवार को ही देख पाता है, जो उसके प्रियजन को सदा के लिए छिपा देती प्रतीत होती है। परंतु दूसरों को ईश्वर की अभिव्यक्तियाँ मानकर उनसे प्रेम करने वाला अनासक्त मनुष्य जानता है कि उसके प्रियजन केवल थोड़े से समय के लिए ही ईश्वर के आनंद का उपभोग करने के लिए मृत्यु के अधीन हुए हैं।

राँची का विद्यालय एक छोटी सी, सादी सी शुरुआत से विकसित होकर अब बिहार एवं बंगाल में सुपरिचित संस्था बन गया है। विद्यालय के अनेक विभाग ऋषियों के शिक्षा-आदर्शों को चलाते रहने की इच्छा रखने वाले लोगों के स्वैच्छिक दान से चलते हैं। मिदनापुर एवं लखनपुर में विद्यालय की विकासोन्मुख शाखाएँ स्थापित हो गई हैं। राँची के मुख्यालय में एक चिकित्सा विभाग भी चलाया जाता है, जहाँ उस क्षेत्र के गरीबों को नि:शुल्क चिकित्सा एवं दवाइयाँ उपलब्ध कराई जाती हैं। विद्यालय ने खेलकूद-प्रतिस्पर्धाओं के साथ-साथ शिक्षा के क्षेत्र में भी अपनी पहचान बनाई, जहाँ विद्यालय से निकलने वाले अनेक छात्रों ने बाद में विश्वविद्यालयीन जीवन में अच्छी ख्याति प्राप्त की है। गत तीन दशकों में अनेक सुविख्यात पौर्वात्य और पाश्चात्य स्त्री-पुरुषों ने राँची के विद्यालय को भेंट देकर उसका मान बढ़ाया है।

□

28

काशी का पुनर्जन्म और उसका पता लगना

एक दिन विद्यालय में काशी नाम के एक बच्चे ने प्रश्न पूछा। वह लगभग बारह वर्ष का अत्यंत कुशाग्र बुद्धि विद्यार्थी था और सबका प्रिय भी।

"गुरुजी!" उसने पूछा, "मेरे भाग्य में क्या लिखा है?"

"तुम्हारी शीघ्र ही मृत्यु हो जाएगी।" मानो किसी अदमनीय प्रबल शक्ति ने मेरे मुँह से ये शब्द निकाल दिए।

इस रहस्य के खुल जाने से मुझे तथा अन्य सभी को धक्का लगा और दुःख भी हुआ। अपने को ऐसा एक बच्चा मानकर कि जिसके मुँह से निकले हुए शब्द दूसरों को आपत्ति में डाल देते हैं, मैं मन-ही-मन अपनी भर्त्सना करने लगा तथा किसी और प्रश्न का उत्तर देने से मैंने इनकार कर दिया।

विद्यालय में लौट आने के बाद काशी मेरे कमरे में आया।

"यदि मेरी मृत्यु हो गई तो मेरा नया जन्म होने के बाद क्या आप मुझे ढूँढ़कर फिर से आध्यात्मिक मार्ग पर ले आएँगे?" उसने सिसकते हुए पूछा।

इस कठिन गूढ़ ज्ञान से संबंधित उत्तरदायित्व को नकारने के लिए मुझे विवश होना पड़ा। परंतु उसके बाद कई सप्ताहों तक काशी मेरे पीछे लगा रहा। अंततः उसे हताशा में टूटने के कगार पर देखकर मैंने उसे आश्वासन दे दिया।

"हाँ," मैंने वचन दिया, "यदि भगवान् मेरी मदद करेंगे तो मैं तुम्हें ढूँढ़ने का प्रयत्न करूँगा।"

गरमियों की छुट्टियों में मैं थोड़े दिनों के लिए बाहर जा रहा था। इस बात का मुझे खेद था कि मैं काशी को अपने साथ नहीं ले जा सकता था। अतः यात्रा पर

निकलने से पहले मैंने उसे अपने कमरे में बुला लिया और उसे अच्छी तरह समझा दिया कि चाहे कुछ भी हो जाए, कोई उसे कहीं और चलने का कितना ही आग्रह करे, वह हर दशा में विद्यालय के आध्यात्मिक स्पंदनों से युक्त वातावरण में ही रहे। किसी कारण से मुझे लग रहा था कि यदि वह अपने घर न जाए तो आने वाले संकट से बच सकता है।

जैसे ही मैं वहाँ से निकला, काशी के पिता राँची पहुँच गए। पंद्रह दिन तक वे अपने पुत्र का निश्चय यह कहकर बदलने की कोशिश करते रहे कि वह केवल चार दिन के लिए कोलकाता अपनी माँ के पास आ जाए तो उसके बाद फिर राँची आकर रह सकता है। काशी निरंतर इनकार करता रहा। आखिर पिता ने कहा कि वे उसे पुलिस की सहायता से घर ले जाएँगे। इस धमकी से काशी विचलित हो गया, क्योंकि वह नहीं चाहता था कि उसके कारण विद्यालय की कोई बदनामी हो। उसे जाने के सिवा और कोई रास्ता नजर नहीं आया।

इसके कुछ ही दिन बाद मैं लौटकर राँची आया। जैसे ही मैंने सुना कि काशी को कैसे ले जाया गया तो मैं तुरंत कोलकाता जाने के लिए रेलगाड़ी में बैठ गया। वहाँ पहुँचकर मैंने एक घोड़ागाड़ी किराए पर ले ली। यह आश्चर्यजनक ही था कि जैसे ही मेरी घोड़ागाड़ी गंगा पर बने हावड़ा पुल को पार कर आगे बढ़ी, सबसे पहले मुझे जो लोग दिखाई दिए, वे थे काशी के पिता और अन्य संबंधी जन—सब सूतक के वस्त्र धारण किए। चिल्लाकर मैंने कोचवान से गाड़ी रोकने के लिए कहा और नीचे कूदकर उस अभागे पिता की ओर गुस्से से घूर-घूरकर देखने लगा। "हत्यारे," मैं कुछ ज्यादा ही जोश में चिल्ला पड़ा, "तुमने मेरे बच्चे को मार डाला!"

काशी को जबरदस्ती कोलकाता लाने में अपनी भूल का उन्हें पहले ही अहसास हो चुका था। जो थोड़े-बहुत दिन बच्चे ने वहाँ बिताए थे, उस दौरान उसने दूषित अन्न खाया था, जिससे उसे कॉलरा हो गया और वह चल बसा।

काशी के लिए मेरा प्रेम और उसे खोज निकालने का दिया हुआ वचन अब दिन-रात मेरे मन को सताने लगा। जहाँ कहीं भी जाता, वहीं उसका चेहरा सामने दिखने लगता। वर्षों पहले मैंने अपनी खोई हुई माँ के लिए जिस प्रकार खोज की थी, उसी प्रकार की खोज अब काशी के लिए शुरू कर दी।

मुझे लगा कि भगवान् ने मुझे जो बुद्धि दी है, उसका उपयोग करके मुझे उन सूक्ष्म नियमों का पता लगाने के लिए अपनी सारी शक्तियों को दाँव पर लगा देना चाहिए, जिनके द्वारा मैं काशी को सूक्ष्म लोकों में ढूँढ़ सकूँ। यह तो मेरी समझ में आ गया कि वह अतृप्त इच्छाओं के स्पंदनों से धड़कती एक आत्मा

था—सूक्ष्म लोकों में करोड़ों प्रकाशमान आत्माओं के बीच कहीं तैरता प्रकाश का एक गोला। इतनी आत्माओं के स्पंदनयुक्त प्रकाश-गोलों में मैं उसके साथ कैसे संपर्क करता?

एक गूढ़ यौगिक पद्धति का उपयोग कर मैंने भूमध्य में स्थित अपने आध्यात्मिक नेत्र के 'माइक्रोफोन' द्वारा काशी की आत्मा को अपना प्रेम प्रेषित किया। मेरे अंतर में ऐसी प्रेरणा मुझे मिल रही थी कि काशी जल्दी ही पृथ्वीलोक में वापस आ जाएगा और यदि मैं अनवरत रूप से उसे अपनी पुकार भेजता रहूँ तो उसकी आत्मा अवश्य उत्तर देगी। मैं जानता था कि काशी द्वारा मुझे भेजा गया हल्के से हल्का आवेश भी मुझे अपनी उँगलियों, हाथों एवं मेरुदंड में अनुभव होगा।

अपने हाथों को आकाश की ओर ऊपर उठाकर उनका एंटेना की तरह उपयोग करता हुआ मैं उस स्थान की दिशा का पता लगाने के लिए प्रायः गोल-गोल घूमा करता, जिसमें मुझे विश्वास था कि काशी का गर्भ के रूप में पुनर्जन्म हो चुका है। मैं एकाग्रता द्वारा सुर मिलाए हुए अपने हृदय के 'रेडियो' में उसके प्रत्युत्तर को प्राप्त करने की आशा कर रहा था।

काशी की मृत्यु के बाद लगभग छह महीनों तक, अपने उत्साह में कोई कमी आने दिए बिना मैं इस यौगिक प्रविधि का स्थिरचित्त से अभ्यास करता रहा। कोलकाता के भीड़ भरे बहू बाजार क्षेत्र में एक दिन मैं अपने कुछ मित्रों के साथ पैदल जा रहा था तो सदा की भाँति मैंने अपने हाथ ऊपर उठा दिए। उस दिन पहली बार मुझे ऐसा लगा कि कुछ प्रत्युत्तर मिल रहा था। अपनी उँगलियों और हथेलियों से नीचे उतरते विद्युत् संवेदनों को अनुभव कर मैं पुलकित हो उठा। ये तरंगें मेरी चेतना की गहराइयों में उतरकर एक अत्यंत प्रबल विचार में परिणत होने लगीं, "मैं काशी हूँ, मैं काशी हूँ; मेरे पास आइए!"

जब मैंने अपने हृदय के रेडियो पर मन को एकाग्र किया तो यह विचार मुझे करीब-करीब सुनाई देने लगा। काशी की विशिष्ट, किंचित् फटी हुई सी आवाज की फुसफुसाहट में यह बुलावा बार-बार मुझे सुनाई दे रहा था। मैंने तुरंत अपने साथ चल रहे एक मित्र प्रकाश दास का हाथ पकड़ लिया और आनंद से उसकी ओर देखकर मुसकराने लगा। "लगता है, मैंने काशी को ढूँढ़ लिया है!"

मैं गोल-गोल घूमने लगा। मेरे मित्र और वहाँ से गुजरते लोगों के हावभाव से स्पष्ट था कि उनका अच्छा मनोरंजन हो रहा था। विद्युत्-तरंगें मेरी उँगलियों में तभी झनझनाती थीं, जब मैं पास के एक रास्ते की ओर मुड़ता था, जिसका नाम भी संयोगवश 'सर्पेंटाइन लेन' था। जब मैं दूसरी दिशाओं में मुड़ता था, तब वे सूक्ष्म

तरंगें लुप्त हो जाती थीं। "आह!" मैं चिल्ला पड़ा, "काशी की आत्मा अवश्य इसी गली में रहने वाली किसी माता के गर्भ में है।"

मेरे मित्र और मैं सर्पेंटाइन लेन की ओर बढ़ने लगे। अब मेरे ऊपर उठे हाथों में विद्युत् तरंगें और प्रबल तथा स्पष्ट रूप से अनुभव होने लगीं। मानो किसी चुंबक द्वारा मैं रास्ते के दाहिनी ओर खींच लिया गया। प्रत्येक आत्मा अपने शुद्ध रूप में सर्वज्ञ है। काशी की आत्मा को अपने (काशी के) पूर्वजन्म की समस्त विशिष्टताओं का स्मरण था, इसलिए उसने काशी की फटी आवाज की नकल की, जिससे मैं उसे पहचान सकूँ।

एक घर के दरवाजे के सामने पहुँचते ही मेरे आश्चर्य का ठिकाना नहीं रहा, जब मैंने देखा कि मेरा सारा शरीर जड़वत् हो गया। हर्षोन्माद में अपनी साँस को भी रोके रखकर मैंने दरवाजा खटखटाया। मुझे लग रहा था कि मेरी लंबी असाधारण खोज सफल हो गई है।

दरवाजा एक नौकरानी ने खोला। उससे पता चला कि गृहस्वामी भी घर में ही हैं। वे दूसरे तल्ले से सीढ़ियों से उतरकर नीचे आए और मुसकराते हुए प्रश्नार्थक मुद्रा में मेरी ओर देखने लगे। मेरी समझ में नहीं आ रहा था कि अपना प्रश्न करूँ तो कैसे करूँ, जो उचित था और अनुचित भी।

"कृपया यह बताइए महाशय कि क्या आप और आपकी धर्मपत्नी पिछले छह महीनों से बच्चे की प्रत्याशा में हैं?"

"हाँ, वह तो है।" यह देखते हुए कि मैं परंपरागत गेरुआ परिधान धारण किए एक स्वामी हूँ, उन्होंने विनम्रतापूर्वक कहा, "दया करके इतना बता दीजिए कि आपको मेरी इन बातों का ज्ञान कैसे?"

जब उन्होंने काशी और उसे दिए गए मेरे वचन के बारे में सुना तो उस आश्चर्यचकित सज्जन को मेरी बात पर विश्वास हो गया। "आपको गौर वर्ण के एक पुत्र की प्राप्ति होगी," मैंने उनसे कहा, "उसकी मुखाकृति चौड़ी होगी और उसके माथे के ऊपर सामने की ओर झुका हुआ घुँघराले बालों का एक गुच्छा होगा। उसकी वृत्ति आध्यात्मिक रहेगी।" मुझे यह पूरा विश्वास था कि जन्म लेने वाले इस शिशु में काशी के ये सभी लक्षण होंगे।

बाद में जाकर मैंने उस बच्चे को देखा भी। उसके माता-पिता ने उसे उसके पूर्वजन्म का ही काशी नाम दिया था। शैशवावस्था में भी वह देखने में बिल्कुल राँची के मेरे प्रिय छात्र काशी के जैसा ही था। बालक ने तत्काल मुझसे लगाव जताया; गत जन्म का प्रेम दुगुनी तीव्रता के साथ जाग डठा।

कुछ वर्षों बाद किशोरावस्था में पहुँचे उस बालक ने मुझे पत्र लिखा, जब मैं अमेरिका में रह रहा था। उसने संन्यास मार्ग का अवलंब करने की अपनी तीव्र आकांक्षा उसमें व्यक्त की थी। मैंने उसे हिमालय के एक सद्‌गुरु के पास जाने का सुझाव दिया। उस गुरु ने पुनर्जन्म हुए काशी को शिष्य रूप में स्वीकार कर लिया।

□

29

रवींद्रनाथ टैगोर और मेरे विद्यालयों की तुलना

"रवींद्रनाथ टैगोर ने हम लोगों की आत्माभिव्यक्ति के एक स्वाभाविक रूप में, पक्षियों की भाँति सहज ढंग से गीत गाना सिखाया।"

एक दिन प्रात:काल जब मैंने राँची के अपने विद्यालय के एक चौदह वर्षीय छात्र भोलानाथ के सुरीले गायन की प्रशंसा की, तो उसने यह बात बताई। बीच-बीच में वह गाता ही रहता था। चाहे उसे कोई गाने के लिए कहे या न कहे, वह सुरीली तानों की झड़ी लगा देता था। मेरे विद्यालय में आने से पहले वह रवींद्रनाथ टैगोर के बोलपुर स्थित सुप्रसिद्ध शांतिनिकेतन विद्यालय का छात्र रहा था।

मैंने उससे कहा—"रवींद्रनाथ के गीत बचपन से मेरे होंठों पर रहे हैं। सारे बंगालियों को, यहाँ तक कि अनपढ़ किसानों को भी उनकी मनोहारी कविताओं में आनंद आता है।"

भोला ने और मैंने साथ-साथ टैगोर के कई ध्रुवपद गाए। उन्होंने हजारों भारतीय गीतों को संगीत में ढाला है, जिनमें से कुछ तो उनकी अपनी रचनाएँ हैं, और कुछ प्राचीन गीत हैं।

हमारा गायन समाप्त होने के बाद मैंने कहा—"साहित्य के लिए रवींद्रनाथ को नोबेल पुरस्कार मिलने के शीघ्र बाद ही मैं उनसे मिला था। मुझे उनसे मिलने की इच्छा इसलिए हो रही थी कि अपने साहित्य के आलोचकों से निपटने में स्पष्टवादिता का उनका साहस मुझे बहुत अच्छा लगता था।" यह कहकर मैं हँस पड़ा!

भोला का कुतूहल जाग उठा। उसने पूरी कहानी सुनने की उत्सुकता प्रकट की।

मैंने बताना शुरू किया, "बंगाली काव्य में नई शैली लाने के लिए विद्वानों ने टैगोर की कटु आलोचना की। उन्होंने पंडितों को अत्यंत प्रिय लगने वाले निर्धारित नियमों को ठुकराकर लोकभाषा की पदावली को शास्त्रीय पदावली के साथ मिला दिया। उनके गीतों में मन को छू लेने वाले शब्दों में गहन दार्शनिक सत्य होता है; प्रचलित साहित्यिक ढंग की उन्होंने कोई परवाह नहीं की।"

एक प्रतिष्ठित समालोचक ने अत्यंत द्वेष के साथ 'अपनी गुटर-गूँ को छापकर एक रुपए में बेचने वाला कपोत-कवि' कहकर रवींद्रनाथ का उल्लेख किया। किंतु टैगोर को भी अपना बदला लेने का अवसर जल्दी ही मिल गया। अपनी 'गीतांजलि' का उन्होंने स्वयं ही जब अंग्रेजी में अनुवाद किया, तो संपूर्ण पाश्चात्य साहित्यिक जगत् ने उनके चरणों में अपने श्रद्धासुमन अर्पित कर दिए। रेलवे की एक पूरी गाड़ी भरकर पंडित, जिनमें एक समय के उनके आलोचक भी शामिल थे, उनका अभिनंदन करने के लिए शांतिनिकेतन पहुँचे।

"जान-बूझकर उन्हें काफी देर तक बिठाकर रखने के बाद ही रवींद्रनाथ उनसे मिले और फिर निर्विकार भाव से, मौन रहकर उनकी प्रशंसा सुनते रहे। अंततः आलोचना के उनके ही प्रचलित अस्त्र को उन्होंने उन्हीं की ओर मोड़ दिया।"

उन्होंने कहा—"सज्जनो, आप जिन गौरव-सुरभियों की वर्षा यहाँ मुझ पर कर रहे हैं, उसमें आपकी गतकालीन घृणा की दुर्गंध भी विसंगत रूप से मिली हुई है। मेरे नोबेल पुरस्कार मिलने और आप लोगों की प्रखर प्रशंसात्मक बुद्धि के अचानक जागृत होने के बीच कहीं कोई संबंध तो नहीं? मैं तो अभी भी वही कवि हूँ, जिसने आप लोगों को तब बड़ा ही नाराज कर दिया था, जब मैंने प्रथम बार बंगाल मंदिर में अपने विनम्र काव्य सुमन अर्पित किए थे।"

समाचार-पत्रों ने टैगोर द्वारा सुनाई गई निर्भीक फटकार का वृत्तांत प्रकाशित किया। चापलूसी से सम्मोहित न हुए उस पुरुष के स्पष्टवादी शब्द मुझे बहुत पसंद आए। कलकत्ता में रवींद्रनाथ के सेक्रेटरी श्री सी.एफ. एंड्रयूज ने मेरा उनसे परिचय करा दिया। मैं जब वहाँ गया तो श्री एंड्रयूज केवल एक बंगाली धोती पहने हुए थे। वे टैगोर का उल्लेख प्रेम से 'गुरुदेव' कहकर करते थे।

रवींद्रनाथ ने शिष्टतापूर्वक मेरा स्वागत किया। उनके व्यक्तित्व से मनमोहकता, सुसंस्कृतता तथा शालीनता टपक रही थी। उनकी साहित्यिक पृष्ठभूमि के बारे में मेरे प्रश्न का उत्तर देते हुए उन्होंने बताया कि वे मुख्यतः हमारे धार्मिक ग्रंथों तथा चौदहवीं शताब्दी के एक लोकप्रिय कवि विद्यापति से प्रभावित रहे हैं।

इन स्मृतियों से आह्लादित होकर मैं एक पुराने बंगाली गीत की टैगोर द्वारा की गई पुनः प्रस्तुति, 'आमार ए घरे, आपनार करे गृह-दीपखानि ज्वालो' (मेरी कुटिया में अपने कर-कमल से प्रेम का अपना दीप जला दो) को गाने लगा। भोला और मैं आनंद में यह गीत गाते हुए विद्यालय के प्रांगण में टहलने लगे।

राँची में विद्यालय की स्थापना करने के लगभग दो वर्ष बाद शांतिनिकेतन में आने के लिए मुझे रवींद्रनाथ का निमंत्रण मिला, ताकि हम दोनों अपने शैक्षणिक आदर्शों पर चर्चा कर सकें। मैं खुशी से वहाँ गया। जब मैं उनसे मिलने पहुँचा, तब वे अपने अध्ययन-कक्ष में बैठे हुए थे। पहली भेंट के समान ही, इस बार भी मुझे लगा कि उत्कृष्ट पुरुषत्व का चित्र बनाने के लिए यदि किसी चित्रकार को किसी मॉडल की आवश्यकता पड़े, तो उनसे अधिक अच्छा मॉडल उसे नहीं मिल सकेगा। प्राचीन रोम के कुलीन पुरुष की तरह तीखे नाक-नक्श का, सुंदरता के साथ तराशा हुआ-सा उनका चेहरा, लहराते केश और लंबी दाढ़ी के बीच सुशोभित था। विशाल दयार्द्र नेत्र, देवता सदृश सौम्य मुसकराहट तथा बाँसुरी की ध्वनि की याद दिलाती आवाज, जो सचमुच मंत्रमुग्ध कर देती थी। मजबूत, सुदृढ़, लंबे कद के, गंभीर मुद्रा के उनके व्यक्तित्व में करीब-करीब नारी-सुलभ कोमलता भी थी और शिशु-सुलभ हर्षोत्फुल्ल स्वयंस्फूर्ति भी। कवि दिखने में कैसा हो, इसकी आदर्श कल्पना इस सौम्य गायक की मूर्ति से अधिक अच्छी तरह साकार नहीं हो सकती।

टैगोर और मैं शीघ्र ही प्रचलित पद्धति से हटकर बनाए गए हमारे विद्यालयों के तुलनात्मक अध्ययन में मग्न हो गए। हमने दोनों विद्यालयों में कई बातों में समानता पाई—खुले आकाश के नीचे शिक्षा, सादगी, बच्चों की रचनात्मक प्रवृत्ति के विकास के लिए पर्याप्त अवसर। रवींद्रनाथ ने साहित्य और काव्य के अध्ययन पर तथा संगीत और गायन के द्वारा आत्माभिव्यक्ति पर काफी जोर दिया था, जैसा कि भोला के मामले में मैं पहले ही देख चुका था। शांतिनिकेतन के बच्चों के लिए मौन के विशिष्ट समय भी निर्धारित थे, परंतु उन्हें योग का कोई विशेष प्रशिक्षण नहीं दिया जाता था।

कविवर ने राँची में सभी छात्रों को सिखाए जाने वाले शक्तिसंचार के योगदा व्यायामों और एकाग्रता की यौगिक प्रविधियों के मेरे विवरण को अत्यंत ध्यान से सुना।

टैगोर ने मुझे अपने आरंभ के शैक्षणिक संघर्ष के बारे में बताया। "पाँचवीं कक्षा के बाद मैं स्कूल से भाग निकला," उन्होंने हँसते हुए कहा। स्कूली कक्षा के

नीरस, अनुशासनात्मक वातावरण में उनके जन्मजात कविहृदय की कोमलता को कैसे झटके लगते होंगे, इसे मैं आसानी से समझ सकता था।

"इसीलिए मैंने छायादार वृक्षों और आकाश के सौंदर्य के तले शांतिनिकेतन की स्थापना की।" सुंदर बगीचे में अध्ययन करते बच्चों के एक छोटे से गुट की ओर भावपूर्ण ढंग से इशारा करते हुए उन्होंने कहा, "बच्चा फूलों और गाते पक्षियों के बीच अपने स्वाभाविक वातावरण में रहता है। वहाँ वह अपनी व्यक्तिगत प्रतिभा की गुप्त निधि को अधिक सरलता से व्यक्त कर सकता है। सच्ची शिक्षा को बाह्य साधनों द्वारा भरा या ठूँसा नहीं जा सकता, बल्कि सच्ची शिक्षा तो वह है, जो भीतर में निहित अनंत ज्ञान भंडार को ऊपर ला सके।"

मैंने उनके साथ सहमति प्रकट की और कहा, "साधारण स्कूलों में बच्चों को आँकड़ों और ऐतिहासिक कालक्रम के अनन्य आहार पर रखकर उनकी आदर्शवादी और वीरपूजात्मक नैसर्गिक प्रवृत्तियों को भूखों मार दिया जाता है।"

कविवर अपने पिता देवेंद्रनाथ के बारे में, जिन्होंने शांतिनिकेतन शुरू करने की उन्हें प्रेरणा दी थी, अत्यंत प्रेम के साथ बोलने लगे। उन्होंने कहा—

"पिताजी ने यह उपजाऊ जमीन मुझे दे दी, जहाँ उन्होंने पहले ही एक अतिथिशाला और मंदिर का निर्माण कर लिया था। मैंने 1901 में यहाँ केवल 10 बच्चों के साथ अपना शैक्षणिक प्रयोग आरंभ किया। नोबेल पुरस्कार के साथ जो आठ हजार पौंड मिले, वह सब विद्यालय पर ही खर्च हो गए।"

दूर-दूर तक महर्षि के नाम से विख्यात देवेंद्रनाथ टैगोर अत्यंत अद्भुत व्यक्ति थे, जैसा कि उनकी ऑटोबायोग्राफी से पता चलता है। अपनी युवावस्था के दो वर्ष उन्होंने हिमालय में ध्यान-धारणा में व्यतीत किए थे। उनके पिताजी द्वारकानाथ टैगोर भी पूरे बंगाल में जनहितार्थ दानधर्म के लिए विख्यात थे। इस गौरवशाली वंशवृक्ष से अनेक प्रतिभाशाली व्यक्तियों का पूरा परिवार ही पैदा हुआ है। केवल अकेले रवींद्रनाथ ही नहीं, बल्कि उनके सभी सगे-संबंधियों ने रचनात्मक अभिव्यक्ति में विशिष्टता दिखाई है। उनके भतीजे गगनेंद्र और अवनींद्र भारत के शीर्षस्थ चित्रकारों में थे। रवींद्रनाथ के भाई द्विजेंद्र एक दार्शनिक थे, जिनसे पक्षी और जंगली पशु भी प्रेम करते थे।

रवींद्रनाथ ने मुझसे एक रात अतिथिशाला में रहने का आग्रह किया। शाम को आँगन में बैठे कविवर और बच्चों के दृश्य ने मेरा मन मोह लिया। मैं अतीत काल में पहुँच गया; मेरे सामने प्रस्तुत दृश्य प्राचीन काल के किसी आश्रम की तरह लग रहा था—आनंद में विभोर गायक और उसके चारों ओर बैठे उसके भक्तजन, सभी दिव्य

प्रेम के प्रभामंडल से घिरे हुए। टैगोर मित्रता की प्रत्येक गाँठ मनोमाधुर्य के धागे से बाँधते थे। वे कभी भी अपनी बात पर जोर नहीं देते थे, एक दुर्निवार्य आकर्षण शक्ति से खींचकर हृदय जीत लेते थे। ईश्वर के उद्यान में खिला हुआ काव्य का यह दुर्लभ पुष्प दूसरों को एक नैसर्गिक सुगंध से आकर्षित कर लेता था।

अपनी मधुर आवाज में रवींद्रनाथ ने हमें अपनी कुछ अति उत्कृष्ट नवरचित कविताएँ पढ़कर सुनाईं। अपने विद्यार्थियों को आनंद देने के लिए रचे गए उनके अधिकांश गीतों एवं नाटकों की रचना उन्होंने शांतिनिकेतन में ही की। मेरी दृष्टि में उनके पद्यों की सुंदरता इसमें है कि लगभग प्रत्येक छंद में ईश्वर के नाम का उल्लेख किए बिना ईश्वर का जिक्र करने की उनकी अद्भुत कला उनमें प्रकट होती है। उन्होंने लिखा है; 'सुरेर घोरे आपनाके जाई भुले, बंधु बोले डाकि मोर प्रभुके।' "गाने के आनंद में मैं अपने को इतना भूल जाता हूँ कि आपको भी मित्र कहने लगता हूँ, जो मेरे प्रभु हैं।"

दूसरे दिन दोपहर के भोजन के पश्चात् मैंने अनिच्छापूर्वक ही कविवर से विदा ली। मुझे इस बात का आनंद है कि उनका छोटा सा विद्यालय अब एक अंतरराष्ट्रीय विश्वविद्यालय, 'विश्व-भारती' बन गया है, जहाँ अनेक देशों के छात्रों को आदर्श वातावरण प्राप्त होता है।

जहाँ चित्त भयमुक्त और सिर ऊँचा हो;
जहाँ ज्ञान मुक्त हो;
जहाँ विश्व संकीर्ण आपसी दीवारों से छोटे-छोटे टुकड़ों में न बँटा हो;
जहाँ शब्द सत्य की गहराइयों से आते हों;
जहाँ अथक कर्मधारा अपने हाथ पूर्णता की ओर फैलाती हो;
जहाँ विचारों का निर्मल स्रोत तुच्छ आचारों की रुक्ष मरुभूमि की बालू में खो न गया हो;
जहाँ मन को आप निरंतर विस्तारित होते विचार एवं कर्म में ले जाते हों;
उस मुक्ति के स्वर्ग में, हे मेरे परमपिता, मेरे देश को जागृत करो!

—रवींद्रनाथ टैगोर

□

30
चमत्कारों का नियम

महान् उपन्यासकार लियो टॉलस्टॉय ने एक अत्यंत रोचक कथा लिखी थी—'तीन वैरागी।' उनके मित्र निकोलस रोरिच ने उसे संक्षेप में इस प्रकार प्रस्तुत किया—

"एक द्वीप पर तीन वृद्ध वैरागी रहते थे। वे इतने भोले-भाले थे कि उन्हें केवल एक ही प्रार्थना आती थी, 'हम तीन हैं, तू (ईश्वर) तीन है—हम पर दया कर!' इस अत्यंत सीधी-सादी, भोली प्रार्थना के समय महान् चमत्कार प्रकट होते थे।

"वहाँ के बिशप ने इन तीन वैरागियों और उनकी अस्वीकार्य प्रार्थना के बारे में सुना और उसने उन्हें धर्म-नियमों के अनुसार अधिकृत प्रार्थना सिखाने के लिए उनके पास जाने का निश्चय किया। उसने उस द्वीप पर पहुँचकर वैरागियों को बताया कि उनकी प्रार्थना अत्यंत अशोभनीय है, और फिर उसने उन्हें कुछ प्रचलित प्रार्थनाएँ सिखाईं। उसके बाद बिशप एक नाव पर सवार होकर चल पड़े। उसने नाव के पीछे आते एक दीप्तिमान प्रकाश को देखा। जब वह प्रकाश निकट आया तो उसने उस प्रकाश में उन तीन वैरागियों को देखा, जो एक-दूसरे का हाथ पकड़े हुए नाव की बराबरी में आने के लिए पानी की लहरों पर दौड़ रहे थे।"

"जब वे बिशप के पास पहुँचे, तो उन्होंने चिल्लाकर उससे कहा, 'आपने हमें जो प्रार्थनाएँ सिखाई थीं, वे सब हम भूल गए हैं और इसीलिए आपसे यह अनुरोध करने के लिए दौड़े-दौड़े आए हैं कि आप फिर से हमें वह प्रार्थनाएँ सिखा दें।' विस्मयविभोर बिशप ने सिर हिलाया।

"विनम्रतापूर्वक उसने उनसे कहा, 'प्रियजनों! अपनी पुरानी प्रार्थना ही जारी रखें!'"

ये तीन वैरागी पानी पर कैसे चल सके ?

ईसा मसीह सूली पर लटके मृत शरीर को पुनरुज्जीवित कैसे कर सके?

लाहिड़ी महाशय और श्रीयुक्तेश्वरजी अपने चमत्कार कैसे कर सके?

आधुनिक विज्ञान के पास अभी तक इसका कोई उत्तर नहीं है; जबकि अणु युग के आने से विश्व-मानस के कार्यक्षेत्र और उसके ज्ञान में अत्यधिक वृद्धि भी हो गई है। मनुष्य की शब्दावली में अब 'असंभव' शब्द धीरे-धीरे महत्त्वहीन होने लगा है।

वेदशास्त्र कहते हैं कि भौतिक जगत् माया के एक ही मूल सिद्धांत के अंतर्गत कार्य करता है—सापेक्षता और द्वैत का सिद्धांत। समस्त जीव सृष्टि एकमात्र ईश्वर ही है और वह अखंड, निरपेक्ष एकत्व है। सृष्टि की पृथक् और भिन्न-भिन्न अभिव्यक्तियों में प्रकट होने के लिए वह झूठा या अवास्तविक चोला पहन लेता है। यह झूठा, द्वित्व प्रदान करने वाला चोला ही माया है। आधुनिक काल के अनेक बड़े-बड़े वैज्ञानिक आविष्कारों से प्राचीन ऋषियों की इस सरल घोषणा की पुष्टि होती है।

न्यूटन का गति का सिद्धांत माया का ही एक नियम है, 'प्रत्येक क्रिया के लिए उसके समतुल्य विपरीत प्रतिक्रिया होती है; किन्हीं भी दो पिंडों की एक-दूसरे पर क्रियाएँ सदैव समतुल्य और परस्पर-विरोधी दिशाओं में लक्षित होती हैं।' इस प्रकार क्रिया और प्रतिक्रिया सर्वस्वी समतुल्य होती है। 'केवल एक ही शक्ति का होना असंभव है। समतुल्य और परस्पर-विरोधी शक्तियों की जोड़ी होनी ही चाहिए और सदा रहती ही है।'

प्रकृति की मूलभूत क्रियाएँ अपनी माया-मूलकता का ही परिचय देती हैं। उदाहरण के लिए, विद्युत् शक्ति आकर्षण और विकर्षण के कारण निर्मित होती है; उसके इलेक्ट्रॉन और प्रोटॉन परस्पर-विरोधी विद्युत् आवेग हैं। दूसरा उदाहरण—अणु, अर्थात् पदार्थ की सूक्ष्मतम कणिका स्वयं पृथ्वी की तरह ही धनात्मक और ऋणात्मक ध्रुवों से युक्त एक चुंबक है। यह समस्त गोचर जगत् ध्रुवता के प्रभाव में है; भौतिक शास्त्र, रसायन शास्त्र या किसी भी अन्य विज्ञान का कोई भी नियम कभी अंतर्निहित परस्पर-विरोधी तत्त्वों से मुक्त नहीं मिलता।

अतः भौतिक विज्ञान माया के बाहर के किसी नियम का सूत्र नहीं बना सकता। सृष्टि का मूल ताना-बाना ही माया है, उसकी मूल रचना ही माया है। स्वयं प्रकृति माया है; प्राकृतिक विज्ञान के पास केवल प्रकृति के अपरिहार्य सारभूत तत्त्वों का ही अध्ययन और उन्हीं का प्रयोग करने के सिवा और कोई चारा ही नहीं है। अपने क्षेत्र में प्रकृति शाश्वत और अपार है; भावी वैज्ञानिक उसकी विविधरूपी अनंतता

के एक के बाद एक पहलू की खोज करते जाने से अधिक कुछ नहीं कर पाएँगे। विज्ञान इस प्रकार सदा के लिए परिवर्तनों के क्रम से ही गुजरता रहेगा और अंतिम कारण तक कभी नहीं पहुँच पाएगा; पहले से ही अस्तित्व में आए हुए और कार्य करते हुए ब्रह्मांड के नियमों का पता लगाने की तो उसमें क्षमता है, परंतु नियम बनाने वाले विधाता और कार्य चलाने वाले जगन्नियंता को ढूँढ़ पाने में वह असमर्थ है! गुरुत्वाकर्षण और विद्युत् शक्ति के तेजस्वी प्रदर्शनों का तो पता चल गया, परंतु गुरुत्वाकर्षण और विद्युत् शक्ति क्या है, कोई मानव नहीं जानता।

सहस्राब्दियों से अवतारों और सद्गुरुओं ने मानवजाति को माया से ऊपर उठने का कार्य दे रखा है। सृष्टि के द्वैत् से ऊपर उठकर उसके पीछे विद्यमान स्रष्टा की अखंड एकता को पहचानना ही मनुष्य का सर्वोच्च लक्ष्य माना गया। जो माया में लिप्त रहते हैं, उन्हें उसके ध्रुवता नियम को स्वीकार करना ही होगा; ज्वार-भाटा, उत्थान-पतन, दिन-रात, सुख-दुःख, अच्छा-बुरा, जन्म-मृत्यु। कुछ हजार मानव-जन्मों से गुजरने के बाद मनुष्य को इन आवृत्तियों की यह नियमबद्ध क्रमशीलता पीड़ादायक और नीरस प्रतीत होने लगती है; तब वह मायाजनित विवशताओं से परे आशापूर्ण दृष्टि डालने लगता है।

माया के परदे को हटाने का ही अर्थ है, सृष्टि के रहस्य को अनावृत करना। जो इस प्रकार सृष्टि का अनावरण कर देता है, केवल वही सच्चा अद्वैतवादी है। अन्य सब केवल मूर्तिपूजक हैं। जब तक मनुष्य प्रकृति की द्वयात्मक भ्रांतियों में उलझा रहता है, तब तक छल-कपटी माया ही उसकी आराध्य देवी होती है और वह एकमात्र सच्चे ईश्वर को नहीं जान सकता।

विश्व-माया मनुष्यों में अविद्या (अज्ञान, भ्रम) के रूप में प्रकट होती है। माया या अविद्या को बौद्धिक विश्वास या विश्लेषण के द्वारा कभी नष्ट नहीं किया जा सकता; केवल निर्विकल्प समाधि की आंतरिक स्थिति की प्राप्ति से ही उसे नष्ट किया जा सकता है। 'ओल्ड टेस्टामेंट' (बाइबल का पूर्व भाग) के सब संतों तथा सभी देशों और युगों के द्रष्टाओं ने चेतना की उसी अवस्था से उपदेश दिया था।

एजेकिएल ने कहा था, "बाद में वह मुझे दरवाजे के पास ले आया, यह दरवाजा पूर्वाभिमुख था और मैंने देखा, इजराइल के भगवान् का दिव्य तेज पूर्व दिशा से आया, उसकी ध्वनि पानी की तेज बहती अनेक धाराओं के समान थी और पृथ्वी उसके तेज के आलोक में नहा उठी।" योगी अपनी चेतना को ललाट (पूर्व दिशा) में स्थित दिव्य चक्षु में से ले जाकर सर्वव्यापकता में पहुँचाता है। जब वह यह कर रहा होता है, तब उसे ओम् की 'पानी की तेज बहती अनेक धाराओं के समान'

ध्वनि सुनाई देती है, जो सृष्टि की एकमात्र वास्तविकता के प्रकाश के स्पंदनों के कारण होती है।

सृष्टि के अरबों-खरबों रहस्यों में सबसे विलक्षण रहस्य है प्रकाश। ध्वनि-तरंगों के संचरण के लिए तो हवा या अन्य किसी भौतिक माध्यम की आवश्यकता होती है, परंतु प्रकाश तरंगें नाभिकीय पिंडों के बीच के निर्वात से भी सरलतापूर्वक संचार करती हैं। तरंग सिद्धांत में जिस काल्पनिक ईथर को नाभिकीय पिंडों के बीच के शून्य में प्रकाश का माध्यम माना जाता है, उसे भी आइंस्टीन के इस मत के कारण हटा दिया जा सकता है कि अंतरिक्ष के ज्यामितीय गुणधर्म ईथर की कल्पना को अनावश्यक बना देते हैं। इन दोनों में से किसी भी प्रमेय को मानें, तब भी प्रकृति की समस्त अभिव्यक्तियों में प्रकाश ही सबसे सूक्ष्म और भौतिक अवलंबन से सर्वाधिक मुक्त है।

आइंस्टीन की असाधारण अवधारणाओं के अनुसार सापेक्षता सिद्धांत में प्रकाश की गति (1,86,300 मील प्रति सेकंड) सबसे महत्त्वपूर्ण है। वे गणित द्वारा सिद्ध करते हैं कि जहाँ तक मानव के सीमित मन का संबंध है, इस नित्य परिवर्तनशील ब्रह्मांड में केवल प्रकाश की गति ही अपरिवर्तनशील है, कि केवल वही निरपेक्ष स्थिरांक है। केवल प्रकाश के इस निरपेक्ष स्थिरांक पर ही मनुष्य के समय एवं दूरी के सारे मापदंड निर्भर हैं। अब तक दुर्बोध रूप से शाश्वत समझे जाने वाले समय और दूरी (काल और देश) भी सापेक्ष और सीमित घटक हैं। उनके माप का औचित्य केवल प्रकाश-गति के संदर्भ में है।

परिमाणात्मक सापेक्षता में अंतरिक्ष के साथ समय के आ जाने से समय का सच्चा स्वरूप भी सामने आ गया है कि वह केवल संदिग्धता के अलावा कुछ नहीं। कुछ ही समीकरणों को प्रस्तुत कर आइंस्टीन ने एक प्रकाश को छोड़कर विश्व के सारे तथाकथित निश्चित तथ्यों का उन्मूलन कर दिया।

बाद में जब आइंस्टीन ने अपना एकीकृत क्षेत्र सिद्धांत प्रस्तुत किया तो उसमें उन्होंने एक ही गणितीय सूत्र में गुरुत्वाकर्षण नियम तथा विद्युत्-चुंबकत्व नियम को अंतर्भूत करने का प्रयास किया। इस प्रकार ब्रह्मांड की रचना को एक ही नियम के प्रकारांतर के सिद्धांत में लाकर आइंस्टीन युग-युगों को पार कर उन ऋषियों की श्रेणी में जा पहुँचे हैं, जिन्होंने सृष्टि का एक ही आधार होने की घोषणा की थी—नित्य परिवर्तनशील माया।

इस युगांतरकारी सापेक्षता सिद्धांत से सूक्ष्मतम परमाणु के अनुसंधान की गणितीय संभावनाएँ जाग उठी हैं। अब बड़े-बड़े वैज्ञानिक दृढ़ता के साथ न केवल

यह कहने की हिम्मत कर रहे हैं कि अणु पदार्थ नहीं बल्कि शक्ति है, वरन् वे यह भी कह रहे हैं कि आणविक ऊर्जा का स्वरूप मूलत: मनोमय है।

सर आर्थर स्टैनले एडिंगटन द नेचर ऑफ द फिजिकल वर्ल्ड (भौतिक विश्व का स्वरूप) नामक पुस्तक में लिखते हैं, "यह बात अब पूरी तरह समझ में आ चुकी है कि भौतिक विज्ञान केवल परछाइयों के जगत् से संबंधित है और यही अपने आप में एक महत्त्वपूर्ण प्रगति है। भौतिक विज्ञान के क्षेत्र में हम परिचित जीवन-नाट्य की परछाइयों के खेल मात्र का अवलोकन करते हैं। मेरे हाथ की छाया टेबल की छाया पर टिकी हुई है और स्याही की छाया कागज की छाया पर अंकित हो रही है। यह सब प्रतीकात्मक है और भौतिक विज्ञानी इसे प्रतीक के रूप में ही रहने देता है। परंतु रसायनशास्त्री मन प्रतीकों को उनके मूल स्वरूप में परिवर्तित कर देता है···मोटे तौर पर इन सबका निष्कर्ष यह निकलता है कि इस जगत् का सारा प्रपंच केवल मनोमय (मन जिस तत्त्व से बना है, उसी तत्त्व से बना) है।"

हाल में बनाए गए इलेक्ट्रॉन माइक्रोस्कोप से यह निश्चित प्रमाण मिल चुका है कि परमाणुओं का मूल स्वरूप प्रकाश है और प्रकृति में द्वैत् अनिवार्य है। 'द न्यूयॉर्क टाइम्स' ने 'अमेरिकन एसोसिएशन फॉर द एडवांसमेंट ऑफ साइंस' की एक सभा के समक्ष 1937 में दिखाए गए इलेक्ट्रॉन माइक्रोस्कोप के एक प्रयोग का विवरण इस प्रकार प्रकाशित किया था।

अब तक क्ष-किरणों द्वारा परोक्ष रूप से ही जाने जा सकने वाले टंगस्टन की रचना का रवेदार स्वरूप एक प्रतिदीप्त परदे पर स्पष्ट रूप से प्रकट हुआ, जिसमें नौ अणु अपने-अपने अचूक स्थानों में स्थित दिखाई दे रहे थे। अणुओं की यह रचना त्रिघाती आकार में थी, जिसमें त्रिघात के हर कोने में एक-एक अणु था तथा केंद्र में एक। परदे पर दिखाई दे रही टंगस्टन की केलास में स्थित अणु प्रकाश बिंदुओं के रूप में दिखाई दे रहे थे, जो एक विशिष्ट ज्यामितीय रचना में स्थित थे। केलास के इस प्रकाश के त्रिघात के चारों ओर हवा के अणु पानी पर झिलमिलाती सूर्य किरणों के समान नाचते प्रकाश बिंदुओं के रूप में दिखाई दे रहे थे···

न्यूयॉर्क की बेल टेलीफोन लैबोरेटरीज के डॉ. क्लिंटन जे. डेविसन तथा डॉ. लेस्टर एच. जर्मर ने 1927 में सर्वप्रथम इलेक्ट्रॉन माइक्रोस्कोप के सिद्धांत का आविष्कार किया, जिन्होंने यह देखा कि इलेक्ट्रॉन के अस्तित्व के दो पहलु हैं—उसमें स्वतंत्र कण के भी गुण हैं और तरंग के भी गुण हैं। तरंग-गुणों के कारण ही इसमें प्रकाश का स्वभाव है और इस खोज के साथ ही किसी ऐसी युक्ति की खोज

शुरू हुई, जिससे इलेक्ट्रॉनों को एक बिंदु पर 'फोकस' किया जा सके, जैसे लेंस के माध्यम से प्रकाश को फोकस किया जाता है।

इलेक्ट्रॉन की द्विमुखी गुणात्मकता के आविष्कार के लिए, जिससे यह स्पष्ट हो गया कि समस्त भौतिक जगत् द्विगुणात्मक है, डॉ. डेविसन को भौतिक विज्ञान में नोबेल पुरस्कार से सम्मानित किया गया।

'द मिस्टिरियस यूनिवर्स' (रहस्यपूर्ण ब्रह्मांड) में सर जेम्स जींस लिखते हैं—'ज्ञान का प्रवाह अब यंत्रविहीन वास्तविकता की ओर बहने लग है; अब ब्रह्मांड एक विराट् यंत्र नहीं, बल्कि एक विराट् विचार प्रतीत होने लगा है।'

इस प्रकार बीसवीं सदी का विज्ञान प्राचीन वेदों की भाषा बोलने लगा है।

अत: यदि आध्यात्मिक शिक्षा द्वारा नहीं, तो विज्ञान द्वारा ही सही, मनुष्य को यह दार्शनिक सत्य समझ लेना चाहिए कि भौतिक जगत् नाम की कोई चीज ही नहीं है। उसका ताना-बाना भी केवल भ्रम है, माया है। विश्लेषण करने पर उसकी सत्यता की मृगमरीचिकाएँ विलुप्त हो जाती हैं। भौतिक जगत् की सत्यता के प्रति आश्वस्त करने वाले आधार जैसे-जैसे मनुष्य के सामने ढहने लगते हैं, वैसे-वैसे मिथ्या जगत् में आस्था रखने की अपनी भूल का उसे कुछ-कुछ एहसास होने लगता है और यह बात भी उसकी समझ में कुछ-कुछ आने लगती है कि उसने प्रभु की उस आज्ञा का उल्लंघन किया है कि 'तुम मेरे सिवा और किसी को ईश्वर नहीं मानोगे।'

पदार्थ के वस्तुमान और ऊर्जा की समतुल्यता दरशाने वाले अपने सुविख्यात समीकरण में आइंस्टीन ने यह सिद्ध किया है कि पदार्थ के किसी भी कण में निहित ऊर्जा उसके वस्तुमान या वजन के साथ प्रकाश-गति के वर्ग के गुणनफल के बराबर होती है। पदार्थ-कणों के विनाश द्वारा आणविक ऊर्जाओं को मुक्त किया जाता है। पदार्थ की 'मृत्यु' ने एक आणविक युग को जन्म दिया है।

गणित में प्रकाश-गति इसलिए प्रतिमान या स्थिरांक नहीं है कि 1,86,300 मील प्रति सेकंड की संख्या स्वयंपूर्ण है, बल्कि इसलिए है कि कोई भी पदार्थ पिंड कभी उस गति को प्राप्त नहीं कर सकता, क्योंकि उसकी गति के साथ उसका वस्तुमान बढ़ता जाता है। दूसरे शब्दों में कहें तो केवल ऐसा पदार्थ पिंड प्रकाश की गति के साथ जा सकता है, जिसका वस्तुमान अनंत हो।

यह संकल्पना हमें चमत्कारों के नियम के द्वार पर लाकर खड़ा कर देती है।

जो सिद्धजन अपने शरीर को तथा अन्य वस्तुओं को प्रकट या अदृश्य कर देने की, प्रकाश की गति से संचार करने की और सृजनक्षम प्रकाश किरणों का उपयोग

कर किसी भी वस्तु को तत्क्षण मूर्त रूप देने की शक्ति रखते हैं, उन्होंने इस विहित शर्त को पूरा कर दिया होता है—उनका वस्तुमान अनंत होता है।

सिद्ध योगी की चेतना उसके छोटे से शरीर से बँधी न रहकर अनायास ही ब्रह्मांड की रचना के साथ तदरूप हो जाती है। गुरुत्वाकर्षण के कारण सभी भौतिक पदार्थ भारयुक्त होते हैं, परंतु यह गुरुत्वाकर्षण, फिर चाहे न्यूटन उसे 'शक्ति' कहें या आइंस्टीन उसे 'जड़ता की अभिव्यक्ति' कहें, किसी सिद्ध को भार का गुणधर्म व्यक्त करने के लिए विवश करने में असमर्थ है। जो अपने को सर्वव्यापी परमतत्त्व के रूप में जान जाता है, वह फिर काल और देश की सीमा में आबद्ध नहीं रहता। आबद्ध कर रखने वाली सीमाओं के सारे घेरे अहं ब्रह्मास्मि के तेज में विलुप्त हो जाते हैं।

'प्रकाश हो! और प्रकाश हो गया।' सृष्टि की रचना में ईश्वर के प्रथम आदेश से सृष्टि का आधार तत्त्व प्रकाश अस्तित्व में आ गया। इस अलौकिक माध्यम (प्रकाश) की किरणों पर ही ईश्वर की सारी अभिव्यक्तियाँ मूर्त होती हैं। प्रत्येक युग के संतों ने अग्निशिखा और प्रकाश के रूप में ईश्वर के प्रकट होने की बात कही है। सेंट जॉन कहते हैं, "उसकी आँखें अग्निज्वालाओं के समान थीं और उसका रूप ऐसा था, मानो सूर्य अपने पूरे तेज के साथ चमक रहा हो।"

जो योगी अखंड ध्यान द्वारा अपनी चेतना को परम चैतन्य में विलीन कर देता है, वह प्रकाश (प्राणशक्ति स्पंदन) को सृष्टि के आधार तत्त्व के रूप में देखता है। उसके लिए फिर पानी बनकर सामने आने वाली प्रकाश किरणों में और जमीन बनकर सामने आने वाली प्रकाश किरणों में कोई अंतर नहीं होता। पदार्थ-चेतना से और भौतिक जगत् के तीन आयामों से तथा काल के चौथे आयाम से मुक्त होकर सिद्ध पुरुष अपने प्रकाश-शरीर को पृथ्वी, जल, अग्नि, वायु की प्रकाश किरणों के बीच से या उनके ऊपर से आसानी के साथ कहीं भी ले जा सकता है।

'इसलिए यदि तुम्हारी आँख एक हो जाए, तो तुम्हारा सारा शरीर प्रकाश से भर जाएगा।' मुक्ति प्रदायक ज्ञान चक्षु पर लंबे समय तक मन को एकाग्र करने से योगी भौतिक जगत् और उसके गुरुत्वाकर्षणजन्य भार के समस्त भ्रमों को नष्ट करने में समर्थ हो जाता है। तब वह सृष्टि को उसी रूप में देखता है, जिस रूप में विधाता ने उसकी रचना की थी; तत्त्वतः विभेदहीन प्रकाश।

हार्वर्ड के डॉ. एल.टी. ट्रोलैंड कहते हैं, "आँखों में उभरने वाले चित्रों की रचना भी छपाई में इस्तेमाल की जाने वाली साधारण बिंदु-चित्र तकनीक के सिद्धांत पर ही आधारित होती है; अर्थात् ये चित्र ऐसे छोटे-छोटे बिंदुओं से बने होते हैं, जिन्हें आँखों से देखा नहीं जा सकता...नेत्र पटल इतना संवेदनक्षम है कि

उचित प्रकार के प्रकाश की अपेक्षाकृत थोड़ी सी मात्रा से भी दृष्टि संवेदन जागृत हो सकता है।"

चमत्कारों के नियम को ऐसा कोई भी मनुष्य कार्यान्वित कर सकता है, जिसने यह अनुभव कर लिया हो कि सृष्टि प्रकाश से ही बनी है, अर्थात् सृष्टि का मूल तत्त्व प्रकाश है। सिद्ध पुरुष प्रकाश तत्त्व के अपने दिव्य ज्ञान का उपयोग सर्वव्यापी प्रकाश-अणुओं को किसी भी इंद्रिय-गोचर अभिव्यक्ति में तत्काल प्रकट करने के लिए कर सकता है। इस प्रकटीकरण के प्रत्यक्ष रूप (वह जो भी हो : कोई वृक्ष या कोई औषधि या कोई मानव शरीर) का निर्धारण योगी की इच्छा तथा उसकी संकल्प शक्ति और मानस चित्रण पर निर्भर होता है।

रात में मनुष्य स्वप्न-चैतन्य में प्रवेश करता है और प्रतिदिन उसे हर तरफ से आबद्ध कर रखने वाली अहंकार की सीमाओं से मुक्त हो जाता है। नींद में उसे अपने मन की सर्वशक्तिमत्ता का बार-बार प्रदर्शन देखने को मिलता है। देखते-ही-देखते स्वप्न में अनेक वर्षों पूर्व मृत हो गए उसके मित्र प्रकट हो जाते हैं, दूर-से-दूर स्थित महाद्वीप भी दिखाई देने लगते हैं, उसके बचपन के दृश्य पुनः उभरकर उसकी दृष्टि के सामने आ जाते हैं।

सभी मनुष्यों को अपने कुछ स्वप्नों में थोड़े समय के लिए अनुभव होने वाली यह मुक्त और अप्रतिबंधित चेतना ईश्वरमग्न संत के मन की नित्य अवस्था होती है। सभी प्रकार के स्वार्थी उद्देश्यों से मुक्त हुआ योगी ईश्वर द्वारा उसे दी गई सृजनात्मक इच्छाशक्ति का उपयोग कर भक्त की सच्ची प्रार्थना को पूर्ण करने के लिए सृष्टि के प्रकाश-अणुओं को पुनः व्यवस्थित करता है।

और परमेश्वर ने कहा, "हम अपने लक्षणों से युक्त मनुष्यों को बनाएँ, उसे अपनी प्रतिमूर्ति बनाएँ और वह समुद्र की मछलियों पर, हवा के पक्षियों पर, घरेलू पशुओं पर और सारी पृथ्वी पर तथा पृथ्वी पर रेंगने वाले सब जीव-जंतुओं पर अपना प्रभुत्व स्थापित करें!"

इसी उद्देश्य से मनुष्य और सृष्टि को बनाया गया था कि वह सृष्टि पर अपने प्रभुत्व को जाने और माया का स्वामी बनकर उससे ऊपर उठे।

1915 में संन्यास लेने के कुछ ही दिन बाद मैंने ध्यान में एक बड़ा ही विचित्र दृश्य देखा। उस अनुभव से मानव चेतना की सापेक्षता मेरी समझ में आ गई और माया के दुःखद द्वैतों के पीछे मैंने अनंत प्रकाश की अखंडता स्पष्ट देखी। यह अनुभव मुझे तब हुआ जब एक दिन सुबह मैं पिताजी के गड़पार रोड स्थित मकान में अपनी छोटी सी अटारी में ध्यानस्थ बैठा था। उस समय कई महीनों से यूरोप में

प्रथम विश्वयुद्ध चल रहा था, जिसमें हो रहे विशाल नरसंहार पर मैं मन-ही-मन दु:खी हो रहा था।

जब मैं आँखें बंद कर ध्यान में बैठा था, तब अचानक मेरी चेतना एक युद्धपोत के कप्तान के शरीर में संक्रमित हो गई। जहाज की तोपें और समुद्र तट पर स्थित तोपखाना एक-दूसरे पर गोले दाग रहे थे और उनकी गगनभेदी आवाज से वातावरण जैसे फटा जा रहा था। एक बहुत बड़ा गोला आकर हमारे बारूद भंडार से टकराया और हमारा जहाज तहस-नहस हो गया। जो थोड़े-बहुत नाविक इस विस्फोट में बच गए थे, उनके साथ मैं समुद्र में कूद पड़ा।

धड़कते हृदय के साथ मैं किनारे पर सुरक्षित पहुँच गया। परंतु हाय! कहीं से तीव्र गति के साथ आती हुई एक गोली सीधी मेरी छाती में घुस गई। कराहते हुए मैं जमीन पर गिर पड़ा। मेरा पूरा शरीर सुन्न हो गया, परंतु मुझे उसके अस्तित्व का भान था, ठीक वैसे ही जैसे एक पैर के सुन्न हो जाने पर मनुष्य को उसका भान रहता है।

'मृत्यु के गुप्त कदम आखिर मुझ तक पहुँच ही गए', मैंने सोचा। एक आखिरी नि:श्वास छोड़कर मैं मूर्च्छा में डूबने ही वाला था कि अचानक मैंने देखा, मैं तो गड़पार रोड पर अपने कमरे में पद्मासन में बैठा हूँ!

मैं अपने पुन:प्राप्त शरीर को टटोल-टटोलकर और चिकोटी काट-काटकर देखने लगा और मेरे नेत्रों से आनंदातिरेक के अश्रु बहने लगे। इस शरीर में छाती में गोली का कोई घाव नहीं था। अपने आप को आश्वस्त करने के लिए कि मैं सचमुच जिंदा हूँ, मैंने शरीर को आगे-पीछे हिलाया-डुलाया, लंबी-लंबी साँसें लीं। इस हर्षोत्फुल्लता और आत्मबधाई के बीच ही अचानक मेरी चेतना फिर से उस रक्तरंजित समुद्रतट पर पड़े कप्तान के शव में संक्रमित हो गई। मेरा मन पूरी तरह उलझन में पड़ गया।

मैं प्रार्थना करने लगा—'प्रभु! मैं मृत हूँ या जीवित?'

समस्त क्षितिज प्रकाश से दीप्तिमान हो उठा। मृदु गर्जन करता एक कंपन शब्द बनकर सुनाई देने लगा।

"जीवन या मृत्यु का प्रकाश के साथ क्या संबंध? अपने प्रकाश की मूर्ति के रूप में मैंने तुम्हें बनाया है। जीवन और मृत्यु के द्वंद्वों का संबंध केवल माया से है। अपने मायातीत स्वरूप को देखो! जागो, मेरे बच्चे, जागो!"

मानव की जागृति के क्रम में ईश्वर यथासमय और यथास्थान वैज्ञानिकों को अपनी सृष्टि के रहस्यों को जानने के लिए प्रेरित करता है। अनेक आधुनिक

आविष्कार इस बात को समझने में मानव की सहायता करते हैं कि सृष्टि एक ही शक्ति की विविध अभिव्यक्तियाँ मात्र हैं, कि ये सारी अभिव्यक्तियाँ ईश्वरीय प्रज्ञा से युक्त प्रकाश की हैं। चलचित्र, रेडियो, टेलीविजन, राडार, फोटो-इलेक्ट्रिक सेल (आश्चर्यकारी विद्युत् नेत्र), अणुशक्तियों के सारे चमत्कार प्रकाश के विद्युत्-चुंबकीय गुणों पर आधारित हैं।

चलचित्र कला किसी भी चमत्कार का दृश्यांकन कर सकती है। प्रभावकारी दृश्य प्रस्तुत करने के दृष्टिकोण से कौशलपूर्ण फोटोग्राफी के लिए कुछ भी असंभव नहीं है। चलचित्र में मनुष्य पारदर्शी सूक्ष्म शरीर धारण कर अपनी स्थूल देह से निकलता हुआ देखा जा सकता है, वह पानी पर चल सकता है, मृत व्यक्ति को दोबारा जिंदा कर सकता है, घटनाक्रम को पलटकर पीछे ले जा सकता है और देश और काल की धज्जियाँ उड़ा सकता है। कुशल फोटोग्राफर अपनी इच्छा के अनुसार छायाचित्रों को मिलाकर दृष्टि के लिए चमत्कार कर सकता है, ठीक उसी प्रकार जैसे सिद्ध पुरुष वास्तविक प्रकाश किरणों के साथ करता है।

जीवंत प्रतीत होने वाले चित्रों को प्रस्तुत करते चलचित्र सृष्टि के अनेक तथ्यों पर प्रकाश डालते हैं। 'सृष्टि निर्देशक' ने अपनी पटकथाएँ स्वयं लिखी हैं और सदियों के इस विराट् चित्रपट में असंख्य अभिनेता-अभिनेत्रियों का समावेश किया है। अनंतता के अंधकारपूर्ण बूथ से वह प्रकाश की अपनी किरणों को प्रक्षेपित करता है, जो एक के बाद एक आनेवाले युगों की फिल्मों में से होकर महाकाश के परदे पर गिरते हैं और उन फिल्मों के चित्रों को प्रतिबिंबित करते हैं।

जिस प्रकार सिनेमा के चित्र वास्तविक प्रतीत होते हैं, परंतु होते हैं मात्र प्रकाश और छाया के मिले-जुले चित्र, उसी प्रकार सृष्टि की विविधता भी एक भ्रम मात्र है। विभिन्न ग्रह मंडल और उन पर जीनेवाले असंख्य जीव एक विराट् चलचित्र के चित्रों के अतिरिक्त कुछ नहीं। मनुष्य की पंचेंद्रियों को तात्कालिक समय के लिए वास्तविक लगने वाले परिवर्ती दृश्य मानव चेतना के परदे पर अनंत सृजनात्मक किरण द्वारा प्रक्षेपित किए जाते हैं।

सिनेमा दर्शक दृष्टि ऊपर उठाकर देख सकते हैं कि परदे पर दिखाई देने वाले सारे चित्र चित्रविहीन प्रकाश किरणों की एक बीम से उत्पन्न होते हैं। सृष्टि का यह रंग-बिरंगा नाटक भी उसी प्रकार एक विश्वस्रोत से आने वाले एकमात्र श्वेत प्रकाश से उत्पन्न हो रहा है। अकल्पनीय कौशल के साथ ईश्वर अपनी संतानों के मनोरंजन के लिए विराट् नाटक प्रस्तुत कर रहे हैं, जिसमें उन्हें वे अपने ग्रह मंडलीय नाट्यगृह में नाटक के पात्र भी बना रहे हैं और दर्शक भी।

एक दिन यूरोप के युद्ध क्षेत्रों की न्यूज-रील देखने के लिए मैं एक सिनेमा थियेटर में गया। प्रथम विश्वयुद्ध पाश्चात्य जगत् में तब भी चल रहा था। न्यूज-रील में नरसंहार इतना वास्तविक लग रहा था कि मैं अत्यंत व्यथित हृदय से थियेटर से बाहर निकला।

मैं प्रार्थना करने लगा, 'प्रभु! आप इतना दुःख-दर्द क्यों होने देते हैं?'

मेरे आश्चर्य का ठिकाना न रहा जब प्रत्यक्ष यूरोप के युद्धक्षेत्रों के दिव्य दर्शन के रूप में मेरी प्रार्थना का तत्काल उत्तर आया! मृतकों और मरणासन्न लोगों से भरे ये दृश्य न्यूज-रील के चित्रांकन से कहीं अधिक भयंकर थे।

"ध्यान से देखो!" मेरी अंतर्चेतना से एक मृदु एवं सौम्य वाणी कह रही थी। "तुम देखोगे कि फ्रांस में अभी अभिनीत किए जा रहे ये दृश्य प्रकाश-छाया के खेल के अतिरिक्त कुछ नहीं हैं। ये सृष्टि के चलचित्र हैं, उतने ही वास्तविक और उतने ही अवास्तविक जितनी तुमने अभी-अभी देखी न्यूज-रील थी—नाटक के भीतर और एक नाटक।"

मेरे हृदय को अभी भी सांत्वना नहीं मिली। दिव्य वाणी आगे कहती गई; "सृष्टि प्रकाश और छाया दोनों ही है, अन्यथा कोई चित्र संभव नहीं हो सकता। माया के भले एवं बुरे गुण बारी-बारी से एक-दूसरे पर हावी होते रहते हैं। इसी संसार में यदि अखंड आनंद प्राप्त हो जाए तो क्या मनुष्य किसी दूसरे लोक की कामना करेगा? दुःख-दर्द मिले बिना तो वह इस बात को याद करने की भी कोशिश नहीं करता कि उसने अपना नित्य धाम त्याग दिया है। दुःख उसे यह याद दिलाने के लिए चुभोया जाने वाला एक शूल है। दुःख से बचने का उपाय ज्ञान है। मृत्यु की विभीषिका मिथ्या है, अवास्तविक है। जो लोग उसके नाम से काँप उठते हैं, वे नाटक के उस नासमझ नट के समान हैं, जो उस पर पिस्तौल से नकली गोली दागी जाने पर भी भय के मारे मंच पर ही मर जाता है। मेरी संतानें प्रकाश की हैं। वे सदा के लिए माया के अंधकार में सोई नहीं रहेंगी।"

मैंने शास्त्रों में माया के विषय में बहुत कुछ पढ़ा था, परंतु उससे मुझे माया का वैसा गहरा ज्ञान प्राप्त नहीं हुआ था, जैसा ध्यान में दिखने वाले दृश्यों और उनके साथ आने वाले सांत्वनादायक शब्दों से प्राप्त हुआ। मनुष्य के मूल्यों में, मान्यताओं में, सोच-विचार में गहन परिवर्तन आ जाता है, जब उसे इस सत्य का विश्वास हो जाता है कि यह सृष्टि केवल एक विराट् चलचित्र है और इसके भीतर नहीं, बल्कि इसके परे उसका सच्चा स्वरूप निहित है।

इस प्रकरण को पूरा लिखने के पश्चात् मैं अपने पलंग पर पद्मासन में बैठ

गया। मेरे कमरे में दो मंद लैंपों का धुँधला प्रकाश फैला हुआ था। मैंने दृष्टि ऊपर उठाई तो देखा कि छत में सरसों के रंग के छोटे-छोटे प्रकाश बिंदु रेडियम के समान चमकते हुए झिलमिला रहे थे। असंख्य प्रकाश किरणें वर्षा के जलरेखीय बाणों के समान एक पारदर्शी किरणावली बनकर शांति से मुझपर बरसती रहीं।

तत्काल मेरी स्थूल देह की जड़ता समाप्त हो गई और वह सूक्ष्म देह के समान झीनी बन गई। मुझे हवा में तैरने का आभास हो रहा था। मेरा भारहीन शरीर पलंग का नाममात्र का स्पर्श करते हुए बारी-बारी से दाएँ-बाएँ सरकने लगा। मैंने कमरे में दृष्टि दौड़ाई। दीवारें और सारा फर्नीचर अपनी-अपनी जगह यथास्थित था, परंतु प्रकाश की अल्प किरणावली इतनी विस्तृत और व्यापक हो गई थी कि अब छत नजर ही नहीं आ रही थी। मैं विस्मित हो गया।

मानो उस प्रकाश से ही एक आवाज आई, "सृष्टि के चलचित्र की बनावट ऐसी ही है। पलंग पर बिछी तुम्हारी चादर के सफेद परदे पर अपना प्रकाश स्तंभ प्रक्षेपित कर वह तुम्हारे शरीर के चित्र को उत्पन्न कर रही है। देखो! तुम्हारा यह शरीर प्रकाश के अतिरिक्त कुछ भी नहीं है!"

मैंने अपने हाथों की ओर देखा और उन्हें आगे-पीछे हिलाया, परंतु उनमें मुझे किसी वजन का अनुभव नहीं हुआ। मैं परमानंद में विभोर हो उठा। मेरे शरीर के रूप में खिल उठने वाला महाव्योम के प्रकाश का स्तंभ प्रकाश के उस स्तंभ का दिव्य प्रतिरूप प्रतीत हो रहा था, जो सिनेमा थियेटर के प्रोजेक्शन बूथ से निकलकर परदे पर चित्रों को प्रकट कर देता है।

लंबे समय तक मैं अपने कमरे के मंद प्रकाशयुक्त थियेटर में अपने शरीर का यह चलचित्र अनुभव करता रहा। ध्यान में और ध्यान के अतिरिक्त भी मुझे अनेकानेक दर्शन हुए हैं, परंतु यह उन सबसे पूर्णतः निराला था। जब मेरे ठोस शरीर का भ्रम पूर्णतः विलुप्त हो गया और जब इस बात का ज्ञान गहराई तक मेरी चेतना में उतर गया कि सभी वस्तुओं का सार केवल प्रकाश ही है, तो मैंने दृष्टि उठाकर ऊपर प्राणकणों की उस धड़कती धारा की ओर देखा और उससे याचना करने लगा।

"हे दिव्य प्रकाश! कृपा करके मेरे इस तुच्छ शरीर के चित्र को अपने में वापस समा लो, जैसे एलाइजा को प्रकाश के रथ पर स्वर्ग में वापस ले लिया गया था।"

निश्चय ही यह प्रार्थना कुछ हड़बड़ा देने वाली थी; वह प्रकाश स्तंभ अदृश्य हो गया। मेरे शरीर ने अपना सामान्य वजन धारण कर लिया जिससे वह बिस्तर को

नीचे दबाते हुए बैठ गया। छत में झिलमिला रहे प्रकाश बिंदु टिमटिमाए और अदृश्य हो गए। स्पष्ट था कि अभी मेरा इस संसार से जाने का समय नहीं आया था।

'और फिर', दार्शनिक दृष्टिकोण अपनाते हुए मैंने सोचा, 'मेरी इस धृष्टता से एलाइजा भी तो नाराज हो जाते।'

□

31

पुण्यशीला माता से भेंट

"पूज्य माताजी, मैं जब नन्हा सा था, तभी आपके अवतारी पति का आशीर्वाद मुझे प्राप्त हो गया था। वे मेरे माता-पिता और मेरे गुरु श्रीयुक्तेश्वरजी के भी गुरु थे। अतः क्या आप अपने पावन जीवन के कुछ प्रसंग सुनाकर मुझे धन्य करेंगी?"

मैं लाहिड़ी महाशय की धर्मपत्नी श्रीमती काशीमणि से बात कर रहा था। मैं थोड़े समय के लिए बनारस में था, अतः इस पूज्य महिला से मिलने की अपनी चिरकालीन आकांक्षा पूर्ण कर रहा था।

बनारस के गरुड़ेश्वर मुहल्ले में लाहिड़ी परिवार के घर में उन्होंने अत्यंत प्रेम के साथ मेरा स्वागत किया। वृद्ध होने पर भी वे कमल की तरह खिली हुई थीं, आध्यात्मिक सुगंध उनसे निःसृत होती थी। उनका शरीर मध्यम आकार का, गौरवर्ण था, गरदन पतली और नेत्र विशाल, तेजस्वी थे।

"तुम्हारा यहाँ स्वागत है बेटा! ऊपर चलें।"

माताजी मुझे अपने साथ अत्यंत छोटे कमरे में ले गईं, जहाँ कभी वे अपने पति के साथ रहती थीं। उस पवित्र स्थल के दर्शन कर मैं धन्य हुआ, जहाँ अद्वितीय गुरु ने वैवाहिक जीवन की मानवी लीला करना स्वीकार किया था। दयामयी माता ने उनके पास ही एक छोटी सी गद्दी पर बैठने का मुझे संकेत किया।

"कई वर्षों बाद ही मुझे अपने पति की दैवी महानता की पहचान हो पाई," उन्होंने बताया। "एक रात इसी कमरे में मुझे एक स्पष्ट स्वप्न दिखा। तेजस्वी देवता अकल्पनीय मोहकता के साथ मेरे सिर के ऊपर हवा में तैर रहे थे। वह दृश्य इतना वास्तविक लग रहा था कि मैं तत्काल जाग उठी; बड़ी विलक्षण बात थी कि यह कमरा दीप्तिमान प्रकाश से भर गया था।

"पद्मासन में स्थिर मेरे पतिदेव कमरे के बीचोबीच देवताओं से घिरे हवा में थे। अत्यंत विनम्रता के साथ देवता दोनों हाथ जोड़कर मेरे पति का पूजन कर रहे थे।

"मैं इतनी विस्मित हुई कि मुझे लगा, मैं अभी भी स्वप्न में ही हूँ।

"तभी लाहिड़ी महाशय ने कहा, 'नारी! तुम सपना नहीं देख रही हो। अपनी निद्रा हमेशा-हमेशा के लिए त्याग दो।' जब वे धीरे-धीरे जमीन पर उतर आए, तो मैंने उनके चरणों में साष्टांग प्रणाम किया।

"मैंने कहा, 'मेरे गुरुदेव! आपके चरणों में मैं बारंबार प्रणाम करती हूँ। अब तक मैंने आपको अपना पति माना, इसके लिए क्या आप मुझे क्षमा करेंगे? यह जानकर मैं लज्जा से मरी जा रही हूँ कि मैं एक दिव्य रूप से जागृत पुरुष के साथ रहते हुए भी अज्ञान की नींद में सोती रही। इस रात से आप मेरे पति नहीं, गुरु हैं। क्या आप इस तुच्छ अबला को अपनी शिष्या के रूप में स्वीकार करेंगे?'

"गुरुदेव ने मुझे सप्रेम स्पर्श किया। 'पवित्र आत्मा, उठो। तुम्हें स्वीकार किया जाता है।' उन्होंने देवताओं की ओर इंगित किया। 'इन पूज्य संतों में से प्रत्येक को बारी-बारी से प्रणाम करो।'

"जब मैंने विनम्रता से सबको प्रणाम कर लिया तो एक साथ सभी देवताओं की वाणी गूँजी, जो प्राचीन वेदघोष के समान थी।

"इस दिव्य पुरुष की अर्धांगिनी! आप धन्य हैं। हम आपको प्रणाम करते हैं।' उन्होंने मेरे चरणों में प्रणाम किया और आश्चर्य! उनके दिव्य शरीर अदृश्य हो गए। कमरे में अँधेरा छा गया।

"मेरे गुरुदेव ने मुझसे क्रिया-योग दीक्षा लेने के लिए कहा।"

"बेशक!" मैंने कहा। "मुझे खेद है कि इससे पहले ही मैंने इस सौभाग्य को क्यों नहीं प्राप्त किया।"

" 'तुम्हारा समय नहीं आया था।' लाहिड़ी महाशय ने मुसकराते हुए मुझे सांत्वना दी। 'तुम्हारे बहुत से कर्मों को नष्ट करने में मैं चुपचाप तुम्हारी सहायता कर रहा था। अब तुम इच्छुक भी हो और तैयार भी।'

"उन्होंने मेरे ललाट का स्पर्श किया। घूमते हुए प्रकाश-पुंज मुझे दिखाई देने लगे; धीरे-धीरे वह सारा प्रकाश जगमगाते नीले रंग के आध्यात्मिक नेत्र में परिवर्तित हो गया, जिसके चारों ओर सुनहरा गोल था और बीच में एक सफेद पंचकोणीय तारा।

" 'अपनी चेतना को उस तारे में से अनंत के साम्राज्य में ले जाओ।' मेरे गुरु के स्वर में एक नवीनता थी, जो दूर से सुनाई दे रहे संगीत के समान कोमल लग रही थी।

"एक के बाद एक दृश्य समुद्र की फेनिल लहरों के समान मेरी आत्मा के तट से आकर टकराने लगे। अंततः चारों ओर दिखते उन दृश्यों के मंडल परमानंद के सागर में विलीन हो गए। नित्य हिलोरें मारतीं उन आनंद-लहरों में मैं खो गई। कई घंटों बाद जब मैं इस जगत् की चेतना में लौट आई, तो गुरुदेव ने मुझे क्रिया-योग की प्रविधि बताई।

"उस रात के बाद लाहिड़ी महाशय फिर कभी मेरे कमरे में नहीं सोए। वे उसके बाद कभी सोए ही नहीं। दिन-रात नीचे सामने के कमरे में अपने शिष्यों के साथ ही रहते थे।"

इतना बताने के बाद माता काशीमणि चुप हो गईं। उस महान् योगी के साथ उनके संबंध की अद्वितीयता को समझते हुए मैंने झिझकते हुए उनसे कुछ और घटनाएँ बताने का अनुरोध किया।

"तुम बहुत लोभी हो, बेटा! फिर भी तुम्हें एक और कहानी अवश्य बताऊँगी।" वे संकोच से मुसकराईं। "यहाँ मैं अपने एक पाप को स्वीकार करूँगी, जो मैंने अपने गुरु-पति के विरुद्ध किया था। मेरी दीक्षा के कुछ महीने बाद मैं असहाय और उपेक्षित अनुभव कर रही थी। एक सुबह लाहिड़ी महाशय इस छोटे से कमरे में कोई वस्तु लेने के लिए आए। मैं तुरंत उनके पीछे ही यहाँ पहुँच गई। माया के वशीभूत होकर मैंने उन्हें अत्यंत कठोर शब्दों में संबोधित किया।

"आप अपना सारा समय अपने शिष्यों के साथ बिताते हैं। अपनी पत्नी और बच्चों के प्रति आपके दायित्वों का क्या? मुझे खेद है कि परिवार के लिए अधिक धन इकट्ठा करने में आपको कोई रुचि नहीं है।"

"गुरुदेव ने एक पल के लिए मुझे निहारा, फिर लो, वे अदृश्य हो गए। विस्मय-चकित और भयग्रस्त, मुझे एक आवाज कमरे के प्रत्येक भाग से गूँजती सुनाई दी—

'क्या तुम देखती नहीं कि यह सब केवल शून्य है? मुझ जैसा शून्य तुम्हारे लिए धन कैसे उत्पन्न कर सकता है?'

"मैं बिलख उठी, 'गुरुजी! मैं लक्ष-लक्ष बार आपसे क्षमा माँगती हूँ! मेरी पापी आँखें आपको अब देख नहीं पा रही हैं। कृपा कर अपने पवित्र रूप में प्रकट होइए।'

'मैं यहाँ हूँ।' यह उत्तर मेरे ऊपर से आया। मैंने ऊपर दृष्टि घुमाई तो गुरुदेव को हवा में प्रकट होते देखा, उनका सिर छत को छू रहा था। उनकी आँखें चौंधिया देने वाली अग्नि-ज्वालाओं के समान थीं। जब वे चुपचाप जमीन पर उतर आए, तो मैं भयाक्रांत होकर सिसकते हुए उनके चरणों में लोट गई।

"उन्होंने कहा, 'नारी! तुच्छ सांसारिक चमक-दमक की नहीं, दिव्य परम धन की कामना करो। जब अंतर की निधि को पा लोगी तो बाह्य पूर्ति सदैव अपने आप होते देखोगी।' फिर उन्होंने कहा, 'मेरा एक आध्यात्मिक पुत्र तुम्हारी व्यवस्था कर देगा।'

"मेरे गुरु के शब्द सत्य तो सिद्ध होने ही थे; एक शिष्य हमारे परिवार के लिए काफी धन दे गया।"

मुझे अपने अद्भुत अनुभव बताने के लिए मैंने माता काशीमणि का धन्यवाद किया। दूसरे दिन मैं फिर उनके घर गया और कई घंटों तक तीनकौड़ी तथा दुकौड़ी लाहिड़ी के साथ ज्ञान-चर्चा का आनंद लेता रहा। भारत के महान् योगी के ये दो संतवत् बेटे अपने पिता के आदर्श पदचिह्नों पर चल रहे थे। दोनों ही गौरवर्ण, लंबे कद के, मजबूत कद-काठी के थे और घनी दाढ़ी रखते थे। दोनों की आवाजें सौम्य थीं, आचार-व्यवहार की दोनों की शैली पुराने जमाने की थी।

लाहिड़ी महाशय की पत्नी ही उनकी एकमात्र शिष्या नहीं थीं, सैकड़ों अन्य महिलाएँ भी उनकी शिष्याएँ थीं, जिनमें से एक मेरी माँ भी थी। एक बार एक शिष्या ने लाहिड़ी महाशय से उनकी एक फोटो माँगी। उन्होंने उसे एक फोटो देते हुए कहा, "तुम इसे यदि अपना रक्षा-कवच मानोगी तो यह रक्षा-कवच ही सिद्ध होगा, नहीं तो यह एक चित्रमात्र ही रहेगा।"

कुछ दिन बाद वही शिष्या लाहिड़ी महाशय की बहू के साथ एक टेबल के पास बैठकर भगवद्गीता का अध्ययन कर रही थी। टेबल के पीछे लाहिड़ी महाशय की वह फोटो टँगी हुई थी। अचानक भयंकर आँधी शुरू हुई और बिजलियाँ कड़कड़ाने लगीं।

"लाहिड़ी महाशय, हमारी रक्षा कीजिए!" दोनों महिलाएँ फोटो के सामने नतमस्तक हो गईं। तभी टेबल पर पड़ी पुस्तक पर बिजली गिरी, उन दोनों को कोई चोट नहीं पहुँची।

"मुझे ऐसा लगा मानो उस तीव्र उष्णता से बचाने के लिए मेरे चारों ओर बर्फ की परतें खड़ी कर दी गई थीं," उस शिष्या ने बाद में बताया।

लाहिड़ी महाशय ने अपनी एक शिष्या अभया से संबंधित दो चमत्कार किए थे। एक दिन अभया अपने पति के साथ, जो कलकत्ता में वकील थे, गुरु-दर्शन

के लिए काशी जाने घर से चल पड़ी। अत्यंत व्यस्त यातायात के कारण उनकी घोड़ागाड़ी को स्टेशन पहुँचने में विलंब हुआ। वे लोग जिस समय हावड़ा स्टेशन पर पहुँचे, उस समय काशी जाने वाली ट्रेन छूटने के लिए सीटी दे रही थी।

अभया टिकटघर के पास चुपचाप खड़ी हो गई।

"लाहिड़ी महाशय! मैं आपसे प्रार्थना करती हूँ कि इस गाड़ी को कृपा करके रोकिए।" वह मन-ही-मन प्रार्थना कर रही थी। "आपके दर्शन के लिए और एक दिन रुकने की कसक मैं सहन नहीं कर सकती।"

छुक-छुक करती गाड़ी के चक्के गोल-गोल घूमते रहे, पर गाड़ी आगे नहीं बढ़ी। गाड़ी का ड्राइवर और यात्री गण यह अद्‌भुत घटना देखने के लिए प्लेटफॉर्म पर उतर पड़े। रेलवे का एक अंग्रेज गार्ड अभया और उसके पति के पास आया। सारी मान्यताओं के विपरीत उसने अपनी सेवाएँ दीं। उसने कहा, "बाबू! पैसा मुझे दीजिए। मैं आपके टिकट लेता हूँ, तब तक आप लोग गाड़ी में चढ़िए।"

जैसे ही वह दंपती गाड़ी में बैठ गए और उनके टिकट उनके हाथ में आ गए, ट्रेन धीरे-धीरे आगे बढ़ने लगी। जल्दी-जल्दी में ड्राइवर और यात्रीगण अपनी-अपनी जगह की ओर दौड़ पड़े। उनमें से कोई यह समझ नहीं सका कि गाड़ी अचानक कैसे चल पड़ी और पहली बात तो, वह रुकी ही क्यों थी?

काशी में लाहिड़ी महाशय के घर पहुँचने पर अभया ने चुपचाप लाहिड़ी महाशय के आगे साष्टांग प्रणिपात किया और उनके चरण छूने का प्रयास करने लगी।

तभी लाहिड़ी महाशय बोल पड़े, "अपने आप को सँभालो, अभया! मुझे कष्ट देने में तुम्हें कितना आनंद आता है! जैसे कि तुम यहाँ अगली गाड़ी से आ ही नहीं सकती थी!"

अभया एक अन्य स्मरणीय अवसर पर लाहिड़ी महाशय के पास आई थी। इस बार उसे उनकी मध्यस्थता ट्रेन के लिए नहीं, बल्कि संतान के लिए चाहिए थी।

"मैं आपसे प्रार्थना करती हूँ कि मेरी नौवीं संतान बच जाए," उसने कहा, "मुझे आठ बच्चे हुए और सभी जन्म के शीघ्र ही बाद मर गए।"

लाहिड़ी महाशय सहानुभूतिपूर्वक मुसकराए। "तुम्हारी होने वाली संतान बच जाएगी। मेरे निर्देशों का अत्यंत सावधानी से पालन करना। यह संतान एक बच्ची होगी और इसका जन्म रात को होगा। इस बात का ध्यान रखना कि तेल का दीया सूर्योदय तक जलता रहे। बीच में सो मत जाना, जिससे दीये को बुझने का अवसर मिल जाए।"

ठीक जैसा कि सर्वज्ञ गुरु ने पहले ही देख लिया था, अभया को बच्ची ही हुई और उसका जन्म रात को ही हुआ। अभया ने अपनी दाई को दीये में तेल डालते रहने के लिए कह रखा था। दोनों महिलाओं ने करीब भोर तक जागकर अनिवार्य पहरा रखा, परंतु आखिर सो गईं। दीये का तेल लगभग समाप्त हो ही गया था, उसकी ज्योत मंद होकर फड़फड़ा रही थी। कमरे के द्वार की कुंडी खुल गई और जोर की आवाज के साथ दरवाजा खुल गया। चकित महिलाएँ जाग गईं। उनकी आश्चर्यचकित आँखों ने लाहिड़ी महाशय के स्वरूप को देखा।

"अभया! देखो, दीया लगभग बुझ ही गया है!" उन्होंने दीये की ओर इशारा किया, जिसमें दाई तुरंत तेल डालने लगी। जैसे ही दीये की लौ तेज हो गई, लाहिड़ी महाशय अंतर्धान हो गए। दरवाजा अपने आप बंद हो गया, कुंडी बिना किसी दृश्यमान साधन के अपने आप लग गई।

अभया की नौवीं संतान बच गई; 1935 में जब मैंने उसके बारे में पूछताछ की, तब भी वह जीवित थी।

लाहिड़ी महाशय के एक शिष्य आदरणीय श्री कालीकुमार राय ने मुझे गुरु के साथ बिताए अपने जीवन के अनेक रोचक किस्से सुनाए थे।

राय ने मुझे बताया, "मैं प्रायः वाराणसी में लाहिड़ी महाशय के घर एक साथ कई सप्ताहों तक अतिथि बनकर रहता था। मैं देखा करता था कि अनेक साधु-संत, दंडी स्वामी आदि रात्रि की नीरवता में गुरुदेव के चरणों में बैठने के लिए आते थे। कभी-कभी वे ध्यान की या दार्शनिक तत्त्वों की चर्चा भी छेड़ देते थे। अरुणोदय के आसपास वे सब महात्मागण वहाँ से प्रस्थान करते थे। मैं जब-जब भी वहाँ रहा, तब-तब मैंने देखा कि लाहिड़ी महाशय एक बार भी कभी सोने के लिए नहीं लेटे।

"गुरुदेव के साथ संबंध के प्रारंभिक काल में मुझे अपने मालिक का विरोध सहना पड़ा। मेरे मालिक घोर भौतिकवादी थे।"

"अपने कर्मचारियों में मुझे कट्टर धर्मांध लोग नहीं चाहिए," वे तिरस्कार के साथ कहा करते थे। "तुम्हारे पाखंडी गुरु से कभी मेरी मुलाकात हो गई, तो मैं उसे कुछ ऐसा सुनाऊँगा कि उसे याद रहेगा।"

"इस धमकी का मेरे नियमित कार्यक्रम पर कोई असर नहीं पड़ा; मैं प्रायः प्रतिदिन शाम अपने गुरु की सेवा में व्यतीत करता। एक शाम मेरे मालिक मेरे पीछे-पीछे आए और धृष्टता से लाहिड़ी महाशय की बैठक में घुस गए। बेशक वे अपने कथन के अनुसार लाहिड़ी महाशय को कुछ उल्टा-सीधा कहने के लिए ही आए

थे। जैसे ही वे वहाँ बैठे, लाहिड़ी महाशय ने वहाँ उपस्थित लगभग बारह शिष्यों के दल को संबोधित करना शुरू किया।"

"तुम सबको सिनेमा देखना है?"

जब हम लोगों ने हाँ में सिर हिलाया, तो उन्होंने बैठक में अँधेरा करने के लिए कहा। "मंडलाकार में एक के पीछे एक बैठकर अपने हाथ अपने आगे बैठे आदमी की आँखों पर रखो," उन्होंने कहा।

"मुझे यह देखकर कोई आश्चर्य नहीं हुआ कि मेरे मालिक भी, अनिच्छापूर्वक ही क्यों न हो, लाहिड़ी महाशय के निर्देशों का पालन कर रहे थे। कुछ क्षण बीतने के बाद लाहिड़ी महाशय ने हमसे पूछा कि हमें क्या दिखाई दे रहा है?

मैंने उत्तर दिया, "गुरुदेव! एक सुंदर स्त्री दिख रही है। उसने लाल रंग की साड़ी पहन रखी है। वह समुद्रसोख की बेल के पास खड़ी है।" अन्य सब शिष्यों ने भी यही वर्णन किया। गुरुदेव मेरे मालिक की ओर मुड़े। "क्या आप उस स्त्री को पहचानते हैं?"

"जी।" स्पष्ट प्रतीत हो रहा था कि वे उन भावनाओं से जूझ रहे थे, जो उनके स्वभाव के लिए नई थीं। "घर में साध्वी पत्नी के होते हुए भी मैं मूर्खों की तरह उस पर अपना धन लुटा रहा हूँ। मैं जिस उद्देश्य से यहाँ आया था, उसके लिए बहुत शर्मिंदा हूँ। क्या आप मुझे क्षमा कर शिष्य रूप में मुझे स्वीकार करेंगे?"

"तुम यदि छह महीनों तक सदाचारपूर्ण जीवन व्यतीत करोगे तो मैं तुम्हें स्वीकार कर लूँगा।" और फिर गुरुदेव ने कहा, "अन्यथा मुझे तुमको दीक्षा देनी ही नहीं पड़ेगी।"

"तीन महीनों तक तो मेरे मालिक ने किसी प्रकार अपने आप को संयत रखा; फिर उसी स्त्री के साथ दोबारा अपना संबंध बना लिया। दो महीने बाद उनका देहांत हो गया। तब उनको दीक्षा देने की अनिश्चितता के बारे में गुरुदेव की गुप्त भविष्यवाणी का अर्थ मेरी समझ में आया।"

सुप्रसिद्ध त्रैलंग स्वामी लाहिड़ी महाशय के मित्र थे, जिनकी आयु तीन सौ वर्ष से अधिक होने की मान्यता थी। दोनों योगी कई बार साथ-साथ ध्यान में बैठते थे। त्रैलंग स्वामी की ख्याति इतनी दूर तक फैली हुई थी कि शायद ही कोई हिंदू कभी उनके विस्मयकारी चमत्कारों की किसी कहानी पर संदेह करता। यदि ईसा मसीह वापस धरती पर लौटें और न्यूयॉर्क की सड़कों पर अपनी अलौकिक शक्तियों का प्रदर्शन करते घूमें तो लोगों में वही श्रद्धा और विस्मयाकुलता उत्पन्न होगी, जो कुछ ही दशकों पहले वाराणसी की भीड़ भरी गलियों में गुजरते हुए त्रैलंग स्वामी ने उत्पन्न

की थी। वे उन सिद्ध पुरुषों में से थे, जिन्होंने समय के क्षयकारी प्रभाव के विरुद्ध भारत को मजबूत बना रखा है।

कई बार देखा गया कि घातक विषों को पीने पर भी त्रैलंग स्वामी पर उनका कोई असर नहीं हुआ। हजारों लोगों ने, जिनमें से कुछ आज भी जीवित हैं, त्रैलंग स्वामी को गंगा के पानी के ऊपर तिरते देखा है। कई-कई दिनों तक वे पानी के ऊपर बैठे रहते या बहुत दिनों तक लहरों के नीचे छिपे रहते। भारतीय सूर्य की निर्दयी धूप में मणिकर्णिका घाट के दहकते प्रस्तर-खंडों पर निश्चल अवस्था में त्रैलंग स्वामी की निर्वस्त्र मूर्ति दिखाई देना एक सामान्य सी बात थी।

इन असाधारण कृतियों से त्रैलंग स्वामी लोगों को यह सिखाना चाहते थे कि मानव-जीवन का ऑक्सीजन या किन्हीं विशेष परिस्थितियों और सावधानियों पर निर्भर रहना आवश्यक नहीं है। चाहे योगिराज पानी के ऊपर रहते हों या पानी के नीचे, चाहे उनका शरीर उग्र सूर्य-किरणों को ललकारता हो या नहीं, उन्होंने यह सिद्ध कर दिया कि वे ईश-चैतन्य के द्वारा जीते थे, मृत्यु उनका स्पर्श नहीं कर सकती थी।

ये योगिराज केवल आध्यात्मिक रूप से ही नहीं, बल्कि शारीरिक रूप से भी विशाल थे। उनका वजन तीन सौ पौंड से अधिक था, उनके जीवन के प्रत्येक वर्ष का एक पौंड! रहस्य और भी बढ़ जाता है, क्योंकि वे शायद ही कभी कुछ खाते थे। किंतु सिद्ध पुरुष तो सहज ही स्वास्थ्य के साधारण नियमों का जब चाहे किसी विशेष कारण के लिए उल्लंघन कर देता है। प्रायः यह कारण सूक्ष्म होता है, जो केवल उसी को ज्ञात होता है।

जो महान् संत विश्व-माया के स्वप्न से जाग जाते हैं और इस सत्य को पहचान लेते हैं कि यह विश्व तो ईश्वर के मन की केवल एक कल्पना है, वे शरीर के साथ जो चाहे कर सकते हैं, क्योंकि उन्हें यह ज्ञान हो जाता है कि शरीर ऊर्जा का केवल एक ऐसा घनीभूत या संघनित रूप है जिसमें जैसा चाहे परिवर्तन किया जा सकता है। यूँ तो वैज्ञानिकों की समझ में भी यह बात अब आ गई है कि घन पदार्थ और कुछ न होकर केवल घनरूप ऊर्जा है, परंतु सिद्ध पुरुष पदार्थ जगत् के नियंत्रण के मामले में केवल सैद्धांतिक ज्ञान को पार कर व्यावहारिक प्रयोग के क्षेत्र में उतर चुके हैं।

त्रैलंग स्वामी हमेशा पूर्ण निर्वस्त्र रहते थे। वाराणसी की त्रस्त पुलिस उन्हें बौखलाने वाले शरारती बच्चे के समान मानने लगी थी। प्राकृतिक अवस्था में रहना उनके लिए सहजात था, ईडेन के गार्डन में रहने वाले प्रथम मानव आदम की भाँति

ही उन्हें भी अपनी नग्नावस्था का भान नहीं था। परंतु पुलिस को पूरा भान था और उन्होंने उन्हें पकड़कर जेल में डाल दिया। इससे पुलिस ही मुश्किल में पड़ गई, त्रैलंग स्वामी की महाकाय देह शीघ्र ही अपनी संपूर्ण नित-सामान्य अवस्था में जेल की छत पर दिखाई देने लगी। उनकी कोठरी पर लगा ताला ज्यों-का-त्यों था, वे बाहर कैसे निकले, किसी को समझ नहीं आ रहा था।

हतोत्साहित पुलिस अधिकारियों ने एक बार फिर अपना कर्तव्य पूरा किया। इस बार उनकी कोठरी के सामने एक सिपाही को भी खड़ा कर दिया गया। सत्य के सामने शक्ति को फिर एक बार मात खानी पड़ी—महान् योगिराज शीघ्र ही अपने निश्चिंत भाव से छत पर टहलते दिखाई दिए।

न्यायदेवी आँखों पर पट्टी बाँधे रहती हैं; त्रैलंग स्वामी के मामले में निरुत्तर हुई पुलिस ने न्यायदेवी का ही अनुसरण करने का फैसला कर लिया।

त्रैलंग स्वामी हमेशा मौन रहते थे। गोल-गोल चेहरा और बड़े पीपे की तरह विशाल पेट होते हुए भी वे कभी-कभी ही खाते थे। कई सप्ताहों तक निराहार रहने के बाद वे हाँड़ियाँ भर-भरकर भक्तों द्वारा अर्पित किया गया दही खाकर अपना उपवास तोड़ते। एक बार एक नास्तिक ने त्रैलंग स्वामी को पाखंडी सिद्ध करने का निश्चय किया। उसने दीवारों की सफेदी के लिए इस्तेमाल किया जाने वाला चूना घोलकर एक बाल्टी भर उनके सामने रख दिया।

फिर उसने बड़ी श्रद्धा का ढोंग करते हुए कहा, "महात्मन्! मैं आपके लिए कुछ दही लाया हूँ। कृपया इसे स्वीकार करें।"

त्रैलंग स्वामी ने बिना किसी हिचक के उस जलते हुए चूने के कई लीटर की आखिरी बूँद तक पी ली। कुछ ही मिनटों में वह कुकर्मी पीड़ा से छटपटाते हुए भूमि पर लोटने लगा।

"बचाइए, स्वामीजी, बचाइए!" वह चीखने लगा। "मेरा शरीर जल रहा है! मेरी कुटिल चाल के लिए क्षमा कर दीजिए!"

महान् योगिराज ने अपना मौन भंग किया और कहा, "शैतान," उन्होंने कहा, "तुमने जब यह विष मुझे पीने के लिए दिया तब तुम्हारी समझ में यह नहीं आया कि मेरा जीवन तुम्हारे जीवन के साथ एक है। यदि मुझे यह ज्ञान नहीं होता कि मेरे पेट में ईश्वर उसी तरह विद्यमान है, जिस तरह वह ब्रह्मांड के हर अणु-परमाणु में है, तब तो चूने के घोल ने मुझे मार ही डाला होता। अब तो कर्म का दैवी अर्थ तुम्हारी समझ में आ गया है, इसलिए फिर कभी किसी के साथ चाल चलने की कोशिश मत करना।"

त्रैलंग स्वामी के इन शब्दों के साथ ही वह पापी कष्टमुक्त हो गया और चुपचाप वहाँ से चला गया।

त्रैलंग स्वामी के बजाय उस आदमी पर पीड़ा का उलटना योगिराज की अपनी इच्छा के कारण नहीं हुआ था, बल्कि सृष्टि के दूर-से-दूर स्थित पिंडों के भी आधारभूत विधि के नियम के कार्यान्वित होने से हुआ था। त्रैलंग स्वामी जैसे आत्मदर्शी पुरुषों के मामले में यह नियम तत्क्षण कार्यान्वित हो जाता है, क्योंकि उन्होंने उसके कार्यान्वयन में बाधक अहंकार के एक-दूसरे को काटने वाले प्रवाहों को पहले ही हमेशा के लिए नष्ट कर दिया होता है।

ईश्वरीय न्याय की स्वयंचालित व्यवस्था (जो प्रायः अनपेक्षित प्रकार से प्रकट होती है, जैसा त्रैलंग स्वामी और उनका हत्यारा बनने जा रहे आदमी के मामले में हुआ) में विश्वास मानवी अन्याय के प्रति हमारे उतावले क्रोध को शांत करता है। "प्रतिशोध लेना मेरा काम है; प्रभु कहते हैं, मैं ही प्रतिशोध लूँगा।" मानव के क्षुद्र साधनों की आवश्यकता ही क्या है? प्रतिशोध के लिए ब्रह्मांड स्वयं ही अपने आप व्यवस्था करता है।

नासमझ लोग ईश्वरीय न्याय, प्रेम, सर्वज्ञता, अमरत्व आदि के होने की संभावनाओं पर विश्वास नहीं करते। 'शास्त्रों के खयाली पुलाव!' इस प्रकार के नासमझ दृष्टिकोण वाले लोगों को ब्रह्मांड के विराट् प्रपंच के प्रति कोई आदर-श्रद्धा नहीं रहती और अपने जीवन में वे ऐसी असंगत घटनाओं का चक्र शुरू कर देते हैं कि वही चक्र आखिर उन्हें विवेक और ज्ञान को ढूँढ़ने पर विवश कर देता है।

ईसा मसीह ने येरूसलम में अपने विजय-प्रवेश के अवसर पर ईश्वरीय विधान की सर्वशक्तिमत्ता के बारे में कहा था। जब उनके शिष्य और जनसमुदाय हर्षध्वनि कर रहे थे और नारे लगा रहे थे, 'स्वर्ग में शांति और ईश्वर की महिमा हो', तो कुछ रूढ़िवादी फरीसियों ने इसे अशोभनीय दृश्य कहकर ईसा के पास जाकर इसका विरोध किया। उन्होंने कहा, "हे गुरु! अपने शिष्यों को डाँटिए।"

परंतु ईसा ने कहा कि "यदि उनके शिष्यों को चुप कर भी दिया गया, तो पत्थर तुरंत नारे लगाने लगेंगे।"

फरीसियों को लगाई हुई इस फटकार में ईसा मसीह यह स्पष्ट कर रहे थे कि ईश्वरीय न्याय केवल प्रतीकात्मक अमूर्तता नहीं है, जो कभी प्रकट नहीं हो सकती, और शांत रहने वाले मनुष्य की जीभ जड़ से उखाड़ दी जाए, तब भी उसे स्वयं विधि के विधान से, जो सृष्टि का आधार है, वाणी एवं सुरक्षा प्राप्त हो जाएगी।

ईसा मसीह कह रहे थे, "तुम शांतिप्रिय लोगों को चुप करना चाहते हो? यह तो स्वयं उस ईश्वर की आवाज को दबा देने की आशा करने के समान है, जिसके पत्थर भी उसकी महिमा और उसकी सर्वव्यापिता का गुणगान करते हैं। क्या तुम लोग यह माँग करोगे कि मनुष्य मिलकर स्वर्ग की शांति के आदर में उत्सव न मनाएँ? क्या तुम लोग उन्हें केवल पृथ्वी पर युद्ध के समय ही एकत्रित होकर अपनी एकता व्यक्त करने का उपदेश दोगे? यदि ऐसा है, तो हे उपदेशको, विश्व के आधार को उखाड़ फेंकने की अपनी तैयारी कर लो; क्योंकि सदाचारी मनुष्य ही नहीं, बल्कि पत्थर या पृथ्वी, और जल, और अग्नि, और वायु भी सृष्टि में दिव्य सामंजस्य का प्रमाण देने के लिए तुम्हारे विरुद्ध उठ खड़े होंगे।"

अवतारी पुरुष त्रैलंग स्वामी की एक बार मेरे एक मामा पर भी कृपा हुई थी। एक दिन प्रातःकाल मामा ने त्रैलंग स्वामी को बनारस के एक घाट पर भक्तों की भीड़ के बीच बैठे देखा। मामा किसी प्रकार भीड़ में से रास्ता बनाकर त्रैलंग स्वामी के पास पहुँच गए और उन्होंने भक्तिभाव से उनका चरणस्पर्श कर लिया। यह देखकर मामा आश्चर्यचकित रह गए कि वे उसी क्षण अपने एक व्यथाजनक जीर्ण रोग से मुक्त हो गए।

त्रैलंग स्वामी के ज्ञात शिष्यों में से केवल एक महिला, शंकरी माई जिऊ, जीवित है। त्रैलंग स्वामी के एक शिष्य की पुत्री होने के कारण शंकरी माई को बचपन से ही स्वामी की शिक्षा-दीक्षा प्राप्त हुई। वे चालीस वर्षों तक बदरीनाथ, केदारनाथ, अमरनाथ तथा पशुपतिनाथ के पास हिमालय की अनेक गुफाओं में रहीं। इस ब्रह्मचारिणी का जन्म 1826 में हुआ था, अब उनकी उम्र सौ साल से अधिक है। परंतु दिखने में वृद्धा नहीं लगतीं, उनके केश पूर्ण काले हैं, दाँत चमकदार सफेद हैं और उनमें गजब की स्फूर्ति है। वे निर्धारित वर्षों में होने वाले कुंभ मेले जैसे धार्मिक मेलों में सम्मिलित होने के लिए कुछ-कुछ वर्षों के बाद अपने एकांतवास से बाहर आती हैं।

ये महिला संत प्रायः लाहिड़ी महाशय के पास आया करती थीं। उन्होंने बताया कि एक दिन वे कलकत्ता के निकट बैरकपुर क्षेत्र में लाहिड़ी महाशय के साथ बैठी थीं, तब लाहिड़ी महाशय के महान् गुरु बाबाजी चुपचाप उस कमरे में आए और उन्होंने उन दोनों के साथ वार्त्तालाप किया। वे स्मरण करती हैं, "अमर गुरुदेव (बाबाजी) एक गीला वस्त्र पहने हुए थे, जैसे वे नदी में स्नान करके अभी-अभी बाहर आए हों। उन्होंने मुझपर कुछ आध्यात्मिक उपदेशों की कृपा की।"

एक विशिष्ट अवसर पर त्रैलंग स्वामी ने लाहिड़ी महाशय का सबके सामने सम्मान करने के लिए अपना मौन तोड़ दिया। उनके एक शिष्य ने इस पर आपत्ति जताई।

उसने कहा, "गुरुदेव! एक स्वामी और संन्यासी होते हुए भी आप एक गृहस्थ के प्रति इतना आदर क्यों दिखाते हैं?"

त्रैलंग स्वामी ने कहा, "वत्स! लाहिड़ी महाशय एक दिव्य बिल्ली के बच्चे के समान हैं, बिल्ली का बच्चा जैसे उसकी माँ जहाँ उसे रख देती है, वहीं रहता है, उसी प्रकार लाहिड़ी महाशय भी जहाँ जगज्जननी उन्हें रख देती हैं, वहीं रहते हैं। कर्तव्यपालन की खातिर सांसारिक मनुष्य की भूमिका निभाते हुए भी उन्होंने वह पूर्ण आत्मज्ञान प्राप्त कर लिया है, जिसे प्राप्त करने के लिए मुझे सबकुछ त्याग देना पड़ा—यहाँ तक कि अपनी लँगोटी भी!"

□

32

मृतक राम को पुनः जीवनदान

"अब लाजारस नाम का एक व्यक्ति बीमार था···जब ईसा मसीह ने यह सुना, तो उन्होंने कहा, यह बीमारी मृत्यु की नहीं है, परंतु परमेश्वर की महिमा के लिए है, जिससे परमेश्वर के पुत्र की महिमा हो सके।"

एक सुहानी सुबह श्रीयुक्तेश्वरजी श्रीरामपुर के अपने आश्रम की बालकनी में बैठकर ईसाई धर्मग्रंथ पर भाष्य कर रहे थे। गुरुदेव के कुछ अन्य शिष्यों के अतिरिक्त मैं भी राँची के अपने छात्रों के एक दल के साथ वहाँ उपस्थित था।

"यहाँ पर ईसा मसीह अपने आप को परमेश्वर का पुत्र कह रहे हैं। यद्यपि वे वास्तव में ईश्वर के साथ एकात्म थे, तथापि यहाँ इस बात के उल्लेख का वैयक्तिकता से परे एक गहन अर्थ निहित है," मेरे गुरुदेव समझा रहे थे, "परमेश्वर के पुत्र का अर्थ है मनुष्य में निहित क्राइस्ट या ईश्वरीय चैतन्य। कोई भी मर्त्य मानव ईश्वर की महिमा को गौरवान्वित नहीं कर सकता। मनुष्य अपने स्रष्टा का गौरव एक ही तरीके से बढ़ा सकता है, और वह है उसे पाने का प्रयास करके। मनुष्य किसी ऐसे अमूर्त अस्तित्व का गौरव नहीं बढ़ा सकता, जिसे वह जानता ही न हो। संतों के मस्तक के चारों ओर जो तेजोमंडल है, उनकी ईश्वर के चरणों में श्रद्धांजलि अर्पित करने की क्षमता का प्रतीक है।"

श्रीयुक्तेश्वरजी लाजारस के पुनः जी उठने की अद्भुत कथा को आगे पढ़ते गए। जब कहानी समाप्त हुई, तो गुरुदेव लंबे समय तक मौन रहे, पवित्र पुस्तक उनकी गोद में खुली रखी हुई थी।

"मुझे भी ऐसा ही एक चमत्कार देखने का सौभाग्य प्राप्त हुआ था।"

मेरे गुरु ने आखिर गहरे भक्तिभाव के साथ कहा। "लाहिड़ी महाशय ने मेरे एक मित्र को मर जाने के बाद पुनः जीवित किया था।"

मेरे पास बैठे बच्चे तीव्र जिज्ञासा से मुसकरा उठे। मुझमें भी अभी काफी बचपना था केवल तत्त्वज्ञान का आनंद लेने का ही नहीं, बल्कि विशेषतर कोई भी ऐसी कहानी, जो लाहिड़ी महाशय से संबंधित अद्‌भुत अनुभवों पर मुझे श्रीयुक्तेश्वरजी से सुनने को मिल सकती थी।

गुरुदेव ने बताना आरंभ किया, "मेरा मित्र राम और मैं कभी एक-दूसरे के बिना नहीं रहते थे। वह स्वभाव से बड़ा शर्मीला और एकांतप्रिय था, इसलिए हमारे गुरु लाहिड़ी महाशय के पास केवल मध्यरात्रि और प्रभात के बीच के समय ही जाना पसंद करता था, जब दिन में आने वाले भक्तों के समान भीड़ नहीं होती थी। उसका घनिष्ठतम मित्र होने के कारण मुझे वह अपने अनेक गहरे आध्यात्मिक अनुभव बताया करता था। उसकी आदर्श संगत में मुझे प्रेरणा मिलती थी।" मेरे गुरु के चेहरे पर पुरानी स्मृतियों के कोमल भाव छा गए।

गुरुदेव ने आगे कहा, "अचानक राम की एक कड़ी परीक्षा ली गई। उसे हैजा हो गया। गंभीर बीमारियों में डॉक्टरों को बुलाने में हमारे गुरु कभी आपत्ति नहीं करते थे, इसलिए दो विशेषज्ञों को बुला लिया गया। रोगी की सेवा करने की हड़बड़ी के बीच मैं मन-ही-मन गहराई से लाहिड़ी महाशय की प्रार्थना किए जा रहा था। आखिर जल्दी-जल्दी मैं उनके घर गया और रोते-रोते उन्हें सारी कहानी सुना दी।

"डॉक्टर राम को देख ही रहे हैं। वह ठीक हो जाएगा।" मेरे गुरुदेव ने प्रसन्न चित्त से मुसकराते हुए कहा।

मैं खुशी-खुशी अपने मित्र की रुग्णशय्या के पास लौट आया। देखा तो वह मरणासन्न था।

"यह एक-दो घंटे से अधिक नहीं जी सकता," एक डॉक्टर ने निराशाजनक हाव-भाव के साथ मुझे बताया। फिर से मैं तुरंत लाहिड़ी महाशय के पास जा पहुँचा।

"डॉक्टर लोग अपना काम जानते हैं और उन्हें अपनी जिम्मेदारी का पूरा एहसास है। मुझे पक्का विश्वास है कि राम ठीक हो जाएगा।" गुरुदेव ने आनंदपूर्वक मेरी बात काट दी।

"जब मैं राम के घर पहुँचा, तो देखा कि दोनों डॉक्टर वहाँ से चले गए थे। उनमें से एक ने मेरे लिए एक चिट्ठी छोड़ी थी, "हम जो कुछ कर सकते थे, हमने कर लिया, परंतु इसके बचने की कोई आशा नहीं है।"

"मेरा मित्र सचमुच आखिरी साँसें लेता प्रतीत हो रहा था। मेरी समझ में नहीं आ रहा था कि लाहिड़ी महाशय के शब्द असत्य कैसे सिद्ध हो सकते थे, परंतु राम का बुझता जा रहा जीवनदीप बार-बार मेरे मन में यही विचार ला रहा था, "अब

सबकुछ खत्म हो गया।" इस प्रकार विश्वास और संदेह के बीच डाँवाँडोल मन से मैं यथाशक्ति अपने मित्र की सेवा करता रहा। अचानक चौकस होकर उसने जोर से कहा, "युक्तेश्वर! दौड़कर गुरुदेव के पास जाओ और उन्हें बता दो कि मैं चला गया। मेरी अंत्येष्टि होने से पहले मेरे शरीर को आशीर्वाद देने के लिए उनसे प्रार्थना करना।" इन शब्दों के साथ ही राम ने गहरा निःश्वास छोड़ा और प्राण त्याग दिए।

"मैं उसकी शय्या के पास बैठा एक घंटे तक रोता रहा। उसे हमेशा ही शांति प्रिय रही थी, अब उसे मृत्यु की संपूर्ण शांति प्राप्त हो गई थी। इतने में एक अन्य शिष्य वहाँ आ पहुँचा। मैंने उसे अपने लौट आने तक वहीं रुकने के लिए कहा। बेसुध–सा मैं बोझिल कदमों से फिर गुरुदेव के घर की ओर चल पड़ा।

"अब राम कैसा है?" लाहिड़ी महाशय ने मुसकराते हुए पूछा।

"आपको जल्दी ही पता चल जाएगा, वह कैसा है, गुरुदेव!" मैंने भावुकता के आवेग में कह दिया। "कुछ ही घंटों में उसके शव को श्मशान घाट ले जाया जाएगा, तब आप देख ही लेंगे।" मैं फफककर रो पड़ा और वहाँ सबके सामने ही विलाप करने लगा।

"युक्तेश्वर! अपने आप को सँभालो। शांत होकर बैठ जाओ और ध्यान करो।" मेरे गुरुदेव समाधि में चले गए। वह दोपहर और पूरी रात अखंड निःस्तब्धता में बीत गई। मैं आंतरिक शांति बनाए रखने का असफल प्रयास करता रहा।

"भोर के समय लाहिड़ी महाशय ने मुझ पर सांत्वनापूर्ण दृष्टि डाली। "मैं देख रहा हूँ कि तुम अभी भी अशांत हो। कल ही तुमने मुझे स्पष्ट क्यों नहीं बता दिया कि तुम मुझसे राम के लिए ठोस सहायता चाहते हो किसी दवा के रूप में?" गुरुदेव ने एक दीये की ओर संकेत किया, जिसमें अरंडी का तेल था। "किसी छोटी सी शीशी में उस दीये का तेल भर लो और राम के मुँह में उसकी सात बूँदें डालो।"

मैंने प्रतिवादसूचक स्वर में कहा, "गुरुदेव! वह कल दोपहर से मृत पड़ा है। अब इस तेल से क्या लाभ?"

"उसकी चिंता मत करो, केवल मैं जो कह रहा हूँ, वह करो।" मेरे गुरुदेव का प्रसन्न भाव मेरी समझ में नहीं आ रहा था; मैं अभी तक शोक की भीषण वेदना से व्यथित था। थोड़ा सा तेल निकालकर मैं राम के घर की ओर चल पड़ा।

मेरे मित्र का मृत शरीर सख्त हो गया था। उसकी भयंकर अवस्था की ओर ध्यान न देते हुए मैंने अपने दाहिने हाथ की तर्जनी से उसके होंठ खोले और बाएँ हाथ से शीशी के ढक्कन की सहायता से किसी प्रकार बूँद–बूँद तेल उसके पक्के बैठे दाँतों पर डालने लगा। जैसे ही सातवीं बूँद ने उसके ठंडे होंठों का स्पर्श किया,

राम का शरीर जोर से काँपने लगा। सिर से पाँव तक उसकी सारी मांसपेशियाँ काँपती रहीं और वह आश्चर्य करता हुआ उठ बैठा।

"मैंने प्रखर प्रकाश में लाहिड़ी महाशय को देखा।" वह चीख पड़ा। वे सूर्य की भाँति चमक रहे थे। "उठो, निद्रा त्याग दो," उन्होंने मुझे आदेश दिया। "युक्तेश्वर के साथ मुझसे मिलने आओ।"

जब मैंने राम को उठकर अपने हाथों से कपड़े पहनते देखा और उस मरणांतक बीमारी के बाद भी हमारे गुरु के घर की ओर चलने की शक्ति उसमें आ गई थी, तो मैं अपनी आँखों पर विश्वास नहीं कर सका। वहाँ पहुँचकर राम ने लाहिड़ी महाशय को साष्टांग प्रणाम किया। उसकी आँखों से कृतज्ञता के आँसू बह रहे थे।

गुरुदेव को भी अत्यंत आनंद हो रहा था। मेरी ओर शरारती नजरों से देखते हुए उन्होंने कहा—

"युक्तेश्वर! अब तो निश्चय ही तुम हमेशा अपने पास अरंडी के तेल की बोतल रखोगे। जब भी किसी लाश को देखो, तो उसके मुँह में वह तेल डाल देना। क्यों अरंडी के तेल की सात बूँदें अवश्य ही यमराज की शक्ति को निष्क्रिय करने के लिए पर्याप्त हैं!"

"गुरुजी! आप मेरा मजाक उड़ा रहे हैं। मैं समझा नहीं; कृपा कर मेरी भूल का स्वरूप समझा दीजिए।"

"मैंने दो बार तुमसे कहा कि राम ठीक हो जाएगा; फिर भी तुमने मुझ पर पूरा विश्वास नहीं किया," लाहिड़ी महाशय समझाने लगे। "मेरे कहने का यह अर्थ नहीं था कि डॉक्टर उसे ठीक कर पाएँगे; मैंने केवल इतना ही कहा था कि वे उसे देख रहे हैं। मैं डॉक्टरों के कार्य में हस्तक्षेप नहीं करना चाहता था; आखिर उन्हें भी तो जीविका कमानी है।" इसके बाद आनंद से भरे स्वर में मेरे गुरु ने कहा, "सदा याद रखो कि सर्वशक्तिमान परमात्मा किसी को भी ठीक कर सकते हैं; डॉक्टर हो या न हो।"

"मुझे अपनी भूल समझ आ गई है," मैंने पश्चाताप के साथ स्वीकार किया। "अब मेरी समझ में आ गया कि आपका एक साधारण सा शब्द भी पूरे ब्रह्मांड के लिए बाध्यकारी है।"

श्रीयुक्तेश्वरजी की यह रोमांचक कहानी जैसे ही पूरी हुई, राँची के एक बच्चे ने उनसे प्रश्न पूछा, जो बच्चे के मुख से स्वाभाविक ही था।

उसने पूछा, "महाराज! आपके गुरुदेव ने अरंडी का तेल ही क्यों भेजा?"

"तेल देने का कोई विशेष अर्थ नहीं था, बेटा! मैंने कोई प्रत्यक्ष वस्तु चाही थी,

इसलिए लाहिड़ी महाशय ने पास में पड़ा तेल ही दे दिया, जो मुझमें अधिक विश्वास जगाने के लिए एक वस्तुगत प्रतीक मात्र था। गुरुदेव ने राम को इसलिए मर जाने दिया, क्योंकि मैंने आंशिक संदेह किया था। परंतु वे जानते थे कि जब उन्होंने कह दिया था, तो राम ठीक होकर ही रहेगा, चाहे उन्हें उसे मृत्यु के बाद ही क्यों न ठीक करना पड़े, जो साधारणतया अंतिम बीमारी होती है।"

श्रीयुक्तेश्वरजी ने बच्चों को बाहर भेज दिया और मुझे अपने चरणों के पास रखे कंबल के एक आसन पर बैठने का संकेत किया।

असाधारण गंभीरता के साथ उन्होंने कहा, "योगानंद! तुम जन्म से ही लाहिड़ी महाशय के शिष्यों से घिरे रहे हो। महान् गुरु ने अपना महिमामय जीवन कुछ हद तक एकांत में ही जिया और अपनी शिक्षाओं पर आधारित कोई संस्था या संगठन बनाने की अनुमति अपने अनुयायियों को देने से वे निरंतर इनकार करते रहे। फिर भी उन्होंने एक महत्त्वपूर्ण भविष्यवाणी की थी।

उन्होंने कहा था, "पश्चिम में योग के प्रति गहरी रुचि पैदा होने के कारण मेरे देहत्याग के पचास वर्ष बाद मेरा एक जीवनचरित्र लिखा जाएगा। योग का संदेश सारे विश्व में फैल जाएगा। इससे सभी के एकमात्र परमपिता की प्रत्यक्ष अनुभूति पर आधारित एकता के कारण मानवजाति में विश्वबंधुत्व स्थापित होने में सहायता होगी।"

श्री युक्तेश्वरजी ने आगे कहा, "मेरे पुत्र योगानंद! उस संदेश को फैलाने में और उस पवित्र जीवन चरित्र को लिखने में तुम्हें अवश्य अपने हिस्से का कार्य करना होगा।"

1895 में लाहिड़ी महाशय ने देहत्याग किया। 1945 में उनके देहत्याग के पचास वर्ष पूरे हुए। उसी वर्ष यह पुस्तक पूरी हुई। यह संयोग देखकर मैं आश्चर्यचकित हुए बिना नहीं रह सकता कि 1945 के वर्ष के साथ ही क्रांतिकारी आणविक शक्तियों का नया युग भी आरंभ हुआ। सभी विचारी मनुष्यों का ध्यान शांति और विश्वबंधुत्व की अत्यंत महत्त्वपूर्ण समस्याओं की ओर अभूतपूर्व व्यग्रता के साथ लग गया है कि कहीं ऐसा न हो कि भौतिक बल के निरंतर प्रयोग से समस्याओं के साथ-साथ मानवजाति का ही अंत हो जाए।

मनुष्य की सारी उपलब्धियों का काल या बम के कारण नामोनिशान मिट जाए, तब भी सूर्य अपनी दिशा नहीं बदलेगा और तारे भी अपने-अपने स्थान पर रहकर पृथ्वी को देखते रहेंगे। सृष्टि नियम को स्थगित नहीं किया जा सकता, न ही उसे बदला जा सकता है। मनुष्य के लिए बेहतर यही होगा कि वह उसके अनुसार

जीना सीखे। पूरा ब्रह्मांड जहाँ बल प्रदर्शन के विरुद्ध है, सूर्य भी जहाँ तारागणों के साथ कोई युद्ध छेड़े बिना उन्हें अपने स्वल्प प्रकाश को प्रकट करने का अवसर देने के लिए यथासमय आकाश से हट जाता है, वहाँ हमारे बल प्रदर्शन से लाभ ही क्या होने वाला है? क्या उससे कोई शांति उत्पन्न हो जाएगी? सृष्टि का आधार क्रूरता नहीं, सद्भावना है। शांति-सद्भावना में जीने वाली मानवजाति ही विजयश्री के अनंत फलों का रसास्वादन कर सकेगी, जो स्वाद में रक्तसिंचित भूमि में उत्पन्न किसी भी फल से कहीं अधिक मधुर होंगे।

मानव-हृदयों का बेनाम, स्वाभाविक संघ ही प्रभावी राष्ट्रसंघ बन सकेगा। इस जगत् के दु:खों को दूर करने के लिए जिन व्यापक सहानुभूतियों की और गहराई में देख पाने वाली दृष्टि की आवश्यकता है, वह केवल मानवजाति की विविधता के बौद्धिक आकलन से नहीं, बल्कि मानवजाति की सबसे गहरी एकता—ईश्वर के साथ संबंध—के ज्ञान से आएगी। विश्वबंधुत्व द्वारा शांति की स्थापना संसार का सर्वोच्च आदर्श है। इस आदर्श को मूर्त रूप देने के लिए योग, जो ईश्वर के साथ व्यक्तिगत संपर्क करने का विज्ञान है, का यथोचित समय सारे विश्व के समस्त लोगों तक प्रसारित हो।

भारत की संस्कृति अन्य किसी भी देश की संस्कृति से कहीं अधिक प्राचीन है, फिर भी बहुत कम इतिहासकारों ने इस बात की ओर ध्यान दिया है कि उसका अभी तक सुरक्षित रहना कोई संयोग मात्र नहीं है, बल्कि पीढ़ी-दर-पीढ़ी भारत ने अपने महापुरुषों के माध्यम से जो सनातन सत्य प्रस्तुत किए हैं, उनके प्रति भक्ति का तर्कशुद्ध परिणाम है। युग-युगांतरों से (वह भी कितने? क्या कोई गवेषक कभी सच-सच बता भी पाएगा!) निरंतर विकारहीन अस्तित्व बनाए रखकर, काल की चुनौती का किसी भी देश की अपेक्षा केवल भारत ने ही सर्वोत्तम उत्तर दिया है।

विस्मृति की गर्त में विलुप्त होने से भारत जो बच गया है, इस प्रकाश में देखें तो बाइबल में दी गई अब्राहम की कहानी को भी नया अर्थ मिल जाता है। बाइबल में कहा गया है कि अब्राहम ने प्रभु से प्रार्थना की कि सोडोम शहर में यदि दस पुण्यात्मा भी मिल जाएँ, तो वे उस शहर को बख्श दें। इस पर प्रभु ने उत्तर दिया, "ऐसे दस लोग भी मिल जाएँ तो मैं उस शहर को नष्ट नहीं करूँगा।" मिट गए कभी भारत के समकालीन रहे शक्तिशाली राष्ट्रों के साम्राज्य, जो युद्ध कलाओं में निपुण थे, प्राचीन मिस्र, बेबीलोनिया, यूनान, रोम।

प्रभु के उत्तर से यह स्पष्ट हो जाता है कि कोई भी देश अपनी भौतिक उपलब्धियों के कारण नहीं, बल्कि अपने महापुरुषों के कारण जीवित रहता है।

इस बीसवीं शताब्दी में, जिसके अर्धशतक के पूर्ण होने से पहले ही धरती दो बार खून से नहा चुकी है, ईश्वर की वह दिव्य वाणी फिर से सुनाई दे, जिसे कभी खरीदा नहीं जा सकता, उस 'निष्पक्ष न्यायाधीश' की दृष्टि में महान् हों, ऐसे दस लोग भी जिस देश में होंगे, वह देश कभी मिट नहीं सकता।

ऐसी धारणाओं को मानने के कारण ही भारत काल के हजारों छल-कपटों के आगे बुद्धिहीन सिद्ध नहीं हुआ। हर शताब्दी में आत्मज्ञानी गुरुओं ने अवतार लेकर उसकी भूमि को पवित्र किया है। लाहिड़ी महाशय और श्रीयुक्तेश्वरजी जैसे क्राइस्ट सदृश अर्वाचीन योगी आज भी यह उद्घोष कर रहे हैं कि मनुष्य के सुख-स्वास्थ्य और राष्ट्र के दीर्घ जीवन के लिए योग का ज्ञान, जो ईश-प्राप्ति का विज्ञान है, अत्यावश्यक है।

अभी तक लाहिड़ी महाशय के जीवन एवं उनकी सर्वलोकोपयोगी शिक्षाओं के बारे में बहुत कम जानकारी छपकर प्रकाशित हुई है। तीन दशकों से मैं भारत, अमेरिका और यूरोप में मोक्षदायक योग के संदेश में गहरी और सच्ची रुचि देख रहा हूँ। अतः लाहिड़ी महाशय के लिखित जीवन-वृत्तांत की, जैसे कि उन्होंने भविष्यवाणी भी की थी, पाश्चात्य जगत् में तीव्र आवश्यकता है, जहाँ महान् योगियों के जीवन के बारे में लोगों को अत्यंत कम जानकारी है।

लाहिड़ी महाशय का जन्म 30 सितंबर, 1828 ई. को एक धर्मनिष्ठ प्राचीन ब्राह्मण कुल में बंगाल के नदिया जिले में स्थित घुरणी ग्राम में हुआ था। वे आदरणीय श्री गौरमोहन लाहिड़ी की दूसरी पत्नी श्रीमती मुक्तकाशी की संतानों में एकमात्र पुत्र थे (पहली पत्नी का तीन पुत्रों को जन्म देने के पश्चात् एक तीर्थयात्रा के दौरान देहांत हो गया था)। उनके बचपन में ही उनकी माता का भी देहांत हो गया। उनकी माता के बारे में बहुत कम जानकारी उपलब्ध है, सिवाय इस महत्त्वपूर्ण तथ्य के कि वे शास्त्रों में जिन्हें महायोगीश्वर कहा गया है, उन भगवान् शिव की अनन्य भक्त थीं।

लाहिड़ी महाशय का पूरा नाम श्यामाचरण लाहिड़ी था। उनका बचपन घुरणी में उनके पैतृक निवास में ही बीता। तीन-चार वर्ष की आयु में ही वे प्रायः बालू में केवल सिर बाहर और अन्य सारा शरीर बालू के अंदर रखते हुए एक विशिष्ट योगासन में बैठे दिखाई देते थे।

1833 ईसवी में गाँव के निकट से बहती जलंगी नदी ने अपना मार्ग बदल दिया और वह गंगा में विलीन हो गई। उसके मार्ग-परिवर्तन के कारण लाहिड़ी परिवार की सारी जमीन-जायदाद नष्ट हो गई। घर के साथ लाहिड़ी परिवार द्वारा प्रतिष्ठित शिव मंदिर भी नदी के गर्भ में समा गया। एक भक्त ने उफनते जल में से शिव की

प्रस्तर–प्रतिमा को बचाया और उसे एक नए मंदिर में रख दिया, जो अब 'घुरणी शिव मंदिर' के नाम से विख्यात है।

श्री गौरमोहन लाहिड़ी घुरणी को छोड़कर सपरिवार काशी में जा बसे। वहाँ उन्होंने शीघ्र ही एक शिव मंदिर की स्थापना की। वैदिक धर्म के अनुसार रोज पूजा–पाठ, दानधर्म, शास्त्राध्ययन आदि उनके घर में होता था। वे न्यायपरायण तथा उदार दृष्टिकोण वाले व्यक्ति थे, आधुनिक विचारधारा की उपयोगिता की वे अवहेलना नहीं करते थे।

बालक लाहिड़ी ने काशी की पाठशालाओं में हिंदी और उर्दू की पढ़ाई की। उन्होंने जयनारायण घोषाल के विद्यालय में संस्कृत, बंगाली, फ्रेंच तथा अंग्रेजी की शिक्षा प्राप्त की। वेदों का वे गहरा अध्ययन करते थे और विद्वान् ब्राह्मणों की शास्त्र–चर्चाओं को मन लगाकर सुनते थे। इन विद्वानों में एक महाराष्ट्रीयन पंडित श्री नागभट्ट भी थे।

श्यामाचरण दयालु, विनम्र और साहसी बच्चा था, जो अपने सभी साथियों में अत्यंत लोकप्रिय था। उसका शरीर सुडौल, स्वस्थ तथा बलिष्ठ था। तैराकी तथा शारीरिक पटुता के अनेक कार्यों में वह निष्णात था।

सन् 1846 में श्री देवनारायण सान्याल की सुपुत्री काशीमणि के साथ श्यामाचरण लाहिड़ी का विवाह हुआ। काशीमणि देवी एक आदर्श भारतीय गृहिणी थीं, जो अपने गृह–कर्तव्यों का और अतिथि सेवा तथा दरिद्रनारायण सेवा के अपने गृहस्थ धर्म का प्रसन्नतापूर्वक पालन करती थीं। इस विवाह युति से तीनकौड़ी और दुकौड़ी नाम के दो संतवत् पुत्रों का तथा दो पुत्रियों का जन्म हुआ। 1851 में तेईस वर्ष की आयु में लाहिड़ी महाशय ब्रिटिश सरकार के मिलिटरी इंजीनियरिंग विभाग में लेखापाल के पद पर नियुक्त हुए। अपने सेवाकाल में अनेक बार उनकी पदोन्नति हुई। इस प्रकार न केवल ईश्वर की आँखों में ही वे सिद्ध पुरुष थे, बल्कि इस छोटे से मानवीय नाटक में भी, जिसमें वे एक साधारण ऑफिस–कर्मचारी की भूमिका अदा कर रहे थे, उन्होंने सफलता प्राप्त की थी।

मिलिटरी इंजीनियरिंग विभाग ने भिन्न–भिन्न समय पर गाजीपुर, मिर्जापुर, नैनीताल, दानापुर तथा वाराणसी में उनका स्थानांतरण किया। पिता की मृत्यु के बाद युवा लाहिड़ी महाशय ने पूरे परिवार का सारा दायित्व अपने ऊपर ले लिया। परिवार के लिए उन्होंने काशी में भीड़भाड़ से दूर गरुड़ेश्वर मुहल्ले में एक घर खरीद लिया।

लाहिड़ी महाशय के जीवन के तैंतीसवें वर्ष में उस उद्देश्य की पूर्ति हुई, जिसके लिए उन्होंने इस धरा पर पुनः जन्म लिया था। हिमालय में रानीखेत के पास

उनकी मुलाकात अपने महान् गुरु बाबाजी से हुई और उन्हें क्रिया-योग की दीक्षा मिली।

वह पवित्र घटना केवल लाहिड़ी महाशय के साथ ही नहीं घटी, बल्कि पूरी मानवजाति के लिए वह अत्यंत पवित्र क्षण था। योग की लुप्त हुई या दीर्घकाल तक अज्ञात रही सर्वोच्च विद्या पुनः प्रकाश में लाई गई।

पौराणिक कथा में जिस प्रकार गंगा ने स्वर्ग से पृथ्वी पर उतरकर अपने तृषातुर भक्त भगीरथ को अपने दिव्य जल से संतुष्ट किया, उसी प्रकार 1861 में क्रिया-योगरूपी दिव्य सरिता हिमालय की गुह्य गुफाओं से मनुष्यों की कोलाहल भरी बस्तियों की ओर बह चली।

□

33

आधुनिक भारत के महावतार बाबाजी

बद्रीनाथ के आसपास के उत्तरी हिमालय के पहाड़ आज भी लाहिड़ी महाशय के गुरु बाबाजी की जीवंत उपस्थिति से पावन हो रहे हैं। जन–संसर्ग से दूर निर्जन प्रदेश में रहने वाले ये महागुरु शताब्दियों से, शायद सहस्राब्दियों से अपने स्थूल शरीर में वास कर रहे हैं। मृत्युंजय बाबाजी एक 'अवतार' हैं। इस संस्कृत शब्द का अर्थ है 'नीचे उतरना।' यह 'अव', अर्थात् 'नीचे' और 'तृ' अर्थात् 'तरण' शब्दों से बना है। हिंदू शास्त्रों में 'अवतार' शब्द का प्रयोग 'ईश्वरत्व का स्थूल शरीर में अवतरण' के अर्थ में होता है।

"बाबाजी की आध्यात्मिक अवस्था मानवी आकलन शक्ति से परे है," श्रीयुक्तेश्वरजी ने एक दिन मुझे बताया। "मनुष्यों की अल्प बुद्धि को उनकी परात्पर अवस्था का ज्ञान कभी नहीं हो सकता। इस अवतार के योगैश्वर्य की केवल कल्पना करने का प्रयास भी व्यर्थ है। वह पूर्णतः कल्पनातीत है।"

उपनिषदों में आध्यात्मिक उन्नति की प्रत्येक अवस्था का सूक्ष्मातिसूक्ष्म वर्गीकरण किया गया है। सिद्ध पुरुष जीवन मुक्त अवस्था (जीवित अवस्था में मुक्ति लाभ) से आगे बढ़ने पर परामुक्त अवस्था (संपूर्ण मुक्त–मृत्यु पर विजय) में प्रवेश करता है। परामुक्त पुरुष माया के नागपाश और जन्म–मरण के चक्र से पूर्णतः मुक्त हो चुका होता है। इसलिए परामुक्त कदाचित् ही पुनः स्थूल शरीर धारण करता है; और यदि वह पुनः जन्म ले ही लेता है, तो संसार पर ईश्वर की आशीर्वाद–वर्षा का माध्यम बनकर आता है। उसे ही अवतार कहते हैं। अवतार पर सृष्टि के कोई नियम लागू नहीं होते; उसका शुद्ध शरीर प्रकाश की मूर्ति मात्र होता है, उस पर प्रकृति का कोई ऋण नहीं होता।

सामान्य दृष्टि को अवतार के शरीर में कोई असाधारण बात नजर नहीं आती;

परंतु कभी-कभी प्रसंगानुरूप उस शरीर की न तो छाया पड़ती है, न ही जमीन पर पदचिह्न बनता है। ये माया के अंधकार और भौतिक बंधनों से आंतरिक मुक्ति के बाह्य प्रतीकात्मक प्रमाण हैं। केवल ऐसा भागवत् पुरुष ही जीवन और मृत्यु की परस्पर संबद्धता के पीछे विद्यमान सत् को जानता है। उमर खय्याम, जिन्हें लोगों ने पूर्णतः गलत समझा है, ने ऐसे मुक्त मानव के विषय में अपने अमर ज्ञानकाव्य 'रुबाइयाँ' में लिखा है—

ओ सुहासिनी, ओ विधुवदनी,
तेरी आभा है अक्षय।
प्रिये देख, हो रहा चंद्रमा
स्वच्छ गगन पर पुनः उदय॥
होगी कितनी बार आज के
बाद यह उदय इसी प्रकार।
और इसी झुरमुट में मुझको
खोज-खोज जाएगा हार॥

अक्षय आभा युक्त सुहासिनी, विधुवदनी, प्रिया पराशक्ति अर्थात् ईश्वर है, जो एकमात्र कालदोषरहित, स्वयं तेज से भी तेजस्वी शाश्वत तारा है। स्वच्छ गगन का चंद्रमा तो बाह्य सृष्टि है, जो उदय-अस्त के नियतकालिक आवर्तनों के नियम से बँधी हुई है। आत्म-साक्षात्कार के द्वारा इस फारसी संत ने अपने आप को इस जगत् में या माया, अर्थात् प्रकृति के 'झुरमुट' में बार-बार लौट आने की विवशता से सदा के लिए मुक्त कर लिया था। 'और इसी झुरमुट में मुझको खोज-खोज जाएगा हार।' किसी चिरमुक्त की खोज करते ब्रह्मांड के लिए कैसी घोर निराशा!

ईसा मसीह ने अपने मुक्तात्मा होने का संकेत दूसरे प्रकार से दिया, "और एक शास्त्री ने पास आकर उनसे कहा, हे गुरु, आप जहाँ भी जाएँगे, मैं आपके पीछे-पीछे आऊँगा। और यीशु ने उससे कहा, लोमड़ियों के रहने के लिए माँदें हैं, आकाश के पक्षियों के लिए भी घोंसले हैं, परंतु मानव-पुत्र के लिए सिर टेकने के लिए भी कहीं ठौर नहीं है।"

सर्वव्यापकता के कारण दिग्-दिगांतर में व्याप्त ईसा मसीह के पीछे-पीछे जाना क्या सर्वव्यापी परमतत्त्व में विलीन हुए बिना संभव था?

प्राचीन भारत में कृष्ण, राम, बुद्ध तथा पतंजलि जैसे अवतार हुए। दक्षिण भारत के एक अवतार अगस्त्य पर विपुल काव्य-साहित्य की रचना हुई है। उन्होंने ईसा के पूर्व और ईसा के बाद की अनेक शताब्दियों में अनेक चमत्कार

किए हैं और उनके विषय में यह मान्यता है कि वे आज भी सशरीर इस संसार में विद्यमान हैं।

भारत में बाबाजी का कार्य रहा है, जिन विशेष कार्यों के लिए अवतार इस जगत् में आते हैं, उन कार्यों की पूर्ति में उनकी सहायता करना। इस प्रकार शास्त्रीय वर्गीकरण के अनुसार वे एक महावतार हैं। उन्होंने स्वयं बताया है कि संन्यास आश्रम के पुनर्सगंठक एवं अद्वितीय तत्त्वज्ञानी जगद्गुरु आदि शंकराचार्य तथा सुप्रसिद्ध मध्ययुगीन संत कबीर को उन्होंने योग दीक्षा दी थी। 19वीं शताब्दी के उनके मुख्य शिष्य, जैसा कि हम जानते हैं, लाहिड़ी महाशय थे, जिन्होंने लुप्त क्रिया-योग विद्या का पुनरुद्धार किया।

बाबाजी सदा ईसा मसीह के संपर्क में रहते हैं। वे दोनों मिलकर जगत् के उद्धार के स्पंदन भेजते रहते हैं और इस युग के लिए मोक्ष प्रदायिनी आध्यात्मिक विधि भी उन्होंने तैयार की है। एक शरीर में रहने वाले और दूसरे शरीर के बिना रहने वाले, इन दो पूर्ण ज्ञानी महागुरुओं का कार्य है राष्ट्रों को युद्ध, वंश-विद्वेष, धार्मिक भेदभाव तथा भौतिकवाद की पलटकर आघात करने वाली बुराइयों को त्यागने के लिए प्रेरित करना। बाबाजी आधुनिक युग की प्रवृत्तियों से, विशेषत: पाश्चात्य संस्कृति के प्रभाव और उसकी जटिलताओं से पूर्णत: अवगत हैं, और पूर्व तथा पश्चिम, दोनों में समान रूप से योग के आत्मोद्धारक ज्ञान का प्रसार करने की आवश्यकता का उन्हें भान है।

इसमें कोई आश्चर्य नहीं कि इतिहास में बाबाजी का कहीं कोई उल्लेख नहीं है। किसी भी शताब्दी में बाबाजी कभी जनसाधारण के सामने प्रकट नहीं हुए। उनकी युग-युगांतर की योजनाओं में गलत अर्थ लगाने वाली प्रसिद्धि की चकाचौंध के लिए कोई स्थान नहीं है। सृष्टि में एकमात्र शक्ति होते हुए भी चुपचाप अपना काम करते रहने वाले स्रष्टा की तरह ही बाबाजी भी विनम्र गुमनामी में अपना कार्य करते रहते हैं।

कृष्ण और क्राइस्ट के समान महान् अवतार इस धरातल पर किसी विशिष्ट और असाधारण परिणामदर्शी उद्देश्य के लिए अवतरित होते हैं और वह उद्देश्य पूरा होते ही वापस चले जाते हैं। बाबाजी जैसे अन्य अवतार इतिहास की किसी प्रमुख घटना से संबंधित कार्य को नहीं, बल्कि युग-युगों में धीरे-धीरे होने वाले मानवजाति के क्रम-विकास से संबंधित कार्य को अपने हाथ में लेते हैं। ऐसे अवतार सदा ही जनसाधारण की स्थूल दृष्टि से ओझल रहते हैं और वे जब चाहे, अपनी इच्छानुसार अदृश्य होने की सामर्थ्य रखते हैं। इन कारणों से तथा साधारणतया वे

अपने शिष्यों को अपने विषय में गुप्तता रखने का आदेश देते हैं, इसलिए अनेकानेक विराट् आध्यात्मिक महापुरुष संसार के लिए अज्ञात ही बने रहते हैं। मैं इस पुस्तक में बाबाजी के जीवन की एक हलकी सी झलक मात्र दिखा रहा हूँ—केवल कुछ ऐसे तथ्यों का ही उल्लेख कर रहा हूँ, जिन्हें वे सार्वजनिक करने योग्य तथा सहायक मानते हैं।

बाबाजी के परिवार या जन्मस्थान के विषय में कभी किसी को कुछ पता नहीं चल पाया। इस मामले में इतिहास लेखकों को निराश ही होना पड़ेगा। साधारणतया वे हिंदी में बोलते हैं, परंतु किसी भी भाषा में आसानी से बोल लेते हैं। उन्होंने बाबाजी का सीधा-सादा नाम ले लिया है। लाहिड़ी महाशय के शिष्यों ने उन्हें श्रद्धा से जो अन्य नाम दिए हैं, वे हैं महामुनि बाबाजी महाराज, महायोगी तथा त्र्यंबक बाबा या शिव बाबा। एक पूर्ण मुक्त सिद्ध पुरुष का कुल-गोत्र क्या कोई महत्त्व रखता है ?

लाहिड़ी महाशय कहा करते थे, "जब भी कोई श्रद्धा के साथ बाबाजी का नाम लेता है, उसे तत्क्षण आध्यात्मिक आशीर्वाद प्राप्त होता है।"

अमर बाबाजी के शरीर पर आयु का कोई लक्षण दृष्टिगोचर नहीं होता। वे अधिक-से-अधिक पच्चीस वर्ष के युवक दिखते हैं। गौरवर्ण, मध्यम कद-काठी के बाबाजी के सुंदर, बलिष्ठ शरीर पर सहज ही दिख पड़ने योग्य तेज है। नेत्र काले, शांत और दयार्द्र हैं। उनके लंबे चमकीले केश ताम्रवर्ण के हैं। कभी-कभी बाबाजी का चेहरा लाहिड़ी महाशय के चेहरे से मिलता-जुलता दिखाई देता है। कभी-कभी तो दोनों में इतनी स्पष्ट समरूपता दिखाई देती थी कि उत्तरवर्ती आयु में लाहिड़ी महाशय को कोई भी युवा दिखते बाबाजी के पिता समझ लेता।

मेरे संतवत् संस्कृत शिक्षक स्वामी केवलानंदजी ने हिमालय में बाबाजी के साथ कुछ समय बिताया था।

उन्होंने मुझे एक दिन बताया, "अद्वितीय महागुरु अपने शिष्यों के साथ पर्वतों में एक स्थान से दूसरे स्थान भ्रमण करते रहते हैं। उनकी छोटी सी शिष्य मंडली में दो अत्यंत उन्नत अमेरिकी शिष्य भी हैं। किसी स्थान पर कुछ समय बिताने के बाद बाबाजी कहते हैं, 'डेरा डंडा उठाओ।' वे अपने पास एक डंडा रखते हैं। उनका यह आदेश अपनी मंडली के साथ तत्क्षण किसी दूसरे स्थान पर पहुँचने का संकेत होता है। वे हमेशा ही एक स्थान से अदृश्य होकर दूसरे स्थान पर प्रकट होने की इस पद्धति का उपयोग नहीं करते। कभी-कभी वे एक शिखर से दूसरे शिखर पर पैदल भी जाते हैं।

"जब बाबाजी की इच्छा होती है, तभी उन्हें कोई देख या पहचान पाता है। उन्होंने विभिन्न भक्तों को किंचित् से परिवर्तन के साथ भिन्न-भिन्न रूपों में दर्शन दिया है—कभी दाढ़ी-मूँछ के साथ, तो कभी दाढ़ी-मूँछ के बिना। उनकी अक्षय देह के लिए किसी आहार की आवश्यकता नहीं पड़ती, इसलिए कदाचित् ही कभी वे कुछ खाते हैं। हाँ, शिष्यों को जब वे दर्शन देते हैं, तब लौकिक शिष्टाचार के रूप में कभी-कभी फल या चावल की खीर स्वीकार कर लेते हैं।"

केवलानंदजी बताते गए, "बाबाजी के जीवन की दो विस्मयकारी घटनाएँ मुझे ज्ञात हैं। एक रात उनके शिष्य वैदिक होम के लिए जल रही विशाल अग्नि-ज्वालाओं को घेरकर बैठे थे। अचानक महागुरु ने एक जलती लकड़ी उठा ली और अग्नि के पास ही बैठे एक शिष्य के नंगे कंधे पर उससे हलका सा प्रहार किया।

"यह तो क्रूरता है, गुरुदेव!" वहाँ उपस्थित लाहिड़ी महाशय ने अपना विरोध प्रकट किया।

"अपने गत कर्मों के फलस्वरूप तुम्हारी आँखों के सामने वह पूरा जलकर राख हो जाता, तो क्या वह तुम्हें अच्छा लगता?"

"इन शब्दों के साथ ही बाबाजी ने शिष्य के आहत कंधे पर अपना आरोग्यप्रद वरदहस्त रखा और कहा, "आज रात मैंने तुम्हें पीड़ादायक मृत्यु के हाथों से मुक्त कर दिया है। अग्निदाह की किंचित् सी पीड़ा अनुभव करने से तुम्हारा कर्मभोग मिट गया है।"

"एक अन्य अवसर पर एक अपरिचित व्यक्ति के आगमन से बाबाजी की पवित्र टोली की शांति थोड़ी सी भंग हो गई। वह व्यक्ति गुरु के डेरे के निकट ही स्थित एक दुर्लंघ्य पर्वत शिखर पर विस्मयकारी निपुणता के साथ चढ़ आया था।

"महाराज! अवश्य आप ही महान् बाबाजी हैं।" उस आदमी का चेहरा अवर्णनीय श्रद्धा और आदर से दमक रहा था। "इन दुर्गम पर्वतों में मैं महीनों से आपकी तलाश में भटक रहा हूँ। आपसे इतनी ही प्रार्थना है कि आप मुझे शिष्य रूप में स्वीकार करें।"

"जब महागुरु ने उसकी ओर कोई ध्यान नहीं दिया, तो उस आदमी ने पर्वत शिखर के नीचे पत्थरों से भरी गहरी खाई की ओर हाथ दिखाकर कहा, "आप यदि मुझे स्वीकार नहीं करेंगे, तो मैं इस पर्वत से कूद पड़ूँगा। ईश्वर तक पहुँचने के लिए यदि मैं आपका मार्गदर्शन नहीं पा सकता, तो मेरे जीवित रहने का कोई अर्थ नहीं है।"

"तो कूद पड़ो," बाबाजी ने निर्विकार रहते हुए कहा। "उन्नति की तुम्हारी वर्तमान अवस्था में मैं तुम्हें स्वीकर नहीं कर सकता।"

"उस मनुष्य ने तुरंत अपने आप को नीचे झोंक दिया। स्तब्ध हुए शिष्यों को बाबाजी ने उसके शरीर को उठा लाने का आदेश दिया। जब शिष्यों ने वह क्षत-विक्षत शव लाकर उनके सामने रख दिया, तो बाबाजी ने उस पर अपना हाथ रखा। परम आश्चर्य! उस आदमी ने आँखें खोलीं और सर्वशक्तिमान गुरु के चरणों में साष्टांग लोट गया।

"अब तुम शिष्य बनने के अधिकारी हो गए हो।" पुनरुज्जीवित चेले की ओर देखकर अत्यंत स्नेह से मुसकराते हुए बाबाजी ने कहा। "तुमने साहस के साथ इस कठिन परीक्षा में सफलता प्राप्त की है। अब मृत्यु कभी तुम्हारा स्पर्श नहीं करेगी। अब तुम हमारी अमर मंडली में शामिल हो गए हो।" फिर उन्होंने सदा की तरह प्रस्थान का आदेश दिया, "मेरा डंडा उठाओ।" पूरा दल तत्क्षण उस पर्वत से अदृश्य हो गया।

अवतारी पुरुष सर्वव्यापी ब्रह्म चैतन्य में निवास करता है; उसके लिए देश और काल का कोई अस्तित्व नहीं होता। इसलिए बाबाजी ने अपने स्थूल शरीर को जो शताब्दी-दर-शताब्दी बनाए रखा है, उसका केवल एक ही कारण है, मानवजाति को उसकी अपनी संभावनाओं का ठोस उदाहरण प्रस्तुत करने की इच्छा। मनुष्य पर यदि रक्त-मांस के शरीर में ईश्वरत्व की झलक दिखाने की कृपा कभी न की जाए, तो वह हमेशा माया के इसी भारी भ्रम में रहेगा कि वह अपनी मरणाधीनता पर कभी विजय नहीं पा सकता।

ईसा मसीह को शुरू से ही अपने जीवन में होने वाली घटनाओं का पूर्ण ज्ञान था। उन अनुभवों से गुजरे, अपनी खातिर नहीं, कर्मों की किसी विवशता के कारण नहीं, बल्कि केवल उन घटनाओं का मनन करके सीखने वाली मानवजाति के उत्थान की खातिर। उनके चार शिष्यों—मत्ती, मरकुस, लूका तथा यूहन्ना ने उनकी अवर्णनीय लीला को भावी पीढ़ियों के लाभ के लिए लिखकर रखा।

बाबाजी के लिए भी भूत, वर्तमान, भविष्य आदि समय की परस्पर-संबंधित अवस्थाओं का अस्तित्व नहीं है; प्रारंभ से ही उन्हें अपने जीवन की सभी अवस्थाओं का पूर्ण ज्ञान है। मनुष्यों की सीमित बुद्धि को ध्यान में रखकर ही उन्होंने अपने दिव्य जीवन की अनेक लीलाएँ एक या अधिक लोगों की उपस्थिति में ही करने का ध्यान रखा। इसी कारण जब बाबाजी ने शरीर की अमरता की संभावना को प्रकट करने का समय उपयुक्त समझा, तब लाहिड़ी महाशय के एक शिष्य उस प्रसंग

पर उपस्थित थे। उन्होंने स्पष्ट शब्दों में रामगोपाल मजूमदार के सामने यह वचन दिया, ताकि अन्य जिज्ञासुओं को प्रेरणा देने के लिए यह बात बाद में सर्वविदित हो जाए। सिद्धजन केवल मानवजाति की भलाई के लिए ही अपने वचन बोलते हैं और सहज-स्वाभाविक प्रतीत होने वाले घटनाक्रम में सम्मिलित होते हैं, जैसा कि ईसा मसीह ने कहा था, "हे परमपिता, मैं जानता था कि आप सदा ही मेरी बात को सुनते हैं, परंतु मेरे आसपास जो लोग खड़े हैं, उनकी खातिर मैंने वैसा कहा, ताकि उन्हें विश्वास हो कि आपने ही मुझे भेजा है।"

जब मैं रणबाजपुर में 'निद्राजयी संत' रामगोपाल के पास गया था, तब उन्होंने बाबाजी के साथ अपनी पहली भेंट की विस्मयजनक कहानी मुझे बताई थी।

उन्होंने कहा था, "मैं कभी-कभी अपनी एकांत गुफा से बाहर निकलकर काशी में लाहिड़ी महाशय के चरणकमलों में जा बैठता था। एक दिन मध्यरात्रि को जब मैं उनके घर में उनके शिष्यों के बीच बैठकर चुपचाप ध्यान कर रहा था, तब गुरुदेव ने अचानक मुझे एक चकित कर देने वाला आदेश दिया।

"उन्होंने कहा, 'रामगोपाल! तुरंत, इसी क्षण दशाश्वमेध घाट पर चले जाओ।'

"मैं तुरंत उस निर्जन घाट पर पहुँच गया। चंद्रमा के प्रकाश और तारों की जगमगाहट से रात उजली थी। थोड़ी देर ही मैं वहाँ चुपचाप धीरज के साथ बैठा था कि मेरा ध्यान अपने पाँवों के पास स्थित एक विशाल शिला की ओर आकृष्ट हुआ। वह शिला धीरे-धीरे ऊपर उठ रही थी और उसके नीचे एक भूमिगत गुफा दिखाई देने लगी। जब वह शिला हवा में स्थिर हो गई, मानो किसी अज्ञात शक्ति ने उसे वहाँ पकड़ रखा हो, तब उस गुफा से एक अत्यंत लावण्यवती स्त्री बाहर आई और हवा में ऊँची उठ गई। एक शांतिप्रद तेज में वह नारी मूर्ति वेष्टित थी। धीरे-धीरे नीचे आकर वे मेरे सामने परमानंद में मग्न, निश्चल खड़ी रहीं। आखिर उनमें हलचल हुई और वे अत्यंत सौम्य वाणी में बोलने लगीं—

'मैं बाबाजी की बहन माताजी हूँ। मैंने बाबाजी को और लाहिड़ी महाशय को भी आज रात एक अत्यंत महत्त्वपूर्ण विषय पर चर्चा करने के लिए अपनी गुफा में बुलाया है।'

"एक प्रकाशपुंज गंगा के ऊपर तेजी से उड़ता हुआ आता दिखाई दिया। अपारदर्शी पानी में उसका प्रतिबिंब दिखाई दे रहा था। वह प्रकाश हम लोगों की ओर बढ़ता गया और कौंधकर चकाचौंध करता हुआ माताजी के पास आकर रुक गया और तुरंत लाहिड़ी महाशय के मानव रूप में परिवर्तित हो गया। लाहिड़ी महाशय ने अत्यंत विनम्रता के साथ माताजी के चरणों में प्रणाम किया।

"मैं इस आश्चर्य से उभरा भी नहीं था कि आश्चर्य का दूसरा धक्का मुझे लगा। गोल-गोल घूमता एक गूढ़ प्रकाशपुंज आकाश में मार्गक्रमण करता दिखाई देने लगा। तीव्र गति से नीचे आता हुआ अग्निगोले के समान वह तेजोपुंज हम लोगों के समीप आया और उसने एक अत्यंत सुंदर युवक का रूप धारण कर लिया। मैं तुरंत ही समझ गया कि वे बाबाजी थे। उनका चेहरा लाहिड़ी महाशय जैसा ही था; परंतु बाबाजी अपने शिष्य से कहीं अधिक युवा दिख रहे थे और उनके लंबे, तेजस्वी केश थे।

"लाहिड़ी महाशय, माताजी और मैंने महागुरु के चरणों में प्रणाम किया। उनके दिव्य शरीर का स्पर्श करते ही मेरे शरीर का रोम-रोम स्वर्गिक अनुभूति एवं अवर्णनीय आनंद से झंकृत हो उठा।

"बाबाजी ने कहा, 'हे कल्याणी! मैं अपने स्थूल शरीर को त्यागकर अनंत प्रवाह में विलीन हो जाने का विचार कर रहा हूँ।'

'पूज्य गुरुदेव! मैं आपके मंतव्य का आभास पा चुकी हूँ और इसीलिए आज रात मैं इस पर आपके साथ विचार-विमर्श करना चाहती थी। आपको शरीर त्यागने की क्या आवश्यकता है?' यह कहते हुए वह स्वर्गिक तेजस्वितापूर्ण स्त्री उनकी ओर अनुरोध भरी दृष्टि से देखती रही।

'अपने ब्रह्मसागर में मैं दृश्य या अदृश्य तरंग को धारण करूँ, इससे क्या फर्क पड़ता है?'

माताजी ने विलक्षण वाक्पटुता का परिचय देते हुए कहा, 'मृत्युंजय गुरुदेव! यदि कोई फर्क नहीं पड़ता, तो कृपा करके अपने शरीर का त्याग मत कीजिए।'

'तथास्तु!' बाबाजी ने शांत स्वर में कहा, 'मैं अपने स्थूल शरीर का त्याग कभी नहीं करूँगा। इस पृथ्वी पर कम-से-कम कुछ लोगों के लिए तो यह शरीर सदैव दृश्यमान रहेगा। तुम्हारे मुख से प्रभु ने अपनी इच्छा व्यक्त की है।'

"मैं विस्मय-विभोर होकर इन दिव्य विभूतियों का संवाद सुन रहा था। मुझपर अपनी कृपादृष्टि डालते हुए अमर महागुरु ने कहा—

"डरो मत, रामगोपाल! इस अमर वचन के साक्षी बनकर तुम धन्य हो गए हो।"

मधुर संगीत-सा लगता बाबाजी का स्वर जब वातावरण में लीन हो गया, तो उनका और लाहिड़ी महाशय का शरीर धीरे-धीरे हवा में ऊपर उठ गया और गंगा के ऊपर से दोनों शरीर पीछे जाने लगे। दीप्तिमान प्रकाश के गोलों ने उनके शरीरों को घेर लिया और वे रात के आकाश में अदृश्य हो गए। माताजी का शरीर हवा में

उठकर गुफा के पास गया और अंदर उतर गया; शिला नीचे आ गई और गुफा के मुँह पर बैठ गई, जैसे किन्हीं अदृश्य हाथों ने उसे वहाँ रख दिया हो।

असीम प्रेरणा से ओतप्रोत होकर मैं लाहिड़ी महाशय के घर वापस गया। उस समय भोर हो रही थी। जब मैंने लाहिड़ी महाशय के चरणों में प्रणाम किया, तो वे मेरे मन के भाव जानते हुए मेरी ओर देखकर मुसकराए।

उन्होंने कहा, "तुम्हारे लिए मैं बहुत खुश हूँ, रामगोपाल! तुमने प्रायः बाबाजी और माताजी के दर्शन की इच्छा मेरे समक्ष व्यक्त की थी। आज अत्यंत सुंदर तरीके से तुम्हारी वह इच्छा पूरी हो गई।"

"वहाँ बैठे अपने गुरुभाइयों से मुझे पता चला कि मेरे जाने के बाद लाहिड़ी महाशय अपने आसन से हिले भी नहीं थे।

"तुम्हारे दशाश्वमेध घाट को चले जाने के बाद उन्होंने अमरत्व पर एक अत्यंत सुंदर प्रवचन दिया," एक शिष्य ने मुझे बताया। उस दिन पहली बार मुझे शास्त्रों के उन वचनों की सत्यता की प्रतीति हुई, जिनमें कहा गया है कि आत्मदर्शी पुरुष एक ही समय विभिन्न स्थानों में दो या उससे अधिक शरीरों में भी प्रकट हो सकता है।

रामगोपाल ने अपनी बात का समापन करते हुए कहा, "बाद में लाहिड़ी महाशय ने इस पृथ्वी के लिए ईश्वर की गुप्त योजना से संबंधित अनेक आधिभौतिक तत्त्वों को मुझे स्पष्ट कर बताया। ईश्वर ने बाबाजी को इस वर्तमान कल्प के अंत तक इस संसार में सशरीर रहने के लिए चुना है। युग-पर-युग आएँगे और जाएँगे, परंतु मृत्युंजय महागुरु 10 युगों के नाटक का अवलोकन करते हुए इस विश्व-रंगमंच पर उपस्थित रहेंगे।

□

34

हिमालय में महल का सृजन

"बाबाजी के साथ लाहिड़ी महाशय की प्रथम भेंट एक रोमांचक कहानी है और यह उन कई कहानियों में से केवल एक है, जिनसे उस मृत्युंजय महागुरु की विस्तृत झाँकी मिलती है।"

ये उस अद्भुत कहानी को शुरू करने से पहले स्वामी केवलानंदजी के प्रस्तावना शब्द थे। पहली बार उन्होंने जब यह कहानी मुझे बताई थी, तो मैं अक्षरशः मंत्रमुग्ध हो गया था। अन्य कई अवसरों पर भी मैं अपने शांत प्रकृति संस्कृत शिक्षक को यह कहानी फिर से मुझे सुनाने के लिए मना लिया करता था। बाद में श्रीयुक्तेश्वरजी से भी मुझे लगभग उन्हीं शब्दों में वह फिर से सुनने को मिली। लाहिड़ी महाशय के इन दोनों शिष्यों ने यह रोमांचक कहानी सीधे अपने गुरु के मुँह से सुनी थी।

लाहिड़ी महाशय ने बताया था, "बाबाजी के साथ मेरी पहली भेंट मेरे तैंतीसवें वर्ष में हुई थी। 1861 की शरद ऋतु में मैं दानापुर में सरकार के मिलिटरी इंजीनियरिंग विभाग में अकाउंटेंट के पद पर कार्यरत था। एक दिन सुबह ऑफिस मैनेजर ने मुझे अपने ऑफिस में बुलाया।"

'लाहिड़ी', उन्होंने कहा, 'अभी-अभी हमारे मुख्यालय से एक तार आया है। आपका स्थानांतरण रानीखेत कर दिया गया है, जहाँ सेना का एक कैंप स्थापित किया जा रहा है।'

"एक नौकर को साथ लेकर मैं उस 500 मील की यात्रा पर निकल पड़ा। घोड़े और बग्गी से यात्रा करते हुए हम लोग तीस दिन में हिमालय में स्थित रानीखेत पहुँच गए।

"ऑफिस में मेरा काम बहुत भारी नहीं था, अतः उन भव्य पर्वतों में कई घंटों तक घूमते रहने का समय मेरे पास था। एक अफवाह मैंने सुनी कि बड़े-बड़े संत

उस क्षेत्र में निवास करते थे। उनके दर्शन करने की तीव्र इच्छा मेरे मन में जागी। एक दिन दोपहर में मैं पहाड़ों में यूँ ही भ्रमण कर रहा था कि अचानक ऐसा लगा कि दूर कहीं से कोई मेरा नाम लेकर मुझे पुकार रहा है। मैं चौंक गया। द्रोणगिरि पर्वत पर जल्दी-जल्दी चढ़ते जाना मैंने जारी रखा। यह सोचकर मन में थोड़ी सी बेचैनी अवश्य हो रही थी कि जंगल में अँधेरा छा जाने से पहले मैं वापस नहीं लौट पाऊँगा।

"आखिरकार एक छोटी सी खुली जगह में पहुँच गया, जिसकी दोनों ओर गुफाएँ थीं। वहीं पर बाहर को निकली एक चट्टान पर एक युवक मुसकराते हुए स्वागतार्थ हाथ फैलाए खड़ा था। देखकर मुझे आश्चर्य हुआ कि ताम्रवर्ण केशों को छोड़कर वह दिखने में बिल्कुल मेरे जैसा ही था।

'लाहिड़ी, तुम आ गए!' उस संत ने हिंदी में मुझसे कहा। 'यहाँ इस गुफा में आराम करो। वह मैं ही था जिसने तुम्हें पुकारा था।'

"मैंने एक छोटी सी, साफ-सुथरी गुफा में प्रवेश किया, जिसमें कई ऊनी कंबल और कुछ कमंडलु रखे हुए थे।

'लाहिड़ी, तुम्हें वह आसन याद है?' उस योगी ने एक कोने में रखे कंबल की ओर हाथ दिखाया।

'नहीं, महाराज!' अपनी इस साहसिक यात्रा की विचित्रता पर मैं कुछ हक्का-बक्का सा हो रहा था। मैंने आगे कहा, 'अब मुझे अँधेरा होने से पहले निकलना होगा। सुबह ऑफिस में काम है।'

"उस रहस्यमय संत ने अंग्रेजी में उत्तर दिया, 'ऑफिस को तुम्हारे लिए लाया गया है, तुम्हें ऑफिस के लिए नहीं।'

"मैं अवाक् रह गया कि यह वनवासी तपस्वी न केवल अंग्रेजी बोलता है, बल्कि ईसा मसीह के शब्दों का अर्थ भी इसके शब्दों में ध्वनित हो रहा है।

'मैं देख रहा हूँ कि मेरे तार ने अपना काम किया है।' योगी की इस टिप्पणी का अर्थ मेरी समझ में नहीं आया। मैंने उनसे इसका अर्थ पूछा।

'मैं उस तार की बात कर रहा हूँ, जिसके कारण तुम इस निर्जन प्रदेश में पहुँच गए हो। मैंने ही तुम्हारे वरिष्ठ अधिकारी के मन को गुप्त रूप से यह सुझाव दिया था कि तुम्हारा स्थानांतरण रानीखेत कर दिया जाए। जब कोई मनुष्य मानव मात्र के साथ एकता अनुभव करता है, तब उसके लिए सभी मानव-मन संचार केंद्र बन जाते हैं, और वह उनके माध्यम से अपनी इच्छा के अनुसार कार्य कर सकता है।' फिर उन्होंने कहा, 'लाहिड़ी, निश्चय ही यह गुफा तो तुम्हें सुपरिचित प्रतीत होती होगी?'

"जब मैं हतप्रभ होकर चुपचाप खड़ा रहा, तो उस संत ने मेरे पास आकर मेरे माथे पर धीरे से आघात किया। उनके चुंबकीय स्पर्श से मेरे दिमाग में एक अद्भुत प्रवाह बह पड़ा, जिसने मेरे पूर्वजन्म की मधुर स्मृतियाँ जगा दीं।

"मुझे याद आ गया!" आनंद के आवेग से मेरा कंठ अवरुद्ध-सा हो गया। "आप मेरे गुरु बाबाजी हैं, जो सदा ही मेरे रहे हैं! अतीत के दृश्य मेरे मन में स्पष्टता के साथ उभर रहे हैं; यहाँ इसी गुफा में मैंने अपने पिछले जन्म के कई वर्ष बिताए थे!' वर्णनातीत स्मृतियों से भावविभोर होकर मैंने अश्रुपात करते हुए अपने गुरुदेव के चरणों का आलिंगन किया।

"तीन दशकों से भी अधिक समय से मैं तुम्हारे लौट आने की प्रतीक्षा कर रहा हूँ।' स्वर्गिक प्रेम से बाबाजी की आवाज झंकृत हो रही थी।

"तुम निकल गए और मृत्योपरांत जीवन की प्रचंड लहरों में खो गए। तुम्हारे कर्मों की जादुई छड़ी ने तुम्हारा स्पर्श किया और तुम चले गए। तुम्हारी दृष्टि मुझसे हट गई, पर मेरी दृष्टि से तुम कभी ओझल नहीं हुए! उस सूक्ष्म ज्योति-सागर में भी मैं तुम्हारे पीछे था, जहाँ तेजस्वी देवता विचरते हैं। अपने बच्चे की रक्षा करने वाले पक्षी की तरह मैं अंधकार, तूफान, उथल-पुथल और प्रकाश में सतत तुम्हारे पीछे-पीछे चलता रहा। जब तुम मानव गर्भावस्था में थे और जब शिशु रूप में तुमने जन्म लिया, तब भी मेरी दृष्टि लगातार तुम पर लगी हुई थी। जब तुम घुरनी की नदी में अपने नन्हे शरीर को पद्मासन में स्थिर कर बालू से ढँक लेते थे, तब भी अदृश्य रूप से मैं वहाँ उपस्थित रहता था। महीनों-पर-महीने और वर्षों-पर-वर्ष इसी शुभ दिन की प्रतीक्षा करता हुआ मैं तुम पर दृष्टि रखता आया हूँ। अब तुम मेरे पास आ गए हो! यह रही तुम्हारी गुफा, जो तुम्हें कभी इतनी प्रिय थी। मैंने तुम्हारे लिए सदा इसे साफ-सुथरी, तैयार रखा है। यह रहा तुम्हारा पवित्र कंबल-आसन, जिस पर बैठकर तुम प्रतिदिन अपने विस्तारित होते हृदय में भगवान् को भर लेते थे। यह रहा तुम्हारा कटोरा, जिससे तुम मेरे बनाए हुए अमृत का पान करते थे। देखो इस पीतल के कटोरे को, मैंने कैसा चमकाकर रखा है, ताकि किसी दिन फिर से तुम उसका उपयोग कर सको। मेरे अपने पुत्र, क्या अब तुम्हारी समझ में आ गया?"

"मेरे गुरुदेव! मेरे पास कहने के लिए और क्या हो सकता है?" गद्गद स्वर में मैं धीरे से बोला। "कहीं किसी ने कभी ऐसे अमर प्रेम के बारे में सुना भी है?" मैं अपने शाश्वत धन, जीवन एवं मरण में अपने साथ रहने वाले अपने गुरु की ओर आनंद विभोर होकर लंबे समय तक देखता रहा।

"लाहिड़ी, तुम्हारी शुद्धि आवश्यक है। इस कटोरे में रखा तेल पी लो और जाकर नदी किनारे लेटे रहो।" इस बात की स्मृति मन में जागते ही मेरे होंठों पर एक क्षण के लिए मुसकराहट आ गई कि बाबाजी की व्यावहारिकता सदैव सर्वोपरि रहती थी।

"मैंने उनके निर्देशों का पालन किया। हिमालय की अति ठंडी रात गहरी होनी शुरू हो गई थी, फिर भी मेरे भीतर एक सुखद उष्णता फैल रही थी। मुझे आश्चर्य हुआ। क्या उस अज्ञात तेल में दिव्य उष्णता का कोई गुण था?

"अंधकार में चारों ओर से बर्फीली हवाएँ मुझे थपेड़े मार-मारकर चीखती हुई भयंकर रूप से ललकार रही थीं। पथरीले किनारे पर सीधे लेटे मेरे शरीर से गगास नदी की लहरें बार-बार टकराने लगीं। आसपास बाघों की गर्जना सुनाई दे रही थी, पर मेरा हृदय भय से पूर्ण मुक्त था। मुझमें उत्पन्न होती जा रही नवजात शक्ति मुझे अभेद्य सुरक्षा के प्रति आश्वस्त कर रही थी। कई घंटे बड़ी तेजी से बीत गए। गत जन्म की अस्पष्ट स्मृतियाँ अपने गुरु के साथ पुनर्मिलन के मेरे वर्तमान उज्ज्वल विचारों में घुलने-मिलने लगीं।

"किसी के निकट आने की आहट से एकांत में पड़े-पड़े चल रही मेरी विचारधारा भंग हो गई। अँधेरे में एक आदमी के हाथ ने मुझे खड़े होने में सहायता दी और कुछ सूखे वस्त्र दिए।

"आओ, बंधु," उस आदमी ने कहा, "गुरुदेव तुम्हारी प्रतीक्षा कर रहे हैं।" जंगल में मुझे रास्ता दिखाता हुआ वह मेरे आगे-आगे चलने लगा। जब हम अपने रास्ते के एक मोड़ पर पहुँचे, तब अचानक दूर दिखाई देने वाले एक स्थिर प्रकाश से रात में उजाला हो गया।

"क्या सूर्योदय हो रहा है?" मैंने पूछा। "पूरी रात तो अवश्य ही नहीं बीती है?"

"मध्यरात्रि का समय है।" मेरा मार्गदर्शक मृदुल हँसी हँसते हुए बोला, "वहाँ दूर जो प्रकाश दीख रहा है, वह एक स्वर्ण महल की आभा है, जिसका सृजन अद्वितीय महागुरु बाबाजी ने आज रात किया है। सुदूर अतीत में कभी तुमने महल के सौंदर्य का आनंद लेने की इच्छा व्यक्त की थी। हमारे गुरुदेव आज तुम्हारी वह इच्छा पूरी कर तुम्हें अपने कर्मों के आखिरी बंधन से मुक्त कर रहे हैं।" फिर उसने कहा, "वह भव्य महल आज रात तुम्हारी क्रिया-योग दीक्षा का साक्षी बनेगा। यहाँ के तुम्हारे सब भाई तुम्हारे वनवास की समाप्ति पर आनंद मनाते हुए तुम्हारा स्वागत कर रहे हैं। देखो!"

"हमारे सामने देदीप्यमान स्वर्ण का एक विशाल महल खड़ा था। अगणित रत्न उसमें जड़े थे। कला-कौशलपूर्ण सुंदर उद्यानों के बीच खड़े उस महल का शांत जलाशयों में पड़ता प्रतिबिंब अभूतपूर्व दृश्य प्रस्तुत कर रहा था। रास्ते में ऊँची-ऊँची कमानों में अत्यंत सुंदर बारीक नक्काशी में अमूल्य हीरे, माणिक, पन्ने और तरह-तरह के रत्न जड़े हुए थे। उज्ज्वल माणिकों की लाल-लाल आभा से देदीप्यमान लगते द्वारों पर देवताओं जैसे दीखने वाले दिव्य कांतिमान पुरुष खड़े किए गए थे।

"अपने साथी के पीछे-पीछे मैं एक प्रशस्त दीवानखाने में पहुँचा। धूप और गुलाबों की सुगंध से वहाँ का वातावरण महक रहा था; मंद दीपों का रंग-बिरंगा प्रकाश फैला हुआ था। वहाँ भक्तों की छोटी-छोटी मंडलियाँ बैठी हुई थीं, जिनमें कुछ भक्त गौर वर्ण थे, तो कुछ श्यामल वर्ण। उनमें से कुछ धीमे स्वर में मंत्रोच्चारण कर रहे थे, तो कुछ आंतरिक शांति में मग्न होकर चुपचाप ध्यानस्थ बैठे हुए थे। समस्त वातावरण आनंद से भरा हुआ था।

"यह सब देखकर मेरे मुँह से कुछ आश्चर्योद्गार फूट पड़े; जिन्हें सुनकर मेरे साथी ने सहानुभूतिपूर्ण मुसकराहट के साथ कहा, 'देख लो, अपनी आँखों को तृप्त कर लो; इस महल की कलाकृति की भव्यता का पूरा-पूरा आनंद लो, क्योंकि केवल तुम्हारे सम्मान में ही इसका सृजन किया गया है।'

"मैंने कहा, 'बंधु! इस महल का सौंदर्य मानव-कल्पना से परे है। कृपा करके इसकी उत्पत्ति का रहस्य मुझे समझाओ।'

"उसकी काली आँखें ज्ञान के तेज से चमक उठीं। उसने कहा, 'मैं सहर्ष तुम्हें सबकुछ समझा दूँगा। इस महल के प्रकटीकरण में समझ में न आने वाली कोई बात ही नहीं है। सारा ब्रह्मांड विधाता के विचार का मूर्त रूप है। अंतरिक्ष में भ्रमण करता पृथ्वी का यह भारी गोला ईश्वर का एक स्वप्नमात्र है। भगवान् ने सभी कुछ मात्र अपने मन से निर्मित किया, ठीक उसी प्रकार, जैसे मनुष्य अपने स्वप्न में स्वप्न सृष्टि की रचना करता है और उस सृष्टि में सृष्टजीवों को भी भर देता है।

'परमात्मा ने पहले केवल पृथ्वी की कल्पना की। फिर उसने उस कल्पना को गति प्रदान की, जिसके फलस्वरूप अणुशक्ति और फिर पदार्थ जगत् अस्तित्व में आया। तत्पश्चात् उसने पृथ्वी के अणुओं को एकत्रित किया और ठोस गोला बनाया। इस गोले के सारे अणु ईश्वर की इच्छाशक्ति से ही एकत्रित हुए हैं। जब भगवान् अपनी इच्छाशक्ति को वापस निकाल लेंगे, तब पृथ्वी के सारे अणु ऊर्जा में रूपांतरित हो जाएँगे। वह आणविक ऊर्जा अपने मूल स्रोत चैतन्य में वापस चली जाएगी। पृथ्वी की कल्पना अपना मूर्त रूप छोड़कर अमूर्त हो जाएगी।

'स्वप्नकर्ता के अवचेतन विचार से ही स्वप्नसृष्टि मूर्त रूप धारण करके रहती है। जागृतावस्था में जब वह एकत्रित पकड़ रखने वाला विचार वापस खींच लिया जाता है, तो स्वप्न और उस स्वप्न के तत्त्व विलीन हो जाते हैं। मनुष्य आँखें बंद कर स्वप्न सृष्टि खड़ी कर लेता है, जो जागने पर वह बिना किसी प्रयास के विसर्जित कर देता है। वह मूल ईश्वरीय प्रारूप का ही अनुकरण करता है। इसी प्रकार, जब वह ब्रह्म चैतन्य में जागता है, तो इस ब्रह्म-स्वप्नसृष्टि के भ्रम को अनायास ही विसर्जित कर देता है।

'परमात्मा की अनंत सर्वार्थसाधक इच्छाशक्ति के साथ एक होने के कारण बाबाजी मूलभूत अणु-परमाणुओं को एकत्रित कर कोई भी आकार धारण करने की आज्ञा दे सकते हैं। क्षणभर में मूर्त रूप दिया गया यह स्वर्णमहल उतना ही वास्तविक है, जितनी वास्तविक यह पृथ्वी है। बाबाजी ने उसी प्रकार इस महल का सृजन अपने मन से किया है और अपनी इच्छाशक्ति से उसके अणुओं को एकत्रित पकड़कर रखा है, जिस प्रकार ईश्वर के विचार ने पृथ्वी का सृजन किया और उसकी इच्छाशक्ति इसके अस्तित्व को बनाए हुए है।' फिर उसने कहा, 'जब इस महल की निर्मिती का उद्देश्य पूरा हो जाएगा, तब बाबाजी उसे विसर्जित कर देंगे।'

"जब मैं विस्मय और आदर से अवाक् रहा, तो मेरे उस साथी ने महल की ओर हाथ दिखाते हुए कहा, 'नाना प्रकार के रत्नों से सजाया हुआ यह जगमगाता महल मानव प्रयासों से निर्मित नहीं हुआ है; इसका सोना और जवाहरात परिश्रमपूर्वक खानों से नहीं निकाला गया है। यह विशाल महल मानव के समक्ष विशाल चुनौती के रूप में खड़ा है। जो कोई भी अपने को ईश्वर के पुत्र के रूप में पहचान लेगा, जैसे बाबाजी ने अपने को पहचान लिया है, वह अपने अंदर छिपी अनंत शक्तियों के द्वारा कोई भी लक्ष्य प्राप्त कर सकता है। सामान्य पत्थर में भी विराट् परमाण्विक शक्तियाँ छिपी हुई हैं, उसी प्रकार क्षुद्रतम मर्त्य मानव भी ईश्वरीय शक्तियों का भंडार है।'

"उस महात्मा ने पास ही खड़ी एक मेज से एक अत्यंत सुंदर फूलदान उठा लिया, जिसकी मूठ उसमें जड़े हीरों से जगमगा रही थी। 'हमारे महान् गुरु ने मुक्त विचरण करती कोटि-कोटि ब्रह्मांड-रश्मियों को घनीभूत कर इस महल का सृजन किया है,' वह कहता गया। 'इस फूलदान को और इन हीरों को स्पर्श करके देखो, वे इंद्रियानुभूति की हर कसौटी पर खरे उतरेंगे।'

"मैंने फूलदान का परीक्षण किया; उसके हीरे किसी महाराजा के विशेष संग्रह में रहने लायक थे। चमकते हुए स्वर्ण से निर्मित मोटी-मोटी दीवारों पर भी मैंने हाथ

फेरा। मेरे मन में गहरी तृप्ति छा गई। साथ ही ऐसा लगा कि मेरे पूर्वजन्मों से मेरे अवचेतन मन में छिपकर बैठी एक इच्छा तृप्त होकर खत्म हो गई।

"वह तेजस्वी पुरुष मुझे अलंकृत कमानों और दालानों में से ले जाता हुआ ऐसे अनेक कमरों में ले गया, जो किसी सम्राट् के महल के कमरों के समान साज-सामान से सजाए हुए थे। फिर हमने एक अत्यंत विशाल हॉल में प्रवेश किया। उस हॉल के बीचोबीच एक स्वर्ण-सिंहासन रखा हुआ था, जिसमें जड़े हुए रत्न रंग-बिरंगी छटाएँ फेंक रहे थे। उस सिंहासन पर पद्मासन में बैठे थे महानतम बाबाजी। मैंने उनके सामने चमकते फर्श पर सिर लगाकर उन्हें प्रणाम किया।

'लाहिड़ी! क्या स्वर्ण-महल की अपनी स्वप्न-आकांक्षाओं की पूर्ति में अभी भी तुम्हें आनंद आ रहा है?' मेरे गुरु की आँखें उनके ही द्वारा सृष्ट रत्नों की भाँति चमक रही थीं। 'जागो! तुम्हारी सारी ऐहिक तृष्णाएँ अब सदा-सदा के लिए तृप्त होने वाली हैं।' उन्होंने आशीर्वादस्वरूप कुछ गूढ़ मंत्रों का धीमे स्वर में उच्चारण किया। 'मेरे पुत्र! उठो। क्रिया-योग की दीक्षा ग्रहण कर ईश्वर के राज्य में प्रवेश करो।'

"बाबाजी ने अपना हाथ उठाया। धधकती अग्नि-ज्वालाओं से युक्त एक हवन कुंड तत्क्षण वहाँ प्रकट हुआ। हवन कुंड के चारों ओर फल-फूल सजे हुए थे। इस अग्नि-वेदी के समक्ष मुझे मुक्तिदायक क्रिया-योग की दीक्षा मिली।

"भोर होते-होते सारे विधि-संस्कार संपन्न हो गए। परमानंद की उस अवस्था में मुझे निद्रा की कोई आवश्यकता प्रतीत नहीं हुई। दीक्षा के बाद मैं महल की अमूल्य वस्तुओं और उत्कृष्टतम कलाकृतियों से सुसज्जित कमरों में भटकता हुआ उद्यानों में गया। वहाँ आसपास वही गुफाएँ और पर्वत-शिलाएँ मुझे दिखाई दीं, जो मैंने कल देखी थीं; परंतु कल वे किसी महल या पुष्पोद्यान के समीप तो नहीं लगी थीं!

"हिमालय के शीतल सूर्य प्रकाश में वह महल अब कल्पनातीत आभा के साथ चमक रहा था। मैं महल में वापस जाकर अपने गुरु के सामने खड़ा हो गया। वे अभी भी सिंहासन पर विराजमान थे और उनके इर्द-गिर्द अनेक शिष्य चुपचाप बैठे हुए थे।

'लाहिड़ी, तुम्हें भूख लगी है।' बाबाजी ने फिर कहा, 'अपनी आँखें बंद करो।'

"जब मैंने पुनः आँखें खोलीं, तो अपने उद्यानों सहित वह मंत्रमुग्ध कर देने वाला महल अदृश्य हो गया था। मैं, बाबाजी और उनके सभी शिष्य अब केवल भूमि पर, ठीक उसी स्थान पर बैठे हुए थे, जहाँ थोड़ी देर पहले तक वह अद्भुत

महल खड़ा था। यह स्थान सूर्य-प्रकाश में स्पष्ट दिखते गुफाओं के प्रवेश-द्वारों से दूर नहीं था। मुझे याद आया कि मेरे उस पथ-प्रदर्शक ने मुझे बताया था कि महल विसर्जित कर दिया जाएगा, उसमें पकड़कर रखे हुए सब अणु-परमाणुओं को मुक्त कर उनके मूल विचार स्वरूपों में विलीन कर दिया जाएगा, जहाँ से वे आए थे। मैं स्तंभित हो गया था, फिर भी मैंने पूर्ण विश्वास के साथ अपने गुरु की ओर देखा। चमत्कारों से भरे इस दिन आगे क्या होने वाला है, मालूम नहीं था।

'जिस उद्देश्य के लिए महल का सृजन किया गया था, वह उद्देश्य पूरा हो चुका है,' बाबाजी ने स्पष्ट किया। उन्होंने भूमि से एक हाँड़ी उठाई।

'इस पर अपना हाथ रखो और जो भी खाने की तुम्हारी इच्छा हो, वह इसमें से निकाल लो।'

"मैंने उस चौड़ी, खाली हाँड़ी का स्पर्श किया। घी में तली गरम-गरम पूड़ियाँ, रसेदार भाजी और मिठाइयाँ उसमें प्रकट हो गईं। जैसे-जैसे मैं खाता जा रहा था, मैंने देखा कि हाँड़ी सदा वैसी-की-वैसी भरी ही रहती थी। जब भोजन पूरा हो गया, तो मैं पानी के लिए इधर-उधर देखने लगा। मेरे गुरु ने मेरे सामने रखी हाँड़ी की ओर इशारा किया। सारे खाद्य पदार्थ उसमें से गायब हो गए थे और उनके स्थान पर अब शुद्ध, निर्मल जल उसमें दिखाई दे रहा था।

'बहुत ही थोड़े मर्त्य मानवों को यह ज्ञात है कि ईश्वर के राज्य में ऐहिक परिपूर्तियाँ भी सम्मिलित हैं,' बाबाजी ने कहा। 'दैवी जगत् की सत्ता इहलोक में भी चलती है, परंतु इहलोक का स्वरूप ही भ्रमात्मक होने के कारण उसमें सत्य के दैवी तत्त्व का अभाव है।'

'परमप्रिय गुरुदेव! गत रात्रि को आपने मेरे लिए पृथ्वी पर स्वर्ग के सौंदर्य को प्रकट किया!' अदृश्य हुए महल की स्मृति में मैं मुसकराने लगा; निश्चय ही किसी साधारण योगी ने ब्रह्म के श्रद्धास्पद गूढ़ तत्त्वों की खोज का आरंभ इतनी विलास-ऐश्वर्यपूर्ण परिस्थितियों में नहीं किया होगा! अब उसके पूर्णतः विपरीत दिखने वाले दृश्य को मैं शांत दृष्टि से निहारने लगा। नीचे सूखी, सख्त भूमि, ऊपर आकाश की छत, सामने आदिकालीन स्तर का आसरा प्रदान करती गुफाएँ—सबकुछ मेरे चारों ओर बैठे दिव्य संतों के योग्य रमणीय नैसर्गिक परिस्थितिगत लग रहा था।

"उस दिन दोपहर को मैं पिछले जन्म की दैवी उपलब्धियों से पुनीत हुए अपने कंबल पर बैठा। मेरे ईश्वरतुल्य गुरु मेरे पास आए और उन्होंने मेरे सिर पर हाथ फेरा। मैं निर्विकल्प समाधि में पहुँच गया और सात दिन तक उसी परमानंद की अखंड अवस्था में रहा। आत्मज्ञान के एक के बाद एक आने वाले स्तरों को पार

करते हुए मैंने अंतिम, अक्षय सत्य की अनुभूति कर ली। माया के सभी बंधन टूट कर गिर गए और मेरी आत्मा परमात्मा की वेदी पर पूर्ण रूप से प्रतिष्ठापित हो गई।

"आठवें दिन मैं अपने गुरु के चरणों में लोट गया और मुझे इस पवित्र वन में सदा अपने पास ही रखने का उनसे अनुरोध करने लगा।

"बाबाजी ने मुझे अपने आलिंगन पाश में बाँधते हुए कहा, 'मेरे पुत्र! इस जन्म में तुम्हें जनसाधारण की आँखों के सामने ही अपनी भूमिका निभानी है। इस जन्म से पूर्व अनेक जन्मों में निर्जन प्रदेशों में तपस्या कर तुम धन्य हो चुके हो, अब तुम्हें मनुष्यों के संसार में जाकर उनमें मिल जाना होगा।'

'इस बात के पीछे एक गहरा उद्‌देश्य था कि इस जन्म में तुम विवाह कर गृहस्थ बनने और परिवार एवं पारिवारिक उत्तरदायित्वों से घिरे जाने से पहले मुझसे नहीं मिले। हिमालय में हमारी इस गुप्त मंडली में शामिल होने का विचार तुम्हें त्यागना ही पड़ेगा। तुम्हारा जीवन आदर्श गृहस्थ-योगी का उदाहरण बनकर शहरों की भीड़भाड़ के बीच रहने के लिए है।'

"वे आगे कहते गए, 'व्याकुल संसारी नर-नारियों का आर्तनाद महापुरुषों के कानों से टकराकर अनसुना नहीं हो गया। तुम्हें सच्चे जिज्ञासुओं को क्रिया-योग के माध्यम से आध्यात्मिक दिलासा देने के लिए चुना गया है। पारिवारिक बंधनों और भारी सांसारिक कर्तव्यों से दबे लक्ष-लक्ष लोगों को उनके समान ही गृहस्थ जीवन व्यतीत करने वाले तुम से नई हिम्मत मिलेगी। यह समझाने में तुम्हें उनकी सहायता करने होगी कि उच्चतम यौगिक उपलब्धियाँ गृहस्थों के लिए दुष्प्राप्य नहीं हैं। संसार में रहकर भी जो योगी व्यक्तिगत स्वार्थ और आसक्तियों को त्यागकर पूर्ण निष्ठा के साथ अपने कर्तव्यों का निर्वाह करता है, वह ब्रह्मज्ञान प्राप्ति के सुनिश्चित मार्ग पर ही चल रहा होता है।

'तुम्हारे लिए संसार को त्यागने की कोई आवश्यकता नहीं है, क्योंकि आंतरिक स्तर पर तुमने पहले ही इसके प्रत्येक कर्म-बंधन को तोड़ दिया है। इस संसार के न होते हुए भी तुम्हें उसी में रहना है। अभी कई वर्षों तक तुम्हें पूर्ण अंत:कारणपूर्वक अपने पारिवारिक, व्यावसायिक, नागरिक और आध्यात्मिक कर्तव्यों को पूरा करना है। संसारी मनुष्यों के रूक्ष हृदयों में एक नई मधुर दिव्य आशा का संचार करना है। तुम्हारे संतुलित जीवन से यह बात उनकी समझ में आ जाएगी कि मुक्ति बाह्य त्याग पर नहीं, बल्कि आंतरिक वैराग्य पर निर्भर करती है।'

"जब मैं हिमालय के उच्च निर्जन प्रदेश में अपने गुरु की बातें सुन रहा था, तब मेरा परिवार, ऑफिस, संसार कितना सुदूर लग रहा था! फिर भी उनके शब्दों में

वज्रसत्य तो था ही; अतः विवश होकर मुझे शांति के उस स्वर्ग को छोड़कर जाने की बात माननी ही पड़ी। गुरु से शिष्य को योगविद्या के दिए जाने के संबंध में बाबाजी ने मुझे प्राचीन कठोर नियमों का ज्ञान कराया।

"उन्होंने कहा, 'केवल योग्य शिष्यों को ही क्रिया की यह कुंजी देना। ध्यान के विज्ञान द्वारा जीवन के अंतिम रहस्यों का पता लगाने के लिए केवल वही योग्य है, जो ईश्वर की खोज में अन्य सबकुछ त्याग देने का संकल्प करता है।'

"दयामय गुरुदेव! विलुप्त हुई क्रिया-योग विद्या का पुनरुद्धार कर आपने पहले ही मानवजाति पर इतनी बड़ी कृपा की है। अब शिष्यत्व की कठोर आवश्यकताओं को शिथिल करके क्या और थोड़ी कृपा नहीं करेंगे?" मैं अनुनयपूर्वक बाबाजी की ओर देखता रहा। "मेरी आपसे प्रार्थना है कि आप मुझे सभी सच्चे जिज्ञासुओं को क्रिया-योग सिखाने की अनुमति प्रदान करें, भले ही वे प्रारंभ में पूर्ण आंतरिक वैराग्य की प्रतिज्ञा न कर पाएँ। संसार के त्रिविध तापों से त्रस्त नर-नारियों को विशेष प्रोत्साहन देने की आवश्यकता है। यदि क्रिया दीक्षा से उन्हें वंचित रखा जाए, तो शायद वे कभी मुक्ति के मार्ग पर चलने का प्रयास ही न करें।"

'तथास्तु! तुम्हारे माध्यम से ईश्वरीय इच्छा प्रकट हुई है। जो भी विनम्रता के साथ तुमसे सहायता की याचना करें, उन सबको क्रिया दे दो', करुणामय गुरुदेव ने कहा।

"थोड़ी देर मौन रहकर बाबाजी ने कहा, 'अपने प्रत्येक शिष्य को भगवद्गीता का वह अमर वचन अवश्य बताना, 'स्वलपमप्यस्य धर्मस्य त्रायते महतो भयात्।'' (इस धर्म का थोड़ा सा भी साधन जन्म-मत्यु के चक्र में निहित महान् भय से तुम्हारी रक्षा करेगा।)

"दूसरे दिन प्रातःकाल जब मैं विदा लेने के लिए गुरुदेव के चरणों में प्रणाम कर रहा था, तथा तब उन्हें छोड़कर जाने में मेरी गहरी अनिच्छा को उन्होंने भाँप लिया।

'हम लोगों के लिए कोई वियोग नहीं है, प्रिय वत्स!' उन्होंने प्रेम से मेरे कंधे का स्पर्श किया। 'तुम जहाँ कहीं भी रहोगे, जब भी मुझे बुलाओगे, तब मैं तत्क्षण तुम्हारे सामने प्रकट हो जाऊँगा।'

"उनके इस अमूल्य वरदान से आश्वस्त होकर और ब्रह्मज्ञान के नवप्राप्त स्वर्ण से समृद्ध होकर मैं पर्वत से नीचे उतरने लगा। ऑफिस में मेरे सहयोगियों ने मेरा स्वागत किया; दस दिन तक वे सोच रहे थे कि मैं हिमालय के जंगलों में खो गया था। इसके शीघ्र बाद ही मुख्यालय से एक पत्र आया।

उस पत्र में लिखा था, 'लाहिड़ी को दानापुर कार्यालय में वापस लौट जाना चाहिए। उनका रानीखेत स्थानांतरण गलती से हुआ है। रानीखेत में किसी दूसरे आदमी को भेजा जाना चाहिए था।'

"भारत के इस दूरतम स्थान में मुझे पहुँचा देने वाली घटनाओं के पीछे छिपे गुप्त प्रवाहों का विचार कर मैं मुसकराया।'

"दानापुर वापस लौटने से पहले मैं मुरादाबाद के एक बंगाली परिवार के घर में कुछ दिन रहा। वहाँ छह मित्र मुझसे मिलने आए। जब मैंने चर्चा का रुख आध्यात्मिक विषयों की ओर मोड़ दिया, तो जिसके घर में मैं ठहरा था, उस व्यक्ति ने उदास स्वर में कहा—

"ओह! आजकल भारत संतों से विहीन हो गया है!"

मैंने जोर से उसका विरोध किया, "बाबू! अभी भी इस भूमि में महान् संत विद्यमान हैं!"

आध्यात्मिक उत्साह के कारण हिमालय के अपने चमत्कारपूर्ण अनुभवों का वर्णन करने की उत्कट प्रेरणा मेरे मन में जाग गई। मित्रमंडली ने विनम्रतापूर्वक अविश्वास व्यक्त किया।

उनमें से एक ने सांत्वना के स्वर में कहा, "लाहिड़ी! पर्वतों की विरल हवा में तुम्हारे मस्तिष्क पर दबाव पड़ा है। तुमने अभी जो बताया है, वह कोई दिवास्वप्न है।"

सच्चाई के जोश में मैंने बिना सोचे-समझे बोल दिया, "यदि मैं अपने गुरु को पुकारूँ, तो वे अभी इसी घर में प्रकट हो जाएँगे।"

सबकी आँखें कौतूहल से चमक उठीं। इसमें कोई आश्चर्य नहीं था कि वे सब ऐसी किसी घटना को देखने के लिए उत्सुक थे। कुछ अनिच्छापूर्वक ही मैंने एक शांत कमरे और दो नए ऊनी कंबलों की व्यवस्था करने के लिए कहा।

"गुरुदेव हवा में से यहाँ प्रकट होंगे," मैंने कहा। "दरवाजे के बाहर शांत बैठे रहो; मैं जल्दी ही आप लोगों को बुला लूँगा।"

ध्यान की अवस्था में डूबकर मैं विनम्रतापूर्वक गुरुदेव का आवाहन करने लगा। अँधेरे कमरे में मंद शांतिदायक प्रकाश भर गया; बाबाजी की तेजस्वी ज्योतिर्मय मूर्ति प्रकट हो गई।

"लाहिड़ी! क्या तुम मुझे ऐसी फालतू बातों के लिए बुलाते हो?" गुरुदेव की दृष्टि कठोर थी। "सत्य सच्चे साधकों के लिए, व्यर्थ कुतूहल वालों के लिए नहीं। देखने के बाद विश्वास करना तो आसान है, उसमें फिर किसी आत्मशोध की आवश्यकता ही नहीं रहती। इंद्रियातीत सत्य की खोज केवल वही लोग कर पाते हैं,

जो अपनी स्वाभाविक संसारजन्य शंका-कुशंकाओं से ऊपर उठते हैं, और केवल वही इसके अधिकारी भी हैं।" फिर उन्होंने गंभीर होकर कहा, "मुझे जाने दो!"

मैं अनुनय-विनय करता हुआ उनके चरणों में गिर पड़ा। "पूज्य गुरुदेव! अपनी गहरी भूल मेरी समझ में आ गई है; मैं उसके लिए आपसे क्षमा माँगता हूँ। इन आध्यात्मिक दृष्टि से अंधे लोगों के हृदय में विश्वास जगाने के लिए ही मैंने आपको बुलाने का साहस किया। अब जब आप मेरी प्रार्थना पर कृपा कर यहाँ पधारे ही हैं, तो कृपया मेरे मित्रों को आशीर्वाद दिए बिना चले मत जाइए। वे अविश्वासी भले ही हों, परंतु कम-से-कम मेरे अद्‌भुत कथन की जाँच करने के लिए तो तैयार थे।"

"ठीक है, मैं थोड़ी देर रुक जाता हूँ। मैं नहीं चाहता कि तुम्हारे मित्रों के सामने तुम्हारी बात मिथ्या सिद्ध हो।" बाबाजी का चेहरा अब नरम पड़ गया था, परंतु उन्होंने सौम्य स्वर में आगे कहा, "इसके बाद, मेरे पुत्र, मैं तभी आऊँगा, जब तुम्हें मेरी आवश्यकता होगी; जब-जब तुम बुलाओगे तब-तब सदैव ही नहीं आऊँगा।"

जब मैंने दरवाजा खोला, तब बाहर बैठी छोटी सी मंडली में तनावपूर्ण सन्नाटा छाया हुआ था। मेरे मित्र कंबल के आसन पर विराजमान ज्योतिर्मय मूर्ति की ओर ऐसे देख रहे थे, मानो उन्हें अपनी आँखों पर विश्वास नहीं हो रहा हो।

"यह सामूहिक सम्मोहन है!" एक आदमी उदात्त भाव से हँसा। "हमें पता चले बिना कोई भी इस कमरे में नहीं जा सकता था!"

बाबाजी मुसकराते हुए आगे बढ़े और उनमें से प्रत्येक को आकर अपने उष्ण, ठोस शरीर का स्पर्श करके देखने के लिए उन्होंने इशारा किया। सारे संदेह मिट गए; मेरे मित्रों ने पश्चाताप विदग्ध श्रद्धा और आदर के साथ उनके चरणों में साष्टांग प्रणाम किया।

"हलवा बनाया जाए," बाबाजी ने कहा। मैं समझ गया कि उन लोगों को अपने स्थूल शरीर की वास्तविकता का और अधिक विश्वास दिलाने के लिए ही बाबाजी ने वह आदेश दिया था। जब तक हलवा तैयार हो रहा था, महागुरु विनम्रता के साथ बातें करते रहे। उन संशयात्माओं का दृढ़ भक्तों में रूपांतरण देखते ही बनता था। हलवा खाने के बाद बाबाजी ने हम सब को एक-एक कर आशीर्वाद दिया। अचानक प्रकाश कौंधा; हम सबने बाबाजी के शरीर के विद्युत् तत्त्वों को पल भर में रसायन-विकर्षित होकर फैलते जाते वाष्पमय प्रकाश में परिवर्तित होते देखा। महागुरु की ईश्वर के साथ एकरूप हुई इच्छाशक्ति ने उनके शरीर के रूप में एकत्रित पकड़ रखे आकाशतत्त्व के अणुओं पर अपनी पकड़ ढीली कर दी और उसी के साथ कोट्यवधि प्राण-कणिकाओं के स्फुल्लिंग अनंत ब्रह्म सागर में विलीन हो गए।

"स्वयं अपनी आँखों से आज मैंने मृत्यु पर विजय पाने वाले को देख लिया।" उस मंडली में से मैत्र नामक एक व्यक्ति ने अत्यंत श्रद्धा के साथ कहा। नवजागृति के आनंद से उनका चेहरा ही बदल गया था। "परम गुरु देश और काल के साथ ऐसा खिलवाड़ कर गए, जैसे कोई बच्चा पानी के बुलबुलों के साथ खेलता है। मैंने ऐसे पुरुष का दर्शन कर लिया, जिनके हाथ में स्वर्ग और पृथ्वी की कुंजियाँ हैं।"

लाहिड़ी महाशय ने अंत में कहा था, "इसके बाद शीघ्र ही मैं दानापुर चला गया। परमतत्त्व में दृढ़ता के साथ स्थिर होकर मैंने पुनः गृहस्थ के बहुविध पारिवारिक एवं व्यावसायिक दायित्वों को अंगीकार कर लिया।"

लाहिड़ी महाशय ने स्वामी केवलानंदजी और स्वामी श्रीयुक्तेश्वरजी को बाबाजी के साथ अपनी एक और भेंट की कहानी भी बताई थी। वह अवसर उन अनेक अवसरों में से एक था, जब परम गुरु ने अपना वचन निभाया था कि "मैं तभी आऊँगा, जब तुम्हें मेरी आवश्यकता होगी।"

"घटना-स्थल था इलाहाबाद का एक कुंभ मेला", लाहिड़ी महाशय ने अपने शिष्यों को बताया था। ऑफिस की थोड़े दिनों की छुट्टियों में मैं वहाँ गया था। कुंभ मेले में सम्मिलित होने के लिए दूर-दूर से आए साधु-संन्यासियों के बीच मैं घूम रहा था, तभी मेरी दृष्टि भस्म रमाए, हाथ में भिक्षापात्र लिये एक साधु पर पड़ी। तुरंत ही मेरे मन में विचार उठा कि वह साधु पाखंडी है, जिसने वैराग्य के बाह्य चिह्न तो धारण कर रखे हैं, पर अंतर में उन चिह्नों से संबंधित चारूता नहीं है।

"इस साधु से आगे बढ़ा ही था कि मेरी विस्मित दृष्टि बाबाजी पर पड़ी। वे एक जटाधारी संन्यासी के आगे नतमस्तक थे।

"गुरुजी!" मैं क्षणभर में उनके पास पहुँच गया। 'प्रभु! आप यहाँ क्या कर रहे हैं?'

"मैं इस संन्यासी का पद-प्रक्षालन कर रहा हूँ और इसके बाद मैं इनके खाना पकाने के बरतन माँजूँगा।" बाबाजी मेरी ओर देखकर किसी नन्हे शिशु की तरह मुसकराए; मैं समझ गया कि वे मुझे सूचित कर रहे थे कि मैं कभी किसी की आलोचना न करूँ, बल्कि सभी देह-मंदिरों में समान रूप से वास करने वाले ईश्वर को देखूँ, वह देह मंदिर चाहे उच्च व्यक्ति का हो या नीच व्यक्ति का।

और फिर परम गुरु ने कहा, "ज्ञानी-अज्ञानी साधुओं की सेवा करके मैं उस सबसे बड़े सद्गुण को सीख रहा हूँ, जो ईश्वर को अन्य सभी सद्गुणों से अधिक प्रिय है—विनम्रता।"

□

35

लाहिड़ी महाशय और महावतार बाबाजी

सन् 1895 में लाहिड़ी महाशय ने देहत्याग किया। 1945 में उनके देहत्याग के पचास वर्ष पूरे हुए। उसी वर्ष यह पुस्तक पूरी हुई। यह संयोग देखकर मैं आश्चर्यचकित हुए बिना नहीं रह सकता कि 1945 के वर्ष के साथ ही क्रांतिकारी आणविक शक्तियों का नया युग भी आरंभ हुआ। सभी विचारी मनुष्यों का ध्यान शांति और विश्वबंधुत्व की अत्यंत महत्त्वपूर्ण समस्याओं की ओर अभूतपूर्व व्यग्रता के साथ लग गया है, कि कहीं ऐसा न हो कि भौतिक बल के निरंतर प्रयोग से समस्याओं के साथ-साथ मानवजाति का ही अंत हो जाए।

मनुष्य की सारी उपलब्धियों का काल या बम के कारण नामोनिशान मिट जाए, तब भी सूर्य अपनी दिशा नहीं बदलेगा और तारे भी अपने-अपने स्थान पर रहकर पृथ्वी को देखते रहेंगे। सृष्टि-नियम को स्थगित नहीं किया जा सकता, न ही उसे बदला जा सकता है। मनुष्य के लिए बेहतर यही होगा कि वह उसके अनुसार जीना सीखे। पूरा ब्रह्मांड जहाँ बल प्रदर्शन के विरुद्ध है, सूर्य भी जहाँ तारागणों के साथ कोई युद्ध छेड़े बिना उन्हें अपने स्वल्प प्रकाश को प्रकट करने का अवसर देने के लिए यथासमय आकाश से हट जाता है, वहाँ हमारे बल प्रदर्शन से लाभ ही क्या होने वाला है? क्या उससे कोई शांति उत्पन्न हो जाएगी? सृष्टि का आधार क्रूरता नहीं, सद्भावना है। शांति-सद्भावना में जीने वाली मानवजाति ही विजयश्री के अनंत फलों का रसास्वादन कर सकेगी, जो स्वाद में रक्तसिंचित भूमि में उत्पन्न किसी भी फल से कहीं अधिक मधुर होंगे।

मानव-हृदयों का बेनाम, स्वाभाविक संघ ही प्रभावी राष्ट्रसंघ बन सकेगा। इस जगत् के दुःखों को दूर करने के लिए जिन व्यापक सहानुभूतियों की और गहराई में देख पाने वाली दृष्टि की आवश्यकता है, वह केवल मानवजाति की विविधता

के बौद्धिक आकलन से नहीं, बल्कि मानवजाति की सबसे गहरी एकता—ईश्वर के साथ संबंध—के ज्ञान से आएगी। विश्वबंधुत्व द्वारा शांति की स्थापना संसार का सर्वोच्च आदर्श है। इस आदर्श को मूर्त रूप देने के लिए योग, जो ईश्वर के साथ व्यक्तिगत संपर्क करने का विज्ञान है, का यथोचित समय सारे विश्व के समस्त लोगों तक प्रसार हो।

भारत की संस्कृति अन्य किसी भी देश की संस्कृति से कहीं अधिक प्राचीन है, फिर भी बहुत कम इतिहासकारों ने इस बात की ओर ध्यान दिया है कि उसका अभी तक सुरक्षित रहना कोई संयोग मात्र नहीं है, बल्कि पीढ़ी-दर-पीढ़ी भारत ने अपने महापुरुषों के माध्यम से जो सनातन सत्य प्रस्तुत किए हैं, उनके प्रति भक्ति का तर्कशुद्ध परिणाम हैं। युग-युगांतरों से (वह भी कितने? क्या कोई गवेषक कभी सच-सच बता भी पाएगा!) निरंतर विकारहीन अस्तित्व बनाए रखकर, काल की चुनौती का किसी भी देश की अपेक्षा केवल भारत ने ही सर्वोत्तम उत्तर दिया है।

इस बीसवीं शताब्दी में, जिसके अर्द्धशतक के पूर्ण होने से पहले ही धरती दो बार खून से नहा चुकी है, ईश्वर की वह दिव्य वाणी फिर से सुनाई दे, जिसे कभी खरीदा नहीं जा सकता, उस 'निष्पक्ष न्यायाधीश' की दृष्टि में महान् हों, ऐसे दस लोग भी जिस देश में होंगे, वह देश कभी मिट नहीं सकता।

ऐसी धारणाओं को मानने के कारण ही भारत काल के हजारों छल-कपटों के आगे बुद्धिहीन सिद्ध नहीं हुआ। हर शताब्दी में आत्मज्ञानी गुरुओं ने अवतार लेकर उसकी भूमि को पवित्र किया है। लाहिड़ी महाशय और श्रीयुक्तेश्वरजी सदृश अर्वाचीन योगी आज भी यह उद्घोष कर रहे हैं कि मनुष्य के सुख-स्वास्थ्य और राष्ट्र के दीर्घ जीवन के लिए योग का ज्ञान, जो ईश-प्राप्ति का विज्ञान है, अत्यावश्यक है।

अभी तक लाहिड़ी महाशय के जीवन एवं उनकी सर्वलोकोपयोगी शिक्षाओं के बारे में बहुत कम जानकारी छपकर प्रकाशित हुई है। तीन दशकों से मैं भारत, अमेरिका और यूरोप में 'मोक्षदायक योग' के संदेश में गहरी और सच्ची रुचि देख रहा हूँ। अतः लाहिड़ी महाशय के लिखित जीवन-वृत्तांत की, जैसे कि उन्होंने भविष्यवाणी भी की थी, पाश्चात्य जगत् में तीव्र आवश्यकता है, जहाँ महान् योगियों के जीवन के बारे में लोगों को अत्यंत कम जानकारी है।

लाहिड़ी महाशय का जन्म 30 सितंबर, 1828 को एक धर्मनिष्ठ प्राचीन ब्राह्मण कुल में बंगाल के नदिया जिले में स्थित घुरणी ग्राम में हुआ। वे आदरणीय श्री गौरमोहन लाहिड़ी की दूसरी पत्नी श्रीमती मुक्तकाशी की संतानों में एकमात्र पुत्र

थे (पहली पत्नी का तीन पुत्रों को जन्म देने के पश्चात् एक तीर्थयात्रा के दौरान देहांत हो गया था)। उनके बचपन में ही उनकी माता का भी देहांत हो गया। उनकी माता के बारे में बहुत कम जानकारी उपलब्ध है, सिवाय इस महत्त्वपूर्ण तथ्य के कि वे शास्त्रों में, जिन्हें महायोगीश्वर कहा गया है, उन भगवान् शिव की अनन्य भक्त थीं।

लाहिड़ी महाशय का पूरा नाम श्यामाचरण लाहिड़ी था। उनका बचपन घुरणी में उनके पैतृक निवास में ही बीता। तीन-चार वर्ष की आयु में ही वे प्रायः बालू में केवल सिर बाहर और शेष सारा शरीर बालू के अंदर रखते हुए एक विशिष्ट योगासन में बैठे दिखाई देते थे। 1933 में गाँव के निकट से बहती जलंगी नदी ने अपना मार्ग बदल दिया और वह गंगा में विलीन हो गई। उसके मार्ग-परिवर्तन के कारण लाहिड़ी परिवार की सारी जमीन-जायदाद नष्ट हो गई। घर के साथ लाहिड़ी परिवार द्वारा प्रतिष्ठित शिव मंदिर भी नदी के गर्भ में समा गया। एक भक्त ने उफनते जल में से शिव की प्रस्तर-प्रतिमा को बचाया और उसे एक नए मंदिर में रख दिया, जो अब 'घुरणी शिव मंदिर' के नाम से विख्यात है।

श्री गौरमोहन लाहिड़ी घुरणी को छोड़कर सपरिवार काशी में जा बसे। वहाँ उन्होंने शीघ्र ही एक शिव मंदिर की स्थापना की। वैदिक धर्म के अनुसार रोज पूजा-पाठ, दानधर्म, शास्त्राध्ययन आदि उनके घर में होता था। वे न्यायपरायण तथा उदार दृष्टिकोण वाले व्यक्ति थे, आधुनिक विचारधारा की उपयोगिता की वे अवहेलना नहीं करते थे।

बालक लाहिड़ी ने काशी की पाठशालाओं में हिंदी और उर्दू की पढ़ाई की। उन्होंने जयनारायण घोषाल के विद्यालय में संस्कृत, बंगाली, फ्रेंच तथा अंग्रेजी की शिक्षा प्राप्त की। वेदों का वे गहरा अध्ययन करते थे और विद्वान् ब्राह्मणों की शास्त्र-चर्चाओं को मन लगाकर सुनते थे। इन विद्वानों में एक महाराष्ट्रीय पंडित श्री नागभट्ट भी थे। श्यामाचरण दयालु, विनम्र और साहसी बच्चा था, जो अपने सभी साथियों में अत्यंत लोकप्रिय था। उसका शरीर सुडौल, स्वस्थ तथा बलिष्ठ था। तैराकी तथा शारीरिक पटुता के अनेक कार्यों में वह निष्णात था। सन् 1846 में श्री देवनारायण सन्याल की सुपुत्री काशीमणि के साथ श्यामाचरण लाहिड़ी का विवाह हुआ। काशीमणि देवी एक आदर्श भारतीय गृहिणी थीं, जो अपने गृह-कर्तव्यों का और अतिथि सेवा तथा दरिद्रनारायण सेवा के अपने गृहस्थ धर्म का प्रसन्नतापूर्वक पालन करती थीं। इस विवाह युति से तीनकौड़ी और दुकौड़ी नाम के दो संतवत् पुत्रों का तथा दो पुत्रियों का जन्म हुआ। 1851 में तेईस वर्ष की आयु में लाहिड़ी महाशय ब्रिटिश सरकार के मिलिटरी इंजीनियरिंग विभाग में लेखपाल के पद पर नियुक्त हुए।

अपने सेवा काल में अनेक बार उनकी पदोन्नति हुई। इस प्रकार न केवल ईश्वर की आँखों में ही वे सिद्धपुरुष थे, बल्कि इस छोटे से मानवीय नाटक में भी, जिसमें वे एक साधारण ऑफिस-कर्मचारी की भूमिका अदा कर रहे थे, उन्होंने सफलता प्राप्त की थी। मिलिटरी इंजीनियरिंग विभाग ने भिन्न-भिन्न समय पर गाजीपुर, मिर्जापुर, नैनीताल, दानापुर तथा वाराणसी में उनका स्थानांतरण किया।

पिता की मृत्यु के बाद युवा लाहिड़ी महाशय ने पूरे परिवार का सारा दायित्व अपने ऊपर ले लिया। परिवार के लिए उन्होंने काशी में भीड़भाड़ से दूर गरुड़ेश्वर मुहल्ले में एक घर खरीद लिया। लाहिड़ी महाशय के जीवन के तैंतीसवें वर्ष में उस उद्देश्य की पूर्ति हुई, जिसके लिए उन्होंने इस धरा पर पुनः जन्म लिया था। हिमालय में रानीखेत के पास उनकी मुलाकात अपने महान् गुरु बाबाजी से हुई और उन्हें क्रियायोग की दीक्षा मिली।

वह पवित्र घटना केवल लाहिड़ी महाशय के साथ ही नहीं घटी, बल्कि पूरी मानवजाति के लिए वह अत्यंत पवित्र क्षण था। योग की लुप्त हुई या दीर्घ काल तक अज्ञात रही सर्वोच्च विद्या पुनः प्रकाश में लाई गई।

पौराणिक कथा में जिस प्रकार गंगा ने स्वर्ग से पृथ्वी पर उतरकर अपने तृषातुर भक्त भगीरथ को अपने दिव्य जल से संतुष्ट किया, उसी प्रकार 1861 में क्रियायोग रूपी दिव्य सरिता हिमालय की गुह्य गुफाओं से मनुष्यों की कोलाहल भरी बस्तियों की ओर बह चली।

बदरीनाथ के आसपास के उत्तरी हिमालय के पहाड़ आज भी लाहिड़ी महाशय के गुरु बाबाजी की जीवंत उपस्थिति से पावन हो रहे हैं। जन-संसर्ग से दूर निर्जन प्रदेश में रहने वाले ये महागुरु शताब्दियों से, शायद सहस्राब्दियों से अपने स्थूल शरीर में वास कर रहे हैं। मृत्युंजय बाबाजी एक 'अवतार' हैं। अवतार शब्द का अर्थ है 'नीचे उतरना।' यह 'अव,' अर्थात् 'नीचे' और 'त' अर्थात् 'तरण' शब्दों से बना है। हिंदू शास्त्रों में 'अवतार' शब्द का प्रयोग 'ईश्वरत्व का स्थूल शरीर में अवतरण' के अर्थ में होता है।

"बाबाजी की आध्यात्मिक अवस्था मानवी आकलन शक्ति से परे है," श्रीयुक्तेश्वरजी ने एक दिन मुझे बताया, "मनुष्यों की अल्प बुद्धि को उनकी परात्पर अवस्था का ज्ञान कभी नहीं हो सकता। इस अवतार के योगैश्वर्य की केवल कल्पना करने का प्रयास भी व्यर्थ है। वह पूर्णतः कल्पनातीत है।"

प्राचीन भारत में कृष्ण, राम, बुद्ध तथा पतंजलि जैसे अवतार हुए। दक्षिण भारत के एक अवतार अगस्त्य पर विपुल काव्य-साहित्य की रचना हुई है।

भारत में बाबाजी का कार्य रहा है, जिन विशेष कार्यों के लिए अवतार इस जगत् में आते हैं, उन कार्यों की पूर्ति में उनकी सहायता करना। इस प्रकार शास्त्रीय वर्गीकरण के अनुसार वे एक महावतार हैं। उन्होंने स्वयं बताया है कि संन्यास आश्रम के पुनर्संगठक एवं अद्वितीय तत्त्वज्ञानी जगद्गुरु आदिशंकराचार्य तथा सुप्रसिद्ध मध्ययुगीन संत कबीर को उन्होंने योग दीक्षा दी थी। 19वीं शताब्दी के उनके मुख्य शिष्य, जैसा कि हम जानते हैं, लाहिड़ी महाशय थे, जिन्होंने लुप्त क्रियायोग विद्या का पुनरुद्धार किया।

इसमें कोई आश्चर्य नहीं कि इतिहास में बाबाजी का कहीं कोई उल्लेख नहीं है। किसी भी शताब्दी में बाबाजी कभी जनसाधारण के सामने प्रकट नहीं हुए। उनकी युग–युगांतर की योजनाओं में गलत अर्थ लगाने वाली प्रसिद्धि की चकाचौंध के लिए कोई स्थान नहीं है। सृष्टि में एकमात्र शक्ति होते हुए भी चुपचाप अपना काम करते रहने वाले स्रष्टा की तरह ही बाबाजी भी विनम्र गुमनामी में अपना कार्य करते रहते हैं।

बाबाजी के परिवार या जन्मस्थान के विषय में कभी किसी को कुछ पता नहीं चल पाया। इस मामले में इतिहास लेखकों को निराश ही होना पड़ेगा। साधारणतया वे हिंदी में बोलते हैं, परंतु किसी भी भाषा में आसानी से बोल लेते हैं। उन्होंने बाबाजी का सीधा–सादा नाम ले लिया है। लाहिड़ी महाशय के शिष्यों ने उन्हें श्रद्धा से जो अन्य नाम दिए हैं, वे हैं महामुनि बाबाजी महाराज, महायोगी तथा त्र्यंबक बाबा या शिव बाबा। एक पूर्ण मुक्त सिद्धपुरुष का कुल–गोत्र क्या कोई महत्त्व रखता है ?

लाहिड़ी महाशय कहा करते थे, "जब भी कोई श्रद्धा के साथ बाबाजी का नाम लेता है, उसे तत्क्षण आध्यात्मिक आशीर्वाद प्राप्त होता है।" अमर बाबाजी के शरीर पर आयु का कोई लक्षण दृष्टिगोचर नहीं होता। वे अधिक–से–अधिक पच्चीस वर्ष के युवक दिखते हैं। गौरवर्ण, मध्यम कद–काठी के बाबाजी के सुंदर, बलिष्ठ शरीर पर सहज ही दिख पड़ने योग्य तेज है। नेत्र काले, शांत और दयार्द्र हैं। उनके लंबे–चमकीले केश ताम्रवर्ण के हैं। कभी–कभी बाबाजी का चेहरा लाहिड़ी महाशय के चेहरे से मिलता–जुलता दिखाई देता है। कभी–कभी तो दोनों में इतनी स्पष्ट समरूपता दिखाई देती थी कि उत्तरवर्ती आयु में लाहिड़ी महाशय को कोई भी युवा दिखते बाबाजी के पिता समझ लेता।

मेरे संतवत् संस्कृत शिक्षक स्वामी केवलानंदजी ने हिमालय में बाबाजी के साथ कुछ समय बिताया था। उन्होंने मुझे एक दिन बताया, "अद्वितीय महागुरु अपने शिष्यों के साथ पर्वतों में एक स्थान से दूसरे स्थान भ्रमण करते रहते हैं। वे अपने पास एक डंडा रखते हैं। वे हमेशा ही एक स्थान से अदृश्य होकर दूसरे स्थान पर

प्रकट होने की इस पद्धति का उपयोग नहीं करते। कभी-कभी वे एक शिखर से दूसरे शिखर पर पैदल भी जाते हैं।"

अवतारी पुरुष सर्वव्यापी ब्रह्मचैतन्य में निवास करता है; उसके लिए देश और काल का कोई अस्तित्व नहीं होता। इसलिए बाबाजी ने अपने स्थूल शरीर को जो शताब्दी-दर-शताब्दी बनाए रखा है, उसका केवल एक ही कारण है—मानवजाति को उसकी अपनी संभावनाओं का ठोस उदाहरण प्रस्तुत करने की इच्छा। मनुष्य पर यदि रक्त-मांस के शरीर में ईश्वरत्व की झलक दिखाने की कृपा कभी न की जाए तो वह हमेशा यह आज्ञापालन की परीक्षा थी।

बाबाजी के लिए भी भूत, वर्तमान, भविष्य आदि समय की परस्पर संबंधित अवस्थाओं का अस्तित्व नहीं है; प्रारंभ से ही उन्हें अपने जीवन की सभी अवस्थाओं का पूर्ण ज्ञान है। मनुष्यों की सीमित बुद्धि को ध्यान में रखकर ही उन्होंने अपने दिव्य जीवन की अनेक लीलाएँ एक या अधिक लोगों की उपस्थिति में ही करने का ध्यान रखा।

□

36

पश्चिम के प्रति बाबाजी की अभिरुचि

"गुरुदेव! क्या आपको कभी बाबाजी के दर्शन हुए हैं?"

गरमियों के मौसम की शांत रात्रि का समय था। सिर पर आकाश में बड़े-बड़े तारे चमक रहे थे। मैं श्रीरामपुर के आश्रम में दूसरे तल्ले के बरामदे में श्रीयुक्तेश्वरजी के पास बैठा हुआ था।

मेरे इस सीधे प्रश्न पर मुसकराते हुए उन्होंने कहा, "हाँ, हुआ है।" और उनकी आँखें श्रद्धा एवं आदर से चमक उठीं। "अमर गुरु के तीन बार दर्शन करने का सौभाग्य मुझे प्राप्त हुआ है। प्रथम दर्शन प्रयाग के कुंभ मेले में हुआ था।"

अति प्राचीन काल से ही भारत में कुंभ मेले लगते आ रहे हैं। इन मेलों ने आध्यात्मिक लक्ष्यों को सामान्य जनता की दृष्टि के सामने अनवरत रूप से बरकरार रखा है। हर बारह वर्षों के बाद लाखों हिंदू श्रद्धालु हजारों साधुओं, योगियों, स्वामियों तथा सब प्रकार के तपस्वियों से मिलने के लिए एकत्रित होते हैं। इनमें अनेक तपस्वी ऐसे होते हैं, जो केवल कुंभ मेलों में ही आकर सांसारिक नर-नारियों पर अपने आशीर्वादों की वर्षा करते हैं, अन्यथा कभी अपने एकांत स्थानों से बाहर ही नहीं निकलते।

"जब बाबाजी से मेरी मुलाकात हुई, तब मैं स्वामी नहीं बना था," श्रीयुक्तेश्वरजी बता रहे थे। "परंतु मुझे लाहिड़ी महाशय से क्रिया दीक्षा मिल गई थी। लाहिड़ी महाशय ने ही मुझे 1894 के जनवरी महीने में प्रयाग में होने वाले कुंभ मेले में जाने के लिए कहा था। कुंभ मेले में जाने का यह मेरा पहला अवसर था। विशाल जनसागर और उसके कोलाहल को देखकर मैं किंचित् हक्का-बक्का सा हो गया था। मैं ध्यानपूर्वक चारों ओर शोध करती दृष्टि से देखता चल रहा था, पर किसी सिद्ध का तेजस्वी चेहरा नजर नहीं आ रहा था। गंगा किनारे पर एक पुल के

पास से मैं जैसे ही आगे बढ़ा, मेरी दृष्टि एक परिचित मनुष्य पर पड़ी, जो अपना भिक्षापात्र आगे बढ़ा रहा था।

'ओह, यह मेला कोलाहल और भिखारियों के जमघट के सिवा कुछ नहीं है' मेरे मन में विचार आया। मेरा मोहभंग हो गया था। 'धर्म का नाम लेकर केवल भिक्षा पर ही सारा ध्यान रखने वाले इन निकम्मों से तो मानवजाति की प्रत्यक्ष भलाई के लिए धैर्यपूर्वक ज्ञान की सीमाओं का विस्तार करने वाले पाश्चात्य वैज्ञानिक ही भगवान् को अधिक प्रसन्न करते होंगे," मैं सोच रहा था।

"समाज-सुधार के बारे में मेरे मन में सुलगते विचारों में अचानक बाधा पड़ गई, जब मेरे सामने आकर खड़े हुए एक लंबे कद के संन्यासी की आवाज मेरे कानों में पड़ी।

'महाराज!' उसने कहा, 'एक संत आपको बुला रहे हैं।'

'कौन हैं वे?'

'आकर खुद ही देख लीजिए।'

"इस संक्षिप्त उत्तर पर कुछ झिझकते हुए मैं उसके साथ गया और शीघ्र ही एक वृक्ष के पास पहुँच गया जिसकी छाया में मन को आकर्षित करने वाले शिष्यों की मंडली से घिरे एक गुरु बैठे हुए थे। अलौकिक तेजोमूर्ति थे वे। उनकी आँखें तेजस्वी थीं। मेरे पहुँचते ही वे उठ खड़े हुए और उन्होंने मुझे आलिंगन में बाँध लिया।

'अत्यंत प्रेम से उन्होंने कहा, 'आइए, स्वामीजी!'

'मैं स्वामी नहीं हूँ, महाराज!' मैंने जोर देते हुए कहा।

'ईश्वर की आज्ञा से मैं जिसे स्वामी की उपाधि प्रदान करता हूँ, वह कभी उस उपाधि का त्याग नहीं करता।' उस संत ने अत्यंत सरल भाव से मुझसे यह कहा, परंतु उनके शब्दों में गहरा सत्य ध्वनित हो रहा था; मैं तत्क्षण आध्यात्मिक आशीर्वाद की लहरों में हिलोरें लेने लगा। अचानक स्वामी पद पर अपनी उन्नति हुई देखकर मैं मुसकराया और इस तरह मुझे महान् सम्मान प्रदान करने वाले उस नर देहधारी महान् और देवता सदृश आत्मा के चरणों में मैंने प्रणाम किया।

"बाबाजी ने—क्योंकि वे बाबाजी ही थे—मुझे उस वृक्ष के नीचे अपने पास बैठने का संकेत किया। वे मजबूत कद-काठी के और युवा थे और दिखने में लाहिड़ी महाशय जैसे थे; लेकिन फिर भी इस समानता ने मेरे दिमाग के किसी तार को नहीं छेड़ा, जबकि मैं इन दो महागुरुओं के चेहरों में असाधारण साम्य के बारे में प्रायः सुना करता था। बाबाजी के पास एक ऐसी शक्ति है, जिससे वे किसी भी व्यक्ति के मन में किसी विशिष्ट विचार को आने से रोक सकते हैं। स्पष्ट है कि वे

चाहते थे कि मैं उनकी उपस्थिति में पूर्णतः स्वाभाविक अवस्था में रहूँ और उन्हें पहचान कर स्तंभित न हो जाऊँ।

'कुंभ मेले के बारे में आपका क्या विचार है?'

'मुझे बहुत निराशा हुई, महाराज', मैंने कहा; किंतु तुरंत आगे कह दिया, "आपके दर्शन होने तक। किसी कारण से संतों में और इस कोलाहल में कोई मेल नजर नहीं आता।"

'बेटा!' गुरु ने कहा, जबकि मैं स्पष्टतः उनसे दुगुनी आयु का लग रहा था, 'अनेकों के दोष के कारण सभी को दोषी मत मानो। इस जगत् में हर चीज मिश्रित रूप में है, शक्कर और रेत के मिश्रण की तरह। चींटी की भाँति बुद्धिमान बनो, जो केवल शक्कर के कणों को चुन लेती है और रेत-कणों को स्पर्श किए बिना छोड़ देती है। इस मेले में अनेक साधु अभी भी माया में भटक रहे हैं, फिर भी कुछ ईश्वर-साक्षात्कारी संतों ने इसे पावन किया हुआ है।'

"इस परम गुरु के स्वयं दर्शन के कारण मैं उनकी इस बात से तुरंत सहमत हो गया।

"मैंने अपना विचार प्रकट किया, 'महाराज, मैं सुदूर अमेरिका और यूरोप में रहने वाले प्रमुख पाश्चात्य वैज्ञानिकों के बारे में सोच रहा था, जो यहाँ जमा हुए अधिकांश लोगों से कहीं अधिक बुद्धिमान हैं। वे अलग-अलग धर्मों के अनुयायी हैं और इस प्रकार के मेलों के वास्तविक महत्त्व से अनभिज्ञ हैं। ये ही वे लोग हैं जिन्हें भारत के सिद्ध पुरुषों से मिलने से बहुत लाभ हो सकता है। परंतु बौद्धिक उपलब्धियों की दृष्टि से अत्यंत उन्नत होते हुए भी अनेक पाश्चात्य लोग अत्यंत भौतिकवाद में आकंठ डूबे हुए हैं। अन्य कुछ ऐसे हैं, जो विज्ञान और दर्शनशास्त्र में विख्यात हैं, परंतु धर्म की मूलभूत एकता को नहीं मानते। उनके धर्म ऐसी दुर्लंघ्य बाधाएँ बन चुके हैं, जो उन्हें हम लोगों से सदा के लिए अलग कर सकते हैं।"

"बाबाजी का मुखमंडल प्रसन्नता से चमक उठा। उन्होंने कहा, 'मैंने जान लिया था कि तुम्हें पूर्व और पश्चिम में समान रूप से रुचि है। समस्त मानवजाति के लिए व्याकुल होने वाले तुम्हारे अंतःकरण की व्यथा को मैंने पहचान लिया। इसीलिए मैंने तुम्हें यहाँ बुलाया है।'

"वे आगे कहते गए, 'पूर्व और पश्चिम को कर्म और आध्यात्मिकता से मिलकर बना सुवर्णमध्य मार्ग स्थापित करना होगा। भौतिक विकास में भारत को पाश्चात्य जगत् से बहुत कुछ सीखना है और बदले में भारत सभी द्वारा अपनाई जा

सकने वाली ऐसी विधियों का ज्ञान दे सकता है, जिनसे पाश्चात्य जगत् अपने धार्मिक विश्वासों को योग विज्ञान की अटल नींव पर स्थापित कर सकता है।

'स्वामीजी, आपको पूर्व और पश्चिम के बीच भविष्य में होने वाले सौहार्दपूर्ण आदान-प्रदान में एक भूमिका निभानी है। कुछ वर्षों बाद मैं आपके पास एक शिष्य भेजूँगा, जिसे आप पश्चिम में योग का ज्ञान प्रसारित करने के लिए प्रशिक्षित कर सकते हैं। वहाँ के अनेक मुमुक्षुओं के ज्ञानपिपासु स्पंदन बाढ़ की भाँति मेरी ओर आते रहते हैं। मैं अमेरिका और यूरोप में संत बनने योग्य अनेक लोगों को देख रहा हूँ, जिन्हें जगाए जाने भर की देर है।'"

अपनी कथा के इस बिंदु पर पहुँचते ही श्रीयुक्तेश्वरजी ने अपनी पूर्ण दृष्टि मेरी ओर घुमाई।

"मेरे पुत्र!" चाँद के उज्ज्वल प्रकाश में मुसकराते हुए उन्होंने कहा, "तुम ही वह शिष्य हो जिसे मेरे पास भेजने का वचन बाबाजी ने कई वर्ष पहले दिया था।"

यह जानकर मुझे अत्यंत हर्ष हुआ कि स्वयं बाबाजी ने मेरे कदम श्रीयुक्तेश्वरजी की ओर मोड़ दिए थे, फिर भी अपने प्रिय गुरु से और आश्रम की सादगीयुक्त शांति से दूर पाश्चात्य जगत् में अपने होने की कल्पना करना मेरे लिए कठिन था।

श्रीयुक्तेश्वरजी ने अपनी बात जारी रखी, "फिर बाबाजी भगवद्गीता के बारे में बोलने लगे। मेरे आश्चर्य का ठिकाना नहीं रहा जब प्रशंसा के कुछ शब्दों से उन्होंने स्पष्ट संकेत दे दिया कि उन्हें इस बात का ज्ञान था कि मैंने गीता के कुछ अध्यायों पर टीका लिखी थी।

"मेरी आपसे विनती है स्वामीजी, कि आप और एक काम को हाथ में ले लें," परमगुरु ने कहा। "क्या आप हिंदू और ईसाई धर्मग्रंथों में निहित एकता पर एक छोटी सी पुस्तक नहीं लिखेंगे? मनुष्यों के धार्मिक मतभेदों के कारण उनकी मूल एकता पर किसी का ध्यान नहीं जा रहा है। समानार्थी उद्धरणों को प्रस्तुत कर यह दिखा दीजिए कि ईश्वर के सभी ज्ञानी पुत्रों ने एक ही सत्य का उपदेश दिया है।"

मैंने झिझकते हुए कहा, "महाराज! आपने यह कैसा आदेश दे दिया! क्या मैं इसे पूर्ण कर सकूँगा?"

बाबाजी ने मधुर हँसी हँसकर दिलासा देते हुए कहा, "बेटा! यह संदेह क्यों? सचमुच, यह सब किसका कार्य है और कौन सब कार्यों का कर्ता है? प्रभु ने जो भी मेरे मुँह से कहलवाया है, उसका सत्य बनकर साकार होना अवश्यंभावी है।"

मुझे ऐसा प्रतीत हुआ कि उन संत महाराज के आशीर्वाद से मुझमें वह काम करने की समर्थता आ गई थी, अतः मैं पुस्तक लिखने के लिए सहमत हो गया। विदा होने का समय आ गया, यह जानकर मैं अनिच्छापूर्वक अपने पर्णासन से उठा।

"तुम लाहिड़ी को जानते हो?" संत ने पूछा। "वह महान् आत्मा है, है न? उसे हमारी इस भेंट के बारे में बता देना।" फिर उन्होंने मुझे लाहिड़ी महाशय के लिए एक संदेश दिया।

विदा लेने के लिए जब मैंने उनके चरणों में भक्तिभाव से प्रणाम किया तो वे कृपापूर्वक मुसकराए। "जब तुम्हारी पुस्तक पूरी हो जाएगी, तब मैं तुमसे पुनः मिलने आऊँगा," उन्होंने वचन दिया। "अब हम चलते हैं।"

दूसरे दिन मैं प्रयाग छोड़कर काशी जाने के लिए रेलगाड़ी पर सवार हो गया। अपने गुरु के घर पहुँचकर मैंने कुंभ मेले में अद्‌भुत संत से हुई अपनी भेंट की सारी कहानी सुना दी।

"ओह! तुमने उन्हें पहचाना नहीं?" लाहिड़ी महाशय की आँखों में हँसी नाच रही थी। "मैं देख रहा हूँ कि तुम उन्हें नहीं पहचान सके, क्योंकि उन्होंने तुम्हें उन्हें पहचानने से रोक दिया था। वे ही मेरे अद्वितीय, अलौकिक गुरु हैं—बाबाजी!"

"बाबाजी! मैंने श्रद्धा और विस्मय से विभोर होकर कहा। योगी-अवतार बाबाजी! दृश्य-अदृश्य तारणहार बाबाजी! काश, यदि मैं अतीत को फिर सामने ला सकता और केवल उनके चरण-कमलों में अपनी भक्ति अर्पित करने के लिए फिर एक बार उनकी उपस्थिति में हाजिर हो सकता!"

"कोई बात नहीं," लाहिड़ी महाशय ने सांत्वना भरे स्वर में कहा, "उन्होंने तुम्हें फिर से दर्शन देने का वचन दिया है।"

"गुरुदेव! परमगुरु ने मुझे आपको एक संदेश देने के लिए कहा है। उन्होंने कहा था, 'लाहिड़ी को बताना कि इस जीवन के लिए रखी गई शक्ति बहुत कम बच गई है, लगभग समाप्त हो चुकी है।'"

"मेरे मुँह से इन गूढ़ शब्दों के निकलते ही लाहिड़ी महाशय की देह अचानक ऐसे काँप गई जैसे उन्हें बिजली छू गई हो। पल भर में वे निःस्तब्ध हो गए; उनका सदा मुसकराता चेहरा अत्यंत कठोर हो गया। काठ की मूर्ति की भाँति गंभीर और निश्चल बनकर वे अपने आसन पर बैठे रहे। उनके शरीर का रंग बिल्कुल उड़ गया। मैं भयभीत और चकित हो गया। अपने सारे जीवन में मैंने कभी भी उस आनंदमूर्ति को इस प्रकार गंभीर होते नहीं देखा था। वहाँ उपस्थित अन्य शिष्य भी व्याकुल होकर उनकी ओर देखने लगे।

"उसी नि:स्तब्धता में तीन घंटे बीत गए। फिर लाहिड़ी महाशय की स्वाभाविक प्रफुल्लता लौट आई और उन्होंने वहाँ उपस्थित प्रत्येक शिष्य के साथ अत्यंत स्नेह के साथ बातचीत की। सभी ने चैन की साँस ली।

"अपने गुरुदेव की उस प्रतिक्रिया से मैं जान गया कि बाबाजी का संदेश एक ऐसा निश्चित संकेत था, जिससे लाहिड़ी महाशय यह समझ गए कि उन्हें जल्दी ही देहत्याग करना होगा। उनकी भयंकर और गंभीर नि:स्तब्धता से यह प्रमाणित हो गया कि मेरे गुरुदेव ने तत्क्षण ही स्वयं को संयमित कर भौतिक विश्व के साथ उन्हें जोड़कर रखने वाली अंतिम डोर को भी काट दिया था और वे परमतत्त्व के अपने नित्य स्वरूप में विलीन हो गए थे। बाबाजी का संदेश उनका यह कहने का तरीका था, "मैं सदा तुम्हारे साथ रहूँगा।"

"बाबाजी और लाहिड़ी महाशय, दोनों ही सर्वज्ञ थे और उन्हें एक-दूसरे को संदेश भेजने के लिए मेरी या अन्य किसी मध्यस्थ की कोई आवश्यकता नहीं थी, फिर भी महान् आत्माएँ प्राय: मानवीय नाटक में भाग लेने की कृपा करती हैं। यदा-कदा वे साधारण तरीके से किसी संदेशवाहक के माध्यम से अपनी भविष्यवाणियाँ संप्रेषित कर देते हैं, ताकि उन भविष्यवाणियों के साकार होने पर उनके बारे में बाद में जानकारी पाने वालों में ईश्वर के प्रति अधिक श्रद्धा जागृत हो सकें।

"जल्दी ही मैं काशी से चल पड़ा और श्रीरामपुर में बाबाजी द्वारा बताए गए शास्त्रों के लेखन कार्य में जुट गया", श्रीयुक्तेश्वरजी आगे कहते गए। "मैंने काम शुरू ही किया था कि मुझे मृत्युंजय परमगुरु बाबाजी पर एक स्तोत्र रचने की प्रेरणा हुई। यद्यपि मैंने उससे पहले कभी संस्कृत में काव्य लिखने का कोई प्रयत्न नहीं किया था, पर मेरी लेखनी से अनायास ही ललित पंक्तियों का प्रवाह बहने लगा।

"रात के शांत समय मैं सनातन धर्म के शास्त्रों और बाइबल का तुलनात्मक अध्ययन कर अपना काम करता रहता। प्रभु यीशु के शब्दों को उद्धृत कर मैं यह दिखाता जाता कि उनके उपदेशों में और वेदवाक्यों में वस्तुत: कोई अंतर नहीं था। मेरे परमगुरु की कृपा से मेरी पुस्तक 'द होली साइंस' अल्प समय में ही पूरी हो गई।

गुरुदेव बोलते जा रहे थे, "अपने साहित्यिक प्रयासों को परिणाम पर पहुँचाने के बाद दूसरे दिन मैं प्रात: गंगास्नान के लिए यहाँ राय घाट पर गया। उस समय घाट बिल्कुल सुनसान था। थोड़ी देर वहाँ खड़ा रहकर मैं धूप में उस शांति का आनंद लेता रहा। फिर निर्मल जल में डुबकी लगाने के बाद मैं घर वापस जाने के लिए चल पड़ा। उस नीरवता में जो एकमात्र ध्वनि सुनाई दे रही थी, वह थी मेरे हर पग के साथ

मेरे भीगे वस्त्रों की छप-छप करती आवाज। जैसे ही मैं नदी किनारे खड़े विशाल वटवृक्ष के पास से आगे बढ़ा, मेरे मन में पीछे मुड़कर देखने की प्रबल प्रेरणा हुई। वहाँ वटवृक्ष की छाया में कुछ शिष्यों से घिरे बैठे थे महान् बाबाजी!

"नमस्कार, स्वामीजी!' परमगुरु की मधुर आवाज गूँज उठी और मुझे विश्वास हो गया कि मैं स्वप्न नहीं देख रहा हूँ। "मैं देख रहा हूँ कि आपने सफलतापूर्वक अपनी पुस्तक पूरी कर ली है। अपने वचन के अनुसार मैं आपका धन्यवाद करने आया हूँ।"

"अत्यंत तेजी से धड़कते हृदय के साथ मैंने उनके चरणों में साष्टांग प्रणाम किया। अत्यंत विनय के साथ उनकी याचना करते हुए मैंने कहा, "परमगुरुजी! मेरा घर पास में ही है। क्या आप अपने शिष्यों के साथ आकर मेरे घर को पावन नहीं करेंगे?"

परमगुरु ने मुसकराते हुए अस्वीकार कर दिया। उन्होंने कहा, "नहीं, बेटा! हम वे लोग हैं जिन्हें वृक्षों की छाया ही रास आती है; यहाँ हमें पूरा आराम है।"

"तब यहाँ पर ही थोड़ी देर ठहर जाइए, परमगुरु महाराज!" अभ्यर्थना करती दृष्टि से मैंने उनकी ओर देखा। "मैं तुरंत कुछ मिठाइयाँ लेकर आपकी सेवा में उपस्थित होता हूँ।"

जब कुछ ही मिनटों में मिठाइयों का थाल लेकर मैं वहाँ लौटा, तो उस विशाल वटवृक्ष के नीचे उस दिव्य मंडली का कहीं कोई पता नहीं था। मैंने घाट के चारों ओर खोजा, पर अपने मन में मैं जान चुका था कि वे लोग हवा के पंखों पर उड़ चुके थे।

मेरे मन को गहरा आघात लगा। मैंने मन-ही-मन निश्चय किया, 'फिर कभी बाबाजी के साथ मेरी भेंट हो भी गई, तो मैं उनसे बात नहीं करूँगा। उन्होंने अचानक इस तरह प्रस्थान कर भारी निष्ठुरता दिखाई है।' पर यह गुस्सा केवल प्रेम का था, और कुछ नहीं। कुछ महीनों बाद मैं काशी में लाहिड़ी महाशय के दर्शनों के लिए गया। जब मैंने उनके बैठकखाने में प्रवेश किया, तो लाहिड़ी महाशय मुसकराए।

"आओ, युक्तेश्वर," उन्होंने कहा। "अभी-अभी मेरे कमरे के द्वार के पास बाबाजी से तुम्हारी भेंट हुई?"

"नहीं, क्यों?" मैंने आश्चर्य के साथ कहा।

"इधर आओ।" लाहिड़ी महाशय ने अपना हाथ मेरे माथे पर रखा और उसी क्षण दरवाजे के पास पूर्ण कमल की तरह खिले बाबाजी मुझे दिखाई दिए।

मुझे अपना पुराना दुःख याद आया, अतः मैंने उन्हें प्रणाम नहीं किया। लाहिड़ी महाशय चकित होकर मेरी ओर देखने लगे।

ईश्वरतुल्य बाबाजी अपने अथाह नेत्रों से मुझे निहार रहे थे। "तुम मुझसे नाराज हो।"

"क्यों न होऊँ, महाराज?" मैंने कहा। "हवा में से आप अपनी जादुई मंडली के साथ अवतीर्ण हुए और हवा में ही आप अंतर्धान हो गए।"

"मैंने तुमसे कहा था कि मैं तुमसे मिलने आऊँगा, कितने समय तक वहाँ रहूँगा, यह नहीं कहा था," बाबाजी ने सौम्य हँसी के साथ कहा। "तुम बहुत उत्तेजित हो उठे थे। मैं तुम्हें विश्वास दिलाता हूँ कि तुम्हारी चंचलता की आँधी ने ही मुझे विलुप्त कर दिया।"

इस सत्यनिष्ठ स्पष्टीकरण से मैं तुरंत संतुष्ट हो गया। मैंने उनके चरणों पर मस्तक रखा। परमगुरु ने स्नेह के साथ मेरा कंधा थपथपाया।

"ज्यादा ध्यान करो, बेटा!" उन्होंने कहा। "तुम्हारी दृष्टि अभी निर्मल नहीं हुई है। मैं सूर्यप्रकाश के पीछे छिपा था और तुम मुझे देख नहीं पाए।" स्वर्गिक बाँसुरी के समान मधुर आवाज में ये शब्द कहते ही बाबाजी गुप्त दीप्ति में अंतर्धान हो गए।

अपना कथन समाप्त करते हुए श्रीयुक्तेश्वरजी ने कहा, "गुरु-दर्शन के लिए वह मेरी अंतिम काशी यात्रा थी। कुंभ मेले में बाबाजी द्वारा की गई भविष्यवाणी के अनुरूप लाहिड़ी महाशय के गृहस्थ योगी अवतार का अंत निकट आ रहा था। 1895 के ग्रीष्मकाल में उनके मजबूत शरीर की पीठ पर एक छोटा सा फोड़ा निकल आया। उन्होंने उसे चीरा नहीं देने दिया, क्योंकि वे अपने कुछ शिष्यों के दुष्कर्मों को अपने शरीर पर लेकर उनका भोग पूरा कर रहे थे। अंततः जब कुछ शिष्य बहुत ही आग्रह करने लगे, तब गुरुदेव ने रहस्यमय शब्दों में कहा—

"शरीर को जाने के लिए निमित्त चाहिए। तुम लोग जो कुछ करना चाहते हो, उसके लिए मैं तैयार हूँ।"

"इसके थोड़े ही दिन बाद अद्वितीय गुरु ने बनारस में देहत्याग कर दिया। अब उनके दर्शनों के लिए उनके बैठकखाने में जाने की कोई आवश्यकता नहीं रही; मेरे जीवन का प्रत्येक दिन उनके सर्वव्यापी मार्गदर्शन से धन्य हो रहा है।"

कई वर्षों बाद मुझे लाहिड़ी महाशय के एक उन्नत शिष्य स्वामी केशवानंदजी से उनके देहत्याग के विषय में अनेक आश्चर्यजनक विवरण सुनने को मिले।

केशवानंदजी ने बताया, "शरीर छोड़ने के कुछ ही दिन पहले मेरे गुरुदेव मेरे सामने एक दिन अचानक प्रकट हो गए, जब मैं हरिद्वार के अपने आश्रम में ध्यान कर रहा था।"

"तुरंत बनारस आ जाओ।" इतना कहकर लाहिड़ी महाशय अंतर्धान हो गए।

मैंने तुरंत बनारस जाने के लिए गाड़ी पकड़ी। अपने गुरु के घर में अनेक शिष्यों को मैंने एकत्रित हुए देखा। उस दिन कई घंटों तक गुरुदेव ने गीता पर प्रवचन किया और फिर अत्यंत सरल शब्दों में कह दिया—

"मैं अपने घर लौट रहा हूँ।"

इतना सुनते ही प्रचंड आवेग के साथ हम सबकी सिसकियाँ फूट पड़ीं।

"शांत हो जाओ; मैं पुनः जी उठूँगा।" यह कहकर लाहिड़ी महाशय अपने आसन से उठे, तीन बार अपने स्थान पर ही गोल घूमे, उत्तर दिशा की ओर मुँह करके पद्मासन में बैठ गए और परमानंद में लीन होकर उन्होंने महासमाधि में प्रवेश किया।

"भक्तों को इतने प्रिय लगने वाले लाहिड़ी महाशय के सुंदर शरीर का पवित्र गंगा तट के मणिकर्णिका घाट पर गृहस्थोचित विधि से दाह संस्कार किया गया।" केशवानंदजी बता रहे थे। "दूसरे दिन सुबह दस बजे, जब मैं अभी बनारस में ही था, तो मेरा कमरा अचानक एक उज्ज्वल प्रकाश से भर उठा। आश्चर्य! मेरे सामने भौतिक शरीर में लाहिड़ी महाशय खड़े थे। यह शरीर बिल्कुल उनके पुराने शरीर जैसा ही था, अंतर इतना ही था कि यह शरीर अधिक युवावस्था में और अधिक तेजस्वी लग रहा था। मेरे दिव्य गुरु ने मुझसे बातचीत भी की।

उन्होंने कहा, "केशवानंद, यह मैं हूँ। अपने भस्म हुए शरीर के विघटित अणुओं से मैंने अपने इस नए शरीर की सृष्टि की है। संसार में मेरा गृहस्थ का कार्य तो पूरा हो चुका है, पर मैं पृथ्वी को पूर्णतः छोड़कर नहीं जा रहा हूँ। इसके बाद मैं कुछ समय तक हिमालय में बाबाजी के साथ रहूँगा और फिर सारे ब्रह्मांड में बाबाजी के साथ वास करूँगा।"

'मुझे आशीर्वाद देकर अलौकिक गुरु अंतर्धान हो गए। मेरा हृदय एक अद्भुत प्रेरणा से भर गया; मुझे उसी प्रकार का अत्यंत उच्च आध्यात्मिक अनुभव हुआ, जैसा ईसा मसीह और कबीर के शिष्यों को अपने-अपने गुरु को शारीरिक मृत्यु के बाद जीवंत रूप में देखकर हुआ था।

'हरिद्वार के एकांत स्थान में बने अपने आश्रम को लौटते समय मैं अपने साथ लाहिड़ी महाशय की पवित्र अस्थियों का एक छोटा सा हिस्सा ले आया। मुझे इसका भान था कि वे देश-काल से आबद्ध देह-पिंजर से निकल गए थे; सर्वव्यापकता रूपी पक्षी मुक्त हो चुका था। फिर भी उनकी अस्थियों की यहाँ प्रतिष्ठापना कर समाधि मंदिर बनाने से मुझे अपूर्व सांत्वना मिली।

एक और शिष्य को भी पुनरुत्थित हुए गुरु के दर्शन करने का सौभाग्य प्राप्त हुआ था। वे थे संतवत् महात्मा पंचानन भट्टाचार्य। मैं कलकत्ता में उनसे मिलने उनके घर गया था। उन्होंने महान् गुरु के साथ बिताए अपने अनेक वर्षों की कई रोमांचक कहानियाँ बताईं। मैं अत्यंत आनंद के साथ सुनता रहा। अंत में उन्होंने अपने जीवन की सबसे अद्‌भुत घटना बताई।

उन्होंने कहा, "लाहिड़ी महाशय की अंत्येष्टी के बाद दूसरे दिन प्रातः दस बजे वे यहाँ कलकत्ता में मेरे सामने प्रकट हुए।"

"द्विशरीरी संत," स्वामी प्रणवानंदजी ने भी अपना दिव्य अनुभव संपूर्ण विस्तार सहित मुझे बताया। जब वे मेरे राँची विद्यालय में आए थे, तब उन्होंने मुझे बताया, "लाहिड़ी महाशय के देहत्याग के थोड़े ही दिनों पूर्व मुझे उनका एक पत्र आया, जिसमें उन्होंने मुझे तुरंत बनारस आने के लिए लिखा था। तथापि अपरिहार्य कारणों से मैं तत्क्षण प्रस्थान नहीं कर सका और मुझे थोड़ा विलंब हो गया। एक दिन प्रातः दस बजे मैं बनारस के लिए प्रस्थान करने की तैयारी कर ही रहा था कि अपने कमरे में अपने गुरु को अत्यंत तेजस्वी रूप में प्रकट हुए देखकर मैं आनंद विभोर हो गया।

"अब बनारस जाने की क्या जल्दी है?" लाहिड़ी महाशय ने मुसकराते हुए कहा। "अब तुम मुझे वहाँ कभी नहीं देख पाओगे।"

"जब उनके शब्दों का अर्थ मुझे समझ आया, तो यह सोचकर कि मैं उनके दर्शन की केवल अनुभूति कर रहा था, मैं भग्न हृदय से रोने लगा।

गुरुदेव सांत्वना देते हुए मेरे पास आए। "लो, मेरे शरीर को छूकर देखो," उन्होंने कहा। "मैं सदा की भाँति अब भी जीवित हूँ। शोक मत करो; क्या मैं हमेशा तुम्हारे पास नहीं हूँ?"'

इन तीन महान् शिष्यों के मुख से एक अद्‌भुत सत्य की कहानी उभरकर सामने आई है, लाहिड़ी महाशय के दाह-संस्कार के बाद दूसरे दिन प्रातः दस बजे तीन अलग-अलग शहरों में तीन शिष्यों के सामने वे पुनरुज्जीवित परंतु रूपांतरित शरीर में फिर से प्रकट हुए।

अतः जब यह नश्वर देह अनश्वरता प्राप्त करेगी और यह मर्त्य जीव अमरता का चोला पहन लेगा, तभी बाइबल में लिखा गया यह वचन चरितार्थ होगा कि 'मृत्यु पर विजय पाई जा चुकी है। हे मृत्यु! कहाँ है तेरा दंश? ओ श्मशान! कहाँ है तेरी विजय?'

□

37

मेरा अमेरिका-गमन

"अमेरिका! निश्चय ही ये लोग अमेरिकी हैं!" मेरे मन में यही विचार उठा, जब मेरी अंतर्दृष्टि के सामने से पाश्चात्य चेहरों की लंबी कतार गुजरने लगी।

राँची में अपने विद्यालय के भंडार–गृह में कुछ धूलि–धूसरित पेटियों के पीछे मैं ध्यानमग्न बैठा था। बच्चों के बीच व्यस्तता के उन वर्षों में एकांत स्थान मिलना बहुत कठिन था!

ध्यान में वह दृश्य चलता रहा। एक विशाल जनसमूह मेरी ओर आतुर दृष्टि से देखते हुए मेरी चेतना के मंच पर अभिनेताओं की तरह मेरे सामने से गुजर रहा था।

इतने में भंडार–गृह का द्वार खुल गया। सदा की तरह एक बच्चे ने मेरे छिपने के स्थान को खोज लिया था।

"यहाँ आओ, विमल," प्रफुल्ल मन से मैंने उसे बुलाया, "तुम्हें एक समाचार सुनाता हूँ, भगवान् मुझे अमेरिका में बुला रहे हैं।"

"अमेरिका में!" उसने ऐसे स्वर में मेरे शब्दों को दोहराया जैसे मैंने कहा हो "चाँद पर जा रहा हूँ।"

"हाँ, कोलंबस की भाँति मैं भी अमेरिका की खोज करने जा रहा हूँ। कोलंबस ने सोचा था कि वह भारत पहुँच गया, परंतु वह अमेरिका पहुँच गया था; निश्चय ही इन दो देशों के बीच कोई कर्म–संबंध है!"

विमल वहाँ से भाग गया और शीघ्र ही दो पाँव के उस समाचार–पत्र ने सारे विद्यालय में यह बात फैला दी।

मैंने स्तंभित शिक्षकवर्ग को बुलाया और विद्यालय को उनके हाथों में सौंप दिया। उस अवसर पर उन्हें संबोधित करते हुए मैंने कहा, "मुझे पूरा विश्वास है कि

लाहिड़ी महाशय के शिक्षा-आदर्शों का आप लोग सर्वोपरि पालन करेंगे। मैं हमेशा आप लोगों को पत्र लिखता रहूँगा। ईश्वर ने चाहा तो किसी दिन मैं यहाँ वापस आ जाऊँगा।"

उन छोटे-छोटे बच्चों पर और राँची की उस सुंदर विस्तृत भूमि पर अंतिम दृष्टिपात करते हुए मेरी आँखें छलछला आईं। मैं जानता था कि मेरे जीवन का एक विशिष्ट अध्याय पूरा हो चुका था और अब इसके आगे मुझे सुदूर देशों में ही रहना होगा। ध्यान में उस दृश्य-दर्शन के कुछ ही घंटों बाद मैं ट्रेन से कोलकाता रवाना हो गया। दूसरे ही दिन मुझे अमेरिका में आयोजित 'धार्मिक उदारतावादियों' के अंतरराष्ट्रीय सम्मेलन में भारत के प्रतिनिधि के रूप में भाग लेने के लिए एक निमंत्रण मिला। उस वर्ष यह सम्मेलन 'अमेरिकन युनिटैरियन एसोसिएशन' के तत्त्वावधान में बॉस्टन में होने वाला था।

मेरा दिमाग घूमने लगा। मैं श्रीरामपुर में श्रीयुक्तेश्वरजी के पास जा पहुँचा।

"गुरुजी! मुझे अभी-अभी अमेरिका में एक धार्मिक सम्मेलन में भाषण देने का निमंत्रण मिला है। क्या मुझे जाना चाहिए?" गुरुदेव ने सहज भाव से उत्तर दिया, "सभी दरवाजे तुम्हारे लिए खुले हैं। अभी नहीं गए तो कभी नहीं जा सकोगे।"

मैंने व्याकुल होकर कहा, "परंतु, गुरुदेव! मुझे सार्वजनिक व्याख्यान देने का अनुभव ही क्या है? मैंने शायद ही कभी कोई भाषण दिया हो, और अंग्रेजी में तो कभी नहीं।"

"तुम अंग्रेजी में बोलो या किसी भी भाषा में बोलो, योग पर तुम्हारा भाषण मन लगाकर सुना जाएगा।"

मैं हँस पड़ा। "गुरुजी! अमेरिकी लोग बंगाली भाषा तो सीखने से रहे! आप ही अब कृपा करके मुझे अंग्रेजी भाषा की बाधाओं से पार करवाइए।"

जब मैंने पिताजी के सामने अमेरिका जाने का अपना विचार रखा तो वे हतप्रभ रह गए। उनके लिए अमेरिका एक अति दूर देश था; उन्हें भय था कि वे मुझे फिर कभी देख नहीं पाएँगे।

उन्होंने रुक्षता के साथ पूछा, "तुम जाओगे कैसे? कौन तुम्हें इसके लिए पैसा देगा?" मेरी शिक्षा एवं पूरे जीवन के लिए वे ही प्रेम से पैसा देते आ रहे थे, इसलिए निश्चय ही उन्हें आशा थी कि यह प्रश्न उठाते ही मेरी सारी योजना धरी की धरी रह जाएगी।

"भगवान् मुझे पैसा देंगे।" जब मैंने यह उत्तर दिया तो अनेक वर्ष पहले आगरा में अनंत दा को दिए हुए इसी प्रकार के उत्तर का मुझे स्मरण हो आया। अधिक

चालाकी न दिखाते हुए मैंने आगे कहा, "पिताजी! शायद भगवान् आपके मन में मेरी सहायता करने की प्रेरणा जगा दें।"

"नहीं, कभी नहीं!" उन्होंने मेरी ओर दयनीय भाव से देखा। इसलिए दूसरे दिन जब पिताजी ने एक बड़ी रकम का चेक मेरे हाथ में दिया तो मेरे आश्चर्य का ठिकाना न रहा।

उन्होंने कहा, "एक पिता होने के नाते नहीं, परंतु लाहिड़ी महाशय का निष्ठावान शिष्य होने के नाते मैं तुम्हें यह पैसा दे रहा हूँ। तो जाओ उस दूर पाश्चात्य देश में और वहाँ धर्म-पंथों से मुक्त क्रियायोग की शिक्षाओं का प्रसार करो।"

जिस निस्स्वार्थ भाव से पिताजी ने तुरंत अपनी वैयक्तिक इच्छाओं को तिलांजलि दे दी थी, उसे देखकर मेरा हृदय द्रवित हो उठा। उन्हें रात में एहसास हो गया था कि विदेश-यात्रा की किसी साधारण इच्छा से मैं अपनी योजना नहीं बना रहा था।

"कदाचित् इस जन्म में अब हमारी फिर से भेंट नहीं हो सकेगी।" पिताजी ने खिन्न होकर कहा। उनकी आयु उस समय 67 वर्ष की हो चुकी थी।

एक प्रबल अंतर्प्रेरणा मेरे मन में उठी और पूर्ण विश्वास के साथ मैंने कहा, "भगवान् एक बार फिर से हम लोगों को अवश्य मिला देंगे।" जब मैं अपने गुरुदेव और अपनी प्रिय मातृभूमि को छोड़कर अमेरिका की अनजान भूमि में जाने की तैयारियाँ कर रहा था तो मेरा हृदय कम आशंकाओं से नहीं भरा था। मैंने भौतिकवादी पाश्चात्य जगत् के बारे में अनेक कहानियाँ सुन रखी थीं। वह जगत् युग-युगों से संतों के प्रभाव से पुनीत हुई भारतभूमि से इतना भिन्न लग रहा था।

मैं सोच रहा था, "पाश्चात्य वातावरण में प्रवेश करने का जोखिम उठाने वाले पौर्वात्य गुरु को हिमालय की ठंड सह पाने से भी अधिक कठोर परिस्थितियों का सामना करने के लिए तैयार रहना चाहिए!"

एक दिन प्रातःकाल मैं इस दृढ़ संकल्प के साथ प्रार्थना करने बैठ गया कि भले ही प्रार्थना करते-करते मैं मर क्यों न जाऊँ, पर जब तक ईश्वर की आवाज नहीं सुनूँगा, तब तक प्रार्थना बंद नहीं करूँगा। मैं ईश्वर से आशीर्वाद एवं आश्वासन चाहता था, ताकि मैं पश्चिम के आधुनिक भौतिकवाद और व्यावहारिक उपयोगितावाद के कोहरे में कहीं खो न जाऊँ। अमेरिका जाने का तो संकल्प मेरे मन ने कर ही लिया था, पर साथ ही ईश्वर की अनुमति और आश्वासन-वाणी सुनने के लिए वह और भी अधिक कृतसंकल्प था।

बार-बार उठने वाली सिसकियों को दबाकर रखते हुए मैं प्रार्थना करता ही रहा, करता ही रहा। कोई उत्तर नहीं। मध्या होते-होते प्रार्थना की उत्कटता पराकाष्ठा

पर पहुँच गई। तीव्रता की वेदना के दबाव से मेरा सिर चकराने लगा। ऐसा लग रहा था कि अब अपनी आंतरिक उत्कटता को और अधिक बढ़ाकर एक बार भी यदि रोया तो मेरा सिर फट जाएगा।

ठीक उसी क्षण गड़पार रोड पर स्थित मेरे घर के दरवाजे पर दस्तक सुनाई दी। जब मैंने दरवाजा खोला तो देखा कि संन्यासियों की तरह केवल एक कटिवस्त्र धारण किया हुआ एक युवक वहाँ खड़ा है। उसने घर में प्रवेश किया।

'ये अवश्य ही बाबाजी होंगे!' स्तब्ध होकर मैं सोच रहा था, क्योंकि मेरे सामने खड़े उस व्यक्ति का चेहरा लाहिड़ी महाशय जैसा ही दिख रहा था। मेरे मन में उठे उस विचार का उन्होंने उत्तर दे दिया। "हाँ, मैं बाबाजी हूँ।" वे अत्यंत मधुर आवाज में हिंदी में बोल रहे थे। "हम सबके परमपिता ने तुम्हारी प्रार्थना सुन ली है। उन्होंने मुझे तुम्हें यह बताने का आदेश दिया है कि अपने गुरु की आज्ञा का पालन करो और अमेरिका चले जाओ। डरो मत; तुम्हारा पूर्ण संरक्षण किया जाएगा।"

थोड़ी देर रुककर बाबाजी ने फिर मुझसे कहा, "तुम ही वह हो, जिसे मैंने पाश्चात्य जगत् में क्रियायोग का प्रसार करने के लिए चुना है। बहुत वर्ष पहले मैं तुम्हारे गुरु युक्तेश्वर से एक कुंभ मेले में मिला था और तभी मैंने उनसे कह दिया था कि मैं तुम्हें उनके पास शिक्षा ग्रहण के लिए भेज दूँगा।"

साक्षात् बाबाजी के सामने खड़ा होने के कारण भक्तिभाव में विभोर होकर मैं अवाक् हो गया और उन्होंने ही मुझे श्रीयुक्तेश्वरजी के पास पहुँचाया था, यह स्वयं उनके श्रीमुख से सुनकर तो मेरा हृदय कृतज्ञता एवं प्रेमादर की बाढ़ में पूरी तरह डूब गया। मृत्युंजय परमगुरु के चरणों में मैंने साष्टांग प्रणाम किया। उन्होंने अत्यंत प्रेम के साथ मुझे उठाया। मेरे जीवन के बारे में अनेक बातें बताने के बाद उन्होंने मुझे कुछ व्यक्तिगत उपदेश दिए और कई गोपनीय भविष्यवाणियाँ कीं।

अंत में उन्होंने गंभीरता के साथ कहा, "ईश्वर-साक्षात्कार की वैज्ञानिक प्रणाली क्रियायोग का अंततः सब देशों में प्रसार हो जाएगा और मनुष्य को अनंत परमपिता का व्यक्तिगत इंद्रियातीत अनुभव कराने के द्वारा यह राष्ट्रों के बीच सौमनस्य-सौहार्द स्थापित कराने में सहायक होगा।"

अपनी अनंत शक्ति से युक्त दृष्टि मुझ पर डालकर अपने ब्रह्मचैतन्य की एक झाँकी मुझे दिखाते हुए परमगुरु ने मुझमें नई शक्ति का संचार कर दिया।

थोड़ी ही देर में बाबाजी यह कहते हुए दरवाजे की ओर बढ़े, "मेरे पीछे आने का प्रयत्न मत करना। तुम्हारे लिए वह संभव भी नहीं होगा।"

"बाबाजी, दया कीजिए। चले मत जाइए। मुझे अपने साथ लेते जाइए।" मैं बार-बार पुकार रहा था। उन्होंने कहा, "अभी नहीं, फिर कभी।"

भावावेग में मैंने उनकी चेतावनी की परवाह नहीं की। जैसे ही मैंने उनके पीछे जाने का प्रयत्न किया, मुझे ज्ञात हुआ कि मेरे पाँव जमीन से चिपक गए हैं। दरवाजे पर पहुँचकर बाबाजी ने मुझ पर एक प्रेमभरी दृष्टि डाली। मेरी आँखें तीव्र लालसा से उन पर ही जमी हुई थीं। उन्होंने आशीर्वाद देने की मुद्रा में हाथ उठाया और चले गए। कुछ मिनट बाद मेरे पाँव जमीन से छूटे। मैं वहीं बैठकर गहरे ध्यान में लीन हो गया। न केवल मेरी प्रार्थना का उत्तर देने के लिए ही, बल्कि बाबाजी का दर्शन करा देने के लिए भी, मैं ईश्वर को बारंबार धन्यवाद देने लगा। मुझे ऐसा लग रहा था, मानो चिरयुवा, आयुविहीन प्राचीन परमगुरु के स्पर्श से मेरा शरीर पावन हो गया था। उनके दर्शन की तीव्र लालसा मुझे लंबे समय से थी।

अमेरिका के लिए प्रस्थान करने के एक दिन पहले मैं श्रीयुक्तेश्वरजी की पावन उपस्थिति में बैठा था। उन्होंने अपने ज्ञानयुक्त शांत स्वर में मुझसे कहा, "भूल जाओ कि तुम्हारा जन्म हिंदू समाज में हुआ था, परंतु अमेरिकी लोगों के भी सारे ही तौर-तरीके मत अपना लेना। दोनों समाजों के केवल उत्तम गुणों को ही ग्रहण करना। तुम ईश्वर की संतान हो; अपने इस सच्चे स्वरूप को सदा याद रखना। पृथ्वी पर चारों ओर विभिन्न जातिवंशों में बिखरे हुए अपने बंधुओं के सर्वश्रेष्ठ गुणों को खोजो और उन्हें आत्मसात् करो।"

फिर उन्होंने मुझे आशीर्वाद दिया, "ईश्वर की खोज करने के लिए जो भी श्रद्धा के साथ तुम्हारे पास आएँगे, तुम्हारे द्वारा उनकी सहायता होकर रहेगी। जब तुम उन पर दृष्टिपात करोगे, तब तुम्हारी आँखों से निःसृत होता आध्यात्मिक प्रवाह उनके मस्तिष्कों में प्रवेश करेगा और उनकी भौतिक प्रवृत्तियों तथा आदतों को परिवर्तित करके उन्हें और अधिक ईश्वराभिमुख कर देगा।"

श्रीयुक्तेश्वरजी के इन आशीर्वादों की पूर्ति भलीभाँति हुई। मैं अमेरिका अकेला ही आया, जहाँ मेरा एक भी मित्र नहीं था, परंतु यहाँ हजारों लोग मुझे मिले, जो आत्मा की कालातीत शिक्षाओं को ग्रहण करने के लिए तैयार बैठे थे।

विश्वयुद्ध के बाद अमेरिका जाने वाले पहले ही यात्री जहाज 'द सिटी ऑफ स्पार्टा' पर सवार होकर मैंने अगस्त 1920 में भारत से प्रस्थान किया।

दो महीनों की समुद्र-यात्रा के दौरान जहाज पर एक सहयात्री को पता चल गया कि मैं बॉस्टन सम्मेलन के लिए भारत का प्रतिनिधि बनकर जा रहा हूँ।

मेरे नाम का विचित्र उच्चारण करते हुए उसने मुझसे कहा, "स्वामी योगानंद, अगले गुरुवार की रात को हम यात्रियों के लिए एक व्याख्यान देकर कृपया हमें अनुगृहीत करें। 'जीवन का युद्ध और उसे कैसे लड़ें' विषय पर व्याख्यान से हम सबको बड़ा लाभ होगा।"

अफसोस! बुधवार के आते ही मुझे पता चला कि पहले मुझे ही अपने जीवन का युद्ध लड़ना था। अंग्रेजी में व्याख्यान देने के लिए अपने विचारों को एक सूत्र में गूँथने का मैंने हर तरह से प्रयास कर लिया, परंतु सब व्यर्थ! आखिर मैंने तैयारी करने का यह प्रयास ही छोड़ दिया। पर गुरुदेव के पिछले आश्वासनों पर पूर्ण विश्वास रखते हुए मैं गुरुवार को जहाज के सैलून में अपने श्रोताओं के सामने जाकर खड़ा हो गया। मेरे मुँह से एक भी शब्द नहीं निकला; वहाँ उपस्थित लोगों के सामने मैं अवाक् बनकर खड़ा रहा। मेरी सहनशीलता का यह युद्ध लगभग 10 मिनट तक चलता रहा। उसके बाद श्रोताओं को मेरी परिस्थिति का आकलन हो गया और वे हँसने लगे। उस क्षण की परिस्थिति मेरे लिए तो हँसने लायक नहीं थी; क्षुब्ध होकर मन–ही–मन मैं गुरुदेव से प्रार्थना करने लगा।

"तुम बोल सकते हो! बोलो!" उनकी आवाज तत्क्षण मेरी चेतना में गूँजी।

उसी के साथ मेरे विचारों ने तुरंत ही अंग्रेजी भाषा के साथ दोस्ती कर ली। पैंतालीस मिनट तक व्याख्यान चलता रहा और अंत तक श्रोतागण तन्मय होकर सुनते रहे। इस व्याख्यान के कारण अमेरिका में विभिन्न संस्थाओं के समक्ष बाद में व्याख्यान देने के लिए कई निमंत्रण मुझे उसी समय मिल गए।

बाद में प्रयास करने पर भी, उस व्याख्यान में मैंने जो कुछ कहा था, उसमें से एक शब्द भी मुझे कभी याद नहीं आ सका। सावधानीपूर्वक जब मैंने यात्रियों से पूछताछ की तो अनेक लोगों से मुझे इतना ही पता चला, "आपने शुद्ध और सही अंग्रेजी में अत्यंत प्रेरणास्पद व्याख्यान दिया।" यह आनंददायक उत्तर सुनकर मैंने समय पर सहायता करने के लिए विनम्रतापूर्वक अपने गुरुदेव का धन्यवाद किया और इसके साथ ही मुझे नए सिरे से फिर एक बार यह एहसास हो गया कि देश–काल की सीमाओं को ध्वस्त कर वे सदा ही मेरे साथ हैं।

'द सिटी ऑफ स्पार्टा' जहाज सितंबर के उत्तरार्थ में बॉस्टन के बंदरगाह में खड़ा हो गया। 6 अक्तूबर, 1920 को मैंने धर्म सम्मेलन में जाकर अमेरिका में अपना पहला व्याख्यान दिया। व्याख्यान का अच्छा स्वागत हुआ; मैंने राहत की साँस ली। अमेरिकन युनिटैरियन एसोसिएशन के विशाल हृदय सचिव ने सम्मेलन पर प्रकाशित एक विवरण में अपना मत इस प्रकार व्यक्त किया—

"राँची के ब्रह्मचर्याश्रम से आए प्रतिनिधि स्वामी योगानंद ने अपनी संस्था की ओर से सम्मेलन का अभिनंदन किया। धाराप्रवाह अंग्रेजी में ओजस्वी वक्तृत्व के साथ उन्होंने 'धर्म-विज्ञान' पर दार्शनिक स्वरूप का व्याख्यान दिया, जिसे बड़े स्तर पर वितरण करने के लिए एक पत्रक के रूप में छाप दिया गया है। अपने व्याख्यान में उन्होंने कहा कि धर्म सार्वभौमिक है और एक ही है। रीति-रिवाज और रूढ़ि-प्रथाओं को सार्वभौमिक नहीं बनाया जा सकता; परंतु धर्म में निहित सामान्य तत्त्व को सार्वभौमिक बनाया जा सकता है और सबको उसका अनुसरण करने एवं उसका पालन करने के लिए कहा जा सकता है।"

पिताजी ने जो बड़ी रकम का चेक दिया था, उसके कारण सम्मेलन के समाप्त हो जाने के बाद भी अमेरिका में रहना मेरे लिए संभव हो गया। अत्यंत साधारण परिस्थितियों में रहते हुए बॉस्टन में तीन वर्ष सुखपूर्वक बीत गए। इस दौरान मैंने सार्वजनिक व्याख्यान दिए, शिक्षा वर्ग चलाए और 'सांग्स ऑफ द सोल' ('आत्मा के गीत') नामक एक काव्य-पुस्तक भी लिखी, जिसकी प्रस्तावना 'सिटी ऑफ न्यूयॉर्क' कॉलेज के प्रेसिडेंट डॉ. फ्रेडरिक बी. रॉबिंसन ने लिखी।

1924 में मैंने पूरे अमेरिका महाद्वीप की यात्रा शुरू की और प्रमुख शहरों में हजारों लोगों के समक्ष व्याख्यान दिए। मैं जब सिएटल में था तो कुछ समय विश्रांति में बिताने के लिए वहाँ से रमणीय अलास्का में चला गया।

मेरी शिक्षाओं का अनुसरण करने वाले उदारमना लोगों की सहायता से 1925 के अंत तक मैंने कैलिफोर्निया के लॉस एंजेल्स शहर में माउंट वाशिंगटन एस्टेट्स पर अपने अमेरिकी मुख्यालय की स्थापना कर दी। यह वही भवन है, जो मैंने अनेक वर्ष पहले कश्मीर में अपने अंतर्दर्शन में देखा था। यहाँ दूर अमेरिका में चल रही अपनी गतिविधियों के फोटो मैंने जल्दी ही श्रीयुक्तेश्वरजी को भेज दिए। उन्होंने एक पोस्टकार्ड पर बंगाली में उत्तर भेजा, जिसका अनुवाद मैं यहाँ दे रहा हूँ—

11 अगस्त, 1926

मेरे हृदय के दुलारे, हे योगानंद!

तुम्हारे विद्यालय और छात्रों के फोटो देखकर मेरे जीवन में कितना आनंद आया है, इसका मैं शब्दों में वर्णन नहीं कर सकता। विभिन्न शहरों के तुम्हारे योग-विद्यार्थियों को देखकर मैं आनंद में पिघल रहा हूँ।

प्रतिज्ञापन, रोग-निवारक स्पंदन संप्रेषण तथा दैवी रोगमुक्ति की प्रार्थनाएँ आदि तुम्हारी पद्धतियों के बारे में सुनकर मैं तुम्हें हृदय से धन्यवाद दिए बिना नहीं रह सकता।

माउंट वाशिंगटन एस्टेट्स का मुख्य द्वार, पहाड़ी पर ऊपर जाता सर्पिल रास्ता और पहाड़ी के नीचे फैले हुए सुंदर दृश्य को देखकर ये सभी कुछ आँखों से देखने की इच्छा मन में पैदा होती है। यहाँ सब ठीक चल रहा है। ईश्वर की कृपा से तुम सदा परमानंद में रहो।

—श्रीयुक्तेश्वर गिरि

वर्ष पर वर्ष बीतते गए। अपने नए देश के प्रत्येक हिस्से में और सैकड़ों क्लबों, कॉलेजों, गिरजाघरों और प्रत्येक प्रकार के श्रोतृवृंदों के सामने मैंने व्याख्यान दिए। 1920-30 के दशक में सहस्र-सहस्र अमेरिकी लोगों ने मेरे योग की कक्षाओं में शिक्षा ली। उन सभी को मैंने प्रार्थनाओं और आत्मा के विचारों की एक नई पुस्तक 'व्हिस्पर्स फ्रॉम इटर्निटी' समर्पित की थी, जिसकी प्रस्तावना प्रसिद्ध गायिका मैडम एमेलिटा गैली-कुर्ची ने लिखी थी।

□

38

लूथर बरबैंक—गुलाबों के बीच एक संत

"उन्नत किस्म के पौधे तैयार करने का रहस्य वैज्ञानिक ज्ञान के अलावा एक और भी है; वह है प्रेम।" लूथर बरबैंक ने ज्ञान के ये शब्द तब कहे, जब मैं कैलिफोर्निया में सैंटा रोजा स्थित उनके बगीचे में उनके साथ टहल रहा था। मनुष्य के खाने योग्य नागफनी की एक क्यारी के पास हम रुक गए।

उन्होंने आगे कहा, "जब मैं कंटकहीन नागफनी की नस्ल तैयार करने का प्रयोग कर रहा था, तब मैं प्राय: इन पौधों के साथ बातें किया करता था, ताकि प्रेमपूर्ण स्पंदन पैदा हो सकें। मैं उनसे कहता, 'तुम्हें किसी प्रकार का भय रखने की आवश्यकता नहीं है। आत्म-रक्षा के लिए तुम्हें इन काँटों की आवश्यकता नहीं है। मैं तुम्हारी रक्षा करूँगा।' और धीरे-धीरे रेगिस्तान का यह उपयुक्त पौधा इस कंटकविहीन नस्ल के रूप में उभर आया।"

मैं इस चमत्कार पर मुग्ध रह गया। "प्रिय लूथर, माउंट वाशिंगटन के अपने बगीचे में लगाने के लिए इस नागफनी के कुछ पत्ते कृपया मुझे प्रदान करें।"

निकट ही खड़ा एक माली कुछ पत्ते काटने के लिए आगे बढ़ा ही था कि लूथर ने उसे रोक दिया।

"स्वामीजी के लिए मैं स्वयं ही पत्ते काट देता हूँ।" उन्होंने मुझे तीन पत्ते दिए, जिन्हें बाद में मैंने अपने बगीचे में लगाया। उन्हें पौधे बनकर बढ़ते और फिर विशाल झाड़ी के रूप में परिवर्तित होते देखकर मैं खूब आनंदित होता था।

इस महान् उद्यान-विज्ञानी ने मुझे बताया कि उनकी प्रथम उल्लेखनीय सफलता थी, बड़े आकार का वह आलू जिसे उनके ही नाम पर अब बरबैंक

आलू कहा जाता है। अपनी असीम प्रतिभा और अथक परिश्रम से उन्होंने प्रकृति के पौधों को वर्ण-संकर के द्वारा अधिक उन्नत कर सैकड़ों नई प्रजातियाँ संसार को दी हैं—नई बरबैंक किस्म के टमाटर, मक्का, स्क्वैश, चेरी, प्लम्स, नेक्टारिन, बेरी, पॉपी, लिली, गुलाब।

मैंने अपना कैमरा साध लिया जब लूथर मुझे अखरोट के उस प्रसिद्ध पेड़ के पास ले गए, जिसे तैयार करके उन्होंने सिद्ध कर दिया कि नैसर्गिक क्रम-विकास की गति को बहुत अधिक भी बढ़ाया जा सकता है।

उन्होंने कहा, "केवल सोलह वर्षों में यह पेड़ भरपूर फल देने लग गया। किसी प्रकार की सहायता के बिना, नैसर्गिक क्रम के अनुसार फल देने में इसे इससे दुगुना समय लगता।

इतने में बरबैंक की छोटी सी दत्तक पुत्री अपने कुत्ते के साथ उछली-कूदती बगीचे में आई।

उसकी ओर हाथ दिखाते हुए प्रेम से लूथर ने कहा, "यह मेरा मानव-पौधा है। सारी मानवजाति को अब मैं एक विशाल वृक्ष के रूप में ही देखता हूँ, जिसे अपने उच्चतम विकास के लिए केवल प्रेम, खुली हवा और खुली जगह का प्राकृतिक वरदान तथा बुद्धि का उपयोग कर चुन-चुनकर संकरित किए जाने की आवश्यकता है। मैंने स्वयं अपने जीवनकाल में ही पौधों के विकास की ऐसी आश्चर्यजनक प्रगति देखी है कि मुझे यह दृढ़ आशा हो गई है कि यदि बच्चों को सादगी और विवेक के साथ जीना सिखाया जाए, तो यह संसार शीघ्र ही स्वस्थ और सुखी बन जाएगा। हमें प्रकृति और प्रकृति के स्रष्टा ईश्वर की ओर लौटना ही होगा।"

"लूथर, राँची के मेरे विद्यालय में खुले आकाश के नीचे चलते कक्षा-वर्गों को और आनंद एवं सादगी से भरे वातावरण को देखकर आप अत्यंत आनंदित होंगे।"

मेरे शब्दों ने उनके हृदय के सबसे नाजुक तार को छेड़ दिया। बच्चों की शिक्षा उनका सबसे प्रिय विषय था। उन्होंने मुझ पर प्रश्नों की झड़ी लगा दी। उनकी गहरी, शांत आँखों में उत्सुकता चमक रही थी।

अंत में उन्होंने कहा, "आपके विद्यालय जैसे विद्यालयों से ही भावी युग के लिए कोई आशा की जा सकती है। प्रकृति से दूर और स्वतंत्र व्यक्तित्व के विकास का बचपन में ही गला घोंट देने वाली हमारी वर्तमान शिक्षा पद्धतियों के विरुद्ध मेरे हृदय में बगावत है। शिक्षा-विषयक आपके व्यावहारिक आदर्शों के साथ मैं पूर्ण अंतःकरण से सहमत हूँ।"

जब मैं उस विनम्र संत से विदा लेने लगा, तो उन्होंने एक छोटी सी पुस्तक पर अपने हस्ताक्षर कर दिए और वह पुस्तक मुझे भेंट कर दी।

"'मानव-तरु का प्रशिक्षण' पर यह मेरी पुस्तक है। नए प्रकार के प्रशिक्षण के निर्भय प्रयोगों की आवश्यकता है। कभी-कभी दुस्साहसी प्रयोगों से ही फलों और फूलों के सर्वोत्तम गुण प्रकट करने में मुझे सफलता मिली है। इसी प्रकार बच्चों की शिक्षा के भी अधिक प्रयोग होने चाहिए और वे प्रयोग अधिकाधिक साहसी होने चाहिए," उन्होंने कहा।

मैंने उनकी छोटी सी पुस्तक को उसी रात अत्यंत उत्सुकता के साथ पढ़ा। उनकी दृष्टि मानवजाति के उज्ज्वल भविष्य की कल्पना कर रही थी। उन्होंने लिखा था, 'इस पृथ्वी पर सजीव वस्तुओं में सबसे जिद्दी और बदलने में सबसे कठिन वह वस्तु पौधा है, जिसकी प्रवृत्तियाँ स्थिर हो गई हों···याद रखिए कि इस पौधे ने अपने स्वतंत्र व्यक्तित्व की युग-युगांतरों से रक्षा की है; यह पौधा वह चीज है, जिसकी उत्पत्ति की खोज करते-करते यदि हम समय में अनादिकाल तक पीछे चले जाएँ तो पता चलेगा कि इसकी उत्पत्ति शायद चट्टानों से हुई थी; और कल्पनातीत रूप से इतने दीर्घ काल में शायद इसमें कोई बड़ा परिवर्तन नहीं हुआ। क्या आप ऐसा समझते हैं कि इतने युग-युगांतरों में विशिष्ट गुणधर्मों की या प्रवृत्तियों की बार-बार पुनरावृत्ति होने के बाद भी पौधे में अपनी दृढ़ इच्छाशक्ति नहीं आ जाती? यदि आप उसे इच्छाशक्ति कहना चाहें? और यह इच्छाशक्ति भी इतनी दृढ़ कि जिसकी तुलना नहीं हो सकती! बल्कि ताड़ के पेड़ की कुछ जातियों जैसे कई प्रकार के वृक्ष ऐसे हैं, जिनमें कोई मानवी शक्ति आज तक कोई परिवर्तन नहीं ला सकी। पेड़-पौधों की इच्छाशक्ति के सामने मनुष्य की इच्छाशक्ति कुछ भी नहीं है। फिर भी देखो, इस पौधे की आजीवन जिद केवल उसके साथ एक नए जीवन को जोड़ देने से कैसे टूट जाती है! केवल उस पर कलम बाँध देने से, उसमें संकर करने से उसके जीवन में कैसा पूर्ण और शक्तिशाली परिवर्तन आता है। और जब उसकी जिद टूटकर उसमें यह परिवर्तन आ जाता है, तब वहाँ से आगे उसकी हर पीढ़ी में धैर्य के साथ देखरेख और अच्छे पौधों को चुनते जाकर उसमें आए परिवर्तन को स्थिर और दृढ़ कर दो। और इस प्रकार यह नई प्रजाति अपना मार्गक्रमण शुरू करती है और फिर कभी पीछे मुड़कर नहीं देखती, अपने पुराने स्वरूप पर नहीं जाती। उसकी दृढ़ इच्छाशक्ति आखिर टूट जाती है और वह परिवर्तित हो जाता है। जब यही बात मानव-शिशु की संवेदनशील और लचीली प्रकृति पर लागू करनी हो, तब तो समस्या कहीं अधिक आसान हो जाती है।'

मेरा मन इस महान् अमेरिकी की तरफ खिंच गया और मैं बार-बार उनके पास जाने लगा। एक दिन प्रात:काल जब मैं वहाँ पहुँचा, तो उसी समय पोस्टमैन भी वहाँ आ पहुँचा और उसने करीब हजार पत्र वहाँ डाल दिए। विश्व के सभी भागों से अनेकानेक उद्यान-विशेषज्ञ उन्हें पत्र लिखते थे।

"स्वामीजी! आपके यहाँ होने से मुझे बाहर बगीचे में जाने का वह बहाना मिल गया, जिसकी मुझे तलाश थी," लूथर ने विनोद से कहा। उन्होंने एक बड़ी दराज खोली जिसमें यात्रा-संबंधी सैकड़ों पत्रक थे।

"देखिए," उन्होंने कहा, "यह है मेरा यात्रा करने का तरीका। अपने पेड़-पौधों और पत्र-व्यवहार से यहाँ बँधा मैं विदेश-यात्रा की अपनी इच्छा को इन चित्रों को बीच-बीच में देखकर ही पूरी कर लिया करता हूँ।"

मेरी कार उनके फाटक के सामने ही खड़ी थी। लूथर और मैं कार में बैठकर उस छोटे से नगर की सैर पर निकले, जहाँ के बाग-बगीचे लूथर की अपनी विकसित की हुई गुलाब की प्रजातियों—सैंटा रोजा, पीचब्लो, बरबैंक गुलाब—से खिले हुए थे।

इस महान् वैज्ञानिक ने पहले ही, एक बार जब मैं उनके यहाँ गया हुआ था, मुझसे क्रिया दीक्षा ले ली थी। "स्वामीजी, मैं पूर्ण भक्ति और निष्ठा के साथ क्रिया का नियमित अभ्यास करता हूँ," उन्होंने कहा। योग के विभिन्न पहलुओं पर मुझसे अनेक अच्छे-अच्छे प्रश्न पूछने के बाद लूथर ने धीरे-धीरे कहा—

"पूर्व के पास सचमुच ज्ञान के विशाल भंडार हैं, जिसे पश्चिम ने अभी-अभी जानना शुरू किया है।"

प्रकृति ने यत्नपूर्वक सँभालकर रखे हुए अपने अनेक रहस्य बरबैंक के सामने प्रकट कर दिए। प्रकृति के साथ घनिष्ठ एकरूपता ने बरबैंक में असीम आध्यात्मिक श्रद्धा उत्पन्न कर दी।

एक दिन कुछ संकोच के साथ ही उन्होंने मुझसे कहा, "कभी-कभी मुझे अनुभव होता है कि मैं अनंत शक्ति के बिल्कुल निकट हूँ।" अपने अनुभवों की स्मृतियों से उनका कोमल, सुंदर मुखमंडल दीप्त हो उठा। "तब मैं अपने आसपास के बीमार लोगों को और पौधों को भी, स्वस्थ कर सकने में समर्थ होता हूँ।"

फिर उन्होंने मुझे अपनी माँ के बारे में बताया, जो धार्मिक प्रवृत्ति की निष्ठावान ईसाई महिला थीं। लूथर ने कहा, "माँ की मृत्यु के बाद अनेक बार वे मेरी अंतर्दृष्टि के सामने प्रकट हुई हैं और मेरे साथ उन्होंने बातचीत भी की है।"

हम लोग अनिच्छापूर्वक ही उनके घर की ओर वापस मुड़े, जहाँ हजारों पत्र उनकी प्रतीक्षा कर रहे थे।

रास्ते में मैंने कहा, "लूथर, अगले महीने से मैं पूर्व और पश्चिम के ज्ञान को लोगों तक पहुँचाने के लिए एक पत्रिका शुरू कर रहा हूँ। पत्रिका के लिए कोई अच्छा नाम चुनने में मेरी मदद कीजिए।"

हमने कुछ नामों की थोड़ी देर चर्चा की और अंत में 'ईस्ट-वेस्ट' (पूर्व-पश्चिम) नाम पर दोनों सहमत हो गए। जब हमने उनके अध्ययन-कक्ष में प्रवेश किया तो उन्होंने 'विज्ञान और सभ्यता' पर लिखा अपना एक लेख मुझे दिया।

मैंने कृतज्ञतापूर्वक कहा, "यह 'ईस्ट-वेस्ट' के प्रथम अंक में छपकर आएगा।"

जैसे-जैसे हमारी मित्रता गहरी होती गई, मैं बरबैंक को अपना 'अमेरिकन संत' कहने लगा। ईसा के शब्दों को उद्धृत कर मैं कहता, "इस मनुष्य को देखो; इसमें कोई छल-कपट नहीं है।" उनका हृदय अथाह गहरा था; विनम्रता, धैर्य और त्याग का उस हृदय को दीर्घ अभ्यास था। गुलाबों के बीच में स्थित उनका घर अत्यंत सादा था; विलासिता की निरर्थकता एवं अपरिग्रह के आनंद का उन्हें ज्ञान था। एक वैज्ञानिक के रूप में हुई अपनी ख्याति को वे जिस विनयशीलता के साथ वहन करते थे, उसे देखकर मुझे बारंबार उन वृक्षों की याद आती थी, जो पके फलों के भार से झुक जाते हैं। केवल फलहीन वृक्ष ही वृथा अभिमान के साथ सिर ताने खड़े रहते हैं।

1926 में जब मेरे इस प्रिय मित्र का निधन हुआ, तब मैं न्यूयॉर्क में था। अश्रुपात करते हुए मैं सोच रहा था, 'उन्हें केवल एक बार देखने के लिए मैं यहाँ से सैंटा रोजा तक खुशी-खुशी पैदल चला जाऊँगा!' अपने आप को अपने कमरे में बंद कर 24 घंटे मैं एकांत में रहा; न अपने सचिवों से मिला और न मुझसे मिलने के लिए आने वालों से।

दूसरे दिन मैंने लूथर के एक बड़े फोटो के सामने उनके लिए वैदिक रीति से तर्पण किया। शरीर-तत्त्वों के उनके अनंत स्रोत में विलय के प्रतीक स्वरूप फूल, जल एवं अग्नि का तर्पण किया गया, तब मेरे अमेरिकी शिष्य हिंदू सूतक वस्त्र धारण किए वैदिक मंत्रों का घोष कर रहे थे। यूँ तो बरबैंक का पार्थिव शरीर सैंटा रोजा में उनके ही द्वारा अनेक वर्ष पूर्व लगाए गए एक लेबनानी देवदार वृक्ष के नीचे चिर विश्रांति ले रहा है, पर जहाँ तक मेरा संबंध है, उनकी आत्मा रास्ते किनारे उगने वाले प्रत्येक फूल में प्रतिष्ठित हो गई है। कुछ समय के लिए प्रकृति की विराट् आत्मा में समा गए लूथर क्या सूर्योदय के साथ आते नहीं हैं और क्या हवाओं में उनका स्वर

नहीं गूँज रहा है ?

उनका नाम अब साधारण बोलचाल का एक शब्द बन गया है। 'वेबस्टर्स न्यू इंटरनेशनल डिक्शनरी' में 'बरबैंक' शब्द को सकर्मक क्रियापद कहते हुए उसका अर्थ दिया गया है, "वर्ण-संकर करना या कलम बाँधना (पौधे पर)। अर्थात् अच्छे तत्त्वों को लेकर और बुरे तत्त्वों को त्यागकर या अच्छे तत्त्वों के संयोग से सुधार करना (किसी भी प्रक्रिया में या संस्था में)।"

यह परिभाषा पढ़कर मैं बोल पड़ा, "प्रिय बरबैंक! आपका नाम ही अब अच्छाई का पर्यायवाची बन गया है!"

□

39

ईसा-क्षतचिह्न-धारिणी कैथोलिक संत टेरेसा नॉयमन

"भारत लौट आओ। पंद्रह वर्षों तक मैंने धीरज के साथ तुम्हारी प्रतीक्षा की है। शीघ्र ही मैं शरीर त्यागकर अनंत धाम चला जाऊँगा। योगानंद, चले आओ!"

एक दिन जब मैं माउंट वाशिंगटन स्थित अपने आश्रम में ध्यान कर रहा था, तब अचानक आश्चर्यजनक रूप से श्रीयुक्तेश्वरजी की आवाज मुझे अपने अंतर में सुनाई दी। दस हजार मील की दूरी को पलक झपकते ही पार कर उनके संदेश ने बिजली की भाँति मेरे अंतर में प्रवेश कर लिया।

पंद्रह वर्ष! हाँ, मुझे एहसास हुआ, यह सन् 1935 है। मैंने अमेरिका में अपने गुरुदेव की शिक्षाओं का प्रसार करते हुए पंद्रह वर्ष बिता दिए हैं। अब वे मुझे वापस बुला रहे हैं।

थोड़ी देर बाद मैंने अपना यह अनुभव अपने एक प्रिय मित्र जेम्स जे. लिन को बताया। प्रतिदिन क्रिया-योग के अभ्यास से उनकी आध्यात्मिक उन्नति इतनी हो गई थी कि मैं प्राय: उन्हें 'संत लिन' कहता हूँ। उनमें तथा दूसरे अनेक पाश्चात्यों में बाबाजी की उस भविष्यवाणी की पूर्ति देखकर मैं अत्यंत आनंदित होता हूँ कि प्राचीन योग मार्ग के माध्यम से पाश्चात्य जगत् में भी ईश्वर-साक्षात्कारी संत पैदा होंगे।

श्री लिन ने उदारतापूर्वक मेरी यात्रा के व्यय का सारा भार उठाने का प्रस्ताव रखा। इस प्रकार पैसे की समस्या हल होते ही मैंने जहाज से यूरोप होते हुए भारत जाने की तैयारी की। मार्च 1935 में मैंने सेल्फ रियलाइजेशन फेलोशिप को चिरस्थायी बनाने के लिए उसे कैलिफोर्निया राज्य के कानून के अंतर्गत एक

धर्मनिरपेक्ष, अलाभार्जक संस्था के रूप में पंजीकृत करा लिया। मेरे पास अपना जो कुछ था, वह सब अपनी पुस्तकों के सर्वाधिकारों सहित मैंने सेल्फ रियलाइजेशन फेलोशिप को दान कर दिया। दूसरी अधिकांश धार्मिक एवं शैक्षणिक संस्थाओं की तरह ही सेल्फ रियलाइजेशन फेलोशिप भी अपने सदस्यों एवं अन्य लोगों के दान पर चलती है।

मैंने अपने शिष्यों से कहा, "मैं वापस आऊँगा। अमेरिका को मैं कभी नहीं भूलूँगा।"

लॉस एंजेलिस में मेरे मित्रों द्वारा मुझे दिए गए विदाई-भोज के दौरान मैं लंबे समय तक उनके चेहरे निहारता रहा। मेरे मन में कृतज्ञता से ओतप्रोत विचार आया, "हे प्रभु! जो आपको ही एकमात्र दाता मानकर स्मरण करता है, उसके लिए मानवों के बीच कभी मित्रता की मधुरता का अभाव नहीं हो सकता।"

न्यूयॉर्क से मैं 9 जून, 1935 को यूरोपा नाम के जहाज पर सवार होकर चल पड़ा। मेरे साथ दो शिष्य थे—एक मेरे निजी सचिव श्री सी. रिचर्ड राइट और दूसरी सिनसिनाटी की एक वृद्ध-सी महिला, मिस एटी ब्लेच। विगत सप्ताहों की अतिव्यस्तता और भागदौड़ के बाद समुद्र-यात्रा के शांतिपूर्ण दिन बड़े सुहावने लग रहे थे। पर यह शांति अल्पकालिक ही रही; आधुनिक जहाजों की तेज गति के कुछ खेदजनक पहलू भी हैं!

अन्य उत्सुक पर्यटकों की भाँति ही हम लोग भी विशाल और प्राचीन महानगरी लंदन में घूमे। लंदन पहुँचने के दूसरे दिन मुझे कैक्स्टन हॉल में एक विशाल सभा को संबोधित करने का निमंत्रण मिला। इस सभा में व्याख्यान शुरू करने से पहले सर फ्रांसिस यंगहसबैंड ने लंदन के श्रोताओं को मेरा परिचय दिया।

हमने सर हैरी लॉडर के अतिथि बनकर उनके स्कॉटलैंड की एस्टेट में एक दिन आनंद में बिताया। कुछ दिन बाद हम लोग इंग्लिश चैनल को पार कर यूरोप महाद्वीप पहुँचे, क्योंकि मैं बवेरिया की एक विशेष तीर्थयात्रा करना चाहता था। मैंने विचार किया कि कोनरस्नूथ की महान् कैथोलिक संत टेरेसा नॉयमन से मिलने का यही एकमात्र अवसर मुझे मिल सकता है।

कई वर्ष पहले मैंने टेरेसा नॉयमन के बारे में एक आश्चर्यकारक लेख पढ़ा था। उस लेख में उनके बारे में जो जानकारी दी गई थी, वह इस प्रकार थी—

1. टेरेसा नॉयमन का जन्म 1898 में गुड फ्राइडे के दिन हुआ था। जब वे 20 वर्ष की थीं, तब एक दुर्घटना में वे अंधी हो गईं और साथ ही उन्हें पक्षाघात भी हो गया।

2. 'द लिटिल फ्लॉवर' के नाम से सुविख्यात लिसो की संत टेरेसा की कृपा से 1923 में उनकी दृष्टि चमत्कारिक ढंग से वापस आ गई। बाद में टेरेसा नॉयमन का पक्षाघात भी ठीक हो गया।
3. 1923 से ईश्वर के प्रसाद रूप में चर्च से दिए जाने वाले छोटे से वेफर के अतिरिक्त टेरेसा नॉयमन ने अन्न-जल का पूर्ण परित्याग कर दिया है।
4. 1926 में टेरेसा नॉयमन के माथे पर, छाती तथा हाथ-पाँवों पर ईसा मसीह के पवित्र घाव प्रकट हो गए। सूली पर चढ़ाए जाने से पूर्व और सूली पर चढ़ाए जाने के दौरान ईसा मसीह को जो-जो यातनाएँ दी गईं, उन सब यातनाओं को वे प्रति शुक्रवार को अपने शरीर में अनुभव करती हैं।
5. टेरेसा नॉयमन को केवल अपने गाँव की सरल जर्मन भाषा ही आती है, परंतु शुक्रवार के इन अनुभवों के दौरान भावावेश में वे कुछ ऐसे वाक्यों का उच्चारण करती हैं, जिन्हें विद्वानों ने प्राचीन फिलिस्तीनी भाषा के रूप में पहचाना है। अपने इस दिव्य दर्शन के दौरान उचित अवसरों पर वे हिब्रू या यूनानी भाषा भी बोलती हैं।
6. चर्च के अधिकारियों की अनुमति से कई बार टेरेसा नॉयमन को वैज्ञानिक निरीक्षण में भी रखा गया। 'प्रोटेस्टेंट जर्मन' समाचार-पत्र के संपादक डॉ. फ्रिट्ज गर्लिक इस 'कैथोलिक पाखंडी' का भंडाफोड़ करने के लिए कोनरस्रूथ गए थे, पर मन में श्रद्धा लिये लौट आए और उन्होंने उनका पूर्ण श्रद्धाभाव के साथ जीवन चरित्र लिख डाला।

हमेशा की तरह मैं किसी संत से मिलने के लिए लालायित रहता था, चाहे मैं पूर्व में रहूँ या पश्चिम में। जब हम लोग 16 जुलाई को कोनरस्रूथ पहुँचे, तो मैं आनंद से पुलकित हो उठा। बवेरियाई किसानों को हमारी फोर्ड कार (इसे हम लोग अमेरिका से अपने साथ लाए थे) और उसमें बैठे अलग-अलग प्रकार के लोगों—एक युवा अमेरिकन पुरुष, एक प्रौढ़ महिला और कोट के कॉलर के नीचे अपने लंबे केशों को दबाए एक श्यामवर्णी भारतीय को देखकर काफी कुतूहल हो रहा था।

टेरेसा नॉयमन का घर साफ-सुथरा था। घर के पास ही स्थित पुराने कुएँ के पास सुंदर-सुंदर फूल खिले हुए थे। परंतु अफसोस! घर बंद और सुनसान था। पड़ोसियों और उस समय पास से गुजर रहे पोस्टमैन को भी कोई जानकारी नहीं थी। इतने में वर्षा भी होने लगी। मेरे साथियों ने लौट चलने की राय दी।

"नहीं," मैंने दृढ़ता के साथ कहा, "जब तक टेरेसा नॉयमन के पास पहुँचने का कोई-न-कोई सूत्र मेरे हाथ नहीं लगता, मैं यहाँ से हिलने वाला नहीं।"

दो घंटे बाद भी हम उस बेजार करती वर्षा में अपनी कार में ही बैठे रहे। मैंने शिकायत भरा नि:श्वास छोड़ते हुए कहा, "भगवान्! यदि उन्हें यहाँ नहीं होना था, तो आप मुझे यहाँ तक लाए ही क्यों?"

इतने में एक अंग्रेजी भाषी व्यक्ति हमारे पास आकर खड़ा हो गया। उसने नम्रतापूर्वक अपनी सहायता प्रदान की।

उसने कहा, "मैं निश्चित तो नहीं जानता कि टेरेसा नॉयमन कहाँ हैं, परंतु वे प्राय: ही यहाँ से 80 मील दूर आइक्स्टाट विश्वविद्यालय में वहाँ के विदेशी भाषाओं के प्रोफेसर फ्रांज वुट्ज से मिलने जाती हैं।"

दूसरे दिन सुबह हम लोग कार से छोटे से शांत नगर आइक्स्टाट में जा पहुँचे। डॉ. वुट्ज ने प्रेमपूर्वक अपने घर में हमारा स्वागत किया। "हाँ, टेरेसा नॉयमन यहीं है।" उन्होंने टेरेसा नॉयमन के पास संदेश भेजा कि कोई उनसे मिलने आए हैं। संदेश ले जाने वाला शीघ्र ही उनके उत्तर के साथ वापस आया।

"यूँ तो बिशप ने मुझे उनकी अनुमति के बिना किसी से मिलने के लिए मना किया है, परंतु भारत के इस संत से मैं अवश्य मिलूँगी।"

उनके इन शब्दों ने मेरे हृदय को छू लिया। डॉ. वुट्ज के पीछे-पीछे मैं सीढ़ियाँ चढ़कर ऊपर के बैठकखाने में गया। टेरेसा नॉयमन तुरंत ही वहाँ आ गईं। उनसे शांति और आनंद नि:सृत हो रहा था। उन्होंने काला गाउन और सफेद मस्तकावरण धारण कर रखा था। उनकी आयु इस समय 37 वर्ष की थी, परंतु वे उससे काफी कम उम्र की दिख रही थीं। उनके चेहरे पर एक शिशु-सुलभ मोहकता और उत्फुल्लता झलक रही थी। स्वस्थ, सुगठित शरीर, गुलाबी गाल और आनंदी स्वभाव! और ये वो संत हैं, जो सदा निराहार रहती हैं!

टेरेसा नॉयमन ने अत्यंत सौम्यता के साथ मुझसे हाथ मिलाया। एक-दूसरे को ईश्वर-प्रेमी के रूप में पहचानते हुए हम दोनों के मुखों पर मौन मिलन की मृदु मुसकान खेल रही थी।

डॉ. वुट्ज ने कृपापूर्वक दुभाषिए का काम किया। जब हम लोग बैठ गए, तो मेरे ध्यान में आया कि टेरेसा नॉयमन कुतूहल के साथ अपनी भोली-भाली नजर से मुझे देख रही थीं। स्पष्ट था कि बवेरिया में हिंदू कभी-कभी ही दिखाई देते थे।

"क्या आप कभी कुछ नहीं खातीं?" मैं स्वयं उनके मुख से सुनना चाहता था।

"नहीं, प्रतिदिन सुबह 6 बजे केवल एक 'होस्ट' के अलावा मैं कुछ नहीं खाती।"

"यह होस्ट कितना बड़ा होता है?"

"वह कागज के समान पतला और छोटे सिक्के के आकार का होता है।" फिर उन्होंने कहा, "मैं उसे केवल ईश्वर के प्रसाद के रूप में लेती हूँ; यदि वह ईश्वर को अर्पण किया हुआ न हो, तो मैं उसे निगल नहीं पाती।"

"आप केवल उसी पर बारह वर्षों तक तो जीवित नहीं रह सकतीं?"

"मैं ईश्वर के प्रकाश से जीवित रहती हूँ।"

कितना सरल उनका उत्तर था, बिल्कुल आइंस्टीन की तरह!

"मैं समझता हूँ, आपको यह ज्ञान है कि आपके शरीर में प्राणशक्ति आकाश, सूर्य और हवा से आती है।"

तुरंत उनके चेहरे पर मुसकराहट खिल उठी। "बड़ी खुशी हुई यह देखकर कि आप जानते हैं कि मैं कैसे जीवित रहती हूँ।"

"आपका पवित्र जीवन ईसा मसीह द्वारा कहे गए उस सत्य वचन की अभिव्यक्ति है कि 'मनुष्य केवल अन्न से ही जीवित नहीं रहेगा, बल्कि ईश्वर के मुख से निकलने वाले प्रत्येक शब्द से जीवित रहेगा।'"

मेरे इस स्पष्टीकरण से वे पुनः खुश हो गईं। "सचमुच ऐसा ही है। आज इस पृथ्वी पर मेरे जीवित रहने का एक कारण यह सिद्ध करना भी है कि मनुष्य केवल अन्न से नहीं, बल्कि ईश्वर के प्रकाश से जीवित रहता है।"

"क्या आप दूसरों को भी अन्न के बिना जीवित रहना सिखा सकती हैं?"

ऐसा प्रतीत हुआ कि इस प्रश्न से उन्हें कुछ आघात-सा लगा। "मैं ऐसा नहीं कर सकती। ईश्वर की ऐसी इच्छा नहीं है।"

जब मेरी दृष्टि टेरेसा नॉयमन के मजबूत, सुंदर हाथों पर पड़ी, तो उन्होंने प्रत्येक हाथ के पिछले हिस्से में बना हाल ही में भरा एक-एक वर्गाकार घाव दिखाया। प्रत्येक हथेली पर भी हाल ही में भरा अर्धचंद्राकार घाव दिखाया। इनमें से प्रत्येक घाव हाथ के आर-पार था। यह दृश्य देखकर मुझे लोहे की चौकोर लंबी-लंबी कीलों का स्मरण हो आया, जिनका सिरा अर्धचंद्राकार होता है। इन कीलों का पौर्वात्य देशों में अभी भी उपयोग होता है, पर पश्चिम में कहीं मैंने ऐसी कीलें नहीं देखीं।

तत्पश्चात् टेरेसा नॉयमन ने हर सप्ताह में आने वाले अपने उन अनुभवों के बारे में कुछ बताया। "एक असहाय दर्शक की भाँति मैं ईसा मसीह की सारी वेदनाओं को देखती रहती हूँ।" प्रत्येक सप्ताह गुरुवार की मध्यरात्रि से लेकर शुक्रवार की दोपहर एक बजे तक के लिए उनके घावों के मुँह खुल जाते हैं और उनसे रक्त बहता रहता है। इस प्रक्रिया में उनके 121 पौंड के वजन से 10 पौंड वजन कम हो जाता है।

अपने इस सहानुभूतिपूर्ण प्रेम में अत्यंत तीव्र यातना सहते हुए भी टेरेसा नॉयमन अपने प्रभु के इन साप्ताहिक दर्शनों की आतुरता से प्रतीक्षा करती रहती हैं।

उसी क्षण मेरी समझ में आ गया कि नए नियम में वर्णित ईसा मसीह के जीवन और क्रॉस पर उनकी मृत्यु की ऐतिहासिक सत्यता के बारे में सभी ईसाइयों में विश्वास की पुन:प्रतिष्ठा करा देने और गैलिली के उस महान् संत (ईसा मसीह) तथा उनके भक्तों के बीच अमर संबंध का रोमांचक प्रदर्शन करने के लिए ही ईश्वर ने टेरेसा नॉयमन के विलक्षण जीवन का सृजन किया है।

फिर प्रोफेसर वुट्ज ने संत टेरेसा नॉयमन के विषय में अपने कुछ अनुभव बताए।

उन्होंने कहा, "टेरेसा सहित हम कुछ लोग प्राय: कई दिनों तक जर्मनी में दृश्यावलोकन के लिए यात्रा करते रहते हैं। और मजा देखिए—टेरेसा नॉयमन कुछ भी नहीं खातीं, हम सब दिन में तीन बार भरपूर भोजन करते हैं। वे सदा गुलाब के फूल की तरह तरोताजा रहती हैं, थकान उन्हें छूती भी नहीं। हम बाकी लोगों को जब भूख लगती है, तो हम रास्ते किनारे होटलों को ढूँढ़ने लगते हैं और टेरेसा नॉयमन दिल खोलकर हँसती रहती हैं।"

और इसके साथ प्रोफेसर ने उनकी शारीरिक अवस्था के बारे में एक दिलचस्प बात बताई। "टेरेसा नॉयमन कुछ भी नहीं खातीं, इसलिए उनका पेट सिकुड़ गया है। मल-मूत्र उनके शरीर में तैयार ही नहीं होता, परंतु उनकी पसीने की ग्रंथियाँ काम करती हैं, इसलिए उनकी त्वचा हमेशा नरम और दृढ़ रहती है।"

विदा लेते समय मैंने टेरसा नॉयमन से उनके उस अनुभव के समय उपस्थित रहने की इच्छा व्यक्त की।

उन्होंने शालीनतापूर्वक कहा, "हाँ, हाँ! अगले शुक्रवार को कृपया आप कोनरस्त्रूथ आइए। बिशप आपको अनुमति दे देंगे। मुझे बहुत खुशी है कि आप मुझसे मिलने यहाँ आइक्स्टाट तक आए।"

टेरेसा नॉयमन ने हाथ मिलाकर कई बार हिलाया और हम लोगों को बाहर छोड़ने गेट तक आईं। श्री राइट ने कार का रेडियो चालू कर दिया। टेरेसा नॉयमन उत्साह के साथ हँसते हुए उसे चारों ओर से देखने लगीं। वहाँ बच्चों की इतनी भीड़ जमा हो गई कि टेरेसा नॉयमन फिर घर के अंदर चली गईं। हमने उन्हें एक खिड़की में खड़े देखा। वहाँ से वे हमारी ओर देखकर बच्चों की तरह हाथ हिला रही थीं।

दूसरे दिन टेरेसा नॉयमन के दो भाइयों से भेंट हुई। दोनों ही अत्यंत भद्र और मिलनसार हैं। उनके साथ बातचीत से पता चला कि टेरेसा नॉयमन रात में केवल

एक-दो घंटे ही सोती हैं। शरीर में इतने सारे घाव होने के बावजूद वे सतत सक्रिय और उत्साह से भरपूर रहती हैं। उन्हें पक्षियों से अत्यंत प्रेम है, एक जलाशय की मछलियों की भी वे देखभाल करती हैं और प्राय: अपने बगीचे में काम करती रहती हैं। उनका पत्र-व्यवहार भी काफी बड़े पैमाने पर चलता रहता है। कैथोलिक लोग उन्हें प्रार्थना और रोग-निवारण की खातिर आशीर्वादों के लिए लिखते रहते हैं। उनके साधक उनके आशीर्वाद से गंभीर बीमारियों से ठीक हो गए हैं।

उनके तेईस वर्षीय भाई फर्डिनांड ने बताया कि उनमें प्रार्थना के माध्यम से दूसरों के रोग अपने शरीर में लेकर भोगने की शक्ति है। एक बार टेरेसा नॉयमन के चर्च के एक आदमी को गले का कोई रोग हो गया था। वह पादरी बनने की तैयारी कर रहा था। उस समय टेरेसा नॉयमन ने प्रार्थना की कि उस युवक के गले का रोग उनके अपने गले में आ जाए। बस, उसी समय से उन्होंने अन्न-पानी छोड़ दिया है।

शुक्रवार की दोपहर को हम लोग कार से बिशप के घर गए। बिशप महाशय ने मेरे लंबे बालों को कुछ विस्मय से देखा। उन्होंने तुरंत हमें आवश्यक अनुमति-पत्र लिखकर दे दिया। इसके लिए कोई शुल्क नहीं था। चर्च ने यह जो नियम बना दिया था, वह केवल टेरेसा नॉयमन को साधारण यात्रियों की भीड़ से बचाने के लिए था, क्योंकि आरंभ के वर्षों में दर्शक हजारों की संख्या में शुक्रवार को कोनरस्रूथ में जमा हो जाते थे।

हम कोनरस्रूथ में शुक्रवार को सुबह करीब साढ़े नौ बजे पहुँचे। मैंने देखा कि टेरेसा नॉयमन के घर की छत के कुछ हिस्से में शीशा लगा हुआ था, ताकि उन्हें भरपूर प्रकाश उपलब्ध हो। यह देखकर हमें खुशी हुई कि अबकी बार घर का दरवाजा बंद नहीं था, बल्कि सहर्ष स्वागत करने के अंदाज में पूर्ण खुला था। हम लगभग बीस अन्य लोगों की कतार में खड़े हो गए। उन सबके पास भी अनुमति-पत्र थे। कई तो उस भावावस्था को देखने के लिए बहुत दूर-दूर से आए थे।

प्रोफेसर के घर में मेरी पहली परीक्षा में टेरेसा नॉयमन उत्तीर्ण हो गई थीं, क्योंकि उन्होंने अंतर्ज्ञान से जान लिया था कि मैं केवल कौतूहल की शांति के लिए नहीं, बल्कि आध्यात्मिक कारणों से उन्हें देखना चाहता था।

मेरी दूसरी परीक्षा इस बात से संबंधित थी कि सीढ़ियों से ऊपर उनके कमरे में जाने से पहले उनके मन में चल रहे विचार जानने के लिए और उनकी अंतर्दृष्टि को दिखने वाले दृश्य देख पाने के लिए मैंने एक यौगिक भावावस्था में प्रवेश कर लिया, जिससे उनके अंतर्जगत् के साथ मेरा संबंध जुड़ जाए। फिर मैंने उनके कमरे में प्रवेश किया, जो दर्शकों से भरा हुआ था। टेरसा नॉयमन एक पलंग पर सफेद परिधान में

लेटी हुई थीं। श्री राइट मेरे ठीक पीछे ही थे। कमरे का विलक्षण और भयंकर दृश्य देखकर मैं दरवाजे की चौखट के पास ही विस्मय-चकित होकर खड़ा रह गया।

टेरेसा नॉयमन की निचली पलकों से रक्त की लगभग एक इंच चौड़ी धार लगातार बह रही थी। उनकी आँखें ऊपर की ओर उठकर ललाट के मध्य में स्थित आध्यात्मिक चक्षु पर लगी हुई थीं। उनके मस्तक पर लपेटा हुआ वस्त्र 'काँटों के ताज' से हुए घावों से निकलने वाले रक्त से लथपथ हो गया था। उनके श्वेत परिधान पर हृदय के ऊपर लाल धब्बा बन गया था। यह रक्त उनके शरीर की बाईं तरफ हुए एक घाव से निकल रहा था, जिस स्थान पर युगों पूर्व ईसा मसीह के शरीर में सैनिक ने भाला चुभोया था।

टेरेसा नॉयमन के दोनों हाथ मातृ-करुणा के आग्रही भाव में ऊपर उठे हुए थे; उनके चेहरे पर यातना की छाया और दिव्य आभा, दोनों दिखाई पड़ रही थीं। उनका शरीर पहले से काफी दुबला दिखाई दे रहा था और वह आंतरिक तथा बाह्य, कई प्रकार के सूक्ष्म परिवर्तनों से युक्त प्रतीत हो रहा था। वे धीरे-धीरे किसी विदेशी भाषा में अस्पष्ट-सा कुछ बोल रही थीं। उनकी अतींद्रिय दृष्टि को दिखने वाले लोगों से वे किंचित् काँपते होंठों से बोल रही थीं।

चूँकि मैंने पहले ही उनकी चेतना के साथ अपना अंतर्संबंध जोड़ लिया था, अतः मुझे वह सब दिखाई देने लगा जो उन्हें दिख रहा था। वे ईसा मसीह का उपहास करती भीड़ के बीच से लकड़ी का क्रॉस उठाए जाते देख रही थीं। अचानक व्याकुल होकर टेरेसा नॉयमन ने अपना सिर ऊपर उठाया, क्योंकि ईसा मसीह गिरकर क्रॉस के भारी वजन के नीचे दब गए थे। इसी के साथ वह दृश्य लुप्त हो गया। प्रचंड करुणा और खेद के वेग से क्लांत होकर टेरेसा नॉयमन तकिए पर निढाल हो गईं।

उसी समय मुझे अपने पीछे धड़ाम से कुछ गिरने की आवाज सुनाई दी। एक पल के लिए पलटकर देखा तो चित अवस्था में एक शरीर को उठाए दो आदमी बाहर ले जा रहे थे। परंतु उस समय मैं अपनी अधिचेतन भावावस्था से बाहर आ ही रहा था, इसलिए धराशायी हुए उस व्यक्ति को पहचान नहीं सका। मैंने फिर से अपनी दृष्टि टेरेसा नॉयमन के चेहरे पर स्थिर की। रक्त-धाराओं में डूबा वह चेहरा मुर्दे के समान पीला पड़ गया था, परंतु अब उस पर शांति छाई थी और पवित्रता उससे निःसृत हो रही थी। बाद में मैंने अपने पीछे की ओर दृष्टि दौड़ाई तो देखा कि श्री राइट अपने गाल पर हाथ दबाए खड़े थे और उनके गाल से रक्त निकल रहा था।

मैंने चिंतित होकर पूछा, "डिक! क्या तुम ही गिर पड़े थे?"

"हाँ, वह भयावह दृश्य देखकर मुझे चक्कर आ गया था।"

मैंने सांत्वना देते हुए कहा, "खैर, फिर से आकर वही दृश्य देखने का साहस तो तुममें है।"

और भी दर्शनार्थी हमारे पीछे कतार में खड़े थे, अत: श्री राइट और मैं मन-ही-मन टेरेसा नॉयमन से विदा लेकर उनकी उपस्थिति से पवित्र हुए उस स्थान से बाहर आ गए।

दूसरे दिन हम लोग दक्षिण की ओर मार्गक्रमण करने लगे। हमें इस बात की खुशी थी कि हमें ट्रेनों पर निर्भर नहीं रहना पड़ रहा था और हम देहात में जहाँ चाहे अपनी फोर्ड कार रोक सकते थे। जर्मनी, हॉलैंड, फ्रांस तथा स्विट्जरलैंड के आल्प्स पर्वतों में से यात्रा करते हुए हमने यात्रा के एक-एक पल का पूरा-पूरा आनंद लिया। इटली में हम लोग विनम्रता की साक्षात् मूर्ति असिसी के सेंट फ्रांसिस के दर्शन करने के लिए विशेष रूप से गए। हमारी यूरोप-यात्रा यूनान में आकर समाप्त हुई। यूनान में हम लोगों ने एथेनियन मंदिरों के दर्शन किए और वह कारागार भी देखा जहाँ सुकरात ने विषपान किया था। जहाँ-वहाँ सफेद, लगभग अर्धपारदर्शी से प्रतीत होने वाले पत्थर में कलाकृति करते हुए यूनानियों ने जिस प्रकार अपनी अद्भुत कल्पनाओं को साकार रूप दिया है, उसे देखकर मन उनकी प्रशंसा किए बिना नहीं रह सकता।

यूनान से हम लोग जहाज पर सवार हुए और भूमध्य सागर को पार कर फिलिस्तीन में उतर गए। उस पवित्र भूमि में कई दिनों तक रोज भ्रमण करके तीर्थयात्रा के महत्त्व का मुझे और भी अधिक एहसास हो गया। सूक्ष्मग्राही हृदय के लिए फिलिस्तीन में ईसा की महिमा सर्वत्र व्याप्त है। मैंने श्रद्धाभाव से ईसा मसीह के साथ बेथेलहैम, गतसमनी, कैल्वरी, पवित्र माउंट ऑफ ओलिव्ज की पदयात्रा की तथा जॉर्डन नदी एवं गैलीली के समुद्र के तटों पर चला।

जहाँ ईसा का जन्म हुआ था, वहाँ नाँद, जोसफ की बढ़ई की दुकान, लाजारस की कब्र, मार्था और मेरी का घर, ईसा के अंतिम भोजन का कमरा—इन स्थानों के भी हम लोगों ने दर्शन किए। वह प्राचीन काल सजीव हो उठा; युग-युगांतर के लिए ईसा मसीह द्वारा वहाँ अभिनीत किए गए दिव्य नाटक के दृश्य-पर-दृश्य मेरी दृष्टि के सामने प्रकट होने लगे।

अब मिस्र, उसका आधुनिक शहर कैरो और प्राचीन पिरामिडों को हमने देखा। फिर जहाज से लाल सागर को पार करते हुए विशाल अरब सागर में और सीधे भारत!

□

40
भारत लौट आओ

"भारत लौट आओ। पंद्रह वर्षों तक मैंने धीरज के साथ तुम्हारी प्रतीक्षा की है। शीघ्र ही मैं शरीर त्याग कर अनंत धाम चला जाऊँगा। योगानंद, चले आओ!"

एक दिन जब मैं माउंट वाशिंगटन स्थित अपने आश्रम में ध्यान कर रहा था, तब अचानक आश्चर्यजनक रूप से श्रीयुक्तेश्वरजी की आवाज मुझे अपने अंतर में सुनाई दी। दस हजार मील की दूरी को पलक झपकते ही पार कर उनके संदेश ने बिजली की भाँति मेरे अंतर में प्रवेश कर लिया।

पंद्रह वर्ष! हाँ, मुझे एहसास हुआ यह सन् 1935 है। मैंने अमेरिका में अपने गुरुदेव की शिक्षाओं का प्रसार करते हुए पंद्रह वर्ष बिता दिए हैं। अब वे मुझे वापस बुला रहे हैं।

थोड़ी देर बाद मैंने अपना यह अनुभव अपने एक प्रिय मित्र जेम्स जे. लिन को बताया। प्रतिदिन क्रियायोग के अभ्यास से उनकी आध्यात्मिक उन्नति इतनी हो गई थी कि मैं प्राय: उन्हें 'संत लिन' कहता हूँ। उनमें तथा दूसरे अनेक पाश्चात्यों में बाबाजी को उस भविष्यवाणी की पूर्ति देखकर मैं अत्यंत आनंदित होता हूँ कि प्राचीन योग मार्ग के माध्यम से पाश्चात्य जगत् में भी ईश्वर-साक्षात्कारी संत पैदा होंगे।

श्री लिन ने उदारतापूर्वक मेरी यात्रा के व्यय का सारा भार उठाने का प्रस्ताव रखा। इस प्रकार पैसे की समस्या हल होते ही मैंने जहाज से यूरोप होते हुए भारत लौटने की तैयारी की। मार्च 1935 में मैंने सेल्फ-रियलाइजेशन फेलोशिप को चिरस्थायी बनाने के लिए उसे कैलिफोर्निया राज्य के कानून के अंतर्गत एक धर्मनिरपेक्ष, अलाभार्जक संस्था के रूप में पंजीकृत करा लिया। मेरे पास अपना जो कुछ था, वे सब अपनी पुस्तकों के सर्वाधिकारों सहित मैंने सेल्फ-रियलाइजेशन

फेलोशिप को दान कर दिया। दूसरी अधिकांश धार्मिक एवं शैक्षणिक संस्थाओं की तरह ही सेल्फ-रियलाइजेशन फेलोशिप भी अपने सदस्यों एवं अन्य लोगों के दान पर चलती है।

मैंने अपने शिष्यों से कहा, "मैं वापस आऊँगा। अमेरिका को मैं कभी नहीं भूलूँगा।"

लॉस एंजेल्स में मेरे मित्रों द्वारा मुझे दिए गए विदाई-भोज के दौरान मैं लंबे समय तक उनके चेहरे निहारता रहा।

न्यूयॉर्क से मैं 9 जून, 1935 को 'यूरोपा' नाम के जहाज पर सवार होकर चल पड़ा। मेरे साथ दो शिष्य थे—एक मेरे निजी सचिव श्री सी. रिचर्ड राइट और दूसरी सिनसिनाटी की एक वृद्ध महिला, मिस एटी ब्लेच। विगत सप्ताहों की अतिव्यस्तता और भागदौड़ के बाद समुद्र-यात्रा के शांतिपूर्ण दिन बड़े सुहावने लग रहे थे। पर यह शांति अल्पकालिक ही रही; आधुनिक जहाजों की तेज गति के कुछ खेदजनक पहलू भी हैं!

अन्य उत्सुक पर्यटकों की भाँति ही हम लोग भी विशाल और प्राचीन महानगरी लंदन में घूमे। लंदन पहुँचने के दूसरे दिन मुझे कैक्स्टन हॉल में एक विशाल सभा को संबोधित करने का निमंत्रण मिला। इस सभा में व्याख्यान शुरू करने से पहले सर फ्रांसिस यंगहसबैंड ने लंदन के श्रोताओं को मेरा परिचय दिया।

अब मिस्र, उसका आधुनिक शहर कैरो और प्राचीन पिरामिडों को हमने देखा। फिर जहाज से लाल सागर को पार करते हुए विशाल अरब सागर में, फिर सीधे भारत!

अत्यंत आनंद के साथ मैं भारत की पवित्र हवा में फिर एक बार श्वास ले रहा था। हमारा जहाज 'राजपूताना' 22 अगस्त, 1935 को मुंबई के विशाल बंदरगाह में आकर खड़ा हो गया। यहाँ से रेलगाड़ी से हम कोलकाता की ओर चल पड़े।

जब हम हावड़ा स्टेशन पहुँचे, तब वहाँ हमारा स्वागत करने के लिए इतनी विशाल भीड़ खड़ी थी कि कुछ समय के लिए तो हम गाड़ी से नीचे ही नहीं उतर सके। कासिम बाजार के युवा नरेश और मेरा भाई विष्णु स्वागत समिति का नेतृत्व कर रहे थे। जिस प्रेमभाव के साथ और जिस विशाल स्तर पर हम लोगों का स्वागत किया गया, उसकी मैंने कभी सपने में भी कल्पना नहीं की थी।

हम लोगों ने वर्धा में महात्मा गांधी से मिलने के लिए बीच में सेंट्रल प्रॉविंसेस में यात्रा को विराम दिया था। उस समय वर्धा सेंट्रल प्रॉविंसेस में था (अब महाराष्ट्र में है)।

श्रीयुक्तेश्वरजी के साथ पुनर्मिलन का वर्णन करने के लिए तो मेरे पास शब्द ही नहीं हैं। उस बारे में मेरे सचिव के वर्णन पर ही संतुष्ट होना पड़ेगा। अपनी यात्रा-दैनंदिनी में श्री राइट ने लिखा है, "आज सर्वोच्च आशा एवं उत्कंठा अपने मन में लिये मैं योगानंदजी को कार से लेकर कोलकाता से श्रीरामपुर गया।

"रास्ते में विभिन्न प्रकार की दुकानें थीं—उनमें एक वह भी थी, जहाँ योगानंदजी अपने कॉलेज के दिनों में प्रायः नाश्ता-पानी करने जाया करते थे। अंततः हम लोग एक सँकरी गली में घुसे, जिसके दोनों ओर दीवारें थीं। फिर बाईं ओर मुड़ते ही सामने श्रीयुक्तेश्वरजी का दुमंजिला आश्रम, जिसकी जाली लगी हुई ऊपर की बालकनी कुछ आगे को निकली हुई थी। वहाँ शांतिपूर्ण एकांत था।

"गंभीर भक्तिभाव के साथ मैं योगानंदजी के पीछे-पीछे दीवारों से घिरे आँगन में गया। हमारे हृदय तेजी से धड़क रहे थे। सीमेंट की पुरानी सीढ़ियों पर से, जिन पर से निसंशय असंख्य साधक चले थे, हम लोग ऊपर जाने लगे। जैसे-जैसे हम आगे बढ़ते जा रहे थे, वैसे-वैसे हमारी उत्कंठा बढ़ती जा रही थी। हमारे सामने सीढ़ियों के सिरे पर चुपचाप आकर खड़े हुए वे महापुरुष स्वामी श्रीयुक्तेश्वरजी, वहाँ खड़े किसी महान् ऋषि के समान लग रहे थे।

"उनके परम पावन सान्निध्य में खड़े होने के सौभाग्य के बोध से मेरा हृदय अत्यानंद से भर उठा। मेरी आतुर आँखों की दृष्टि अश्रुओं से धुँधली हो गई, जब मैंने देखा कि योगानंदजी ने अपनी आत्मा की कृतज्ञता व्यक्त करते हुए अपने गुरु के सामने जमीन पर घुटने टेककर सर झुकाते हुए पहले अपने हाथों से उनके चरणों का स्पर्श किया और फिर उन्हीं हाथों से अपने मस्तक का स्पर्श करते हुए गुरु की चरणरज अपने मस्तक पर धारण कर ली। इसके बाद योगानंदजी के उठ खड़े होते ही श्रीयुक्तेश्वरजी ने उन्हें अपनी छाती से लगा लिया। "शुरू में किसी के मुँह से कोई शब्द नहीं निकला, किंतु हृदयों के तीव्र भाव अंतर की मौन वाणी में प्रकट हो रहे थे। पुनर्मिलन के आनंद से उन दोनों की आँखें कैसी चमक रही थीं! उस शांत बरामदे में एक अत्यंत कोमल भाव उमड़ रहा था और मानो उस क्षण की गरिमा को बढ़ाने के लिए ही सूर्य भी अचानक बादलों से बाहर आ गया। 'परमगुरु' के सामने घुटने टेककर उनके चरणों में प्रणाम करते हुए मैंने भी अपने हृदय की भक्ति एवं कृतज्ञता अर्पित की। लंबी तपस्या के कारण कठोर हुए उनके चरणों का स्पर्श कर मैंने उनका आशीर्वाद लिया। फिर खड़ा होकर उनके सुंदर नेत्रों में मैंने झाँका। उनकी आँखों में आत्मचिंतन की गहराई और आनंद की चमक थी।

"हम सभी ने उनके बैठकखाने में प्रवेश किया, जो एक ओर से पूरी तरह उस बालकनी की ओर खुली थी, जिसे सर्वप्रथम हमने सड़क से देखा था। श्रीयुक्तेश्वरजी सीमेंट के फर्श पर बिछे एक गद्दे पर एक पुराने दीवान का सहारा लेकर बैठ गए। योगानंदजी और मैं उनके चरणों के पास ही चटाइयों पर बैठ गए, जहाँ आराम से सहारा लेकर बैठने के लिए भगवे रंग के तकिए रखे थे।

"दो स्वामियों के बीच बंगाली में चल रहे वार्त्तालाप का सार समझने की मैं निष्फल चेष्टा कर रहा था (क्योंकि मुझे जल्दी ही समझ में आ गया कि जब वे एकसाथ होते हैं तो कभी अंग्रेजी में बात नहीं करते, जबकि स्वामीजी महाराज—लोग श्रीयुक्तेश्वरजी को इसी नाम से पुकारते हैं, अच्छी तरह अंग्रेजी बोल सकते हैं और प्राय: बोलते भी हैं)। परंतु उस दिव्य महापुरुष की मन को उल्लसित कर देने वाली मुसकराहट और तेजस्वी आँखों से ही उनकी संत-प्रकृति को मैंने आसानी से पहचान लिया। चाहे वे हँस-हँस कर बातें कर रहे हों या गंभीर वार्त्तालाप कर रहे हों, उनके वाक्यों में वह अधिकार की दृढ़ता तुरंत दृष्टिगोचर हो रही थी, जो ज्ञानी संतों का लक्षण है, जो जानते हैं कि वे जानते हैं, क्योंकि वे ईश्वर को जानते हैं। श्रीयुक्तेश्वरजी का गहन ज्ञान, उनकी ध्येयनिष्ठा और उनका दृढ़ निश्चय हर प्रकार से व्यक्त हो रहा था।

"उन्होंने अत्यंत सादा लिबास पहन रखा था—केवल धोती और कुरता, जो कभी गेरुआ रंग में रँगे गए थे, परंतु अब फीके भगवे लग रहे थे। बीच-बीच में मैं अत्यंत श्रद्धा और भक्तिभाव के साथ उन्हें निहारता रहता था और मैंने देखा कि उनका शरीर काफी बड़े आकार का और सुगठित है, जो संन्यस्त जीवन की तपश्चर्या और त्याग से कठोर बन गया है। उनकी देह-भंगिमा भव्य है। चलते समय उनका शरीर सीधा रहता है और उनकी चाल में शालीनता है। उनकी दिलखुश, ठहाकेदार हँसी सीधे छाती की गहराइयों से आती है, जिसके कारण उनका पूरा शरीर हिलता और थरथराता है।

"उनके गंभीर चेहरे पर कुछ ऐसा तेज है कि उन्हें देखते ही उनके दैवी सामर्थ्य की स्पष्ट कल्पना हो जाती है। बीचोबीच विभक्त किए हुए केश माथे के आस-पास सफेद हैं और अन्य स्थानों पर कहीं रजतीय सुनहरे हैं तो कहीं रजतीय काले; और यह केश-संभार कंधों पर आकर घुँघराली लटों का रूप ले लेते हैं। उनकी दाढ़ी-मूँछें पतली सी हैं और इनसे उनके मुखमंडल की शोभा और भी बढ़ती प्रतीत होती है। उनका ललाट पीछे की ओर चढ़ता गया है, जैसे आसमान की ओर चढ़ रहा हो। उनकी आँखें काली हैं और उनमें आकाशी नीली आभा है। नाक काफी बड़ी और

कुछ मोटी-सी है, जिसे वे जब खाली बैठे हों तो बच्चों की भाँति अपनी उँगलियों से हिलाते-डुलाते रहते हैं। जब वे शांत बैठे हों, तब उनका मुख दृढ़ और कठोर लगता है, परंतु उसमें कोमलता की सूक्ष्म झलक भी दिखाई देती है।

"कमरे में चारों ओर दृष्टि दौड़ाकर मैं समझ गया कि भौतिक सुख-सुविधाओं के प्रति उनकी अनासक्ति ही उसकी जर्जर सी अवस्था का कारण है। लंबे कमरे की सफेद दीवारों पर हवा-पानी के प्रभाव से धब्बे पड़े हैं और कहीं-कहीं नीचे के पलस्तर की फीके नीले रंग को धारियाँ दिखाई दे रही हैं। कमरे में एक तरफ भक्तिभाव से अर्पित सादी सी पुष्पमाला से सजी हुई लाहिड़ी महाशय की फोटो टँगी हुई है। योगानंदजी की भी एक पुरानी फोटो टँगी हुई है। यह फोटो उस समय की है, जब योगानंदजी पहली बार बॉस्टन पहुँचे थे। फोटो में योगानंदजी धर्म सम्मेलन में भाग लेने वाले अन्य प्रतिनिधियों के साथ खड़े हैं। 'वहाँ प्राचीनता और आधुनिकता' का एक अद्‌भुत संगम दिखाई पड़ता है। शीशे का एक विशाल फानूस लटक रहा है; पर बहुत दिनों से उसका प्रयोग न होने के कारण मकड़ी के जालों से ढँक सा गया है; और दीवार पर वर्तमान वर्ष का कलेंडर टँगा हुआ है। संपूर्ण कमरे में शांति और सुख की महक है।

"बालकनी से बाहर ताड़ के ऊँचे-ऊँचे वृक्ष मौन प्रहरी की भाँति खड़े दिखाई देते हैं।

अमेरिका, यूरोप और फिलिस्तीन से मैं श्रीयुक्तेश्वरजी के लिए अनेक उपहार लाया था। उन्होंने वे उपहार मुसकराते हुए स्वीकार कर लिये, पर कहा कुछ नहीं। जर्मनी में मैंने स्वयं अपने उपयोग के लिए एक छातायुक्त छड़ी खरीदी थी। भारत आने के बाद मैंने वह छड़ी गुरुदेव को अर्पित करने का निर्णय किया।

"यह उपहार मुझे सचमुच बहुत पसंद आया!" यह कहते हुए मेरे गुरुदेव ने अत्यंत प्रेमभरी दृष्टि मुझ पर डाली। आम तौर पर अपनी भावनाओं को वे इस तरह शब्दों में व्यक्त नहीं करते थे। सब उपहारों में से यह छड़ी ही ऐसी थी, जिसे वे उनसे मिलने के लिए आने वाले लोगों को दिखाते थे।

"गुरुदेव! आपकी आज्ञा हो तो मैं बैठकखाने के लिए नया कालीन लाना चाहता हूँ।" मैंने देखा था कि श्रीयुक्तेश्वरजी का व्याघ्रचर्म पुराने फटे हुए कालीन पर बिछा हुआ है।

"यदि तुम्हारी इच्छा है तो ले आओ।" मेरे गुरुदेव के स्वर में कोई उत्साह नहीं था। "पर देखो मेरा व्याघ्रचर्म कितना अच्छा और स्वच्छ है। अपने इस छोटे से राज्य का मैं राजा हूँ। इसके बाहर विशाल जगत् है, जिसमें लोग केवल बाह्य वस्तुओं

में ही रुचि रखते हैं।" उनके मुख से इन शब्दों को सुनते ही मुझे लगा, जैसे समय मुझे पीछे ले गया है; फिर एक बार मैं युवा शिष्य बन गया हूँ, जो प्रतिदिन उनके अनुशासन की अग्नि में शुद्ध होता जा रहा था!

श्रीरामपुर और कोलकाता से अवकाश मिलते ही मैं श्री राइट के साथ राँची के लिए रवाना हो गया। कितना भव्य स्वागत हुआ वहाँ! एकदम हृदयस्पर्शी! मेरी पंद्रह वर्षों की अनुपस्थिति में विद्यालय की ध्वजा को फहराए रखने वाले नि:स्वार्थी शिक्षकों को गले लगाते समय मेरी आँखें छलछला गईं। आश्रमवासी छात्रों के और प्रतिदिन अपने घर से आने वाले छात्रों के दमकते चेहरे और प्रफुल्ल मुसकराहटें उन्हें मिलने वाली शिक्षा तथा योग प्रशिक्षण की उपयुक्तता के पर्याप्त प्रमाण थे। परंतु अफसोस! ये सब होते हुए भी राँची विद्यालय को भीषण अर्थसंकट का सामना करना पड़ रहा था। कासिम बाजार के पुराने महाराजा सर मणींद्रचंद्र नंदी, जिनका राजमहल विद्यालय भवन बन गया था और जिन्होंने कई बार विपुल दान भी दिया था, अब स्वर्ग सिधार चुके थे। पर्याप्त जन-सहयोग न मिलने के कारण विद्यालय के अनेक लोकोपकारी अंग दारुण संकट में थे।

इतने वर्ष अमेरिका में मैंने उसके व्यावहारिक ज्ञान और बाधाओं का डटकर सामना करने के गुणों में से कुछ-न-कुछ आत्मसात् किए बिना ही नहीं बिता दिए थे। एक सप्ताह तक मैं नाना जटिल समस्याओं से जूझते हुए राँची में रहा। उसके बाद कोलकाता के प्रमुख नेताओं और शिक्षाविदों से मेरी भेंट का क्रम शुरू हो गया। कासिम बाजार के नए युवा महाराजा से भी मैंने लंबी बातचीत की, पिताजी से आर्थिक सहायता के लिए अनुरोध किया और इस सबका परिणाम यह हुआ कि राँची विद्यालय की लड़खड़ाती नींव स्थिर होने लगी। ठीक समय पर मेरे अनेक अमेरिकी शिष्यों से भी काफी दान प्राप्त हो गया।

भारत लौटने के बाद कुछ ही महीनों में राँची के विद्यालय की कानूनी तौर पर रजिस्ट्री कर पाने की खुशी भी मुझे मिल गई। इस प्रकार चिरस्थायी निधियुक्त योग शिक्षा केंद्र का मेरा जीवन-स्वप्न साकार हो गया। मेरे इसी स्वप्न ने 1917 में केवल सात विद्यार्थियों के साथ इस विद्यालय की शुरुआत करने में मुझे प्रेरित किया था।

'योगदा सत्संग ब्रह्मचर्य विद्यालय' के नाम से चल रहे इस विद्यालय में माध्यमिक एवं उच्च विद्यालय के कक्षा-वर्ग खुले प्रांगण में चलते हैं। आवासीय और दिवाकालिक, दोनों ही प्रकार के छात्रों को कोई-न-कोई व्यावसायिक प्रशिक्षण दिया जाता है।

राँची के विद्यालय के समान ही योग प्रशिक्षण की व्यवस्था के साथ-साथ आवासीय व्यवस्था से युक्त शाखा हाई स्कूल खोले गए हैं और ये सभी विद्यालय उत्तरोत्तर प्रगतिपथ पर हैं। ये शाखाएँ हैं पश्चिम बंगाल के पुरुलिया जिले में लखनपुर स्थित योगदा सत्संग विद्यापीठ (विद्यालय) तथा मिदनापुर जिले में इस्नालीचक स्थित योगदा स्कूल एवं आश्रम; 1939 में दक्षिणेश्वर में गंगा किनारे एक भव्य योगदा मठ की स्थापना हुई। कोलकाता से कुछ ही मील की दूरी पर उत्तर में स्थित यह आश्रम शहरवासियों के लिए एक रमणीय शांति स्थल है।

श्रीयुक्तेश्वरजी ने अपनी आश्रम-संस्था को 'सत्संग' नाम दिया था, अत: उनके शिष्य परमहंस योगानंद के लिए उस नाम को भी अपनाना स्वाभाविक ही था। 'योगदा सत्संग सोसायटी ऑफ इंडिया' एक अलाभार्जक संस्था है, जिसका गठन करने में उसके चिरस्थायी रूप से चलते रहने को व्यवस्था की गई है। योगानंदजी ने इस नाम के अंतर्गत भारतवर्ष में अपने सारे कार्यों और प्रतिष्ठानों को समिति-बद्ध किया है। इन सब की देखभाल अब दक्षिणेश्वर स्थित योगदा मठ द्वारा बोर्ड ऑफ डायरेक्टर्स करता है। भारत के विभिन्न भागों में अब अनेकानेक ध्यान-केंद्र चल रहे हैं।

पश्चिम के लिए परमहंसजी ने अपनी संस्था के नाम को अंग्रेजी रूप दे दिया और 'सेल्फ-रियलाइजेशन फेलोशिप' के नाम से अपनी संस्था को पंजीकृत करा लिया।

श्री राइट और मैं 1935 का नवंबर महीना मैसूर राज्य के अतिथि के रूप में बिता रहे थे। वहाँ के महाराजा के उत्तराधिकारी युवराज श्री कंथीरवा नरसिंहराज वाडियार ने अपने सुशिक्षित और प्रगतिशील राज्य के परिदर्शन के लिए मुझे और मेरे सचिव को निमंत्रित किया था। गत पंद्रह दिनों में मैंने टाउन हॉल, महाराजा के कॉलेज और यूनिवर्सिटी मेडिकल कॉलेज में मैसूर शहर के हजारों नागरिकों और छात्रों के सम्मुख व्याख्यान दिए थे। इसके अतिरिक्त मैंने बंगलौर में तीन विशाल जनसभाओं को संबोधित किया था—नेशनल हाई स्कूल, इंटरमीडिएट कॉलेज और चेट्टी टाउन-हॉल, जिसमें तीन हजार लोग उपस्थित थे।

अपने भाषणों में मैंने अमेरिका का जो उज्ज्वल चित्र खींचा, उस पर उत्सुक लग रहे श्रोताओं को विश्वास हुआ या नहीं, मैं नहीं जानता; परंतु जब-जब मैंने पूर्व और पश्चिम के सर्वोत्तम वैशिष्ट्यों के आदान-प्रदान से हो सकने वाले पारस्परिक लाभों का जिक्र किया, तब-तब तालियों की गड़गड़ाहट सबसे ऊँची गूँज उठती थी।

दक्षिण भारत इतना लुभावना है कि श्री राइट और मैं वहाँ अपने प्रवास को और बढ़ाना चाहते थे, परंतु निष्ठुर समय हमें इसकी अनुमति नहीं दे रहा था। कोलकाता विश्वविद्यालय में इंडियन फिलॉसॉफिकल कांग्रेस के समापन सत्र में व्याख्यान देने का मेरा दिन निकट आ रहा था। मैसूर में अपने प्रवास के अंत में इंडियन अकेडमी ऑफ साइंसेस के अध्यक्ष सर सी.वी. रमण से मैंने भेंट की और उनके साथ वार्त्तालाप में मुझे बड़ा आनंद आया।

दक्षिण भारत से निकलने से पहले श्री राइट और मैं श्री रमण महर्षि से मिलने के लिए तिरुवन्नालमलय के पास पावन अरुणाचल पर्वत की तीर्थयात्रा करने गए। श्री रमण महर्षि ने अत्यंत प्रेमपूर्वक अपने आश्रम में हमारा स्वागत किया और पास ही रखे ईस्ट-वेस्ट पत्रिका के ढेर की ओर हाथ दिखाया। हम जितने समय तक उनके पास उनके शिष्यों के साथ रहे, उसमें अधिकांश समय महर्षि मौन ही रहे। उनके मुखमंडल पर ईश्वरीय प्रेम और ज्ञान का तेज था।

□

41

दक्षिण भारत में एक काव्यात्मक दृश्य

"डिक, इस मंदिर में प्रवेश कर पाने वाले तुम पहले पाश्चात्य व्यक्ति हो। अन्य अनेक लोगों के प्रयास विफल रहे हैं।"

मेरे इन शब्दों को सुनकर श्री राइट पहले तो चौंक गए, फिर खुश हो उठे। दक्षिण भारत में पहाड़ियों में बसे सुंदर चामुंडी मंदिर में मैसूर के राज परिवार की कुल देवी चामुंडी देवी के सोने-चाँदी के सिंहासन के सामने भक्तिभाव से प्रणाम कर हम लोग बाहर निकले थे। यहाँ से मैसूर दृश्यमान होता है।

श्री राइट ने गुलाब की कुछ पँखुड़ियों को सहेजकर रखते हुए कहा, "इस अपूर्व सम्मान की स्मृति में पुजारी महाराज द्वारा गुलाब जल छिड़ककर पवित्र की गई इन पँखुड़ियों को मैं हमेशा सँभालकर रखूँगा।"

श्री राइट और मैं 1935 का नवंबर महीना मैसूर राज्य के अतिथि के रूप में बिता रहे थे। वहाँ के महाराजा के उत्तराधिकारी युवराज श्री कंथीरवा नरसिंहराज वाडियार ने अपने सुशिक्षित और प्रगतिशील राज्य के परिदर्शन के लिए मुझे और मेरे सचिव को निमंत्रित किया था।

गत पंद्रह दिनों में मैंने टाउन हॉल, महाराजा के कॉलेज और यूनिवर्सिटी मेडिकल कॉलेज में मैसूर शहर के हजारों नागरिकों और छात्रों के सम्मुख व्याख्यान दिए थे। इसके अतिरिक्त मैंने बंगलोर में तीन विशाल जनसभाओं को संबोधित किया था—नेशनल हाई स्कूल, इंटरमीडिएट कॉलेज और चेट्टी टाउन हॉल, जिसमें तीन हजार लोग उपस्थित थे।

अपने भाषणों में मैंने अमेरिका का जो उज्ज्वल चित्र खींचा, उस पर उत्सुक लग रहे श्रोताओं को विश्वास हुआ या नहीं, मैं नहीं जानता; परंतु जब-जब मैंने पूर्व और पश्चिम के सर्वोत्तम वैशिष्ट्यों के आदान-प्रदान से हो सकने वाले

पारस्परिक लाभों का जिक्र किया, तब-तब तालियों की गड़गड़ाहट सबसे ऊँची गूँज उठती थी।

श्री राइट और मैं अब उष्णप्रदेशीय शांति में विश्राम का समय बिता रहे थे। अपनी यात्रा-दैनंदिनी में श्री राइट ने मैसूर का अपना अनुभव इस प्रकार लिखा है—

विस्तृत आकाश में क्षण-क्षण बदलने वाली भगवान् की चित्रकारिता को मग्न होकर निहारने में अनेकानेक क्षण बीत गए। यह मग्नता इतनी गहरी थी कि अन्य किसी बात की खबर ही नहीं रही; आखिर केवल प्रभु की तूलिका से ही तो ऐसे रंग प्रकट हो सकते हैं, जिनमें प्रत्यक्ष जीवन की ताजगी निखर आती है। जब मनुष्य केवल रंग-द्रव्यों से इन रंगों की नकल करने का प्रयत्न करता है, तो उनमें वह ताजगी नहीं आती, क्योंकि भगवान् किसी तैल या रंग-द्रव्यों का प्रयोग नहीं करते, बल्कि इससे कहीं अधिक सादे-सरल और प्रभावी माध्यम का प्रयोग करते हैं—प्रकाश किरणों का। वे प्रकाश का एक छपका यहाँ उड़ा देते हैं और वह लाल प्रतिभासित होने लगा, उस पर तूलिका फेर दी और वह धीरे-धीरे नारंगी और सुनहरे रंग में बदल जाता है। फिर अपनी तूलिका पर बैंगनी रंग लेकर वे उसे बादलों में चुभा देते हैं तो वहाँ उस घाव से बहती रक्तिमायुक्त चक्री बन जाती है। इस प्रकार रात-दिन वे अपना यह खेल चलाते ही रहते हैं—चिर-परिवर्तनशील, चिर-नवीन, सदा नई ताजगी; कभी पुनरावृत्ति नहीं, कभी वही आकृति नहीं, कभी वही रंग नहीं। दिन के रात में और रात के दिन में बदलते समय भारत में जो सौंदर्य प्रकट होता है, उसकी कहीं कोई तुलना नहीं। प्राय: आकाश ऐसा दिखता है मानो ईश्वर ने अपनी रंगपेटी में से सारे रंग निकालकर एक साथ जोर से आकाश में उछाल दिए हों।

मैसूर शहर से बारह मील दूर स्थित विशाल कृष्णराज सागर बाँध के सूर्यास्त-दृश्य के अद्‌भुत सौंदर्य का वर्णन तो मुझे करना ही पड़ेगा। योगानंदजी और मैं वहाँ जाने के लिए एक छोटी सी बस में सवार हो गए। उस बस के इंजन को हैंडल मारकर चालू करने के लिए एक छोटा सा लड़का भी हमारे साथ हो लिया। सड़क कच्ची परंतु अच्छी, समतल थी। जब हम लोग निकले, तो सूर्य अस्त हो ही रहा था; क्षितिज पर पिचक दिए गए अति पक्व टमाटर की भाँति वह दिखाई दे रहा था।

हर जगह की तरह ही यहाँ भी रास्ता धान के चौकोर खेतों के बीच में से जा रहा था। रास्ते के दोनों ओर शीतल छायादार वटवृक्ष थे, जिनके बीच-बीच में नारियल के ऊँचे-ऊँचे पेड़ भी थे। लगभग हर तरफ एक जंगल-सा ही लग रहा था। अंतत: हम लोग एक पहाड़ी के ऊपर पहुँच गए। सामने एक विशाल कृत्रिम

झील दिखाई दे रही थी, जिसमें आकाश के तारों और किनारे के ताड़ एवं अन्य वृक्षों का प्रतिबिंब पड़ रहा था। झील के चारों ओर पहाड़ियों में सीढ़ियाँ काट-काटकर सुंदर-सुंदर बगीचे बनाए गए थे और किनारों पर इलेक्ट्रिक लाइटों की पंक्तियाँ थीं।

बाँध की दीवार के नीचे का दृश्य तो देखते ही बनता था। विशाल, ऊँचे-ऊँचे उठने वाले फव्वारों पर पड़ती रंग-बिरंगी प्रकाश किरणें ऐसा दृश्य प्रस्तुत कर रही थीं, मानो अत्यंत सुंदर रंग-बिरंगी उज्ज्वल प्रभायुक्त स्याहियों के उत्स्राव हों; मानो नीले, लाल, हरे, पीले जलप्रपात वहाँ नृत्य कर रहे हों। कहीं-कहीं हाथी की भव्य प्रस्तर-प्रतिमाओं की ऊपर उठी सूँड़ों से पानी के फव्वारे उड़ रहे थे। यह बाँध (जिसके आलोकित फव्वारे मुझे शिकागो में 1933 में हुए विश्व मेले की याद दिला रहे थे) धान के खेतों और सीधे-सादे लोगों की यह प्राचीन भूमि अपनी आधुनिकता में अद्वितीय है। भारत में लोगों ने इतने प्रेम के साथ हम लोगों का स्वागत किया है कि मुझे डर लगने लगा है कि योगानंदजी को वापस अमेरिका ले जाना मेरे वश के बाहर की बात होगी।

एक और दुर्लभ अवसर मुझे मिला—हाथी की सवारी का, जो मैं पहली बार कर रहा था। कल युवराज ने हमें हाथी की सवारी का आनंद लेने के लिए अपने ग्रीष्मकालीन महल में बुलाया। वह हाथी अत्यंत विशालकाय था। हौदे पर चढ़ने के लिए एक सीढ़ी लगाई गई थी। मैं उस सीढ़ी से रेशम के गद्दे लगाकर नरम बनाए गए बक्सनुमा हौदे में पहुँच गया। हाथी ने ढलान से उतरते हुए एक सँकरे मार्ग पर चलना शुरू किया और उसी के साथ शुरू हुआ हौदे में हमारा इधर-से-उधर लुढ़कना, उछाले जाना, ऊपर उठना और नीचे गिरना, कभी इधर झूमना तो कभी उधर झूमना। यह सब इतना रोमांचक था कि चिंता करने का या कुछ कहने का समय ही नहीं था, बस अपनी जान बचाने के लिए कसकर पकड़े रहने के सिवा कोई विचार ही उस समय मन में नहीं आ सकता था!

ऐतिहासिक और पुरातात्त्विक अवशेषों से भरपूर दक्षिण भारत एक निश्चित और फिर भी अवर्णनीय सुंदरता से युक्त प्रदेश है। मैसूर के उत्तर में विशाल गोदावरी नदी द्वारा अलग किया गया हैदराबाद राज्य का सुंदर पठारी भाग है। विस्तृत उपजाऊ जमीन, मनोरम नीलगिरि पर्वत, कुछ हिस्सों में चूने के पत्थर या ग्रेनाइट पत्थर की बंजर पहाड़ियों से युक्त यह प्रदेश अत्यंत मनोहारी है। हैदराबाद का इतिहास एक लंबी, विविधरंगी कहानी है, जो आंध्र के तीन हजार वर्ष पूर्व के राजाओं से शुरू होती है और 1294 ई. तक के हिंदू राजाओं तक आती है। इसके बाद यह प्रदेश मुसलिम शासकों के अधीन चला गया।

संपूर्ण भारतवर्ष में वास्तुकला, शिल्पकला और चित्रकला का सबसे सुंदर प्रदर्शन हैदराबाद राज्य में ही चट्टानों से तराशकर निकाली गई अजंता और एलोरा की गुफाओं में देखने को मिलता है। एलोरा का कैलाश मंदिर एक विशाल अखंड पत्थर के पहाड़ को काटकर बनाया गया है। इस मंदिर में देवताओं, मनुष्यों और पशुओं की मूर्तियाँ इतने विशाल आकारों में तराशी गई हैं कि पाश्चात्य जगत् में माइकल एंजेलो की कलाकृतियों की ही इनके साथ तुलना हो सकती है। अजंता में पाँच गुफा-मंदिर और पचीस गुफाएँ हैं, जिनमें कभी संन्यासी वास करते थे। ये सभी गुफाएँ चट्टानों को तराशकर बनाई गई हैं। इनमें विशाल आधार-स्तंभ हैं, जिनपर अति सुंदर रंगीन चित्र और मूर्तियाँ बनाकर उनके चित्रकारों और मूर्तिकारों ने अपनी कला को अमर बना दिया है।

हैदराबाद शहर में उस्मानिया यूनिवर्सिटी और विशाल मक्का मसजिद है। इस मसजिद में एक साथ दस हजार मुसलमान नमाज पढ़ सकते हैं।

समुद्रतल से तीन हजार फीट की ऊँचाई पर स्थित मैसूर राज्य घने उष्णप्रदेशीय जंगलों से भरपूर है, जिनमें जंगली हाथी, जंगली भैंसे, रीछ, चीते और बाघ रहते हैं। इस राज्य के दो प्रमुख शहर बंगलोर और मैसूर स्वच्छ, आकर्षक तथा अनेक सुंदर उद्यानों एवं सार्वजनिक बगीचों से युक्त हैं।

ग्यारहवीं शताब्दी से लेकर पंद्रहवीं शताब्दी तक हिंदू राजाओं की छत्रच्छाया में मैसूर में हिंदू स्थापत्यकला और शिल्पकला अपने चरम उत्कर्ष पर पहुँच गई थी। ग्यारहवीं शताब्दी के राजा विष्णुवर्धन के शासनकाल में निर्मित बेलूर का मंदिर नाजुक काम की बारीकी और मूर्तिकला की विपुलता की दृष्टि से सारे विश्व में बेजोड़ है।

उत्तरी मैसूर में पाए गए शिलालेख ईसा पूर्व तीसरी शताब्दी के हैं। ये शिलालेख सम्राट् अशोक के शासनकाल पर प्रकाश डालते हैं। सम्राट् अशोक के विशाल साम्राज्य में भारत, बलूचिस्तान और अफगानिस्तान शामिल थे। विभिन्न बोलियों में उत्कीर्ण अशोक की ये 'उपदेश-शिलाएँ' उनके काल में व्यापक सुशिक्षितता के प्रमाण हैं। तेरहवें शिलालेख में युद्ध की भर्त्सना की गई है। उसमें कहा गया है, "धर्म की विजय के अतिरिक्त और कोई विजय सच्ची विजय नहीं है।" दसवें शिलालेख में कहा गया है कि अपनी प्रजा की नैतिक उन्नति करने की व्यवस्था में ही राजा का गौरव है। ग्यारहवें शिलालेख में कहा गया है कि 'सच्चा दान' किसी वस्तु के दान में नहीं, बल्कि 'कल्याण' के दान में, अर्थात् सत्य के प्रसार में निहित है। छठे शिलालेख में जनता के प्रिय सम्राट् अपनी प्रजा को लोकहित से संबंधित किसी भी

विषय पर चर्चा करने के लिए दिन या रात के किसी भी समय अपने पास आने के लिए आमंत्रित करते हैं और आगे कहते हैं कि इस प्रकार अपने राजकर्तव्य का निर्वाह करके वे केवल समाज के ऋण से मुक्त होने का प्रयास कर रहे हैं।

अशोक प्रतापी सम्राट् चंद्रगुप्त मौर्य के पौत्र थे, जिन्होंने सिकंदर द्वारा भारत में रखी गई सेना को तहस-नहस कर दिया और ईसा पूर्व 305 में सेल्यूकस की आक्रमणकारी यूनानी सेना को परास्त कर दिया। उसके बाद मेगस्थनीज यूनानी राजदूत बनकर पाटलिपुत्र में रहे। मेगस्थनीज ने तत्कालीन सुखी और उद्यमी भारत का विशद वर्णन किया है।

ईसा पूर्व 298 में दिग्विजयी चंद्रगुप्त ने अपना साम्राज्य अपने पुत्र को सौंप दिया और वे दक्षिण भारत में चले गए। अपने जीवन के अंतिम बारह वर्ष उन्होंने आत्मज्ञान के लिए साधना करते हुए अकिंचन वैरागी के रूप में श्रवणबेलगोला की एक गुफा में व्यतीत किए। वहाँ अब मैसूर राज्य के अधिशासन के अंतर्गत एक मंदिर है। इसी क्षेत्र में विश्व की सबसे बड़ी अखंड पत्थर से बनी मूर्ति है। गोमतेश्वर की इस मूर्ति को जैनों ने 983 ईसवी में एक विशाल चट्टान को तराशकर बनाया था।

भारत पर आक्रमण के समय सिकंदर के साथ या उसके बाद भारत में आए यूनानी इतिहासकारों ने छोटी-छोटी घटनाओं का भी बड़ा दिलचस्प वर्णन कर रखा है। प्राचीन भारत के इतिहास पर प्रकाश डालने के लिए डॉ. जे.डब्ल्यू. मैकक्रिंडल ने एरियन, डायोडोरस, प्लुटार्क और भूगोलशास्त्री स्ट्राबो के वर्णनों का अंग्रेजी में अनुवाद किया। सिकंदर के असफल भारत आक्रमण में सबसे अच्छी बात यदि कोई थी, तो वह थी हिंदू दर्शन में और योगियों एवं संतों में उसकी गहरी रुचि। योगियों और संतों से उसकी मुलाकात होती ही रहती थी और वह भी उनका संग पाने के लिए बड़ा उत्सुक रहता था। पश्चिम से आ रहे इस योद्धा ने उत्तरी भारत में तक्षशिला पहुँचने के शीघ्र बाद ही ओनेसिक्रिटोस (डायोजेनिस के हेलेनिक मत का एक अनुयायी) को तक्षशिला के एक महान् संन्यासी दंडामिस को बुला लाने के लिए भेजा।

“प्रणाम हे ब्राह्मण गुरु!” ओनेसिक्रिटोस ने अरण्य में दंडामिस के आश्रम में उसके सामने जाकर कहा। “शक्तिमान देवता जियस के पुत्र सिकंदर, जो मानवमात्र के अधिपति हैं, आपको बुलाते हैं। यदि आप इस बुलावे के अनुसार उनके पास आ गए तो वे आपको अमूल्य उपहार देंगे; यदि आपने इनकार किया तो वे आपका सिर उड़ा देंगे!”

योगी ने इस बाध्यकारी निमंत्रण को शांति से सुन लिया और जिस पर्णशय्या पर वे लेटे थे, वहाँ से उन्होंने सिर उठाकर देखा तक नहीं।

फिर शांत स्वर में उन्होंने कहना शुरू किया—"यदि सिकंदर जियस का पुत्र है, तो मैं भी जियस का ही पुत्र हूँ। सिकंदर के पास जो कुछ है, उसमें से मुझे कुछ नहीं चाहिए, क्योंकि मेरे पास जो कुछ है, उसमें मैं संतुष्ट हूँ और मैं यह भी देख रहा हूँ कि वह अपनी सेना लेकर सागर और भूमि पर निरर्थक भटक रहा है और उसके इस भटकने का कोई अंत नहीं दिख रहा है।

"जाकर सिकंदर से कह दो कि राजराजेश्वर परमेश्वर कभी धृष्ट अन्याय का जनक नहीं बनता, बल्कि वह तो प्रकाश, शांति, जीवन, जल, मानव-देह और आत्माओं का स्रष्टा है। जब मृत्यु मनुष्य को शरीर से मुक्त कर देती है और मनुष्य किसी रोग-व्याधि से ग्रस्त नहीं रह जाता, तब परमात्मा हर मनुष्य को फिर अपने पास ले लेता है। केवल उसी परमात्मा के चरणों में मैं सिर झुकाता हूँ, जो हत्या से घृणा करता है और कभी युद्धों के लिए प्रोत्साहन नहीं देता।"

उसी शांत स्वर में धिक्कार करते हुए दंडामिस कहते गए, "सिकंदर कोई देवता नहीं है, क्योंकि उसे मृत्यु का ग्रास बनना ही पड़ेगा। उसके जैसा कोई, जो अपने आंतरिक ब्रह्मांड-साम्राज्य के सिंहासन पर अभी बैठा ही नहीं है, इस जगत् का अधिपति कैसे बन सकता है ? न ही उसने अभी सशरीर यमलोक में प्रवेश किया है और न उसे इस पृथ्वी के विशाल प्रदेशों के ऊपर से जाने वाले सूर्य-पथ का ही ज्ञान है। अधिकांश देशों में उसका नाम भी लोगों ने नहीं सुना है!"

इस भर्त्सना के बाद, जो निश्चय ही 'पृथ्वीपति' के कानों में कभी पड़ी सबसे कड़ी फटकार रही होगी, दंडामिस ने व्यंग्यबाण चलाया, "यदि सिकंदर की इच्छा-वासनाओं की पूर्ति के लिए उसका वर्तमान साम्राज्य पूरा नहीं पड़ रहा हो, तो उसे गंगापार जाने के लिए कहो। वहाँ उसे ऐसा प्रदेश मिलेगा, जो उसकी सारी सेना का भरण-पोषण कर सकता है।

"सिकंदर के उपहार मेरे किसी काम के नहीं," दंडामिस बोलते जा रहे थे। "जिन्हें मैं बहुमूल्य मानता हूँ और जो मेरे काम के हैं, वे हैं वृक्ष, जो मुझे आश्रय देते हैं; लहलहाते पेड़-पौधे, जो मुझे प्रतिदिन मेरा आहार देते हैं और पानी, जो मेरी प्यास बुझाता है। चिंता कर-करके जमा की हुई संपत्ति उस जमा करने वाले के विनाश का कारण बनती है, जिससे उसे केवल दु:ख और शोक प्राप्त होता है। सभी अप्रबुद्ध मनुष्य इसी दु:ख और शोक से ग्रस्त होते हैं।

"मुझे देखो। जंगल के पत्तों पर लेटता हूँ और सुरक्षित रखने योग्य कोई वस्तु

पास न होने के कारण निश्चिंत होकर गहरी नींद सोता हूँ, जबकि अगर कोई ऐसी वस्तु मेरे पास होती, जो संसार की दृष्टि में मूल्यवान हो, तो उसका बोझ मेरी नींद उड़ा देता। जिस प्रकार माता अपने बच्चे को दूध पिलाती है, उसी प्रकार यह धरती माता मेरी हर आवश्यकता की पूर्ति करती है। किसी चीज की कोई चिंता करने की आवश्यकता ही न होने के कारण मैं जब जहाँ चाहे, चला जाता हूँ।

"सिकंदर मेरा सिर यदि काट भी दे, तो भी वह मेरी आत्मा को नष्ट नहीं कर सकता। तब मेरा मूक मस्तक और फटे वस्त्र के समान मेरा यह शरीर इस धरती पर पड़ा रहेगा, जिसके तत्त्वों से यह बना था और मैं आत्मा बनकर परमात्मा के पास चला जाऊँगा। उस परमात्मा ने ही हम सबको रक्त-मांस के शरीर में बंद कर यह देखने के लिए इस धरती पर भेजा था कि हम यहाँ नीचे आकर उसकी आज्ञाओं का पालन करते हैं या नहीं। और जब हम यहाँ से प्रस्थान कर उसके पास जाएँगे, तब वह हमारे जीवन का हिसाब हमसे लेगा। सारे अन्यायों का हिसाब वही करता है; पीड़ितों की आहें ही अत्याचारियों का दंड-विधान बना देती हैं।

"सिकंदर अपनी धमकियों से उन्हें डराए जिन्हें धन की इच्छा हो और जो मृत्यु से डरते हों। ब्राह्मणों के आगे उसके अस्त्र-शस्त्र निरर्थक हैं, क्योंकि हमें न ही स्वर्ण का मोह है और न मृत्यु का भय। इसलिए जाओ और सिकंदर से कह दो, दंडामिस को तुम्हारी किसी चीज की जरूरत नहीं है, इसलिए वह तुम्हारे पास नहीं आएगा। और तुम्हें यदि दंडामिस से कुछ चाहिए तो तुम स्वयं दंडामिस के पास जाओ।"

ओनेसिक्रिटोस ने दंडामिस के शब्दों में ही उसका संदेश सिकंदर को सुनाया। सिकंदर अत्यंत ध्यानपूर्वक सुनता रहा। उसके मन में दंडामिस के दर्शन करने की इच्छा पहले से भी अधिक प्रबल हो गई, क्योंकि वे भले ही वृद्ध थे और नग्न रहते थे, परंतु वे एकमात्र ऐसे विरोधी थे, जो कई राष्ट्रों के उस विजेता पर भी भारी पड़ रहे थे।

सिकंदर ने अनेक ऐसे तपस्वी ब्राह्मणों को तक्षशिला में आमंत्रित किया, जो दार्शनिक प्रश्नों के सारगर्भित उत्तर देने के लिए विख्यात थे। प्लुटार्क ने उस वाक्युद्ध का विवरण दिया है। सभी प्रश्न सिकंदर ने स्वयं ही किए थे।

"किनकी संख्या अधिक है, जीवित लोगों की या मृत लोगों की?"

"जीवित लोगों की, क्योंकि मृत लोगों का अस्तित्व ही नहीं है।"

"अधिक बड़े प्राणी कहाँ होते हैं, समुद्र में या भूमि पर?"

"भूमि पर, क्योंकि समुद्र भूमि का ही केवल एक हिस्सा है।"

"पशुओं में सबसे चालाक कौन है?"

"वह जिसे मनुष्य ठीक से जानता नहीं है।" (मनुष्य अज्ञात से डरता है।)

"पहले क्या था, दिन या रात?"

"दिन एक दिन पहले बना था।" इस उत्तर को सुनकर सिकंदर के चेहरे पर आश्चर्य प्रकट हुआ। तब ब्राह्मण ने कहा, "असंभव प्रश्नों के उत्तर भी असंभव ही होते हैं।"

"मनुष्य सभी का प्रिय कैसे बन सकता है?"

"मनुष्य लोगों को प्रिय तभी लगेगा जब अत्यंत शक्तिसंपन्न होते हुए भी वह दूसरों के मन में अपने लिए भय पैदा न करे।"

"किस उपाय से मनुष्य देवता बन सकता है?"

"मनुष्य के लिए जो काम असंभव है, उसे करके दिखाकर।"

"जीवन और मृत्यु में अधिक बलवान कौन है?"

"जीवन, क्योंकि वह इतने अधिक पापों को भी सहन कर सकता है।"

सिकंदर भारत से एक सच्चे योगी को अपना गुरु बनाकर ले जाने में सफल हो गया। उस योगी का नाम कल्याण (स्वामी स्फाइंस) था, जिन्हें यूनानी लोग 'कालानोस' कहने लगे। वे सिकंदर के साथ फारस तक गए। वहाँ सुसा नामक गाँव के पास एक निर्दिष्ट दिन संपूर्ण यूनानी सेना की आँखों के सामने जलती चिता में प्रवेश कर उन्होंने अपना जरा-जर्जर शरीर त्याग दिया। इतिहासकारों ने लिखा है कि यूनानी सैनिकों के आश्चर्य का ठिकाना न रहा, जब उन्होंने देखा कि उस योगी को न शारीरिक यातना का कोई भय था, न मृत्यु का। अग्नि-ज्वालाओं के बीच जलते हुए वे एक क्षण के लिए भी कभी अपने स्थान से हिले नहीं। चिता में प्रवेश करने से पहले कालानोस ने अपने अनेक संगी-साथियों को गले लगाया, परंतु सिकंदर से विदा नहीं ली। उससे केवल इतना ही कहा—"मैं तुमसे बाद में बेबीलोन में मिलूँगा।"

सिकंदर फारस से आगे बढ़ा और एक वर्ष बाद बेबीलोन में मर गया। हिंदू गुरु ने सिकंदर से जो कहा था, वह उनका यह कहने का तरीका था कि वे जीवन और मृत्यु में सिकंदर के साथ रहेंगे।

यूनानी इतिहासकारों ने भारतीय समाज के अनेक स्पष्ट और प्रेरणाप्रद शब्दचित्रों की छाप छोड़ी है। एरियन लिखते हैं कि हिंदू न्याय लोगों की रक्षा करता है और उसने यह विधान बना रखा है कि कोई भी मनुष्य किसी भी परिस्थिति में दास नहीं बनेगा, बल्कि स्वयं स्वतंत्रता का उपभोग करते हुए यह ध्यान रखेगा कि सभी मनुष्यों को समान रूप से स्वतंत्रता का अधिकार है।

एक दूसरी पुस्तक में लिखा है, भारतीय लोग ब्याज पर पैसा नहीं देते, उनमें ऋण का लेन-देन नहीं होता। अन्याय करना या अन्याय सहना भारत की प्रथा के

विरुद्ध है, इसलिए वे लेन-देन की किसी प्रकार की कोई लिखा-पढ़ी नहीं करते, न ही कुछ गिरवी रखते-रखवाते हैं। यह भी लिखा है कि रोग-निवारण के लिए सरल प्राकृतिक उपायों का अवलंबन किया जाता है। किसी रोग से मुक्ति के लिए औषधियों का प्रयोग करने की अपेक्षा पथ्य-परहेज का सहारा लिया जाता है। मलहमों और प्रलेपों का प्रयोग सर्वाधिक प्रचलित है। अन्य सभी औषधोपचारों को घातक माना जाता है। युद्ध करना केवल क्षत्रियों का काम था। शत्रु सेना भी खेतों में काम करते किसी कृषक को कोई हानि नहीं पहुँचाती, क्योंकि इस वर्ग के लोगों को लोकोपकारी माना जाता है, इसलिए उन पर आक्रमण करना वर्जित है। भूमि इस प्रकार विध्वंस से सुरक्षित रहने के कारण विपुल अनाज पैदा करती है और वहाँ निवास करने वाले लोगों का जीवन सुखी बनाने के लिए आवश्यक तत्त्वों की पूर्ति करती है।

मैसूर राज्य में सर्वत्र पाए जाने वाले धार्मिक स्थल दक्षिण भारत के अनेकानेक महान् संतों की याद दिलाते रहते हैं। इनमें से ही एक महान् संत थायुमानवर ने एक चुनौतीपूर्ण कविता लिखी है—

तुम मदमस्त गज को नियंत्रण में ला सकते हो;
तुम रीछ और व्याघ्र का मुँह बंद कर सकते हो;
सिंह की सवारी कर सकते हो और नाग के साथ खेल सकते हो;
तुम किसी भी धातु को स्वर्ण में बदलकर जीविका कमा सकते हो;
तुम अदृश्य होकर पूरी सृष्टि का भ्रमण कर सकते हो;
देवताओं को अपना दास बना सकते हो;
सदा के लिए युवा रह सकते हो;
तुम पानी पर चल सकते हो और अग्नि में वास कर सकते हो;
परंतु मन का नियंत्रण इस सबसे श्रेष्ठ और अधिक कठिन है।

भारत के दक्षिणी छोर पर अत्यंत उपजाऊ भूमि का सुंदर राज्य है तिरुवांकुर। यहाँ नदियों और नहरों से ही मुख्य रूप से यातायात होता है। अतीत में युद्धों और छोटे-छोटे राज्यों का तिरुवांकुर राज्य में विलय कर लेने के पापों का प्रतिवर्ष प्रायश्चित्त करने की वंश-परंपरा यहाँ के राजपरिवार में है। प्रत्येक वर्ष 56 दिन तक महाराजा दिन में तीन बार मंदिर जाकर वेद मंत्रों और स्तोत्रों का श्रवण करते हैं। इस प्रायश्चित्त-अनुष्ठान की समाप्ति 'लक्षदीपम्' उत्सव या मंदिर में एक लाख दीप जलाकर होती है।

भारत के दक्षिण-पूर्व तट पर मद्रास प्रेसीडेंसी में समुद्र से घिरा सपाट, विस्तीर्ण भूप्रदेश पर बना शहर है मद्रास। इसी राज्य में दूसरा एक शहर है, स्वर्णनगरी

कांजीवरम्, जो पल्लव राजाओं की राजधानी थी। ये राजा ईसवी सन् की प्रारंभिक शताब्दियों में यहाँ राज करते थे। वर्तमान मद्रास प्रेसीडेंसी में महात्मा गांधी के अहिंसा सिद्धांत का काफी प्रचार हुआ है; जहाँ-तहाँ सफेद 'गांधी टोपी' दिखाई देती है। दक्षिण भारत में महात्मा गांधी के प्रयत्नों से अनेक महत्त्वपूर्ण मंदिरों के द्वार 'अस्पृश्यों' के लिए खुल गए हैं तथा जातिप्रथा में भी अनेक सुधार हुए हैं।

महान् स्मृतिकार मनु द्वारा शुरू की गई वर्णाश्रम व्यवस्था का मूल उद्देश्य प्रशंसनीय था। उन्हें यह स्पष्ट रूप से समझ में आ गया था कि प्राकृतिक क्रम-विकास की अवस्थाओं के अनुरूप मानवजाति चार मुख्य वर्णों में विभाजित है, वे जो शारीरिक श्रम द्वारा समाज की सेवा कर सकते हैं (शूद्र); दूसरे वे जो अपनी मानसिकता, कौशल, कृषिकर्म, व्यापार-वाणिज्य और साधारण तौर पर उद्योग-व्यवसाय, अर्थात् वाणिक्-वृत्ति द्वारा समाज की सेवा कर सकते हैं (वैश्य); तीसरे वे जिनमें प्रशासन, कार्य संचालन तथा संरक्षण की मनोवृत्ति एवं क्षमता होती है, अर्थात् शासक तथा योद्धा (क्षत्रिय); और चौथे वे जिनकी प्रवृत्ति चिंतन-मनन की होती है, जिनमें आध्यात्मिक प्रेरणा जाग गई होती है और जो दूसरों में यह प्रेरणा जगा सकते हैं (ब्राह्मण)। महाभारत में कहा गया है, "कोई द्विज (ब्राह्मण) है या नहीं, इसका निर्णय जन्म, संस्कार, विद्याध्ययन या वंश-परंपरा से नहीं हो सकता, केवल चरित्र और आचरण से हो सकता है। मनु ने समाज को ज्ञान, सद्गुण, आयु, रिश्तेदारी और अंत में संपत्ति के आधार पर लोगों को सम्मान देने का निर्देश दिया है। वैदिक काल के भारत में धन के संचय को और ऐसे धन को जो लोकोपकार के लिए उपलब्ध न होता हो, घृणा की दृष्टि से देखा जाता था। अत्यंत धनवान लोगों को भी, यदि वे कृपण हों तो समाज में हीन स्थान मिलता था।

काल के प्रवाह में जब वर्णाश्रम व्यवस्था जातिप्रथा के चौखटे में जकड़ गई, तो समाज के लिए गंभीर रूप से हानिकारक बन गई। 1947 में स्वाधीनता प्राप्त करने के बाद भारत धीरे-धीरे परंतु निश्चित रूप से जन्म पर नहीं, बल्कि केवल नैसर्गिक गुण-कर्म पर आधारित जातिप्रथा के प्राचीन मूल्यों की पुनर्स्थापना की दिशा में आगे बढ़ रहा है। पृथ्वी पर प्रत्येक राष्ट्र को दुःख उत्पन्न करने वाले अपने ही विशिष्ट कर्मसंचय को भोगना पड़ता है और इस प्रकार कर्मों को समाप्त करना पड़ता है। अपनी बहुमुखी प्रतिभा और अदम्य आत्मशक्ति से भारत जाति व्यवस्था में सुधार लाने में सफल हो रहा है।

दक्षिण भारत इतना लुभावना है कि श्री राइट और मैं वहाँ अपने प्रवास को और बढ़ाना चाहते थे, परंतु निष्ठुर समय हमें इसकी अनुमति नहीं दे रहा था।

कलकत्ता विश्वविद्यालय में इंडियन फिलॉसॉफिकल कांग्रेस के समापन सत्र में व्याख्यान देने का मेरा दिन निकट आ रहा था। मैसूर में अपने प्रवास के अंत में इंडियन अकेडमी ऑफ साइंसेस के अध्यक्ष सर सी.वी. रमन से मैंने भेंट की और उनके साथ वार्त्तालाप में मुझे बड़ा आनंद आया। इस प्रतिभाशाली भौतिक विज्ञानी को 1930 में प्रकाश-प्रसरण में उनके द्वारा किए गए आविष्कार के लिए नोबेल पुरस्कार से सम्मानित किया गया था। उनका आविष्कार 'रमन इफेक्ट' के नाम से प्रसिद्ध है।

मद्रास के शिष्यों और मित्रों से अनिच्छापूर्वक विदा लेकर श्री राइट और मैं अपनी यात्रा पर निकल पड़े। रास्ते में हम लोग सदाशिव ब्राह्मण की पुण्यस्मृति में बने एक छोटे से मंदिर के दर्शनार्थ रुके। 18वीं शताब्दी के इस संत की जीवन-गाथा अनेक चमत्कारों से परिपूर्ण है। इन्हीं सदाशिव का एक बड़ा मंदिर नेरूर में है जिसे पुड्डुकोट्टई के राजा ने बनवाया था। यह एक तीर्थक्षेत्र बन गया है, जहाँ दैवी चमत्कार से अनेक लोग रोगमुक्त हुए हैं। 1750 में पुड्डुकोट्टई के राजा के लिए सदाशिव ने धार्मिक आचरण के कुछ नियम लिखे थे, जिसे उस राजा के बाद राजगद्दी पर बैठने वाले वहाँ के सभी राजाओं ने एक पवित्र धरोहर के रूप में सँभालकर रखा है और सदैव उनका पालन करने का प्रयास किया है।

सदाशिव पूर्णज्ञानी संत थे तथा सभी को प्रिय थे। उनके बारे में दक्षिण भारतीय ग्रामों में अभी भी विलक्षण कहानियाँ प्रचलित हैं। एक दिन वे कावेरी तट पर समाधि में लीन बैठे थे कि अचानक बाढ़ आई और लोगों ने उन्हें बाढ़ में बह जाते हुए देखा। इसके कई सप्ताह बाद वे कोयम्बटूर जिले में कोडुमुडी गाँव के निकट मिट्टी के नीचे दबे हुए पाए गए। मिट्टी हटाने वाले ग्रामीणों के फावड़े जब उन्हें लगे, तो वे उठ खड़े हुए और तेजी से वहाँ से चल दिए।

एक वयोवृद्ध वेदांती पंडित को आध्यात्मिक तर्कयुद्ध में परास्त करने पर गुरु से फटकार मिलने के कारण सदाशिव मुनि (मौनी) बन गए। गुरु ने कहा था, "तुम्हारे जैसा युवक जीभ पर संयम रखना कब सीखेगा?"

"आपके आशीर्वाद से अभी, इसी क्षण से।"

सदाशिव के गुरु स्वामी श्री परमशिवेंद्र सरस्वती थे, जिन्होंने 'दहरविद्या प्रकाशिका' लिखी है तथा 'उत्तर गीता' पर भी एक अत्यंत गहन टीका लिखी है। कुछ संसारी लोग भगवद्प्रेम में मस्त होकर प्रायः सड़कों पर 'लाज-शर्म छोड़कर' नाचते सदाशिव को देखकर आहत हुए। उन्होंने विद्वान् गुरु के पास जाकर शिकायत की—'महाराज! सदाशिव पागल से अधिक कुछ नहीं है।'

परंतु परमशिवेंद्र महाराज ने आनंद के साथ मुसकराकर कहा, 'अहा! काश यदि सभी इस प्रकार के पागल बन सकते!'

सदाशिव के जीवन में भगवान् के हस्तक्षेप की अनेक विलक्षण और सुंदर घटनाएँ घटित हुईं। इस संसार में बहुत सा अन्याय प्रतीत होता है, परंतु भगवद्भक्त ईश्वर के तत्क्षण न्याय के असंख्य प्रसंगों के साक्ष्य दे सकते हैं। समाधि अवस्था में मग्न सदाशिव एक रात एक धनी गृहस्थ के अनाज गोदाम के पास आकर रुक गए। पहले से चोरों की तलाश कर रहे तीन नौकरों ने उन्हें देख लिया और उन पर वार करने के लिए अपनी लाठियाँ उठाईं और आश्चर्य! उनके हाथ ऊपर ही उठे रह गए। भोर में सदाशिव के वहाँ से जाने तक वे तीनों मूर्तियों के समान वैसे ही हाथ ऊपर उठाए खड़े रहे।

एक बार मजदूरों के एक सरदार ने मजदूरों के साथ इस संत को भी जबरदस्ती लकड़ी ढोने के काम में लगा दिया। मौनी संत ने विनम्रतापूर्वक वह बोझ ढोया और नियत स्थान पर पहुँचने पर जैसे ही उन्होंने वहाँ लगाए हुए विशाल ढेर पर अपनी लकड़ियाँ रखीं, पूरे ढेर में से अग्नि ज्वालाएँ फूट पड़ीं।

त्रैलंग स्वामी की तरह ही सदाशिव भी कोई वस्त्र धारण नहीं करते थे। एक दिन सुबह अनवधान से वे एक मुसलमान सरदार के तंबू में पहुँच गए। दो महिलाएँ चीख पड़ीं। सरदार ने अपनी तलवार से सदाशिव पर वार कर दिया। सदाशिव का हाथ कटकर जमीन पर गिर गया। यह सब उनके ध्यान में भी नहीं आया और निर्विकार भाव से वे वहाँ से चल दिए। आश्चर्यमिश्रित भय और पश्चाताप से दग्ध हुए मुसलमान सरदार ने जमीन पर पड़ा हाथ उठाया और सदाशिव के पीछे चल पड़ा। सदाशिव ने वह हाथ लेकर उसे रक्तस्राव होते ठूँठ में घुसा दिया। मुसलमान सरदार ने विनम्र होकर जब आध्यात्मिक उपदेश की याचना की, तो सदाशिव ने अपनी उँगली से रेत पर लिखा—

'जो करने की इच्छा हो वह मत करो, तब तुम जो चाहोगे वह कर सकोगे।'

इस संत के प्रभाव से मुसलमान मन की शुद्ध अवस्था में पहुँच गया था, इस लिए इस परस्पर विरोधी प्रतीत होते उपदेश के सही अर्थ को उसने समझ लिया कि अंहकार पर विजय के द्वारा ही आत्मा की मुक्ति होगी। इस छोटे से उपदेश का आध्यात्मिक आघात इतना शक्तिशाली था कि वह योद्धा सदाशिव का उन्नत शिष्य बन गया; अपने पुराने रास्तों पर वह फिर कभी नहीं लौटा।

श्री सदाशिव के समक्ष गाँव के बच्चों ने एक बार 150 मील दूर मदुरै का मेला देखने की इच्छा व्यक्त की। योगी ने बच्चों को इशारा किया कि वे उनके शरीर का

स्पर्श करें। बच्चों के स्पर्श करते ही तत्क्षण सब-के-सब मदुरै पहुँच गए। वहाँ हजारों तीर्थयात्रियों के बीच बच्चे खुशी से घूमते रहे। कुछ घंटों बाद योगीवर परिवहन के अपने उसी सरल ढंग से बच्चों को वापस गाँव में ले आए। बच्चों के माता-पिता चकित होकर उनके मुँह से मदुरै की शोभायात्रा का असंदिग्ध वर्णन सुन रहे थे और बच्चों के हाथों में मदुरै की मिठाइयों के पैकेट भी देख रहे थे।

एक लड़के को इस कहानी पर विश्वास नहीं हुआ। उसने बच्चों की बातों का और सदाशिव का उपहास किया। अगली बार जब श्रीरंगम में मेला लगा, तो वह लड़का सदाशिव के पास गया।

परिहास करने के स्वर में वह बोला, "महाराज! उन बच्चों को आप जैसे मदुरै ले गए थे, वैसे मुझे भी श्रीरंगम क्यों नहीं ले जाते?"

सदाशिव ने उसकी यह इच्छा पूरी कर दी और लड़का दूसरे ही क्षण उस सुदूर शहर की भीड़ में पहुँच गया। पर जब वह वापस लौटना चाहता था तो अफसोस! संत महाराज कहाँ थे? आखिर पदयात्रा के साधारण माध्यम का अवलंब कर उस लड़के को थक-हारकर अपने घर पहुँचना पड़ा।

दक्षिण भारत से निकलने से पहले श्री राइट और मैं श्री रमण महर्षि से मिलने के लिए तिरुवन्नामली के पास पावन अरुणाचल पर्वत की तीर्थयात्रा करने गए। श्री रमण महर्षि ने अत्यंत प्रेमपूर्वक अपने आश्रम में हमारा स्वागत किया और पास ही रखे 'ईस्ट-वेस्ट' पत्रिका के ढेर की ओर हाथ दिखाया। हम जितने समय तक उनके पास उनके शिष्यों के साथ रहे, उसमें अधिकांश समय महर्षि मौन ही रहे। उनके मुखमंडल पर ईश्वरीय प्रेम और ज्ञान का तेज था।

दुःखी मानव को अपनी पूर्णता की विस्तृत अवस्था को पुनः प्राप्त करने के लिए श्री रमण का यह उपदेश है कि उसे निरंतर अपने आप से यह प्रश्न करना चाहिए—"मैं कौन हूँ?" सचमुच बहुत बड़ा प्रश्न। अन्य सब विचारों को दृढ़तापूर्वक दूर ढकेल देने से साधक शीघ्र ही अपने सच्चे स्वरूप की गहराइयों में उतरता चला जाता है और दूसरे विचारों से मन भ्रमित होना बंद हो जाता है। भारत के इस ज्ञानी महर्षि ने लिखा है—

द्वैत को और त्रित्व को कोई सहारा चाहिए,
बिना सहारे के वे उत्पन्न नहीं हो सकते;
उस सहारे का ज्ञान प्राप्त करने से वे ढीले पड़कर नष्ट हो जाते हैं।
यही सत्य है। जो इसे जान जाता है, वह फिर कभी नहीं लड़खड़ाता।

□

42

अपने गुरु के साथ कुछ अंतिम दिन

"गुरुजी, आज आपको अकेले देखकर मुझे बहुत खुशी हो रही है।"

कुछ फल और गुलाब पुष्पों की सुगंध से महक रही टोकरी हाथ में लिये मैं अभी-अभी श्रीरामपुर आश्रम पहुँचा ही था। श्रीयुक्तेश्वरजी ने दीन भाव से मेरी ओर देखा।

"तुम्हारा प्रश्न क्या है?" गुरुदेव कमरे में नजर दौड़ा रहे थे, मानो बच निकलने का कोई रास्ता ढूँढ़ रहे हों।

"गुरुजी, मैं हाई स्कूल का एक युवा विद्यार्थी था, जब आपके पास आया था। अब मैं प्रौढ़ हो गया हूँ, यहाँ तक कि एक-दो बाल भी अब सफेद हो गए हैं। आपने हमारे मिलन के प्रथम क्षण से लेकर अब तक सदा ही अपने मूक प्रेम की वर्षा मुझ पर की है, पर क्या आपके ध्यान में यह बात आई कि केवल उस पहले दिन ही आपके मुख से निकला था, 'मैं तुमसे प्रेम करता हूँ?' मैं याचना भरी दृष्टि से उनकी ओर देख रहा था। गुरुदेव ने अपनी दृष्टि झुका ली। "योगानंद, मूक हृदय की गहराइयों में सुरक्षित बैठी प्रगाढ़ प्रेम की सुकुमार भावनाओं को क्या भावशून्य शब्दों में प्रकट करना आवश्यक है?"

"गुरुजी, मैं जानता हूँ कि आपको मुझसे बेहद प्यार है, फिर भी मेरे नश्वर कान आपके मुख से उन शब्दों को सुनने के लिए तरसते हैं।"

"जैसी तुम्हारी इच्छा। अपने वैवाहिक जीवन में मुझे एक पुत्र की चाह थी, ताकि मैं उसे योग मार्ग की शिक्षा दे सकूँ। परंतु जब तुम मेरे जीवन में आए, तब मैं संतुष्ट हो गया। तुममें मुझे मेरा बेटा मिल गया।" श्रीयुक्तेश्वरजी की आँखों में दो स्पष्ट अश्रुबिंद छलक आए। "योगानंद, मुझे सदा ही तुमसे प्यार रहा है और सदा ही रहेगा।"

"आपके इन शब्दों ने मेरे लिए स्वर्ग के सारे द्वार खोल दिए हैं।" मुझे ऐसा लगा, मानो मेरे हृदय पर से एक भारी बोझ हट गया हो, जैसे उनके शब्दों से वह बोझ सदा के लिए पिघलकर बह गया हो। मैं जानता था कि वे आत्मस्थ हैं और भावुकता के लिए उनके स्वभाव में कोई स्थान नहीं, फिर भी उनकी खामोशी का अर्थ मैं समझ नहीं पाता था। विलक्षण स्वभाव को पूरी तरह पहचानना कठिन था। उनका स्वभाव गंभीर, स्थिर और बाह्य जगत् के लिए अनधिगम्य था, जिसके सारे मूल्यों को कब के पीछे छोड़कर वे आगे बढ़ गए थे।

कुछ दिन बाद मैंने कोलकाता के अल्बर्ट हॉल में विशाल श्रोता समुदाय के सामने व्याख्यान दिया। उस अवसर पर श्रीयुक्तेश्वरजी संतोष के महाराजा और कोलकाता के मेयर के साथ मंच पर बैठने के लिए सहमत हो गए। गुरुदेव ने मुझसे कुछ कहा तो नहीं, पर मैं व्याख्यान के दौरान बीच-बीच में उनकी ओर देख रहा था और मुझे लगा कि वे प्रसन्न हैं।

फिर श्रीरामपुर कॉलेज से स्नातक हुए लोगों के सामने व्याख्यान देने का प्रसंग आया। जब अपने पुराने सहपाठियों पर मेरी दृष्टि पड़ी और उनकी दृष्टि अपने पुराने 'पागल संन्यासी' पर पड़ी तो आनंदाश्रु सारा संकोच छोड़कर प्रकट हो गए। दर्शनशास्त्र के मेरे मधुरभाषी प्रोफेसर डॉ. घोषाल मेरा अभिनंदन करने के लिए सामने आए। हमारी पुरानी सारी गलतफहमियाँ काल के ऐंद्रजालिक स्पर्श से विलय हो चुकी थीं।

दिसंबर के अंत में श्रीरामपुर आश्रम में दक्षिणायन प्रारंभ का महोत्सव मनाया गया। हमेशा की तरह आस-पास के स्थानों से और दूरदराज से श्रीयुक्तेश्वरजी के शिष्य एकत्र हुए। भक्तिपूर्ण संकीर्तन, कृष्ण दा का मधुर गायन, आश्रमवासी बालक-युवा शिष्यों द्वारा तैयार किया गया और परोसा गया महाप्रसाद, आश्रम के आँगन में तारों के छत्र के नीचे खचाखच भरे शिष्य समुदाय के सामने गुरुदेव का अत्यंत प्रेरणाप्रद प्रवचन—सारी पुरानी स्मृतियाँ फिर जाग उठीं! बीते वर्षों के वे आनंदपूर्ण उत्सव! परंतु आज रात कुछ नया भी होने वाला था।

"योगानंद, आज की सभा में तुम प्रवचन करो—अंग्रेजी में।" यह दुहरा अनोखा आदेश देते समय श्रीयुक्तेश्वरजी की आँखों में चमक आ गई थी; कहीं वे मेरे प्रथम व्याख्यान के पहले जहाज पर हुई मेरी दुर्दशा का तो विचार नहीं कर रहे थे? वहाँ उपस्थित अपने गुरुभाइयों को मैंने वह किस्सा सुनाया और अंत में अपने गुरु के प्रति कृतज्ञता व्यक्त करते हुए भक्ति-निवेदन के साथ अपना प्रवचन समाप्त किया।

"ऐसी बात नहीं कि केवल उस जहाज पर ही गुरुदेव का अमोघ मार्गदर्शन मुझे प्राप्त हुआ था," मैंने कहा, "बल्कि विशाल, आतिथ्यशील अमेरिका में बिताए

हुए पंद्रह वर्षों में प्रतिदिन, सदा ही मुझे वह मिलता रहा।"

जब सब लोग चले गए तो श्रीयुक्तेश्वरजी ने मुझे उसी शयनकक्ष में बुलाया, जहाँ इसी प्रकार के उत्सव के बाद केवल एक बार उनके साथ सोने की अनुमति मुझे मिली थी। आज मेरे गुरुदेव वहाँ चुपचाप बैठे थे और उनके चरणों में कुछ शिष्यगण अर्धवृत्ताकार बैठे थे।

"योगानंद, क्या तुम अभी कोलकाता लौट रहे हो? पर कल यहाँ अवश्य आ जाना। मुझे तुम्हें कुछ बताना है।"

दूसरे दिन दोपहर को कुछ आशीर्वचनों के साथ श्रीयुक्तेश्वरजी ने मुझे संन्यास की उच्चतर पदवी—परमहंस—प्रदान की।

मैं उनके चरणों में प्रणाम कर रहा था तब उन्होंने कहा—

"अब यह नई उपाधि तुम्हारी पुरानी 'स्वामी' उपाधि का स्थान लेगी," मेरे अमेरिकी शिष्यों को 'परमहंसजी' शब्द का उच्चारण करने के लिए कैसी-कैसी कठिनाइयाँ आएँगी, यह सोचकर मैं मन-ही-मन हँसने लगा।

"इस संसार में अब मेरा कार्य पूरा हो गया है; अब तुम्हें ही इसे आगे चलाना है।" गुरुदेव शांत स्वर में कह रहे थे। उनकी आँखें शांत और सौम्य थीं। मेरा हृदय भयाकुलता से धड़कने लगा।

वे आगे कहते गए, "पुरी के हमारे आश्रम का कार्यभार सँभालने के लिए किसी को भेज दो। मैं सबकुछ तुम्हारे हाथों में सौंप रहा हूँ। तुम अपने जीवन की नौका को तथा संगठन की नौका को ईश्वर के किनारे पर सफलतापूर्वक पहुँचा सकोगे।"

अश्रुपात करते हुए मैंने उनके चरणों का आलिंगन किया। वे उठ खड़े हुए और अत्यंत प्रेम के साथ उन्होंने मुझे आशीर्वाद दिया। दूसरे दिन मैंने राँची से एक साधक स्वामी सेवानंद को बुला लिया और उन्हें पुरी के आश्रम का कार्यभार ग्रहण करने के लिए वहाँ भेज दिया। बाद में गुरुदेव ने अपनी भू-संपत्ति की व्यवस्था करने के संबंध में कानूनी पहलुओं पर मेरे साथ चर्चा की। उन्हें चिंता थी कि उनके देहत्याग के बाद उनके रिश्तेदार उनकी संपत्ति पर अपना हक जताएँगे और वे यह नहीं चाहते थे। उनकी इच्छा थी कि उनके दो आश्रम और अन्य संपत्ति केवल लोकोपकारी कार्यों के ही काम में लगाई जाएँ।

मेरे गुरुभाई अमूल्य बाबू ने मुझे बताया, "अभी कुछ दिन पहले ही गुरुदेव के खिदिरपुर जाने का पूरा प्रबंध किया गया था, पर वे नहीं जा सके।" यह सुनकर अनिष्ट की आशंका से मेरा पूरा शरीर सिहर उठा। जब मैं बार-बार इसके बारे में पूछने लगा तो श्रीयुक्तेश्वरजी ने केवल इतना ही कहा, "मैं अब कभी खिदिरपुर

नहीं जा पाऊँगा।" एक क्षण के लिए गुरुदेव भयभीत बालक की भाँति काँप उठे।

मैंने अश्रुरुद्ध कंठ से उनसे याचना की, "गुरुजी! कृपा करके ऐसा मत कहिए! कभी भी ऐसे शब्द मुझसे मत बोलिए!"

शांत मुसकान श्रीयुक्तेश्वरजी के चेहरे पर फैल गई। उनका इक्यासीवाँ जन्मदिन पास आ रहा था, फिर भी वे स्वस्थ और मजबूत दिखाई दे रहे थे।

दिन-प्रति-दिन अपने गुरुदेव के प्रेम की वर्षा में नहाते हुए, जो शब्दों में तो प्रकट नहीं होती थी, परंतु मन को जिसका तीव्र बोध होता था—मैंने अपने मन से उनके द्वारा अपने देहत्याग के बारे में दिए गए विविध संकेतों को निकाल दिया।

"गुरुदेव, इस महीने प्रयाग में कुंभ मेला लग रहा है।" मैंने एक बंगाली पंचांग में दी हुई कुंभ मेले की तिथियाँ उन्हें दिखाईं।

"तुम क्या सचमुच जाना चाहते हो?"

मेरे ध्यान में यह बात नहीं आ सकी कि उनकी इच्छा नहीं थी कि मैं उन्हें छोड़कर कहीं जाऊँ। मैंने कहा, "एक बार आपको प्रयाग के कुंभ मेले में ही बाबाजी का दर्शन प्राप्त हुआ था। शायद इस बार मुझे भी वह दुर्लभ सौभाग्य प्राप्त हो जाए!"

"मुझे नहीं लगता कि वहाँ तुम्हें उनका दर्शन होगा।" मेरे गुरु चुप हो गए। मेरी योजनाओं में वे बाधा नहीं डालना चाहते थे।

जब दूसरे दिन मैं कुछ लोगों को साथ लेकर प्रयाग जाने के लिए निकल रहा था, तब गुरुदेव ने अपने स्वाभाविक ढंग से मुझे आशीर्वाद दिया। स्पष्ट है कि श्रीयुक्तेश्वरजी के व्यवहार में निहित संकेतों का अर्थ ही मेरे ध्यान में नहीं आ रहा था, क्योंकि भगवान् मुझे अपने गुरु के महाप्रयाण की घटना को असहाय होकर देखते रहने के लिए विवश होने से बचाना चाहते थे। मेरे जीवन में यह हमेशा ही हुआ है कि जब कभी मेरे किसी प्रियजन की मृत्यु हुई, तब भगवान् ने सहानुभूतिपूर्वक मुझे उस स्थान से दूर ही रखा।

23 जनवरी, 1936 को हम लोग कुंभ मेले में पहुँचे। लगभग बीस लाख श्रद्धालुओं का उमड़ता जन-सागर मन पर अपनी एक विशिष्ट छाप डाल रहा था, बल्कि मन को विभोर कर रहा था। साधारण से साधारण देहातीयों में भी ईश्वर के महत्त्व के प्रति और उसकी प्राप्ति के लिए संसार का त्याग करने वाले साधु-संन्यासियों के प्रति अनन्य श्रद्धा भारतीय लोगों की एक विशेषता है। झूठे और पाखंडी साधु-संन्यासी भी होते ही हैं, परंतु उन गिने-चुने सच्चे महात्माओं की खातिर, जिन्होंने अपने आत्म-प्रकाश से इस भूमि को धन्य किया है, भारत सभी साधु-संन्यासियों के प्रति श्रद्धाभाव रखता है। उस दृश्य को देखने वाले पाश्चात्यों के

लिए इस राष्ट्र की धड़कन को पहचानने का, उस आध्यात्मिक उमंग को पहचानने का यह अपूर्व अवसर था, जिसके बल पर भारत ने काल के कठोर आघातों को सहते हुए भी अपने प्राणों की रक्षा की है।

वहाँ हम लोगों का पहला दिन तो केवल आश्चर्यपूर्वक निहारते रहने में ही बीत गया। पाप-प्रक्षालन के लिए लोग हजारों की संख्या में पवित्र गंगा में स्नान कर रहे थे। ब्राह्मण-पुरोहित शास्त्रोक्त विधि से पूजा-पाठ कर रहे थे। मौन साधु-संन्यासियों के चरणों में भक्तिभाव के साथ विविध सामग्री अर्पित की जा रही थी। हाथी, अलंकारों से सजे हुए घोड़े, राजपूताना के धीरे-धीरे चलने वाले ऊँट—सब कतारों में चल रहे थे और इनके पीछे हाथों में सोने और चाँदी के दंड या रेशमी मखमल की पताकाएँ लिये नागा साधुओं का जुलूस चल रहा था।

केवल कौपीन धारण किए साधु छोटे-छोटे दलों में शांत बैठे थे। उन्होंने सारे शरीर में भस्म रमाई हुई थी, जो सर्दी और गरमी से उनकी रक्षा करती है। उनके ललाट पर तृतीय नेत्र का प्रतीक चंदन तिलक लगाया हुआ था। गेरुए वस्त्र धारण किए, दंड-कमंडलु और भिक्षापात्र लिये मुंडित-मस्तक स्वामी वहाँ हजारों की संख्या में दिखाई दे रहे थे।

मेले में दूसरे दिन मैं अपने साथ के लोगों के साथ अनेक आश्रमों और अस्थायी कुटियों में गया; वहाँ हमने साधु-संतों का दर्शन कर उन्हें प्रणाम किया। स्वामी संप्रदाय की गिरि शाखा के प्रमुख का भी आशीर्वाद हमें प्राप्त हुआ।

हम अपनी असाधारण विद्वत्ता के लिए प्रसिद्ध तरुण परिव्राजक साधु करणपात्री महाराज से भी मिले। वेदों के असाधारण ज्ञाता! काशी हिंदू विश्वविद्यालय से एम.ए. और शास्त्री उपाधि प्राप्त, उनके चरणों में बैठकर मेरे मन में एक उदात्त भावना उभर आई; ये सब प्राचीन और सच्चे भारत को देखने की मेरी इच्छा का उत्तर प्रतीत हो रहा था, क्योंकि आध्यात्मिक महापुरुषों की इस भूमि के वे सच्चे प्रतिनिधि हैं।"

करपात्रीजी से मैंने उनके परिव्राजक जीवन के बारे में कुछ प्रश्न किए।

"क्या सर्दियों के लिए भी आप अतिरिक्त कपड़े नहीं रखते?"

"नहीं, ये पर्याप्त हैं।"

"क्या कुछ पुस्तकें अपने साथ रखते हैं?"

"नहीं, जो लोग मुझसे कुछ सुनना चाहते हैं, उन्हें मैं अपनी स्मरणशक्ति से सुनाता हूँ।"

"आप और क्या-क्या करते हैं?"

"गंगा किनारे घूमता हूँ।"

उनके इन शांत शब्दों को सुनकर मैं उनके जीवन की सादगी को अपनाने के लिए लालायित हो उठा। मुझे अमेरिका और वहाँ अपने कंधों पर बैठे सारे उत्तरदायित्वों की याद आई।

एक क्षण के लिए खिन्न होकर मैंने सोचा, 'नहीं योगानंद, इस जन्म में गंगा किनारे घूमना तुम्हारे लिए नहीं है।'

करपात्रीजी ने अपनी कुछ आध्यात्मिक अनुभूतियों के बारे में बताया तो अचानक मैंने उनसे पूछा, "आप यह सब शास्त्रों से पढ़कर या अपने आंतरिक अनुभव से बता रहे हैं?"

उन्होंने सरल हँसी के साथ उत्तर दिया, "आधा पुस्तकीय ज्ञान से और आधा अनुभव से।"

हम लोग थोड़ी देर ध्यान में मौन बैठे रहे। उनके पवित्र सान्निध्य से उठकर जब हम लोग बाहर आए तो मैंने श्री राइट से कहा, "वे सुनहरे तृण के सिंहासन पर विराजमान एक राजा हैं।"

उस रात हमने खुले आकाश के नीचे मेले की जमीन पर बैठकर पत्तलों में भोजन किया। थालियाँ आदि धोने के झंझट को भारत में जहाँ तक हो सके, कम कर दिया जाता है।

कुंभ दर्शन के कुछ ही दिनों बाद हम लोग कोलकाता पहुँचे। श्रीयुक्तेश्वरजी से मिलने के लिए मैं आतुर था। अतः जब मैंने सुना कि वे कोलकाता से तीन सौ मील दूर दक्षिण में पुरी में हैं तो मुझे घोर निराशा हुई।

"तुरंत पुरी चले आओ।" यह तार मेरे एक गुरुभाई ने 8 मार्च को कोलकाता के दूसरे एक गुरुभाई अतुलचंद्र राय चौधरी को भेजा। इस संदेश का समाचार मेरे कानों तक भी आ पहुँचा। उसमें निहित अर्थ मुझे समझ आया। मैं धम्म से घुटनों पर बैठ गया और भगवान् से अपने गुरु के प्राणों की भिक्षा माँगने लगा। मैं ट्रेन पकड़ने के लिए पिताजी के घर से निकल ही रहा था कि मेरे अंतर में एक दिव्य वाणी सुनाई दी—'आज रात पुरी मत जाओ। तुम्हारी प्रार्थना स्वीकार नहीं हो सकती।' शोकाकुल होकर मैंने कहा, 'प्रभु! आप पुरी में मेरे साथ 'रस्साकशी' नहीं करना चाहते, जहाँ गुरुदेव के जीवन के लिए मेरी अनवरत प्रार्थनाएँ आपको ठुकरानी पड़ेंगी। तो क्या आपकी इच्छा पर उन्हें उच्चतर कर्तव्यों के लिए जाना ही होगा?'

आंतरिक आदेश का पालन करने के लिए मैंने उस रात पुरी के लिए प्रस्थान नहीं किया। दूसरे दिन शाम को मैं ट्रेन पकड़ने के लिए चल पड़ा। बाद में जब ट्रेन पुरी की ओर दौड़ी जा रही थी, तब श्रीयुक्तेश्वरजी मेरी अंतर्दृष्टि के सामने प्रकट

हो गए। वे अत्यंत गंभीर मुद्रा में बैठे थे। उनके दोनों ओर प्रकाश का एक-एक पिंड था।

"क्या सबकुछ समाप्त हो गया?" अनुनय-विनय करते हुए मैंने अपने हाथ ऊपर उठा लिये।

उन्होंने सिर हिलाया और धीरे-धीरे अदृश्य हो गए।

दूसरे दिन सुबह पुरी स्टेशन के प्लेटफॉर्म पर मन में झूठी आशा लिये मैं खड़ा था, तभी एक अनजान व्यक्ति मेरे पास आया।

"आपने सुना है कि आपके गुरुदेव चले गए?" इसके बाद एक शब्द भी मुँह से निकाले बिना वह व्यक्ति चला गया। मुझे कभी भी इस बात का पता नहीं चल पाया कि वह कौन था या उसे कैसे मालूम हुआ कि मैं उस समय कहाँ मिलूँगा।

मैं सन्न रह गया। मुझे प्लेटफॉर्म की दीवार का सहारा लेना पड़ा। यह बात मेरी समझ में आ गई कि गुरुदेव नाना उपायों से वह हृदयविदारक समाचार मेरे पास पहुँचाने की चेष्टा कर रहे थे। अंतर में प्रचंड विद्रोह धधकने लगा, मेरी आत्मा मानो ज्वालामुखी बन गई थी। आश्रम पहुँचते-पहुँचते मैं लगभग पूरी तरह टूटने के कगार पर पहुँच चुका था। आंतरिक वाणी बार-बार प्यार से मुझे समझा रही थी, 'धीरज रखो। शांत हो जाओ।'

मैंने आश्रम के उस कमरे में प्रवेश किया, जहाँ पद्मासन में बैठा गुरुदेव का निष्प्राण शरीर अकल्पनीय रूप से जीवंत लग रहा था। वह शरीर अभी भी पूर्णत: स्वस्थ और सुंदर लग रहा था। शरीर छोड़ने (9 मार्च, 1936 को शाम 7 बजे) के कुछ दिन पहले मेरे गुरु को हल्का बुखार अवश्य हुआ था, पर अनंत परमतत्त्व में उनके आरोहण कर जाने के एक दिन पहले उनका शरीर पूर्ण रूप से स्वस्थ हो गया था। कितनी ही बार मैं उस प्रिय शरीर को क्यों न देखता, मुझे विश्वास ही नहीं हो पा रहा था कि उसमें से प्राण निकल गए थे। उनकी त्वचा अभी भी स्निग्ध और मुलायम थी; उनके चेहरे पर शांति का सुंदर भाव था। अंतिम रहस्यमय बुलावे के समय उन्होंने सचेत रहते हुए अपना शरीर छोड़ दिया था।

शोकविह्वल होकर मैं चीख उठा—"बंगाल का सिंह चला गया।" 10 मार्च को मैंने उनका अंतिम संस्कार किया। पुरी आश्रम के उद्यान में संन्यासियों की प्राचीन परंपरा के अनुसार श्रीयुक्तेश्वरजी के पार्थिव शरीर को समाधि दी गई। बाद में उनके शिष्य अपने गुरु को श्रद्धांजलि अर्पित करने निकट और दूर, सब जगहों से वासंतिक शोक सभा में एकत्र हुए।

मैं कोलकाता लौट आया। पवित्र स्मृतियों से जुड़े श्रीरामपुर आश्रम में जा पाने का मुझे अभी साहस नहीं हो रहा था, इसलिए श्रीरामपुर में रह रहे श्रीयुक्तेश्वरजी के बालशिष्य प्रफुल्ल को मैंने कोलकाता में ही बुला लिया और राँची विद्यालय में उसके प्रवेश की व्यवस्था कर दी। प्रफुल्ल ने मुझे बताया, "उस दिन सुबह जब आप कुंभ मेले में जाने के लिए निकल गए तो गुरुदेव धप्प से दीवान पर बैठ गए" और कहने लगे, "योगानंद चला गया! योगानंद चला गया!" फिर कुछ गूढ़ ढंग से उन्होंने कहा, "मुझे उसे किसी और प्रकार से बताना पड़ेगा। फिर वे घंटों मौन बैठे रहे।"

इसके बाद के मेरे दिन व्याख्यान, कक्षाओं, साक्षात्कार तथा पुराने मित्रों के साथ पुनर्मिलन से ही भरे रहे। खोखली हँसी और अनवरत कार्यव्यस्तता के जीवन प्रवाह के नीचे काले शोकाकुल विचार परमानंद की उस आंतरिक सरिता को मैली किए जा रहे थे, जो इतने वर्षों तक मेरी अनुभूतियों के बालुका-तल के नीचे अपने प्रवाहमार्ग से बहती आ रही थी।

"वे दिव्य ऋषि कहाँ चले गए?" शोकसंतप्त आत्मा की गहराइयों से मैं मूक रुदन करते हुए अपने अंतर से पूछता जा रहा था। कोई उत्तर नहीं आया।

मेरा मन मुझे सांत्वना देने लगा, "यह अच्छा ही हुआ कि गुरुदेव का परम प्रेमी परमात्मा के साथ संपूर्ण मिलन हो गया। अब वे अपने तेज से अक्षय धाम में सदा के लिए चमक रहे हैं।"

मेरा हृदय विलाप कर रहा था, "अब तुम फिर कभी उन्हें श्रीरामपुर आश्रम में नहीं देख सकोगे।" अब फिर कभी तुम अपने दोस्तों को उनसे मिलाने के लिए लाकर नहीं कह सकोगे, "देखो, वो रहे भारत के ज्ञानावतार!"

श्री राइट ने जून के प्रारंभ में हम लोगों के पश्चिम जाने के लिए मुंबई से जहाज पकड़ने की सारी व्यवस्था कर दी। एक पखवाड़े तक कोलकाता में विदाई भोज और व्याख्यानों का सिलसिला चलता रहा। उसके बाद मिस ब्लेच, श्री राइट और मैं अपनी फोर्ड कार से मुंबई के लिए निकल पड़े। वहाँ पहुँचने पर जहाज के अधिकारियों ने हमें अपनी यात्रा रद्द करने के लिए कहा, क्योंकि उस जहाज पर कार के लिए कोई जगह नहीं थी, और हमें तो यूरोप में उसकी आवश्यकता पड़ने वाली थी।

"कोई बात नहीं," मैंने खिन्न मन से श्री राइट से कहा, "मैं एक बार फिर पुरी जाना चाहता हूँ।" और मन-ही-मन कहने लगा, 'मेरे अश्रुओं को फिर एक बार अपने गुरुदेव की समाधि का अभिषेक करने दो।'

□

43

श्रीयुक्तेश्वरजी का पुनरुत्थान

मुंबई में रीजेंट होटल के अपने कमरे में मैं बैठा था कि चमचमाते जाज्वल्यमान प्रकाश में भगवान् का दिव्य रूप मेरे सामने प्रकट हुआ। मैं तीसरी मंजिल के उस कमरे की ऊँची, खुली खिड़की से बाहर देख रहा था, तब अचानक सामने वाली ऊँची इमारत की छत के ऊपर यह अवर्णनीय दृश्य मेरी दृष्टि के सामने प्रकट हो गया। भगवान् श्रीकृष्ण मेरी ओर देखकर मुसकरा रहे थे और सिर हिला रहे थे। हाथ भी हिला रहे थे। जब मैं उनके संदेश को समझ नहीं पाया तो आशीर्वाद देने की मुद्रा में हाथ उठाकर वे अंतर्धान हो गए। मन एक अद्भुत आनंद से भर उठा और मुझे ऐसा लगा कि कोई आध्यात्मिक घटना घटने वाली है।

पश्चिम की ओर मेरी यात्रा कुछ समय के लिए रद्द हो गई थी। कोलकाता और पुरी वापस जाने के पहले मुंबई में मेरे कई व्याख्यानों का आयोजन किया गया था।

भगवान् श्रीकृष्ण के दर्शन के एक सप्ताह बाद 19 जून, 1936 को दोपहर में तीन बजे मुंबई में होटल के अपने कमरे में मैं अपने पलंग पर बैठा ध्यान कर रहा था कि अचानक कमरे में एक दिव्य प्रकाश के फैलने से मेरा ध्यान टूट गया। मेरे खुले और विस्मय-विस्फारित नेत्रों के सामने संपूर्ण कमरा एक अद्भुत विश्व में बदल गया; सूर्य प्रकाश एक स्वर्गीय तेज में बदल गया।

रक्तमांस के शरीर में श्रीयुक्तेश्वरजी को अपने सामने खड़े देखकर आनंदातिरेक की लहरों पर लहरें मुझ पर छाने लगीं।

"बेटा!" गुरुदेव ने अत्यंत स्नेहसिक्त, कोमल स्वर में कहा। उनके चेहरे पर देवताओं को भी मोहित करने वाली, ऐसी सुंदर मुसकान खेल रही थी।

उस समय जीवन में पहली बार मैंने उनका चरणस्पर्श नहीं किया, बल्कि उन्हें अपनी बाँहों में भर लेने के लिए आतुर होकर आगे बढ़ा। वह अपूर्व क्षण!

परम आनंद की उस बरसती वर्षा की तुलना में गत कुछ महीनों में जो व्यथा-वेदना मैंने सही थी, वह कुछ भी नहीं थी। "मेरे प्रभु! मेरे गुरुदेव! मेरे प्रियतम! आप मुझे छोड़कर क्यों चले गए? आपने मुझे कुंभ मेले में जाने ही क्यों दिया? आपको छोड़कर जाने के लिए मैंने अपने आपको कितना कोसा है!"

"जहाँ मुझे बाबाजी का प्रथम दर्शन हुआ था, उस तीर्थस्थल का दर्शन करने की तुम्हारी आशा भरी खुशियों पर मैं पानी नहीं फेरना चाहता था। मैं तो थोड़ी देर के लिए ही तुम्हें छोड़कर गया था; क्या अब फिर से तुम्हारे पास नहीं आ गया हूँ?"

"पर क्या यह आप ही हैं गुरुदेव?"

"हाँ बेटा, मैं बिल्कुल वही हूँ। यह रक्तमांस का शरीर है। मेरी दृष्टि में यह शरीर केवल आकाश तत्त्व का है, परंतु तुम्हारी दृष्टि के लिए यह जड़ देह है। मैंने सृष्टि के परमाणुओं से एक पूर्णतः नए शरीर की सृष्टि की है, जो बिल्कुल उस स्वप्न-सृष्टि के शरीर जैसा ही है, जिसे तुमने अपनी स्वप्न-सृष्टि की स्वप्न-बालू में समाधि दे दी थी। वस्तुतः मेरा पुनरुत्थान हो चुका है—पृथ्वी पर नहीं, बल्कि एक सूक्ष्म लोक में। इस पृथ्वी के मानवों की तुलना में उस लोक में वास करने वाले लोग मेरे उच्च आदर्शों के अधिक अनुरूप हैं। तुम और तुम्हारे संत प्रियजन भी किसी दिन उस लोक में मेरे पास आ जाओगे।"

"मृत्युंजय गुरुदेव! मुझे और अधिक बताइए!"

श्रीयुक्तेश्वरजी ने बताया, "जिस प्रकार कर्मों से मुक्ति पाने में मनुष्यों की सहायता करने के लिए संतों और सद्गुरुओं को इस संसार में भेजा जाता है, उसी प्रकार ईश्वर ने एक सूक्ष्म लोक में, वहाँ रहने वाले लोगों की मुक्ति होने में सहायता करने का आदेश मुझे दिया है। उस लोक को हिरण्य लोक कहते हैं। वहाँ मैं संत आत्माओं की सूक्ष्म जगत् के कर्मों से मुक्ति पाने में और इस प्रकार सूक्ष्म जगत् में बार-बार पुनर्जन्म से मुक्त होने में सहायता करता हूँ।

"हिरण्य लोक के वासी उन साधारण सूक्ष्म लोकों से पहले ही पार हो चुके होते हैं, जहाँ पृथ्वी के प्रायः सभी वासियों को मृत्योपरांत जाना पड़ता है। वहाँ उन्होंने सूक्ष्म लोकों के अपने गतकर्मों के बीज नष्ट कर डाले होते हैं। सूक्ष्म लोकों में इस प्रकार के आत्मोद्धार का कार्य उन्नत साधकों के अतिरिक्त कोई नहीं कर सकता। और तब अपनी आत्मा को सूक्ष्म जगत् के कर्मों के शेष रहे लवलेशों से मुक्त करने के लिए इन साधकों को विधि के विधान के अनुसार हिरण्य लोक में, जो सूक्ष्म लोकों का सूर्य या स्वर्ग है, सूक्ष्म शरीर धारण कर जन्म लेना पड़ता

है, जहाँ उनकी सहायता करने के लिए मैं उपस्थित हूँ। हिरण्य लोक में कुछ ऐसे लगभग पूर्णावस्था को प्राप्त हुए जीव भी हैं, जो वहाँ उच्चतर कारण जगत् से आए हैं।"

मेरा मन अब गुरुदेव के मन के साथ इस प्रकार पूर्ण एकरूप हो चुका था कि वे अपने शब्द-चित्रों को कुछ हद तक शब्दों द्वारा और शेष विचार-संक्रमण के द्वारा मेरे मन में पहुँचा रहे थे। इस प्रकार मैं उनके विचार-चित्रों को तुरंत ग्रहण कर रहा था।

गुरुदेव कहते गए, "शास्त्रों में तुमने पढ़ा है कि ईश्वर ने मानव आत्मा को एक के बाद एक तीन शरीरों में आबद्ध किया है—भाव या कारण शरीर; सूक्ष्म शरीर जो मनुष्य की मानसिक और भावनात्मक प्रकृति का स्थान है; और स्थूल पंचभौतिक शरीर। पृथ्वी पर मनुष्य अपनी देहइंद्रियों से युक्त रहता है। सूक्ष्म जगत् के लोगों का काम अपनी चेतना, भावनाएँ और प्राणशक्ति से बने शरीर से चलता है। कारण शरीरधारी जीव भावों के बने आनंदमय कारण जगत् में रहता है। मेरा कार्य उन सूक्ष्म देहधारियों का मार्गदर्शन करना है, जो कारण जगत् में प्रवेश करने के लिए तैयार हो रहे हैं।"

"पूज्य गुरुदेव! सूक्ष्म जगत् के बारे में मुझे और अधिक बताइए।"

गुरुदेव बताने लगे, "अनेक सूक्ष्म लोक हैं, जिनमें सूक्ष्म देहधारी प्राणी वास करते हैं। ये सूक्ष्म लोकवासी एक ग्रह से दूसरे ग्रह जाने के लिए सूक्ष्म विमानों या प्रकाश के पिंडों का उपयोग करते हैं, जो विद्युत्शक्ति या रेडियो धर्मी शक्तियों से भी अधिक गति से जाते हैं।

"प्रकाश और रंगों के सूक्ष्म स्पंदनों से बना सूक्ष्म जगत् भौतिक सृष्टि से सैकड़ों गुना बड़ा है।

"विभिन्न सूक्ष्म लोकों से निष्कासित होकर आए हुए पतित देवताओं के बीच संघर्ष और युद्ध होता है, जिसमें वे प्राणाणुओं के बम या मानसिक मंत्रशक्ति की स्पंदनात्मक किरणों का प्रयोग करते हैं। ये जीव हीन सूक्ष्म जगत् के अंधकाराच्छन्न लोकों में रहते हैं और वहाँ अपने बुरे कर्मों का फल भोगते हैं।

"सूक्ष्म शरीर पर ठंड या गरमी या अन्य प्राकृतिक परिस्थितियों का कोई प्रभाव नहीं होता। सूक्ष्म शरीर में सूक्ष्म मस्तिष्क, अर्थात् प्रकाश का सहस्त्रदल कमल होता है तथा सुषुम्ना में स्थित छह जाग्रत् चक्र होते हैं। हृदय सूक्ष्म मस्तिष्क से महाप्राण शक्ति और प्रकाश प्राप्त करता है और उसे सूक्ष्म नाड़ियों तथा शरीर-कोशिकाओं या प्राणाणुओं में प्रवाहित करता है।"

"सूक्ष्म जगत्वासियों का अंतर्ज्ञान सूक्ष्म और जड़जगत् के बीच के परदे को भेदकर पृथ्वी पर चलने वाली गतिविधियों का निरीक्षण कर सकता है, परंतु मानव सूक्ष्म जगत् को नहीं देख सकता, जब तक उसकी छठी इंद्रिय कुछ हद तक विकसित न हो जाए।"

"गुरुदेव! क्या सूक्ष्म जगत्वासी कुछ खाते-पीते हैं?"

उन्होंने कहा, "सूक्ष्म जगत्वासी सब्जियाँ खाते हैं और प्रकाश के तेजस्वी झरनों, नदी-नालों में बहने वाला एक प्रकार का अमृत पीते हैं।"

"सूक्ष्म जगत् में रहने वालों को अपना तेजयुक्त शरीर छोड़ते समय मृत्यु के साथ कष्टकर संघर्ष नहीं करना पड़ता। परंतु इनमें से कुछ लोग अपना सूक्ष्म शरीर छोड़कर उससे भी सूक्ष्म कारण शरीर में जाने के विचार से किंचित् घबरा उठते हैं।"

मैंने पूछा, "पूज्य गुरुदेव! पृथ्वीलोक में और सूक्ष्म जगत् में तथा कारण जगत् में जो पुनर्जन्म होते हैं, उनमें क्या फर्क है, यह जरा अधिक विस्तार से बताएँगे?"

गुरुदेव ने बताना शुरू किया, "पृथक् आत्मा के रूप में मनुष्य मूलतः कारण-शरीरधारी आत्मा है। यह कारण-शरीर पैंतीस बीजरूप भावों का गर्भस्थान है। इन पैंतीस बीजों से ही वे पैंतीस मूल भाव शक्तियाँ या कारक विचार शक्तियाँ विकसित हुईं, जिनसे विधाता ने बाद में उन्नीस तत्त्वों वाले सूक्ष्म शरीर तथा सोलह तत्त्वों वाले स्थूल शरीर का सृजन किया।

"सूक्ष्म शरीर के उन्नीस तत्त्व मनोमय, भावमय और प्राणमय हैं। ये उन्नीस तत्त्व हैं—बुद्धि; अहंकार; चित्त; मनस (इंद्रिय चैतन्य); पंचज्ञानेंद्रियाँ जो शब्द, स्पर्श, रस, रूप, गंध की इंद्रियों के सूक्ष्म रूप हैं; पंच कर्मेंद्रियाँ जो प्रजनन, मल विसर्जन, वाणी, चलने-फिरने और कौशल प्रकट करने की क्षमताओं का कार्यवहन करने में मानसिक संदेशों के आदान-प्रदान का कार्य करती हैं; तथा पंचप्राण जो शरीर में चयापचय या रस-प्रक्रिया का, अन्न के विघटित तत्त्वों को शरीर में आत्मसात् करने का, रसों को शरीर की आवश्यकतानुसार घन रूप में परिवर्तित करने का, मल-निस्सारण का तथा रक्त-संचारण का कार्य करते हैं। इन उन्नीस तत्त्वों से बना यह सूक्ष्म शरीर सोलह रासायनिक तत्त्वों से बने स्थूल शरीर की मृत्यु के बाद भी जीवित रहता है।

"अविकसित मनुष्य को शरीर से बाहर निकलने के लिए पृथ्वी पर और सूक्ष्म जगत् में तथा कारण जगत् में असंख्य जन्म लेने पड़ते हैं। दूसरी ओर सूक्ष्म जगत् के सामान्य वासी या लंबे समय से वहाँ प्रस्थापित हो चुके वासी वे जीव हैं, जो पृथ्वी से संबंधित इच्छा-वासनाओं से हमेशा के लिए मुक्त हो चुके हैं और उन्हें पृथ्वी के

निकृष्ट स्पंदनों में लौट आने की आवश्यकता नहीं है। ऐसे जीवों के लिए केवल सूक्ष्म और कारण जगत् के ही कर्मों का क्षय करना शेष रहता है।"

इसके पश्चात् श्रीयुक्तेश्वरजी ने कहा, "बेटा! अब यह बात तुम्हारी समझ में अधिक अच्छी तरह आ गई होगी कि ईश्वर की आज्ञा से ही मेरा पुनरुत्थान हुआ है और यह पुनरुत्थान विशेषकर उन आत्माओं का उद्धार करने के लिए हुआ है, जो कारण जगत् से लौटकर सूक्ष्म जगत् में पुनर्जन्म धारण करते हैं, उन आत्माओं के लिए नहीं जो पृथ्वीलोक से सूक्ष्म जगत् में आते हैं। पृथ्वीलोक से आने वाले जीवों के पृथ्वी से संबंधित कर्म यदि शेष हों तो वे हिरण्य लोक के समान किसी अति उच्च लोक तक नहीं पहुँच सकते।"

मैंने कहा, "दिव्य गुरुदेव! आपका यह शरीर ठीक वैसा ही दिखाई देता है, जैसा यह तब दिखाई दे रहा था, जब पुरी आश्रम में आखिरी बार मैं इसके सामने रोया था।"

"हाँ, हाँ, मेरा यह नया शरीर उस पुराने शरीर का बिल्कुल तत्सम प्रतिरूप है। मैं अपनी इच्छानुसार जब चाहे इस शरीर को साकार करता हूँ या विसर्जित कर देता हूँ और पृथ्वी पर अपने वास की तुलना में यह बहुत अधिक बार करता हूँ। इस शरीर को तुरंत विसर्जित कर मैं अब प्रकाश के माध्यम से तत्क्षण एक लोक से दूसरे लोक में पहुँचता हूँ, या सूक्ष्म जगत् से कारण जगत् में या स्थूल जगत् में भी पहुँच जाता हूँ।"

तत्पश्चात् श्रीयुक्तेश्वरजी ने कुछ ऐसी बातों में मेरा मार्गदर्शन किया, जिन्हें मैं यहाँ प्रकट नहीं कर सकता। मुंबई के उस होटल के कमरे में उन्होंने मेरे साथ जो दो घंटे बिताए, उन दो घंटों में उन्होंने मेरे प्रत्येक प्रश्न का उत्तर दे दिया।

"अब मैं तुमसे विदा लेता हूँ, प्रिय योगानंद!" ये शब्द मेरे कानों से टकराते ही मैंने अनुभव किया कि मेरे बाहुपाश में ही गुरुदेव के शरीर का विलय हो रहा था।

"बेटा!" मेरी आत्मा के कण-कण में उनके शब्द गूँज उठे, "जब भी तुम निर्विकल्प समाधि के द्वार से प्रवेश कर मुझे पुकारोगे, तन आज ही की तरह रक्तमांस के शरीर में मैं तुम्हारे पास आ जाऊँगा।"

यह दिव्य वचन देकर श्रीयुक्तेश्वरजी मेरी दृष्टि से ओझल हो गए। वियोग का मेरा दु:ख दूर हो गया।

□

44

महात्मा गांधी के साथ वर्धा में

"वर्धा में आपका स्वागत है!" महात्मा गांधी के सचिव श्री महादेव देसाई ने इन शब्दों के साथ खद्दर की मालाएँ भेंट करते हुए मिस ब्लेच, श्री राइट और मेरा स्वागत किया। अगस्त महीने की एक सुबह हम लोग वर्धा स्टेशन पर पहुँचे ही थे। ट्रेन की धूल और गरमी से मुक्ति पाने की हमें खुशी हो रही थी। अपना सारा सामान एक बैलगाड़ी के हवाले कर हम लोग श्री देसाई और उनके साथी बाबासाहेब देशमुख एवं डॉक्टर पिंगले के साथ एक खुली कार में बैठ गए। कीचड़ भरी कच्ची सड़क पर चलकर कार थोड़ी ही देर में भारत के राजनीतिक संत के आश्रम 'मगनवाड़ी' में पहुँच गई।

श्री देसाई हमें सीधे लेखन-कक्ष में ले गए, जहाँ पालथी लगाकर बैठे थे महात्मा गांधी। एक हाथ में कलम, दूसरे में कागज, चेहरे पर विस्तृत, दूसरों को जीत लेने वाली, अंत:करणपूर्ण मुसकान!

"स्वागत है!" हिंदी में उन्होंने लिखा, क्योंकि यह सोमवार था, सप्ताह का उनका मौन-दिवस।

हम दोनों की यह पहली ही मुलाकात थी, फिर भी दोनों एक-दूसरे की ओर देखकर अत्यंत प्रेम और खुशी के साथ मुसकरा रहे थे। 1925 में महात्मा गांधी ने राँची के मेरे विद्यालय में पधारकर उसे सम्मानित किया था और वहाँ की अतिथि-पुस्तिका में प्रशंसा के शब्द लिखे थे।

मात्र एक सौ पौंड वजन के इस क्षीणकाय संत के शरीर से शारीरिक, मानसिक तथा आध्यात्मिक स्वास्थ्य की आभा प्रकट हो रही थी। उनकी हल्की भूरी सी आँखों में बुद्धि, ईमानदारी और विवेक का तेज था। इस राजनीतिज्ञ ने हजारों कानूनी, सामाजिक और राजनीतिक लड़ाइयों में विजय पाई थी। महात्मा गांधी ने

भारत की कोटि-कोटि अशिक्षित जनता के हृदय में अपना जो अटल स्थान बनाया है, वैसा स्थान अपनी जनता के हृदयों में विश्व के किसी अन्य नेता ने नहीं बनाया। उनकी विख्यात उपाधि 'महात्मा' (महान् आत्मा) उनके प्रति जनता के सहज आदर एवं प्रेम की निशानी है। उनकी खातिर ही गांधीजी केवल धोती पहनकर रहते हैं, जबकि उनकी इस पोशाक पर सब तरफ व्यंग्यचित्र बनाए जाते हैं। यह पोशाक पददलित जनता के साथ उनकी एकात्मता का प्रतीक है, जो इससे अधिक कुछ पहन नहीं सकती।

"यहाँ के सब आश्रमवासी आपकी सेवा में उपस्थित हैं। आपको कोई भी काम पड़े तो कृपया इन्हें बुला लीजिए।" श्री देसाई हमें लेखनकक्ष से अतिथि भवन की ओर ले जा ही रहे थे कि गांधीजी ने जल्दी-जल्दी में लिखा यह पर्चा अपने स्वभावगत विनय के साथ मेरे हाथ में दे दिया।

श्री देसाई हम लोगों को फलोद्यानों और पुष्प-वाटिकाओं के बीच में से एक खपरैल-छत के मकान में ले गए, जिसकी खिड़कियों में जालियाँ लगी हुई थीं। सामने के आँगन में एक पच्चीस फुट चौड़ा कुआँ था। श्री देसाई ने बताया कि इसका पानी आश्रम के जानवरों के लिए प्रयुक्त होता है। पास में ही सीमेंट का एक घूमने वाला चक्का था, जो धान की झड़ाई करने के काम में लाया जाता था। हमारे छोटे-छोटे कमरों में केवल अत्यावश्यक अल्पतम सामान ही था—केवल रस्सी की एक खटिया। रसोईघर भी सफेदी की हुई थी। उसमें एक कोने में नल था और दूसरे कोने में मिट्टी का एक चूल्हा। देहात की विशिष्ट आवाजें हमारे कानों में आ रही थीं—कौओं की काँव-काँव, चिड़ियों की चूँ-चूँ, मवेशियों का स्वर, पत्थरों को तोड़ती छेनियों की ठन-ठन।

श्री राइट की यात्रा-दैनंदिनी पर दृष्टि पड़ी तो श्री देसाई ने उसे खोला और एक पन्ने पर महात्माजी के अनुयायियों (सत्याग्रहियों) द्वारा लिये जाने वाले सत्याग्रह व्रत में शामिल प्रतिज्ञाओं की सूची उन्होंने लिख दी—

"अहिंसा, सत्य, अस्तेय, ब्रह्मचर्य, अपरिग्रह, शारीरिक श्रम, स्वादेंद्रिय पर नियंत्रण, निर्भयता, सर्वधर्म समभाव, स्वदेशी, अस्पृश्यता से मुक्ति—इन ग्यारह प्रतिज्ञाओं का विनम्रता के साथ पालन किया जाना चाहिए।"

(दूसरे दिन गांधीजी ने स्वयं इस पन्ने पर अपने हस्ताक्षर किए और तारीख भी डाल दी—27 अगस्त, 1935)

हमारे आगमन के दो घंटे बाद हम लोगों को भोजन के लिए बुलाया गया। महात्माजी पहले से ही बरामदे में अपनी थाली के सामने बैठे हुए थे। यह बरामदा

उनके लेखन-कक्ष के सामने ही आँगन के इस पार था। लगभग पच्चीस सत्याग्रही पीतल की थालियाँ और कटोरियाँ अपने-अपने सामने लिये बैठे हुए थे। सामूहिक प्रार्थना के बाद पीतल के विशाल पात्रों में से भोजन परोसा जाने लगा। भोजन में घी लगाई हुई रोटियाँ, सब्जी और नीबू का मीठा अचार था।

गांधीजी ने रोटियाँ, उबाले हुए चुकंदर, कुछ कच्ची सब्जियाँ तथा संतरे खाए। उनकी थाली में एक ओर काफी बड़ी मात्रा में नीम के कड़वे पत्तों की चटनी थी। नीम उत्कृष्ट रक्तशोधक है। एक चम्मच से उन्होंने थोड़ी सी चटनी मेरी थाली में डाल दी। बचपन के वे दिन मुझे याद आ गए, जब माँ मुझे जबरदस्ती यह अप्रिय औषधि देती थी। मैंने पानी के साथ वह चटनी गले से नीचे उतार ली। परंतु गांधीजी उसे आराम से थोड़ा-थोड़ा कर बिना किसी अरुचि के खा रहे थे।

इस छोटी सी घटना से गांधीजी की अपने मन को इच्छानुसार इंद्रियों से अलग करने की क्षमता मेरे ध्यान में आ गई। कुछ वर्ष पहले किए गए उनके अपेंडिक्स के ऑपरेशन की मुझे याद आई, जिसे उस समय बहुत प्रसिद्धि भी दी गई थी। बेहोशी की दवा लेने से इनकार कर ऑपरेशन के दौरान सारा समय वे प्रफुल्लित मन से अपने अनुयायियों से बातें करते रहे थे; उनके चेहरे पर शांत मुसकान यह साफ बता रही थी कि उन्हें दर्द का कोई एहसास नहीं हो रहा था।

दोपहर में मुझे गांधीजी की विख्यात शिष्या मीरा बेन से बातचीत करने का अवसर मिला। मीरा बेन एक अंग्रेज नौसेना प्रमुख (एडमिरल) की पुत्री हैं, जिनका नाम आश्रम में आने से पहले मिस मैडेलिन सलेड था। अपने दैनिक कार्यक्रम का विशुद्ध हिंदी में विवरण सुनाते हुए मजबूत सा लगता उनका शांत चेहरा उत्साह से खिल उठा।

"ग्रामोद्धार का कार्य बड़ा संतोषप्रद है। प्रतिदिन सुबह पाँच बजे हम लोगों का एक दल आस-पास के ग्रामीणों की सेवा करने तथा उन्हें स्वास्थ्य एवं साफ-सफाई संबंधी साधारण बातों की जानकारी देने जाता है। हम लोग उनकी घासफूस की झोंपड़ियों एवं शौचालयों की सफाई करने का विशेष ध्यान रखते हैं। ग्रामीण जन अशिक्षित हैं, उदाहरण के बिना उन्हें शिक्षित नहीं किया जा सकता!" वे प्रसन्नता के साथ हँस पड़ीं।

उन्होंने मुझे बताया, "मैं 1925 में भारत आई। इस देश में आकर मुझे ऐसा लगता है कि मैं अपने घर वापस आ गई हूँ। अब मैं अपने पुराने जीवन और पुराने तौर-तरीकों में कभी लौटना नहीं चाहूँगी।"

मीरा बेन के हाथ शीघ्र ही चरखा चलाने में व्यस्त हो गए। महात्माजी के प्रयत्नों के फलस्वरूप चरखा अब भारत के ग्रामीण इलाकों में सर्वव्यापी हो गया है।

शाम छह बजे बाबासाहेब देशमुख के यहाँ उनके निमंत्रण पर हम तीनों ने भोजन का आनंद लिया। सात बजे की प्रार्थना के समय हम लोग आश्रम लौट आए और छत पर पहुँचे, जहाँ तीस सत्याग्रही गांधीजी के सामने अर्धवृत्ताकार बैठे थे। गांधीजी एक चटाई पर बैठे थे, एक पुरानी जेब-घड़ी उनके सामने खड़ी करके रखी हुई थी।

अस्त होते सूर्य की अंतिम किरणें ताड़ और बरगद के वृक्षों पर पड़ रही थीं। रात के अँधेरे की और झींगुरों की गुनगुनाहट शुरू हो गई थी। वातावरण शांत-गंभीर था; मैं मंत्रमुग्ध हो गया।

श्री देसाई एक भजन गाने लगे और बाकी लोग उनका साथ देने लगे। इसके बाद गीता-पाठ हुआ। गांधीजी ने समापन प्रार्थना करने के लिए मुझे संकेत किया। वहाँ भाव और अभिलाषा का कैसा दिव्य संयोग था! यह एक अविस्मरणीय स्मृति बनकर रह गई, वर्धा में छत पर तारों के नीचे ध्यान। समय की पाबंदी का पालन करते हुए ठीक आठ बजे गांधीजी ने अपना मौन भंग किया। उनके लिये अपने जीवन के विशाल कार्यों के कारण अपने समय को सूक्ष्मता से विभाजित कर विविध कार्यों में बाँटना आवश्यक है।

"स्वागत, स्वामीजी!" इस बार महात्माजी का अभिवादन कागज के माध्यम से नहीं था। हम छत से उतरकर उनके लेखन-कक्ष में पहुँचे ही थे। लेखन-कक्ष में कोई फर्नीचर नहीं था; वहाँ केवल बैठने की आसन-नुमा छोटी-छोटी चौकोर चटाइयाँ थीं; जमीन पर बैठकर लिखने के काम आए उसके इतनी ऊँचाई की एक डेस्क, कागज और कुछ साधारण कलमें (फाउंटेन पेन नहीं) थीं; एक कोने में मामूली सी एक घड़ी टिक-टिक किए जा रही थी। उस कमरे में शांति और भक्ति का वातावरण था। गांधीजी अपनी मोहक, लगभग दंतविहीन मुसकान बिखेर रहे थे। उन्होंने बताया, "अपने पत्र-व्यवहार के लिए समय निकालने के लिए मैंने कई वर्षों पूर्व सप्ताह में एक दिन मौन रखना शुरू किया। परंतु मौन के वे चौबीस घंटे अब एक महत्त्वपूर्ण आध्यात्मिक आवश्यकता बन गए हैं। नियतकालिक मौन रखने में कष्ट तो कुछ नहीं है, बल्कि यह एक वरदान है।"

मैं पूर्ण मन से उनके साथ सहमत हो गया। महात्माजी ने मुझसे अमेरिका और यूरोप के विषय में प्रश्न किए। हमने भारत और विश्व की परिस्थितियों पर चर्चा की।

कमरे में श्री देसाई के प्रवेश करते ही गांधीजी ने उनसे कहा, "महादेव! कल रात टाउन हॉल में योग शास्त्र पर स्वामीजी के व्याख्यान की व्यवस्था करो।"

रात को जब अपने कमरे में जाने के लिए मैं उठा तो गांधीजी ने सिट्रनेला ऑयल की एक शीशी मेरे हाथ में दी। "वर्धा के मच्छर अहिंसा के बारे में कुछ नहीं जानते, स्वामीजी!" हँसते हुए उन्होंने कहा।

दूसरे दिन सुबह जल्दी ही दूध में गुड़ के साथ बनाए हुए दलिए का नाश्ता हम लोगों ने किया। साढ़े दस बजे गांधीजी और सत्याग्रहियों के साथ भोजन करने के लिए हमें बुलाया गया। आज भोजन में हाथ से कुटे हुए चावल का भात, सब्जी और इलायची के दाने थे।

मैं दोपहर को आश्रम की भूमि पर टहलने निकला और घूमते-घूमते चराई के एक मैदान में जा पहुँचा, जहाँ कुछ गायें शांत चित्त से चर रही थीं। गोरक्षण का गांधीजी के हृदय में विशेष स्थान था। उन्होंने कहा है, "मेरे लिए गाय का अर्थ है संपूर्ण मानवेतर जगत्।"

दोपहर में गांधीजी द्वारा छोटी-छोटी बच्चियों के लिए चलाए जा रहे आश्रम को भेंट देकर मैंने अपना नृयज्ञ पूरा किया। मोटर से दस मिनट का रास्ता था। श्री राइट भी मेरे साथ आए थे। रंग-बिरंगी साड़ियाँ पहने वे बालिकाएँ ऐसी लग रही थीं, मानो लंबे-लंबे डंठलों पर छोटे-छोटे फूल लगे हों। बाहर खुले मैदान में ही मैंने हिंदी में छोटा सा भाषण दिया। भाषण खत्म होते-होते बादलों ने अचानक पानी बरसाना शुरू कर दिया। हँसते हुए श्री राइट और मैं कार में घुस गए और घनी बारिश में मगनवाड़ी की ओर तेजी से बढ़ चले। उष्ण प्रदेश में वर्षा भी कितनी घनी और तीव्रता के साथ होती है!

अतिथि भवन में पुनः प्रवेश करते हुए मैं यहाँ हर तरफ दिखाई देने वाली नितांत सादगी और त्याग की निशानियों को देखकर फिर एक बार प्रभावित हो उठा। गांधीजी ने अपने वैवाहिक जीवन के काफी प्रारंभ में ही अपरिग्रह व्रत ले लिया था। वार्षिक 60,000 रुपए से अधिक आय देने वाली वकालत छोड़कर उन्होंने अपनी सारी संपत्ति गरीबों में बाँट दी। श्रीयुक्तेश्वरजी संसार-त्याग की सामान्यतः देखने में आने वाली अल्प धारणाओं पर कभी-कभी व्यंग्य किया करते थे।

वे कहते, "भिखारी संपत्ति का त्याग नहीं कर सकता। यदि कोई मनुष्य विलाप करता है कि 'मेरा धंधा डूब गया, पत्नी मुझे छोड़कर चली गई; अब मैं संसार त्याग कर आश्रम में चला जाता हूँ,' तो किस संसार-त्याग की वह बात कर रहा है?

उसने किसी संपत्ति और प्रेम का त्याग नहीं किया; संपत्ति और प्रेम ने उसका त्याग कर दिया।"

दूसरी ओर गांधीजी जैसे संतों ने केवल भौतिक संपत्तियों का ही प्रत्यक्ष त्याग नहीं किया, बल्कि उससे भी कठिन निजी लक्ष्य-प्राप्ति और स्वार्थी उद्‌देश्यों का त्याग भी कर दिया और अपने अस्तित्व के गहनतम हिस्सों को भी सारी मानवजाति को एक ही धारा मानकर उसमें विलीन कर दिया।

महात्माजी की असाधारण धर्मपत्नी कस्तूरबा ने कोई आपत्ति प्रकट नहीं की कि उन्होंने उनके लिए या उनके बच्चों के लिए कुछ बचाकर नहीं रखा।

वर्धा में हमारे अंतिम दिन की शाम को श्री देसाई द्वारा टाउन हॉल में आयोजित सभा में मैंने व्याख्यान दिया। योग पर व्याख्यान सुनने के लिए आए लगभग 400 लोगों से हॉल खचाखच भर गया, यहाँ तक कि लोगों को खिड़कियों में भी बैठना पड़ा। मैं पहले हिंदी में बोला, फिर अंग्रेजी में। हम लोग व्याख्यान समाप्त कर आश्रम में लौट आए और अपने कमरों की तरफ जा रहे थे तो देखा कि गांधीजी शांतिपूर्वक अपने पत्र-व्यवहार में मग्न बैठे हैं।

सुबह पाँच बजे जब मैं उठा तो अभी रात का अँधेरा छाया हुआ था। सुबह के नाश्ते के बाद गांधीजी से विदा लेने और उन्हें प्रणाम करने के लिए हम तीनों उनके पास गए। "महात्माजी, अब हम चलते हैं!" मैंने उनके चरणों का स्पर्श किया। "आपके हाथ में भारत सुरक्षित है।"

वर्धा में वह सुखद समय बिताए बरसों बीत गए हैं।

□

45

आनंदमयी माँ

"निर्मला देवी के दर्शन किए बिना कृपया भारत से मत जाइए। उनमें अत्यंत तीव्र भक्तिभाव है; सब तरफ वे आनंदमयी माँ के नाम से विख्यात हैं।" मेरी भतीजी अमिया बोस ने आग्रह भरी दृष्टि से मेरी ओर देखते हुए कहा।

मैंने कहा, "अवश्य! उस महिला संत से मिलने के लिए मैं भी उत्सुक हूँ। ईश्वरानुभूति की उनकी उच्च अवस्था के बारे में मैंने पढ़ा है। अनेक वर्ष पूर्व 'ईस्ट-वेस्ट' पत्रिका में उन पर एक छोटा सा लेख छपा था।"

अमिया ने कहा, "मैं उनसे मिली हूँ। अभी हाल ही में वे मेरे नगर जमशेदपुर पधारी थीं। एक शिष्य के अनुरोध पर आनंदमयी माँ एक मरणासन्न मनुष्य के घर गईं। वे उसकी शय्या के पास खड़ी हो गईं। उनके हाथ ने जैसे ही उसके माथे का स्पर्श किया, उसकी घर्र-घर्र बंद हो गई। उसकी बीमारी तत्क्षण गायब हो गई। वह भी देखकर आनंदित और विस्मित हो गया कि वह पूर्ण रूप से स्वस्थ हो चुका था।"

कुछ दिन बाद मैंने सुना कि आनंदमयी माँ कोलकाता के भवानीपुर मोहल्ले में अपने एक शिष्य के घर ठहरी हुई हैं। पिताजी के कोलकाता के घर से श्री राइट और मैं अविलंब निकल पड़े। जब हमारी फोर्ड भवानीपुर के उस घर के पास पहुँची तो हमें सड़क पर एक अपूर्व दृश्य दिखाई दिया।

आनंदमयी माँ एक खुली कार में खड़ी थीं और कार के चारों ओर खड़े लगभग एक सौ शिष्यों को आशीर्वाद दे रही थीं। स्पष्ट था कि वे वहाँ से प्रस्थान कर रही थीं। श्री राइट ने फोर्ड कुछ दूरी पर खड़ी कर दी और मेरे साथ पैदल ही उस शांत जनसमूह की ओर चल पड़े। उस महिला संत ने हमारी दिशा में दृष्टिपात किया और वे कार से उतरकर चलते हुए हमारी ओर आने लगीं।

"बाबा, आप आ गए!" इन उत्कट शब्दों के साथ ही उन्होंने मेरे गले में अपनी बाँह डालकर सिर मेरे कंधे पर रख दिया। श्री राइट को मैंने कुछ क्षण पहले ही बताया था कि इस संत के साथ मेरी जान-पहचान नहीं है, अत: इस असाधारण स्वागत का वे भरपूर आनंद उठा रहे थे। उन सौ शिष्यों के नेत्र भी इस प्रेम दृश्य को कुछ आश्चर्य के साथ निहार रहे थे। मुझे तुरंत पता चल गया था कि आनंदमयी माँ समाधि की एक उच्च अवस्था में थीं। अपने बाह्य नारी रूप का उन्हें कोई भान नहीं रहा था। उन्हें केवल अपने परिवर्तनातीत आत्मस्वरूप का भान था। उस अवस्था में वे ईश्वर के एक अन्य भक्त से आनंद के साथ मिल रही थीं। मेरा हाथ पकड़कर वे मुझे अपनी कार में ले गईं।

"आनंदमयी माँ, मेरे कारण आपकी यात्रा में विलंब हो रहा है।" मैंने कुछ विरोध दरशाते हुए कहा।

"बाबा! मैं कई युगों बाद इस जन्म में आपसे पहली बार मिल रही हूँ। इतनी जल्दी तो मत जाइए!"

हम कार की पिछली सीट पर बैठे रहे। आनंदमयी माँ शीघ्र ही निश्चल समाधि में प्रविष्ट हो गईं। उनकी सुंदर आँखें आकाश की ओर देखते-देखते अर्धोन्मीलित होकर स्थिर हो गईं और आंतरिक आनंद राज्य में झाँकने लगीं। शिष्यगण सौम्य स्वर में माँ का नाम-संकीर्तन करने लगे।

"भारत में मुझे अनेक ईश्वर-प्राप्त पुरुष मिले थे, परंतु इतनी उन्नत महिला संत से मेरी पहले कभी मुलाकात नहीं हुई थी। उनका पवित्र मुखमंडल अनिर्वचनीय आनंद के तेज से दमकता था, जिसके कारण उनका नाम 'आनंदमयी माँ' पड़ गया था। उनके अनावृत्त सिर के लंबे काले केश दिखाई दे रहे थे। माथे पर आध्यात्मिक नेत्र के प्रतीक स्वरूप रक्तचंदन का तिलक था। उनका आध्यात्मिक नेत्र तो उनके अंतर में सदैव खुला ही रहता था। छोटा सा चेहरा, छोटे-छोटे हाथ, छोटे-छोटे पाँव—उनकी आध्यात्मिक विशालकायता के साथ कितना विरोधाभास! आनंदमयी माँ समाधि में ही मग्न रहीं।

मैंने पास ही खड़ी उनकी एक शिष्या से कुछ पूछताछ की। शिष्या ने बताया, "आनंदमयी माँ भारत में दूर-दूर तक जाती हैं। भारत के अनेक भागों में उनके सैकड़ों शिष्य हैं। उनके साहसी प्रयत्नों के फलस्वरूप अनेक अच्छे-अच्छे सामाजिक सुधार हुए हैं। उन्हें यदि कोई भोजन न कराए तो वे भोजन ही नहीं करेंगी, न ही उसके बारे में किसी से कुछ पूछेंगी।"

अनंत में डुबकी लगाकर तरोताजा हुई आनंदमयी माँ अब स्थूल जगत् पर अपने मन को केंद्रित कर रही थीं।

"बाबा! आप कहाँ रहते हैं?" उनकी आवाज स्पष्ट और मधुर थी।

"अभी तो मैं कोलकाता या राँची में रहता हूँ; पर जल्दी ही अमेरिका लौट जाऊँगा।"

"अमेरिका?"

"हाँ, वहाँ के आध्यात्मिक जिज्ञासु एक भारतीय महिला संत का पूरे अंत:करण के साथ स्वागत करेंगे। आप आना चाहेंगी?"

"बाबा ले जाएँगे तो आऊँगी।"

इस उत्तर से आस-पास खड़े शिष्यों में हलचल मच गई।

उनमें से एक ने तुरंत मुझे दृढ़ता के साथ बताया, "हममें से कम-से-कम बीस या उससे अधिक लोग हमेशा आनंदमयी माँ के साथ यात्रा करते हैं। हम उनके बिना जी नहीं सकते। जहाँ भी वे जाएँगी, वहाँ हम सभी अवश्य जाएँगे।"

आखिर आनंदमयी माँ से विदा लेते समय मैंने उनसे कहा, "अच्छा! अपने शिष्यों के साथ कम-से-कम राँची आइए। स्वयं दिव्य शिशु होने के नाते आपको मेरे विद्यालय के बच्चों से मिलकर आनंद होगा।"

"जब भी बाबा ले जाएँगे, मैं खुशी से चलूँगी।"

इसके कुछ ही दिन बाद आनंदमयी माँ के आगमन की खुशी से राँची के विद्यालय में उत्सव का वातावरण छा गया। बच्चे तो उत्सव के किसी भी दिन की ताक में ही रहते थे—कक्षाएँ नहीं, घंटों तक गीत-संगीत और इन सबके ऊपर भोज!

"आनंदमयी माँ की जय! आनंदमयी माँ की जय!" आनंदमयी माँ जब अपने शिष्यों के साथ विद्यालय के प्रवेश द्वार से अंदर आईं तो बीसियों नन्हे-मुन्हे बच्चों के कंठ से उत्साह के साथ होती जय-जयकार ने उनका स्वागत किया। गेंदे के पुष्पदलों की वृष्टि, करतालों की टन-टन, शंखों की गगनभेदी ध्वनि, मृदंग पर ठेका! आनंदमयी माँ सदैव की भाँति अपने अंतर में स्वर्ग धारण किए विद्यालय परिसर में मुसकराते हुए घूम रही थीं।

जब मैं उन्हें अपने साथ मुख्य भवन में ले जाने लगा तो उन्होंने कहा, "यहाँ सब बड़ा सुंदर है।" बच्चों की सी मुसकान के साथ वे मेरे पास बैठ गईं। किसी को भी वे अपने घनिष्ठ मित्रों से भी अधिक घनिष्ठ प्रतीत होती थीं, तथापि दूरत्व का एक प्रभामंडल सा भी उन्हें सदैव घेरे रहता था—सर्वव्यापकता का विरोधाभासी पार्थक्य!

"कृपया अपने जीवन के बारे में मुझे कुछ बताइए।"

"बाबा! बताने लायक तो कुछ अधिक नहीं है। मेरी चेतना इस नश्वर देह के साथ कभी एकरूप नहीं हुई। इस पृथ्वी पर आने से पहले मैं वही थी। जब मैं छोटी

बच्ची थी, तब भी मैं वही थी। मैं बड़ी होकर नारी बनी, तब भी मैं वही थी। जिस परिवार में मेरा जन्म हुआ था, उन्होंने जब इस देह का विवाह रचाने की तैयारी की, तब भी 'मैं वही थी।' और बाबा! आपके सामने अभी 'मैं वही हूँ।'

भोज का समय! आनंदमयी माँ अपने कंबल के आसन पर बैठ गईं। उन्हें भोजन कराने के लिए उनकी एक शिष्या उनके पास बैठ गई। जब शिष्या उनके होंठों के पास कौर ले आती, तब वे आज्ञाकारी छोटे से बच्चे की भाँति उसे निगल लेतीं। यह बात स्पष्ट थी कि उनके लिए सब्जियों में और मीठे पकवानों में कोई अंतर नहीं था!

जब दिन डूबने लगा तो आनंदमयी माँ जाने को प्रस्तुत हुईं; गुलाब की पँखुड़ियों की वर्षा उन पर हुई, बच्चों को आशीर्वाद देते हुए उनके हाथ उठे हुए थे।

राँची के विद्यालय को भेंट देकर जाने के बाद एक अन्य अवसर पर आनंदमयी माँ से पुनः मेरी मुलाकात हुई। कुछ महीनों बाद एक दिन श्रीरामपुर स्टेशन के प्लेटफॉर्म पर कुछ भक्तों के साथ वे गाड़ी की प्रतीक्षा कर रही थीं।

"बाबा, मैं हिमालय में जा रही हूँ," उन्होंने मुझे बताया, "कुछ दयालु लोगों ने देहरादून में हमारे लिए आश्रम बना दिया है।" जब वे गाड़ी में सवार हो रही थीं, तब यह देखकर मुझे अचंभा भी हुआ और कौतुक भी, कि चाहे वे लोगों की भीड़ के बीच में हों, या रेलगाड़ी में, चाहे किसी भोज में बैठी हों, या चुपचाप अकेली बैठी हों, उनकी आँखें कभी भी ईश्वर से विमुख नहीं होती थीं।

अपने अंतर में मुझे अभी भी उनकी आवाज सुनाई देती है, जो असीम मधुरता की प्रत्यक्ष प्रतिध्वनि प्रतीत होती है, "देखो, अभी और सदा सर्वदा सनातन सत्य के साथ एक, 'मैं सदैव वही हूँ।'

□

46
निराहारी योगिनी

"गुरुजी! अभी हम कहाँ जा रहे हैं?" श्री राइट हमारी फोर्ड चला रहे थे; उन्होंने उत्सुकता से चमकती अपनी आँखें सड़क से हटाकर एक पल के लिए प्रश्नार्थक दृष्टि से मेरी ओर देखते हुए पूछा।

मैंने भक्तिभाव के साथ उत्तर दिया, "ईश्वर ने चाहा तो आज हम संसार का आठवाँ आश्चर्य देखने जा रहे हैं—एक नारी संत, जिसका आहार है केवल हवा!"

"यह तो आश्चर्यों की पुनरावृत्ति है।"

परंतु फिर भी श्री राइट की हँसी में उत्सुकता स्पष्ट झलक रही थी; यहाँ तक कि उन्होंने कार की गति भी बढ़ा दी। उनकी यात्रा-दैनंदिनी के लिए और अधिक असामान्य सामग्री जो मिलने वाली थी! ये कोई सामान्य पर्यटन नहीं है!

राँची विद्यालय को पीछे छोड़कर अभी हम बाहर निकले ही थे। सूर्योदय से पहले ही हम निकल पड़े थे। मेरे और मेरे सचिव के अतिरिक्त मेरे तीन बंगाली मित्र कार में हमारे साथ थे। सुबह की उस अत्यंत आह्लादक प्राकृतिक मदिरा रूपी हवा (वायु) का हम खूब पान कर रहे थे।

मैंने उन्हें बताया, "उनका नाम गिरिबाला है। अनेक वर्षों पूर्व स्थितिलाल नंदी नाम के एक विद्वान् सज्जन से मुझे उनके बारे में जानकारी मिली थी। स्थिति बाबू प्राय: मेरे भाई विष्णु को पढ़ाने के लिए हमारे गड़पार रोड वाले घर पर आया करते थे।"

स्थिति बाबू ने मुझे बताया था, "मैं गिरिबाला को अच्छी तरह से जानता हूँ। वे एक विशिष्ट योग-प्रविधि का प्रयोग करती हैं, जिससे वे भोजन बिना रह सकती हैं। जब वे इच्छापुर के पास नवाबगंज में रहती थीं, तब मैं उनका पड़ोसी था। मैंने बहुत ध्यान से उनका निरीक्षण किया, पर कभी ऐसा कोई प्रमाण मुझे नहीं मिल सका

कि वे कुछ खाती या पीती हों। आखिर मेरी उत्सुकता इतनी बढ़ गई कि मैं वर्दमान के महाराजा के पास जा पहुँचा और उनसे इसकी जाँच करवाने का अनुरोध किया। कहानी सुनकर विस्मित हुए महाराज ने उन्हें अपने महल में आमंत्रित किया। वे परीक्षा के लिए तैयार हो गईं और महल के एक छोटे से तालाबंद हिस्से में दो महीनों तक रहीं। बाद में फिर से महल में आकर वे बीस दिन तक रहीं, और उसके बाद फिर तीसरी परीक्षा के लिए पंद्रह दिन तक रहीं। महाराज ने स्वयं मुझे बताया कि इन तीन उग्र परीक्षाओं से उन्हें विवादातीत रूप से विश्वास हो गया है कि गिरिबाला पूर्ण निराहारी अवस्था में रहती हैं।"

अब तो उनकी उम्र काफी हो गई होगी। मुझे तो यह भी नहीं पता कि वे जीवित भी हैं या नहीं और यदि हैं तो कहाँ रहती हैं। किंतु अब कुछ ही घंटों में हम लोग पुरुलिया पहुँच जाएँगे। उनके भाई का घर है वहाँ।

साढ़े दस बजे हम लोग उनके भाई लंबोदर डे से बातचीत कर रहे थे। वे पुरुलिया में वकील हैं।

"हाँ, मेरी बहन जीवित है। कभी-कभी वह यहाँ मेरे पास भी रहती है, परंतु अभी वह बिउर में हमारे पारिवारिक घर में रह रही है।" फोर्ड की ओर सशंक दृष्टि से देखते हुए लंबोदर बाबू ने कहा, "स्वामीजी! मुझे शक है कि कोई मोटरगाड़ी कभी बिउर जितने दूर अंदर तक गई होगी। अच्छा यही होगा कि आप सब बैलगाड़ी के झटकों के लिए तैयार हो जाएँ।"

मैंने वकील साहब को बताया, "यह फोर्ड अमेरिका से आई है। उसे बंगाल के हृदय का परिचय प्राप्त करने के अवसर से वंचित करना उसके साथ बड़ा अन्याय होगा!"

लंबोदर बाबू ने हँसते हुए कहा, "तब तो गणेशजी ही आपके मार्ग के सारे विघ्न दूर करें। यदि आप वहाँ तक पहुँच ही गए तो गिरिबाला आपसे मिलकर बेशक बहुत खुश होगी। अभी वह सत्तर वर्ष की होने जा रही है, परंतु स्वास्थ्य वगैरह सब अच्छा है।"

"मुझे एक बात बताइए, साहब! क्या यह सच है कि वे कभी कुछ नहीं खातीं?" मैं सीधे उनकी आँखों में, मन का भेद प्रकट करने वाली उन खिड़कियों में झाँक रहा था।

"यह सच है।" उनकी दृष्टि अविचलित थी और उसमें सच्चाई स्पष्ट दिखाई दे रही थी। "पचास वर्षों से भी अधिक काल से मैंने उसे भोजन का एक कौर भी खाते कभी नहीं देखा। यदि संसार का अंत अचानक सामने आ जाए तो

भी मुझे उतना आश्चर्य नहीं होगा, जितना अपनी बहन को कुछ खाते देखकर होगा!"

इन दोनों असाधारण घटनाओं की असंभाव्यता पर हम साथ-साथ हँस पड़े।

अमेरिका के मिशिगन प्रांत में एक औद्योगिक नगर, जहाँ फोर्ड कंपनी का कारखाना है।

लंबोदर बाबू आगे बताते गए, "गिरिबाला ने अपनी योग साधना के लिए कभी निर्जन एकांत की तलाश नहीं की। अपना सारा जीवन उसने परिवार और मित्रों के बीच ही बिताया है। उनके हृदय की सच्चाई शब्दों में व्यक्त हो रही थी। हम लोगों ने हृदय से उनका धन्यवाद किया और बिउर की ओर चल पड़े।

हम लोग रास्ते में पूरी-सब्जी खाने के लिए एक छोटे से होटल में रुके।

हमारा रास्ता अब दहकती धूप में तप्त धान खेतों से होते हुए पूर्व की ओर, बंगाल के वर्दमान क्षेत्र में बढ़ रहा था।

"डिक, ठहरो!" मेरे इस आकस्मिक चिल्लाने का फोर्ड ने एक झटके के साथ विरोध किया। "फलों से अत्यधिक लदा वह आम का पेड़ चिल्ला-चिल्लाकर हमें बुला रहा है!"

श्रीयुक्तेश्वरजी कहा करते थे, "प्रभु ने हमें धरती के फल दिए हैं। हम जो खाते हैं, उसे देखना चाहते हैं, सूँघना चाहते हैं, चखना चाहते हैं; और हिंदू उसका स्पर्श करके भी देखना चाहते हैं!" यदि खाने के समय आसपास कोई न हो तो 'सुनने' में भी किसी को क्या एतराज हो सकता है?

बच्चों की तरह हम पाँचों जमीन पर बिखरे पड़े आमों की ओर दौड़ पड़े। उस वृक्ष ने अत्यंत उदारता के साथ अपने पके हुए फल धरती पर गिरा दिए थे।

"यदि गिरिबाला सच्ची संत सिद्ध हुईं तो मैं पश्चिम में उनके बारे में लिखना चाहता हूँ। ऐसी प्रेरणाप्रद शक्तियों से युक्त हिंदू योगिनी को अनजान रहकर ही जीना-मरना नहीं चाहिए—इनमें से अधिकांश आमों की तरह।"

आधा घंटा बीत जाने के बाद भी मैं उस शांत वन सदृश प्रदेश में ही टहल रहा था।

तब श्री राइट ने कहा, "गुरुजी! हमें सूर्यास्त के पहले गिरिबाला के पास पहुँचना होगा, ताकि फोटो निकालने के लिए पर्याप्त प्रकाश मिले।" फिर हँसते हुए उन्होंने कहा, "पाश्चात्य लोग बड़े संशयी होते हैं। यदि फोटो न हों तो उनसे इस महिला संत में विश्वास करने की आशा नहीं की जा सकती!"

आखिर पहुँच गए।

गाँव के बाहर खुले मैदान में स्थापित ग्रामदेवता की पूजा कर घर लौट रहे लोगों के एक झुंड में से किसी को हमारे साथ आकर गिरिबाला का घर दिखाने के लिए जब हमने कहा तो दर्जन भर अधनंगे बच्चे दोनों तरफ से गाड़ी पर चढ़ गए।

रास्ता खजूरों के झुरमुट में बसे मिट्टी के घरों की ओर जा रहा था, परंतु वहाँ तक पहुँचने के पहले एक स्थान पर फोर्ड खतरनाक हद तक टेढ़ी हो गई, फिर आगे जाकर जोर से ऊपर उछलकर नीचे गिरी। इसके बाद बैलगाड़ी के अति प्राचीन-से लगने वाले धारापथ से हम धीरे-धीरे आगे सरकने लगे।

एक सँकरी गली के सामने हम रुके तो देखा कि गिरिबाला के पैतृक घर से केवल सौ फीट की दूरी के अंदर हम थे। हम उस दो मंजिला ईंट और प्लास्टर के घर की ओर बढ़े। आस-पास की मिट्टी की झोंपड़ियों पर यह घर पूरी तरह से हावी हो रहा था। घर की मरम्मत हो रही थी, क्योंकि उसके चारों ओर बाँस-बल्लियों का ढाँचा बना हुआ था।

तीव्र उत्कंठा के साथ और भीतर से फूट पड़ते आनंद को हृदय में ही दबाए हम उस पावन मूर्ति के दरवाजे के सामने खड़े थे, जिसे प्रभु ने अपने 'क्षुधारहित' स्पर्श से धन्य कर दिया था। इस अपूर्व दृश्य को निहारते छोटे-बड़े, नंगे, कपड़े पहने—सभी ग्रामवासी निरंतर आश्चर्य से मुँह फाड़े हमारे पीछे-पीछे चल रहे थे।

थोड़ी ही देर में एक नाटी सी मूर्ति दृष्टिगोचर हुईं—यह थीं गिरिबाला! वे फीके सुनहरे से रंग की साड़ी में लिपटी हुई थीं। भारतीय प्रथा के अनुसार घूँघट में से झाँकती हुई वे सकुचाती, कुछ झिझकती हुई सामने आईं। घूँघट की छाया में उनकी आँखें तप्त अंगारों के समान तेजस्वी लग रही थीं। दया एवं आत्मज्ञान उनके चेहरे पर स्पष्ट झलक रहा था, किसी भी ऐहिक आसक्ति का वहाँ लवलेश नहीं था। ऐसे पवित्र चेहरे का दर्शन कर हम मुग्ध हो उठे।

शालीनता के साथ, विनयपूर्वक वे हमारे पास आईं और उन्होंने हमें अपने कैमरों से अनेक स्थिर फोटो एवं चलचित्र लेने दिए। आसन में परिवर्तन, और प्रकाश की व्यवस्था आदि फोटोग्राफी की प्रक्रियाओं के दौरान वे शांत मन से, कुछ संकोच के साथ बैठी रहीं। आखिर हमने भावी पीढ़ियों के लिए, पचास वर्षों से भी अधिक समय तक अन्न-जल के बिना जीवित रहने वाली संसार की एकमात्र नारी के अनेक फोटो निकाल ही लिये।

हमारे सम्मुख जब गिरिबाला खड़ी थीं तो उनके चेहरे पर पूर्ण मातृभाव झलक रहा था। उनका सारा शरीर साड़ी से ढका हुआ था; आँखें नीचे की ओर झुकाए

हुए उनका चेहरा, उनके हाथ और उनके छोटे–छोटे पाँवों के अतिरिक्त उनके शरीर का कोई भी हिस्सा दिखाई नहीं देता था। अपूर्व शांति से युक्त भोला चेहरा—चौड़ा, बच्चों का सा दिखता मुँह, नारीसुलभ सुडौल नासिका, छोटी तेजस्वी आँखें, शांत मुसकान।

गिरिबालाजी बरामदे में पालथी मारकर बैठ गईं। वार्द्धक्य के चिह्न तो उनके शरीर पर दृष्टिगोचर हो रहे थे, पर उनकी काया क्षीण नहीं थी। उनकी साँवली त्वचा साफ और स्वस्थ थी।

मैंने बंगाली भाषा में बोलना प्रारंभ किया, "माँ, पच्चीस वर्षों से अधिक समय से मैं इस तीर्थयात्रा के लिए उत्सुक था! मैंने स्थितिलाल नंदी बाबू से आपके पुनीत जीवन के बारे में सुना था।"

उन्होंने सहमतिदर्शक सिर हिलाते हुए कहा, "हाँ, हाँ, नवाबगंज के मेरे पड़ोसी।"

"इस बीच मैं सात समुद्रों के पार चला गया था, परंतु आपके दर्शन करने का विचार मेरे मन से कभी निकला नहीं। आप यहाँ अज्ञात रहकर जो भव्य लीला कर रही हैं, उस आंतरिक दिव्य आहार को सदियों से भूल चुके जगत् के सामने प्रकट किया जाना चाहिए।"

एक मिनट के लिए उन्होंने आँखें ऊपर उठाईं। शांत उत्सुकता के साथ वे मुसकरा रही थीं।

"वे सब तो बाबा ही जानें," उन्होंने नम्रता के साथ कहा। उन्होंने मेरी बात का बुरा नहीं माना, इसी की मुझे खुशी थी, क्योंकि प्रसिद्धि के विचार पर योगियों और योगिनियों की क्या प्रतिक्रिया होगी, यह कभी कहा नहीं जा सकता। साधारणत: वे प्रसिद्धि से दूर ही रहते हैं, क्योंकि लोगों से दूर रहकर एकांत में गहरा आत्मानुसंधान करने की ही उनकी इच्छा होती है।

मैंने कहा, "माँ! मैं अभी जो प्रश्नों का बोझा आपके ऊपर डालने वाला हूँ, उसके लिए मुझे क्षमा कीजिए। जिन प्रश्नों के उत्तर देने में आपको खुशी होगी, केवल उन्हीं प्रश्नों के उत्तर दीजिए। आपके मौन को भी मैं समझ सकता हूँ।"

उन्होंने बड़ी ही विनम्रता और मधुरता के साथ अपने हाथ फैलाते हुए कहा, "जहाँ तक मुझ जैसी अकिंचन स्त्री प्रश्नों के ठीक उत्तर दे सकती है, मुझे सब प्रश्नों के उत्तर देने में खुशी ही होगी।"

"नहीं, नहीं, अकिंचन नहीं!" मैंने अपने हृदय की गहराई से इस बात का विरोध किया। "आप एक महान् आत्मा हैं।"

"मैं तो सबकी विनम्र सेविका हूँ।" फिर उन्होंने अत्यंत मधुरता के साथ कहा, "मुझे खाना बनाने में और लोगों को खिलाने में आनंद आता है।"

मेरे मन में विचार आया, एक निराहारी संत के लिए यह बड़ा विचित्र शौक है।

"माँ! मुझे अब अपने मुँह से बताइए—क्या आप सचमुच निराहार रहती हैं?"

"हाँ, यह सच है।" कुछ देर के लिए वे चुप हो गईं। उन्होंने आगे जो बताया, उससे स्पष्ट हो गया कि वे मन में गणित कर रही थीं। "बारह वर्ष चार माह की आयु से लेकर अब मेरी अड़सठ वर्ष की आयु तक छप्पन वर्ष से अधिक समय से—मैंने कुछ भी खाया या पिया नहीं है।"

"क्या आपको कभी खाने की इच्छा भी नहीं होती?"

"यदि मुझे खाने की इच्छा होती तो मुझे खाना ही पड़ता।" अत्यंत सरलता से परंतु उतनी ही शालीनता के साथ उन्होंने उस स्वयंसिद्ध सत्य का उच्चारण किया, जो दिन में तीन बार भोजन की कल्पना के ही चारों ओर घूमते रहने वाले संसार को बहुत अच्छी तरह ज्ञात है!

"परंतु आप कुछ तो अवश्य खाती होंगी!" मेरे स्वर में किंचित् प्रतिवाद का भाव था।

"हाँ, अवश्य!" मेरा आशय तुरंत उनकी समझ में आ गया और वे मुसकरा पड़ीं।

"हवा और सूर्यप्रकाश की सूक्ष्म शक्तियों से तथा मेरुशीर्ष के माध्यम से आपके शरीर को नवशक्ति प्रदान करने वाले महाप्राण से आपको पोषण मिलता है।"

"बाबा सब जानते हैं।" अपने शांत, किसी बात पर जोर न देने के ढंग से उन्होंने पुनः स्वीकार किया।

"माँ! अपने आरंभिक जीवन के बारे में कुछ बताइए। पूरे भारत को, और यहाँ तक कि समुद्र पार रहने वाले हमारे भाई-बहनों को भी उसके बारे में जानने को गहरी इच्छा होगी।"

अब गिरिबालाजी अपने मित-भाषण के स्वभाव को एक ओर हटाकर खुल कर वार्त्तालाप करने की मनःस्थिति में आ गईं।

"ठीक है, सुनिए।" उनकी आवाज सौम्य परंतु दृढ़ थी। "मेरा जन्म इसी वन्य क्षेत्र में हुआ था। मेरे बचपन के बारे में बताने लायक कुछ नहीं है, सिवाय इसके कि मुझे सदा ही भयंकर भूख लगी रहती थी और मेरी भूख कभी शांत नहीं होती थी।

"जब मैं लगभग नौ वर्ष की थी, तब मेरी सगाई हो गई।

"मेरी माँ प्राय: मुझे चेतावनी दिया करती थी, 'बेटी! खाने की इच्छा पर नियंत्रण करने का प्रयत्न कर। जब विवाह हो जाने के बाद तुझे अपने पति के घर में अनजान लोगों के बीच रहना पड़ेगा, तब यदि तू खाने में ही सारा समय बिताती रही तो वे लोग क्या सोचेंगे?'

"जिस बात का माँ को डर था, वही हुआ। जब मैं नवाबगंज में अपने पति के घर रहने गई तो मेरी उम्र केवल बारह वर्ष की थी। सतत खाते रहने की मेरी आदत के कारण मेरी सास सुबह से रात तक दिन भर मुझे लज्जित करती थीं। परंतु उनकी उन फटकारों में वरदान छुपा हुआ था, क्योंकि उनके कारण ही मेरी सुप्त आध्यात्मिक प्रवृत्तियाँ जाग उठीं। एक दिन सुबह सास ने बहुत ही कठोर वचन कह दिए।

"मैंने भी झल्लाकर कहा, 'मैं शीघ्र ही आपको दिखा दूँगी कि जब तक मैं जीवित रहूँगी, तब तक अन्न का स्पर्श नहीं करूँगी।'

"मेरी सास ने उपहास करते हुए कहा, 'अच्छा! जब तुम अत्यधिक खाए बिना नहीं रह सकती तो कुछ भी खाए बिना कैसे रहोगी?' इस बात का मेरे पास कोई उत्तर नहीं था। फिर भी एक वज्र संकल्प मेरे मन में घुस गया था। एकांत स्थान में जाकर मैं उत्कट प्रार्थना करने लगी।

"प्रभु! मैं अनवरत प्रार्थना कर रही थी, मेरे पास एक ऐसा गुरु भेजिए, जो मुझे अन्न के बदले आपके प्रकाश से जीवित रहना सिखा सके।"

"अत्यानंद के साथ-साथ एक तंद्रा सी मुझ पर छा गई। उस तंद्रा में मैं नवाबगंज के गंगाघाट की ओर चल पड़ी। रास्ते में मेरे ससुराल के पुरोहित से मेरी मुलाकात हो गई। मैंने उन पर पूर्ण विश्वास रखते हुए उनसे कहा, 'महाराज! कृपा करके मुझे निराहार जीवित रहने का उपाय बताइए।' वे मेरी ओर देखते ही रह गए। आखिर सांत्वनादायक स्वर में उन्होंने कहा, 'बेटी! आज शाम मंदिर में आ जाओ। मैं तुम्हारे लिए एक विशेष वैदिक अनुष्ठान करूँगा।'

"ऐसे अनिश्चित उत्तर से मेरी तृप्ति नहीं हुई, अत: मैं घाट की ओर चलती ही गई। प्रात:कालीन सूर्य की किरणें पानी को भेदकर अंदर तक पहुँच रही थीं। मैं गंगास्नान कर शुद्ध हुई, मानो कोई दीक्षा लेने जा रही हूँ। जैसे ही मैं अपने गीले वस्त्रों में ही गंगा तट से जाने लगी, दिन के उजाले में मेरे गुरुदेव अचानक हवा में से मेरे सामने प्रकट हुए!

"अत्यंत प्रेम और सहानुभूति भरे स्वर में गुरुदेव ने कहा, 'बेटी! मैं ही वह गुरु हूँ, जिसे भगवान् ने तुम्हारी व्याकुल प्रार्थना की पूर्ति करने के लिए भेजा है। तुम्हारी प्रार्थना के असामान्य स्वरूप का भगवान् पर गहरा प्रभाव पड़ा है। आज से तुम सूक्ष्म

प्रकाश से ही जीवित रहोगी; तुम्हारे शरीर के अणु-परमाणु ब्रह्मांड में व्याप्त अनंत प्रवाह से सीधे नवशक्ति प्राप्त करेंगे।"

गिरिबालाजी ने अपनी कहानी आगे शुरू की। उनकी सौम्य, मृदु आवाज कठिनाई से ही सुनने में आ रही थी।

"घाट निर्जन था, परंतु फिर भी मेरे गुरुदेव ने हमारे चारों ओर एक संरक्षक प्रकाश का वलय निर्माण कर दिया, ताकि नहाने के लिए देर से आने वाले इक्के-दुक्के लोग भी हमारे विधि-संस्कार में बाधा न डाल सकें। फिर उन्होंने मुझे एक ऐसी क्रिया प्रविधि की दीक्षा दी, जो शरीर को मर्त्य लोगों की स्थूल अन्न पर निर्भरता से मुक्त कर देती है। उस प्रविधि में एक मंत्र है और श्वास का एक ऐसा व्यायाम है, जो साधारण मनुष्य के लिए करना कुछ ज्यादा ही कठिन है और इसमें न कोई जादू है, न दवाई है; क्रिया के अतिरिक्त कुछ भी नहीं।"

मेरे कुछ अन्य प्रश्नों के जवाब उन्होंने कुछ यों दिए—

"मुझे कभी कोई संतान नहीं हुई। अनेक वर्ष पहले मैं विधवा हो गई। मैं बहुत कम सोती हूँ, क्योंकि मेरे लिए सोना और जागना एक समान ही है। रात को मैं ध्यान करती हूँ और दिन में घर के कामकाज। जब ऋतु बदलती हैं तो मुझे वातावरण में किंचित् फर्क अनुभव होता है। मैं कभी बीमार नहीं पड़ी और न ही मुझे कभी कोई रोग हुआ। जब संयोग से कभी चोट लग जाती है, तब किंचित् दर्द सा होता है। मेरे शरीर से किसी प्रकार का कोई मल-निस्सारण नहीं होता। मैं अपने हृदय की धड़कन और श्वास को नियंत्रित कर सकती हूँ। अंतर्दर्शनों में मुझे प्रायः ही अपने गुरु के तथा अन्य महात्माओं के दर्शन होते हैं।"

मैंने पूछा, "माँ! निराहार जीवित रहने की पद्धति आप दूसरों को क्यों नहीं सिखातीं?"

संसार के भूखों मरने वाले करोड़ों लोगों के लिए मेरे मन में जो आशा जागी थी, वह क्षण भर में चूर-चूर हो गई।

"नहीं।" उन्होंने नकारार्थी सिर हिलाते हुए कहा, "मेरे गुरुदेव ने इस रहस्य को कभी किसी पर प्रकट न करने का सख्त आदेश दे रखा है। वे ईश्वर की सृष्टि-लीला में किसी प्रकार से दखल देना नहीं चाहते। यदि मैं अनेक लोगों को निराहार रहना सिखा दूँ तो किसान लोगों को भी वह अच्छा नहीं लगेगा! श्रम भरे फल भूमि पर बेकार ही पड़े रहेंगे। ऐसा लगता है कि दुःख, भुखमरी और जरा-व्याधि हमारे ही कर्मों के चाबुक हैं, जो हमें अंततः जीवन के सच्चे अर्थ को जानने का प्रयास करने पर विवश करते हैं।"

मैंने धीरे-धीरे कहा, "माँ! अकेले आपको ही निराहार रहने का सामर्थ्य देने का क्या उपयोग?"

"यह सिद्ध करने के लिए कि मनुष्य आत्मा है।" उनका चेहरा ज्ञान के तेज से प्रदीप हो उठा। "यह दिखाने के लिए कि दैवी उन्नति द्वारा मनुष्य धीरे-धीरे सनातन तेज से जीवित रह सकता है, कि उसे अन्न की कोई आवश्यकता नहीं रहती।"

संत गिरिबालाजी ध्यान की एक गहरी अवस्था में उतर गईं। उनकी दृष्टि अंतर में लग गई थी; उनकी शांत आँखों में कोई भाव नहीं रहा। उन्होंने एक विशिष्ट निःश्वास छोड़ा, जो समाधि की परमानंदमय श्वासरहित अवस्था में प्रवेश करने से पहले छूटता है। थोड़ी देर के लिए वे आंतरिक आनंद के उस स्वर्ग में पहुँच गईं, जहाँ कोई प्रश्न नहीं पूछे जाते। रात का अँधेरा छा गया था। मिट्टी के तेल के एक छोटे से दीये का प्रकाश वहाँ अँधेरे में चुपचाप बैठे अनेक ग्रामीणों के सिर पर टिमटिमा रहा था। इधर-उधर उड़ते जुगनू और दूर स्थित झोंपड़ियों के तेल के दीये मखमली रात में विचित्र सी लगने वाली उज्ज्वल आकृतियाँ निर्माण कर रहे थे। विदाई का दुःखदायी समय आ गया था। हमारे सामने अब कष्टप्रद यात्रा थी।

जब गिरिबालाजी ने आँखें खोलीं, तब मैंने उनसे कहा, "गिरिबालाजी, मुझे अपने पास रखने के लिए अपनी कोई निशानी दीजिए—आपकी किसी साड़ी का एकाध टुकड़ा।"

थोड़े ही समय में वे बनारसी सिल्क का एक टुकड़ा ले आईं और उसे अपने हाथ में रखकर आगे बढ़ाते हुए वे अचानक जमीन पर लोटकर मुझे साष्टांग प्रणाम करने लगीं।

भक्ति और आदर से भरकर मैंने कहा, "माँ! मुझे ही अपने पवित्र चरणों का स्पर्श करने दो!"

□

47

मैं पश्चिम लौटता हूँ

"मैंने भारत और अमेरिका में योग पर अनेक शिक्षात्मक प्रवचन दिए हैं; परंतु आज मुझे यह स्वीकार करना ही पड़ेगा कि एक हिंदू होने के नाते आज अंग्रेज शिष्यों के लिए यह कक्षा लेते हुए मुझे विशेष खुशी हो रही है।"

लंदन के मेरी कक्षा के सदस्य दिल खोलकर हँसे। कोई राजनीतिक उथल-पुथल कभी हमारी योग शांति में विघ्न नहीं बनती थी। भारत अब एक पुण्यस्मृति मात्र बनकर रह गया था। यह सितंबर 1936 है। मैं इंग्लैंड में सोलह महीने पूर्व दिए गए उस वचन की पूर्ति करने आया हूँ कि लंदन में पुनः व्याख्यान दूँगा।

ब्रिटिश नेशनल कौंसिल ऑफ द वर्ल्ड फेलोशिप ऑफ फेथ्स ने 29 सितंबर को व्हाइटफील्ड कांग्रीगेशनल चर्च में एक सभा का आयोजन किया, जिसमें मैंने 'परस्पर बंधुभाव में विश्वास मानव सभ्यता की रक्षा कैसे कर सकता है' इस भारी भरकम विषय पर व्याख्यान दिया। कैक्सटन हॉल में रात आठ बजे होने वाले व्याख्यानों में इतनी भीड़ हो जाती थी कि दो बार हॉल की क्षमता से अधिक हुए लोग विंडसर हाउस ऑडिटोरियम में बैठकर साढ़े नौ बजे के दूसरे व्याख्यान की प्रतीक्षा करते रहे। इसके बाद के सप्ताहों में ये कक्षाएँ इतनी अधिक बड़ी हो गईं कि श्री राइट को इन्हें दूसरे बड़े हॉल में स्थानांतरित करने की व्यवस्था करनी पड़ी।

अंग्रेजों की दृढ़ संकल्पता आध्यात्मिक संबंधों में भी अद्भुत रीति से अभिव्यक्त होती है। लंदन से मेरे प्रस्थान के बाद वहाँ के योगाभ्यासियों ने निष्ठापूर्वक एक सेल्फ-रियलाइजेशन फेलोशिप केंद्र का गठन किया और युद्ध के दारुण वर्षों में भी नियमित रूप से साप्ताहिक ध्यान-सभाओं का आयोजन करते रहे।

इंग्लैंड में बिताए हुए वे कई सप्ताह मेरे लिए अविस्मरणीय बन गए हैं। कई दिनों तक लंदन में और फिर लंदन से बाहर सुंदर ग्रामीण क्षेत्रों में हम दृश्यावलोकन

के लिए जाते थे। इंग्लैंड के महान् कवियों और उसके इतिहास में वर्णित महान् वीरों के जन्मस्थानों एवं समाधियों का दर्शन करने के लिए श्री राइट और मैंने अपनी विश्वसनीय फोर्ड का ही सहारा लिया।

हम लोग अक्तूबर के अंत में साउथैंपटन से ब्रेमेन नाम के जहाज पर सवार होकर अमेरिका के लिए चल पड़े। न्यूयॉर्क के बंदरगाह में स्थित भव्य स्टैच्यू ऑफ लिबर्टी दृष्टिपथ में आते ही आनंद के अतिरेक से हमारे कंठ अवरुद्ध हो गए।

1936 का अंत आ गया और यह लो! माउंट वाशिंगटन। प्रतिवर्ष लॉस एंजेलिस के केंद्र में क्रिसमस का उत्सव मनाया जाता है। योगदा सत्संग सोसाइटी ऑफ इंडिया/सेल्फ-रियलाइजेशन फेलोशिप के संसार भर के सदस्य इसी प्रकार अपने-अपने घरों में तथा योगदा सत्संग/सेल्फ-रियलाइजेशन फेलोशिप मंदिरों और केंद्रों में क्रिसमस मनाते हैं। सामूहिक ध्यान होता है और अगले दिन (सामाजिक क्रिसमस) एक भोज होता है। तीन विश्वयात्रियों के लौट आने पर उनका स्वागत करने के लिए दूर-दूर से आए अनेकानेक मित्रों एवं शिष्यों की उपस्थिति से इस वर्ष के उत्सव में उत्साह और भी अधिक बढ़ गया था।

कुछ महीनों बाद, 1937 के ईस्टर के दिन मैंने वहाँ 'ईस्टर सूर्योदयकालीन ध्यान' का आयोजन किया, जो बाद में भी प्रतिवर्ष चलता रहा।

कैलिफोर्निया में कार्यव्यस्तता के बीच सुख में वर्ष पर वर्ष बीतते गए। 1937 में एंसिनीटस में एक सेल्फ-रियलाइजेशन फेलोशिप कॉलोनी की स्थापना की गई। इस कॉलोनी में शिष्यों को सेल्फ-रियलाइजेशन फेलोशिप के आदर्शों के अनुसार विविध गतिविधियों द्वारा प्रशिक्षित किया जाता है। यहाँ एंसिनीटस और लॉस एंजेल्स के केंद्रों में रहने वाले लोगों के लिए फल एवं सब्जियाँ उगाई जाती हैं।

ईश्वर ने एक ही रक्त से मनुष्य की सब जातियाँ पृथ्वी पर रहने के लिए बनाई हैं। विश्वबंधुत्व बहुत व्यापक शब्द है, परंतु मनुष्य को अपने को विश्व नागरिक मानते हुए अपनी सहानुभूतियों को विस्तारित करना ही होगा। सच्चे अर्थ में जिसकी समझ में यह आ गया कि 'यह मेरा भारत है, मेरा अमेरिका है, मेरा यूरोप है, मेरा अफ्रीका है' आदि आदि, उसके लिए उपयोगी एवं सुखी जीवन के तरीकों का कभी अभाव नहीं होगा।

श्रीयुक्तेश्वरजी सशरीर भारत की भूमि के अतिरिक्त कहीं नहीं रहे, परंतु बंधुभाव के इस सत्य से वे भलीभाँति परिचित थे, "सारा जगत् मेरा देश है।"

"ध्यान का महत्त्व अब हमें सचमुच पता चल गया है और यह बात भी हमारी समझ में आ गई है कि हमारी आंतरिक शांति को भंग करने की क्षमता किसी चीज

में नहीं है। पिछले कुछ सप्ताहों में हमने अपने सामूहिक ध्यान एवं सत्संग सभाओं के दौरान हवाई हमलों की चेतावनियाँ तथा विलंब से फटने वाले बमों के धमाके सुने हैं, परंतु फिर भी हमारे सदस्य एकत्र होते हैं और इन सभाओं में उन्हें खूब आनंद आता है।"

लंदन के सेल्फ-रियलाइजेशन फेलोशिप केंद्र के प्रमुख द्वारा लिखा गया यह वीरता भरा पत्र उन अनेकानेक पत्रों में से एक है, जो द्वितीय विश्वयुद्ध के दौरान अमेरिका के उसमें उतरने से पहले के वर्षों में मुझे युद्ध-जर्जर इंग्लैंड और यूरोप से आते रहते थे।

कैलिफोर्निया के हॉलीवुड शहर में सेल्फ-रियलाइजेशन फेलोशिप के कार्यकर्ताओं द्वारा एक 'सर्वधर्म मंदिर' की स्थापना 1942 में की गई। एक वर्ष बाद कैलिफोर्निया में ही सैन डियागो में तथा 1947 में फिर से कैलिफोर्निया में ही लांग बीच में एक-एक मंदिर की स्थापना की गई।

1949 में लॉस एंजेल्स के पैसिफिक पैलिसेड्स अंचल में, जिसे संसार के सबसे सुंदर भूखंडों में से एक कहा जा सकता है, ऐसी फूलों की एक वादी सेल्फ-रियलाइजेशन फेलोशिप को दान में प्राप्त हुई। दस एकड़ की यह स्थली सब ओर से हरी-भरी पहाड़ियों से घिरी हुई है। इसमें एक प्राकृतिक सरोवर बना हुआ है, जो पर्वतों के मुकुट में जड़े हुए नीलम रत्न के समान लगता है। इस सरोवर के कारण ही इस स्थान का नाम 'लेक श्राइन' (सरोवर मंदिर) पड़ा है।

1951 में हॉलीवुड में सेल्फ-रियलाइजेशन फेलोशिप 'इंडिया सेंटर' की स्थापना हुई।

संसार को देने के लिए भारत के पास और कुछ नहीं होता तो क्रियायोग अकेला ही शाही भेंट माना जाने के लिए पर्याप्त होता और पूर्व तथा पश्चिम में क्रियायोग का उदात्त कार्य अभी तो केवल शुरू ही हुआ है। ईश्वर करे कि सब लोगों को यह ज्ञात हो जाए कि सारे मानवी दुःखों को मिटा देने के लिए आत्मज्ञान की निश्चित, वैज्ञानिक प्रविधि अस्तित्व में है।

पृथ्वी पर तेजस्वी रत्नों की भाँति चतुर्दिक् बिखरे क्रियायोगियों को प्रेम की तरंगें भेजते हुए मैं कृतज्ञ भाव से प्रायः सोचता हूँ, "भगवन्! आपने इस संन्यासी को इतना बड़ा परिवार दिया है!"

□

48

महासमाधि

जीवन में भी योगी और मृत्यु में भी श्रीश्री परमहंस योगानंदजी ने लॉस एंजेल्स, कैलिफोर्निया (अमेरिका) में 7 मार्च, 1952 को अपना अंतिम भाषण समाप्त करने के उपरांत 'महासमाधि' (एक योगी का शरीर से अभिज्ञ अंतिम प्रस्थान) में प्रवेश किया। विश्व के महान् गुरु ने योग के मूल्य (ईश्वर-प्राप्ति के लिए वैज्ञानिक प्रविधियों) को जीवन में ही नहीं, अपितु मृत्यु में भी प्रदर्शित किया। उनके देहावसान के कई सप्ताह बाद भी उनका अपरिवर्तित मुख अक्षयता की दिव्य कांति से देदीप्यमान रहा।

फोरेस्ट लॉन मेमोरियल पार्क, लॉस एंजेल्स (जहाँ महान् गुरु का पार्थिव शरीर अस्थायी रूप से रखा गया) के निर्देशक श्री हैरी टी. रोंवे ने सेल्फ-रियलाइजेशन फेलोशिप को एक प्रमाणित पत्र भेजा, जिसके कुछ अंश निम्नलिखित हैं—

"परमहंस योगानंदजी के पार्थिव शरीर में किसी भी प्रकार के विकार का लक्षण न दिखाई पड़ना हमारे लिए अत्यंत असाधारण और अपूर्व अनुभव है। ...उनकी मृत्यु के बीस दिन बाद भी उनके शरीर में किसी प्रकार की विक्रिया नहीं दिखाई पड़ी। ...न तो त्वचा के रंग में किसी प्रकार के परिवर्तन के संकेत थे और न शरीर-तंतुओं में शुष्कता ही आई प्रतीत होती थी। शवागार के वृत्ति-इतिहास से हमें जहाँ तक विदित है, पार्थिव शरीर के ऐसे परिपूर्ण संरक्षण की अवस्था अद्वितीय है। ...योगानंदजी का शव स्वीकार करते समय शवागार के कर्मचारियों को यह आशा थी कि उन्हें शवपेटिका के काँच के आवरण से साधारण वर्धमान शारीरिक क्षय के चिह्न दीख पड़ेंगे। हमारा विस्मय बढ़ता गया, जब निरीक्षण के अंतर्गत दिन पर दिन बीतते गए, किंतु उनकी देह पर परिवर्तन के कोई चिह्न दृष्टिगत नहीं हुए। प्रत्यक्षत: योगानंदजी की देह निर्विकारता की

अद्‌भुत अवस्था में थी। किसी समय उनके शरीर में तनिक भी विक्रियात्मक दुर्गंध नहीं आई।

27 मार्च को शवपेटिका पर काँसे के ढक्कन को बंद करने के पूर्व योगानंदजी का शारीरिक रूप ठीक वैसा ही था, जैसा 7 मार्च को। 27 मार्च को भी उनका शरीर उतना ही ताजा और विकाररहित दिखाई पड़ रहा था, जितना मृत्यु की रात्रि को। 27 मार्च को ऐसा कोई लक्षण नहीं दिखाई पड़ा, जिससे यह कहा जा सके कि उनके शरीर में किसी भी प्रकार का तनिक भी विकार आया हो। इन कारणों से हम पुनः अभिव्यक्त करते हैं कि परमहंस योगानंदजी का उदाहरण हमारे अनुभव में अभूतपूर्व है।"

1977 में श्रीश्री परमहंस योगानंद की महासमाधि की पच्चीसवीं वर्षगाँठ पर भारत सरकार ने उनके सम्मान अभिनंदन में एक डाक-टिकट जारी किया। इस डाक-टिकट के साथ सरकार ने वर्णनात्मक पर्चा प्रकाशित किया, जिसका अंश इस प्रकार है—

"ईश्वर के लिए प्रेम और मानवता की सेवा का आदर्श परमहंस योगानंद के जीवन में पूर्ण रूप से व्यक्त हुआ…यद्यपि उनका अधिकांश जीवन भारत के बाहर व्यतीत हुआ, फिर भी उनका स्थान हमारे महान् संतों में है। उनका कार्य पहले से अधिक बढ़ और चमक रहा है, तथा ईश्वर की तीर्थयात्रा के पथ पर हर दिशा से लोगों को आकर्षित कर रहा है।"

□

49

1940-1951 की अवधि

"ध्यान का महत्त्व अब हमें सचमुच पता चल गया है और यह बात भी हमारी समझ में आ गई है कि हमारी आंतरिक शांति को भंग करने की क्षमता किसी चीज में नहीं है। पिछले कुछ सप्ताहों में हमने अपने सामूहिक ध्यान एवं सत्संग सभाओं के दौरान हवाई हमलों की चेतावनियाँ तथा विलंब से फटने वाले बमों के धमाके सुने हैं, परंतु फिर भी हमारे सदस्य एकत्रित होते हैं और इन सभाओं में उन्हें खूब आनंद आता है।"

लंदन के सेल्फ रियलाइजेशन फेलोशिप केंद्र के प्रमुख द्वारा लिखा गया यह वीरता भरा पत्र उन अनेकानेक पत्रों में से एक है, जो द्वितीय विश्वयुद्ध के दौरान अमेरिका के उसमें उतरने से पहले के वर्षों में मुझे युद्ध-जर्जर इंग्लैंड और यूरोप से आते रहते थे।

लंदन के 'द विज्डम ऑफ द ईस्ट सीरिज' के प्रख्यात संपादक डॉ. एल. क्रैनमर बिंग ने 1942 में मुझे लिखा था—

"जब मैंने 'ईस्ट-वेस्ट' पत्रिका पढ़ी, तब मुझे पता चला कि हम लोग एक-दूसरे से कितने दूर प्रतीत होते थे, जैसे दो भिन्न जगतों में निवास कर रहे हों। जिस प्रकार किसी घेरे गए नगर के लिए 'होली ग्रेल' के आशीर्वादों और सुख-सुविधाओं से लदा जहाज बंदरगाह में प्रवेश कर रहा हो, उसी प्रकार लॉस एंजेलिस से सौंदर्य, सामंजस्य, शांति एवं स्वस्ति मेरे पास आ पहुँचती है।

"अपनी कल्पना में मैं आपका तालवृक्ष-कुंज, एंसिनीटास का मंदिर और उसके सामने फैला हुआ सागर एवं पर्वतीय दृश्य; तथा इस सबसे बढ़कर आध्यात्मिक प्रवृत्ति के नर-नारियों का साहचर्य ऐसे देखता हूँ, जैसे मुझे यह सब स्वप्न में दीख रहा हो—एकता के सूत्र में बँधा एक समाज, जो विधेयात्मक कार्य

में मग्न है और जो ध्यान-चिंतन द्वारा नवशक्ति प्राप्त करता है।...पहरे की मीनार पर प्रभात की प्रतीक्षा कर रहे एक साधारण सिपाही द्वारा लिखे गए इस पत्र में सभी सत्संगियों को मेरा प्रणाम।"

कैलिफोर्निया के हॉलीवुड शहर में सेल्फ रियलाइजेशन फेलोशिप के कार्यकर्ताओं द्वारा एक सर्वधर्म मंदिर की स्थापना 1942 में की गई। एक वर्ष बाद कैलिफोर्निया में ही सैन डियेगो में तथा 1947 में फिर से कैलिफोर्निया में ही लॉन्ग बीच में एक-एक मंदिर की स्थापना की गई।

1949 में लॉस एंजेलिस के पैसिफिक पैलिसेड्स अंचल में, जिसे संसार के सबसे सुंदर भूखंडों में से एक कहा जा सकता है, ऐसी फूलों की एक वादी सेल्फ रियलाइजेशन फेलोशिप को दान में प्राप्त हुई। दस एकड़ की यह स्थली सब ओर से हरी-भरी पहाड़ियों से घिरी हुई है। इसमें एक प्राकृतिक सरोवर बना हुआ है, जो पर्वतों के मुकुट में जड़े हुए नीलम रत्न के समान लगता है। इस सरोवर के कारण ही इस स्थान का नाम 'लेक श्राइन' (सरोवर मंदिर) पड़ा है। इसकी भूमि पर एक ओर खड़े विचित्र से पवनचक्की भवन में साधना मंदिर है। इस भवन से नीचे स्थित बाग के पास लगी हुई विशाल पवनचक्की पानी की सावकाश छप-छप का संगीत सुनाती रहती है। चीन से लाई गई संगमरमर की दो मूर्तियाँ इस स्थान की शोभा बढ़ा रही हैं—एक मूर्ति भगवान् बुद्ध की है और दूसरी क्वान यिन (चीन में जगन्माता का रूप) की। एक जलप्रपात के ऊपर ईसा मसीह की आदमकद प्रतिमा खड़ी है। रात को जब इस मूर्ति पर रोशनी की जाती है, तो इसका पवित्र चेहरा, लहराते वस्त्र आदि बड़े सुंदर लगते हैं।

लेक श्राइन में 1950 में महात्मा गांधी विश्व शांति स्मारक की स्थापना की गई। इस वर्ष अमेरिका में सेल्फ रियलाइजेशन फेलोशिप की तीसवीं वर्षगाँठ भी थी। भारत से प्राप्त महात्मा गांधी की अस्थियों को एक हजार वर्ष पुरानी प्रस्तर-मंजूषा में रखकर उस स्मारक में प्रतिष्ठापित किया गया है।

1951 में हॉलीवुड में सेल्फ रियलाइजेशन फेलोशिप 'इंडिया सेंटर' की स्थापना हुई। इस सेंटर के प्रत्यार्पण उत्सव में कैलिफोर्निया के लेफ्टिनेंट गवर्नर श्री गुडविन जे नाइट तथा भारत के वाणिज्य दूत श्री एम.आर. आहूजा भी मेरे साथ थे। इस स्थान पर एक इंडिया हॉल भी है, जिसमें 250 लोगों के बैठने की व्यवस्था है।

एस. आर. एफ. केंद्रों में नए-नए आने वाले बहुत से लोग योग की अधिक जानकारी के इच्छुक होते हैं। मुझसे प्राय: ही एक प्रश्न पूछा जाता है, "जैसा कि कुछ संगठनों का दावा है, क्या यह सच है कि योग का अभ्यास

छपे हुए साहित्य को पढ़कर नहीं किया जा सकता और इसे गुरु के मार्गदर्शन में ही करना चाहिए?"

इस अणु युग में योगदा सत्संग पाठों जैसी शिक्षा पद्धतियों के द्वारा योग की शिक्षा दी जानी चाहिए, अन्यथा यह मुक्तिप्रदायक विज्ञान पुनः कुछ गिने-चुने लोगों तक ही सीमित रह जाएगा। यदि प्रत्येक शिष्य को ब्रह्मज्ञानी गुरु का सान्निध्य प्राप्त हो सके, तो निश्चय ही यह एक अमूल्य वरदान होगा; परंतु इस संसार में पाखंडी ज्यादा हैं, संत कम। तो फिर असंख्य जनसाधारण को घर में बैठे-बैठे सच्चे योगियों द्वारा लिखित योग पाठों द्वारा नहीं, तो और किस तरीके से योग की शिक्षा मिल सकती है?

या फिर इसका एकमात्र विकल्प यही है कि 'सामान्य मनुष्य' की उपेक्षा कर उसे योग ज्ञान से वंचित ही रखा जाए। परंतु इस नए युग के लिए ईश्वर की योजना ऐसी नहीं है। बाबाजी ने सभी सच्चे क्रिया-योगियों की लक्ष्य-प्राप्ति के पथ पर रक्षा करने का एवं उनका मार्गदर्शन करने का वचन दिया हुआ है। केवल कुछ दर्जन नहीं, बल्कि लाखों क्रिया-योगियों की आवश्यकता है, शांति एवं समृद्धि के उस विश्व को साकार करने की, जो परमपिता के पुत्र पद को पुनः प्राप्त करने का उचित प्रयास करने वाले लोगों की प्रतीक्षा करता है।

आध्यात्मिक शहद उत्पन्न करने के लिए मधुमक्खियों के एक छत्ते के रूप में पश्चिम में सेल्फ रियलाइजेशन फेलोशिप संगठन की स्थापना करने का दायित्व मुझे श्रीयुक्तेश्वरजी एवं महावतार बाबाजी ने सौंपा था। इस पवित्र दायित्व की पूर्ति कठिनाइयों से मुक्त नहीं थी।

"परमहंसजी! सच-सच बताइए! क्या यह सब सार्थक हुआ?" इन नपे-तुले शब्दों में एक दिन सैन डियेगो के एस.आर.एफ. मंदिर के कार्यवाहक डॉ. लॉइड केनेल ने मुझसे प्रश्न किया। मेरे खयाल से उनके पूछने का अर्थ था, "क्या आप अमेरिका में संतुष्ट हुए हैं? उन सब झूठे प्रचारों का क्या, जो योग के प्रसार को रोकने के लिए उत्सुक कुत्सित लोगों ने किए? उन सब मोहभंगों का क्या, मनस्तापों का क्या, उन केंद्र प्रमुखों का क्या, जो केंद्रों को नहीं चला सके, उन शिष्यों का क्या जिन्हें सिखाया नहीं जा सका?"

मैंने उत्तर दिया, "धन्य है वह मनुष्य, जिसकी ईश्वर परीक्षा लेता है। मुझ पर यदा-कदा भार डालना तो उसे याद रहा!" तब मेरे मन में उन सब का विचार आया जो निष्ठावान थे, उस प्रेम और भक्ति और समझदारी का विचार आया जिसका प्रकाश अमेरिका के हृदय में व्याप्त है। धीरे-धीरे, शब्दों पर जोर देते हुए मैंने आगे

कहा, “परंतु मेरा उत्तर है, हाँ, हजार बार हाँ! मेरा यहाँ रहना सार्थक हुआ है; पूर्व और पश्चिम को एकमात्र स्थायी बंधन में, आध्यात्मिक बंधन में बँधकर एक-दूसरे के करीब आए देखने का मेरा जो स्वप्न था, वह मेरी कल्पना से भी अधिक साकार हुआ है।”

भारत के जिन महान् गुरुओं ने पश्चिम में गहरी रुचि दिखाई है, उन्हें आधुनिक परिस्थितियों की भलीभाँति जानकारी है। वे जानते हैं कि जब तक सभी राष्ट्र पूर्व और पश्चिम के विभिन्न सद्गुणों को आत्मसात् नहीं करते, तब तक विश्व की स्थिति में सुधार नहीं हो सकता। दोनों ही गोलार्धों को एक-दूसरे के सर्वोत्तम गुणों की आवश्यकता है।

अपने विश्व भ्रमण में मुझे बहुत दुःख दिखाई दिया। पूर्व में दुःख मुख्यतः भौतिक स्वरूप का है, तो पश्चिम में मुख्यतः मानसिक और आध्यात्मिक स्वरूप का। सभी राष्ट्र असंतुलित सामाजिक अवस्था के दुःखप्रद परिणाम अनुभव कर रहे हैं। भारत तथा अन्य अनेक पूर्वी देश अमेरिका जैसे पाश्चात्य देशों की भौतिक कार्यक्षमता एवं व्यावहारिकता को सीखकर लाभान्वित हो सकते हैं। दूसरी ओर, पाश्चात्य लोगों को जीवन के आध्यात्मिक आधार को अधिक अच्छी तरह समझना आवश्यक है, और विशेषकर उन वैज्ञानिक प्रविधियों को समझना आवश्यक है, जिन्हें भारत ने प्राचीन काल में ही मनुष्य के ईश्वर से संपर्क के लिए विकसित किया था।

सर्वांगपूर्ण सभ्यता का आदर्श केवल कल्पना नहीं है। हजारों वर्षों तक भारत आध्यात्मिक ज्ञान एवं भौतिक समृद्धि का देश रहा है। भारत के अत्यंत दीर्घ इतिहास में गत 200 वर्षों की गरीबी तो कर्मों की एक क्षणिक, उड़ती अवस्था मात्र है। सारे संसार में हजारों वर्षों तक भारत की संपन्नता चर्चा का विषय थी। प्रचुरता, चाहे वह भौतिक हो या आध्यात्मिक, ऋत् के सृष्टि नियम, अर्थात् स्वाभाविक सदाचरण की सहज अभिव्यक्ति है। ईश्वर में या प्राचुर्य-संपन्न प्रकृति माता में कृपणता का वास नहीं है।

हिंदू शास्त्र बताते हैं कि मनुष्य इस विशिष्ट पृथ्वी की ओर इसीलिए आकृष्ट होता है कि एक के बाद एक जन्म में वह उन अनगिनत तरीकों को अधिकाधिक पूर्णता के साथ सीख सके, जिनके द्वारा आत्मा भौतिक परिस्थितियों में अपने दिव्यत्व को व्यक्त कर सकती है और उन पर अपने प्रभुत्व को प्रकट कर सकती है। पूर्व और पश्चिम अलग-अलग तरीकों से इस महान् सत्य को सीख रहे हैं और उन्हें खुशी से अपनी उपलब्धियों का आदान-प्रदान करना चाहिए। इसमें कोई संदेह

ही नहीं कि ईश्वर की पृथ्वीवासी संतानें दारिद्रय, रोग और आत्मा के अज्ञान से मुक्त विश्व सभ्यता को स्थापित करने के लिए प्रयत्न करती हैं तो ईश्वर को इससे अत्यंत प्रसन्नता होती है। अपनी आत्मा की शक्ति को भूल जाना (स्वतंत्र इच्छाशक्ति के दुरुपयोग का परिणाम) ही अन्य सभी दुःखों का मूल कारण है। 'समाज' के नाम जो बुराइयाँ मढ़ दी जाती हैं, उनके लिए वस्तुतः प्रत्येक मनुष्य को दोषी पाया जा सकता है। रामराज्य पहले प्रत्येक हृदय में प्रकट होना चाहिए, तब वह समाज में फैलेगा, क्योंकि आंतरिक सुधार होने पर बाह्य सुधार अपने आप ही होते हैं। जो मनुष्य अपने आप को सुधार लेगा, वह हजारों को सुधार देगा।

काल की कसौटी पर खरे उतरे विश्व के सभी धर्मशास्त्रों का सार एक ही है और वे सभी मनुष्य को अधिकाधिक ऊपर उठने की प्रेरणा देते हैं। मेरे जीवन के सबसे सुखद समय में से एक था वह समय, जो मैंने 'सेल्फ रियलाइजेशन' पत्रिका के लिए बाइबल के न्यू टेस्टामेंट के एक हिस्से पर अपने भाष्य को लिखवाने में बिताया। मैंने ईसा से उत्कट प्रार्थना की कि वे उनके शब्दों का सच्चा अर्थ समझने में मेरी सहायता करें। बड़े खेद का विषय है कि गत बीस शताब्दियों से उनके अधिकांश वचनों को गलत ही समझा गया है।

एक रात जब मैं मौन प्रार्थना में निमग्न था, तब एंसिनीटास आरम में मेरा वह कमरा अचानक दूधिया नीले प्रकाश से भर गया। ईसा मसीह का तेजस्वी रूप मेरी दृष्टि के सामने प्रकट हुआ। वे पचीस वर्ष के युवक-से लग रहे थे; उनकी दाढ़ी-मूँछें विरल-सी लग रही थीं; बीच से विभक्त किए गए उनके लंबे काले केशों के चारों ओर झिलमिलाती स्वर्णिम आभा थी।

उनकी आँखें शुरू से अंत तक निराली ही लग रही थीं; मैं उनमें झाँकता रहा और वे सदा बदलती ही रहीं। उनके भाव में होने वाले प्रत्येक परिवर्तन के साथ ही व्यक्त किए गए ज्ञान को मैं अपने अंतर में अंतर्ज्ञान से समझ रहा था। उनकी तेजस्वी दृष्टि में मैंने उस शक्ति को अनुभव किया, जो अनंत ब्रह्मांडों को धारण करती है। एक पवित्र पात्र उनके मुख के पास प्रकट हुआ, वहाँ से नीचे आकर मेरे होंठों से लगा, फिर ईसा के पास लौट गया। इसके बाद उन्होंने अत्यंत सुंदर शब्द कहे। इन शब्दों का स्वरूप इतना वैयक्तिक है कि मैं उन्हें अपने हृदय में ही रखता हूँ।

1950 और 1951 में मैंने अपना बहुत सा समय कैलिफोर्निया में मोहावे रेगिस्तान के पास ही एक शांत स्थान में बिताया। वहाँ मैंने भगवद्गीता का अनुवाद किया और उसपर विस्तृत भाष्य लिखा, जिसमें योग के विभिन्न मार्गों का वर्णन है।

दो बार एक ही योग प्रविधि का विशेष रूप से उल्लेख कर (भगवद्गीता में इसी एकमात्र योग प्रविधि का उल्लेख है और इसी प्रविधि को बाबाजी ने क्रिया-योग का सीधा-सरल नाम दिया है) भारत के सबसे श्रेष्ठ शास्त्र ने मनुष्यों को प्रयोग करने के लिए व्यावहारिक शिक्षा भी दी और नैतिक शिक्षा भी। हमारे स्वप्न-जगत् के महासागर में श्वास माया का विशिष्ट झंझावात है, जो पृथक्-पृथक् लहरों का—समस्त लोगों और सभी भौतिक वस्तुओं के रूपों का—बोध उत्पन्न करता है। भगवान् श्रीकृष्ण जानते थे कि मनुष्य को पृथक् अस्तित्व के दुःखदायी स्वप्न से जागृत करने के लिए केवल दार्शनिक और नैतिक ज्ञान पर्याप्त नहीं है, इसलिए उन्होंने इस पवित्र विज्ञान की ओर संकेत किया, जिसके द्वारा मनुष्य अपने शरीर पर पूर्ण अधिकार स्थापित कर इसे जब चाहे अपनी इच्छानुसार विशुद्ध शक्ति में बदल सकता है। आज के अणु युग में आधुनिक वैज्ञानिकों के लिए इस योग-क्रिया के सिद्धांत को समझना मुश्किल नहीं है। यह सिद्ध किया जा चुका है कि प्रत्येक स्थूल पदार्थ को ऊर्जा में परिवर्तित किया जा सकता है।

हिंदू शास्त्र योग-विज्ञान को इसलिए महत्त्व देते हैं, क्योंकि सर्वसाधारण मनुष्य भी इसे प्रयुक्त कर सकता है। यह सच है कि किसी योग प्रविधि को प्रयुक्त किए बिना भी यदा-कदा श्वास के रहस्य को सुलझा लिया गया है, जैसा भगवान् के प्रति अत्यंत उत्कट भक्ति रखने वाले अहिंदू संतों ने किया। ऐसे ईसाई, मुसलमान तथा अन्य संतों को सचमुच ही सविकल्प समाधि की निश्चल, निःश्वास अवस्था में देखा गया था, जिसके बिना कोई मनुष्य कभी ईश्वरानुभूति के प्रथम चरण में प्रवेश नहीं कर सकता। (तथापि जब कोई संत निर्विकल्प या सर्वोच्च समाधि में पहुँच जाता है, तब वह अखंड रूप से ईश्वर में प्रतिष्ठित हो जाता है—फिर भले ही श्वासहीन अवस्था में रहे या श्वास-प्रश्वास की अवस्था में; निश्चल रहे या सक्रिय।)

17वीं शताब्दी के ईसाई संत ब्रदर लॉरेंस ने कहा है कि उन्हें ईश्वरानुभूति की प्रथम झाँकी एक वृक्ष के दर्शन से प्राप्त हुई। प्रायः सभी लोगों ने वृक्ष देखा है, परंतु दुर्दैव! बहुत ही कम लोग उस वृक्ष के स्रष्टा को देख पाए हैं। अधिकांश लोग भक्ति की उन दुर्धर शक्तियों को किसी भी प्रकार नहीं जगा सकते, जो सभी धर्मों में पाए जाने वाले कुछ एकांती साधुओं में सहज ही रहती हैं, चाहे वे पूर्व के हों या पश्चिम के। किंतु इसका मतलब यह नहीं है कि साधारण मनुष्य के लिए ईश-संपर्क की कोई संभावना ही नहीं है। अपने आत्मस्वरूप की स्मृति को पुनः जगाने के लिए उसे केवल इतना ही करने की आवश्यकता है कि वह क्रिया-योग का अभ्यास करे,

यम-नियम का पालन करे और उसमें सच्चे अंत:करण से यह कहने की क्षमता हो, "प्रभु! मैं आपके दर्शन के लिए तड़प रहा हूँ!"

इस प्रकार योग की सर्वजनीनता इसमें है कि भक्ति की उत्कटता की अपेक्षा, जो साधारण मनुष्य की भावनात्मक क्षमता से बाहर है, वह ईश्वर को दैनिक अभ्यास के योग्य वैज्ञानिक प्रणाली के माध्यम से प्राप्त करने का मार्ग है।

भारत के कुछ महान् जैन गुरुजन को तीर्थंकर कहा जाता है, क्योंकि वे वह रास्ता दिखाते हैं, जिससे होकर हतबल मानवजाति संसार सागर को पार कर जाए। संसार (शब्दश: अर्थ—प्रवाह के साथ बहना) मनुष्य को सबसे कम प्रतिरोध का मार्ग अपनाने के लिए प्रेरित करता है। इसलिए जो भी संसार का मित्र बनेगा, वह ईश्वर का शत्रु है। ईश्वर का मित्र बनने के लिए मनुष्य को अपने कर्मों की बुराइयों पर विजय पानी होगी, क्योंकि ये बुराइयाँ ही उसे माया के मोहजाल में कायरतापूर्ण आत्मसमर्पण कर देने के लिए प्रोत्साहित करती हैं। कर्म के वज्र नियम का ज्ञान सच्चे साधक को उसकी पकड़ से बाहर निकलने का रास्ता खोजने के लिए प्रोत्साहित करता है। माया से अंधे बने मन की इच्छा-वासनाओं के कारण ही मनुष्य कर्मों का गुलाम बनकर रह जाता है, इसीलिए योगी मन:संयम अर्थात् चित्त-वृत्ति-निरोध पर ध्यान देता है। जब कर्मजनित अज्ञान के विभिन्न परदे हट जाते हैं, तब मनुष्य अपने को अपने सच्चे स्वरूप में देखता है।

जीवन और मृत्यु का रहस्य, जिसे सुलझाने के एकमात्र उद्देश्य के लिए मनुष्य पृथ्वी पर आता है, श्वास के साथ घनिष्ठता से जुड़ा हुआ है। श्वासरहितता ही मृत्युरहितता है। इस सत्य को पहचानकर भारत के प्राचीन ऋषियों ने श्वास के इस एकमात्र सूत्र को ही पकड़ लिया और श्वासरहित अवस्था में जाने के एक सुनिश्चित और तर्कसंगत विज्ञान को विकसित कर लिया।

संसार को देने के लिए भारत के पास और कुछ नहीं होता तो क्रिया-योग अकेला ही शाही भेंट माना जाने के लिए पर्याप्त होता।

बाइबल में अनेक परिच्छेद ऐसे हैं जिनसे यह स्पष्ट होता है कि हिब्रू गुरुओं को यह ज्ञान था कि ईश्वर ने श्वास को शरीर और आत्मा के बीच की कड़ी का काम करने के लिए ही बनाया था। उत्पत्ति में कहा गया है, "प्रभु ईश्वर ने पृथ्वी की मिट्टी से मनुष्य की सृष्टि की और उसकी नासिका में प्राण फूँक दिया और इस तरह मनुष्य जीवंत प्राणी बन गया।" मानव-देह रासायनिक और धात्विक तत्त्वों से बनी है, जो 'पृथ्वी की मिट्टी' में भी पाए जाते हैं। यदि श्वास के माध्यम से आत्मा अज्ञानी मनुष्य के शरीर में प्राणप्रवाह संचारित नहीं करती, तो मानव-देह कोई कार्य

नहीं कर पाती, न ही उसमें कोई शक्ति या गति होती। मानव-शरीर में जो पंचप्राण कार्य कर रहे हैं, वे सर्वव्यापी आत्मा के 'ओम्' स्पंदन की अभिव्यक्तियाँ हैं।

आत्मा का जो प्रतिबिंब शरीर की कोशिकाओं में जीवन का आभास उत्पन्न कर रहा है, वही देह के प्रति मनुष्य की आसक्ति का एकमात्र कारण है। स्पष्ट है कि केवल मिट्टी के एक गोले को वह इतना महत्त्व कभी नहीं देता। मनुष्य व्यर्थ ही अपने शरीर को ही अपना स्वरूप मानने लगता है, क्योंकि आत्मा के प्राणप्रवाह इतनी तीव्र शक्ति के साथ श्वास के माध्यम से शरीर में प्रवेश करते हैं कि मनुष्य परिणाम को ही कारण समझ लेने की भूल कर बैठता है और शरीर स्वयं प्राणवान है, यह मानकर उसी की पूजा करने लगता है।

मनुष्य को अपनी चैतन्य अवस्था में शरीर एवं श्वास का भान रहता है। निद्रावस्था में सक्रिय होने वाली अवचेतन अवस्था में शरीर एवं श्वास से उसके मन का संबंध निद्राकाल के लिए टूट जाता है। अतिचेतन अवस्था में वह इस भ्रम से मुक्त हो जाता है कि उसका अस्तित्व शरीर और श्वास पर निर्भर है। ईश्वर श्वास के बिना ही रहता है; उसकी प्रतिमूर्ति स्वरूप बनी आत्मा को श्वासरहित अवस्था में ही प्रथम बार अपने स्वरूप का ज्ञान होता है।

जब आत्मा के विकास को गति देने वाले कर्मों के कारण शरीर और आत्मा के बीच की श्वास की कड़ी टूट जाती है, तब अकस्मात् अवस्था-परिवर्तन हो जाता है जिसे मृत्यु कहते हैं; और शरीर-कोशिकाएँ अपनी प्राकृतिक शक्तिहीनता की अवस्था में वापस चली जाती हैं। परंतु क्रिया-योगी की श्वास-कड़ी कर्म संयोग के क्रूर हस्तक्षेप से नहीं, बल्कि वैज्ञानिक ज्ञान द्वारा उसकी इच्छा से टूटती है। प्रत्यक्ष अनुभव द्वारा योगी को पहले से ही अपनी अशरीरी मूल अवस्था का ज्ञान रहता है और उसे मृत्यु के इस कुछ ज्यादा ही नुकीले संकेत की आवश्यकता नहीं रहती कि मनुष्य के लिए स्थूल शरीर पर भरोसा करना अच्छा नहीं होता।

जन्म-पर-जन्म प्रत्येक मनुष्य अपने पूर्ण देवत्व की ओर प्रगति (अपनी ही गति से, चाहे वह कितना ही अस्थिर या दिशाहीन क्यों न हो) करता जाता है। प्रगति के इस मार्ग में मृत्यु कोई बाधा नहीं बनती, बल्कि वह तो मनुष्य को अपना मैल धोकर निर्मल बनने के लिए सूक्ष्म जगत् का अधिक अनुकूल वातावरण प्रदान करती है। अपने मन को अशांत मत होने दो'''मेरे पिता के घर में अनेक हवेलियाँ हैं। यह तो हो नहीं सकता कि इस विश्व की रचना करने में भगवान् ने अपनी सारी प्रतिभा खत्म कर दी और अब परलोक में हमारा कौतूहल जगाने के लिए उसके पास वीणा-झंकार के अलावा कुछ नहीं बचा है।

मृत्यु अस्तित्व को मिटाती नहीं, न ही वह जीवन से अंतिम छुटकारा दिलाती है; और न ही वह अमरत्व का द्वार है। भूलोक में आनंद प्राप्त करने के लिए जो अपनी आत्मा से भागता रहा हो, वह सूक्ष्म जगत् के स्वर्गिक सौंदर्य के बीच आत्मा को कभी प्राप्त नहीं करेगा। वहाँ वह केवल सूक्ष्मतर अनुभूतियों को और सुंदरता एवं अच्छाई, जो एक ही है, के प्रति अधिक भावुक प्रतिक्रियाओं को जमा करता जाता है। संघर्षरत मनुष्य (मुमुक्षु) को इस स्थूल जगत् के ऐरन पर ही अपने ऊपर घन के प्रहार–पर–प्रहार करके आध्यात्मिक ऐक्य के स्वर्ण को प्राप्त करना होगा। इस कष्टार्जित स्वर्ण को हाथ में लेकर, जो लालची मृत्यु के लिए एकमात्र स्वीकार्य भेंट है, मनुष्य जन्म–मृत्यु के फेरे से अंतिम मुक्ति पा लेता है।

अनेक वर्षों तक मैंने एंसिनीटास तथा लॉस एंजेलिस में पतंजलि के योगसूत्र और हिंदू दर्शन के अन्य गहन ग्रंथों पर शिक्षा–वर्ग चलाए।

एक दिन एक शिक्षावर्ग में एक विद्यार्थी ने पूछा, "ईश्वर ने आत्मा और शरीर को एक साथ जोड़ा ही क्यों? सृष्टि के इस विकासशील नाटक को शुरू करने में उसका क्या उद्‌देश्य था?" अन्य असंख्य लोगों ने ऐसे प्रश्न उठाए हैं और दार्शनिकों ने उनके उत्तर देने के असफल प्रयत्न किए हैं।

"कुछ रहस्यों को अनंतकाल में ही खोजने के लिए छोड़ दो," श्रीयुक्तेश्वरजी मुसकराते हुए कहा करते थे। "मनुष्य की सीमित तर्कशक्ति अजन्मे पूर्ण ब्रह्म के अकल्पनीय उद्‌देश्यों को कैसे समझ सकती है? गोचर जगत् के कार्य–कारण विधान से बँधी मनुष्य की बुद्धि अनादि, अजन्मे ब्रह्म के रहस्यों के सामने किंकर्तव्यविमूढ़ हो जाती है। परंतु मनुष्य की बुद्धि सृष्टि के रहस्यों को नहीं भी समझ सकी, तो भी अंत में भक्त की खातिर भगवान् स्वयं उसके सामने प्रत्येक रहस्य खोल देंगे।"

जो सचमुच ज्ञान को प्राप्त करने के लिए उत्कंठित हो, वह ईश्वरीय योजना के प्रारंभिक तथ्यों के ज्ञान को ही अच्छी तरह से आत्मसात् करने के द्वारा अपनी खोज आरंभ करने से संतुष्ट होता है, आरंभ में ही सीधे जीवन के 'आइंस्टीन सिद्धांत' के गणितीय ग्राफ की माँग नहीं करता।

"किसी भी काल में कभी किसी मनुष्य ने ईश्वर को नहीं देखा (काल माया का उत्पन्न किया हुआ भ्रम है और इसके अधीन जीने वाला कोई भी मर्त्य मानव कभी अनंत परमतत्त्व को नहीं जान सकता); केवल उससे उत्पन्न हुए पुत्र ने, जो परमपिता के हृदय में वास करता है (प्रतिबिंबित क्राइस्ट चैतन्य या सृष्टि में व्याप्त कूटस्थ चैतन्य या बाहर की ओर प्रक्षेपित प्रज्ञा जो ओम् स्पंदन के माध्यम

से सकल गोचर जगत् का संचालन करती है, वह एकता की विविधता को प्रदर्शित करने के लिए असृष्ट परम ब्रह्म की गहराइयों से या हृदय से बाहर निकली है), परमात्मा के अस्तित्व की घोषणा (आकार धारण किया है या उसे प्रकट किया है) की है।"

ईसा मसीह ने इसे स्पष्ट किया है, "सच है, सच है, मैं तुमसे कह रहा हूँ, पुत्र स्वयं होकर कुछ नहीं कर सकता, केवल पिता को जो करते देखता है, वही वह स्वयं भी करता है; क्योंकि पिता जो कुछ कर सकते हैं, वह सब पुत्र भी कर सकता है।"

गोचर जगत् में व्याप्त परम ब्रह्म की त्रिगुणात्मक प्रकृति का हिंदू शास्त्रों ने सृष्टि, स्थिति और लय के प्रतीक ब्रह्मा, विष्णु और शिव के रूप में वर्णन किया है। इन तीनों के त्रिविध कार्य समस्त स्पंदनात्मक सृष्टि में निरंतर चलते रहते हैं। पूर्ण ब्रह्म या निर्गुण ब्रह्म मनुष्य की कल्पना शक्ति से परे है, अतः धार्मिक प्रवृत्ति के हिंदू इस त्रिमूर्ति के पवित्र रूपों में उसकी पूजा करते हैं।

परंतु सृष्टि में व्याप्त सृष्टि-स्थिति-लय स्वरूप ही ईश्वर का परमोच्च स्वरूप नहीं है, यहाँ तक कि उसका यह सारभूत स्वरूप भी नहीं है (क्योंकि सृष्टि केवल उसकी लीला है, एक खेल है)।

त्रिमूर्ति के सारे रहस्यों को जान लेने के बाद भी ईश्वर के अंतर्गूढ़ मूल स्वरूप को नहीं जाना जा सकता, क्योंकि नियमाधिष्ठित आणविक रिसाव में प्रकट होने वाली उसकी बाह्य प्रकृति उसे दरशाए बिना केवल उसे अभिव्यक्त करती है। भगवान् का अंतिम स्वरूप केवल तभी पता चलता है जब 'पुत्र ऊपर उठकर पिता के पास पहुँचता है।' मुक्त हुआ मनुष्य स्पंदनात्मक सृष्टि के पार जाकर निःस्पंद परम ब्रह्म में प्रवेश करता है।

चरम रहस्यों को प्रकट करने का अनुरोध किए जाने पर सभी अवतारों और सद्गुरुओं ने मौन साध लिया। जब पाइलट ने पूछा, 'सत्य क्या है?' तब ईसा ने कोई उत्तर नहीं दिया। पाइलट जैसे बुद्धिवादियों के आडंबरपूर्ण प्रश्न कदाचित् ही सच्ची जिज्ञासा-वृत्ति से निकलते हैं। ऐसे लोग खोखले दंभ के साथ बोलते हैं और आध्यात्मिक मूल्यों में दृढ़ता के अभाव को ही 'उदारमत' का लक्षण मानते हैं।

"इसी उद्देश्य के लिए मेरा जन्म हुआ था और इसी कारण से मैं इस जगत् में आया हूँ कि मैं इसका साक्षी बनूँ। जो कोई सत्य का है, मेरी आवाज सुनता है।" इन चंद शब्दों में ईसा मसीह ने बहुत कुछ कह दिया है। ईश्वर का पुत्र अपने जीवन

को 'सत्य का साक्षी' बनाता है। वह सत्य को धारण करता है; यदि वह सत्य की व्याख्या भी करता है, तो यह उसका अतिरिक्त अनुग्रह है।

सत्य कोई सिद्धांत नहीं है, न ही वह दर्शनशास्त्र का कोई तत्त्वज्ञान है और न ही वह बौद्धिक अंतर्दृष्टि है। वह तो प्रत्यक्ष वास्तविकता के साथ तद्नुरूपता है। मनुष्य के लिए आत्मा के रूप में अपने सच्चे स्वरूप का अटल ज्ञान ही सत्य है। अपने जीवन की प्रत्येक कृति और प्रत्येक शब्द से ईसा मसीह ने यह सिद्ध कर दिया कि उन्हें अपने अस्तित्व के सत्य का, ईश्वर से अपनी उत्पत्ति का पूर्ण ज्ञान था। सर्वव्यापी क्राइस्ट चैतन्य (कूटस्थ चैतन्य) के साथ पूर्ण एकरूप होने के कारण ही वे दृढ़ विश्वास के साथ कह सके, "जो कोई सत्य का है, वह मेरी आवाज सुनता है।"

भगवान् बुद्ध ने भी परम सत्य पर प्रकाश डालना अस्वीकार कर दिया था। शुष्क भाव के साथ उन्होंने इतना ही कहा कि मनुष्य को जो अत्यल्प समय पृथ्वी पर मिला है, उसे अपने नैतिक स्वरूप की उन्नति करने में लगाने में ही जीवन की सार्थकता है। चीनी संत लाओत्से ठीक ही कहते थे, "जो जानता है, वह कहता नहीं, जो कहता है, वह जानता नहीं।" ईश्वर का चरम रहस्य तर्क का विषय नहीं है। ईश्वर की गूढ़ लिपि को पढ़ना एक ऐसी कला है, जो कोई मनुष्य किसी मनुष्य को नहीं पढ़ा सकता; इस मामले में ईश्वर स्वयं ही एकमात्र गुरु होता है।

"स्थिर हो जाओ और जानो कि मैं ईश्वर हूँ" भगवान् अपनी सर्वव्यापिता को चिल्ला-चिल्लाकर नहीं जताते, उनकी वाणी को अंत:करण की गहन शांति में ही सुना जा सकता है। सारी सृष्टि में सृजनात्मक ओम् स्पंदन के रूप में गूँजने वाला ब्रह्मनाद उसके साथ एकरूप होने वाले भक्त के हृदय में सुस्पष्ट वाणी के रूप में परिणत हो जाता है।

सृष्टि के पीछे ईश्वर का क्या उद्देश्य है, इसका स्पष्टीकरण मनुष्य की बुद्धि जहाँ तक समझ सकती है, वहाँ तक वेदों में दिया गया है। ऋषियों ने बताया है कि प्रत्येक मनुष्य की सृष्टि ईश्वर ने आत्मा के रूप में की है, जो अपने परम स्वरूप में लौट जाने से पहले अनंत परमतत्त्व के किसी विशिष्ट गुण को एकमेवाद्वितीय रूप से अवश्य प्रकट करेगी। इस प्रकार किसी-न-किसी ईश्वरीय वैशिष्ट्य से युक्त होने से सभी मनुष्य ईश्वर को समान रूप से प्रिय हैं।

राष्ट्रों के अग्रज भारत द्वारा जमा किया गया ज्ञान सारी मानवजाति की विरासत है। सभी सत्यों की भाँति वैदिक सत्य भी ईश्वर की संपत्ति है, भारतवर्ष की नहीं। वेदों के दिव्य गंभीर ज्ञान को ग्रहण करने में समर्थ ऋषिगण मानवजाति के ही सदस्य थे,

जो समग्र मानवता की सेवा के लिए किसी अन्य लोक में नहीं, बल्कि इसी पृथ्वी पर पैदा हुए थे। सत्य के राज्य में जाति या राष्ट्र का भेदभाव निरर्थक है। वहाँ तो केवल सत्य को ग्रहण करने की आध्यात्मिक योग्यता ही देखी जाती है।

ईश्वर प्रेम है, इसलिए सृष्टि की उसकी योजना प्रेम पर ही आधारित हो सकती है। पांडित्यपूर्ण स्पष्टीकरणों की अपेक्षा क्या यह सीधा-सरल विचार मनुष्य के हृदय को सांत्वना प्रदान नहीं करता? सत्य के मर्म तक पहुँचने वाले प्रत्येक संत ने यही कहा है कि ईश्वर ने सृष्टि की पूरी योजना बनाई है और वह योजना अत्यंत सुंदर है और आनंद से भरपूर है।

ईश्वर ने पैगंबर यशायाह को अपना उद्देश्य इन शब्दों में बताया था।

उसी प्रकार मेरा शब्द (सृजनकारी ओम्) भी होगा, जो मेरे मुँह से निकलता है, वह बिना कुछ किए ही मेरे पास वापस नहीं आएगा, बल्कि वह मेरी इच्छा पूर्ण करेगा और जिस काम के लिए मैंने उसे भेजा है, उसे वह पूरा करेगा। क्योंकि तुम आनंद के साथ निकलोगे और शांति के साथ पहुँचाए जाओगे; तुम्हारे आगे पहाड़ और पहाड़ियाँ आनंद के मारे खुशी के गीत गाएँगी और मैदान के सब वृक्ष ताल पकड़कर तालियाँ बजाएँगे। यशायाह 55:11-12 (बाइबल)

"तुम आनंद के साथ निकलोगे और शांति के साथ पहुँचाए जाओगे।" चारों ओर से दबाव में जी रहे बीसवीं सदी के लोग इस अद्भुत वचन को आशा-आकांक्षा के साथ सुन रहे हैं। ईश्वर का जो भी भक्त अपनी दिव्य विरासत को पुनः प्राप्त करने के लिए पुरुषार्थ करता है, उसके लिए इस वचन में निहित पूर्ण सत्य को अनुभव करना सहज संभव है।

पूर्व और पश्चिम में क्रिया-योग का उदात्त कार्य अभी तो केवल शुरू ही हुआ है। ईश्वर करे कि सब लोगों को यह ज्ञात हो जाए कि सारे मानवी दुःखों को मिटा देने के लिए आत्मज्ञान की निश्चित, वैज्ञानिक प्रविधि अस्तित्व में है।

पृथ्वी पर तेजस्वी रत्नों की भाँति चतुर्दिक बिखरे क्रिया-योगियों को प्रेम की तरंगें भेजते हुए मैं कृतज्ञ भाव से प्रायः सोचता हूँ—

'भगवन! आपने इस संन्यासी को इतना बड़ा परिवार दिया है!'

□□□